2009
中国创新型企业发展报告

中国创新型企业发展报告编委会

China Innovative
Enterprises
Development
Report 2009

经济管理出版社

图书在版编目（CIP）数据

中国创新型企业发展报告.2009/《中国创新型企业发展报告》编委会.—北京:经济管理出版社,2009.11
ISBN 978-7-5096-0814-2

Ⅰ.①中… Ⅱ.①中… Ⅲ.①企业经济—经济发展—研究报告—中国—2009 Ⅳ.①F279.2

中国版本图书馆CIP数据核字(2009)第204191号

出版发行：**经济管理出版社**

北京市海淀区北蜂窝8号中雅大厦11层

电话：(010) 51915602 邮编：100038

印刷：北京交通印务实业公司 经销：新华书店

组稿编辑：杜 菲 责任编辑：杜 菲
技术编辑：黄 铄 责任校对：超 凡

880mm×1230mm/16 29.25印张 636千字
2009年12月第1版 2009年12月第1次印刷
定价：88.00元
书号：ISBN 978-7-5096-0814-2

·版权所有 翻印必究·

凡购本社图书,如有印装错误,由本社读者服务部负责调换。联系地址:北京阜外月坛北小街2号
电话：(010) 68022974 邮编：100836

中国创新型企业发展报告 2009

指导委员会

主　任：李学勇　邵　宁　王瑞生
成　员：王志学　梅永红　王晓齐　常毅民　李新男　白　英　王新卫

专家委员会

主　任：陈清泰
副主任：方　新
成　员：（按姓氏笔画为序）

干　勇　马兴瑞　马俊如　王玉民　王爱先　尹同跃　孔德涌
任正非　任建新　刘迎建　刘振亚　李书福　李泊溪　李建明
李新春　杨　青　肖良勇　吴贵生　何志毅　邹祖烨　张小虞
张碧辉　金克宁　周厚健　周寄中　柳传志　侯为贵　徐乐江
凌　文　盛世豪　梁稳根　鲁冠球　谢东钢　管彤贤　薛　澜

编写委员会

主　编：梅永红
副主编：李新男　白　英　王新卫　郭铁成
成　员：（按姓氏笔画为序）

方　磊　刘　东　汤富强　孙福全　苏　靖　李全生　沙　磊
张杰军　陈　劲　陈建辉　赵慧君　胡志强　胡　迟　柯银斌
袁雷峰　梅　萌　康　岳　康荣平　葛　俊　蒋哓红　雷家骕

编写研究组

组　长：刘　东
成　员：（按姓氏笔画为序）

王保林　王海芸　王海燕　刘颖悟　李振良　冷　民　沈　决
张赤东　张杰军　岳清唐　郑钟扬　胡志强　柯银斌　段小华
章小莹　康荣平　彭春燕　程东升

培育中国创新型企业 500 强

（代序）

党的十七大报告提出，提高自主创新能力，建设创新型国家，这是国家发展战略的核心，是提高综合国力的关键。《国家中长期科学和技术发展规划纲要（2006－2020年）》也明确提出，以建立企业为主体、产学研结合的技术创新体系为突破口，全面推进中国特色国家创新体系建设。这是党中央、国务院准确把握国内外科技发展的趋势和需求，为实现全面建设小康社会宏伟目标做出的重大战略决策。

纵观世界发展的历史，无论是新产业的兴起，还是新兴国家的崛起，都需要依赖一批企业通过产学研合作在技术上的突破及商业上的成功运用。企业是经济活动的基本单元，是市场竞争和风险承担的主体，是技术创新活动的主体，是实现科技与经济紧密结合的有效载体。企业的技术创新能力是产业竞争力的关键，在很大程度上体现着国家的竞争力。世界各国的经验反复证明，只有大批拥有自主知识产权和自主品牌、依靠创新获得竞争优势和持续发展的创新型企业不断涌现，并带动更多企业走创新发展之路，一个国家才能真正迈入创新型国家的行列。

当今世界正处在大发展、大变革、大调整之中，我国也正处在进一步发展和跃升的重要战略机遇期，面临着完善社会主义市场经济体制，加快经济结构调整和发展方式转变的艰巨任务。这一切都迫切需要中国广大企业切实转变发展模式，更加注重自主创新，走创新驱动的发展道路。2008年初，胡锦涛总书记在安徽视察时指出，只有不断提高自主创新能力，才能始终把握发展的主动权，增添发展的新优势，要强化企业在技术创新中的主体地位，鼓励企业加大研发投入和人才储备，引导和支持创新要素向企业集聚，加快形成一批竞争力强的创新型企业，促进科技成果向现实生产力转化。今年5月，温家宝总理也寄语中国企业，创新可以赢得实力、创新可以赢得领先、创新可以赢得发展、创新可以赢得尊严。中国企业只有通过创新，才能培育起自己的核心竞争力。一个富强的中国，必须拥有一批跻身世界一流企业行列的创新型企业。

为加快推进以企业为主体，市场为导向，产学研相结合的技术创新体系建设，科技部、国资委、全国总工会于2005年联合启动"技术创新引导工程"，组织开展创新型企业建设。经过近四年的努力，在促进企业成为技术创新主体、提高企业自主创新能力上取得了明显成效。2009年，为贯彻落实党中央、国务院应对国际金融危机战略部署和《国务院关于发挥科技支撑作用促进经济平稳较快发展的意见》，科技部、财政部、教育部、国资委、全国总工会、国家开发银行等部门联合启动实施了国家技术创新工程，建设创新型企业是推进这一工程的重要载体之一。旨在通过培育出中国创新型企业500强和一批区域性的创新型示范企业，带动千千万万的企业走上创新驱动发展之路。

今天，我们在新的历史起点上向前迈进。中国的现代化是人类历史上前所未有的大变革，科学技术是推动这场变革的重要动力。推动中国经济在更长时期内全面协调可持续发展，走上创新驱动、内生增长的轨道，就必须深入贯彻落实科学发展观，把建设创新型国家作为战略目标，把可持续发展作为战略方向，把争夺经济科技制高点作为战略重点，逐步使战略性新兴产业成为经济社会发展的主导力量；必须把提高自主创新能力作为中心任务，大力推进创新型企业建设，引导带动广大企业依靠创新谋发展，加快推进以企业为主体的技术创新体系建设，整体带动国家创新体系建设，为根本转变经济增长方式，优化调整经济结构，早日进入创新型国家行列作出更大的贡献。

科学技术部党组书记、副部长
2009年10月30日

前 言

为贯彻党的十六届五中全会和全国科技大会的精神,落实党中央、国务院关于加强自主创新的要求,科技部、国资委、全国总工会在有关部门的支持下,于2005年联合启动"技术创新引导工程",旨在促进企业成为技术创新主体,提升企业核心竞争力,加快建设以企业为主体、市场为导向、产学研相结合的技术创新体系,增强国家自主创新能力,为建设创新型国家提供有力支撑。组织开展创新型企业建设是技术创新引导工程的重要任务之一。

创新型企业是指拥有自主知识产权和自主品牌,依靠技术创新获取市场竞争优势和持续发展的企业。推动创新型企业建设的目的,是以提升企业自主创新能力为核心,形成和完善有利于自主创新的体制机制,引导和培育一批具有持续创新能力的企业成为国家经济实力和核心竞争力的重要支柱,示范带动广大企业走创新发展道路,促进产业结构调整和经济增长方式转变,从而为国民经济又好又快发展提供支撑。

经过近四年的努力,创新型企业建设取得明显成效。三部门已经选择确定了三批469家创新型试点企业(其中202家已被评价命名为创新型企业),各地方也根据实际组织开展本地区创新型企业建设,目前已经选择确定了3000多家省级或地市级创新型企业及试点企业。这些企业正在成为中国最具创新活力的企业群体,对国民经济和区域发展的贡献不断增强。社会各方集成资源,共同推进创新型企业建设的良好局面基本形成。

2009年,为贯彻落实党中央、国务院关于发挥科技支撑作用促进经济平稳较快发展的战略部署，科技部、财政部、教育部、国资委、全国总工会、国家开发银行联合启动实施国家技术创新工程，进一步整合资源，形成合力，聚焦企业自主创新能力和产业核心竞争力的提升，加快建设以企业为主体、市场为导向、产学研相结合的技术创新体系。这是应对金融危机的当务之急，是实现"转方式、调结构、上水平"的治本之策，是加快国家创新体系建设的战略行动，标志着国家创新体系建设已经站在一个新的起点。国家技术创新工程要求推进创新型企业、产业技术创新战略联盟、技术创新服务平台三大载体建设，形成技术创新体系的整体设计和基本框架。这项工程的实施对于促进科学技术更加主动地为经济发展服务，经济发展更加紧密地依靠科技进步，实现创新驱动发展，具有十分重要的意义。

为了总结创新型企业建设的经验，更好地发挥创新型企业建设的导向作用，科技部、国资委、全国总工会自2009年开始组织编撰《中国创新型企业发展报告》（以下简称《发展报告》）。发展报告为系列年度报告，主要目的是客观反映创新型企业建设的进展和成效，系统总结创新型企业的成长规律，科学引导创新型企业的发展。发展报告的研究对象和范围特指以下企业群体：一是科技部、国资委、全国总工会在国家层面选择确定的创新型试点企业及在试点基础上评价命名的创新型企业；二是各地选择确定的本地区创新型企业及试点企业。

《中国创新型企业发展报告2009》（以下简称《本年度报告》）是系列年度报告的第一卷。《本年度报告》将系统、全面地回顾和反映创新型企业建设自2005年启动以来的进展，总结创新型企业在创新战略、创新管理、创新投入和创新绩效等方面的建设成效，归纳创新型企业发展的特点和规律，并对各地方、各部门推进创新型企业建设的做法和措施进行梳理。

《本年度报告》共有正文五章及重要文献、附录部分。第一章总论，主要概述创新型企业建设的背景和意义，创新型企业建设的战略部署和主要成效等。第二章创新型企业建设态势，详细分析创新型企业的基本概况、经济和创新状况及推动创新型企业建设的实践等。第三章地方创新型企业建设，重点反映和总结各地创新型企业建设的进展、效果、特色做法和主要措施等，并选择若干地区创新型企业建设情况进行介绍。第四章创新型企业案例，选择十多家创新型企业进行案例分析，并在案例研究基础上初步探讨中国企业创新发展的一些共性特点和规律。第五章创新型企业评价指标研究，着重探讨创新型企业的内涵和特点、基于创新依存度的评价指标设计的理论基础和评价指标体系构建及其导向意义等。重要文献部分汇编了过去几年有关领导关于创新型企业建设的重要论述，各部门、各地方出台的相关政策文件等。附录部分包括创新型企业及试点企业应对金融危机情况调查报告摘要、创新型企业建设工作大事记（2005～2008）、创新型企业及试点企业名录等。

《发展报告》既注重实证性、资料性，同时也注重研究性、探索性，希望对推动创新型企业建设具有较强的理论和实践指导价值。《发展报告》尽量采用第一手资料，但鉴于编写工作刚刚起步，信息和数据的采集渠道和采集方式初步建立，信息和数据的针对性、准确性和系统性还有待于逐步改进和完善。

《发展报告》的编写得到各地方、各部门以及众多创新型企业及试点企业的大力支持，《发展报告》的主要编写人员来自科技部、国资委、全国总工会等部门及中国科技发展战略研究院、中国社会科学院、中国科学院研究生院、中国人民大学、上海交通大学、中共中央党校等单位。希望本报告能成为了解和研究中国创新型企业建设的一部重要文献。

《中国创新型企业发展报告》
编写委员会
2009 年 10 月 30 日

目 录

第一章 总 论

一、创新型企业建设的背景和意义 1
 （一）应对国际竞争和建设创新型国家的战略选择 1
 （二）推动经济结构调整和增长方式转变的内在要求 3
 （三）促进区域经济可持续发展的迫切需求 4
 （四）中国企业增强核心竞争力的必由之路 6

二、创新型企业建设的战略部署 7
 （一）建设目标：推动中国企业实现创新驱动发展 7
 （二）主要任务：促进企业成为技术创新主体 8
 （三）培育过程：试点探索—评价导向—促强促优 9
 （四）支持措施：引导创新要素向企业集聚 12

三、创新型企业建设的主要成效 16
 （一）企业自主创新能力持续提升 17
 （二）企业经济实力和国际竞争力不断提高 19
 （三）对区域经济增长的支撑作用更加明显 22
 （四）对国民经济发展的贡献日益增强 23

第二章 创新型企业建设态势

一、创新型企业的基本概况 27
 （一）行业分布：主要集中在 8 个重点行业 27

（二）地区分布：主要集中在沿海经济发达地区 ………………………………… 29
　　（三）企业类型分布：呈现多元化格局 …………………………………………… 31
　　（四）企业规模分布：以大中型骨干企业为主 …………………………………… 33
二、创新型企业经济状况分析 …………………………………………………………… 35
　　（一）经济总量及其增长情况 ……………………………………………………… 35
　　（二）创新型企业经济实力20强 …………………………………………………… 36
　　（三）创新型企业的分类统计 ……………………………………………………… 39
　　（四）创新型企业的经济贡献 ……………………………………………………… 45
三、创新型企业创新状况分析 …………………………………………………………… 45
　　（一）创新投入持续加大 …………………………………………………………… 46
　　（二）创新产出快速增加 …………………………………………………………… 59
　　（三）创新活动日趋活跃 …………………………………………………………… 68
　　（四）创新管理更加完善 …………………………………………………………… 70
四、推进创新型企业建设的实践 ………………………………………………………… 74
　　（一）政府高度重视和支持 ………………………………………………………… 74
　　（二）部门与地方协同推进 ………………………………………………………… 74
　　（三）坚持以企业为实施主体 ……………………………………………………… 76
　　（四）注重建立产学研结合长效机制 ……………………………………………… 76
　　（五）强化体制和机制创新 ………………………………………………………… 77
　　（六）推动职工技术创新活动的开展 ……………………………………………… 78

第三章　地方创新型企业建设

一、地方创新型企业建设进展 …………………………………………………………… 79
　　（一）地方创新型企业建设的进展概况 …………………………………………… 79
　　（二）地方创新型企业建设的主要成效 …………………………………………… 83
　　（三）各地推动创新型企业建设的特色做法 ……………………………………… 91
　　（四）地方推动创新型企业建设的主要措施 ……………………………………… 95
二、部分地区创新型企业建设的探索 …………………………………………………… 100
　　（一）安徽省创新型企业建设 ……………………………………………………… 100
　　（二）福建省创新型企业建设 ……………………………………………………… 104
　　（三）广东省创新型企业建设 ……………………………………………………… 108

（四）甘肃省创新型企业建设 ………………………………………… 113
（五）黑龙江省创新型企业建设 ……………………………………… 117
（六）江苏省创新型企业建设 ………………………………………… 120
（七）内蒙古自治区创新型企业建设 ………………………………… 124
（八）四川省创新型企业建设 ………………………………………… 127
（九）云南省创新型企业建设 ………………………………………… 129
（十）中关村科技园区创新型企业建设 ……………………………… 135

第四章 创新型企业案例

一、综述：探索中国特色的企业创新之路 …………………………… 141
　（一）创新的环境特征：市场化与国际化 …………………………… 141
　（二）创新的市场方向：从利基市场到主流市场 …………………… 142
　（三）创新的能力类型：多种能力并举 ……………………………… 145
　（四）创新的战略路径：从模仿到自主 ……………………………… 147
　（五）创新的活动方式：合作与并购 ………………………………… 148
二、典型企业案例 ………………………………………………………… 148
　（一）振华港机：从外围创新到高集成度创新 ……………………… 149
　（二）三一重工：战略指导下的三位一体创新 ……………………… 156
　（三）中国化工：追求自主知识产权的价值创新 …………………… 163
　（四）华为技术：伺机抢先创新的探路者 …………………………… 169
　（五）海天天线：技术与市场的双重创新 …………………………… 174
　（六）烟台万华：以自主创新打破国外技术封锁 …………………… 180
　（七）汉王科技：以持续创新占领中文识别技术制高点 …………… 184
　（八）国家电网公司：以重大创新工程带动自主创新突破 ………… 190
　（九）中国航天科技：系统工程理念指导下的创新发展 …………… 195
　（十）奇瑞汽车：以技术创新铸就自主品牌辉煌 …………………… 200
　（十一）海信集团：以创新科技为发展的核心基因 ………………… 205
　（十二）万向集团：全球范围整合资源支撑创新发展 ……………… 210
　（十三）吉利集团：从价格取胜向技术领先的战略转型 …………… 216
　（十四）浪潮集团：持续创新战略成就IT领先企业 ………………… 222
　（十五）仁创科技：以产品开发为主线开拓创新 …………………… 227

第五章 创新型企业评价指标研究

一、创新型企业评价研究的背景与要求 ··· 233
　（一）创新型企业概念及评价的提出 ··· 233
　（二）创新型企业的主要特征 ··· 235
　（三）作为政策工具的创新型企业评价 ····································· 239
二、创新型企业评价的方法基础和设计思路 ································· 239
　（一）创新型企业评价的难点与研究路线 ·································· 239
　（二）企业创新评价的国际经验 ·· 241
　（三）基于创新依存度的评价设计思路 ····································· 244
三、评价指标体系与综合评价指数的构建 ···································· 246
　（一）评价指标的选择过程 ·· 246
　（二）"4+1"评价指标体系及诠释 ·· 253
　（三）综合评价指数的构建 ·· 257

重要文献

重要论述 ·· 263
政策文件 ·· 329
地方文件 ·· 382

附录

附录一　创新型企业及试点企业应对金融危机情况调查报告摘要 ················ 417
附录二　创新型企业建设工作大事记（2005~2008） ······························· 421
附录三　创新型试点企业名录 ··· 433
附录四　创新型企业名录 ··· 447

后记 ··· 453

第一章

总 论

当今世界正在发生广泛而深刻的变化，当代中国也正处在一个变革转型的关键时期。中国已经进入必须更加依靠科技进步和创新推进经济社会发展的历史新阶段。面对变幻莫测的世界局势，面对日趋激烈的国际经济与科技竞争，只有不断提高自主创新能力，才能始终把握发展的主动权，增添发展的新优势。企业是经济运行的微观基础，提高自主创新能力的关键是使中国企业真正成为技术创新的主体，培育和造就一批具有核心竞争力和持续创新能力的创新型企业。这是中国经济应对挑战、实现转型升级的必由之路，也是实现前瞻性布局、在下一轮经济增长中谋求有利地位的战略选择。

增强自主创新能力，提升产业竞争力，呼唤一大批拥有自主知识产权和自主品牌、依靠技术创新获得竞争优势和持续发展的创新型企业。为此，科技部、国资委、全国总工会于2005年12月联合启动"技术创新引导工程"，组织开展创新型企业建设。一是引导企业树立创新发展战略，以市场为导向，把创新作为赢得市场竞争的根本途径，把创新战略作为企业发展的主体战略；二是支持企业加强创新能力建设，增加研发投入，加强研发机构建设，凝聚创新人才队伍；三是促进企业创新管理，建立有利于创新的内在机制，在企业中推广应用创新方法，创造自主创新品牌，加强知识产权管理，开展职工技术创新活动，营造企业创新文化。

一、创新型企业建设的背景和意义

（一）应对国际竞争和建设创新型国家的战略选择

当今时代，科学技术日新月异，科技创新成果不断涌现，科技竞争日益激烈，科技进步与创新已成为推动世界经济社会发展和影响政治格局变化的主导性力量。

在经济全球化的过程中，创新能力强的跨国公司已经成为国际竞争的重要角色。据统计，目前，全球跨国公司的总数已超过6万个，产值约占全世界的1/4；贸易额占国际贸易额的60%，技术贸易占60%~70%，专利和技术许可费占98%。跨国公司掌握着众多产业的核心技术，以专利和技术标准作为主导市场竞争的重要手段，占据国际贸易和全球产业分工体系的高端。掌握核心技术的跨国公司和大企业，是当今世界经济强国核心竞争力和经济实力的主要体现者。如美国的波音、通用、微软、英特尔，德国的大众、西门子、博世，日本的丰田、索尼、松下，韩国的现代、三星、LG等，在一定程度上主导着本国乃至全球的科技创新。特别是作为后发国家的日本、韩国等，在短短几十年就步入世界经济强国和创新型国家的行列，正是得益于一批世界级创新型企业的崛起和引领作用。

当前，国际金融危机正在深刻影响着世界经济和产业格局，尤其是传统产业的发展面临越来越苛刻的资源环境约束，这对世界经济持续发展提出严峻挑战，也带来难得的变革机遇。许多国家纷纷推动科技创新以带动经济振兴发展。美国奥巴马政府推出的经济刺激方案就具有浓厚的科技色彩，即使一些基建项目也有很高的科技含量。美国经济刺激方案既注重短期的创造就业等效应，又着眼于长远，通过加大对教育、基础研究和高技术基础设施投入等来提升美国的长期竞争力。尤其是对信息技术领域，奥巴马政府的重视程度堪比克林顿政府，不仅将信息技术视为21世纪基础设施的关键组成部分，而且力图通过实施经济刺激方案等进行力度较大的政府支持。俄罗斯提出要大力发展纳米技术及核能技术，努力保持在航天领域的强国地位，力争在金融危机的大环境下通过推进科技创新为其经济注入新的活力。俄罗斯前总统普京等领导人认为，纳米技术是俄罗斯科技战略的"火车头"。发展纳米技术可以帮助俄罗斯克服全球金融危机带来的诸多影响，切实解决能源等方面的难题。据专家预测，到2015年世界纳米技术产业的产值将从2008年的7000亿美元增长到3万亿美元。目前，俄罗斯在世界纳米产品市场上的份额不到1%，俄政府希望在2015年前将这一份额提高到4%。为此，俄罗斯将着力发展和建立纳米技术工业基础设施，实施纳米技术商业化创新项目。法国政府自金融危机以来，将新能源的开发和利用视为拉动经济的一个重要增长点，出台了一系列政策，希望在重振经济的过程中发挥科技创新的积极作用。2008年11月，法国环境部公布了一揽子旨在发展可再生能源的计划，共包括50项措施，涵盖生物能源、风能、地热能、太阳能以及水力发电等多个领域。计划到2020年将可再生能源在其能源消费总量中的比重提高到至少23%，相当于每年为法国节省2000万吨石油消耗，这对于法国这个能源相对匮乏的国家具有重要意义。该计划还将为法国企业创造巨大商机，为劳动力市场提供大量就业岗位。世界各国的举措表明，金融危机有可能加快推动全球产业结构调整的步伐，催生新兴战略性产业，形成新的经济增长点。

改革开放以来，随着社会主义市场经济体制的逐步确立，一大批充满创新活力的企业迅速成长，促使中国经济成功融入全球经济和产业分工体系，发展成为全球制造业中心，这是中国经济发展的重要成就，为中国经济未来发展奠定坚实的基础。但自主创新能力较弱始终是制约中国经济持续发展的瓶颈，许多重要产业的关键技术仍然受制于人，真正具有国际竞争力的创新型企业还比较少，这直接影响到国家核心竞争力的提升，影响到中国经济的持续发展。

面对日趋激烈的国际竞争，借鉴世界发达国家或地区的经验，党中央、国务院做出走中国特色自主创新道路、建设创新型国家的重大战略决策。2006年全国科技大会及随后发布的《国家中长期科学和技术发展规划纲要（2006-2020年）》明确提出以建立企业为主体、产学研结合的技术创新体系为突破口，全面推进中国特色国家创新体系建设，大幅度提高国家自主创新能力。加快推动技术创新体系建设，关键在于确立企业技术创新主体的地位，引导企业加强自主创新，形成一批具有较强实力和国际竞争力的创新型企业，带动千千万万企业走创新发展道路，实现从代工到自主研发、自主品牌，从制造到整合产业链上下游相关资源，从本土性企业到世界性企业的转型升级，全面提升中国企业产品与服务的品质与价值，打破知识产权、专利和技术标准等新的国际贸易壁垒，降低关键领域和重点行业的对外技术依存度，从而逐步改变中国在国际贸易和全球产业分工体系中的不利地位，努力向全球产业价值链的高端攀升。

因此，推动企业成为技术创新的主体，培育和造就出一批掌握核心竞争力、站在国际产业发展前沿的创新型企业，并示范和引领更多中国企业走创新驱动发展的道路，是积极应对全球化和国际竞争挑战，加快创新型国家建设的战略选择。

（二）推动经济结构调整和增长方式转变的内在要求

当前，中国正处于全面建设小康社会的关键时期，处于改革发展的关键阶段，面临着加快转变经济增长方式，推动产业结构优化升级这一关系国民经济全局紧迫而重大的战略任务。据有关资料分析，中国每创造1美元GDP，能耗相当于德国的5倍、日本的4倍、美国的2倍；中国的劳动生产率仅相当于美国的1/12、日本的1/11；中国以占世界4%的经济总量，消耗了全球石油的7%、原煤和钢材的30%、水泥的40%。从对外贸易格局来看，尽管中国已经是世界贸易的第三大国，但出口产品中拥有自主品牌和知识产权的只占大约10%。尽管中国已经是制造大国，但是石化装备的80%，轿车生产设备、纺织机、数控机床的70%，芯片设备的85%依赖进口。众多行业和企业长期形成的对外技术依赖局面，使得中国经济结构调整步履艰难。

改变上述状况，需要在提高发展水平和解决瓶颈制约两个方面有新的突破。一方面，要依靠科技进步推动产业结构升级，加快发展信息、生物、新能源、新材料等新兴产业，建立与国家发展进程相适应、先进完备的现代产业体系，培育新的比较优势和竞争优势；另一方面，要顺应世界潮流，解决好能源资源节约开发、治理环境污染、应对气候变化等问题，大力发展循环经济、低碳经济，走出一条科技进步和创新主导的新型工业化道路。企业是现代产业体系的载体和推进新型工业化的关键，是产业结构调整和升级的主要力量。只有提升企业的创新能力和竞争力，促使中国企业尽快走出传统发展模式，逐步摆脱对要素投入驱动发展的路径依赖，走上依靠创新驱动发展的道路，才能形成中国经济内生的增长动力，提升产业核心竞争力，推动产业结构的调整优化升级，实现国民经济又好又快发展，维护国家经济安全。

当前，我国经济正在遭受国际金融危机的严重影响，从这次危机中不同企业的生存状况可以看出，一些拥有核心技术和自主知识产权的企业不仅没有受到影响，有的还扩大了市场，创新构成了企业应对金融危机的"生命线"；而一些企业特别是中小企业遇到较大的经营困难，深层次原因在于缺乏核心技术，相当多的企业处于国际产业分工体系的低端，产品附加值低，缺乏市场竞争力。纵观历史，近代以来的每一次经济危机之后的经济复苏都离不开科技创新。科技创新能够创造新的经济增长点，创新发展模式，催生新一轮的经济繁荣。应对金融危机必须加快科技创新，并尽快把技术转化为生产力，促进广大企业提高技术水平，调整产品结构，提高产品质量，开发适销对路的新产品，积极开拓市场，增强应对危机的能力。

因此，推动创新型企业建设，引导企业把创新作为重要发展战略，促进创新资源向企业集聚，着力增强企业自主创新能力，是摆脱技术的低端锁定，从根本上转变中国的经济发展方式，推动产业结构调整优化升级，实现科学发展的内在要求。

（三）促进区域经济可持续发展的迫切需求

改革开放以来，中国经济发展实质上是遵循非均衡发展规律，长三角、珠三角等东南沿海地区依靠先行先试的政策优势及区位优势率先发展起来，成为带动中国经济增长的火车头。但近年来，越来越多的迹象显示，依赖廉价劳动力、拼资源、拼能源的粗放型增长模式已经难以支撑中国区域经济的可持续发展，许多地区面临着经济转型和产业升级的巨大压力。

例如，浙江是改革开放以来中国经济最活跃的地区之一，但近年来其经济发展模式面临困境，土地、资源、环境等问题随着经济的发展日益突出。据浙江省统计局的相关报告，2003年，浙江省每生产1亿元GDP需排放28.8万吨废水，生产1亿元工业增加值排放2.38亿标立方米工业废气，产生0.45万吨工业固体废物。上述3个指标分别比1990年增长84.8%，3倍和1.3倍。环境污染的加剧导致治理污染费用不断增加,2003年,浙江省环境污染治理投资总额达231.68亿元,比上年增长33%,支出占当年GDP的2.5%。而且由于难以建立资源环境统计与估价制度,更多的资源耗减与环境污染所引起的生态环境恶化,还无法核算。[①] 特别是自金融危机以来,浙江经济赖以高速增长的出口导向路径遭遇重创,GDP、财政收入等经济指标的增速排在全国后几位,尤其是工业增速更是自2004年6月至今持续50多个月下滑。为此,浙江省委、省政府面对长期积累的经济结构性、素质性、体制性矛盾以及自主创新能力和产业竞争力亟待增强的现实,提出利用国际金融危机形成的倒逼机制,推动产业结构调整。

珠三角地区也面临同样状况,国务院颁布的《珠江三角洲地区改革发展规划纲要(2008-2020年)》认为,改革开放以来珠三角地区取得长足的发展,奠定了建立世界制造业基地的雄厚基础,成为推动中国经济社会发展的强大引擎。但由于产业层次总体偏低,产品附加值不高,贸易结构不够合理,创新能力不足,整体竞争力不强等问题,加之资源环境约束凸显,其传统发展模式难以持续。据广东省的统计,全省高新技术企业对外技术依存度达到70%以上,IT产业85%以上的核心技术和专利都被国外企业掌握,高新技术领域来自国外的发明专利占了90%,主要高新技术产品达到国际领先水平的只占5.7%。由于缺乏核心技术,企业不得不将每部国产手机售价的20%、计算机售价的30%、数控机床售价的20%~40%支付给国外专利持有者。每次发生国际危机和风险,对外依存度高的广东都首当其冲、深受其害。在当前国际金融危机对实体经济影响深刻的背景下,该地区发展再次受到严重冲击。自主创新能力弱、核心竞争力不强被认为是广东省可持续发展的最大隐忧。[②] 上述问题也出现在国内其他一些地区,如何破解发展困境,变压力为动力,化挑战为机遇,在危机中实现新旧增长方式转换已经成为各地区发展的共同诉求。

世界发达国家或地区的经验表明,区域经济的可持续发展需要内生性的区域创新体系的支撑。而区域创新体系建设的战略重点是加强技术创新体系建设和培育企业技术创新主体地位。对特定地区来说,只有加强企业的自主创新,建立起适合自身特点的技术创新体系,支撑发展独具特色的经济和产业结构,才能有效地形成区域竞争优势,增强区域竞争力,培育税源,增加财政收入,提高人民的收入和福利。为此,一个地区实现持续发展的关键是针对自身的特点和优势,选择适合的发展路径,实施有效的创新战略,并通过积极的政策导向,培育和凝聚创新要素,并将创新要素引导到企业中,使企业逐步成为科技成果的主要吸纳者、创新人才和创新经费的主要投入者、知识产权的主要拥有者、新技术的主要创造

---

① 浙江省统计局课题组:《浙江省GDP增长中的代价分析》,2004年。
② 黄华华:《在全省推进自主创新工作现场会上的讲话》,2009年8月11日。

者及产业未来技术的主要引领者,建立和完善独具特色和优势的区域创新体系,构建创新型、开放型经济体系,才能保持区域经济持续增长的动力。

因此,加快培育创新型企业是区域创新体系建设的核心任务,是打造和提升区域竞争优势的重要途径,是实现区域经济可持续发展的迫切需求。

(四) 中国企业增强核心竞争力的必由之路

改革开放以来,中国企业的成长和发展过程呈现明显的阶段性特征。20世纪80年代,随着"科学的春天"的到来,技术进步对企业发展的支撑作用日益明显。当时在中国生产技术水平普遍偏低的情况下,通过大规模的技术引进,如当时的"三千项计划"和"12条龙计划"等,[①] 使多个领域迅速形成生产能力,有些领域填补了国内空白,企业产品质量也明显提高。与此同时,随着经济体制改革的不断深化,社会主义市场经济体制逐步建立,企业市场主体的地位得以逐步确立,现代企业制度建设取得突破性进展,企业活力得到释放。到20世纪90年代后期,随着中国经济社会发展和国际竞争的日趋激烈,中国企业发展对科技创新的依赖程度日益加深,尤其是伴随着中国经济的快速增长和产业技术水平的逐步提升,再依赖技术引进实现持续增长的道路难以为继,培育和提高自主创新能力就成为大幅度提升企业竞争力的必然选择。

进入21世纪,中国加快了经济结构战略性调整,走新型工业化道路的步伐。2004年,中央经济工作会议提出自主创新是推进经济结构调整的中心环节;2005年,十六届五中全会提出"把增强自主创新能力作为科学技术发展的战略基点和调整产业结构、转变增长方式的中心环节,大力提高原始创新能力、集成创新能力和引进消化吸收再创新能力";2006年,全国科技大会提出走中国特色自主创新道路,建设创新型国家的重大战略。在新形势下,中国企业的创新意识和积极性空前提高,企业创新活动更加活跃。据《中国统计年鉴2009》,2008年,全国规模以上工业企业研发经费投入达到3073.1亿元,占全社会研发经费投入(4616.0亿元)的比重达66.6%。2008年,国内发明专利职务申请量的增长主要来自企业,总量达到9.6万件,占发明专利职务申请总量的68.1%。中国已经涌现出一批具有较强经济实力和创新能力的企业,开始进入依靠创新提升竞争力,实现持续发展的阶段。这些企业有的通过原始创新成果的产业化,占领国际市场;有的坚持在吸收国外先进技术的基础上自主开发,打造自主品牌,提高市场竞争力,成为中国经济发展的中坚力量。

---

① "三千项计划"是指1983~1985年国家投资30亿美元重点引进3000项先进技术对企业进行技术改造;"12条龙计划"是指1986年国家制定的彩电国产化、数控机床、特殊钢连续铸造等12个重大项目计划,通过组织科研单位、大学、企业共同合作,对引进技术进行消化吸收。这两项计划的实施,促进了中国产业整体水平的提高。具体参阅《中国工业发展报告2008》,经济管理出版社2008年。

但与此同时，中国企业在总体上自主创新能力还不强，许多企业还没有真正成为技术创新的主体，存在创新能力薄弱、创新投入不足、创新体制不顺、创新机制不畅等突出问题。中国企业在应对国际竞争中处于劣势的局面尚未根本改变。据统计，目前全世界90%以上的发明专利都被少数发达国家掌握，国外跨国公司凭借其技术优势，占据全球产业分工体系的高端，形成对全球市场特别是高技术产品市场的高度垄断，获取大量超额利润。相比之下，中国企业由于自主创新能力较弱，许多企业的核心技术和装备基本上依赖进口，缺乏具有自主知识产权的核心技术，装备制造业水平长期得不到提高，在一些产业领域表现出不同程度的对外技术依赖。2007年，全国3.6万多家大中型企业开展研发活动的只占24.7%。企业创新投入严重不足，全国大中型企业研发经费投入仅占主营业务收入的0.81%。在创新产出方面，据中国专利局专利授权量统计，国外发明专利授权量长期以来一直高于国内发明专利授权量，只是近年来差距趋于缩小，2005～2007年，国内发明专利授权量分别为20705件、25077件、31945件，国外发明专利授权量分别为32600件、32700件、36003件。国内近千万家注册企业拥有自主知识产权核心技术的企业仅为0.3‰，98.6%的企业从未申请过专利。

因此，中国企业要大幅度提升市场竞争力，增强参与国际竞争的能力和自信必须采取切实有效的步骤和行动，着力提高自主创新能力。创新型企业建设契合了现阶段中国企业追求持续发展和增强核心竞争力的现实需求。

二、创新型企业建设的战略部署

科技部、国资委、全国总工会按照党中央、国务院加强自主创新的要求，根据国家科技发展的总体战略，对组织开展创新型企业建设进行了认真谋划和统筹部署。

（一）建设目标：推动中国企业实现创新驱动发展

为进一步增强企业自主创新能力，加快建立以企业为主体、市场为导向、产学研相结合的技术创新体系，科技部、国资委、全国总工会于2005年12月联合启动"技术创新引导工程"。"技术创新引导工程"旨在促进企业成为技术创新的主体，提升企业核心竞争力，增强国家自主创新能力，为建设创新型国家提供有力支撑。"技术创新引导工程"提出三大目标：一是引导形成拥有自主知识产权、自主品牌和持续创新能力的创新型企业；二是引导建立以企业为主体、市场为导向、产学研相结合的技术创新体系；三是引导增强战略产业的原始创新能力和重点领域的集成创新能力。据此，"技术创新引导工程"确定了六项重点内容：一是开展创新型企业试点工作；二是引导和支持若干重点领域形成产学研战略联盟；

三是优化资源配置,加大对企业技术创新的引导;四是加强企业研究开发机构和产业化基地建设;五是加强面向技术创新的公共服务平台建设;六是激励广大职工为企业技术创新建功立业。

组织开展创新型企业建设是技术创新引导工程的首要内容之一。创新型企业是依靠创新实现持续发展的企业形态,其外在的显著特征是企业拥有自主知识产权和自主品牌,具有较强的持续创新能力。创新型企业建设是将政府引导与市场机制相结合,优化资源配置,集成各方优势,加大对企业自主创新的支持,引导企业走创新发展的道路。有关部门提出,争取在3~5年内,在建设以企业为主体、市场为导向、产学研相结合的技术创新体系上取得突破性进展。促使企业确立技术创新的主体地位,重点行业和关键领域的技术创新能力大幅度增强,产学研结合更加紧密,培育打造一批拥有自主知识产权、持续创新能力和较强经济实力的创新型企业,形成中国创新型企业500强,促使一批中国优秀企业跻身世界一流企业的行列,并示范带动更多的企业走上创新驱动发展的道路。

(二) 主要任务:促进企业成为技术创新主体

开展创新型企业建设的主要任务,是促使企业尽快成为技术创新主体。创新型企业建设的主体是企业,政府相关部门的职责是着力营造政策环境,给予支持和组织实施。社会各界也有责任积极参与,共同营造良好的社会氛围。

创新型企业建设在中央和地方两个层面共同推进。科技部、国资委、全国总工会等部门研究制定创新型企业试点工作实施方案,按照确定的标准在全国各地方和行业选择一批符合条件的企业进行试点。对三部门联合确定的试点企业给予优先支持,推动试点企业建立和完善有利于创新的体制和机制,激励试点企业加大研发投入、健全研发机构、培育创新人才,增强技术创新的内在动力和能力,支持试点企业加强管理创新和创新文化建设。在试点工作基础上,三部门研究制定相应的评价指标体系和评价办法,组织开展评价工作,对符合条件的试点企业,命名为创新型企业。并通过评价的导向作用,引导全社会更多企业加强自主创新,走上创新发展的道路。

各地方相关部门按照三部门的统一部署,一方面,初选推荐本地区的优秀企业参与国家层面的试点工作,并对国家层面确定的试点企业进行联系、管理、指导和支持;另一方面,结合本地区实际,制定本地区的试点工作方案,组织开展本地区创新型企业试点工作。国家相关部门对地方试点工作提供指导,组织试点情况的调研和交流。

创新型(试点)企业[①]的主要任务可以概括为以下六个方面:一是确立以创新

---

① 本报告用"创新型(试点)企业"泛指认定或评价命名的创新型企业和试点企业。

为核心的发展战略。逐步树立创新核心理念，以提升创新能力为核心，制定企业创新发展战略和规划。二是加强研发能力建设。重视企业研发机构建设，增强技术研发能力，提高成果产业化能力，推进产学研合作，发起或参与技术标准制定。三是加大研发投入力度。增加企业自身研发投入，积极承担国家及行业科研任务，改善科研仪器设备及中试装置，提高研发投入占销售收入的比重。四是培养创新人才队伍。加强管理人员科技培训、职工技能培训，加强科技人员继续教育。与高等学校、科研院所联合培养研究生。重视发挥职工技术协会的作用，不断总结推广新技术、新工艺、新操作法，善于发现人才、培养人才、提高职工创新意识。五是加强知识产权工作。制定并实施企业知识产权战略和自主品牌战略，加强知识产权的创造、保护、管理和运用，建立并完善企业技术标准和质量保证体系。六是完善创新激励机制。推动技术要素参与分配，建立内部员工股权激励机制，鼓励职工开展技术革新、技术攻关、技术发明等创新活动，营造创新氛围，培育企业创新文化。

组织开展创新型企业建设，体现政府在新时期引导和扶持企业增强创新能力、提高创新水平的职责和定位。一方面，创新型企业建设是技术创新引导工程的重要内容之一，与产业技术创新联盟构建、技术创新服务平台建设、创新环境营造等工作相互协调，密切配合，共同推进；另一方面，创新型企业建设涵盖企业研发能力建设、创新人才队伍培养、创新战略和管理制度建设、创新体制和机制形成等，是企业综合能力和核心竞争力的培育和提升过程。此外，创新型企业建设还是一项部门与地方协力推进、全社会共同参与的系统工程。

（三）培育过程：试点探索—评价导向—促强促优

经过几年的试点推动，基于市场机制和政府引导相结合的基本原则，逐步形成"试点探索—评价导向—促强促优"的创新型企业培育路径。

1. 组织试点，探索创新型企业建设途径

创新型企业的培育，是在遵循市场规律和企业成长规律的基础上，发挥政府引导作用而开展的一项具有很强探索性的工作。因而率先启动试点工作是推进创新型企业建设的第一步。2006年，科技部、国资委、全国总工会联合印发《关于开展创新型企业试点工作的通知》（国科发政字［2006］110号），颁布《创新型企业试点工作实施方案》，明确试点工作的目标、原则和试点企业选择条件和选择范围等，正式组织开展试点工作。

围绕促进企业成为技术创新主体，增强企业自主创新能力的要求，三部门确定了试点工作需要遵循的主要原则。一是突出引导。突出政府的引导作用，充分发挥市场在资源配置中的基础性作用，激发企业的创新活力，促进企业成为研究

开发投入的主体、技术创新活动的主体和创新成果应用的主体，提高企业的持续创新能力。二是注重集成。把扶持企业技术创新的科技计划、基地建设、人才培养等措施有效地集成起来，整合资源、形成合力，加大对企业自主创新的支持。三是分类指导。选择不同类型的企业开展试点工作，根据各自特点探索具有针对性的支持措施和相应的评价办法；区别不同地方情况，指导其根据各自特点开展试点工作。分期分批推进试点和评价命名工作。四是重点推进。选择具有代表性的企业开展试点工作，进行重点引导和支持，发挥其对各类企业的辐射和示范作用。

根据中国企业的现状，试点企业主要从国有骨干企业、企业化转制院所、高新技术企业和其他主要依靠创新发展的企业中选择。国有骨干企业是指中央和地方国资委分别监管的企业；企业化转制院所是指中央和地方已实施企业化转制的应用开发类科研机构；高新技术企业是指经认定的高新技术企业；其他企业主要是指除上述三类企业之外主要依靠创新发展的企业，包括科技型中小企业、民营科技企业等。

结合中国企业创新实际状况，三部门从技术创新、品牌创新、体制机制创新、经营管理创新、理念和文化创新等方面确定了试点企业的选择条件。主要包括：一是具有自主知识产权的核心技术。掌握企业发展的核心技术并具有自主知识产权，整体技术水平在同行业居于领先地位。积极主导或参与国际、国家或行业技术标准的制定工作。二是具有持续创新能力。在同类企业中，研发投入占年销售收入比例较高，有健全的研发机构或与国内外大学、科研机构建立了长期稳定的合作关系。在领先的技术领域具有较强的发展潜力。重视科技人员和高技能人才的培养、吸引和使用。三是具有行业带动性和自主品牌。在行业发展中具有较强的带动性或带动潜力。注重自主品牌的管理和创新，通过竞争发展，形成了企业独特的品牌，并在市场中享有相当知名度。四是具有较强的盈利能力和较高的管理水平。企业近三年连续盈利，整体财务状况良好，销售收入和利润总额呈稳定上升势头。建立了比较完善的知识产权管理体系和质量保证体系。五是具有创新发展战略和文化。重视企业经营发展战略创新，努力营造并形成企业的创新文化，把技术创新和自主品牌创新作为经营发展战略的重要内容。

同时，参与试点的各类企业还需要满足以下条件：一是国有骨干企业，要有明确的技术创新战略并贯彻实施，主导产品具有明显的国际竞争优势，拥有国际或国内著名的自主品牌产品等；二是转制院所，应在转制改革中发挥示范带动作用，承担国家和企业科研任务较多，自身科研投入较大，科研仪器设备条件比较先进，有较强的面向行业开展技术研发服务和推广应用的能力等；三是高新技术企业，研发经费投入占销售收入的比重达到5%以上，大专以上学历的科技人员和专职科研人员占企业职工总数的比例分别不低于30%和10%，创新产品及技术性收入占销售收入的50%以上，具有较强的技术储备能力和发展后劲等；四是其他企业，应具有自主创新成果，不断创新企业发展的体制和机制，企业成长性强，具有较大的发展潜力，在行业技术发展中能够发挥引领和带动作用等。

根据试点工作的原则、试点企业的遴选范围和条件，三部门分批选择确定试点企业，并根据企业实际需要给予相应的支持，引导企业完善和落实试点方案，实施企业创新战略，加大技术创新投入，优化创新资源配置，加强创新团队和研发体系建设，强化知识产权的创造、保护和应用，开展各种形式的产学研合作，着力培育企业创新能力，提高创新效率，掌握核心技术和自主知识产权，促使企业尽快成为研发投入的主体、技术创新活动的主体和创新成果应用的主体。

2. 开展评价，发挥政策导向作用

在创新型企业试点工作的基础上，组织开展对试点企业的评价，是推动创新型企业建设的关键环节。通过评价工作，运用科学的评价指标和方法，可以帮助企业对其创新能力和创新活动进行评判，发现自身的不足和问题，采取有针对性的解决措施。同时也帮助政府部门了解试点工作的成效和问题，为制定更有针对性的扶持政策措施提供客观依据。为此，科技部、国资委、全国总工会于2008年联合印发了《关于开展创新型企业评价工作的通知》（国科办政〔2008〕40号），制定了创新型企业评价指标体系，确定评价的组织和程序等，启动创新型企业的评价工作。

创新型企业评价的基本依据是三部门研究制定的创新型企业评价指标体系，创新型企业评价指标的设计和选择主要基于对企业创新投入、创新产出和创新活动的衡量。通过对国内外企业创新评价的研究，三部门确定了包括研发经费投入占主营业务收入的比重、千名研发人员拥有授权发明专利量、新产品（工艺、服务）销售收入占全部销售收入比重、全员劳动生产率以及创新组织与管理等内容构成的评价指标体系（"4+1"指标体系）。[①] 这些指标比较系统、全面地反映了企业发展对创新的依存程度。

依据创新型企业评价指标体系，三部门成立联合工作组，组织开展创新型企业评价工作。通过企业自评估、地方和部门初审、专家综合评审、三部门共同审议等程序，最终确定"创新型企业"名单并正式公布。

针对试点企业设计的评价指标体系，体现了政府促进企业自主创新、增强自主创新能力的政策导向。通过开展评价，在遴选出一批具有较强创新能力的优秀企业的同时，也充分发挥评价的政策导向作用，在全国范围示范和引领更多的企业走创新发展道路。

---

① 有关创新型企业的评价指标体系请参阅第五章"创新型企业评价指标研究"。

3. 集成资源，促进创新型企业做强做大

经过试点推动和评价命名一批创新型企业，只是创新型企业建设取得的阶段性成果。进一步的工作是要引导和帮助已经进入创新型企业行列的企业从新的起点出发，巩固试点成果，把已经形成的好做法制度化、规范化，形成持续创新的长效机制，不断提升自主创新能力。主要包括：落实企业创新发展的战略规划，完善持续增加研发投入的保障机制、创新要素参与分配的激励机制；加强知识产权管理和标准制定，把知识产权的创造、保护和应用贯穿于企业技术创新的全过程；从企业长远发展出发，持续加强创新人才队伍建设；探索和创新产学研结合的组织模式和运行机制，强化产学研合作的组织和机制保障，形成符合市场经济规律和持续创新需求的产学研合作关系等。

有关部门将集成资源，继续加大对创新型企业的扶持力度。通过支持创新型企业承担国家和地方科技计划项目，建设国家级和省级重点实验室、企业技术中心、工程技术中心；支持有条件的企业牵头组建或参加产业技术创新战略联盟；完善科技奖励制度等，引导企业持续加强创新能力建设，建立健全技术创新内在机制。同时，加强创新型企业的动态管理，形成优胜劣汰的竞争机制。通过各方的共同努力推动企业技术创新主体地位的真正确立，培育形成中国创新型企业500强，促使一批优秀企业跻身世界一流创新型企业行列，进而带动更多的企业走创新驱动的发展道路，为创新型国家建设奠定坚实的微观基础。

通过国家层面的示范带动，各地结合本地区实际，参照国家层面创新型企业建设的部署和推进步骤，研究制定本地区创新型企业建设方案，组织开展本地区创新型企业建设，培育形成一批区域性的创新型示范企业，带动更多企业更加积极主动地开展创新活动，为区域经济的可持续发展提供有力支撑。

（四）支持措施：引导创新要素向企业集聚

推动创新型企业建设既要发挥企业的主观能动性，也需要政府有关部门采取积极有效措施，集成创新资源，加大工作力度，引导和支持政策、人才、技术、资金、管理和公共服务等创新要素向企业集聚，为企业发展创造良好的创新条件和创新环境。

1. 引导和支持政策要素向企业集聚

政策要素是企业创新发展的重要保障，也是政府促进企业技术创新的基本手段。随着《国家中长期科学和技术发展规划纲要（2006－2020年）》若干配套政策和实施细则的出台，形成了包括科技投入、税收优惠、金融支持、政策采购等一系列创新政策，有利于企业自主创新的政策体系正在逐步完善。当前关键是要

抓好激励企业自主创新的政策及实施细则的落实工作，重点促进企业研发费用的税前抵扣政策、自主创新技术和产品的政府采购政策、激励企业创新的金融支持等政策的落实，使各项政策切实落实到企业。2006年，为引导和支持企业开发自主创新产品，科技部、国家发改委、财政部联合制定《国家自主创新产品认定管理办法（试行）》，建立国家自主创新产品认定制度。首批试点认定了243项国家自主创新产品，后序批次产品的认定工作正在稳步推进。2008年，国家税务总局出台了《企业研发费用税前扣除管理办法（试行）》。同时，建立了政策跟踪研究和评价机制，使各项政策措施在实践中不断完善。

各地也纷纷出台了对创新型企业建设的支持政策，如安徽省规定对合芜蚌试验区内的创新型企业各项行政性收费的省市留成部分，实行免征，创新型企业所缴纳企业所得税新增部分的省、市留成部分，3年内全额奖励企业；四川省在省级创新型企业群体中率先落实企业研发费用150%加计扣除等政策。

2. 引导和支持人才要素向企业集聚

人才要素是企业实现创新发展的根本所在，是获取竞争优势最宝贵的战略资源。有关部门通过营造有利于科技人才向企业流动的机制和环境，促进企业、大学、科研机构的人才交流；鼓励建立有利于科技人才在企业成长和发展的激励机制和管理模式，推行以人为本的创新管理，形成事业留人、待遇留人、感情留人的良好环境和氛围；推动企业与大学、科研机构建立合作培养企业创新人才队伍的共建机制，鼓励企业与大学科研机构联合培养研究生，共同培养企业所需要的各类创新人才；面向创新型企业的科技和管理骨干开展创新政策、知识产权、金融、创新方法、竞争情报等培训。鼓励企业加强职工技术和技能培训，提高广大职工的技术素养和能力。2009年，按照中央人才工作协调小组的部署，以企业为重要载体之一开展海外高层次人才引进工作（"千人计划"）①，该计划正在成为创新型企业引进高层次创新人才的重要渠道。有关部门组织的科技管理培训、中国—欧盟科技培训等也进一步丰富了创新型企业培养人才的手段。全国总工会也在试点企业开展"创建学习型组织、争做知识型职工"活动，引导职工积极开展合理化建议、技术革新、技术攻关、技术协作、发明创造等活动。

创新型企业人才队伍建设受到各地方的高度关注，如广东省开展"企业科技特派员"工作，引导科研人员为企业服务；四川省提出开展企业技术创新专员试点，促进企业用好创新政策；江苏省启动实施"江苏高层次创新创业人才引进计

---

① 2009年1月，中共中央办公厅转发《中央人才工作协调小组关于实施海外高层次人才引进计划的意见》，海外高层次人才引进工作（简称"千人计划"）主要是围绕国家发展战略目标，在未来的5~10年内为国家重点创新项目、重点学科和重点实验室、中央企业和国有商业金融机构、以高新技术产业开发区为主的各类园区等，引进并有重点地支持一批能够突破关键技术、发展高新产业、带动新兴学科的战略科学家和领军人才来华创新创业。

划"和"江苏科技创新创业双千人才工程",以企业为主体,省市县三级联动,项目资助、平台支撑、待遇奖励、股权激励等措施相结合,着力推动高端人才向企业集聚。吸引领军人才、引进海外高层次创新创业人才和培养企业高层次技术人才并举,借助人才优势提升企业创新能力。

3. 引导和支持技术要素向企业集聚

技术要素特别是具有自主知识产权的关键技术是企业实现创新发展的核心要素,是企业竞争力的重要组成。有关部门积极支持企业加强创新能力建设,建立和完善研发机构,完善有关规划和管理办法,在具备条件的企业建设国家重点实验室、国家工程技术研究中心、企业技术中心等。2006年,科技部为推动"技术创新引导工程"实施,下发了《关于认定"国家认定企业技术中心"的通知》(国科发高字〔2006〕14号),对北大方正集团有限公司等118家企业的技术中心给予认定。其中一半以上是创新型企业所属的研发机构。目前,国家认定企业技术中心工作由国家发改委、科技部、财政部、税务总局、海关总署共同开展,已认定575家企业技术中心。2006年,科技部还制定并发布《关于依托转制院所和企业建设国家重点实验室的指导意见》(国科发基字〔2006〕559号)等政策文件。首批已批准建立36个企业国家重点实验室,其中有30个建在试点企业。第二批企业国家重点实验室建设工作正在推进中。科技部等部门坚持需求导向,支持企业承担国家科技计划项目及地方科技项目,开展技术攻关,破解发展难题,掌握核心关键技术,形成自主品牌。2006年,科技部、国家发改委等部委发出《关于征集企业核心技术需求的通知》(国科发高字〔2006〕51号),对进入"国家认定企业技术中心"范围的企业征集其核心技术的需求。在具有明确或潜在市场应用前景的领域,支持优势企业牵头或参与承担国家及地方重大与重点科技项目。目前,创新型企业已经成为承担国家和地方科技计划项目的重要力量。有关部门还着力推进产学研结合,创新和完善大学、科研院所的科技成果向企业转移机制,引导更多的高新技术和先进适用技术流向企业。2008年12月,科技部、财政部、教育部、国资委、全国总工会、国家开发银行等部门出台《关于推动产业技术创新战略联盟构建的指导意见》(国科发政〔2008〕770号),提出以国家战略产业和区域支柱产业的技术创新需求为导向,以形成产业核心竞争力为目标,以企业为主体,围绕产业技术创新链,运用市场机制集聚创新资源,实现企业、大学和科研机构等在战略层面有效结合,推动产业技术创新战略联盟的构建,共同突破产业发展的技术瓶颈,加快提升产业技术创新能力。

4. 引导和支持资金要素向企业集聚

资金要素是企业实现创新发展的基本条件,融资难问题是制约成长型中小企业发展的主要瓶颈。有关部门积极探索科技金融结合的有效途径，拓展和创新企业投融资渠道和方式，引导资金要素向企业集聚。主要措施包括：加大引导性资金的投入，综合运用无偿资助、贷款贴息、后补助、偿还性资助等多种投入方式支持企业增强自主创新能力；建立创业投资引导基金，发展风险投资，推进信贷担保、知识产权质押贷款等工作的开展；推动构建和完善多层次资本市场，建立和完善技术产权交易市场；引导和鼓励各类金融机构和民间资金支持企业技术创新，发展面向企业技术创新的金融产品和服务等。2007年，国家开发银行、科技部联合发布《关于对创新型试点企业进行重点融资支持的通知》（开行发［2007］225号），旨在通过开发性金融合作支持企业增强自主创新能力。科技部还积极联合保监会开展科技保险试点，与银监会合作加大对科技型中小企业的贷款支持。

各地方也积极开展科技金融工作，如安徽省通过软贷款和知识产权质押等方式支持创新型企业；广东省探索通过科技担保支持创新型企业；北京市和中关村科技园区积极支持创新型试点企业改制上市，优先推荐试点企业在非上市股份有限公司股份报价转让系统（新三板市场）挂牌及创业板上市。

5. 引导和支持管理要素向企业集聚

创新管理是企业实现创新发展的关键要素，创新型企业必然是管理创新的实践者和先行者。通过创新型企业建设引导企业引进和吸收先进的管理理念，创新管理模式，建立适应现代企业制度和创新要求的管理体制和机制；促进企业制定知识产权战略，注重建立健全企业知识产权管理机构，加强知识产权的创造、运用、保护和管理，积极开展和参与技术标准的制定，致力于塑造自主品牌；引导和支持企业形成尊重人才、崇尚创新、宽容失误、和谐奋进的创新文化。2009年，国资委印发《关于加强中央企业知识产权工作的指导意见》（国资发法规［2009］100号），提出以研究制定企业知识产权战略为核心，以拥有核心技术的自主知识产权、打造中央企业知名品牌、争取国际标准的话语权为知识产权工作开展的主线，大力提升中央企业知识产权创造、应用、管理和保护的能力与水平，增强企业国际竞争力。

6. 引导和支持公共服务要素向企业集聚

公共服务是企业实现创新发展的重要支撑条件，也是在市场经济条件下现代企业发展所必需的支撑平台。通过创新型企业建设引导社会公共服务资源向企业集聚，建立产学研结合机制，构建面向企业技术创新的公共平台，促进国家实验室、大学、科研机构、工程中心、检测中心、大型仪器中心等向企业开放，服务于企业的创新需求。科技部于2006年发布了《关于进一步推动科研基地和科研基础设施向企业及社会开放的若干意见》（国科发基字［2006］558号），鼓励科研基地和科研基础设施加强与企业合作。加强社会化的科技中介服务体系建设，加大对技术市场、生产力促进中心、科技企业孵化器、科技咨询机构和创业投资服务机构等科技中介服务机构的扶持力度，为企业尤其是中小企业技术创新提供更好的公共服务。通过整合资源，建立共建共享机制，推进适应企业创新需求的社会化、网络化和多样化的信息平台建设，为企业提供创新信息资源开发服务，促进企业信息化建设。如科技部组织开展的企业竞争情报服务体系建设，通过支持重点行业（领域）专利信息平台建设，提升企业内在创新能力。

此外，各地方、各部门加大对企业技术创新的表彰和奖励力度。国家有关部门批准设立国家科技进步奖企业技术创新工程项目，加强对企业系统谋划和实施技术创新工程的奖励，对创新业绩突出的企业给予优先奖励。根据《关于组织推荐2009年度国家科技进步奖"企业技术创新工程项目"的通知》（国科政函[2009] 01号），国家科学技术进步奖"企业技术创新工程项目"须同时符合以下三方面条件：创新性突出、经济效益或社会效益显著、推动行业或产业科技进步作用明显。2009年，奇瑞汽车股份有限公司等5家创新型企业首次获得此奖项，产生了积极的社会反响。有关部门对成绩特别突出且符合条件的创新型（试点）企业，推荐授予"全国五一劳动奖状"。各地也采取一系列的奖励措施，如福建省2009年科学技术奖新设"企业技术创新工程项目奖项"，授予对象限于创新型企业；云南省对获得"省自主创新型企业"称号的企业，省科技厅、省国资委、省工信委、省总工会四部门联合向省政府建议以省政府名义对试点企业和试点工作中成绩突出的个人给予表彰、奖励，优先推荐申报"全国五一劳动奖状"和"全国五一劳动奖章"。

三、创新型企业建设的主要成效

经过几年的试点推动，创新型企业建设取得积极成效。越来越多的国家、区域和行业骨干龙头企业加入到创新型企业建设行列。迄今为止，科技部、国资委、全国总工会先后在国家层面选择确定了三批469家试点企业，并在试点基础上，评价命名了两批共202家创新型企业。各地也先后选择确定了3000多家省级或地市级创新型（试点）企业，初步形成创新型企业群体。这都表明依靠创新驱动发展的意识已经或正在被越来越多的企业所接受，自主创新日益成为更多企业的自觉行为，这很好地契合了政府促进企业尽快成为技术创新主体的目的。创新型（试点）企业的创新能力和竞争力也得到进一步提升，对国民经济、区域发展和行业科技进步的贡献日益增强，示范带动作用更加明显。

（一）企业自主创新能力持续提升

在国家战略和政策的引导和扶持下，创新型（试点）企业无论在制定创新战略和规划，完善创新体制和机制，改善创新基础设施条件，还是在加大研发经费支出、专利、新产品等创新产出以及开展创新活动等方面都发挥着积极示范作用。创新型企业已经成为实施自主创新国家战略最积极的企业群体，成为中国企业提升自主创新能力的典范。

在研发经费投入上，据对国家层面选择确定的465家创新型（试点）企业的不完全统计，2008年，企业研发经费支出总额达到2099亿元，占全年全国研发经费支出总额（4616.0亿元）的比重为45.5%；研发经费投入占主营业务收入的比重为1.75%，远高于全国大中型工业企业（0.84%）和规模以上工业企业（0.61%）；研发经费投入强度（与增加值之比）为7.03%，也远高于1.54%的全国研发经费投入强度（与国内生产总值之比）。[①] 说明创新型企业更加重视对创新的投入，已经成为研发投入的重要力量。

发明专利是企业创新活动的重要产出之一。据统计，465家创新型（试点）企业2008年发明专利申请数达到32732件，占全年受理的国内外发明专利申请数（29万件）的11.3%，占全年受理的国内发明专利申请数（19.5万件）的16.8%；企业发明专利授权数达到8419件，占全年国内外发明专利授权数（9.4万件）的9.0%，占全年国内发明专利授权数（4.7万件）的18.1%；截至2008年底，企业拥有的授权发明专利总量达29541件，占全国规模以上工业企业拥有的发明专利（8.0万件）的36.8%。说明创新型企业的发明专利创造能力和知识产权保护意识较强。许多创新型企业已经成为行业自主知识产权技术的领先者，如宝钢集团公司申请专利数量达到重点钢铁企业申请专利总数的约40%。华为技术有限公司截至2007年底正在申请的发明专利为21600件，连续六年成为中国申请专利最多的单位，2007年，PCT（全球《专利合作条约》）专利申请量居全球第四位，2008年，华为共提交了1737项PCT国际专利申请，超过日本松下和飞利浦，成为全球第一大PCT专利申请公司。

许多创新型（试点）企业积极承担或参与国家和行业技术标准制定。据不完全统计，截至2008年底，465家创新型（试点）企业主持制定的国家技术标准4799件，主持制定的行业技术标准3963件。如中联重工科技发展股份有限公司作为中国工程机械装备制造领军企业，继承了建设部长沙建设机械研究院的技术优势，

---

① 469家创新型（试点）企业中，桂林利凯特环保实业股份有限公司、中国东方电气集团公司、中国航空工业第一集团公司、中国网络通信集团公司4家企业没有报送2008年的相关数据，本章只对465家企业进行统计。全国数据引自：《中国统计年鉴2009》，中国统计出版社2009年9月。下文同。

负责制订或修订国家行业标准300多项，目前是187项有效标准的制、修订归口单位，行业技术覆盖率达75%以上。中联重科还是国际标准化组织ISO投票P成员单位（Participating Member）。

创新型（试点）企业获得许多重大创新成果。2008年，奇瑞汽车股份有限公司、中国航天科技集团公司、华为技术有限公司、上海振华港机股份有限公司、中国重型机械研究院5家创新型企业获得首届国家科技进步奖企业技术创新工程奖。国家电网公司特高压关键技术攻关取得突破，750kV输变电关键技术研究及设备研制获2007年度国家科技进步一等奖和国家技术标准创新奖，并建成了目前世界电压等级最高、海拔最高的750kV交流输电示范工程；其1000kV交流与±800kV直流输电的关键技术也已经取得全面突破，实现了世界输电技术从超高压向特高压的跨越，使中国成为世界特高压输电技术的引领者。大唐电信集团具有自主知识产权的TD-SCDMA被国际电信联盟确定为3G的三大标准之一，已正式成为国家技术标准并进入大规模商用阶段。TD-SCDMA标准对于未来网络端的市场拉动有望达到3000亿元。目前，TD-SCDMA已建立了包括芯片、系统、终端、配套设备以及业务应用在内的完整产业链。TD-SCDMA标准产业化已经带动了集成电路、软件产业的突破，并支持、培育了国内工具软件业和应用软件业发展；TD-SCDMA的元器件供应也在国内形成配套元器件产业，并拉动材料、化工、精密仪器等一系列上游产业发展。

创新型企业内部研发活动活跃，研发设施不断完善，所有国家层面认定的创新型（试点）企业都建立了内部研发机构，许多企业研发机构被认定为国家或省级重点实验室、工程技术中心和企业技术中心等。据统计，465家创新型（试点）企业拥有国家认定的企业技术中心340家，占国家认定企业技术中心总数（575家）的比重为59.1%。相比而言，全国大中型工业企业2007年仅有24.3%设有科技机构。

产学研结合机制正在形成和深化。许多创新型（试点）企业都与国内外科研院校建立形式多样的合作。如奇瑞汽车股份有限公司先后与国内数十家高校、科研机构建立合作关系，共同承担多项"863"、科技攻关等计划项目，形成企业、高等院校、科研院所三位一体的产学研联盟。通过合作使企业突破了一系列汽车关键技术，加速了科技成果转化。2004年，它与沈阳工业大学合作镁合金在奇瑞汽车的应用项目，开发了两款镁合金汽车发动机罩盖，镁合金汽车发动机分体支架以及空调支架，产品性能指标达到相关行业标准的要求，并在奇瑞汽车上得到应用，减重效果十分明显。2005年，与清华大学合作的均质压燃原型车的开发与关键技术攻关项目，使其在发动机前沿技术方面取得新突破；与浙江大学合作嵌入式软件平台新型经济型轿车关键电子控制系统的开发，完成自主知识产权的经济型轿车电子控制系统开发工具对进口开发工具的替代，打破国外企业的垄断，突破我国自主发展汽车电子控制系统的瓶颈。2006年，进一步将产学研合作推向新的高度，与清华大学、吉林大学、合肥工业大学、湖南大学合作轿车集成开发先进技术项目，综合集成各家优势。

科技部、财政部、教育部、国资委、全国总工会、国家开发银行等部门积极推动产业技术创新战略联盟试点工作，通过产业技术创新战略联盟建设，提升产学研结合的组织化和制度化程度。2007年6月，首批启动的钢铁可循环流程技术创新战略联盟、新一代煤化工产业技术创新战略联盟、农业装备产业技术创新战略联盟、煤炭开发利用技术创新战略联盟四个产业技术创新战略联盟，集中了26家龙头企业、18所一流大学和9家骨干科研机构。在4个试点联盟的带动下，汽车轻量化、半导体照明、数控机床高速精密化、高效节能电解铝、抗生素、维生素、长风开放平台软件等一批全国性的产业技术创新战略联盟蓬勃兴起。目前，许多省（市、区）也积极推动产业技术创新联盟建设，中关村科技园区百家创新型试点企业牵头组建了中关村数字电视产业联盟、中关村资源节约与能源管理服务产业联盟、中关村生物医药研发外包联盟等一批产业技术创新联盟；江苏省正在推动生物医药、风力发电、集成电路、软件技术、船舶制造、光伏太阳能、半导体照明、轨道交通、纺织机械、数控机床十大产业技术创新联盟的组建；四川省推动组建钒钛资源综合利用、集成电路设计、数字媒体、核技术应用等十大产业技术创新联盟。

（二）企业经济实力和国际竞争力不断提高

据对465家创新型（试点）企业的不完全统计，2008年的资产总额达到16万亿元，主营业务收入达12万亿元，增加值达29847亿元，利润总额达7660亿元，上缴税费总额达9956亿元。其中，200家创新型企业的资产总额达到12万亿元，主营业务收入达86503亿元，增加值达22803亿元，利润总额达5483亿元，上缴税费总额达7916亿元。[①]

据最新公布的2009年《财富》500强，中国内地入围企业达到了创纪录的34家，且中国企业的排名持续上升，中国石化首次进入前10名，显示中国企业在世界经济中扮演着日益重要的角色。而在中国内地入选的34家企业中，有22家已经加入创新型企业建设的行列，其中，14家被评价命名为创新型企业，分别占34家中国内地入选企业的64.7%和41.2%。如果再考虑到中国内地入选企业中有7家是金融保险类企业（包括中信集团，其经营领域多样化），剔除这7家企业后，则分别占余下27家中国内地入选企业的81.5%和51.8%（见表1-1）。

[①] 在202家创新型企业中，中国东方电气集团公司、中国网络通信集团公司两家企业没有提供2008年相关数据，本章只对200家企业进行统计。

表1-1 2009年《财富》500强中的创新型(试点)企业

排名	公司名称	主要业务	营业收入(亿美元)	创新型(试点)企业批次
9	中国石油化工集团公司	炼油	2078.14	第一批
13	中国石油天然气集团公司	炼油	1811.23	第二批
15	国家电网公司	电力	1641.36	第一批
99	中国移动通信集团公司	电信	650.15	第二批
170	中国中化集团公司	贸易	444.57	第三批试点
185	中国南方电网有限责任公司	电力	410.83	第二批
220	宝钢集团有限公司	金属	355.17	第一批
252	中国铁建股份有限公司	工程建筑	325.38	第二批试点
263	中国电信集团公司	电信	318.14	第二批
292	中国建筑工程总公司	工程建筑	298.07	第二批试点
318	中国海洋石油总公司	炼油	280.27	第三批试点
327	中国远洋运输总公司	海运	274.30	第二批
331	中国五矿集团公司	贸易	266.67	第三批试点
341	中国交通建设股份有限公司	工程建筑	259.83	第三批试点
359	上海汽车工业(集团)总公司	汽车	248.82	第三批试点
372	中国中钢集团公司	金属	241.64	第二批试点
380	中国冶金科工集团公司	工程建筑	237.67	第二批
385	中国第一汽车集团公司	汽车	236.64	第一批
425	中国华能集团公司	电力	217.81	第二批
426	中国航空工业集团	航空航天	217.38	第二批试点
444	江苏沙钢集团	金属	208.97	第二批
499	中国铝业公司	金属	185.79	第一批

注:(1) 中国铁建股份有限公司是由中国铁道建筑总公司(第二批试点企业)独家发起设立的;中国交通建设股份有限公司是由中国交通建设集团有限公司(第三批试点企业)整体重组改制并独家发起设立的股份有限公司,故视同一致。

(2) 中钢集团所属天澄环保科技股份有限公司、洛阳耐火材料研究院都是第二批试点企业,故将中钢集团保留。

(3) 第二批试点企业中的中国航空工业第一集团已并入中国航空工业集团,故将中国航空工业集团保留。

此外,中国内地企业进入《财富》500强行列的数量逐年增加,创新型(试点)企业入选的数量也水涨船高。从2005年的9家增加到2009年的22家,增长超过1倍。说明创新型(试点)企业已经成为中国企业率先参与国际竞争、跻身世界级企业行列的先行群体,这些企业在相当大程度上代表了当前中国企业创新能力和水平的最高水准(见表1-2和图1-1)。

表1-2 《财富》500强中创新型（试点）企业上榜数

企业类型 \ 年份	2005	2006	2007	2008	2009
中国上榜企业	18	23	30	35	43
内地上榜企业	15	19	22	22	34
创新型（试点）企业	9	13	16	19	22
创新型企业	8	9	10	12	14

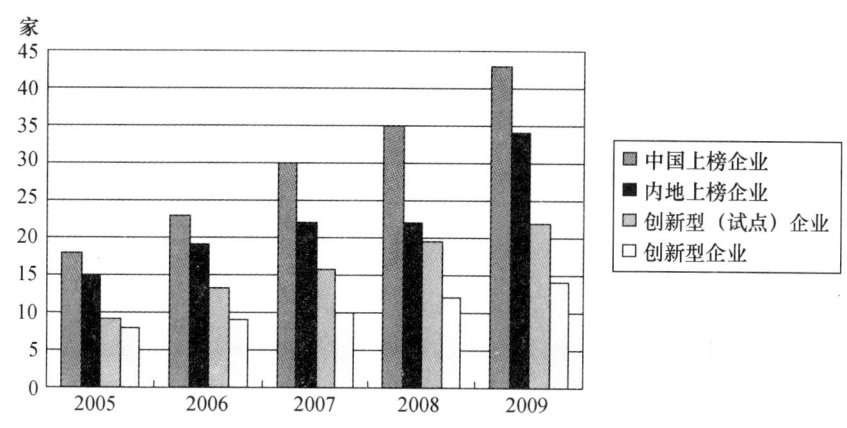

图1-1 《财富》500强中创新型（试点）企业上榜数

但也要看到，虽然中国已经有一批企业进入世界500强行列，但多数上榜中国企业仍属于垄断性、资源性行业，其内部管理水平、创新能力、经营效率和风险控制能力等与国际企业巨头仍存在较大差距，中国企业的国际竞争力亟待加强。创新型（试点）企业肩负提升中国企业国际竞争力的重任，理应成为中国企业实施走出去战略，参与国际竞争的先行者。

值得欣喜的是，许多创新型（试点）企业正在通过不懈的努力，着力增强自主创新能力，开始在国际市场中占据重要地位，涌现出一批颇具创新能力和国际竞争力的企业。如，上海振华港机股份有限公司的主导产品大型集装箱起重机械已走向国内外73个国家和地区的港口码头，ZPMC品牌已成为港机行业世界知名品牌。自1998年起产品连续10年居全球市场占有率第一位，一举推动中国由集装箱机械进口国转变为世界最大港机出口国。深圳市大族激光科技股份有限公司是亚洲最大、国际知名的激光设备生产供应商，2007年，其激光加工设备的销售量排名世界第一，产品销售额排名世界第五。2007年，公司累计销售各种工业激光加工设备共5199套，约占世界工业激光加工设备（系统）数量的12.7%，其中，激光标志设备的生产、销售数量2005年以来一直保持世界第一。作为新兴市场最具成长性的高科技企业之一，2007年，公司的股票市值为国际同行业领域的世界第一。

许多企业开始探索充分利用国际科技资源,增强企业自主创新能力。如华为技术有限公司在印度、美国、瑞典、俄罗斯等地设立了多个研究所,还与世界诸多一流公司进行合作和建立联合实验室。海外研发机构不仅为华为海外业务提供支持和服务,还意味着华为与其他跨国公司一样,建立了全球24小时不间断研发体系。目前华为的产品和解决方案已应用于28个全球前50强的运营商,服务全球超过10亿用户。华为还通过积极参与国际通信行业的标准会议和活动,不断向业界贡献创新的技术和解决方案。2008年,面对全球金融危机的冲击,华为完成全年合同销售收入233亿美元,按照国内会计准则,实现营业收入183.3亿美元,同比增长42.7%;净利润11.5亿美元,同比增长20%。

(三) 对区域经济增长的支撑作用更加明显

许多创新型(试点)企业都是所在区域的骨干企业或行业龙头企业,在区域经济增长中的作用日益突出。一方面,国家层面认定的创新型(试点)企业在所在地区发挥着重要的引领和示范作用,如深圳华为、中兴通讯等创新型企业作为中国通信设备行业的领军企业,其产品已占据国内市场的主要份额,在全球市场份额也不断上升,成为所属行业的"世界级品牌",使深圳成为全球通信设备制造的重要基地。创新型企业三一重工和中联重工的快速发展,使湖南省工程机械行业异军突起。近5年,长沙工程机械行业的产值每年以超过60%的速度增长。2007年,长沙工程机械行业总产值超过300亿元,占长沙全市工业制造业产值的近1/3,成为全市第一大工业产业,长沙已经提出打造"中国工程机械之都"的宏伟目标。青岛海尔、海信等创新型企业作为国内家电行业的领军企业,已经与青岛城市品牌融为一体,被视为青岛打造品牌之都的核心竞争优势。创业于1984年的海尔集团,已经成为中国家电第一品牌,根据"2008睿富中国最有价值品牌排行榜",海尔品牌价值达803亿元,连续7年蝉联"中国最有价值品牌",2008年,海尔集团全球营业额1190亿元,利润增幅超过销售收入增幅的两倍。众多创新型(试点)企业已经成为区域经济持续增长的强劲发动机。

另一方面,许多地方都开展本地区创新型企业建设。目前,全国各地确定的省级和地市级创新型(试点)企业有3000多家,这些创新型(试点)企业正在成为推动本地区经济持续发展和增长方式转变的重要引擎。如对四川省180家创新型(试点)企业的统计,2008年,其销售收入总额达到2176亿元,比上年增长一倍还多;工业增加值达957.44亿元,占全省工业增加值的19.4%。内蒙古自治区试点企业的工业总产值占自治区工业的60%以上,在自治区的经济发展中占有举足轻重的地位。广东省创新型(试点)企业在应对国际金融危机中,仍然保持着较好的经营活动和较强的市场综合竞争优势,对广东经济平稳较快发展起到了重要作用。2008年，广东省102家创新型（试点）企业的增加值达851.9亿元，占全省工业增加值的5.6%；主营业务收入达5130.4亿元，占全省工业主营业务收入总额的8.1%；纳税额达272.0亿元，占全省工业纳税总额的9.5%；税后利润达192.6亿元，占全省工业利润总额的5.9%。

为此，许多地方纷纷将培育创新型企业作为实现区域经济持续发展的重要举措。国务院颁布的《珠江三角洲地区改革发展规划纲要（2008-2020年）》就明确提出，培育一批创新能力强、经济效益好的创新型企业，重点支持打造50家国家级和10家世界领先的创新型龙头企业。围绕实施珠三角规划纲要，2008年，广东省组织实施"百强创新型企业培育工程"，并作为科技创新十大工程的首要工程来抓；北京市政府、科技部和中国科学院联合推动的中关村科技园区百家创新型企业试点工作，旨在通过百家创新型企业试点，取得一批关键技术突破，推出一批自主品牌，形成一批具有国际竞争力的企业和培育一批具有国际视野和较强创新意识的现代企业家，以进一步提升中关村科技园区自主创新能力，促使中关村科技园区尽快建成全球创新中心，跻身世界一流科技园区行列；福建省也提出重点打造创新型企业400强的目标。

（四）对国民经济发展的贡献日益增强

创新型（试点）企业对国民经济发展的贡献日益显著。据统计，465家创新型（试点）企业，2008年创造的增加值达到29847亿元，占全年国内生产总值（GDP）300670亿元的比重为9.9%，占全年全部工业增加值（129112亿元）的比重为23.1%；企业上缴税费总额达9956亿元，占全年全国税收收入54224亿元的比重为18.4%。其中，200家创新型企业创造的增加值达到22803亿元，约占全年国民生产总值（300670亿元）的比重为7.5%，占全部工业增加值（129112亿元）的比重为17.7%；上缴税费达7916亿元，占全年全国税收收入的比重为14.6%。

创新型企业对行业发展和科技进步的支撑作用明显。据国家工业和信息化部公布的2009年电子信息百强排行榜，在前十强企业中，有9家进入国家层面的创新型（试点）企业行列，这9家企业的营业收入合计为5905亿元，占百强企业营业收入总额（11194亿元）的比重为52.8%。显示出创新型（试点）企业对中国电子信息产业举足轻重的作用（见表1-3）。

表1-3　2009年（第23届）电子信息百强企业前十强排行榜

序号	企业名称	营业收入（万元）	省市	批次
1	华为技术有限公司	12274138	广东省	第一批
2	海尔集团公司	12201842	山东省	第一批
3	联想控股有限公司	11521069	北京市	第一批

续表

序号	企业名称	营业收入（万元）	省市	批次
4	海信集团有限公司	4887634	山东省	第一批
5	中兴通讯股份有限公司	4429343	广东省	第一批
6	北大方正集团有限公司	4214163	北京市	第二批
7	TCL集团股份有限公司	3841378	广东省	第三批试点
9	四川长虹电子集团有限公司	3005472	四川省	第一批
10	比亚迪股份有限公司	2678825	广东省	第三批试点
合计		59053864		

另据中国企业联合会、中国企业家协会发布的2009年中国企业500强榜单，有相当部分国家层面认定的创新型（试点）企业入选。仅在前50强企业中，国家层面认定的创新型（试点）企业就占30家，中国石油化工集团公司、中国石油天然气集团公司、国家电网公司三家创新型企业更是名列三甲。说明越来越多的国家骨干企业进入创新型企业建设行列，创新型（试点）企业已经成为中国企业500强的骨干力量（见表1-4）。

表1-4 2009年中国企业前50强中的创新型（试点）企业

名次	企业名称	营业收入（万元）	批次
1	中国石油化工集团公司	146243938	第一批
2	中国石油天然气集团公司	127300293	第二批
3	国家电网公司	114073711	第一批
5	中国移动通信集团公司	45185199	第二批
10	中国中化集团公司	30897547	第三批试点
11	中国南方电网有限责任公司	28552483	第二批
12	宝钢集团有限公司	24683881	第一批
15	中国电信集团公司	22110274	第二批
16	中国建筑工程总公司	20715506	第二批试点
17	中国海洋石油总公司	19478855	第三批试点
18	中国远洋运输（集团）总公司	19063965	第二批
21	中国五矿集团公司	18533614	第三批试点
22	中国交通建设集团有限公司	18057942	第三批试点
23	上海汽车工业（集团）总公司	17293017	第三批试点
27	中国冶金科工集团公司	16518137	第二批
28	中国第一汽车集团公司	16446614	第一批
30	东风汽车公司	15271295	第三批试点
31	中国华能集团公司	15137481	第二批
32	中国航空工业集团公司	15107492	第二批试点

续表

名次	企业名称	营业收入（万元）	批次
33	中国兵器装备集团公司	15064335	第二批
34	中国兵器工业集团公司	14758414	第二批
35	江苏沙钢集团有限公司	14523215	第二批
36	神华集团有限责任公司	14401326	第一批
39	首钢总公司	13200000	第三批试点
42	中国铝业公司	12912092	第一批
43	武汉钢铁（集团）公司	12370251	第二批
44	华为技术有限公司	12274138	第一批
45	中国化工集团公司	12203751	第二批
48	海尔集团公司	11895668	第一批
50	联想控股有限公司	11521069	第一批
合计		875795503	

据统计，2009年，中国500强企业营业收入为26万亿元，比上年增长19.7%；资产总额达到74.2万亿元，比上年提高19.2%；纳税总额为1.9万亿元，占全国纳税总额的35.2%。500强企业的入围门槛上升到105亿元，比上年增加13%，首次突破百亿元大关。而前50强中的创新型（试点）企业的营业收入达到87580亿元，占前50强企业营业收入（131108亿元）的比重为66.8%，占500强企业营业收入总额的比重为33.8%。

2009年，中国500强企业与美国和世界500强的差距也进一步缩小，从7年前企业规模仅相当于美国企业500强的1/10，到2009年已经超过1/3。2009年，中国企业500强的收入利润率和净资产收益率分别为4.7%和8.92%，经营绩效指标超过了世界和美国500强企业。中国企业500强的整体规模扩大和经营绩效改善相当程度也源于创新型（试点）企业的贡献，考虑到创新型（试点）企业在500强企业中占有相当大的比例，从一个侧面也显示创新型（试点）企业对国民经济不可忽视的贡献。

在2009年中国企业效益200佳的前50名中，也有21家国家层面认定的创新型（试点）企业进入，其净利润合计3806亿元，占前50佳企业净利润（9216亿元）的比重为41.3%，占200佳企业净利润（12285亿元）的比重为31.0%。说明创新型（试点）企业的经济效益情况相对较好（见表1-5）。

表1-5 2009年中国企业效益50佳中的创新型（试点）企业

名次	企业名称	净利润（万元）	批次
2	中国移动通信集团公司	10881490	第二批

续表

名次	企业名称	净利润（万元）	批次
4	中国石油天然气集团公司	7138172	第二批
7	中国海洋石油总公司	3347370	第三批试点
8	神华集团有限责任公司	3158833	第一批
12	宝钢集团有限公司	1825412	第一批
14	中国石油化工集团公司	1363007	第一批
15	中国远洋运输（集团）总公司	1315509	第二批
19	江苏沙钢集团有限公司	852094	第二批
20	中国长江三峡工程开发总公司	850697	第一批试点
21	中国中煤能源集团有限公司	850205	第三批试点
22	东风汽车公司	811299	第三批试点
26	中国交通建设集团有限公司	776690	第三批试点
29	中国第一汽车集团公司	678790	第一批
31	中国中化集团公司	645145	第三批试点
33	鞍山钢铁集团公司	597371	第一批
34	武汉钢铁（集团）公司	574479	第一批
37	中国航空工业集团公司	533462	第二批试点
38	中国船舶重工集团公司	511584	第二批
46	国家电网公司	461842	第一批
47	中国建筑工程总公司	449145	第二批试点
50	华为技术有限公司	439189	第一批
合计		38061785	

上述数据及分析说明，尽管创新型（试点）企业数量有限，但已经成为国民经济发展不可小视的重要力量，对国民经济的贡献份额越来越大。

总之，创新型企业建设是一个系统工程，既包括推动企业技术创新主体地位的确立，也涉及政府完善创新政策环境和改进创新基础设施条件的努力，还需要全社会共同营造鼓励创新的氛围。针对具体企业，既包含技术创新能力培育，也包括制度创新、体制创新、机制创新、管理创新等。因此，创新型企业培育是一个持续过程，尽管已经取得初步成效，但仍然有大量繁重并充满挑战的问题需要解决。相信通过各方的共同努力，创新型企业建设一定会取得更大成绩，加快培育形成中国创新型企业500强，推动一批中国优秀企业跻身世界一流企业行列，为中国经济持续发展奠定坚实的基础。

第二章

创新型企业建设态势

自创新型企业建设工作启动以来,科技部、国资委、全国总工会先后在国家层面选择确定了三批469家创新型试点企业,并在试点基础上,从前两批287家试点企业中评价命名了两批共202家创新型企业。这些创新型(试点)企业在创新意识、创新能力、创新绩效、经济实力等方面都取得进一步提升。本章选择经过几年试点,最能代表创新型企业建设成效且统计数据比较系统的202家创新型企业为重点分析对象,总结创新型企业的发展状况及建设经验。[1]

一、创新型企业的基本概况

为系统展现创新型(试点)企业基本概况,下面分别从行业、地区、企业类型、企业规模等不同角度,对287家创新型试点企业及202家创新型企业的分布情况进行分析。[2]

(一)行业分布:主要集中在8个重点行业

参照《国民经济行业分类与代码》(GB/T 4754-2002)的两位数分类范围,下面对创新型(试点)企业的行业分布情况进行统计(见表2-1)。

创新型企业分布较为集中的行业有医药制造业(24家),专用设备制造业(23家),通信设备、计算机及其他电子设备制造业(20家),电气机械及器材制造业(15家),交通运输设备制造业(15家),化学原料及化学制品制造业(15家),有色金属冶炼及压延加工业(10家),通用设备制造业(9家),8个行业共计131家,占全部创新型企业总数的64.9%。

创新型试点企业分布较为集中的行业有医药制造业(39家),专用设备制造业

---

[1] 本章所称创新型(试点)企业统指三部门在国家层面选择确定的创新型企业及试点企业。
[2] 第三批182家创新型试点企业是2009年刚刚确定的,暂不纳入本章的分析范围,特此说明。

表2-1 创新型（试点）企业按行业分布一览表

行业及代码		创新型企业			创新型试点企业		
		第一批	第二批	合计	第一批	第二批	合计
01	农业	1	0	1	1	0	1
02	林业	0	0	0	0	1	1
04	渔业	0	1	1	0	1	1
05	农、林、牧、渔服务业	0	0	0	0	1	1
06	煤炭开采和洗选业	1	0	1	1	0	1
07	石油和天然气开采业	1	1	2	1	1	2
08	黑色金属矿采选业	1	1	2	1	2	3
09	有色金属矿采选业	2	3	5	2	4	6
13	农副食品加工业	0	3	3	0	4	4
14	食品制造业	0	1	1	2	2	4
17	纺织业	0	4	4	0	4	4
24	文教体育用品制造业	0	1	1	0	1	1
26	化学原料及化学制品制造业	5	10	15	8	10	18
27	医药制造业	10	14	24	10	29	39
28	化学纤维制造业	0	2	2	0	3	3
29	橡胶制品业	0	1	1	0	1	1
30	塑料制品业	0	1	1	1	2	3
31	非金属矿物制品业	3	2	5	3	5	8
32	黑色金属冶炼及压延加工业	2	2	4	2	5	7
33	有色金属冶炼及压延加工业	5	5	10	5	6	11
34	金属制品业	2	0	2	2	1	3
35	通用设备制造业	5	4	9	5	8	13
36	专用设备制造业	8	15	23	9	23	32
37	交通运输设备制造业	8	7	15	8	12	20
39	电气机械及器材制造业	5	10	15	5	19	24
40	通信设备、计算机及其他电子设备制造业	12	8	20	14	14	28
41	仪器仪表及文化、办公用机械制造业	5	2	7	5	3	8
44	电力、热力的生产和供应业	2	3	5	3	4	7
47	房屋和土木工程建筑业	1	0	1	1	3	4
48	建筑安装业	1	1	2	1	2	3
54	水上运输业	0	1	1	0	1	1
56	管道运输业	0	0	0	0	1	1
60	电信和其他信息传输服务业	1	3	4	1	3	4
61	计算机服务业	2	0	2	2	2	4
62	软件业	3	3	6	3	3	6
75	研究与试验发展	4	1	5	5	0	5
76	专业技术服务业	1	0	1	2	0	2
77	科技交流和推广服务业	0	0	0	0	1	1
80	环境管理业	0	1	1	0	2	2
	总计	91	111	202	103	184	287

注：为便于统计分析，拥有多项主营业务的创新型（试点）企业，其行业代码以企业所报的第一主业为准。

（32家），通信设备、计算机及其他电子设备制造业（28家），电气机械及器材制造业（24家），交通运输设备制造业（20家），化学原料及化学制品制造业（18家），通用设备制造业（13家），有色金属冶炼及压延加工业（11家），8个行业共计185家，占全部创新型试点企业总数的64.5%。

上述统计结果说明，创新型企业与创新型试点企业的行业分布状况基本相同。创新型（试点）企业明显集中于上述的8个重点行业，说明创新型（试点）企业的分布呈现明显的行业集中性。

参照2007年国家统计局的全国工业企业创新调查结果，上述创新型（试点）企业分布比较集中的8个行业中，有6个进入开展技术创新活动比重最高的10个行业之列（见表2-2）。余下两个行业也排得比较靠前，有色金属冶炼及压延加工业排在第11位、通用设备制造业排在第14位，说明创新型（试点）企业的行业集中程度与全国工业企业创新活跃的行业分布特点呈正相关。

表2-2 全部行业中开展技术创新活动占比最高的10个行业

	行业及代码	创新活动企业数（家）	有创新活动企业占该行业企业比重（%）
27	医药制造业	3411	63.7
41	仪器仪表及文化、办公用机械制造业	2440	60.7
16	烟草制造业	96	55.2
40	通信设备、计算机及其他电子设备制造业	4513	46.8
36	专用设备制造业	5380	46.5
15	饮料制造业	1582	40.5
37	交通运输设备制造业	4985	39.8
39	电气机械及器材制造业	6493	38.6
26	化学原料及化学制品制造业	7846	38.2
18	化学纤维制造业	441	31.8

资料来源：科技部：《中国科学技术指标2008》。

（二）地区分布：主要集中在沿海经济发达地区

下面按照国家行政区划（省、自治区、直辖市），对创新型（试点）企业的地区分布情况进行统计（见表2-3）。

表2-3 创新型（试点）企业按地区分布一览表

地区	创新型企业			创新型试点企业		
	第一批	第二批	合计	第一批	第二批	合计
北京	21	19	40	22	29	51
天津	2	4	6	2	6	8

续表

地区	创新型企业			创新型试点企业		
	第一批	第二批	合计	第一批	第二批	合计
河北	1	3	4	1	4	5
山西	2	1	3	2	4	6
内蒙古	1	2	3	1	5	6
辽宁	3	9	12	4	10	14
吉林	3	1	4	3	3	6
黑龙江	2	2	4	2	6	8
上海	4	3	7	6	6	12
江苏	3	6	9	3	6	9
浙江	5	6	11	5	10	15
安徽	1	6	7	2	6	8
福建	3	4	7	4	9	13
江西	1	4	5	2	4	6
山东	5	6	11	5	10	15
河南	2	1	3	2	6	8
湖北	4	3	7	4	5	9
湖南	2	4	6	2	5	7
广东	6	8	14	6	10	16
广西	0	2	2	1	2	3
海南	1	0	1	2	2	4
重庆	3	4	7	3	4	7
四川	4	3	7	4	6	10
贵州	1	2	3	2	3	5
云南	2	1	3	2	5	7
西藏	1	1	2	1	2	3
陕西	2	2	4	2	2	4
甘肃	2	0	2	2	4	6
青海	1	1	2	2	2	4
宁夏	1	0	1	1	3	4
新疆	2	3	5	3	5	8
总计	91	111	202	103	184	287

创新型企业分布较多的前5名地区依次是：北京（40）、广东（14）、辽宁（12）、山东（11）、浙江（11），共计88家，占创新型企业总数的43.6%。此外，其他拥有创新型企业较多的地区还有江苏（9）、福建（7）、上海（7）、四川（7）、重庆（7）、安徽（7）、湖北（7）等地（见图2-1）。

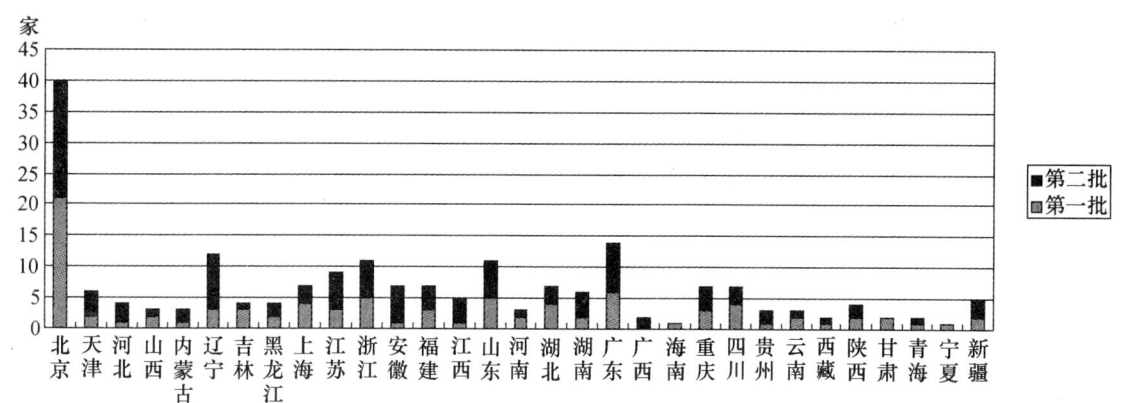

图 2-1 创新型企业按地区分布

创新型试点企业分布较多的前 5 名地区依次是：北京（51）、广东（16）、山东（15）、浙江（15）、辽宁（14），共计 111 家，占创新型试点企业总数的 38.7%。此外，创新型试点企业超过 10 家的地区还有福建（13）、上海（12）和四川（10）（见图 2-2）。

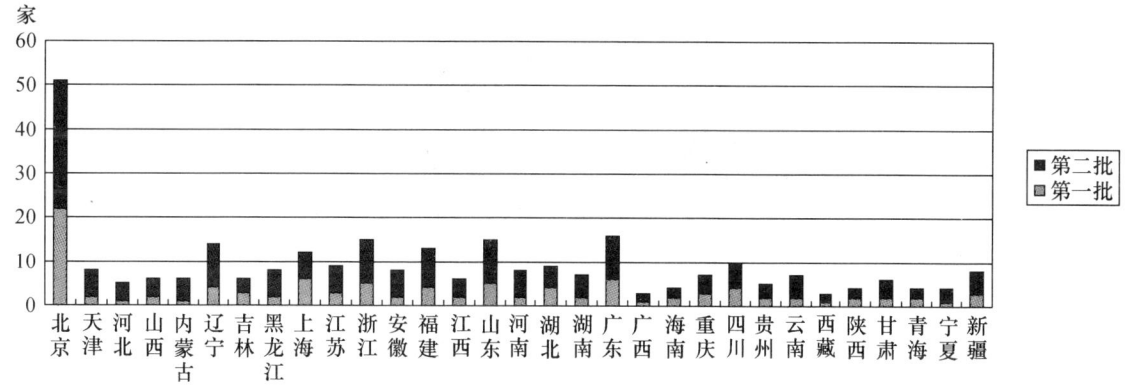

图 2-2 创新型试点企业按地区分布

上述统计情况显示，创新型（试点）企业在空间分布上呈现向沿海经济发达地区集聚的状况，说明创新型（试点）企业数量与所在地区的经济发达程度呈现正相关性。需要特别指出，由于创新型（试点）企业中有相当部分的中央企业，其总部主要设在北京及湖北、上海、黑龙江等地，也影响到创新型（试点）企业的地区分布情况（见附录三、附录四）。

（三）企业类型分布：呈现多元化格局

下面按照国有独资和股份制及其他所有制两种企业类型，对创新型（试点）企业的分布进行统计（见表 2-4）。

表2-4 创新型（试点）企业按企业类型分布

企业类型		国有独资	股份制及其他所有制
创新型企业	第一批	34	57
	第二批	44	67
	总计	78	124
创新型试点企业	第一批	36	67
	第二批	66	118
	总计	102	185

在202家创新型企业中，国有独资企业有78家，占创新型企业总数的38.6%；股份制及其他所有制企业有124家，占创新型企业总数的61.4%（见图2-3）。

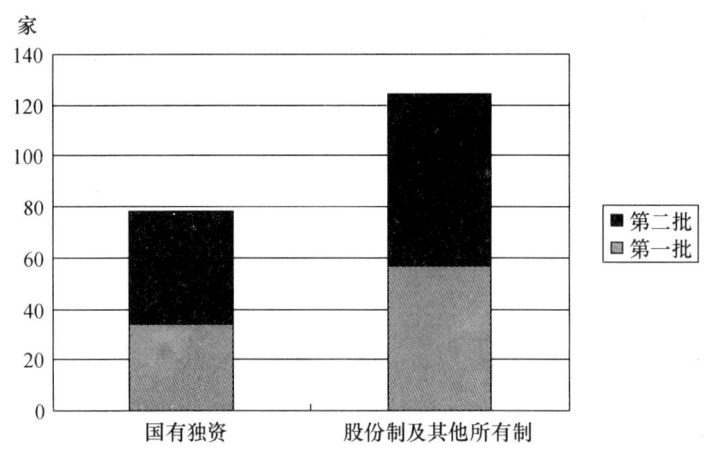

图2-3 创新型企业按企业类型分布

在287家创新型试点企业中，国有独资企业有102家，占创新型试点企业总数的35.5%；股份制及其他所有制企业有185家，占创新型试点企业总数的64.5%（见图2-4）。

需要指出的是，许多企业以集团公司形式参加创新型企业建设，这些集团公司是国有独资企业，但集团下属各子公司又多数为股份制企业。因此，从这个角度看，股份制及其他所有制企业在创新型（试点）企业中占据的比重实际上更大。

上述统计情况说明，在创新型（试点）企业中，股份制及其他所有制企业占据60%以上份额，呈现多元化分布格局。

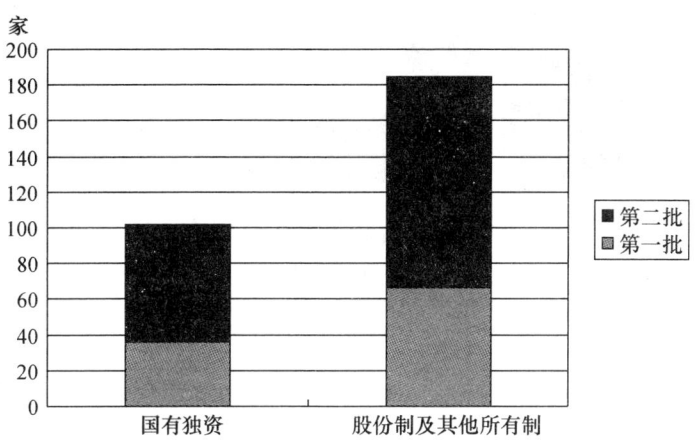

图 2-4 创新型试点企业按企业类型分布

(四)企业规模分布:以大中型骨干企业为主

下面按照企业主营业务收入,① 将 198 家创新型企业按 1 亿元以下、1 亿~10 亿元、10 亿~100 亿元、100 亿元以上四个规模档次,分别进行统计。②

2005 年,在 198 家创新型企业中,1 亿元以下的企业有 14 家,占企业总数的 7.1%;1 亿~10 亿元的企业有 69 家,占企业总数的 34.8%;10 亿~100 亿元的企业有 72 家,占企业总数的 36.4%;100 亿元以上的企业有 43 家,占企业总数的 21.7%(见表 2-5 和图 2-5)。

2007 年,在 198 家创新型企业中,1 亿元以下的企业有 7 家,占企业总数的 3.5%;1 亿~10 亿元的企业有 56 家,占企业总数的 28.3%;10 亿~100 亿元的企业有 83 家,占企业总数的 41.9%;100 亿元以上的企业有 52 家,占企业总数的 26.3%(见表 2-6 和图 2-6)。

表 2-5 2005 年创新型企业按规模分布

企业规模	1 亿元以下	1 亿~10 亿元	10 亿~100 亿元	100 亿元以上
第一批创新型企业	3	31	34	22
第二批创新型企业	11	38	38	21
总计	14	69	72	43

---

① 由于国家会计准则调整,第一批创新型企业的自评估报告采用销售收入作为统计指标,第二批创新型企业的自评估报告则改用主营业务收入作为统计指标。为了对两批创新型企业进行统一分析,本章将其视为一个指标使用,后文统一用主营业务收入表述,特此说明。

② 在 202 家创新型企业中,中国航天科技集团公司、中国航天科工集团公司、中国兵器工业集团公司、中国兵器装备集团公司 4 家企业 2005~2007 年的统计数据不完整,本章只对 198 家企业进行统计。下文同。

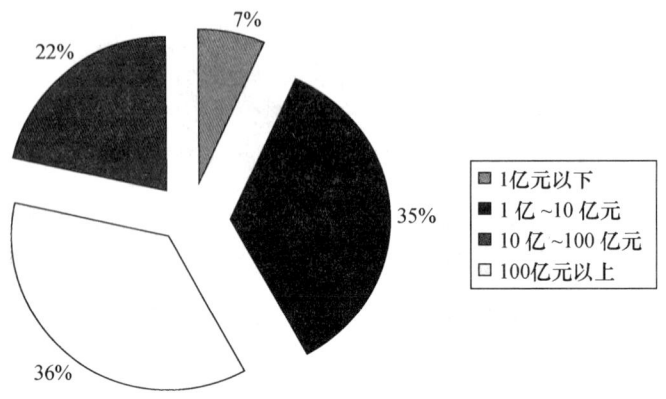

图 2-5 2005 年创新型企业按规模分布

表 2-6 2007 年创新型企业按规模分布

企业规模	1 亿元以下	1 亿~10 亿元	10 亿~100 亿元	100 亿元以上
第一批创新型企业	0	26	37	27
第二批创新型企业	7	30	46	25
总计	7	56	83	52

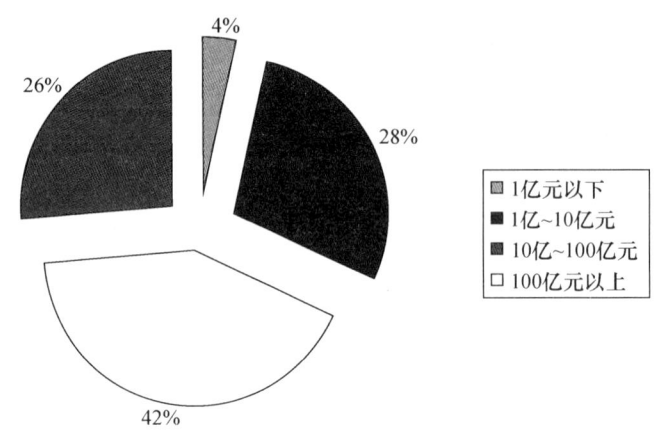

图 2-6 2007 年创新型企业按规模分布

2007 年与 2005 年相比,从总体上看,198 家创新型企业的经济规模有较明显的增加,特别是销售收入 10 亿元以上的企业数由 115 家增加到 135 家,占创新型企业总数的比重从 58.1% 增加到 68.2%,增长超过 10 个百分点。说明创新型企业以大中型骨干企业为主,而且企业经济规模也在不断增长。

此外,在 202 家创新型企业中,被认定为高新技术企业的有 173 家,占创新型企业总数的 85.6%。考虑到许多以集团公司入选的创新型企业,虽然集团公司没有被认定为高新技术企业,但集团下属企业有许多被认定为高新技术企业,这些都未在本章的统计范围之内。上述情况表明大多数创新型企业的业务领域属于或涉及高新技术领域，创新型企业是中国高新技术产业发展的一支重要力量（见表2-7）。

在202家创新型企业中，有77家企业在境内外资本市场上市，占创新型企业总数的38.1%。考虑到许多以集团公司入选的创新型企业，虽然集团公司不是上市公司，但下属有多家控股或参股上市公司，如中国兵器工业集团公司不是上市企业，但所控股或参股的上市公司有11家之多；中国航天科技集团也拥有6家上市公司。上述情况说明创新型企业运用资本市场筹集和调配资金的能力较强，这对企业技术创新活动开展能够提供强有力的资金支持（见表2-7）。

表2-7 创新型企业被认定为高新技术企业数和上市公司数

批次	企业数	高新技术企业认定数	上市公司数
第一批创新型企业	91	76	38
第二批创新型企业	111	97	43
合计	202	173	81
占比		85.6%	40.1%

二、创新型企业经济状况分析

创新型企业建设的目的是通过引导或鼓励企业开展技术创新活动，增强自主创新能力，最终达到依靠创新增强企业经济实力和竞争力、提高经济效益的目的。下面对198家创新型企业的主要经济指标进行分析。

（一）经济总量及其增长情况

2005～2007年间，198家创新型企业的主营业务收入、增加值、税后利润、缴税总额、出口创汇总额等各项经济指标总量及其增长情况统计如表2-8所示。

表2-8 创新型企业的主要经济指标及其增长情况

年份	总量（万元）			增长率（%）		
	主营业务收入	增加值	税后利润	主营业务收入	增加值	税后利润
2005	474576158	164028047	53100680			
2006	588355719	199855506	63432283	23.97	21.84	19.46
2007	706856058	229293342	79033886	20.14	14.73	24.60

2005~2007年间，被统计的198家创新型企业的各项经济指标都有较明显的提高，企业的主营业务收入2006年、2007年连续两年保持20%以上的增长率。税后利润也保持20%左右的增速，尤其是2007年比上年的增长速度达到24.60%，明显高于主营业务收入和增加值的增长速度，说明创新型企业随着企业规模增长，其经济效益增长更为明显，企业增长质量进一步改善（见表2-8和图2-7）。

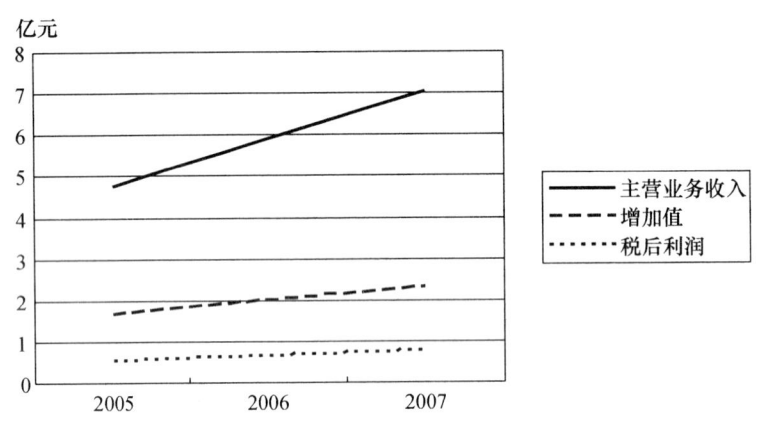

图2-7 创新型企业主要经济指标增长情况

（二）创新型企业经济实力20强

创新型企业相当部分是国家和行业的大中型骨干企业，下面依据2007年的统计数据，分别按主营业务收入、增加值、税后利润等经济指标排出198家创新型企业中前20名的企业。

2007年，主营业务收入排在前20名的创新型企业，其主营业务收入总额共计58427亿元，占198家创新型企业主营业务收入总额的82.7%。其中，排前三位的中国石油化工集团公司、国家电网公司、中国石油天然气集团公司，主营业务收入都超过1万亿元，分别达到12279亿元、10107亿元、10001亿元（见表2-9）。

表2-9 2007年主营业务收入前20名的创新型企业

名次	企业名称	主营业务收入（万元）	批次
1	中国石油化工集团公司	122786322	1
2	国家电网公司	101073254	1
3	中国石油天然气集团公司	100008621	2
4	中国移动通信集团公司	34789506	2
5	中国南方电网有限责任公司	25632757	2
6	宝钢集团有限公司	22675140	1

续表

名次	企业名称	主营业务收入（万元）	批次
7	中国电信集团公司	21187788	2
8	中国第一汽车集团公司	18850053	1
9	中国铁路工程总公司	18095181	1
10	中国远洋运输（集团）总公司	15500472	2
11	中国冶金科工集团公司	13275211	2
12	海尔集团公司	11822731	1
13	中国华能集团公司	11486165	2
14	中国铝业公司	10663600	1
15	神华集团有限责任公司	10542600	1
16	中国化工集团公司	10524685	2
17	中国网络通信集团公司	9805178	1
18	华为技术有限公司	9219488	1
19	武汉钢铁（集团）公司	8252992	2
20	鞍山钢铁集团公司	8083192	1
合计		584274936	

2007年，增加值排在前20名的创新型企业，其增加值共计19800亿元，占198家创新型企业增加值的比重为86.4%。其中，排前3位的中国石油天然气集团公司、中国移动通信集团公司、国家电网公司，增加值分别达到5720亿元、2716亿元、2371亿元（见表2-10）。

表2-10　2007年增加值前20名的创新型企业

名次	企业名称	增加值（万元）	批次
1	中国石油天然气集团公司	57203594	2
2	中国移动通信集团公司	27156998	2
3	国家电网公司	23707467	1
4	中国石油化工集团公司	20900851	1
5	中国电信集团公司	12883915	2
6	中国南方电网有限责任公司	7421223	2
7	中国网络通信集团公司	5896528	1
8	宝钢集团有限公司	5875380	1
9	中国第一汽车集团公司	5115991	1
10	中国远洋运输（集团）总公司	4951253	2
11	中国华能集团公司	4632602	2
12	中国铝业公司	3648448	1
13	鞍山钢铁集团公司	3385557	1

续表

名次	企业名称	增加值（万元）	批次
14	中国冶金科工集团公司	2630465	2
15	中国铁路工程总公司	2473409	1
16	武汉钢铁（集团）公司	2336656	2
17	神华集团有限责任公司	2179349	1
18	华为技术有限公司	2023187	1
19	中国化工集团公司	1933949	2
20	中国长江三峡工程开发总公司	1641443	1
合计		197998265	

2007年，税后利润排在前20名的创新型企业，其创造的税后利润共计7004亿元，占198家创新型企业税后利润的比重为88.6%。其中，排前3位的中国石油天然气集团公司、中国移动通信集团公司、中国石油化工集团公司，税后利润分别达到1920亿元、1295亿元、757亿元（见表2-11）。

表2-11　2007年税后利润前20名的创新型企业

名次	企业名称	税后利润（万元）	批次
1	中国石油天然气集团公司	19198000	2
2	中国移动通信集团公司	12952620	2
3	中国石油化工集团公司	7571415	1
4	国家电网公司	4709817	1
5	宝钢集团有限公司	3564686	1
6	中国远洋运输（集团）总公司	3405542	2
7	中国电信集团公司	3268711	2
8	神华集团有限责任公司	2980133	1
9	中国南方电网有限责任公司	1719602	2
10	中国铝业公司	1668220	1
11	中国长江三峡工程开发总公司	1274112	1
12	中国第一汽车集团公司	1183112	1
13	鞍山钢铁集团公司	1139741	1
14	中国华能集团公司	1017700	2
15	武汉钢铁（集团）公司	938263	2
16	中国网络通信集团公司	795882	1
17	金川集团有限公司	786085	1
18	江苏沙钢集团有限公司	669009	2
19	中国冶金科工集团公司	645002	2
20	江西铜业集团公司	551995	2
合计		70039647	

上述统计说明，198家创新型企业的主营业务收入、增加值、税后利润等，排在前20名的创新型企业贡献巨大。特别是中国石油天然气集团公司、中国移动通信集团公司、中国石油化工集团公司、国家电网公司等特大型企业的经济贡献比较显著。

（三）创新型企业的分类统计

1. 按行业分类

下面按《国民经济行业分类与代码》（GB/T 4754—2002）的两位数代码分类，对198家创新型企业2005～2007年间的主营业务收入、增加值、税后利润等主要经济指标的行业分布情况进行统计和分析。需要指出，所统计行业的经济指标只反映该行业创新型企业的经济状况，不代表该行业的整体发展情况。

2005～2007年间，198家创新型企业主营业务收入按行业统计，排在前5名的是：石油和天然气开采业（7），电力、热力的生产和供应业（44），电信和其他信息传输服务业（60），交通运输设备制造业（37），黑色金属冶炼及压延加工业（32）。其中，前3位排序连续三年没有变化，只有后两位排序后两年与2005年互换。这5个行业所属企业共有27家，只占198家创新型企业的13.6%，但2007年前5个行业的创新型企业的主营业务收入达到51182亿元，占198家创新型企业主营业务收入总额的72.4%（见表2-12）。

表2-12 创新型企业主营业务收入前5名行业　　　　　　　　单位：万元

排名	2005年			2006年			2007年		
	行业	企业数	主营业务收入	行业	企业数	主营业务收入	行业	企业数	主营业务收入
1	7	2	152065183	7	2	193076972	7	2	222794943
2	44	5	98973581	44	5	117604449	44	5	139897465
3	60	4	52942764	60	4	59533418	60	4	67385006
4	32	4	29923912	37	12	32790640	37	12	42065614
5	37	12	24845930	32	4	31272441	32	4	39675655
合计		27	358751370		27	434277920		27	511818683

2005～2007年间，198家创新型企业增加值按行业统计，排在前5名的行业是：石油和天然气开采业（7），电信和其他信息传输服务业（60），电力、热力的生产和供应业（44），交通运输设备制造业（37），黑色金属冶炼及压延加工业（32）。其中，石油和天然气开采业、电信和其他信息传输服务业、电力、热力的生产和供应业排在前3位；后两位排序是2006年、2007年与2005年互换。2007

年前5名行业的创新型企业创造的增加值达到18336亿元，占198家创新型企业全部增加值的80.0%（见表2-13）。

表2-13 创新型企业增加值前5名行业 单位：万元

排名	2005年			2006年			2007年		
	行业	企业数	增加值	行业	企业数	增加值	行业	企业数	增加值
1	7	2	59418648	7	2	73832338	7	2	78104445
2	60	4	33499811	60	4	37856827	60	4	46354156
3	44	5	26415561	44	5	34347773	44	5	37406120
4	32	4	7656496	37	12	8546594	37	12	10942883
5	37	12	7168996	32	4	8171276	32	4	10548573
合计		27	134159512		27	162754808		27	183356177

2005~2007年间，198家创新型企业税后利润按行业统计，前5名的行业中排在前4位的行业相同，分别是：石油和天然气开采业（7），电信和其他信息传输服务业（60），电力、热力的生产和供应业（44），黑色金属冶炼及压延加工业（32）。排在第5位的行业，2005年是煤炭开采和洗选业（6），2006年是有色金属冶炼及压延加工业（33），2007年是水上运输业（54）。2007年，前5个行业的创新型企业共计16家，占198家创新型企业的8.1%，但创造的税后利润达到6136亿元，占198家创新型企业全部税后利润的77.6%（见表2-14）。

表2-14 创新型企业税后利润前5名行业 单位：万元

排名	2005年			2006年			2007年		
	行业	企业数	税后利润	行业	企业数	税后利润	行业	企业数	税后利润
1	7	2	23270637	7	2	25634885	7	2	26769415
2	60	4	12324904	60	4	14081138	60	4	17087008
3	44	5	3584543	44	5	5884621	44	5	8725670
4	32	4	3192142	32	4	3228773	32	4	5376844
5	6	1	2197516	33	10	2811741	54	1	3405542
合计		16	44569742		25	51641158		16	61364479

上述分析说明，创新型企业的经济贡献呈现较明显的行业集中性，石油和天然气开采业，电力、热力的生产和供应业、电信和其他信息传输服务业、黑色金属冶炼及压延加工业、交通运输设备制造业、煤炭开采和洗选业、有色金属冶炼及压延加工业、水上运输业等行业的创新型企业尽管在全部创新型企业中占比不大，但贡献了70%以上的主营业务收入、增加值和税后利润。

2. 按地区分布

下面按行政区划对198家创新型企业的主营业务收入、增加值、税后利润等经济指标的地区分布情况进行统计。需要指出,所统计地区的经济指标只反映该地区创新型企业的经济状况,不代表所在地区的整体经济水平。

2005~2007年间,198家创新型企业主营业务收入按地区统计,排在前5名的地区是:北京、广东、上海、吉林、山东。其中,前3位的排序连续三年没有变化,只有后两位排序2005年、2006年是山东、吉林,2007年则次序互换。这5个地区所拥有的创新型企业共72家,占198家创新型企业的36.4%,2007年的主营业务收入总额达62150亿元,占198家创新型企业主营业务收入总额的87.9%(见表2-15)。

表2-15 创新型企业主营业务收入前5名地区 单位:万元

排名	2005年			2006年			2007年		
	地区	企业数	主营业务收入	地区	企业数	主营业务收入	地区	企业数	主营业务收入
1	北京	36	347082052	北京	36	436485744	北京	36	514054119
2	广东	14	28534513	广东	14	34799082	广东	14	43687656
3	上海	7	20123511	上海	7	21059425	上海	7	26676779
4	山东	11	14365816	山东	11	16060481	吉林	4	19441511
5	吉林	4	12272707	吉林	4	15391176	山东	11	17637804
合计		72	422378599		72	523795908		72	621497869

2005~2007年间,198家创新型企业增加值按地区统计,排在前5名的地区是:北京、广东、上海、吉林、湖北。这5个地区所拥有的创新型企业共有68家,占198家创新型企业的34.3%,2007年的增加值达到20561亿元,占198家创新型企业全部增加值的89.7%(见表2-16)。

表2-16 创新型企业增加值前5名地区 单位:万元

排名	2005年			2006年			2007年		
	地区	企业数	增加值	地区	企业数	增加值	地区	企业数	增加值
1	北京	36	130066071	北京	36	157268336	北京	36	176980170
2	广东	14	6626846	广东	14	10517242	广东	14	11783295
3	上海	7	5345031	上海	7	5448607	上海	7	6920904
4	吉林	4	3580157	吉林	4	4414219	吉林	4	5285654
5	湖北	7	3411256	湖北	7	3734135	湖北	7	4635285
合计		68	149029361		68	181382539		68	205605308

2005~2007年间，198家创新型企业的税后利润按地区统计，排在前5名的地区是：北京、上海、广东、湖北、辽宁。其中，排在第1、2、5位的地区没有变化，只有广东2005年排在第4位，2006年、2007年超过湖北排在第3位。这5个地区所拥有的创新型企业共73家，占198家创新型企业的36.9%，2007年其税后利润总额达到7098亿元，占198家创新型企业税后利润总额的89.8%（见表2-17）。

表2-17 创新型企业税后利润前5名地区   单位：万元

排名	2005年			2006年			2007年		
	地区	企业数	税后利润	地区	企业数	税后利润	地区	企业数	税后利润
1	北京	36	43380318	北京	36	51072418	北京	36	60634398
2	上海	7	2407164	上海	7	2513442	上海	7	3887060
3	湖北	4	1513404	广东	14	2123167	广东	14	2801172
4	广东	14	1397236	湖北	4	1526568	湖北	4	2348308
5	辽宁	12	1067719	辽宁	12	1226747	辽宁	12	1313425
合计		73	49765841		73	58462342		73	70984363

上述统计说明，创新型企业的经济贡献也呈现出较强的区域集中性，北京、广东、上海、吉林、山东、湖北、辽宁等地区的创新型企业分布较多，约占创新型企业总数的近40%，而这些地区创新型企业创造的主营业务收入、增加值和税后利润也都接近全部创新型企业的90%。

3. 按企业类型分类

下面按国有独资、股份制及其他所有制两种企业类型，对198家创新型企业的主要经济指标进行统计和分析。

2005~2007年间，两类企业的主营业务收入都呈现快速增长趋势，其中，国有独资企业2006年的主营业务收入增长高于股份制及其他所有制企业，增长率达到24.1%。2007年，股份制及其他所有制企业则表现出更加强劲的增长态势，增长率达到24.3%，超过国有独资企业近5个百分点，也高于198家创新型企业全部主营业务收入平均增长率4个百分点以上（见表2-18）。

表2-18 按企业类型统计的创新型企业主营业务收入及其增长情况

企业类型	主营业务收入（万元）			增长率（%）	
	2005年	2006年	2007年	2006年	2007年
国有独资	400162028	496678269	592891543	24.1	19.4
股份制及其他所有制	74414130	91677450	113964515	23.2	24.3
总计	474576158	588355719	706856058	24.0	20.1

国有独资企业的主营业务收入远高于股份制及其他所有制企业，2005～2007年间，分别达到4.0万亿元、5.0万亿元、5.9万亿元，占198家创新型企业全部主营业务收入的比重分别为84.3%、84.4%、83.9%（见图2-8）。

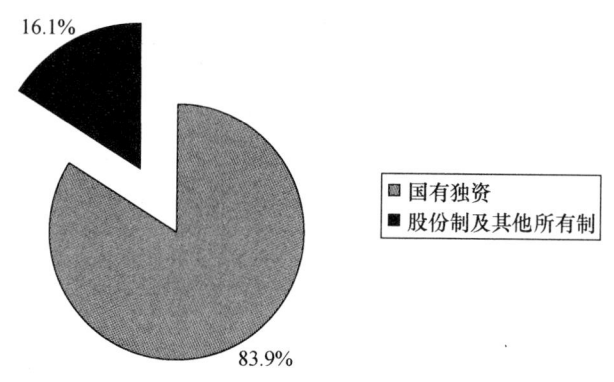

图2-8　2007年按企业类型统计的创新型企业主营业务收入占比

2006年，国有独资企业增加值的增长较快，达到22.7%，超过股份制及其他所有制企业增速（15.7%）7个百分点，也高于全部198家创新型企业的平均增速（21.8%）。2007年，股份制及其他所有制企业的增长率达到28.6%，远远超过国有独资企业增速（12.9%），也远高于198家企业增加值的平均增速（14.7%）（见表2-19）。

表2-19　按企业类型统计的创新型企业增加值及其增长情况

企业类型	增加值（万元）			增长率（%）	
	2005年	2006年	2007年	2006年	2007年
国有独资	144083858	176789088	199628455	22.7	12.9
股份制及其他所有制	19944189	23066418	29664888	15.7	28.6
总计	164028047	199855506	229293342	21.8	14.7

国有独资企业的增加值远高于股份制及其他所有制企业，2005～2007年间，分别达到1.4万亿元、1.8万亿元、2.0万亿元，占198家创新型企业全部增加值的比重分别为87.8%、88.5%、87.1%（见图2-9）。

两类企业的税后利润2006年和2007年都呈现稳步增长趋势，说明创新型企业的总体经济效益在不断改善。尤其是股份制及其他所有制企业2006年和2007年的税后利润增长分别达到23.0%和36.5%，远高于国有独资企业，也高于全部198家创新型企业的平均增长率（19.5%和24.6%），经济效益提升比较明显（见表2-20）。

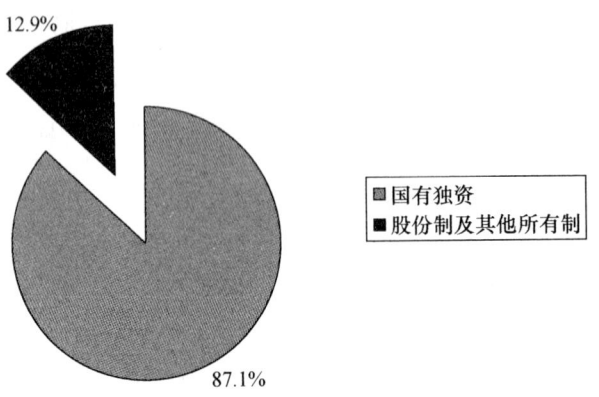

图 2-9 2007年按企业类型统计的创新型企业增加值占比

表 2-20 按企业类型统计的创新型企业税后利润及其增长情况

企业类型	税后利润（万元）			增长率（%）	
	2005 年	2006 年	2007 年	2006 年	2007 年
国有独资	46531378	55352861	68004945	19.0	22.9
股份制及其他所有制	6569301	8079422	11028941	23.0	36.5
总计	53100680	63432283	79033886	19.5	24.6

2005~2007年间，国有独资企业的税后利润分别达到4653亿元、5535亿元、6800亿元，占198家创新型企业全部税后利润的比重分别为87.6%、87.2%、86.0%，远高于股份制及其他所有制企业（见图2-10）。

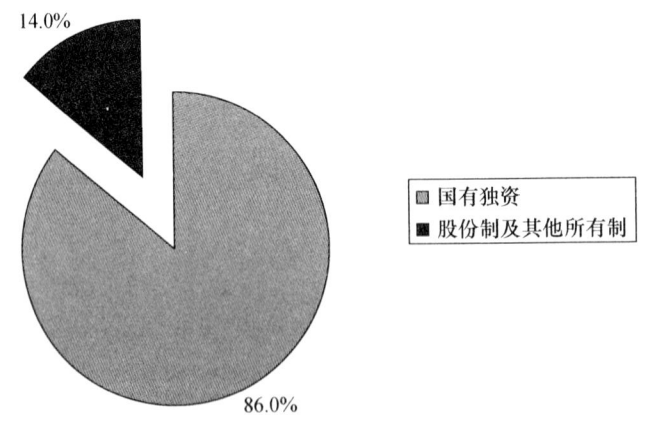

图 2-10 2007年按企业类型统计的创新型企业税后利润占比

上述分析说明，国有独资企业的主营业务收入、增加值和税后利润等主要经济指标都在198家创新型企业中占据非常大的比重，是创新型企业经济总量的主要贡献者。而股份制及其他所有制企业各项指标的增速相对更加明显，表现出较快的增长态势，对经济总量增长的贡献日益增大。

（四）创新型企业的经济贡献

下面选择全国大中型国有企业和全国规模以上工业企业两个企业群体作为参照，对创新型企业的经济贡献进行比较分析。

2007年，全国36252家大中型工业企业的主营业务收入为261278亿元，工业增加值为74604亿元。198家创新型企业创造的主营业务收入、增加值分别为70686亿元、22929亿元，占全国大中型工业企业主营业务收入、工业增加值的比重分别为27.1%、30.7%。

2007年，全国规模以上工业企业336768家，主营业务收入399717亿元，工业增加值117048亿元，利润总额27155亿元。198家创新型企业创造的主营业务收入、增加值和利润分别为70686亿元、22929亿元和7903亿元，占全国规模以上工业企业主营业务收入、增加值和利润的比重分别为17.7%、19.6%和29.1%。

此外，198家创新型企业2007年创造的增加值占当年国内生产总值（257306亿元）的比重为8.9%；占全年全部工业增加值（110535亿元）的比重为20.7%。

另据对2008年200家创新型企业的不完全统计，[①] 主营业务收入达到86503亿元，增加值达到22803亿元，利润总额达到5483亿元。其中200家企业增加值占2008年国内生产总值（300670亿元）的比重为7.6%；占全年全部工业增加值（129112亿元）的比重为17.7%。

上述比较说明，尽管创新型企业数量有限，与全国大中型工业企业和全国规模以上工业企业的数量存在数量级差别，但其经济贡献占这两个群体的比重却非常可观。而且创新型企业创造的增加值占当年GDP及工业增加值的比重也非常可观，表明创新型企业群体已经成为国民经济发展不可忽视的重要力量。

三、创新型企业创新状况分析

创新型企业建设的成效最直接地体现在企业的创新投入、创新产出等指标以及创新活动方面。下面对2005～2007年间198家创新型企业的相关指标进行统计和分析。

---

① 202家创新型企业中有2家企业没有报送2008年相关数据，故本报告只统计200家企业情况。

(一) 创新投入持续加大

企业创新投入包括研发人员、研发经费和研发设施条件等,下面重点对创新型企业研发经费投入及研发人员情况进行分析。

1. 创新投入总量及增长情况

创新型企业的研发经费投入及其增长、研发经费投入占主营业务收入比重、研发经费投入强度(研发经费投入与增加值之比)等是衡量企业创新投入的重要指标。

2005~2007年间,198家创新型企业的研发经费投入保持较高的增速,2006年和2007年分别比上年增长39.1%和30.3%;企业研发经费投入占主营业务收入的比重分别为1.47%、1.65%、1.79%;企业研发投入强度分别为4.26%、4.87%、5.53%,都呈现持续增长趋势。快速增长的研发经费投入为创新型企业开展创新活动提供了重要保障,也是企业日益加强自主创新的重要标志(见表2-21和图2-11)。

表2-21 创新型企业研发经费投入情况

年份	研发经费投入(万元)	增长率(%)	研发经费投入占主营业务收入比重(%)	研发经费投入强度(%)
2005	6993647		1.47	4.26
2006	9728367	39.1	1.65	4.87
2007	12678364	30.3	1.79	5.53

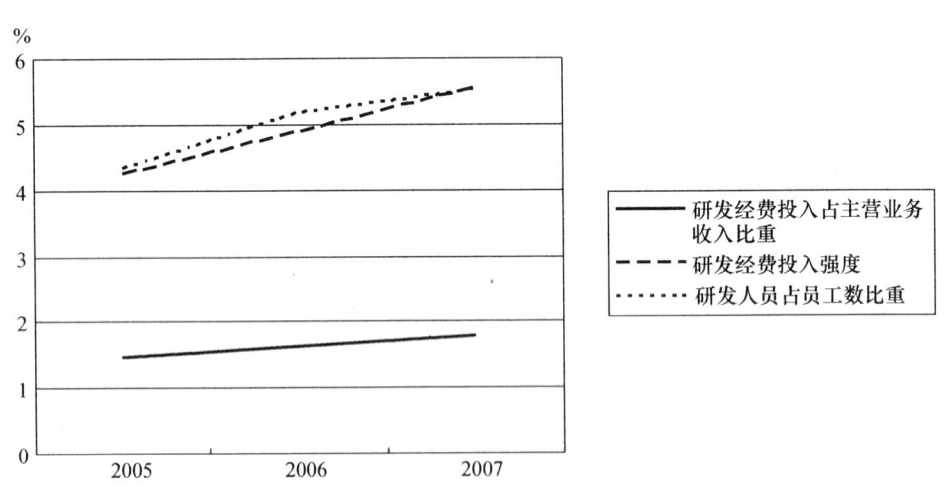

图2-11 创新型企业研发经费和研发人员占比情况

2005~2007年间,198家创新型企业的研发人员数量保持稳步增长,2006年和2007年分别比上年增长12.7%和10.7%;研发人员数占企业员工总数的比重也呈稳步增长态势,分别为4.33%、5.16%、5.52%(见表2-22和图2-11)。

第二章 创新型企业建设态势

表 2-22 创新型企业研发人员情况

年份	研发人员数（人）	研发人员增长率（%）	研发人员占员工数比重（%）
2005	290343		4.33
2006	327194	12.7	5.16
2007	362238	10.7	5.52

为进一步反映创新型企业研发经费状况，下面参照国家高新技术企业认定条件中有关研发经费投入占销售收入比重的相关规定，[①] 按照小于3%、3%~4%、4%~6%和大于6%四个档次，对198家创新型企业的分布情况进行统计。

2005~2007年间，研发经费投入占主营业务收入比重小于3%的创新型企业分别是36家、28家、26家，呈逐年减少趋势；研发经费投入占主营业务收入比重3%~4%的企业分别为17家、22家、22家，基本保持稳定态势；研发经费投入占主营业务收入比重4%~6%的企业分别为68家、62家、57家，呈略微下降趋势；研发经费投入占主营业务收入比重大于6%的企业分别是77家、86家、93家，呈逐年增加趋势（见表2-23和图2-12）。

2005年，研发经费投入占主营业务收入比重小于3%的企业数占198家创新型企业比重为18%；3%~4%的企业数占比为9%；4%~6%的企业数占比为34%；大于6%的企业数占比为39%。合并统计研发经费投入占主营业务收入比重4%以上的企业数有145家，占198家创新型企业比重为73%（见图2-13）。

表 2-23 创新型企业按研发经费投入占主营业务收入比重分布情况　　单位：家

年份	研发经费投入占主营业务收入比重	第一批创新型企业	第二批创新型企业	总数
2005	<3%	14	22	36
	3%~4%	5	12	17
	4%~6%	35	33	68
	>6%	36	41	77
2006	<3%	13	15	28
	3%~4%	8	14	22
	4%~6%	32	30	62
	>6%	37	49	86
2007	<3%	12	14	26
	3%~4%	8	14	22
	4%~6%	29	28	57
	>6%	41	52	93

---

① 《国家高新技术企业认定管理办法》按企业规模确定研发经费投入占销售收入比重，具体规定是：(1) 最近一年销售收入小于5000万元的企业，比例不低于6%；(2) 最近一年销售收入在5000万~2亿元的企业，比例不低于4%；(3) 最近一年销售收入在2亿元以上的企业，比例不低于3%。

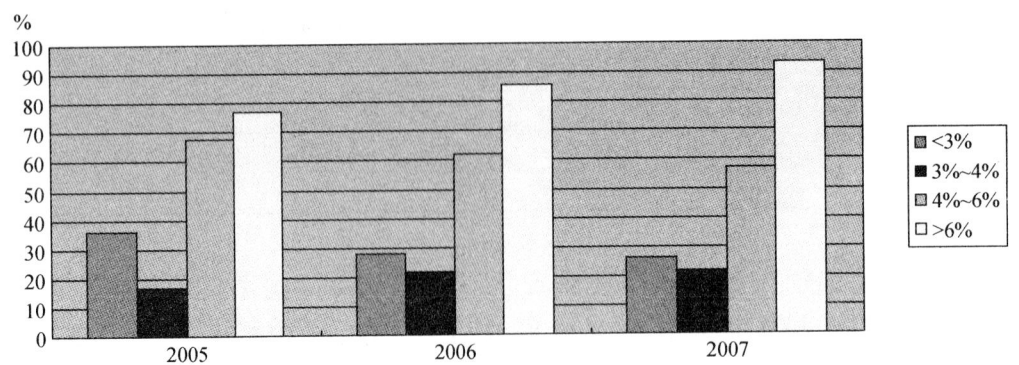

图 2-12 创新型企业按研发经费投入占主营业务收入比重的分布

2006年,研发经费投入占主营业务收入比重小于3%的企业数占198家创新型企业比重为14%;3%~4%的企业数占比为11%;4%~6%的企业数占比为31%;大于6%的企业数占比为44%。合并统计研发经费投入占主营业务收入比重4%以上的企业数有148家,占198家创新型企业比重为75%(见图2-14)。

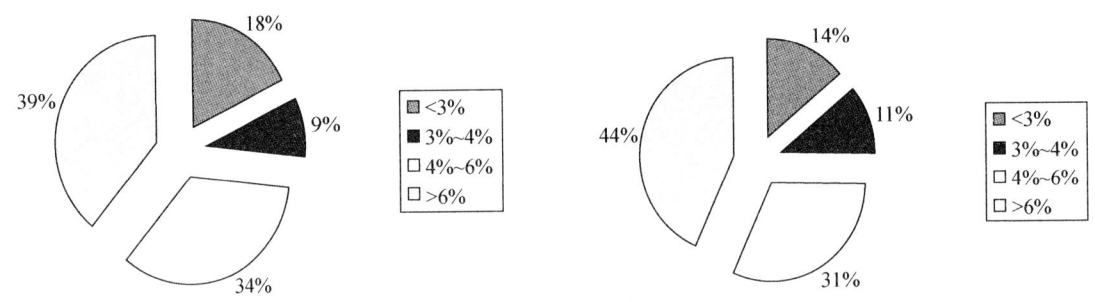

图 2-13 2005年研发经费投入占主营业务收入比重各档次的创新型企业数

图 2-14 2006年研发经费投入占主营业务收入比重各档次的创新型企业数

2007年,研发经费投入占主营业务收入比重小于3%的企业数占198家创新型企业比重为13%;3%~4%的企业数占比为11%;4%~6%的企业数占比为29%;大于6%的企业数占比为47%。合并统计研发经费投入占主营业务收入比重4%以上的企业数有150家,占198家创新型企业比重为76%(见图2-15)。

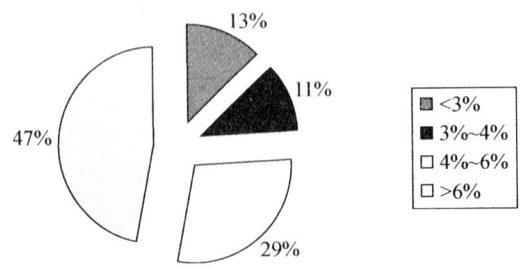

图 2-15 2007年研发经费投入占主营业务收入比重各档次的创新型企业数

上述统计说明，越来越多的创新型企业在持续加大研发经费投入，70%以上的创新型企业的研发经费投入占主营业务收入比重超过4%，保持较高投入力度。

2. 创新投入20强企业

下面根据2007年企业研发经费投入、研发人员数两数据，分别统计198家创新型企业中投入前20名的企业情况。

2007年，排在前20名的创新型企业的研发经费投入总额达801亿元，占198家创新型企业研发经费投入总额的63.2%。其中，研发经费投入排在前3位的企业是国家电网公司、华为技术有限公司、中国石油天然气集团公司，分别达到102亿元、71亿元、70亿元，三家企业合计研发经费投入额占198家创新型企业研发经费投入总额的19.2%，占前20名创新型企业研发经费投入总额的30.3%（见表2-24）。

表2-24　2007年研发经费投入前20名创新型企业

名次	企业名称	研发经费投入（万元）	批次
1	国家电网公司	1016000	1
2	华为技术有限公司	714250	1
3	中国石油天然气集团公司	700529	2
4	海尔集团公司	687357	1
5	中国移动通信集团公司	664948	2
6	中国石油化工集团公司	580014	1
7	中国船舶重工集团公司	530793	2
8	中兴通讯股份有限公司	321000	1
9	中国化工集团公司	310585	2
10	中国第一汽车集团公司	266018	1
11	中国铁路工程总公司	264931	1
12	中国铝业公司	249717	1
13	中国电子信息产业集团公司	246336	1
14	中国冶金科工集团公司	238629	2
15	宝钢集团有限公司	228743	1
16	武汉钢铁（集团）公司	212813	2
17	中国南方电网有限责任公司	207557	2
18	北大方正集团有限公司	202754	2
19	鞍山钢铁集团公司	199329	1
20	海信集团有限公司	170791	1
合计		8013094	

2007年，排在前20名创新型企业的研发人员数合计为24.1万人，占198家创新型企业研发人员总数的66.5%。其中，研发人员数排在前3位的企业是中国船舶重工集团公司、华为技术有限公司、中国石油化工集团公司，分别达到4.2万人、3.2万人、2.2万人，三家企业研发人员数合计占前20名企业研发人员总数的40.0%（见表2-25）。

表2-25 2007年研发人员数前20名创新型企业

名次	企业名称	研发人员总量（人）	批次
1	中国船舶重工集团公司	42268	2
2	华为技术有限公司	32250	1
3	中国石油化工集团公司	21904	1
4	中国石油天然气集团公司	20532	2
5	中国电子信息产业集团公司	18859	1
6	中兴通讯股份有限公司	16940	1
7	中国铁路工程总公司	14388	1
8	攀枝花钢铁（集团）公司	8087	1
9	中国北方机车车辆工业集团公司	7721	2
10	海尔集团公司	7202	1
11	宝钢集团有限公司	5867	1
12	国家电网公司	5864	1
13	中国南方机车车辆工业集团公司	5806	2
14	煤炭科学研究总院	5621	1
15	中国化工集团公司	5481	2
16	中国南方电网有限责任公司	5021	2
17	四川长虹电器股份有限公司	4709	1
18	中国冶金科工集团公司	4300	2
19	中国铝业公司	4246	1
20	中国第一汽车集团公司	3797	1
合计		240863	

上述统计说明，在研发经费投入和研发人员方面，创新投入20强的企业表现突出。创新投入20强企业的规模较大，实力较强，创新投入总量相应较多。

3. 企业创新投入分类统计

（1）按行业分类

下面按《国民经济行业分类与代码》（GB/T 4754-2002）的两位数代码分

类，对198家创新型企业的研发经费投入情况进行统计。需要指出，所统计行业的指标只反映该行业创新型企业的状况，不代表该行业的整体情况。

2005～2007年间，创新型企业研发经费投入额前5名的行业中，排第1、4、5位的行业都相同，即交通运输设备制造业（37），通信设备、计算机及其他电子设备制造业（40），电信和其他信息传输服务业（60），但排第2、3位的行业每年都有变化，2005年分别是电气机械及器材制造业（39），石油和天然气开采业（7），2006年则排位互换，2007年则分别是电力、热力的生产和供应业（44），石油和天然气开采业（7）（见表2-26）。

表2-26 创新型企业分布前5名行业研发经费投入情况　　　　单位：万元

排名	2005年			2006年			2007年		
	行业	企业数	研发经费	行业	企业数	研发经费	行业	企业数	研发经费
1	37	12	718250	37	12	1230271	37	12	1483871
2	39	15	671766	7	2	1010473	44	5	1296023
3	7	2	621636	39	15	962380	7	2	1280543
4	40	20	602648	40	20	851864	40	20	1137679
5	60	4	564358	60	4	811948	60	4	1090321
合计		53	3178658		53	4866936		43	6288437

前5名行业中创新型企业研发经费投入总额呈现持续快速增长态势，2006年和2007年分别比上年增长53.1%和29.2%。按同一行业增长情况统计，排在第一位的交通运输设备制造业的12家创新型企业的研发经费投入，2006年和2007年分别比上年增长71.3%和20.6%。2007年，前5名行业的43家创新型企业研发经费投入总额达629亿元，占198家创新型企业研发经费投入总额的比重达49.6%。

（2）按地区分布

下面按地区对198家创新型企业的研发经费投入情况进行统计。需要指出的是，所统计地区的指标只反映该地区创新型企业的创新投入状况，不代表该地区的整体创新投入水平。

2005～2007年间，创新型企业研发经费投入排在前5名的地区基本上是企业分布较多的北京、广东、山东、辽宁、上海、四川等省市，其中北京、广东、山东连续3年排在前3位。上海市的增长较快，2006年进入前5位，2007年上升到第4位，2007年比上年增长37.6%。吉林省虽然只拥有4家创新型企业，但2007年研发经费投入总额也进入前5位（见表2-27）。

表 2-27 创新型企业研发经费投入前 5 名地区 单位：万元

排名	2005 年			2006 年			2007 年		
	地区	企业数	研发经费	地区	企业数	研发经费	地区	企业数	研发经费
1	北京	36	2721535	北京	36	4380099	北京	36	6081673
2	广东	14	835086	广东	14	1142759	广东	14	1458434
3	山东	11	657005	山东	11	954022	山东	11	994976
4	辽宁	12	426105	辽宁	12	315635	上海	7	426055
5	四川	7	261096	上海	7	309634	吉林	4	394255
合计		80	4900827		80	7102149		72	9355393

2005~2007 年间，前 5 名地区研发经费投入额保持持续快速增长，2006 年和 2007 年比上年分别增长 44.9% 和 31.7%。其中，北京 36 家创新型企业研发经费投入 2006 年和 2007 年分别比上年增长 60.9% 和 38.8%；广东 14 家创新型企业研发经费投入 2006 年和 2007 年分别比上年增长 36.8% 和 27.6%；山东 11 家创新型企业研发经费投入 2006 年和 2007 年分别比上年增长 45.2% 和 4.3%。

2007 年，创新型企业研发经费投入前 5 名地区共拥有 72 家创新型企业，占 198 家创新型企业的 36.4%，研发经费投入额达 936 亿元，占 198 家创新型企业研发经费投入总额的比重为 73.8%。

据《中国科学技术指标 2008》，2007 年，中国各地区研发经费投入前 5 位的地区分别是：北京、江苏、广东、山东、上海。创新型企业的研发经费投入地区分布状况虽然难以代表各地区的情况，但与中国各地区研发经费投入状况还是比较趋同的。

（3）按企业类型统计

下面按国有独资和股份制及其他所有制两种企业类型，对 198 家创新型企业的研发经费投入、研发人员数及其增长情况进行统计和分析。

2005~2007 年间，国有独资企业的研发经费投入总量远高于股份制及其他所有制企业，分别达到 411 亿元、585 亿元、773 亿元，占 198 家创新型企业研发经费投入总额的比重分别为 58.7%、60.1%、61.0%，占比呈逐年增加趋势（见表 2-28）。

表 2-28 按企业类型统计的创新型企业研发经费投入及增长情况

企业类型	研发经费投入（万元）			增长率（%）	
	2005 年	2006 年	2007 年	2006 年	2007 年
国有独资	4107330	5850973	7734043	42.5	32.2
股份制及其他所有制	2886317	3877394	4944321	34.3	27.5
总计	6993647	9728367	12678364	39.1	30.3

2005～2007年间，两类企业研发经费投入都呈现较快增长趋势。其中，国有独资企业的研发经费投入增长更快一些，2006年和2007年分别达到42.5%和32.2%，说明国有独资企业对研发经费投入的力度持续加强；股份制及其他所有制企业研发经费投入也保持较快增长，2006年和2007年分别比上年增长34.3%和27.5%（见图2-16）。

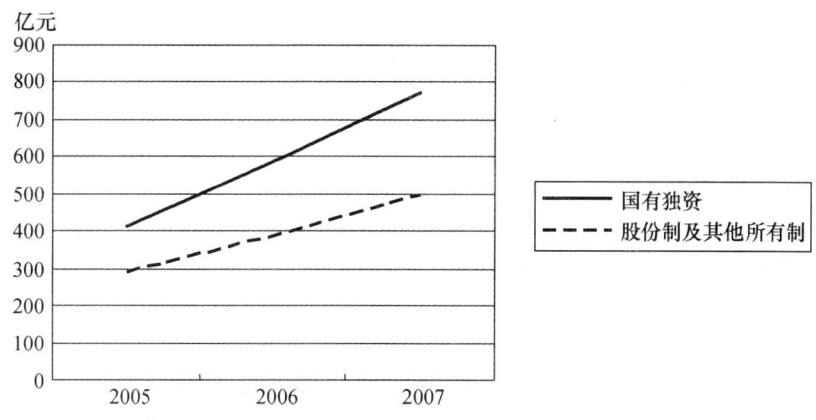

图2-16 按企业类型统计的创新型企业研发经费增长

2005～2007年间，两类企业研发经费投入占主营业务收入的比重都呈现持续增长趋势。其中，股份制及其他所有制企业研发经费投入占主营业务收入的比重分别为3.49%、3.82%、3.97%，远高于国有独资企业（见表2-29和图2-17）。

表2-29 按企业类型的研发经费投入占主营业务收入比重和研发经费投入强度　　单位:%

企业类型	研发经费投入占主营业务收入比重			研发经费投入强度		
	2005年	2006年	2007年	2005年	2006年	2007年
国有独资	1.03	1.18	1.30	2.85	3.31	3.87
股份制及其他所有制	3.49	3.82	3.97	13.27	15.80	16.18
总计	1.47	1.65	1.79	4.26	4.87	5.53

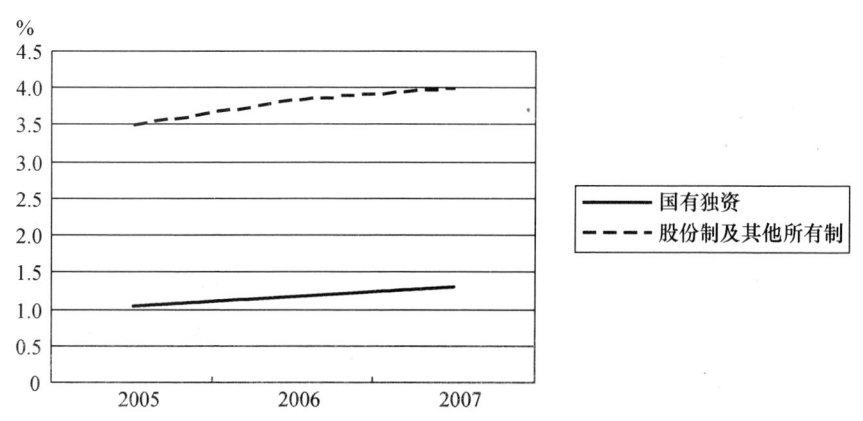

图2-17 按企业类型的研发经费投入占主营业务收入比重

2005~2007年间,两类企业研发经费投入强度也都呈现持续增长态势。其中,股份制及其他所有制企业研发经费投入强度较高,分别达到13.27%、15.80%、16.18%,远高于国有独资企业(见表2-29和图2-18)。

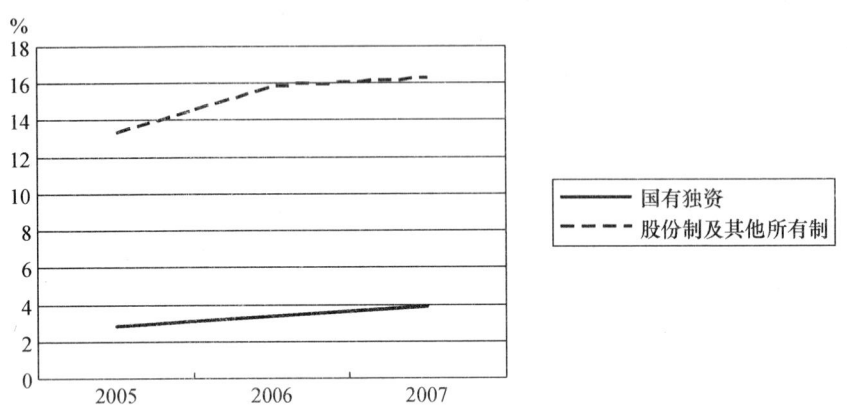

图2-18 按企业类型的研发经费投入强度

2005~2007年间,国有独资企业的研发人员数分别达到19.5万人、20.5万人、22.3万人,占198家创新型企业研发人员总数的比重分别为67.2%、62.7%、61.5%,远高于股份制及其他所有制企业的研发人员数(见表2-30)。

表2-30 按企业类型的研发人员情况

企业类型	研发人员总量(人)			研发人员总量增长率(%)	
	2005年	2006年	2007年	2006年	2007年
国有独资	194978	205303	222785	5.3	8.5
股份制及其他所有制	95365	121891	139453	27.8	14.4
总计	290343	327194	362238	12.7	10.7

2005~2007年间,股份制及其他所有制企业的研发人员数增长较快,2006年和2007年分别达到27.8%和14.4%,尤其是2006年增长速度高于全部企业平均增速约15个百分点,是国有独资企业增速的5倍多,说明股份制及其他所有制企业近年来在研发人员的吸引和培养方面有较大的努力,企业员工素质有明显改善。2007年,由于股份制及其他所有制企业研发人员数增长减缓,国有独资企业研发人员数增速则从5.3%增加到8.5%,两类企业研发人员增速的差距明显缩小(见表2-30和图2-19)。

2005~2007年间,两种类型企业的研发人员占员工总数的比例都呈现增长趋势。其中,股份制及其他所有制企业的研发人员占员工总数的比例分别为10.7%、12.5%、13.3%,大约是国有独资企业研发人员占员工总数比重的3倍(见表2-31和图2-20)。

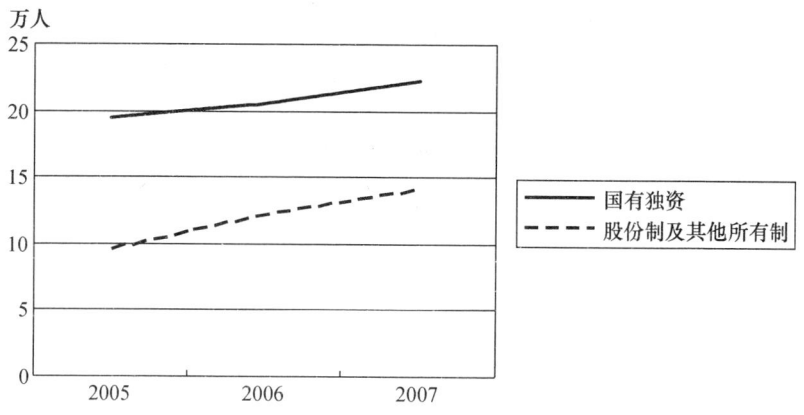

图 2-19　按企业类型的研发人员增长情况

表 2-31　按企业类型的研发人员占员工总数比重　　　　　　　　　　单位：%

企业类型	2005 年	2006 年	2007 年
国有独资	3.4	3.8	4.0
股份制及其他所有制	10.7	12.5	13.3
总计	4.3	5.2	5.5

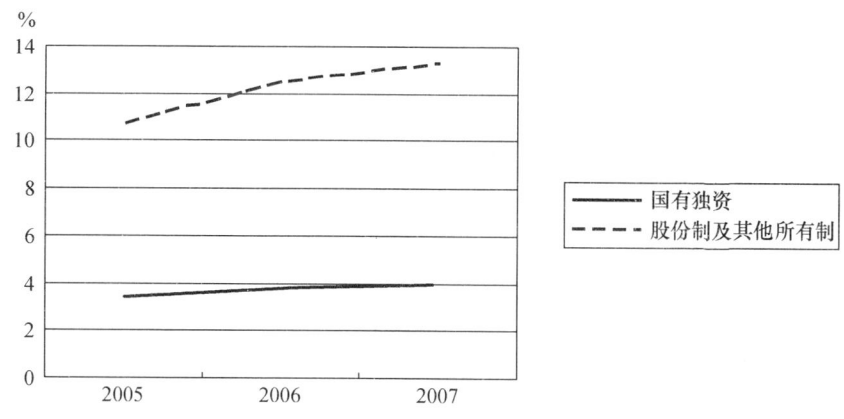

图 2-20　按企业类型的研发人员占员工总数比例

（4）按企业规模统计

下面按照企业主营业务收入 1 亿元以下、1 亿~10 亿元、10 亿~100 亿元、100 亿元以上四个规模档次，对 198 家创新型企业的创新投入情况进行统计。

由于 10 亿~100 亿元、100 亿元以上创新型企业数逐年增加，因而这两档创新型企业的研发经费投入呈现快速增长趋势。其中，100 亿元以上的创新型企业的研发经费投入增长最快，2006 年和 2007 年的增长率分别达到 48.8% 和 33.3%；10 亿~100 亿元的创新型企业的增长率则分别为 13.4% 和 19.9%。相反，1 亿元以下、1亿~10亿元两档创新型企业数量逐步减少,其研发经费投入都呈现负增长（见表2-32和图2-21）。

表2-32 按企业规模的研发经费投入情况

企业规模	研发经费投入（万元）			增长率（%）	
	2005年	2006年	2007年	2006年	2007年
1亿元以下	8744	7760	5861	-11.3	-24.5
1亿~10亿元	246842	241269	227070	-2.3	-5.9
10亿~100亿元	1263067	1431805	1716673	13.4	19.9
100亿元以上	5406880	8047533	10728760	48.8	33.3
总计	6925533	9728367	12678364	40.5	30.3

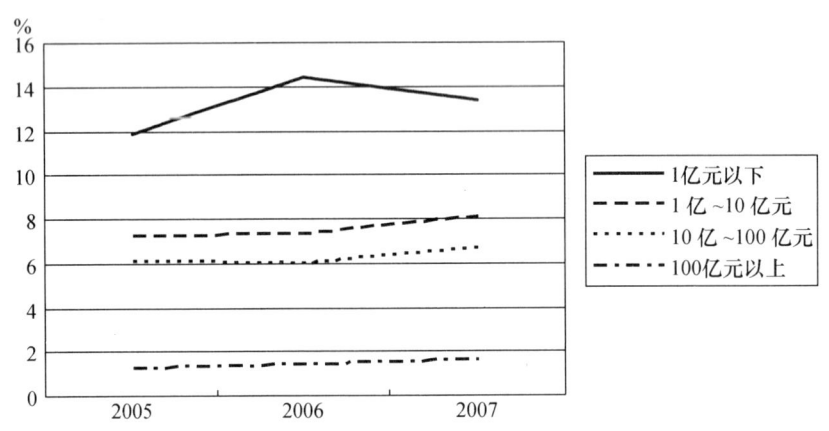

图2-21 按企业规模的研发经费投入占主营业务收入比重

100亿元以上创新型企业的研发经费投入占主营业务收入比重和研发经费投入强度低于全部创新型企业的平均值,但呈逐年增长态势。而100亿元以下的三档企业,其研发经费投入占主营业务收入比重基本达到国家高新技术企业有关研发经费投入的最高认定标准（6%）。说明创新型企业研发经费投入占主营业务收入比重和研发经费投入强度与企业规模有明显的负相关性,即企业规模越小,研发经费投入占主营业务收入比重和研发经费投入强度越大（见表2-33和图2-22）。

表2-33 按企业规模的研发经费投入占主营业务收入比重和研发经费投入强度　单位:%

企业规模	研发经费投入占主营业务收入比重			研发经费投入强度		
	2005年	2006年	2007年	2005年	2006年	2007年
1亿元以下	11.90	14.38	13.39	28.10	29.11	25.77
1亿~10亿元	7.19	7.32	8.08	17.64	21.07	24.39
10亿~100亿元	6.10	5.97	6.69	20.75	18.29	20.02

续表

企业规模	研发经费投入占主营业务收入比重			研发经费投入强度		
	2005年	2006年	2007年	2005年	2006年	2007年
100亿元以上	1.20	1.43	1.58	3.47	4.22	4.88
总计	1.46	1.65	1.79	4.24	4.87	5.53

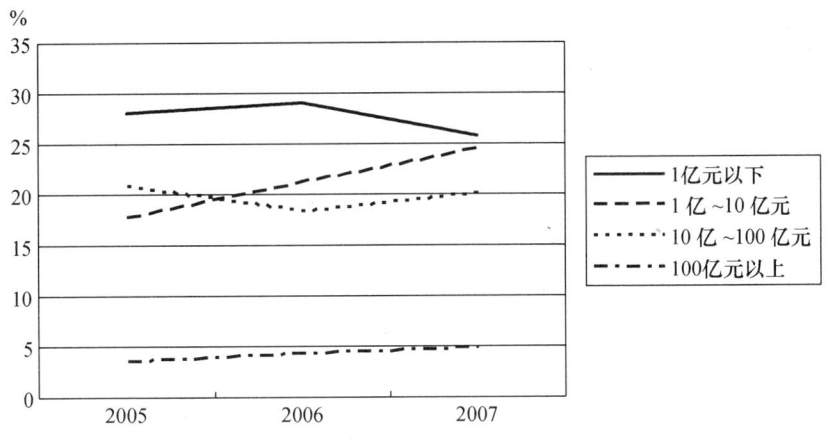

图2-22 按企业规模的研发经费投入强度

由于1亿元以下、1亿~10亿元的创新型企业数逐年较少，其研发人员总数呈现明显下降趋势。10亿~100亿元创新型企业数尽管逐年增加，但2007年研发人员数也出现一定程度减少。只有100亿元以上的创新型企业，研发人员数呈快速增长趋势，2006年和2007年分别达到13.47%和15.97%（见表2-34）。

表2-34 按企业规模的研发人员情况

企业规模	研发人员数（人）			增长率（%）	
	2005年	2006年	2007年	2006年	2007年
1亿元以下	967	827	645	-14.5	-22.0
1亿~10亿元	19697	19686	18052	-0.1	-8.3
10亿~100亿元	51391	60040	57514	16.8	-4.2
100亿元以上	217367	246641	286027	13.5	16.0
总计	289422	327194	362238	13.1	10.7

四个档次创新型企业的研发人员占企业员工总数比重都呈现逐年增长趋势，说明不同规模的创新型企业都普遍重视加强对研发人员的培养和吸引，企业员工素质稳步提高。创新型企业研发人员占员工总数比重与企业规模有明显的负相关性，即企业规模越小，研发人员占员工总数比重越大（见表2-35和图2-23）。

表 2-35 按企业规模的研发人员占企业员工总数比重 单位:%

企业规模	2005年	2006年	2007年
1亿元以下	29.5	29.6	32.1
1亿~10亿元	22.3	23.5	26.5
10亿~100亿元	11.9	13.0	15.0
100亿元以上	3.5	4.3	4.7
总计	4.3	5.2	5.5

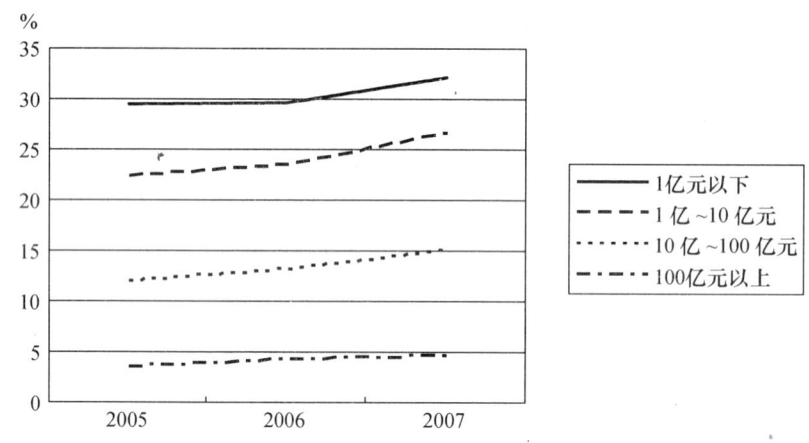

图 2-23 按企业规模的研发人员占企业员工总数比重

4. 创新型企业创新投入的比较

2007年，198家创新型企业研发经费投入1267.8亿元，占全国研发（R&D）经费总支出（3710.2亿元）的比重为34.2%，占全国大中型工业企业研发经费支出（2112.5亿元）的比重为60.0%；创新型企业研发经费投入比上年增长30.3%，高于23.5%的全国研发经费总支出的增长，也高于29.6%的全国大中型工业企业研发经费支出的增长；创新型企业研发经费投入占主营业务收入的比重达1.79%，远高于0.81%的全国大中型工业企业研发经费投入占主营业务收入的比重；创新型企业研发经费投入强度达到5.53%，远高于1.49%的全国研发经费投入强度（与国内生产总值之比），也高于2.83%的全国大中型工业企业研发经费投入强度。说明创新型企业比较重视对创新的投入。

2007年，198家创新型企业研发人员总量达到36.2万人，占全国大中型工业企业研发人员总量（85.8万人年）的比重为42.2%；占员工总数的5.52%，高于全国大中型工业企业研发人员占员工总数的比重（1.96%），说明创新型企业的研发人员占比较高。

另据对2008年200家创新型企业的不完全统计，研发经费投入合计达1440亿元，占全国研发（R&D）经费总支出（4616亿元）的31.2%；研发经费投入占主营业务收入的比重为1.66%，远高于全国大中型企业（0.84%）和规模以上工业企业（0.61%）；研发经费投入强度（与增加值之比）为6.32%，远高于1.54%的全国研发经费投入强度（与国内生产总值之比）。200家创新型企业研发人员总量达到45万人，共承担国家级各类科技计划项目2270项。

（二）创新产出快速增加

企业的创新产出通常包括专利（特别是发明专利）、版权、软件著作权、集成电路布图设计权、植物新品种权以及新产品销售收入。下面对创新型企业的创新产出进行分析。

1. 创新产出总量及其增长

专利申请和授权、版权、软件著作权、集成电路布图设计权、植物新品种权等申请和授权，新产品销售收入及其增长情况，是衡量创新型企业创新产出的主要指标。

发明专利是国际通行的反映企业拥有自主知识产权技术的核心指标。其中，发明专利拥有量一定程度上反映企业的技术储备状况。据统计，截至2007年底，198家创新型企业的发明专利授权数达到18491件。

发明专利申请量则反映企业创新活跃程度。2005~2007年间，198家创新型企业发明专利申请量分别为10965件、15188件、20502件，2006年和2007年的增长率分别达到38.5%和35.0%，呈现快速增长趋势（见表2-36）。

表2-36 创新型企业的创新产出情况

年份	发明专利申请		版权、软件著作权、集成电路布图设计权、植物新品种权等申请	
	总数（件）	增长率（%）	总数（件）	增长率（%）
2005	10965		951	
2006	15188	38.5	1295	36.2
2007	20502	35.0	1335	3.1

截至2007年底，198家创新型企业的版权、软件著作权、集成电路布图设计权、植物新品种权等授权数达到6004件。2005~2007年间，创新型企业的版权、软件著作权、集成电路布图设计权、植物新品种权申请数分别为951件、1295件、1335件，2006年和2007年的增长率分别达到36.2%和3.1%（见表2-36）。

新产品销售收入直接反映企业通过创新实现的经济效益。2005~2007年间，

198家创新型企业的新产品销售收入总额分别达到1.0万亿元、1.3万亿元、1.7万亿元，2006年和2007年增长率达到34.1%和26.9%，呈现持续快速增长趋势。创新型企业的新产品销售收入占全部销售收入比重分别为21.2%、22.9%、24.2%，保持稳步增长趋势（见表2-37）。

表2-37 创新型企业新产品销售收入情况

年份	新产品销售收入（万元）	增长率（%）	新产品销售收入占全部销售收入比重（%）
2005	100567319		21.2
2006	134813027	34.1	22.9
2007	171108655	26.9	24.2

2. 创新产出20强企业

下面选择2007年企业发明专利申请量、新产品销售收入等指标，分别统计198家创新型企业中创新产出排在前20名的企业。

2007年，发明专利申请数量前20名创新型企业的专利申请总数为16782件，占198家创新型企业专利申请总数的81.9%。其中，排在前3位的华为技术有限公司、中兴通讯股份有限公司、中国石油化工集团公司，专利申请数分别为5500件、4673件、846件，合计11019件，占198家创新型企业专利申请总数的53.7%，占前20名企业专利申请总数的65.7%。说明前20名企业发明专利申请量在全部创新型企业中的占比较大，创新能力比较突出；也从另一侧面说明大多数创新型企业的发明专利创造能力仍有待提高（见表2-38）。

表2-38 2007年发明专利申请数前20名创新型企业

名次	企业名称	发明专利申请数（件）	批次
1	华为技术有限公司	5500	1
2	中兴通讯股份有限公司	4673	1
3	中国石油化工集团公司	846	1
4	中国船舶重工集团公司	588	2
5	电信科学技术研究院	558	1
6	海尔集团公司	502	1
7	中国移动通信集团公司	454	2
8	宝钢集团有限公司	434	1
9	中国铝业公司	432	1
10	中国石油天然气集团公司	425	2
11	中国电子信息产业集团公司	402	1
12	联想（北京）有限公司	270	1

续表

名次	企业名称	发明专利申请数（件）	批次
13	中国冶金科工集团公司	265	2
14	奇瑞汽车股份有限公司	251	1
15	国家电网公司	239	1
16	中国南方机车车辆工业集团公司	205	2
17	北京有色金属研究总院	198	1
18	北大方正集团有限公司	190	2
19	深圳迈瑞生物医疗电子股份有限公司	182	2
20	中国电信集团公司	168	2
合计		16782	

2007年，新产品销售收入前20名的创新型企业的新产品销售收入总额为1.29万亿元，占198家创新型企业新产品销售收入总额的75.6%。其中，排在前3位的中国石油化工集团公司、中国移动通信集团公司、海尔集团公司，新产品销售收入分别为6222亿元、944亿元、733亿元，合计7899亿元，占198家创新型企业新产品销售收入总额的46.2%，占前20名企业新产品销售收入总额的61.0%。说明前20名创新型企业的新产品开发能力较强（见表2-39）。

表2-39　2007年新产品销售收入前20名创新型企业

名　次	企业名称	新产品销售收入（万元）	批次
1	中国石油化工集团公司	62215742	1
2	中国移动通信集团公司	9435703	2
3	海尔集团公司	7334880	1
4	中国电信集团公司	5595026	2
5	宝钢集团有限公司	4373880	1
6	中国船舶重工集团公司	4172240	2
7	中国铁路工程总公司	3510465	1
8	北大方正集团有限公司	3458746	2
9	海信集团有限公司	3023780	1
10	珠海格力电器股份有限公司	2989300	2
11	中国铝业公司	2876331	1
12	江苏沙钢集团有限公司	2838282	2
13	中国网络通信集团公司	2781699	1
14	中兴通讯股份有限公司	2384670	1
15	联想（北京）有限公司	2339246	1
16	中国北方机车车辆工业集团公司	2211103	2

续表

名次	企业名称	新产品销售收入（万元）	批次
17	中国电子信息产业集团公司	2119993	1
18	万向集团公司	1976820	2
19	中国东方电气集团公司	1919540	1
20	武汉钢铁（集团）公司	1864261	2
合计		129421707	

3. 创新产出分类统计

（1）行业分布情况

下面按《国民经济行业分类与代码》（GB/T 4754—2002）的两位数代码分类，对198家创新型企业的发明专利申请量、新产品销售收入等进行统计。需要指出的是，所统计行业的指标只反映该行业创新型企业的创新产出，不代表该行业的整体创新产出情况。

2005~2007年间，198家创新型企业发明专利申请量前5名行业的变化比较大，其中，软件业（62），通信设备、计算机及其他电子设备制造业（40）始终排在前2位，2005年和2006年软件业排在第1位，通信设备、计算机及其他电子设备制造业排第2位，而2007年通信设备、计算机及其他电子设备制造业超越软件业，居第1位。2005年和2006年石油和天然气开采业（7）排第3位，而2007年落到第4位。医药制造业（27）2005年和2006年排第4位，2007年上升到第3位。第5位分别是2005年交通运输设备制造业（37），2006年电气机械及器材制造业（39），2007年则是电信和其他信息传输服务业（60）（见表2-40）。

表2-40 创新型企业发明专利申请量前5名行业　　　　　　　　单位：家，件

排名	2005年			2006年			2007年		
	行业	企业数	发明专利申请量	行业	企业数	发明专利申请量	行业	企业数	发明专利申请量
1	62	6	4752	62	6	5667	40	20	6257
2	40	20	1917	40	20	3459	62	6	5573
3	7	2	977	7	2	1137	27	24	1278
4	27	24	696	27	24	850	7	2	1271
5	37	12	375	39	15	597	60	4	775
合计		64	8711		67	11710		58	15154

2007年，发明专利申请量前5名行业共有58家创新型企业，占198家创新型企业的29.3%。其发明专利申请量共计15154件，占198家创新型企业发明专利

申请总量的73.9%。说明创新型企业发明专利申请呈现较明显的行业集中特征。

2005～2007年间，198家创新型企业新产品销售收入前5名行业中，石油和天然气开采业（7），电信和其他信息传输服务业（60），电气机械及器材制造业（39）始终排在前3位。黑色金属冶炼及压延加工业（32）在2005年曾排第4位，2006年和2007年则排在第5位；交通运输设备制造业（37）在2005年排第5位，2006年跌出前5名，2007年则重新回到第4位。通信设备、计算机及其他电子设备制造业（40）在2006年也曾进入前5名。说明上述行业内的创新型企业的新产品开发能力较强（见表2-41）。

2007年，新产品销售收入前5名行业共有37家创新型企业，占198家创新型企业总数的18.7%，其新产品销售收入总额达1.2万亿元，占198家创新型企业新产品销售收入总额的69.6%，也呈现比较明显的行业集中特征。

表2-41 创新型企业新产品销售收入前5名行业　　　　　　单位：家，万元

排名	2005年			2006年			2007年		
	行业	企业数	新产品销售收入	行业	企业数	新产品销售收入	行业	企业数	新产品销售收入
1	7	2	38486612	7	2	52906054	7	2	62220190
2	60	4	10400549	60	4	14235693	60	4	19414962
3	39	15	9786799	39	15	11050990	39	15	14055116
4	32	4	6310736	40	20	8157103	37	12	13364366
5	37	12	6135613	32	4	7292775	32	4	10029088
合计		37	71120309		45	93642615		37	119083722

（2）地区分布情况

下面按地区对其拥有创新型企业的发明专利申请量、新产品销售收入等进行统计。需要指出的是，所统计地区的指标只反映该地区创新型企业的创新产出状况，不代表该地区的整体创新产出水平。

2005～2007年间，198家创新型企业发明专利申请量前5名地区中，广东、北京、上海、山东都排在前4位，只是2005年、2006年排序是上海第3位、山东第4位，而2007年山东超过上海排在第3位。2005年和2006年排在第5位的都是天津，2007年则是四川进入前5名行列（见表2-42）。

表2-42 创新型企业发明专利申请量前5名地区　　　　　　单位：家，件

排名	2005年			2006年			2007年		
	地区	企业数	发明专利申请量	地区	企业数	发明专利申请量	地区	企业数	发明专利申请量
1	广东	14	5912	广东	14	8325	广东	14	10605
2	北京	36	2964	北京	36	3902	北京	36	5972

续表

排名	2005年			2006年			2007年		
	地区	企业数	发明专利申请量	地区	企业数	发明专利申请量	地区	企业数	发明专利申请量
3	上海	7	432	上海	7	617	山东	11	775
4	山东	11	389	山东	11	605	上海	7	720
5	天津	6	283	天津	6	228	四川	7	277
合计		74	9980		74	13677		75	18349

2007年，发明专利申请量前5名地区共有75家创新型企业，占198家创新型企业的37.9%。前5名地区创新型企业发明专利申请量共计18349件，占198家创新型企业发明专利申请总量的89.5%，呈现比较明显的区域集中特征。特别是广东拥有14家创新型企业，占198家创新型企业的7.1%，其发明专利申请量却占198家创新型企业发明专利申请总量的51.7%。说明该地区的创新型企业体现出较强的创新能力和自主知识产权创造能力。

2005~2007年间，198家创新型企业新产品销售收入前5名地区始终是北京、山东、上海、广东、四川。其中，北京、山东一直排在前2位，2005年、2006年排序是上海第3位、广东第4位，而2007年广东超过上海排在第3位。四川则一直排在第5位（见表2-43）。

表2-43 创新型企业新产品销售收入前5名地区　　　单位：家，万元

排名	2005年			2006年			2007年		
	地区	企业数	新产品销售收入	地区	企业数	新产品销售收入	地区	企业数	新产品销售收入
1	北京	36	62126008	北京	36	88874798	北京	36	109659861
2	山东	11	9340475	山东	11	10834886	山东	11	11800241
3	上海	7	5127020	上海	7	6349202	广东	14	7660774
4	广东	14	4640666	广东	14	4991040	上海	7	7491229
5	四川	7	2710800	四川	7	3693584	四川	7	4734719
合计		75	83944969		75	114743510		75	141346824

2007年，新产品销售收入前5名地区共有75家创新型企业，占198家创新型企业的37.9%。前5名地区创新型企业的新产品销售收入总额达1.4万亿元，占198家创新型企业新产品销售收入总额的82.6%，呈现较明显的区域集中特征。尤其是北京36家创新型企业新产品销售收入远高于其他地区，2007年达到1.1万亿元，占198家创新型企业新产品销售收入总额的64.1%。

（3）按企业类型统计

下面按国有独资和股份制及其他所有制两种企业类型，分别统计其发明专利

申请数、版权、软件著作权、集成电路布图设计权、植物新品种权等申请数以及新产品销售收入等指标情况。

2005~2007年间，股份制及其他所有制企业的发明专利申请量分别达到8052件、11204件、14188件，远高于国有独资企业的2913件、3984件、6314件。股份制及其他所有制企业发明专利申请量占198家创新型企业发明专利申请总量的比重分别为73.4%、73.8%、69.2%（见表2-44）。

表2-44 按企业类型统计的发明专利申请情况

企业类型	发明专利申请数（件）			增长率（%）	
	2005年	2006年	2007年	2006年	2007年
国有独资	2913	3984	6314	36.8	58.5
股份制及其他所有制	8052	11204	14188	39.2	26.6
总计	10965	15188	20502	38.5	35.0

2005~2007年间，两类企业的专利申请量都呈现较快增长态势。其中，国有独资企业的发明专利申请数增长比较明显，2006年和2007年分别比上年增长36.8%和58.5%。股份制及其他所有制企业2006年比上年增长39.2%，但2007年增长趋缓，仅为26.6%，不仅远低于国有独资企业发明专利申请量增速，也低于198家创新型企业发明专利申请量的增长（见图2-24）。

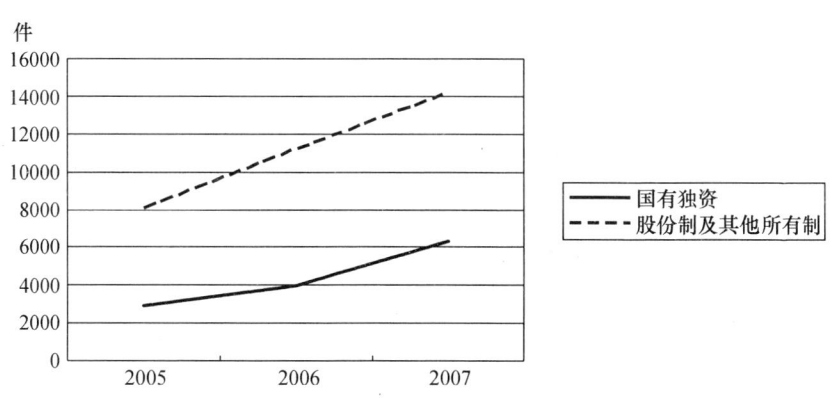

图2-24 按企业类型统计的发明专利申请量增长情况

2005~2007年间，国有独资企业的版权、软件著作权、集成电路布图设计权、植物新品种权等分别为481件、756件、826件，高于股份制及其他所有制企业的470件、539件、509件。2005年两类企业申请量基本持平，但2006年和2007年两类企业的差距有持续拉大趋势（见表2-45）。

表2-45 按企业类型统计的版权、软件著作权等申请情况

企业类型	版权、软件著作权、集成电路布图设计权、植物新品种权等申请数（件）			增长率（%）	
	2005年	2006年	2007年	2006年	2007年
国有独资	481	756	826	57.2	9.3
股份制及其他所有制	470	539	509	14.7	-5.6
总计	951	1295	1335	36.2	3.1

2005~2007年间，国有独资企业的版权、软件著作权、集成电路布图设计权、植物新品种权等申请数持续增长，2006年和2007年分别为57.2%和9.3%，高于股份制及其他所有制企业。2007年，两类企业都出现增长明显减缓趋势，尤其是股份制及其他所有制企业出现负增长（见图2-25）。

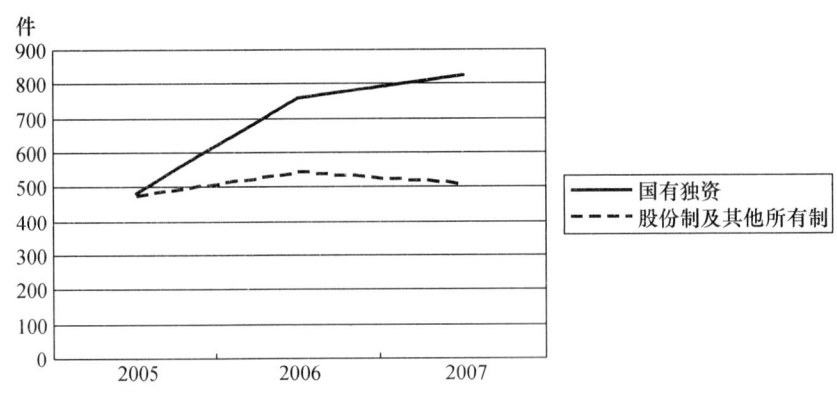

图2-25 按企业类型统计的版权、软件著作权等申请增长情况

2005~2007年间，国有独资企业的新产品销售收入分别达到7025亿元、9618亿元、11872亿元，远高于股份制及其他所有制企业的3032亿元、3863亿元、5239亿元。国有独资企业的新产品销售收入占198家创新型企业的新产品销售收入总额的比重分别为69.9%、71.3%、69.4%（见表2-46）。

表2-46 按企业类型统计的新产品销售收入情况

企业类型	新产品销售收入（万元）			增长率（%）	
	2005年	2006年	2007年	2006年	2007年
国有独资	70248399	96179914	118716799	36.9	23.4
股份制及其他所有制	30318920	38633113	52391856	27.4	35.6
总计	100567319	134813027	171108655	34.1	26.9

2005~2007年间,两类企业的新产品销售收入都呈现较快增长态势。其中,国有独资企业2006年新产品销售收入增长高于股份制及其他所有制企业,达到36.9%。而2007年股份制及其他所有制企业增速则超过国有独资企业达到35.6%,表现出较强的上升趋势(见图2-26)。

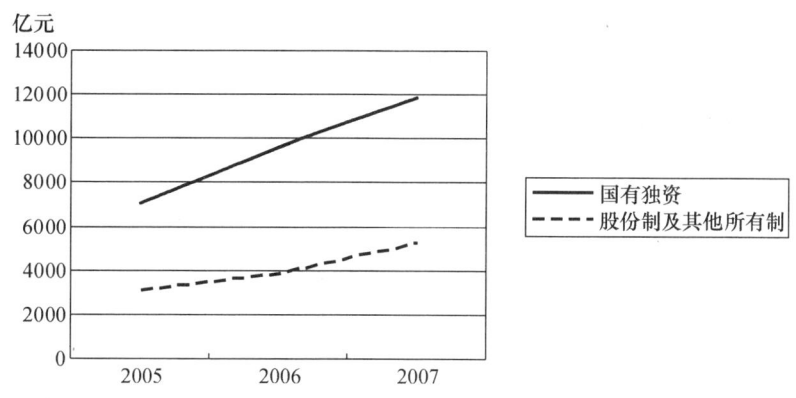

图2-26 按企业类型统计的新产品销售收入增长情况

4. 创新产出的比较

下面重点选择全国大中型工业企业和规模以上工业企业两个群体作为参照,比较分析198家创新型企业的创新产出的情况。

2007年,198家创新型企业发明专利申请量达到20502件,全国大中型工业企业发明专利申请量为36074件,全国发明专利申请量为245161件。创新型企业发明专利申请量占全国大中型工业企业发明专利申请量的比重为56.8%,占全国发明专利申请量的比重为8.4%。

2007年,198家创新型企业新产品销售收入达17111亿元,全国大中型工业企业新产品销售收入为40976亿元,全国规模以上工业企业新产品销售收入为39606亿元。创新型企业新产品销售收入占全国大中型工业企业新产品销售收入的比重为41.8%,占全国规模以上工业企业的比重为43.2%。

上述统计说明,创新型企业的创新产出在全国大中型企业和规模以上工业企业中都占有相当份额,表明创新型企业具有较强的创新能力,创新效益比较明显。

另据对2008年200家创新型企业的不完全统计,企业发明专利申请量为28210件,占全国大中型工业企业发明专利申请量(43773)的64.4%,占全国规模以上工业企业发明专利申请量(59254)的47.6%,占全国发明专利申请量(289838)的9.7%。截至2008年底,企业主持制定的国家技术标准达2584项,主持制定的行业技术标准达2411项。2008年,获得国家科技进步奖共65项。说明创新型企业的创新成效比较显著。

（三）创新活动日趋活跃

目前，全部创新型企业都开展创新活动，而2008年全国大中型工业企业中只有24.9%开展创新活动。创新型企业开展创新活动的形式多样，既有内部研发活动，也有与高校和科研院所的合作研发活动，而且创新型企业还普遍重视开展群众性创新活动。

1. 企业内部创新活动

全部创新型企业都建立了研发机构，许多创新型企业的研发机构被认定为国家级或省级重点实验室、工程研究中心和企业技术中心等。据对2008年200家创新型企业的不完全统计，共有国家级企业技术中心211家、国家重点实验室66家、国家工程技术研究中心117家、国家工程实验室44家。其中，国家级企业技术中心占全部国家认定企业技术中心（575家）的比重为36.7%。而2007年，全国36252家大中型工业企业仅8820家有科技机构，占全部企业的24.3%。

许多创新型企业已经形成比较完善的研发体系。如奇瑞汽车股份有限公司建有汽车工程研究总院、商用车工程研究院、规划设计院、试验技术中心，形成从整车到发动机、变速箱、关键零部件，从前沿技术研究、设计开发到工程技术、试验试制、工艺规划完整的开发体系。汽车工程研究院被科技部认定为国家节能环保汽车工程技术研究中心；由三个院、一个中心构成的企业技术中心通过国家发改委认定。公司还在北京、上海等地成立开发分院；在欧洲、北美及日本、澳大利亚等汽车及零部件工业发达地区，分别成立都灵分院、东京分院、悉尼分院，吸纳优秀研发人才，收集最新科技信息。中兴通讯股份有限公司采取"全球化、开放式"的技术研发策略，整合全球相关研发资源，集聚高端人才，在南京、上海、深圳、北京、西安、重庆、成都以及美国、法国、瑞典、印度等地设立了16个研发中心，还与国内外科研院校等建立了26个联合实验室。

创新型企业的研发设备条件不断改善。如国家电网公司制定了《重大试验能力建设计划》，建立了主要技术指标居世界第一、功能完备的试验研究体系。一是公司三级实验室体系，即5个国家级实验室（工程研究中心）、13个国家电网公司重点实验室和23个国家电网公司实验室以及400多个基层单位实验室。二是一批国际顶尖水平的试验基地。2005年以来，投资10亿元分别在武汉和北京建成世界领先水平的特高压交流试验基地和特高压直流试验基地，建设西藏高海拔试验基地，构建起功能最全、试验能力最强的特高压试验研究体系。投资5亿元，建设国际上规模最大、手段最全、功能最强的电力系统仿真试验研究基地，技术指标创造5项世界第一。大功率电力电子、电力电缆等一大批实验室的试验条件和主要技术参数也位居世界领先地位。中国北车集团公司建立了世界一流的设计、计算分析、模拟仿真软件和硬件开发平台，铁路机车车辆整车、系统和零部件试验检测全套的仪器设备和专业实验室。通过近几年大规模的技术引进和工业化改造，拥有世界一流的机车、动车组和城轨地铁车辆制造平台。集团公司及所属企业还与大连交通大学合作，共同投资建设虚拟产品开发技术平台及现代轨道交通装备技术研究院。

2. 企业外部研发活动

所有的创新型企业都与国内外的高校和科研院所建立了各种形式的科技合作关系。主要包括合作建立实验室、合作承担科技计划项目、委托研发、联合研发等。一些企业还与高校和科研院所签署战略合作协议，用法律形式建立稳定的产学研合作机制。如上海振华港机有限公司与众多科研院校建立紧密的合作关系，与上海交通大学合作研制绿色环保 RTG 产品，与同济大学合作研制抗地震岸桥、低噪声起重机技术，与上海海事大学研制亚洲最大、世界第三的散货卸船机项目。2005～2007 年间，其产学研联合攻关项目多达近百个。四川宜宾丝丽雅集团公司是全球最大的粘胶长丝制造基地，该公司先后与四川大学、东华大学、大连理工学院、中山大学、香港理工大学、四川纺织研究所、宜宾学院等，在新产品开发、新技术研究、环境保护、新材料应用等领域进行合作。公司与四川大学联合组建了溶剂法纤维研究实验院，与香港理工大学共同组建形状记忆纤维研究所；与东华大学、四川大学等院校的博士后流动站合作，共同开展"粘胶制造技术优化"、"特种功能性纤维的生产技术研究"、"服装面料开发"、"竹浆粘胶长丝制造工艺研究"、"高档保健型蛹蛋白纤维及纺织品研究开发"等课题研究。产学研合作为企业的技术发展和人才培养奠定了坚实基础。

许多创新型企业积极发起或参与各种形式的产学研技术创新战略联盟建设。这些联盟主要围绕一些重点领域，以共性技术和重要标准为纽带，以大中型骨干企业和行业龙头企业为核心，形成紧密的产学研合作机制。如神华集团有限责任公司于 2007 年 6 月牵头联合中国航天科技集团、上海电气、煤科总院、上海交通大学等 17 家知名企业、大学、科研院所成立了"煤炭开发利用技术创新战略联盟"，在采掘装备国产化研发、煤液化中试基地建设、煤液化关键技术与工艺研究、百万千瓦级超（超）临界机组技术、IGCC 环保型电厂建设、风力发电关键装备研发等方面开展广泛的合作，至今已经取得丰硕成果。其中，联合攻关的"煤炭采掘关键装备本土化"项目，实现国产液压支架研制成功及产业化推广，打破国外生产商的市场垄断，降低了企业生产成本，推动了煤机重大装备国产化进程，带来近百亿元装备制造市场，对提升中国装备制造业的国际竞争力具有重要意义。截至 2007 年底，已经生产了 28 台套，为神华采购节省设备投资 54 亿元。武汉钢铁（集团）公司先后与北京科技大学、武汉科技大学、钢铁研究总院和华中科技大学签订了技术开发战略合作协议，与武汉科技大学联合组建了"新材料研究院"。2006年，与钢铁研究总院、宝钢、鞍钢、北京科技大学等企业和科研院所联合建立了新一代可循环钢铁流程技术创新战略联盟。

3. 企业群众性创新活动

许多创新型企业都非常重视组织开展群众性创新活动。采取有效措施，广泛开展职工技术交流和技术协作，促进职工科技成果转化，组织能工巧匠进行技术攻关，引导职工增强节约意识，发动职工改进工艺、技术和设备，大力推广节能降耗、环境保护、安全生产等方面的先进适用技术，倡导节约型的生产方式和消费方式。

如三一重工股份有限公司近年来平均每年收到的员工合理化建议在4000条以上，每百名员工年均提出合理化建议50条以上。公司组织开展全员参与的QC小组活动，定期举行QC项目成果发布会，对能改善产品质量的优秀成果进行奖励。每年组织所有在岗数控车工进行技能大赛。公司还在6σ管理、6S管理、精益生产等方面，开展面向全体员工的知识竞赛、技术培训、项目研究等活动。

彩虹集团为增强员工的创新意识、竞争意识、风险意识，造就"一专多能、一岗多技"的高素质技术工人队伍，每年组织职工技术比武，从基层培训、选拔到集团公司比赛，历时两个多月。2007年，在全集团范围内开展争当"节约明星"、"销售团队明星"的"双星"劳动竞赛活动，共评出"节约明星"45名，"销售明星团队"9个，产生效益2202.4万元，集团公司给予重奖，在职工中引起较大反响。其中，"软化水替代改造"及"余热利用"项目参加了全国节能减排优秀合理化建议的评选。

群众性创新活动的开展，与企业研发机构的专职研发及产学研合作等相互补充，为企业的技术创新能力提升奠定雄厚的基础，增强了企业的凝聚力和竞争力。

（四）创新管理更加完善

成功的创新绩效来自于企业内、外部对于创新的一系列系统的、有效的管理方法和手段。创新管理是企业实现创新发展的关键要素，创新型企业必然是管理创新的实践者和先行者。近年来，创新型企业在创新战略规划、创新体制、创新激励、知识产权等方面进行富有成效的探索。

1. 注重创新战略规划的制定及实施

按照创新型企业建设的部署，许多创新型企业日益从战略高度看待和重视创新活动，通过制定创新战略规划，确保企业创新活动的开展，并为创新提供持续投入和强有力的制度保障。

如中国石化集团公司制定了《中国石化中长期科技发展规划纲要（2006—2020年）》和《关于实施中长期科技发展规划纲要的若干意见》。提出力争通过5～15年的努力，建成具有中国石化特色的科技创新体系，使企业自主创新能力显著增强，拥有一批具有国际竞争力的核心技术和专项技术，整体科技水平进入世界先进行列。为此，确定其工作重点：一是突出重点，通过创新开发，形成支持公司业务的核心技术与专项技术；二是进一步深化科技体制、机制改革；三是不断加大科技投入力度；四是继续扩大对外技术交流与合作；五是加强知识产权保护、加强标准研究和制订。

中国南车集团公司提出"到2010年，全面进入全球轨道交通装备制造业三强，中国南车成为全球业内有较高知名度的品牌"的"十一五"后三年战略目标和"到2015年，努力向世界500强企业迈进，中国南车成为全球业内知名品牌"的愿景目标；制定了"立足世界轨道交通装备坐标系，实现技术、产品与国际全面接轨，中国南车由'制造型'企业发展为'创新型'企业，公司自主创新能力显著增强，技术对企业发展的带动能力显著提高，为公司进入世界轨道交通装备制造业三强提供坚实的科技支撑"的科技发展战略。并据此确定了轨道交通装备整体设计水平进入同行业世界先进行列，制造技术达到国际先进水平，拥有多元化的产品技术，掌握轨道交通装备的系统集成技术，在交流传动等一批关键技术基础研究和应用开发上取得重大突破，建成若干个具有国际竞争力的专业研发机构，建设以先进节能环保技术为支撑的节约型企业，形成结构合理、数量充足、高素质的科技队伍等八项创新目标。

2. 注重创新激励机制建设

有效的激励机制可以提高企业创新活动的效率，降低创新活动的风险。激励机制必须以创新活动各参与方的需求和动机为基础，通过对资源的合理配置以及协调管理方式的优化组合，制定必要的监控手段及可实施、执行的制度，在创新过程中形成相对固定化、规范化的、能促使各参与方行为趋向和目标一致的激励手段、方式、方法、程序、规章和标准。而且针对不同层面，基于不同的目标和利益诉求，所采取激励形式应是多样化和个性化的，包括经济激励（如年薪、福利、津贴、股权等）、事业激励、晋升激励、荣誉激励等。创新型企业在探索创新激励机制方面也是积极先行者。

如中国移动通信集团公司探索建立面向省公司的科技创新评估机制，根据创新评估结果每年评选若干优秀创新集体、优秀创新科技管理人员和优秀技术专家。科技创新评估标准从企业的实际工作出发，并考虑31个省公司的差异性，采用数量和质量的双重标准评估，包括对创新体系和制度建设、研发任务完成、成果引入和推广情况、专利和标准完成、专家贡献等各项创新工作的综合评估。根据省公司技术创新实力的分类情况，提出差异化的目标，明确对各省公司评估激励的操作性指导。实践证明，科技创新评估机制及相应的奖励制度有效地引导和激励中国移动各省公司的科技创新活动。

深圳研祥智能科技股份有限公司为鼓励公司员工的创新意识，提高公司整体创新水平，在技术创新、管理创新、市场创新三个方面设立了"创新大奖"。技术创新奖的范围包括设计理念突破、创新解决技术问题的方法、性能大大超越竞争对手、综合性能领先全球同行半年以上的产品、制定新的产品标准以及规划新的行业应用产品等。为鼓励技术管理本部工程技术人员技术创新，勇于承担攻克公司技术难题，还设立了"技术攻关奖"，以奖励那些解决公司技术难题、提高公司技术水平、为公司创造经济效益的工程技术人员。公司知识产权奖励办法中制定了对专利授权奖励、转让或许可他人实施收益提成等规定。此外，公司还设置了项目奖励制度、产品奖（董事长奖）等，鼓励员工勇于进取，敢于创新。

3. 注重知识产权工作

是否拥有自主知识产权是衡量创新型企业建设成效的重要指标之一。创新型企业普遍将知识产权战略纳入企业的总体战略，建立健全企业知识产权管理机构，结合自身实际和行业特点，完善相关制度建设，加强知识产权的创造、运用、保护和管理。

如中国船舶重工集团公司于2005年组织开展为期两年的"知识产权推进工程"，成立了以总经理为组长的知识产权工作领导小组，制定了《中船重工集团公司知识产权推进工程实施方案》，围绕实施方案制定的各项目标任务，从战略制定与实施、知识产权管理、知识产权运用、专利申请、宣传培训与队伍建设等方面大力推进整个集团公司的知识产权工作。先后制定了专利、商业秘密、智力成果登记等一系列管理办法或规定，并在科研、生产、经营、人事和档案管理各个环节都融入相关的知识产权管理的要求和内容，促进了科研、生产、经营和管理水平的提高。集团各成员单位基本建立了本单位主要专业技术领域的专利信息检索平台和专利文摘数据库，完成了风力发电、太阳能电池、海上作业平台、船舶机舱自动化、深海作业平台、船用柴油机等主要专业技术领域的专利信息分析报告。

重庆长安汽车股份有限公司积极实施知识产权战略，将知识产权工作贯穿于产品开发及生产经营各个环节。公司成立了知识产权工作领导委员会、知识产权办公室、知识管理处，建立了公司专利及技术专职组、商标及法律专职组和著作版权专职组，形成了健全的知识产权管理网络体系。制定了《长安公司关于加强知识产权工作的决定》、《长安公司关于知识产权保护规定》，出台了涉及专利、商标、著作权、商业秘密、品牌、技术档案等的知识产权规章制度。实施多种多样的奖励政策和方式，提高科技人员申报专利的积极性。建立了以专利申请策划为基础，以专利分析为重点，主动规避专利风险，实施专利布局，将专利工作贯穿于产品开发全过程的专利工作新模式。建立了汽车行业专利信息平台，充分利用专利文献，跟踪研究与监控竞争对手动态。组织开展知识产权培训教育，提升全员知识产权意识。

通过试点推动，创新型企业更加重视知识产权工作，进一步完善知识产权的创造、运用、保护和管理制度，企业自主知识产权数量显著增加，为企业持续创新奠定稳固的基础。

4. 注重品牌塑造

以自主创新为灵魂的自主品牌是企业的核心竞争力。创新型企业建设的重要任务之一，就是引导企业加强自主品牌的创造和管理，通过市场竞争，打造企业自主的知名品牌和商标，增加企业无形资产。许多创新型企业越来越重视品牌塑造，已经或正在形成一批国际、国内知名品牌和驰名商标。

如广西柳工机械股份有限公司通过统一各产品线的核心价值诉求，确保品牌传播的一致性。如装载机产品线的价值定位为"卓越品质"，挖掘机产品线的价值定位为"高效低耗，卓越服务"等。公司聘请了4A广告公司作CI导入，设计新的柳工VI，并以此为标准建设统一的经销商店面形象，宣传柳工品牌形象。公司还通过积极参加国内外工程机械行业博览会，赞助各类社会公益和文体活动等，着力提升柳工的品牌影响力。尤其是在2008年四川抗震救灾中，柳工机械及人员随同部队一起抢险救灾，表现突出。柳工牌装载机2004年和2007年获中国名牌产品称号，柳工牌液压挖掘机2006年获中国名牌产品称号。

新疆众和股份有限公司重视品牌塑造和管理，其"众和"牌系列产品先后被评为新疆名牌产品、中国名牌产品，"众和"被认定为新疆著名商标。2007年，公司启动实施"众和"全球品牌战略，着力完善产品质量和营销理念，加大海外宣传力度，转变市场开拓方式，在全体员工中树立创建知名品牌意识。还通过建立外文网站、参加展会、制作海外宣传材料、广播电视等多种方式建立海外宣传渠道和推进计划。公司专门成立了品牌建设领导小组，由董事长担任组长，以团队的形式规划新疆众和未来几年品牌、商标、专利的国际化战略，提出三年内在欧洲和日本注册国际商标，将"众和"品牌打入国际行业知名品牌之列，通过参加各类国际专业展会，与跨国公司高密度走访交流，参加国际学术交流会议，邀请日本和欧洲行业领先企业进驻公司实地考察检验，树立公司品牌可信度。

四、推进创新型企业建设的实践

创新型企业建设启动以来,有关部门在推进创新型企业建设工作方面进行积极探索,有许多值得总结的做法和经验。

(一) 政府高度重视和支持

2006年全国科技大会以来,加快建立以企业为主体、市场为导向、产学研相结合的技术创新体系已经成为实施自主创新国家战略和建设创新型国家的关键和突破口,受到高度重视,被中央反复强调。党的十七大报告明确提出:加快建立以企业为主体、市场为导向、产学研相结合的技术创新体系,引导和支持创新要素向企业集聚,促进科技成果向现实生产力转化。2007年,温家宝总理在政府工作报告中再次强调:"加快建立以企业为主体、市场为导向、产学研相结合的技术创新体系。"

在这样的背景下,科技部等三部门组织实施的创新型企业建设,其显著成效和良好社会反响也自然引起中央的高度关注。2008年,温家宝总理在政府工作报告中明确提出"完善和落实支持自主创新的政策,充分发挥企业作为技术创新主体的作用,鼓励、引导企业增加研发投入,推进产学研结合,培育创新型企业"的要求。2009年的政府工作报告更是将"建设创新型企业"和"发挥企业在技术创新中的主体作用"作为"加快转变发展方式,大力推进经济结构战略性调整"的一项重要内容。2009年,为积极应对金融危机的冲击,国务院出台《关于发挥科技支撑作用促进经济平稳较快发展的意见》(国发〔2009〕9号),进一步提出:"加快推进技术创新工程。以大型骨干企业为龙头,培育创新型企业500强。"上述的指示精神,充分肯定了创新型企业建设的必要性和重要性,也明确了创新型企业建设的方向。

2009年,为贯彻落实党中央、国务院应对国际金融危机战略部署和国务院9号文件,科技部、财政部、教育部、国资委、全国总工会、国家开发银行又联合启动实施国家技术创新工程,加快以企业为主体、市场为导向、产学研相结合的技术创新体系建设,大力支持企业提高自主创新能力,增强产业核心竞争力。国家技术创新工程的实施标志着国家创新体系建设站上一个新的起点,其中创新型企业是实施国家技术创新工程的重要载体之一,创新型企业建设是推动经济发展方式转变、实现科学发展的重要举措。

(二) 部门与地方协同推进

各部门、各地方从各自职能和资源优势出发,加强优势互补、促进资源整合,有针对性地对创新型（试点）企业予以支持，形成推进创新型企业建设的合力，有效地推动各项工作的开展。

科技部将创新型企业建设作为深入贯彻十七大精神、努力开创科技工作新局面的重大举措，明确提出"深入组织实施'技术创新引导工程'，开展创新型企业试点工作，引导和支持企业建立研究开发机构，增加研究开发投入，凝聚创新人才，增强创新能力，形成一批拥有核心技术和自主品牌，具有较强国际竞争力的优势企业，培育创新型企业500强"的目标和任务。创新科技计划管理方式，积极支持试点企业承担国家科技计划项目以及地方重大科技项目；在具备条件的试点企业建立重点实验室、工程技术中心等；积极疏通渠道，支持试点企业运用政策性贷款加大研发投入；组织开展对试点企业的人才培训等。

国资委从依法履行出资人职责角度，着力为企业提高自主创新能力营造良好的环境。鼓励企业争取更多地参与或牵头承担国家重大项目、参与国家相关政策的制定等；通过出资人的工作和相关制度的设计，建立有利于促进企业自主创新的考核、分配、信息平台建设等方面的政策；通过推进试点工作，在激励机制、创新组织体系建设等方面进行探索和实践，形成有利于创新的企业内部机制。

全国总工会以推动建设创新型企业为目标，在试点企业开展"创建学习型组织、争做知识型职工"等活动，引导职工积极开展合理化建议、技术革新、技术攻关、技术协作、发明创造等，努力营造职工创新活动得到支持、创新才能得到发挥、创造成果得到奖励的环境。对试点工作取得成绩的企业，及时总结推广先进经验，予以表彰和宣传。对成绩特别突出且符合评选条件的企业，推荐授予"全国五一劳动奖状"。

科技部、国资委、全国总工会还建立了联合工作机制，设立联席会议制度，协调沟通机制，定期进行会商。在政策落实、项目实施、人才培养、能力建设等方面，协调支持创新型（试点）企业的发展。

中组部、财政部、教育部、国家开发银行等有关部门也从多方面支持创新型企业建设工作。2006年12月，科技部、财政部、教育部、国资委、全国总工会、国家开发银行联合成立"推进产学研结合工作协调指导小组"，按照国家中长期科学和技术发展规划纲要配套政策的要求，加强统筹协调，共同开创产学研结合工作的新局面。2007年6月，国家开发银行、科技部印发《关于对创新型试点企业进行重点融资支持的通知》（开行发［2007］225号），决定共同推动创新型企业试点工作，通过开发性金融合作支持企业增强自主创新能力。科技部适时向开发银行推荐试点企业的重大融资项目，开发银行对符合技术援助、软贷款和硬贷款发放条件的企业，按照开发银行有关规定和评审程序给予贷款支持；同时开发银行还将发挥其财务顾问、债券承销、基金业务等方面以及创新产品的综合优势，推进金融产品创新适应试点企业不断发展的融资需要。2009年1月，中组部联合有关部门启动"千人计划"（"海外高层次人才引进计划"），支持国有骨干企业、中央金融企业、高新区内企业及其他企业（其他企业主要依托重点科研项目、重点实验室等平台）引进并有重点地支持一批能够突破关键技术、发展高新技术产业、带动新兴学科的战略科学家和领军人才来华创新创业，许多创新型（试点）企业将因此受益。

创新型企业建设从启动伊始就采取中央与地方共同推动的方式。一方面，在国家层面的创新型试点企业推荐遴选过程中，建立地方参与机制，加强部门和地方在工作中的联动；各地方负责加强联系所在地区的试点企业，并利用地方科技资源，积极支持试点企业的技术创新活动。另一方面，各地方根据各自特点，组织开展本地区的创新型企业建设工作，培育本地区的创新型企业群体；科技部、国资委、全国总工会通过组织工作会、座谈会、交流会等形式，加强部门和地方创新型企业建设做法和经验的交流。根据各地方实施工作的进展和特色，还陆续确定了一些重点联系省（区、市），加大对地方的指导和支持。三部门领导还多次亲自带队赴各地区及创新型（试点）企业进行调研，了解企业技术创新工作面临问题，总结建设创新型企业的经验。

（三）坚持以企业为实施主体

创新型企业建设始终坚持以企业为实施主体，立足于企业创新发展的内在要求，坚持政府引导和市场机制相结合，政府部门通过营造良好的创新环境，引导和支持各类创新要素向企业集聚，引导企业在建立和完善有利于自主创新的内在机制上下工夫，在探索创新发展的模式上下工夫。

在中央和地方有关部门的引导和帮助下，所有参加试点的企业都制定了试点工作方案，并结合各自实际情况，重点从研发能力建设、加大研发投入、培养创新队伍、健全创新管理和机制，营造创新文化等方面积极开展相关工作。通过创新型企业建设的引导和示范，越来越多的国家、行业和区域的骨干或龙头企业自觉地参加到创新型企业建设的行列，并根据创新型企业试点工作实施方案和评价办法，进一步明确创新发展理念和战略目标，了解到自身差距和努力方向，认识到加大研发投入和开展研发活动对企业竞争力提升的重要性，认识到加强知识产权工作对企业持续发展的意义，在完善有利于持续创新的长效机制方面进行积极探索。自主创新日益成为企业的自觉行为，成为企业持续发展的内在动力。

（四）注重建立产学研结合长效机制

企业技术创新活动需要有各种技术创新要素互相影响配合。企业作为技术创新主体，只有广泛吸收大学、科研机构和社会其他技术创新要素，才能更快、更好和持续地增强创新能力。创新型企业建设始终将强化产学研结合作为一项重要任务，把产学研结合的基点放在企业技术创新的需求上，放在企业生存与发展的需求上，运用市场机制，创新产学研结合的组织模式，引导全社会的创新要素向企业聚集。

各部门在推进产学研结合中，突出重点，以提升产业及国家核心竞争力为目的，着眼国家和区域重点产业技术创新需求，集聚和整合技术创新要素，引导各形式的产业技术创新战略联盟的构建，形成产学研在战略层面的长效合作机制，为战略产业自主创新能力的增强，为产业关键技术突破、为技术创新成果产业化提供支撑。如国家有关部门积极支持钢铁研究总院发挥转制科研机构的优势，联合国内骨干钢铁企业和大学筹建"钢铁可循环流程技术创新战略联盟"，共同开发行业共性关键技术。

产学研结合工作涉及科技、经济、社会诸多方面，各部门在政策制定、资源配置、管理体制、人才培养等方面加强合作，创新管理和资源配置方式，共同探索产学研结合的有效机制和模式，不断完善政策措施，形成工作合力。科技部、财政部、教育部、国资委、全国总工会、国家开发银行等六部门还专门成立推进产学研结合协调指导小组，作为联合推进产学研结合的工作平台和组织体制保障。2008年12月，六部门印发了《关于推动产业技术创新战略联盟构建的指导意见》（国科发政［2008］770号），提出推动联盟构建的指导思想、基本原则和基本条件，在全国范围进一步推进联盟构建，深化产学研结合。

（五）强化体制和机制创新

创新型企业建设特别注重从政府引导层面和企业实施层面强化体制和机制创新。一方面，政府部门根据企业技术创新活动的发展趋势和新特点，创新工作思路和引导方式。调整政府资源配置方式，创新科技计划组织方式，发挥导向作用，引导全社会资源支持企业技术创新。推进科技金融创新，发挥银行、证券、保险等金融机构的作用，鼓励发展创业投资，充分利用多层次的资本市场，积极推进知识产权质押贷款、科技保险试点、科技担保等，拓展企业技术创新的投融资渠道。深化企业和企业化转制科研院所产权制度改革，引导企业加快建立规范的现代企业制度，建立健全"责权统一、运转协调、有效制衡"的公司法人治理结构，从制度层面上抑制企业经营者的短期行为，使更多的企业关注更加长远的技术投资和人力资本投资。强化国有企业技术创新能力考核，增强国有企业技术创新的内在动力。强化企业技术创新的群众基础，鼓励开展群众性技术创新活动。在国际科技合作重点项目计划中，加大对企业开展联合研发的支持，鼓励和支持企业"走出去"。

另一方面，企业通过加强体制和机制创新，不断完善企业自主创新的制度保障。企业在加强技术创新和产品创新的同时，积极加强制度创新、管理创新和方法创新。着眼于企业长远利益，尊重知识和知识创造者，加强创新人才队伍建设，形成企业内在的创新动力。通过建立符合创新规律的管理体制，最大限度整合和集成企业内外部资源。通过探索分配制度改革，使收入分配向创新的关键岗位倾斜，向取得创造发明成果和技术革新成果的人员倾斜，推进知识、技术等要素参与收益分配，不断完善创新激励机制。

（六）推动职工技术创新活动的开展

职工是企业的主体，也是增强企业自主创新能力、建设创新型企业的主力军。近年来，各级工会把推动建设创新型企业作为在职工中开展的"当好主力军、建功'十一五'、和谐奔小康"主题竞赛和保增长促发展竞赛活动的重要内容，通过各种富有特色的活动，进一步教育引导试点企业工会组织和工会干部把思想认识统一到建设创新型国家的战略决策和创新型企业试点工作的部署上来；引导试点企业职工把智慧和力量凝聚到推进企业增强自主创新能力，促进以企业为主体、产学研紧密结合的技术创新体系建设上来。

一是广泛开展职工技术创新活动。在试点企业中积极组织职工深入开展以推动技术创新为主题，以开发具有自主知识产权的核心技术为重点，以争当"创新示范岗"、"创新能手"为载体的职工技术创新活动，引导和鼓励职工积极参加小革新、小发明、小改造、小设计、小建议活动，在技术创新的实践中发挥聪明才智，在原始创新、集成创新和引进消化吸收再创新上多出成果。充分发挥试点企业职工技协组织的作用，广泛开展合理化建议、技术革新、技术攻关、发明创造和职工优秀技术创新成果评选等活动，大力推广先进适用技术和先进操作技法，促进科技成果转化。

二是努力建设知识型、技术型、创新型职工队伍。为加快培养适应技术创新要求的职工队伍，各级工会积极引导试点企业把提高职工技能水平和创新能力，作为建设创新型企业一项重要的基础性工作来抓，积极配合企业开展职工技术培训，广泛开展职工技术比赛、技术交流、岗位练兵、师徒帮学等活动，组织和引导职工积极参加"创建学习型组织、争当知识型职工"，"咱们工人有技术才能更有力量"大讨论等活动，进一步调动职工学技术、练技能、强素质的积极性，从而不断提高职工的学习能力、实践能力和创新能力。

三是积极发展创新文化。围绕发展创新文化、营造创新氛围，各地工会和试点企业工会积极开展宣传教育和思想发动工作，教育引导职工认识试点工作的重要意义，明确目标任务，以实际行动推进试点工作；围绕培育创新精神，积极开展多种形式的群众创新活动和科普活动；评选"创新能手"、"创新示范岗"，举办职工技术创新成果展和创新事迹报告会等，大力培养、选树、表彰和宣传创新人才，激发职工的创新热情，促进了"尊重知识、尊重人才、尊重劳动、尊重创造"良好风尚在企业的形成。

第三章

地方创新型企业建设

自2006年科技部、国资委、全国总工会启动创新型企业建设以来，全国各地按照三部门的工作部署，结合各自特点相继组织开展本地区的创新型企业试点工作，取得积极成效。创新型企业建设已经成为各地建设各具特色和优势的区域创新体系的重要抓手，创新型企业群体在区域经济可持续发展中的示范和带动作用不断增强。[①]

一、地方创新型企业建设进展

（一）地方创新型企业建设的进展概况

1. 基本概况

2006年，科技部、国资委、全国总工会印发《"技术创新引导工程"实施方案》、《创新型企业试点工作实施方案》后，全国多数省、自治区、直辖市、计划单列市（以下简称省（区、市））及部分地级市结合本地区特点和具体情况，制订了本地区的"技术创新引导工程"实施方案和"创新型企业试点工作实施方案"，组织开展本地区的创新型企业建设。

据不完全统计，目前，北京市（中关村科技园区）、河北省、山西省、内蒙古自治区、辽宁省、吉林省、黑龙江省、上海市、江苏省、浙江省、安徽省、福建省、江西省、山东省、河南省、湖北省、湖南省、广东省、四川省、云南省、甘肃省、青海省、宁夏回族自治区、新疆维吾尔自治区及大连市、宁波市、厦门市、

[①] 本章采用的资料主要来自全国36个省、自治区、直辖市、计划单列市及新疆建设兵团的科技厅（委、局）报送的创新型企业建设工作情况报告以及科技部等有关部门、各省（市、区）科技厅（委、局）的相关网站等。其中，江西、陕西、西藏没有报送总结材料。

青岛市28个省（区、市）开展了本地区创新型企业试点工作。[①]

通过对已开展本地区创新型企业试点工作的28个省（区、市）的不完全统计，共计有2640家企业被选择确定为省（区、市）级创新型试点企业，通过评价命名的创新型企业达到556家（见表3－1）。

表3－1 各地区开展的本地区创新型（试点）企业建设情况

地区	创新型试点企业数	已认定（命名）数	开展批次
北京	179		2
河北	33	1	1
山西	44	2	2
内蒙古	76	76	2
辽宁	98		1
吉林	50	50	2
黑龙江	71	18	2
上海	149	14	3
江苏	165	122	2
浙江	143	15	2
安徽	114	46	2
福建	181	62	2
江西	47	5	1
山东	77	26	4
河南	73	7	2
湖北	150		1
湖南	67	27	2
广东	102	29	2
四川	511	7	3
云南	91	3	4
甘肃	60	2	2
青海	12	10	1
宁夏	16	1	1
新疆	14	4	1
大连	15	6	1
宁波	45	7	2
青岛	3		1
厦门	54	16	3
合计	2640	556	

注：统计数据截止于2009年9月底。

① 天津、广西、贵州、重庆、陕西、西藏、海南、深圳等暂时未开展本地区创新型企业试点工作。

此外，还有一些地级市也开展了本级创新型企业试点工作。如河北省的张家口、邢台、衡水、邯郸等地级市启动了本地区创新型企业试点工作，其中张家口市首批认定了15家自主科技创新示范企业；内蒙古自治区的包头市、巴彦淖尔市、阿拉善盟等开展了本级创新型企业试点工作，其中包头市已经认定了首批16家创新型试点企业，并提出通过试点未来五年培育建成100家创新型企业的目标；安徽省的合肥、马鞍山、滁州、阜阳等市开展了市级创新型企业培育工作，已认定市级创新型试点企业136家，创新型企业76家；福建省的福州市、三明市等也组织开展了本级创新型企业试点工作，三明市首批遴选了36家企业作为市级创新型试点企业加以重点培育。

据不完全统计，目前全国各地选择确定的省级和地市级创新型（试点）企业约有3000家。

需要特别说明的是，在已经开展本地区创新型企业试点的28个省（区、市）中，部分省（区、市）将本地区入选的科技部等三部门在国家层面认定的创新型（试点）企业也纳入本地区创新型（试点）企业范围，既便于发挥这些企业的示范作用，也便于统筹管理和集中资源支持，但采取形式不一，如四川省、河南省将入选的国家层面的创新型（试点）企业作为本地区的创新型示范企业。各地报送的总结材料，大多没有将国家层面和省级创新型（试点）企业区分统计。因此，在下文分析中，涉及各地方的统计数据也没有特别将本地区的国家层面和省级创新型（试点）企业区分开来。

从表3-1的数据可以看出，各地区的创新型（试点）企业的数量呈不均衡分布。其中，四川（511）、福建（181）、北京（179）、江苏（165）、湖北（150）、上海（149）、浙江（143）、安徽（114）、广东（102）9个地区选择确定的创新型试点企业都超过百家，9个地区创新型试点企业合计1694家，占全部试点企业数（2640）的64.2%。

从地区分布看，经济较为发达的东部沿海地区省份认定的创新型试点企业数量较多，而中西部地区省份的试点企业数量相对较少，创新型（试点）企业的数量和各地的经济发展水平之间有着较明显的正相关关系。此外，各地区创新型（试点）企业数量的多少，也与所在地区政府及其相关部门对创新型企业建设意义的理解和重视，对创新型（试点）企业的选择评价标准以及启动试点的早晚有关。

2. 创新型（试点）企业的特点

各地在开展本地区创新型企业试点工作中，组织实施形式多样，选择确定的创新型（试点）企业在行业、技术领域等的分布都注重突出其示范和引导作用。

(1) 分梯次培育创新型企业群体

各地方按照分类指导、突出重点、梯度扶持的原则，根据本地区企业发展水平和不同类型企业的需求，有效整合创新资源，分梯次培育创新型企业群体。如四川省组织开展创新型企业的示范、试点和培育，形成本地区创新型企业梯队。示范企业主要是列入国家层面的创新型企业或自主创新成效显著的全省支柱型企业，具有健全的技术创新制度体系，有很强的核心竞争力，在建设创新型企业活动中起到良好的示范作用；试点企业主要是在研发能力建设、创新人才队伍培养、创新机制体制等方面成效突出的重点企业，具有比较完善的技术创新体系，自主创新能力较强，在建设创新型企业活动中发挥骨干作用；培育企业能积极开展技术创新活动，在研发能力建设、创新人才队伍培养、创新机制体制等方面表现突出，技术创新体系不断完善，自主创新能力不断提高，努力走创新发展道路。

内蒙古将76家创新型试点企业根据不同的基础条件分为先导型、驱动型、培育型3个层次，分别承担着不同的创新示范任务，探索企业自主创新的不同模式。河南省将创新型企业分为"创新型示范企业"和"创新型试点企业"，被确定为国家层面创新型试点企业的可直接命名为河南省创新型示范企业，省级创新型试点企业经过培育，达到创新型示范企业标准的认定为省级创新型示范企业。

(2) 多层次推动创新型企业建设

各地创新型企业建设工作不仅局限于省（区、市）级，许多地级市政府也积极推进本地区创新型企业建设，形成了国家、省、地市三级创新型企业建设并进的格局。如河北省的张家口、邢台、衡水、邯郸等地级市都启动了本级创新型企业试点工作。张家口市积极落实"工业立市、科教强市"战略，制定了《张家口市工业企业科技创新工程实施方案》，开展认定工作，培养筛选创新能力强，市场占有率高，拥有自主知识产权、具有较强行业优势的企业，首批认定了15家自主科技创新示范企业。衡水、邢台和邯郸市也相继制定了创新型企业试点工作实施方案，把创新型企业建设作为发挥科技支撑作用的一项重要工作来抓。

天津市尽管暂未开展市级创新型企业试点工作，但大港、塘沽两区已经开展了本级创新型企业试点工作，并对在自主创新和技术进步等方面作出突出贡献的企业进行表彰。2008年，大港区授予8家企业"大港区创新型企业"称号，并举行了授牌表彰仪式。

(3) 高新技术企业是创新型企业群体的主要组成部分

高新技术企业是三部门发布的创新型企业试点工作实施方案所确定的试点对象。在实践中，由于创新型企业建设对创新的投入和产出要求较高，在各地区选择确定的创新型（试点）企业中，高新技术企业占据相当大比例。如在北京中关村科技园区179家创新型试点企业中，按照新的高新技术企业认定管理办法，已有169家企业被认定为高新技术企业，占94.4%，另外10家企业正在准备认定材料。江苏省165家省级创新型试点企业中，有134家是按照新办法认定的高新技术企业，占81.2%。广东省102家创新型试点企业中，已有93家企业按照新的认定管理办法被认定为高新技术企业，占总数的91.2%。福建省确定的首批省级创新型企业，属于高新技术企业的占90%以上。上述情况表明，高新技术企业已经成为各地创新型（试点）企业的主要组成部分。

（4）主要分布在区域主导或支柱产业

各地区遴选出的创新型（试点）企业不仅是各地区自主创新的先导，而且大多分布在各地区的支柱产业中，在各地的经济发展和产业结构调整中发挥着重要作用。如黑龙江省选出的71家创新型试点企业，主要分布在装备制造、食品医药等四大支柱产业，其中装备制造行业企业23家、食品医药类企业31家、通信电子类企业10家，其他7家。吉林省创新型试点企业主要分布在汽车与轨道客车、石化、农产品加工、中药现代化、电子信息、新材料、光电精密仪器和装备制造等支柱产业和新兴产业，充分体现了吉林省产业发展的主要方向。湖南省的67家创新型试点企业主要分布在电子信息、新材料、先进制造、生物医药等行业领域。北京中关村科技园区179家创新型试点企业从领域上看，覆盖了软件及信息服务、集成电路、计算机及网络通信、文化创意、新材料、先进制造、生物工程及新医药、新能源与环保、生态农业九大园区重点领域。宁波市的创新型试点企业按所属技术领域统计，所占比例由高到低依次为高新技术改造传统产业20家（占44.4%），新材料技术11家（占24.4%），电子信息技术7家（占15.6%），生物与新医药技术3家（占6.7%），新能源及节能技术与资源及环境技术各为2家（各占4.4%）。

（二）地方创新型企业建设的主要成效

经过三年多的探索和实践，各地创新型（试点）企业通过加大研发投入，加强创新条件设施建设，强化创新人才队伍建设，完善自主创新体制和机制，创新成果不断涌现，企业自主创新能力进一步提升，在区域经济结构调整和优化升级中的带动和示范作用不断增强。

1. 经济贡献持续提升，抗击金融风暴成绩显著

各地创新型（试点）企业一般主要是从所在地的重点骨干企业和龙头企业中选择，突出了地方经济建设的发展方向与重点。因此，各地的创新型（试点）企业具有一定的代表性，各项经济指标保持稳定增长，是地方经济发展的重要贡献者（见表3-2）。

表3-2 地方创新型（试点）企业2008年经济指标一览表

地区	增加值 总量（亿元）	增加值 占省比重（%）	主营业务收入 总量（亿元）	主营业务收入 占省比重（%）	纳税额 总量（亿元）	纳税额 占省比重（%）	税后利润 总量（亿元）	税后利润 占省比重（%）	出口创汇 总量（万美元）	出口创汇 占省比重（%）
北京	524.1	13.6	1003.6	9.8	37.3	7.4	44.6	7.4	66872.6	3.2
河北	238.7	3.9	1087.3	11.6	61.1	18.8	68.6	9.3	141359.7	8.9
山西	634.4	16.2	2440.9	24.5	48.2	3.5	161.2	27.9	58800.0	13.4
内蒙古	439.3	—	1460.7	—	114.6	—	68.5	—	213776.3	—
辽宁	—	—	1797.0	7.8	182.1	14.6	—	—	—	—
吉林	903.9	36.3	2679.2	87.4	263.2	84.6	125.7	35.5	151546.0	31.8
黑龙江	155.8	4.5	552.1	7.0	36.1	1.8	26.8	1.9	45511.4	—
上海	353.6	14.0	2113.0	8.3	49.0	6.1	51.4	5.4	—	—
江苏	694.1	4.7	3720.6	5.9	191.9	9.0	260.1	8.8	1214717.4	5.2
浙江	94.0	1.1	456.0	1.1	18.0	1.3	22.0	1.3	196430.0	1.8
安徽	716.6	22.0	2787.7	25.4	188.4	—	112.9	18.6	608686.0	58.7
福建	557.9	11.7	1329.4	9.0	60.3	10.8	139.6	15.6	—	—
江西	304.2	11.0	1415.4	17.1	67.5	—	65.4	20.7	248989.8	—
山东	1097.0	7.2	5348.0	8.7	344.0	5.4	397.0	9.2	584843.0	6.3
河南	697.0	7.3	1743.0	6.9	90.0	—	126.7	5.8	230000.0	—
湖南	406.7	—	1356.9	—	88.3	—	73.4	—	342100.0	—
广东	851.9	5.6	5130.4	8.1	272.0	9.5	192.6	5.9	187.1	0.8
四川	957.4	19.4	2176.4	17.4	252.2	17.2	132.8	20.5	47.9	21.8
云南	172.5	8.4	1610.6	23.0	52.4	5.6	-5.2	-1.7	11.1	22.0
甘肃	250.4	20.6	1064.9	33.4	64.2	15.1	52.9	24.7	7.6	46.0
青海	50.4	5.0	266.5	25.0	25.9	34.0	39.8	22.0	2715.0	6.0
宁夏	105.1	—	272.9	—	17.4	—	18.7	—	19400.0	—
新疆	36.4	2.0	171.9	6.3	10.6	6.4	23.3	4.0	30490.4	6.7
大连	161.6	9.1	403.6	8.4	36.2	—	22.7	—	46402.4	2.0
宁波	49.8	3.2	266.8	3.2	11.7	4.5	20.6	9.6	90766.0	2.4

注：（1）部分省（区、市）报送材料中有部分数据没有提供。

（2）湖北省由于刚认定首批本地区150家创新型（试点）企业，目前只提供10家国家层面创新型（试点）企业的统计数据；厦门只提供国家层面和省级创新型（试点）企业的统计数据，不包含市级企业，故未列入（下同）。

（3）内蒙古自治区为51家企业所报告的数据汇总统计的结果（下同）。

如对四川省180家创新型（试点）企业的统计，其销售收入总额从2007年的1047亿元增加到2008年的2176亿元，翻了一倍还多；工业增加值达957.4亿元，占全省工业增加值的19.4%；企业利润从2005年的45亿元大幅增长到2008年的132.8亿元，三年间增长了195%。内蒙古自治区试点企业的工业总产值占自治区工业的60%以上，在自治区的经济发展中占有举足轻重的地位。

自2007年底全球金融危机爆发以来，各地创新型（试点）企业由于具有较强的创新能力与水平，抗击风险能力明显强于一般企业。许多开展试点工作的地方都感受到创新型企业建设对提高企业竞争力和应对金融危机能力具有积极作用，创新构成了企业应对金融危机的"生命线"。特别是在金融危机向实体经济蔓延，国内工业企业效益大幅下滑的严峻形势下，创新对企业生存和发展的意义更加凸显。如在应对国际金融危机中，广东省创新型（试点）企业仍然保持着较好的经营活动和较强的市场综合竞争优势，对广东经济平稳较快发展起到了重要作用。2008年，广东省创新型（试点）企业的增加值达851.9亿元，占全省工业增加值的比重为5.6%；主营业务收入总量达5130.4亿元，占全省工业主营业务收入的比重为8.1%；纳税总额达272.0亿元，占全省工业纳税总额的比重为9.5%；税后利润总额达192.6亿元，占全省工业利润总额的比重为5.9%；出口创汇总额达187.1万美元，占全省工业出口创汇总额的比重为0.8%。浙江省的许多创新型企业也反映，虽然受到汇率变化、原材料价格波动、劳动力成本增加、电费上涨等因素的影响，但一些企业的利润仍保持增长，没有出现资金困难的问题，受金融危机的影响不太明显。如新昌制药厂2008年销售收入达29亿元，比上年增长88%，实现利润10亿元，增长近18倍。辽宁省有35家科技创新示范企业销售收入增幅在50%以上，其中10家增幅在100%以上，凸显了以科技创新抵御经济危机的重要作用。

2. 研发投入不断增加，创新活动日益活跃

经过数年的建设，各地创新型（试点）企业的创新意识明显增强，研发投入普遍加大，研发机构得到加强，创新人才队伍不断完善，创新活动逐渐进入良性轨道（见表3-3）。

表3-3 各地创新型（试点）企业创新投入情况一览表

地区	研发费用支出		研发机构		研发人员	
	总额（亿元）	占全省比重（%）	国家级（个）	省级（个）	总数（人）	占全省比重（%）
北京	45.1	13.9	38	65	22587	12.9
河北	42.9	11.3	13	31	21114	14.5
山西	26.7	42.7	8	114	27642	74.5
内蒙古	38.7	—	10	40	8934	—
辽宁	88.8	47.0				
吉林	48.8	95.9	30	48	11300	13.8
黑龙江	20.0	—	9	57	10129	—
上海	88.1	24.3	15	43	12270	12.1
江苏	139.1	31.6	54	160	44799	22.9

续表

地区	研发费用支出		研发机构		研发人员	
	总额（亿元）	占全省比重（%）	国家级（个）	省级（个）	总数（人）	占全省比重（%）
浙江	18.0	5.5	10	147	5066	3.4
安徽	67.5	67.8	38	153	44880	—
福建	16.5	16.1	30	108	23866	18.2
江西	34.4	54.0	13	39	8614	31.4
山东	16.0	6.7	69	117	41635	8.7
河南	63.2	56.6	25	69	27773	14.2
湖南	64.8	—	5	69	23156	—
广东	299.1	61.0	51	150	122388	53.4
四川	34.1	51.3	30	87	4230	23.5
云南	14.5	53.0	8	39	9885	48.8
甘肃	12.6	47.0	9	88	10786	20.5
青海	9.4	58.0	4	27	1525	13.0
宁夏	7.6	7.9	10	12	3193	18.5
新疆	6.3	11.4	3	8	1514	3.9
大连	14.5	—	7	17	7586	9.9
宁波	11.9	3.5	5	40	5501	3.3

2008年，中关村科技园区创新型试点企业研发经费投入总额45.1亿元，占园区13.9%，研发投入占总收入比重达到4.5%。浙江省的创新型示范、试点企业平均研发投入占销售收入的比例为5%以上。湖南省67家创新型试点企业2008年度研发经费投入为64.8亿元，户均研发经费投入达9667万元；共承担科技计划项目276项，其中国家级138项。江苏省创新型试点企业研发费用投入达139.1亿元，占全省企业研发经费投入总额的31.6%，户均研发经费投入占主营业务收入的比重达3.7%，比2007年研发经费投入增加50亿元，占主营业务收入的比重提高了1个百分点。创新投入持续加大为创新型（试点）企业不断提升自主创新能力和改善经济效益提供保障。

通过试点工作的推动，各地创新型（试点）企业纷纷建立起支撑企业创新发展的国家级或省级重点实验室、企业工程技术研究中心等研发机构。据不完全统计，各地创新型（试点）企业拥有的国家级研发机构达494个，省级研发机构1728个。如江苏省的165家创新型试点企业拥有国家级研发机构54个、省级研发机构160个，部分行业骨干龙头企业还建立了重大研发平台，实现了试点企业研发机构建设全覆盖。广东省创新型（试点）企业共拥有国家级研发机构51个，省级研发机构150个。企业创新设施条件的不断改善为创新型企业开展持续创新提供有效支撑。

通过试点工作推动，产学研合作打开新局面。中关村科技园区一批创新型试点企业通过与中关村开放实验室合作，开展技术攻关和产业化。通过组织和参与产业联盟的方式带动产业链上下游联动发展。据统计，试点企业牵头组建了中关村数字电视产业联盟、中关村资源节约与能源管理服务产业联盟、中关村生物医药研发外包联盟等，共有50余家试点企业参与了一个或多个产业技术联盟。广东省创新型（试点）企业牵头或参与了包括产学研战略联盟、产学研创新联盟、产业创新联盟、技术创新战略联盟等在内的各类联盟约30个。

各地创新型（试点）企业通过招聘、继续教育、与高校联合培养、国外进修考察、学术交流等多种形式，积极加强创新人才队伍建设。据不完全统计，山西、广东、云南、青岛等省市创新型（试点）企业集聚了全省、市半数的研发人员，结构日趋合理。如河北省33个试点企业的研发人员共计达到21114人，平均每个企业达到640人；云南省创新型（试点）企业的研发人员总数达到9885人，占全省研发人员总数的48.8%；山西省创新型试点企业的研发人员总数达27642人，占全省研发人员总数的74.5%；广东省创新型（试点）企业拥有研发人员总数超过12万人，占全省研发人员总数的53.4%，是全省创新人才的重要集聚地。

3. 创新产出快速增长，创新能力显著提升

各地创新型（试点）企业的创新产出呈现快速增长态势。以专利申请和授权数量为例。据不完全统计，2008年，各地创新型（试点）企业申请专利达50949件，其中发明专利达27008件，占申请专利总数的53%；在2008年获得授权的29835件专利中，发明专利达7713件，占全部授权专利的25.8%。数据统计显示，创新型企业不仅申请专利数量大幅增加，专利质量和水平提升更快，集中体现在申请专利中发明专利的占比明显提高。如广东省2008年创新型（试点）企业专利申请量达18636件，占全省专利申请量比重为17.94%，其中，发明专利申请量达14715件，占全省发明专利申请量比重为52.37%；专利授权量达10099件，占全省专利授权量比重为16.28%，其中，发明专利授权量达3991件，占全省发明专利授权量比重为52.49%。此外，全年创新型（试点）企业拥有的版权数达53件；软件著作权数达222件；集成电路布图设计权数达3件（见表3-4）。

表3-4　各地创新型（试点）企业创新绩效一览表（一）　　单位：件，%

地区	专利申请数		发明专利申请数		专利授权数		发明专利授权数	
	总数	占全省比重	总数	占全省比重	总数	占全省比重	总数	占全省比重
北京	4522	26.3	3269	28.9	2900	32.0	1170	36.1
河北	740	8.1	280	11.8	423	7.7	75	13.7
山西	587	10.9	201	9.8	279	12.2	171	40.7

续表

地区	专利申请数		发明专利申请数		专利授权数		发明专利授权数	
	总数	占全省比重	总数	占全省比重	总数	占全省比重	总数	占全省比重
内蒙古	528	23.8	260	37.4	473	35.6	23	16.4
吉林	504	9.1	168	8.9	356	11.9	24	68.6
黑龙江	597	7.2	211	6.3	441	9.6	85	11.5
上海	997	1.9	378	2.1	690	2.8	106	2.5
江苏	4301	3.4	1697	7.5	2667	6.0	436	12.4
浙江	258	0.3	55	0.5	168	0.3	10	0.3
安徽	2646	25.4	792	29.0	1393	32.1	173	35.4
福建	1954	14.8	759	28.1	1321	16.6	144	27.2
江西	530	14.2	168	16.5	588	25.6	74	33.9
山东	5154	8.6	1927	14.1	2451	9.1	403	22.1
河南	1815	9.9	596	12.3	1120	12.3	126	18.9
湖南	1729	—	407	—	1122	—	204	—
广东	18636	17.9	14715	52.4	10099	16.3	3991	52.5
四川	3052	12.5	335	8.2	1587	11.9	88	8.2
云南	981	24.0	258	17.5	714	33.7	138	34.6
甘肃	442	20.3	149	15.7	405	38.7	116	64.4
青海	84	19.0	43	29.0	18	7.0	10	43.0
宁夏	144	—	44	—	101	—	15	—
新疆	178	7.4	47	9.8	139	9.3	13	15.9
大连	329	4.1	182	10.2	191	5.4	91	20.0
宁波	241	1.5	67	3.4	189	1.9	27	5.4
合计	50949	—	27008	—	29835	—	7713	—

注：辽宁省没有提供98家省级创新型试点企业的专利产出的相关数据。

各地创新型（试点）企业积极参加国家和行业技术标准的研制，加大新产品的开发力度。据不完全统计，2008年，各地创新型企业主持制定国家技术标准2348件，行业技术标准2046件；参与制定国家技术标准2745件，行业技术标准2768件。山西、吉林、江苏、安徽、广东、新疆等省（区、市）创新型（试点）企业的新产品销售收入都占到本地区新产品销售收入的半壁江山。如安徽省创新型（试点）企业的新产品销售收入978.3亿元，占主营业务收入比重为35.1%，占全省新产品销售收入的比重为88.5%；广东省全年创新型（试点）企业新产品销售收入总量达2705.1亿元，占全省新产品销售收入比重为67.1%（见表3-5）。

表 3-5 各地创新型（试点）企业创新绩效一览表（二）　　单位：件，亿元，%

地区	国家标准		行业标准		新产品销售收入	
	主持制订数	参与制订数	主持制订数	参与制订数	销售收入	占全省比重
北京	177	149	162	171	418.2	12.6
河北	43	32	12	11	300.4	16.8
山西	4	3	10	7	238.5	45.8
内蒙古	28	19	14	13	318.9	—
吉林	27	35	15	46	1413.5	49.4
黑龙江	46	151	68	135	257.8	—
上海	374	16	276	20	1487.5	—
江苏	290	346	108	156	1678.1	37.3
浙江	1	2	10	11	91.0	1.3
安徽	84	146	65	102	978.3	88.5
福建	81	220	81	130	427.3	24.5
江西	65	83	35	30	398.7	—
山东	301	323	429	466	2587.0	6.1
河南	204	100	150	99	598.0	—
湖南	70	84	53	61	736.3	—
广东	347	467	352	541	2705.1	67.1
四川	—	367	—	557	1175.0	19.8
云南	87	96	102	132	278.7	12.0
甘肃	62	45	59	31	283.3	17.0
青海	3	10	5	25	59.6	—
宁夏	3	14	9	7	26.9	31.0
新疆	10	25	3	5	100.1	61.2
大连	37	6	25	9	141.6	—
宁波	4	6	3	3	155.7	10.9
合计	2348	2745	2046	2768	16856.3	—

各地创新型（试点）企业还积极承担国家、省级科技计划项目，据不完全统计，2008年，各地创新型（试点）企业承担的各类国家级科技计划项目超过2544项，省、部门级科技计划项目5476项。各地创新型（试点）企业涌现出大批创新成果，市场竞争力明显增强。2008年，各地创新型（试点）企业共获得国家级科技奖530项，省部级奖励2586项（见表3-6）。

表 3-6 各地创新型（试点）企业创新绩效一览表（三）

地区	获得科技奖励数（项）		承担科技计划项目数（项）	
	国家级	省部级	国家科技计划	省、部门科技计划
北京	43	262	260	293
河北	1	58	71	306
山西	72	135	97	264
内蒙古	—	17	57	139
吉林	10	34	60	115
黑龙江	18	101	97	194
上海	1	0	41	95
江苏	53	243	320	597
浙江	1	10	20	200
安徽	26	221	192	418
福建	19	106	116	262
江西	14	102	95	180
山东	25	241	172	480
河南	54	182	131	140
湖南	34	163	138	138
广东	92	355	316	765
四川	14	93	51	163
云南	23	91	74	171
甘肃	6	56	56	116
青海	5	17	16	68
宁夏	12	37	42	65
新疆	2	22	45	122
大连	3	35	38	51
宁波	2	5	39	134
合计	530	2586	2544	5476

近年来，国家和地方各级政府纷纷出台自主创新产品的认定办法，采取政府优先采购等多种措施加大对企业自主创新产品的扶持力度。国家和地方自主创新产品相当比例是各地创新型（试点）企业的创新成果。如北京市共认定中关村科技园区108家创新型试点企业的418个产品进入《北京市自主创新产品目录》，在2009年已经发布的四批政府采购签约项目中，政府采购资金共采购18家试点企业自主创新产品8.72亿元。在科技部发布的2009年国家自主创新产品认定结果中，中关村共有49家试点企业的51项产品入选，位居全国第一，约占全国产品数量的21%；广东省科技厅联合省发改委、省经贸委、省财政厅、省知识产权局、省质监局等部门，于2009年1月启动广东省首批自主创新产品认定工作。目前，在

已认定产生的130个广东省首批自主创新产品中，来自省级以上创新型（试点）企业的产品约占总数的22.3%。

4. 创新文化建设明显改善，群众创新活动得到重视

通过试点工作推动，各地方创新型（试点）企业逐步建立起长期创新发展战略和规划，把技术创新和自主品牌创新作为经营发展战略的重要内容。"重创新投入、轻创新管理"、创新文化建设滞后的现象明显改观。各地政府也通过各种形式推动企业形成各具特色的创新文化，推动群众性创新活动，逐步培养创新思维、创新机制、创新习惯、创新行为，帮助企业建立持久发展的创新文化，使企业摆脱低水平、同质化的竞争，培育企业核心竞争力。

2006年，上海市总工会、市发改委、市科委、市教委、市人事局、市劳动和社保局、团市委、市科协联合下发《关于深入推进本市职工群众性科技创新活动的指导意见》，提出要进一步建立和健全职工科技创新的动力机制，着力加强舆论引导、平台搭建、荣誉激励、政策支持和法律保障；进一步形成推进群众性科技创新的工作格局，着力形成企业自主创新、职工推动创新、市场主导创新、社会支持创新的社会环境；进一步提升职工队伍的整体素质，着力打造高技能的专业人才和高素质的创新人才队伍。该《指导意见》重点围绕弘扬科学精神、普及科技知识、推进科技创新、加强职工技术协作、促进科技成果转化和提高职工科技素质等方面，对深入推进职工群众性科技创新活动的各项工作进行部署。

从2007年开始，吉林省科技厅把开展创新型企业文化交流推广活动列入到重点工作，以引导带动全省企业培育创新意识，提高创新能力，倡导创新精神，完善创新机制，促进全省企业创新文化的形成和普及。特别是大力宣传国家级和省级创新型企业，提高知名度，在全省形成创新文化。2007年10月，吉林省委、省政府专门下发了《关于开展向启明信息技术股份有限公司学习活动的决定》，要求全省广泛学习启明公司视创新为企业生命的精神，牢固树立"科技是第一生产力、自主创新是第一竞争力"的思想，始终把科技创新作为企业发展的根本动力，坚持不懈地走"科技兴企"之路。吉林省委还专门下发文件号召全省企业职工向一汽集团的普通工人王洪军学习创新精神，"王洪军轿车钣金快速修复法"获得2006年国家科技进步二等奖。

（三）各地推进创新型企业建设的特色做法

在推进创新型企业建设中，各地结合本地区特点和产业优势，制定具体的实施方案和实施步骤，采取有针对性的做法和措施，呈现出各自的特色。下面选择列举若干地方的做法，以供参考和交流。

1. 安徽省：对创新型企业给予重点政策扶持

安徽省在创新型企业建设中，积极探索运用政策手段激励和推动创新型（试点）企业发展。2008年10月，安徽省委、省政府印发的《关于推进合芜蚌自主创新综合配套改革试验区工作的若干政策措施（试行）》（皖发〔2008〕18号）第5条明确规定，"对合芜蚌试验区内的高新技术企业、创新型企业各项行政性收费的省市留成部分，实行免征。创新型企业所缴纳企业所得税新增部分的省、市留成部分，3年内全额奖励企业"。安徽省的创新型（试点）企业多数在合芜蚌（合肥、芜湖、蚌埠）区域内。

2008年10月，安徽省委、省政府隆重授予10家企业"安徽省创新型企业奖"，并给每家企业颁发100万元奖金，此举在全省产生巨大反响。2009年2月，省科技厅、省发改委、省经委、省财政厅、省国资委、省总工会六部门发文承诺从8个方面为创新型（试点）企业提供服务。

2008年11月，合肥市政府规定对新列入的国家级、省级、市级创新型试点企业，分别给予一次性100万元、30万元、20万元资助；对新认定的国家级、省级、市级创新型企业，分别给予一次性200万元、50万元、20万元奖励。截至目前，合肥市对76家创新型试点企业累计资助2110万元，对60家市级创新型企业累计资助1680万元。

2. 云南省：将创新型企业培育纳入全省重大行动和规划

云南省培育创新型企业工作，得到省委、省政府的高度重视，并把该项工作纳入了《建设创新型云南行动计划》、《云南省中长期科学和技术发展规划纲要（2006－2020年）》、《云南省"十一五"科学和技术发展规划》等重大行动和规划，并进行科学部署和分解实施。

在《云南省中长期科学和技术发展规划纲要（2006－2020年）》提出要"形成在国内外有影响的60~80户自主创新型企业，大大提升云南省工业企业的综合竞争能力"；在《云南省"十一五"科学和技术发展规划》中提出要"培养一批自主创新基地和示范企业，实施一批重大项目，形成在国内外有影响的60~80家自主创新型企业，大大提升云南省工业企业的综合竞争能力"；实施《建设创新型云南行动计划》的决定提出"每年遴选20家企业开展创新型企业试点工作，通过技术创新战略联盟建设，引导和支持创新要素向企业集聚，完善创新体制机制，加强创新基础和能力建设，加大研发投入力度，培养和吸引创新人才，培育一批在行业具有较强自主创新能力和竞争力的创新型企业。到2012年，全省创新型企业达到150家以上"。省委、省政府还将任务进行分解，确定了负责的领导和部门，实施过程接受督查和监督，为云南省创新型企业建设提供有力保障。

3. 四川省：多部门协同推进、对创新型企业率先落实政策

四川省委、省政府把建设创新型企业作为建设创新型四川的基础工程和细胞工程，形成了省科技厅、省经委、省国资委、省国税局、省地税局、省宣传部、省总工会等16部门联合推进创新型企业建设的工作机制，加强对创新型企业试点工作的组织和宏观指导。四川省按示范、试点、培育三个层次打造本省创新型企业团队。开展"四川省技术创新方法企业行"活动，面向企业开展技术创新方法培训、推广应用及典型示范，帮助企业破解发展难题。在省级以上创新型企业和申报创新型企业的单位中开展"专利标准行"活动，建立了创新政策联络员制度，以推动自主创新政策在企业的全面落实，强化政策支持力度，加快推进创新型企业建设。在国家有关部门出台实施办法之前，四川省科技厅与税务部门就形成协作机制，在省级创新型企业群体中率先落实《国家中长期科学和技术发展规划纲要（2006-2020年）》配套政策中的企业研发费用150%加计扣除政策，增加了创新型企业的科研投入，同时也积累了政策实施经验，发挥了很好的示范作用。

4. 中关村百家创新型企业试点：探索以试点企业为核心打造创新集群

2007年，北京市政府、科技部和中国科学院联合开展中关村科技园区百家创新型企业试点工作。希望发挥中关村地区在自主创新上的载体作用、引擎作用、服务平台作用，集成相关资源加大对企业自主创新的支持，按照技术创新、管理创新、商业模式创新和文化创新，以及加强试点企业国际化竞争能力和高端人才引进培养能力的"四创两加强"试点思路，在中关村科技园区形成"四个一批"（取得一批关键技术突破、推出一批自主品牌、形成一批具有国际竞争力的企业、培育一批企业家）；探索促进企业成为技术创新主体的有效模式和措施；形成具有推广价值的自主创新模式和自主创新企业标准评估体系；构建以企业为主体、市场为导向、产学研相结合的技术创新体系。力争到2010年，在试点企业中取得10项具有国际竞争力的行业共性关键技术突破，在重点领域形成一批核心技术专利，形成5~10家相关行业的世界一流企业，涌现出20个行业领军创业团队，有更多企业获得中国名牌，在产学研合作、整合并购、国际化发展、高端人才集聚等方面形成一系列有效模式和促进措施。使中关村成为中国抢占世界高技术产业制高点的前沿阵地，尽早成为全球科技创新中心。

为抓好中关村科技园区百家创新型企业试点工作，北京市政府、科技部和中科院加强沟通协调，形成良好的工作机制，支持试点企业通过产业技术创新战略联盟等形式集聚创新要素，以兼并重组等形式整合产业链上下游资源，缓解企业在发展中遇到的创新资源缺失和整合能力不强的问题，探索把试点企业作为提升产业国际竞争力、做大重点产业、打造国际高端创新集群的核心力量。据统计，目前试点企业牵头组建了中关村数字电视产业联盟、中关村资源节约与能源管理服务产业联盟、中关村生物医药研发外包联盟等22个产业技术创新战略联盟，有50余家试点企业参与了一个或多个产业技术联盟。试点企业主持或参与制定国际标准11项，国家标准326项，行业标准333项。

5. 广东省：打造梯度上升的创新型企业群体

2006年以来，广东省科技厅等六部门组织开展创新型企业试点工作，重点建设从"省级创新型企业试点→省级创新型企业→国家级创新型企业试点→国家级创新型企业"的循序渐进、梯度上升的企业群体，加快壮大创新型企业群体。

2008年，广东省开始实施"百强创新型企业培育工程"，并作为广东省科技创新十大工程的首要工程。同时，建立了多部门有效合作机制，要求全省各地各部门在政策制定、项目安排、资金投入、人才引进等方面优先扶持创新型企业建设和发展，引导各种创新要素向企业集聚，在3年内培育形成一批产值税收大幅度提高、创新能力强和行业带动作用人的创新型企业，推动企业产学研创新联盟建设、推动科技金融和保险与企业紧密结合、构建企业自主创新长效机制和特色模式。在建设开放型区域创新体系中充分发挥创新型企业的龙头带动作用。

对被认定的"百强创新型企业培育工程"示范企业，在省部产学研合作专项资金、重大科技专项、高新技术产业化项目、社会发展领域科技计划、农业领域科技计划等项目安排方面给予重点支持。

6. 江苏省：引导创新要素向企业集聚

江苏省在开展创新型企业试点工作中，以提高企业技术创新能力为核心，积极探索科技资源整合机制，引导和支持创新要素向企业集聚。一是"千人万企"推动政策落实。在全省科技系统中选派1000名工作人员担任"政策辅导员"，为企业开展政策服务，使高新技术企业税收优惠、企业研发费用加计扣除等重点科技政策落到实处，政策受惠企业超过1万家。二是把研发机构建到企业。依托行业龙头骨干企业，在生物医药、太阳能光伏、轨道交通等重点产业领域，新建扬子江新药研究院、尚德光伏研究院等10个企业重大研发机构、企业院士工作站142家、省级工程技术研究中心300个，全省企业研发机构达2000家，制造业本土大中型企业建有研发机构的比例从34%提高到50%，引导企业从应用开发走向自主创新，掌握核心技术，并发挥对整个行业的引领作用。三是把人才引到企业。实施"江苏高层次创新创业人才引进计划"和"江苏科技创新创业双千人才工程"，以企业为主体，省市县三级联动，项目资助、平台支撑、待遇奖励、股权激励等措施相结合，着力推动高端人才向企业集聚。吸引领军人才、引进海外高层次创新创业人才和培养企业高层次技术人才并举，大力借助人才创新优势提升企业创新能力。

7. 黑龙江省：用创新方法提高企业创新能力

为提高创新型（试点）企业的自主创新能力，黑龙江省选择前苏联的 TRIZ 理论作为重点推广方法，围绕着 TRIZ 理论的学习、培训开展了一系列工作，并在全省创新型（试点）企业开展创新方法试点工作。在全面开展 TRIZ 理论培训的同时，对创新型企业的科技与管理人员进行重点培训，邀请国内外专家深入企业，现场指导，使这些重点企业的科技人员在创新理念与方法上得到提高。如哈尔滨仁皇药业的科研人员运用 TRIZ 创新原理中的 39 个工程参数构成矛盾矩阵、40 个解决技术矛盾的创新原理以及 11 个解决物理矛盾的分离原理，将五味子资源利用到最大化，进行综合开发，创造性地找到了五味子现代中药开发的新途径——"五味总脂安神软胶囊"的研制项目，成为该行业的领先者。

总之，各地在推动创新型企业建设过程中，积极探索适合本地区特点的做法和经验，对此还需要进一步的挖掘和总结，为其他地方的工作提供借鉴。

（四）地方推动创新型企业建设的主要措施

各地在推动创新型企业建设中，除了上述一些特色做法外，还有许多具有共性特点的做法和措施，以下加以总结和归纳。

1. 加强部门联动和配合

各地党委、政府及相关部门都非常重视本地区创新型企业建设，注重加强部门间的联动和配合，使其成为多部门共同参与的一项系统工程。据不完全统计，各省（市、区）参与创新型企业建设的部门涉及科技、财政、国资、发展改革、经贸、商务、工会、人事、教育、劳动保障、国税、地税、质监、工业促进、知识产权、宣传、团委、金融、科协、工商联等部门和单位。多部门的参与使创新型（试点）企业更容易获得政府相关优惠政策的支持。

北京市为了更好地推进中关村科技园区百家创新型企业试点工作，由中关村科技园区管委会、中国科学院北京分院、北京市发改委、北京市科学技术委员会、北京市财政局、北京市人事局、北京市商务局、北京市质量技术监督局、北京市工业促进局、北京市知识产权局10个部门共同制定了《进一步推进中关村科技园区百家创新型企业试点工作的若干意见》的通知（中科园发〔2008〕17号），明确规定各部门在创新企业建设中的任务和分工，为创新型企业建设提供组织保障。

四川省科技厅、省经委、省发改委、省国资委、省国税局、省地税局、省质监局、省委宣传部、省总工会、省知识产权局10部门共同制定《四川省建设创新型企业工作管理办法（试行）》（川科政〔2007〕4号），规定10个省级相关部门共同负责建设创新型企业工作的组织和宏观指导，并根据各部门职能，加大对创新型企业建设的支持力度。

安徽省科技厅、省发改委、省经委、省财政厅、省国资委、省总工会联手推动创新型企业建设，建立联合协调机制。国家技术创新工程实施视频会议之后，又形成省八部门联合推进技术创新工程的工作机制。

2. 加大财政支持力度

各地政府部门根据自身情况，通过设立专项资金、科技计划重点倾斜等方式，加大对创新型企业建设的支持力度。

（1）设立专项资金

许多省（区、市）都设立专项资金，用于重点支持和引导企业开展自主创新、加强创新能力建设、改善人才队伍素质等。

浙江省科技厅会同省财政厅设立了创新型企业建设专项资金，每年1000万元，主要用于支持企业建立创新制度、加强创新能力建设、加强创新人才队伍建设、增加创新投入、加强知识产权保护、建设创新文化和推广引进创新方法等方面的试点工作，在具体操作上，根据企业研发经费的150%抵扣应纳税所得额政策执行的情况分类补助。

广东省从2006年起，由省财政设立"产学研省部合作专项资金"，省政府决定2006年投入1亿元，2007年投入2亿元，2008年投入3亿元以上。《关于深化省部产学研结合工作的若干意见》（粤府〔2008〕73号）规定，省部产学研合作专项资金每年用于支持重大项目的资金不少于1亿元。相关企业自筹配套资金与省部合作专项资金比例不低于3:1，有条件的地方政府对参与重大项目的本地企业提供比例不低于1:1的配套资金。同时，要求有条件的地方政府可设立专项资金。省部合作专项资金对列入各地级以上市产学研合作专项资金支持的重大（重点）项目给予优先立项支持。

云南省科技厅为了发挥引导作用，确保各试点企业顺利完成试点任务目标，于2007年8月给第一批23家创新型试点企业每家安排50万元的创新研发平台建设引导经费（共计1150万元），省科技计划项目对试点企业给予优先支持，全年共安排配套科技计划项目10余项，安排项目经费2200多万元，引导企业投入研发经费4亿多元。

（2）地方重大科技计划向创新型企业倾斜

各地都有地方科技计划项目向创新型（试点）企业倾斜的规定。一方面，根据创新型企业的迫切需求提出地方重大科技计划；另一方面，同等条件下在计划的申报过程中向创新型（试点）企业倾斜。

从2006年开始，黑龙江省启动了6大科技专项的110个重大和重点项目。省科技主管部门重点支持创新型试点企业承担这些项目，共有42家试点企业承担了重大和重点项目。帮助这些企业攻克了一批具有全局性、带动性的关键技术，提高了企业的技术创新能力。

福建省《关于推进福建省技术创新引导工程深入开展若干实施意见》（闽科政〔2008〕21号）规定，各级科技、经贸部门的资金、政策优先向创新型试点企业倾斜；对试点企业申报的科技计划项目、省产学研项目、技术创新项目和企业信息化项目，同等条件下优先予以支持；符合要求的试点企业优先认定省级企业技术中心；对有产业化前景的项目，优先支持试点企业承担。2008年和2009年连续两年省级科技计划项目对创新型试点企业申报的项目实行加分政策。

《广东省创新型企业试点工作实施方案》明确规定，在省、市级科技计划中，对试点企业申报的科技计划项目优先予以立项支持；科技计划中有产业化前景的项目，优先支持试点企业承担。据统计，2008年，全省创新型（试点）企业共承担国家级科技计划项目316项，承担省级科技计划项目765项。

3. 完善支持创新的税收、金融政策

（1）落实国家税收优惠政策

近年来，国家出台了《科技发展中长期规划配套政策》（国发〔2006〕6号文）等一系列针对企业技术创新的优惠政策，但有相当部分企业不了解或者不会使用这些政策。为了帮助创新型（试点）企业更好地了解和利用各项创新政策，激发企业特别是中小企业的自主创新积极性，各地采取了实际有效的手段和措施，帮助企业落实国家优惠政策。

四川省科技厅、省国税局、省地税局联合下发《四川省科技创新企业技术开发费认定办法（试行）》，确定由科技管理部门负责对创新型企业技术开发费进行认定。成立了四川省企业技术开发费认定办公室，制定了工作职责、认定流程及操作流程。省科技厅联合税务部门举办了企业技术创新税收优惠政策培训会，对155家企业财务负责人进行了培训，使国家各项税收激励政策率先在创新型企业建设中得到落实。

为落实安徽省委、省政府《关于推进合芜蚌自主创新综合配套改革试验区工作的若干政策措施（试行）》第5条的"创新型企业所缴纳企业所得税新增部分的省、市留成部分，3年内全额奖励企业"的优惠政策规定，安徽省科技厅等六部门制定具体操作办法。即自2009年起3年内，合芜蚌试验区内的创新型企业向所在地财政部门申请，各级财政部门要在每年汇算清缴结束后30个工作日内，依据主管税务机关确认的企业所得税汇算清缴材料，集中办理；对省级分享部分，各级财政部门应将汇总和分户企业的税收缴纳情况及相关凭证统一整理并按年报

省财政厅,省财政厅审核后,下达预算指标,由市或县(市)财政局根据预算规定,将资金及时拨付到企业。省六部门特别强调,该资金只能用于企业的研究开发,不得挪作他用。

福建省围绕激励创新政策开展面向创新型试点企业的专题培训,并设立专门政策咨询电话。2007年9月,举办了全省"自主创新政策与技术创新引导工程研修班",2008年8月集中一个月在8个设区市开展全省贯彻落实科技进步法和激励自主创新政策宣讲活动,创新型试点企业接受政策培训率达100%。注重加强创新型试点企业的宣传推广。建立企业科技政策辅导员制度,在全省科技系统中组织200名工作人员担任企业科技政策辅导员,优先为全省创新型(试点)企业等科技型企业提供政策宣传、政策辅导、政策咨询等服务。

(2) 完善投融资服务渠道

各地在推动创新型企业试点工作中,支持创新型(试点)企业充分利用国家投融资体制改革、建设多层次资本市场的机遇,促进企业借助风险投资、资本市场,创新投融资渠道,进一步做强做大。

北京市和中关村科技园区积极支持创新型试点企业改制上市,优先推荐试点企业在非上市股份有限公司股份报价转让系统挂牌及创业板上市;试点企业如获得中关村科技园区管委会认定机构的创业投资,中关村创业投资资金优先跟进投资,并参照"跟投"上限执行;北京市中小企业创业投资引导基金和再担保公司设立后,可按照有关管理办法优先对试点企业进行支持;对获得担保贷款和信用贷款的试点企业,按有关政策的最高贴息比例予以贷款贴息支持;优先支持试点企业集合发行企业债券、短期融资券及中期票据。

2008年2月,安徽省科技厅与省开发银行和省工商银行签订《支持自主创新合作协议》,以软贷款为重点与省开发银行合作,以知识产权质押为突破口与省工商银行合作,共同支持企业自主创新。为了落实合作协议,安徽省科技厅向省开发银行推荐50家创新型试点企业,向省工商银行推荐31家中小高新技术企业。截至2008年10月底,安徽省开发银行向奇瑞汽车股份公司、丰原集团公司、淮南矿业集团公司、铜陵有色集团公司、安徽国风集团公司等创新型试点企业贷款53.25亿元人民币、1.53亿美元和110亿日元;安徽省工商银行向安徽万德福电子公司、安徽金鼎锅炉股份公司、安徽星星轻纺(集团)公司、安徽新亚特电缆集团公司等提供高新技术贷款4.23亿元。

(3) 开展自主创新产品政府采购与首购

为加大对企业自主创新产品的政策扶持,各地纷纷出台针对自主创新产品的政府采购或首购制度,有效地激发了企业开展自主创新的积极性。

2008年,北京市10个部门联合出台的《进一步推进中关村科技园区百家创新型企业试点工作的若干意见》规定,加大政府采购对试点企业自主创新产品的扶持力度，支持试点企业的自主创新技术、产品、解决方案在城市建设、社会发展等领域和新农村建设等重大工程中示范应用，加速科技成果产业化。试点企业自主创新产品优先纳入《北京市自主创新产品目录》；通过在招投标中考虑自主创新因素或示范工程的方式，推进政府投资项目优先采购或首购试点企业自主创新产品；市发改委、市财政局、中关村科技园区管委会通过加快审批、优先安排预算、研发资金补贴等方式给予支持。据统计，目前北京市共认定108家中关村科技园区创新型试点企业的418个产品进入《北京市自主创新产品目录》，在2009年已经发布的四批政府采购签约项目中，政府采购资金共采购18家试点企业自主创新产品8.72亿元。

2006年12月，广东省出台了《广东省促进自主创新若干政策》，提出建立健全促进自主创新的政府采购制度，规定建立财政性资金采购自主创新产品制度和激励自主创新的政府首购和订购制度。2009年1月，广东省科技厅联合省发改委、省经贸委、省财政厅、省知识产权局、省质监局等部门，启动广东省首批自主创新产品认定工作。对广东省国家级或省级创新型企业生产或开发的试制品和首次投向市场的产品，优先给予省自主创新产品认定，并编入《广东省自主创新产品目录》，优先列入《广东省政府集中采购目录》。目前，在已认定产生的130个广东省首批自主创新产品中，来自省级以上创新型企业的产品约占总数的22.3%。

4. 建立完善表彰奖励制度

各地普遍制定针对创新型（试点）企业的表彰奖励制度，加大对企业开展自主创新的激励，促使企业的创新激情和活力不断释放。

2009年，福建省科技厅、省经贸委、省国资委、省总工会联合印发《关于表彰国家创新型企业及国家创新型试点企业的通报》（闽科政〔2009〕7号），对福建省3家国家创新型企业予以通报表彰，并分别奖励项目经费额度100万元；对福建省10家国家创新型试点企业予以通报表彰，并分别奖励项目经费额度50万元。奖励项目经费由受奖励企业分别向福建省或厦门市科技主管部门申报具体研发项目，用于支持企业开展技术创新活动。2009年，省科学技术奖新设"企业技术创新工程项目奖项"，授予对象限于创新型企业。

2008年10月，安徽省委、省政府隆重授予奇瑞汽车股份有限公司等10家企业"安徽省创新型企业奖"，并给每家企业颁发100万元奖金，用于奖励企业技术骨干和经营班子，此举在全省产生巨大反响。

许多省（区、市）还规定，对成绩特别突出且符合条件的试点企业授予"五一劳动奖章"和"五一劳动奖状"。

二、部分地区创新型企业建设的探索

下面重点介绍安徽、福建、广东、甘肃、黑龙江、江苏、四川、云南、内蒙古以及中关村科技园区等地区开展创新型企业建设的情况，这些地区在组织开展本地区创新型企业建设中，都有一些值得借鉴的做法和经验。希望通过加强各地方之间的工作交流，推动全国范围的创新型企业建设。

（一）安徽省创新型企业建设

近年来，安徽省坚持以技术创新为主导，积极探索具有区域特色的自主创新体系，加快推进合肥国家科技创新型试点市及合芜蚌自主创新综合试验区建设，培育了一批国家和省级创新型（试点）企业，自主创新工作呈现良好发展势头。

1. 进展情况

2006年，安徽省科技厅、省发改委、省经委、省财政厅、省国资委、省总工会六部门制定了《安徽省技术创新引导工程实施方案》，正式启动技术创新引导工程。为贯彻落实胡锦涛总书记视察安徽时的重要指示精神，2008年10月，安徽省委、省政府决定，在合肥国家科技创新型试点市的基础上，建设合芜蚌自主创新综合试验区，大力培育创新型企业，积极探索推进自主创新的有效途径和体制机制创新，构筑经济增长极，推动全省经济社会又好又快发展。

安徽省六部门于2007年3月，确定了第一批省级创新型试点企业48家，2009年2月，确定了第二批试点企业63家，2009年7月，认定了第一批省级创新型企业46家。现在全省共有创新型（试点）企业114家。其中，国家级创新型企业7家、国家级创新型试点企业11家、省级创新型企业46家、省级创新型试点企业68家。在这114家省级创新型（试点）企业中，国有独资企业18家，占15.8%；国有控股企业25家，占21.9%；非国有控股企业71家，占62.3%。另外，合肥、马鞍山、滁州、阜阳等市也开展了市级创新型企业培育工作，市级创新型试点企业136家，创新型企业76家。

据对114家创新型（试点）企业2008年的统计，其创新成效主要体现在以下几个方面：

（1）创新能力显著增强

奇瑞、丰原等30多家企业建立了38个国家级研发机构，95家企业建立了153个省部级研发机构；科大讯飞、合肥通用机械研究院等70家企业承担了192个国家级科技计划项目，99家企业承担了418个省部级科技计划项目。

(2) 创新投入显著增加

创新型（试点）企业主营业务收入为 2787.69 亿元，研发支出达 67.47 亿元，研发投入强度为 2.4%。101 家企业研发投入占主营业务收入的比重超过 3%，其中安徽华东光电技术研究所等 58 家企业超过 5%。

(3) 创新成果不断涌现

企业申请专利 2646 项，其中发明专利 792 项；授权专利 1393 项，其中发明专利 173 项。主持制定国家标准 84 项，参与制定国家标准 146 项；主持制定行业标准 65 项，参与制定行业标准 102 项。有 15 家企业的 26 个项目获国家奖，73 家的 221 个项目获省部级奖，其中奇瑞公司获国家科技进步奖企业技术创新工程一等奖，丰原集团的"自固定化酵母细胞酒精连续发酵技术"获国家科技进步二等奖。

(4) 创新效益普遍良好

企业新产品销售收入 978.32 亿元，占主营业务收入比重的 35.1%。其中，新产品销售收入率达到 30% 以上的企业有 101 家；安徽安科生物工程（集团）股份有限公司、安徽巨一自动化装备有限公司等 77 家企业新产品销售收入率达到 50% 以上。企业纳税 188.35 亿元，税后利润 112.89 亿元，出口创汇 60.87 亿美元。安徽安科生物工程（集团）股份有限公司进入首批创业板市场。

2. 主要做法

(1) 多部门合作，建立联合协调机制

省科技厅、省发改委、省经委、省财政厅、省国资委、省总工会共同参与，建立了联席会议制度。国家技术创新工程实施视频会议之后，又形成省八部门联合推进技术创新工程的工作机制，为进一步建设创新型企业奠定了良好的基础。

(2) 集成各种创新资源，培育创新型企业

2008 年 10 月，省委、省政府隆重授予 10 家企业"安徽省创新型企业奖"，并给每家企业颁发 100 万元奖金，此举在全省产生巨大反响。2009 年 2 月，省科技厅等六部门发文承诺从 8 个方面为创新型（试点）企业提供服务。2008 年，共安排省级重大专项项目 256 个，资助经费 1.62 亿元，带动企业投入 23.5 亿元。在国家和省科技计划项目的支持下，一批骨干企业带动几千家中小企业的诞生和发展，仅奇瑞一家企业就带动了 1000 多家中小企业的发展。2008 年 11 月，合肥市政府规定对新列入的国家级、省级、市级创新型试点企业，分别给予一次性 100 万元、30 万元、20 万元资助；对新认定的国家级、省级、市级创新型企业，分别给予一次性 200 万元、50 万元、20 万元奖励。截至目前，合肥市对 76 家创新型试点企业累计资助 2110 万元，对 60 家市级创新型企业累计资助 1680 万元。

(3) 制定具体操作办法，建立自主创新政策落实机制

省委、省政府印发了合芜蚌自主创新综合试验区实施方案和政策措施，重点支持创新型企业建设。省科技、省财税部门印发了《企业研究开发费用所得税前加计扣除政策具体操作办法》，2008年，全省企业因落实此项政策少缴所得税近6亿元。2009年，省六部门在发布第一批创新型企业名单的同时，又明确了创新型企业所得税奖励政策具体操作办法。

（4）试行科技专员制度，培育高级复合型人才

要求每个创新型（试点）企业确定一位"科技专员"，负责协调自主创新政策落实、项目管理、创新试点联系等工作。2009年，科技活动周期间，省科技厅等六部门联合对科技专员开展为期一周的培训，目的是把其培养成为熟悉自主创新政策、熟悉科技计划项目管理、对口联系有关部门科技创新工作的高级复合型人才，进而在全省建立一支专业化的科技专员队伍。

3. 下一步的工作安排

（1）基本思路

深入贯彻落实科学发展观，以确立企业技术创新主体地位为主线，在建设合芜蚌自主创新综合试验区、发展皖江城市带、辐射带动全省三个层面上，重点培育新能源汽车、电子信息、公共安全、生物医药、节能环保、光伏能源、文化创意七大新兴产业和创新型企业，扎实构建产业研发、要素交易、成果转化、中介服务、资源共享五大服务平台，加速创新要素向企业聚集，增强企业自主创新能力和产业核心竞争力，为推进经济结构战略性调整，加快发展方式转变，建设创新型安徽提供有力支撑。

（2）主要目标

到2010年，培育认定150家以上创新型（试点）企业，构建10家以上产业技术创新战略联盟，初步形成五大系列技术创新服务平台，若干新兴产业进入全国先进行列。

到2015年，培育形成300家以上创新型（试点）企业，建立20家以上产业技术创新战略联盟，建成五大系列技术创新服务平台，形成一批百亿元级新兴产业和千亿元级支柱产业。

（3）主要任务

——加快推进合芜蚌试验区建设。进一步深化科技教育、投融资、行政管理等体制改革，突出企业主体、产学研一体、创新载体建设，按照国家产业政策导向，谋划建设一批重大项目，培育壮大百亿元创新型企业，加快形成以新兴产业和支柱产业为主导的产业结构，不断提升经济发展规模、质量和效益。

——加快发展七大新兴产业。依托重点企业、高等院校和科研院所，攻克一批关键共性技术，建立一批产业技术创新战略联盟，促进新能源汽车产业、电子信息产业、公共安全产业、生物医药产业、节能环保产业、光伏产业、文化创意

产业七大新兴产业发展。

——加快推进五大系列服务平台建设。依托高等院校、科研机构、产业技术创新战略联盟、大型骨干企业以及科技中介机构等，采取部门和地方联动的方式，构建产业研发平台、要素交易平台、成果转化平台、中介服务平台、资源共享平台等一批面向新兴产业和支柱产业的技术创新服务平台。

（4）主要措施

——加大财政科技投入。省政府每年安排5亿元设立合芜蚌试验区专项资金，合肥、芜湖、蚌埠三市设立相应专项资金，用于各类项目资金、资助、奖励等支出。调整省科技计划投入结构，改变计划管理办法，重点支持技术创新工程。对创新型（试点）企业申报各类研发和产业化计划项目，简化程序，重点支持。

——加强科技金融合作。选择部分银行在合芜蚌试验区开展科技分行试点，设立面向科技型中小企业的小额贷款公司，加大科技保险政策支持力度。完善科技部门与金融担保机构合作机制，采取固定资产抵押和知识产权质押、股权质押组合的方式，重点支持创新型（试点）企业融资需求。建立科技型中小企业贷款风险补偿基金，鼓励银行加大对科技型中小企业的信贷支持力度。

——带动社会科技投入。发挥省市创业（风险）投资引导基金作用，引导社会资金流向创业风险投资机构，引导创业风险投资机构投资于创业企业。支持合肥国家高新区开展非上市公司代办股权转让试点。支持创新型企业和高新技术企业上市融资，发行企业（公司）债券。

——落实国家自主创新政策。加强省市有关部门协调配合，重点落实企业研究开发费用所得税前加计扣除、高新技术企业认定、政府采购自主创新产品、创业风险投资机构和科技企业孵化器、研发机构和重大项目进口设备税收优惠等政策。支持采购自主创新产品，由行政办公用品扩展到政府投资的市政领域。

——落实合芜蚌试验区政策。对合芜蚌试验区内的高新技术企业、创新型企业各项行政性收费的省市留成部分，实行免征。创新型企业所缴纳企业所得税新增部分的省、市留成部分，三年内全额奖励给企业。

——加强政策落实督促检查。开展国家自主创新政策和合芜蚌试验区政策落实情况评估、督查，掌握政策实施效果，完善具体操作办法，促进各项政策落实到相应的主体。

——继续开展创新型企业试点。推动试点企业建立有利于技术创新的体制机制，激励企业加大研发投入，健全研发机构，培育创新人才，增强技术创新内在动力，加强创新文化建设，走创新型发展之路。对试点企业进行评价认定，引导更多的企业成为国家和省级创新型企业。

——引导创新型企业加强创新能力建设。在创新型企业继续试行科技专员制度，发挥其协调政策落实、项目管理和创新工作联系的作用。支持创新型企业承担国家和省科技计划项目、建设国家和省重点实验室、企业技术中心、工程（技术）研究中心、技术创新服务平台，牵头组建产业技术创新战略联盟，增强产业核心竞争力。

——发挥职工在创新中的重要作用。强化企业技术创新群众基础，组织职工开展合理化建议、技术革新、技术攻关、发明创造等群众性技术创新活动。加强职工技术交流与协作，促进技术成果转化和推广。

——加快高端人才队伍建设。以海外高层次人才创新创业基地、重点实验室、工程（技术）研究中心、企业院士工作站、博士后科研工作站（流动站）、留学人员创业园等平台为支撑，提供优良的生活、科研和创业条件，培养和引进创新领军人才和创新团队以及金融、管理等专业人才。建立职业经理人机制，培育创新型企业家队伍。

——开展激励奖励试点。制定具体操作办法，在国有高新技术企业、创新型企业和转制院所试行股权期权激励，在高等院校、科研院所和高新技术企业开展职务科技成果股权和分红权激励试点。支持中央在皖转制院所改制和上市。

（二）福建省创新型企业建设

省级创新型企业试点工作是福建省技术创新引导工程的首项任务，启动伊始就受到省委、省政府的高度重视和社会的广泛关注，被摆上全省科技工作重要议程，成为引领企业依靠科技持续发展的一项重要抓手和载体。

1. 总体概况

2006年12月，福建省正式启动省级创新型企业试点工作，首批选择70家企业开展试点。2008年12月，继续扩大试点范围，第二批选择111家企业开展试点。2009年3月，经评估命名首批省级创新型企业62家。截至目前，全省181家省级创新型（试点）企业中，国有独资企业2家，国有控股企业23家，民营企业140家，其他类型企业16家。其中新认定的高新技术企业106家，约占58.6%。有4家企业被确定为国家级创新型企业，7家企业被确定为国家级创新型试点企业。

试点工作启动以来，各试点企业紧紧围绕提高自主创新能力目标，持续加大创新投入，活跃创新活动，构建创新机制，营造创新氛围，技术创新示范和带动作用日益显现，企业发展对技术创新的依存度显著提高，在多个方面取得了重要进展。2008年，据不完全统计，一是经济总量有较大提升，企业增加值为557.92亿元、主营业务收入1329.41亿元、纳税额60.27亿元、税后利润139.60亿元，分别占全省总额的11.73%、8.97%、10.75%、15.58%。二是新产品数量大幅增加，企业的新产品（工艺、服务）销售收入总额427.29亿元，占主营业务收入的

52.44%。三是研发投入力度加大，企业研发经费支出16.48亿元，占全省研发经费支出总额的16.14%，户均研发投入占销售收入的比重达到4.52%。四是研发队伍不断扩大，企业的研发人员总数23866人，占全省研发人员总数的18.16%；拥有国家级研发机构30个，省级108个。五是关键领域核心技术取得了一定突破，发明专利和自主知识产权大幅增长，企业的发明专利申请量和授权量分别为759项和144项，分别占全省发明专利申请和授权量的28.10%和27.17%；软件著作权授权量169个，集成电路布图设计权14项，植物新品种权授权量4项，版权5项，主持或参与制定国家标准301项，主持或参与制定行业标准211项。六是企业的带动作用明显增强，企业共承担国家科技计划项目116项、省部级262项，获得国家级科技奖励19项、省部级106项。

2. 主要做法

（1）领导重视，企业创新氛围基本形成

由省科技厅牵头，联合省经贸委、省国资委、省总工会颁布《福建省创新型企业试点工作实施方案》（闽科政〔2006〕73号），并把该工作作为落实国家和省关于自主创新战略部署及加快建设海峡西岸经济区的重要举措，迅速摆上了全省科技工作重要议程，不仅纳入福建省科技发展中长期和"十一五"规划纲要，而且写进了《中共福建省委、福建省人民政府关于增强自主创新能力推进海峡西岸经济区建设的决定》（闽委发〔2006〕21号）和《福建省人民政府关于贯彻国务院发挥科技支撑作用促进经济平稳较快发展的实施意见》（闽政发〔2009〕17号）等省委、省政府重要文件以及2007年、2008年、2009年省"两会"政府工作报告。各级党委和政府的高度重视以及全社会各界的广泛关注，有力地促进了企业创新氛围基本形成，为开展创新型企业建设工作奠定了良好基础。

（2）树立品牌，企业创新档次持续提高

以品牌促发展、求提升，是福建省委、省政府实施品牌带动战略的重要内容。具有自主知识产权的创新型企业和高新技术企业是突破当前金融危机影响的样板，也是科技服务企业发展的主要"品牌"。全省把创新型企业试点工作和高新技术企业认定工作紧密结合，并把成长为高新技术企业或拥有国家级科技创新平台作为创新型企业评价的必要条件，下工夫培育形成一批创新能力强、行业引领力大、区域影响力广的高科技企业，促进和带动全省产业结构调整和优化升级。2009年确定的首批省级创新型企业，属于高新技术企业的占90%以上。

（3）表彰激励，企业创新活力不断释放

研究出台《关于推进福建省技术创新引导工程深入开展若干实施意见》（闽科政〔2008〕21号）明确规定，"各级科技、经贸部门的资金、政策优先向创新型试点企业倾斜；对试点企业申报的科技计划项目、省产学研项目、技术创新项目和企业信息化项目,同等条件下优先予以支持;符合要求的试点企业优先认定省级企业技术中心;对有产业化前景的项目,优先支持试点企业承担",并抓好贯彻落实,2008年和2009年连续两年省级科技计划项目对创新型试点企业申报的项目实行加分政策。2009年2月,在全省科技工作会议上通报表彰福建星网锐捷通讯股份有限公司等3家国家创新型企业和福建龙净环保股份有限公司等10家国家创新型试点企业,并分别奖励项目经费100万元和50万元。2009年,省科学技术奖新设"企业技术创新工程项目奖项",授予对象限于创新型企业,通过科技奖励引导企业技术创新,企业创新激情和活力得到不断释放。

(4) 注重服务,企业创新环境高效优化

围绕激励创新政策开展面向创新型试点企业的专题培训,并设立专门政策咨询电话。2007年9月,举办了全省"自主创新政策与技术创新引导工程研修班",2008年8月,集中一个月在8个设区市开展全省贯彻落实科技进步法和激励自主创新政策宣讲活动,创新型试点企业接受政策培训率达100%。注重加强创新型试点企业的宣传推广。2007年5月,召开了福建省实施"技术创新引导工程"启动会议和首批创新型企业试点授牌仪式,国家科技部党组书记、常务副部长李学勇莅会指导并作重要讲话,在社会上引起了强烈反响。2008年,与省电视台公共频道《科技风》栏目共同策划了25期"科技创新、作为海西"大型电视系列片,大力宣传全省创新型试点企业开展技术创新的典型经验和重要做法。建立企业科技政策辅导员制度,在全省科技系统中组织200名工作人员担任企业科技政策辅导员,优先为全省创新型(试点)企业等科技型企业提供政策宣传、政策辅导、政策咨询等服务。

(5) 上下联动,企业创新活动拓展深化

各市、县按照全省的统一部署,积极配合、协同推进省级创新型企业试点工作。如福州市科技局大力扶持创新型(试点)企业,2007年,创新型企业承担市级科技计划项目20项,扶持资金579万元;2008年14项,扶持资金224万元;2009年18项,扶持资金310万元。三明市政府在全市遴选36家企业作为首批市级创新型试点企业加以重点培育,并对创新型试点企业优先推荐申报国家、省各类科技计划项目,优先安排市技术研究与开发经费和各类专项资金,优先保障用地需求;对被评为国家创新型企业的奖励10万元,评为省级创新型企业的奖励5万元;等等。

3. 下一步的工作思路

继续突出发挥"引导"职能,通过政策杠杆和项目带动等手段,注重引导众多创新要素向企业集聚,注重引导企业加强技术和机制体制创新,着力增强自主创新能力和应对金融等经济风险能力。重点推进以下几项工作:

(1) 重点打造创新型企业400强

根据国民经济发展需要和《福建省人民政府关于贯彻国务院发挥科技支撑作用促进经济平稳较快发展的实施意见》的要求，推进创新型企业试点及建设工作，加快发展400家省级创新型企业。广泛开展政策解读、咨询培训和辅导提升等活动，切实把组织企业申报作为企业辅导提升的过程，尽可能多地培育和将符合条件的企业上报认定，并重点跟踪反馈税收激励创新等重点政策执行情况，激发企业以科技引领发展的意识和激情。

(2) 加快构建创新型企业长效激励机制

继续研究制定支持创新型企业建设工作的政策措施，积极探索凝聚优势资源支持试点企业技术创新的新方法和新模式。引导和鼓励创新型企业承担国家和省级科技计划项目；引导和鼓励有条件的创新型企业建设国家和省级重点（工程）实验室、工程（技术）研究中心、企业技术中心等创新基地；支持企业承担产学研计划项目，以项目促成企业博士后工作站、硕士工作站和高校研究基地的建设和运作；支持创新型企业引进海内外高层次技术创新人才；完善创新型企业评价指标体系，发挥评价工作对全社会企业创新的导向作用；加强创新型企业动态管理，形成激励企业持续创新的长效机制。

(3) 提升创新型企业工作品牌效应

认真组织创新型试点企业评估，总结试点工作成效，形成创新型企业年度报告并发布，着力提高试点企业显示度。建立创新型企业宣传表彰制度，加强与福建电视台《科技风》、《福建日报》等重要媒介的合作，专题报道和剖析创新型企业技术创新实践与经验，掀起新一轮的创新型企业宣传"风暴"，充分发挥创新型企业在行业和区域的技术创新活动中的示范效应和带动作用。

(4) 支持创新型企业牵头打造产业技术创新战略联盟

启动省级产业技术创新联盟构建工作，明确规定联盟的依托企业处于行业龙头地位，且创新型企业及试点或高新技术企业占到30%以上。支持创新型（试点）企业以承担重大专项为纽带，加强与高等学校、科研院所联合攻关，将其从项目协作方式提升为构建战略联盟，建立常态、长效的产学研协作机制，并以此为基础，加强行业内大中小企业的创新合作，加快先进技术向中小企业的辐射和转移，提高中小企业的配套协作水平和持续发展能力。

(5) 鼓励激励创新重点政策在创新型（试点）企业先行先试

国家激励自主创新配套政策实施细则尚未出台或者已经出台，但在全省全面推行条件尚未成熟的，可结合地方特色，先行制定具体政策措施，并在试点企业开展试点适用，待条件成熟或国务院实施细则全部出台后，再行作出总结或调整，充分发挥技术创新引导工程的引导、示范和表率作用。

(三) 广东省创新型企业建设

2006年以来,按照国家"技术创新引导工程"和广东省委、省政府建设创新型广东的总体部署,省科技厅、省发改委、省经贸委、省国资委、省知识产权局和省总工会(以下简称广东省科技厅等六部门)联合开展"广东省创新型企业试点工作"(以下简称试点工作)。试点工作以"突出引导、注重集成、分类指导、重点推进"为原则,以提升企业自主创新能力为核心,以体制机制创新为主线,探索促进企业成为技术创新主体的新模式,不断加大对企业自主创新的引导和支持,促进产学研紧密结合,培育各类具有示范效应的创新型企业,充分发挥对全省企业的带动和示范作用,为建设创新型广东提供强力支撑。

1. 建设成效

(1) 创新型企业群体日趋壮大

截至2008年底,广东省共开展两批试点工作,试点企业总数达102家,其中,国家级15家,6家被认定为第一批国家级创新型企业(含深圳2家);省级87家,29家被认定为第一批广东省创新型企业。在现有102家创新型企业中,国有独资企业共11家,占总数的10.8%;国有控股企业共17家,占总数的16.7%;非国有控股企业共74家,占总数的72.6%。按照《国民经济行业分类与代码》(GB/T4754-2002)的标准,其所属行业分布涉及9个门类、29个大类,以制造业为主,尤其是通信设备、计算机及其他电子设备制造业(约占总数的18%)。已有93家企业按照2008年新的认定办法被认定为高新技术企业,占总数的91.2%。全省创新型企业团队呈现出高起点、多元化的发展特征。

2009年7月,全省新增国家级创新型试点企业11家(含深圳4家),国家级创新型企业7家(含深圳3家)。2009年8~9月,广东省开展了新的创新型企业试点(评价)评审工作,预计新增省级试点企业85家,累计试点企业达187家,新认定49家企业为第二批广东省创新型企业,累计省级创新型企业达78家,形成日趋壮大的创新型企业群体。

(2) 创新型企业在抗击国际金融风暴中表现出色

在应对国际金融危机中,广东省创新型企业仍然保持着较好的经营活动和较强的市场综合竞争优势,对保持广东经济平稳较快发展发挥了重要作用。2008年,全省创新型企业增加值总量达851.89亿元,占全省工业增加值的比重为5.58%;主营业务收入总量达5130.44亿元,占全省工业主营业务收入的比重为8.10%;纳税总额达272.01亿元,占全省工业纳税总额的比重为9.50%;税后利润总额达192.56亿元,占全省工业利润总额的比重为5.88%;出口创汇总额达187.11万美元,占全省工业出口创汇总额的比重为0.79%。

（3）创新型企业研发投入不断增加

2008年，全省102家创新型企业的研发经费支出总额达299.06亿元，占全省研发经费支出总额的61.03%。其中，研发经费支出超过10亿元的企业共7家，超过5亿元的企业共11家，超过2亿元的企业共16家，超过1亿元的企业共24家。户均研发投入强度为7.22%。研发投入强度超过5%的企业达到68家，其中15家企业超过10%，分别比2007年增长了21.4%和15.4%。除研发经费投入外，2008年，全省创新型企业共承担国家级科技计划项目316项，承担省级科技计划项目765项。

（4）创新型企业创新能力显著提升

2008年，全省创新型企业专利申请量达18636项，占全省专利申请量的比重为17.94%，其中，发明专利申请量达14715项，占全省发明专利申请量的比重为52.37%。专利授权量达10099项，占全省专利授权量的比重为16.28%，其中，发明专利授权量达3991项，占全省发明专利授权量的比重为52.49%。全年全省创新型企业拥有的版权数达53项；软件著作权数达222项；集成电路布图设计权数达3项。全年全省创新型企业共主持制定国际标准16项，参与制定国际标准128项；主持制定国家标准347项，参与制定国家标准467项；主持制定行业标准352项，参与制定行业标准541项。全年全省创新型企业共获得国家级科技奖励92项，省部级科技奖励335项。广州无线电集团有限公司以"天河网组合导航系统"演示验证获得解放军总装备部"军队科技进步一等奖"；珠海金山软件股份有限公司以WPS荣获"国家科技进步二等奖"；广东金刚玻璃科技股份有限公司获中华全国工商业联合会科技进步奖一等奖；广州珠江钢铁有限责任公司获国家科技进步二等奖等。全年全省创新型企业新产品销售收入总量达2705.1亿元，占全省新产品销售收入的比重为67.07%。

（5）创新型企业创新主体地位日益凸显

2008年，全省创新型企业共拥有国家级研发机构51个，省级研发机构150个；牵头或参与了包括产学研战略联盟、产学研创新联盟、产业创新联盟、技术创新战略联盟等在内的各类联盟约30个。全年全省创新型企业拥有研发人员总数达122388人，占全省研发人员总数的53.44%，是全省创新人才的重要集聚地。

2. 主要做法

三年来，广东省高度重视创新型企业建设工作，从全局和战略高度谋划发展，积极出新招、出亮点，扎实推进创新型企业建设。2008年9月以来，广东在"两部一省"联合颁布的《广东自主创新规划纲要》以及国务院批复的《珠江三角洲地区改革发展规划纲要（2008-2020年）》两个纲领性文件中强调，广东将在开展自主创新综合试验中重点支持打造50家国家级和10家世界领先的创新型龙头企业，力争在建设和发展创新型企业方面上水平、上台阶。

（1）建立联席会议制度，为创新型企业建设工作提供组织保障

2006年试点工作开展之初，广东省科技厅等六部门成立了广东省创新型企业工作联席会议，既衔接了国家试点工作的三部门联合组织架构，又结合省情，形成了具有广东特色的协调联络工作机制，为广东创新型企业试点工作的深入开展提供了组织和机制保障。联席会议日常工作由广东省科技厅负责，通过定期召开工作会议，研究讨论推进广东省创新型企业工作。

（2）出台试点工作实施方案，全面系统推进创新型企业建设

2006年9月，广东省科技厅等六部门联合印发了《广东省创新型企业试点工作实施方案（试行）》，明确了广东省试点工作的目标和重点，并明确在省、市级科技计划中，对试点企业申报的科技计划项目优先予以立项支持；科技计划中有产业化前景的项目，优先支持试点企业承担；科技金融工作对试点企业给予重点支持；支持有条件的试点企业独立或联合科研院所、高等院校等建立省级及省级以上重点实验室、工程实验室、工程（技术）研究中心等，引导和激励企业在加强研发能力建设、加大研发投入力度、培养创新人才队伍、推进创新基地开放共享、完善创新战略和管理制度、完善创新机制政策等方面取得突破。

（3）构建考核评价体系，完善创新型企业管理工作机制

组织制定了广东省创新型企业的考核评价指标体系，对创新型试点企业实行动态考核管理，整合省直各部门资源，以科技计划项目等形式对试点企业给予支持，对于符合条件、通过考核的企业，由广东省科技厅等六部门联合认定为"广东省创新型企业"并授牌。

（4）实施"百强创新型企业培育工程"，着力培育创新型龙头企业

2008年，广东在研究部署科技工作应对国际金融危机的举措中，围绕实施《珠三角规划纲要》，制定了"十大创新工程"建设方案，并把"实施百强创新型企业培育工程"作为科技创新十大工程的首要工程来抓。目前，已经启动广东省"百强创新型企业培育工程"示范企业申报，旨在通过政府引导、企业示范和创新环境优化，引导各种创新要素向企业集聚，在三年内培育形成一批产值税收大幅度提高、创新能力强和行业带动性大的创新型企业，推动企业产学研创新联盟建设、推动科技金融和保险与企业紧密结合、构建企业自主创新长效机制和特色模式。广东省科技厅将根据企业的规模、创新能力和研发领域，对被认定的广东省"百强创新型企业培育工程"示范企业，在2009年省部产学研合作专项资金、重大科技专项、高新技术产业化项目、社会发展领域科技计划、农业领域科技计划等项目安排方面给予重点支持。在培育期内通过年度考核的示范企业，择优给予连续滚动支持。培育周期结束后，通过验收的授予"百强创新型企业"示范称号，

并根据企业实际情况,优先推荐为国家级创新型企业。

(5)推进政府采购自主创新产品,营造创新型企业良好市场环境

2009年1月,广东省科技厅联合省发改委、省经贸委、省财政厅、省知识产权局、省质监局等部门,启动广东省首批自主创新产品认定工作。对广东省国家级或省级创新型企业生产或开发的试制品和首次投向市场的产品,优先给予省自主创新产品认定,并编入《广东省自主创新产品目录》,优先列入《广东省政府集中采购目录》。目前,在已认定产生的130个广东省首批自主创新产品中,来自省级以上创新型企业的产品约占总数的22.3%。2009年7月,广东省科技厅与省财政厅联合制定的《广东省自主创新产品政府采购的若干意见》规定,对需要研究开发的重大创新产品或技术,在政府采购招标时向广东省创新型企业倾斜订购合同。随后,在广东省首批自主创新产品名单的基础上产生了《广东省政府采购自主创新产品清单》(第一期)。创新型企业将在广东省各级政府机关、事业单位和团体组织实施的政府采购中享受到各种优惠政策。

(6)打造梯度上升的创新型企业群体,激发创新型企业发展活力

2006年以来,广东省科技厅等六部门每年定期开展广东省创新型企业试点认定工作,加快壮大创新型企业群体,重点建设从"省级创新型企业试点→省级创新型企业→国家级创新型企业试点→国家级创新型企业"的循序渐进、梯度上升的企业群体。引导广东企业通过开展创新型企业试点认定工作,强化自主创新意识,提升自主创新能力。积极推荐有条件、有优势、有特色的省级创新型企业参与申报"国家级创新型企业试点",组织已完成试点工作的企业参与国家级创新型企业评价工作,发展成为国家级创新型企业。组织广东省级以上创新型试点企业积极申报国家资助的相关计划和项目。

(7)完善促进企业自主创新政策体系,优化创新型企业政策环境

一是不断制定促进企业自主创新政策。2008年9月,出台了《广东自主创新规划纲要》(粤府〔2008〕74号)、《广东省建设创新型广东行动纲要》(粤府〔2008〕72号)和《关于深化省部产学研结合工作的若干意见》(粤府〔2008〕73号)等政策文件。2008年10月,广东省科技厅、省经贸委、省国税局、省地税局联合制定出台了《关于企业研究开发费税前扣除管理试行办法》(粤科政字〔2008〕121号)。2008年底,国务院批准实施《珠江三角洲地区改革发展规划纲要(2008-2020年)》。2009年7月,广东省科技厅与省财政厅联合制定出台了《广东省自主创新产品政府采购的若干意见》(粤财采购〔2009〕13号)。这些政策的制定出台为促进企业自主创新,提高自主创新能力,构建以企业为主体、市场为导向、产学研结合的开放型区域创新体系提供了有力的政策保障。

二是建立省政府落实促进企业自主创新政策联席会议制度。2009年1月,广东省政府召开落实促进企业自主创新政策工作部门协调会,倡议成立广东省落实

促进企业自主创新政策联席会议（以下简称联席会议），力争将其建设成为全省落实促进创新型企业自主创新政策的高层协调机制和重要合作平台。2009年8月，广东省政府召开联席会议第一次会议，为推动国家和广东省各种企业创新政策的制定、实施、落实和检查监督工作提供有力的组织保障。

三是以省政府名义召开全省落实促进企业自主创新政策新闻发布会。广东省委、省政府对促进企业自主创新政策的落实工作高度重视。2009年9月，以省政府名义召开了全省落实促进企业自主创新政策新闻发布会，广东省科技厅发布了近年来广东促进企业自主创新政策情况和执行力度，重点推介了近期出台的《广东省自主创新产品政府采购的若干意见》等政策。新华社、凤凰卫视、《南方日报》、《香港商报》、《科技日报》、《羊城晚报》、《广州日报》、南方网等30多家来自境内外的新闻媒体参加了发布会，对广东大力宣传和落实促进企业自主创新政策起到了十分积极的作用。

四是编写出版《企业研究开发费用税前扣除实操指南》、加快出版第一本《自主创新产品政府采购实操指南》。2008年以来，为加快宣传与落实促进企业自主创新政策，广东省科技厅积极组织专家陆续编写了促进企业自主创新政策系列丛书，帮助企业突破落实政策过程中的有关操作难点。2009年3月出版了《企业研究开发费用税前扣除实操指南》，目前广东省科技厅联合省财政厅正在加快编制《自主创新产品政府采购实操指南》。

五是召开推进全省自主创新工作现场会、开展促进企业自主创新政策论坛与巡回宣讲活动。2009年8月，广东召开了全省推进自主创新工作现场会。2009年9月，由南方日报社主办、广东省财政厅、省科技厅协办"2009政府采购论坛"，强调广东省将通过政府采购制度的一系列改革，重点支持具有自主创新、节能环保产品的企业。2009年9月底，广东省科技厅组织专家在珠三角9个地级以上市开展自主创新政策巡回宣讲培训周活动，通过政策宣讲培训以及推广《企业自主创新政策100问》，加快宣传与落实促进企业自主创新政策。

3. 下一步工作设想

（1）扩大促进企业自主创新政策宣传，调动企业开展创新活动的积极性

采取省市联合组织形式，加大宣讲培训力度，帮助企业用好用足自主创新政策，促进企业增强创新意识，激发企业自主创新热情，充分调动广大企业开展创新型企业试点与建设工作的积极性。

（2）实施技术创新工程，完善区域创新资源集聚和共享机制

制定广东省技术创新工程实施方案。进一步实施"百强创新型企业培育工程"，围绕重点产业培育创新型企业，集成相关科技计划资源，引导和支持创新要素向企业集聚。加强构建产业技术创新联盟，加快建设企业技术创新服务平台，

优化区域创新资源共享机制。加快科技投融资体系建设，通过科技与金融的结合，优化企业创新发展环境。

（3）强化创新型企业动态管理，引导企业健全自主创新内生机制

加强对创新型企业的动态评估、统计、调查和追踪，进一步做好试点工作的阶段性总结、分析与宣传推广，定期编制广东省创新型企业建设工作动态刊物，建设广东创新型企业信息网和稳定的创新型企业联系平台，编印创新型企业宣传画册，从技术创新、管理创新和机制创新等方面引导企业健全自主创新内生机制。

（4）加强部门联合与上下联动，完善各部门各地区统筹协调机制

加强全省各部门各地区的协调配合，结合各自职能，发挥各自优势，落实相应责任。加强沟通交流，对创新型企业建设工作中的新情况、新问题及时协同研究并加以解决，完善统筹协调机制。

（四）甘肃省创新型企业建设

2006年8月，甘肃省科技厅、省经委、省国资委、省总工会联合制定了《甘肃省"技术创新引导工程"实施方案》及《甘肃省创新型企业试点方案》，正式启动"甘肃省技术创新引导工程"，创新型企业试点随即展开。

1. 工作概况

（1）基本概况

甘肃省先后共选择2批60家企业为甘肃省创新型试点企业。在这60家创新型试点企业中，2家企业被批准为第一批国家级创新型企业，4家企业是第二批国家创新型试点企业；被认定为高新技术企业的有20家，占试点企业数的1/3。从试点企业所有制分布情况看，国有独资企业占22.22%，国有控股企业占28.89%，非国有控股企业占48.89%。从试点企业行业分布情况看，农林牧渔业占11.11%，采掘业占8.89%，制造业占68.89%，IT和高新技术产业占8.89%，服务业占2.22%。

（2）支持措施

——科技计划给予重点支持。鼓励支持企业参与国家科技计划项目的申报与实施。从甘肃省重大科技专项、科技攻关计划优先予以立项支持或从"技术创新引导工程"专项给予立项支持。

——加大创新基地建设力度。鼓励有条件的试点企业独立或联合科研院所、高等学校等建立重点实验室（工程类）、工程技术研究中心、生产力促进中心以及国际科技合作示范基地等。

——支持创新人才队伍建设。组织对试点企业管理人员的技术创新、知识产权管理等培训，组织对试点企业的标准化培训，组织开展试点企业与科研院所、

高等学校的人员交流与合作。

——强化业绩考核对技术创新的导向。对国有试点企业，明确企业负责人对企业技术创新的领导职责，将企业技术创新投入和创新能力建设作为企业负责人业绩考核的重要内容。

——加大对企业技术创新的表彰和奖励。各相关部门对成绩特别突出且符合条件的试点企业予以各种形式的表彰奖励。

2. 取得的成效

（1）企业效益大幅提高

60家试点企业2008年工业增加值达250.4亿元，实现利润52.94亿元，上缴利税64.35亿元，分别占全省工业企业的20.46%、24.65%、15.08%，出口创汇7.63万美元，占全省工业出口创汇总额的45.99%。有27家创新型试点企业实现销售收入过亿元，其中，金川集团、酒钢集团两家企业2008年销售收入过百亿元，占全省规模以上工业销售收入的1/3。

（2）创新投入逐步加大

2006年，甘肃省投入1000万元，2007年投入1500万元，重点引导新产品、新工艺、关键技术研究开发和推广。通过政府投入引导60家创新型试点企业提高研发投入。2008年，60家企业研发投入总额为12.55亿元，占全省研发费用支出的47.01%，占60家企业销售收入的1.12%。

（3）研发机构建设不断完善

60家企业全部建有专门的研发机构。其中，省级企业技术中心60家，省级工程技术研究中心28家，分别占省级企业技术中心和工程技术研究中心的71.43%和46.67%。2008年，企业投入研发人员10786人，占员工总数的7.95%，占全省研发人员的20.48%。国家级研发机构9个，包括7个企业技术中心和2个工程技术研究中心。

（4）创新能力不断增强

一是积极承担重大科技研发项目。2008年，60家创新型试点企业共承担各类技术创新项目及研发的新产品、新技术项目数总计达172项。承担科技部、国家发改委、商务部、原国家经委等立项的国家级科研项目56项，经费合计14198万元；国家发改委提高自主创新能力及高技术产业发展项目2000万元，节能技术改造财政奖励425万元；原国家经委加快结构调整转变增长方式专项2950万元；商务部超低温钻机专项经费120万元。承担省科技厅、原省经委立项的省级科研项目116项，经费合计54595万元，其中，省科技厅科技支撑计划1320万元，重大专项计划13980万元，技术研究与开发专项5270万元，科技基础条件平台建设计划500万元，工程技术研究中心计划225万元，星火计划50万元，中小企业创新基金项目40万元，原省经委重点技术创新项目26560万元，制造业发展专项补助资金计划260万元，企业创新能力建设项目30万元。

通过承担国家级、省级重大科技项目，推动一批骨干企业实现了相关领域关键技术的创新和突破，全面提升了企业竞争力。2008年，60家创新型企业获得国家科技进步奖级6项，其中，一等奖1项、二等奖1项、三等奖4项；获得省部级科技奖励数56项，市州科技进步奖55项。创新型试点企业的发展带动了甘肃省石油化工、冶金、有色金属等领域的产业技术水准进入国家先进行列，有色金属、化工等优势领域的新材料技术达到国内先进水平，生物制药及中（藏）药产业发展和关键技术取得重大突破。

二是实施专利、名牌、标准三大战略取得成效。2008年，60家创新型企业累计申请专利442项，授权专利405项，其中，申请发明专利149项，授权发明专利116项。获得其他类知识产权登记74项，其中，登记计算机软件著作权2项、登记植物新品种权17项、登记专有技术31项、登记新药证书5项、登记临床批件18项，其他类版权1项。60家企业共拥有国家级商标和品牌102个，省市（州）级商标和品牌116个。主持制定或参与制定国家标准107项，主持制定或参与制定行业标准90项。在石油钻采及炼化设备、数控机床、风电、电工电器、真空设备等产品的主机成套和零部件配套等产业表现出突出的产品优势和较强的市场竞争能力。

三是积极构建技术创新联盟。金川公司与8家高校和科研单位建立了长期的科技合作关系，全国性的"镍钴新材料产学研创新联盟"已有实质性进展，还发起"有色重金属短流程节能冶金产业技术创新战略联盟"。天水星火机床公司发起"甘肃智能型数控机床技术创新战略联盟"，8家企业和高校入盟。兰州兰电电机有限公司联合天水电气传动研究所、兰州交通大学、天水星火机床有限公司等单位，组成MW级变速恒频风力发电机组成套联合研发团队，共同开展风电机组的总体设计及集成、风电机组各部件及整机综合试验测试平台、风电机组主控系统、风电机组交流励磁控制系统、增速齿轮箱、偏航减速机构、变桨减速机构、研制变桨控制系统等方面的技术研究。兰石集团有限公司与兰州理工大学企校战略合作联盟，加速创新成果的商业化，联合培养人才，推动人才交流互动，增强联盟持续创新能力。

四是企业信息化进程加速。已完成信息化改造并投入运行的有天水长城开关厂的PDM产品数据库、金川集团公司ERP框架下流程控制系统、酒钢集团的生产指挥中心系统、兰州石化公司的生产运行管理系统、兰新集团公司的三维CAD系统、靖远煤业王家山煤矿的生产监控及流程控制系统等。用信息化武装起来的企业，产品竞争力得到了较大的提升。

3. 下一步主要工作

（1）进一步加强对创新型企业的管理与服务

进一步完善、细化创新型企业认定的评分、考核指标体系；坚持动态考核、末位淘汰的竞争机制；实行分类管理，找准科技扶持的切入点，提供不同类型示范企业急需的科技服务；充分发挥专家团队的作用，开展面向企业的专业性、个性化的咨询服务。形成政府促进企业快速发展的政策支撑体系。

（2）整合创新资源，探索以试点企业作为打造创新集群的核心力量

一是加强各类科技计划资源的集成，对创新型企业集中倾斜、重点支持。积极协助创新型企业申报国家"863"计划、国家和省科技支撑计划、火炬计划、中小企业创新基金等专项计划。同时，设立市创新型企业专项计划，为创新型企业的发展提供有力的支持。二是引导各类社会资源向创新型企业倾斜。积极协助创新型企业申请各级名牌产品、商标、技术标准，帮助企业提升综合竞争力。

（3）鼓励试点企业通过文化创新，构建企业核心竞争力

鼓励试点企业培育能够持续创造有市场价值创新成果的土壤，逐步培养创新思维、创新机制、创新习惯、创新行为，最终建立帮助企业持久发展的创新文化，使企业摆脱低水平、同质化的竞争，为企业构建不可替代的核心竞争力。

（4）鼓励试点企业全面加强人才引进培养能力和国际竞争能力

支持试点企业加强人力资源优化和管理，通过有效的激励措施，加大对战略性人才的培育、吸引力度，激发有突出贡献的科技人员和经营管理人员的工作动力和热情。试点企业引进国内外高级人才，有关部门在创业资助资金、办公用房、公寓住房、贷款担保贴息等方面给予优先支持。鼓励试点企业积极参与国际市场竞争，通过跨国并购、技术和产品出口、高技术服务外包、设立境外研发中心或运营机构、开展国际科技合作研发、申请国际认证，参加国际会展等方式全面提升国际化竞争能力。有关部门将依照规定对试点企业上述活动优先给予补贴。

（5）加强宣传，树立典范

加大对试点工作和试点企业的宣传推广力度，及时总结试点企业具有典型示范意义的创新模式，通过多种媒体和各种渠道进行宣传推广，不断扩大试点工作和试点企业影响力。

深化试点工作，吸收更多类型优秀企业参与试点，扩大试点企业的代表性。同时，要加强对试点企业的考核评估，建立并完善试点企业定期报告机制，要求考核不合格的企业提出整改方案，对整改不力或不再具备试点条件的企业，将取消其试点资格。启动创新型企业认定工作，对符合认定条件的试点企业，命名为"甘肃省创新型企业"。

(五) 黑龙江省创新型企业建设

1. 创新型企业建设进展

(1) 工作情况

2007年1月，黑龙江省科技厅、省国资委、省总工会联合发布《黑龙江省创新型企业试点工作实施方案》，确定到2010年认定培育"创新型企业"50家、"创新型试点企业"100家、"创新型培育企业"300家的工作目标。截至目前，共开展了两批次试点工作，其中第一批认定36家企业为创新型试点企业；第二批认定15家企业为首批创新型企业，30家企业为第二批创新型试点企业。同时4家企业分别入选国家第一批与第二批创新型企业；9家企业分别入选国家第二批、第三批创新型试点企业。

(2) 创新型企业基本情况

目前，全省共有创新型及创新型试点企业71家，其中创新型企业18家（国家级4家）、创新型试点企业53家（国家级9家）；其中国有独资企业9家、国有控股企业7家、非国有控股企业55家，分别占创新型及创新型试点企业总数的12.68%、9.86%、77.46%；主要分布在装备制造、食品医药等四大支柱产业，其中装备制造行业企业23家、食品医药类企业31家、通信电子类企业10家，其他7家；其中有43家通过了国家级高新技术企业认定工作。

截至2008年底，全省创新型（试点）企业的工业增加值、主营业务收入、纳税额和税后利润分别为155.8亿元、552亿元、36.1亿元和26.8亿元，占全省工业增加值、主营业务收入、纳税额和税后利润的比重分别为4.52%、6.97%、1.78%和1.87%；出口创汇额为4.6亿美元；新产品销售收入为257.8亿元；研发经费支出总量为20亿元；拥有国家级研发机构9家、省级研发机构57家，研发人员总数为10129人；专利申请和授予数量分别为597项和441项，其中发明专利申请数量为211项，发明专利授予数量为85项，占全省专利申请和授予数量的比重分别为6.29%和9.64%；主持制定国家标准46项、参与制定国家标准151项，主持制定行业标准68项、参与制定行业标准135项；获得国家科技进步奖18项、省部级科技进步奖101项，承担国家级计划项目97项、承担省级计划项目194项。

2. 主要做法

(1) 引导创新型企业构建产学研战略联盟

黑龙江省积极引导和支持创新型试点企业与高校和科研机构形成产学研战略联盟。在省科技厅与省经委、省教育厅的共同推动下，成立了食品、医药、森工、石化、能源和装备制造6个校研企合作专业委员会，多家大学、科研院所和几十家企业参加，创新型试点企业分别参加了这6个校研企合作专业委员会。目前，成员单位已达300多家，在项目研发与成果转化、企业科技服务和人才培养、创办科技企业等方面都做了大量的工作，已经和正在实施的合作项目达到400多项。两年来，组织这些校研企合作委员会先后开展了多种形式的产学研合作的对接活动。如在大庆市举办了"高校、科研院所与大庆市企业技术需求对接会"，来自国内外38所高校、科研院所的100多位专家和大庆市162家企业参会，达成60多项企业意向需求协议。2008年以来，围绕产业技术创新战略联盟的组建，在71家创新型及创新试点型企业中，有近40家企业成为拟构建的省动力装备、奶业、风电、先进复合材料等产业技术创新战略联盟的成员单位或理事长单位，省级创新型试点企业哈高科大豆食品有限责任公司等两家企业加入了2009年8月份成立的国家大豆产业技术创新战略联盟。

（2）科技立项向创新型企业倾斜

从2006年开始，黑龙江省启动了先进制造与信息化、新能源与节能技术、化工与新材料、农产品优质生产和精深加工、生物技术与医药、环境保护与公共安全六大科技专项的110个重大和重点项目。省科技厅等部门重点支持创新型试点企业承担这些项目，共有42家试点企业承担了重大和重点项目。通过项目实施，帮助这些企业攻克了一批具有全局性、带动性的关键技术，提高了企业的技术创新能力。如"1000MW级核电主设备设计制造关键技术"重大科技攻关项目，引导和鼓励哈电站集团与一重集团两家创新型企业合作，引进俄罗斯第三代压水堆有关核心技术，并且协调哈焊接所、703所、工程大学、49所、省技术物理所等单位联合攻关，消化吸收再创新，掌握了百万千瓦级核岛主设备的设计和制造关键技术，达到第三代压水堆核岛技术水平。

（3）组织创新型试点企业开展交流研讨

省科技厅积极组织创新型试点企业参加各种交流和研讨活动，帮助其顺利实施试点工作。2008年4月10日，科技部在黑龙江省召开了东北三省创新型企业试点工作座谈会，辽宁、吉林、大连等省市的代表参加了会议。哈药集团、沃尔德电缆、东北轻合金等创新型试点企业在会上汇报了试点工作进展情况，并介绍了经验。此外，组织创新型试点企业参加了科技部在沈阳举办的东北地区创新型企业建设工作研讨会。

（4）用创新方法提高企业创新能力

黑龙江省围绕着TRIZ理论的学习、培训开展了一系列工作，并在全省创新型（试点）企业开展试点工作。在全面开展TRIZ理论培训的同时，对创新型企业的科技与管理人员进行重点培训，邀请国内外专家深入企业，现场指导，使这些重点企业的科技人员在创新理念与方法得到提高。如哈尔滨仁皇药业的科研人员运用TRIZ创新原理中的39个工程参数构成矛盾矩阵、40个解决技术矛盾的创新原理及 11 个解决物理矛盾的分离原理,将五味子资源利用到最大化,进行综合开发,创造性地找到了五味子现代中药开发的新途径——"五味总脂安神软胶囊"的研制项目,成为该行业的领先者。

(5) 对创新型试点企业给予政策支持

2008 年 10 月,出台了《黑龙江省人民政府关于加快科技创新体系建设促进科技成果产业化的若干意见》,其中第一章"强化企业技术创新主体地位,提高企业核心竞争力"的第四条明确规定:"大力推进创新型企业试点工作,开展创新型企业的评价和认定工作,引导企业争创省级和国家级创新型企业。"并明确提出"2010 年'创新型企业'达到 50 家、'创新型试点企业'达到 100 家、'创新型培育企业'达到 300 家"的目标。为创新型企业的认定及后续发展工作奠定了很好的基础。

(6) 加大政策宣传力度

收集整理有关政策文件,编写了《企业税收优惠政策指南》;成立了政策宣讲团,到全省 13 个市地,特别是深入到创新型试点企业进行巡回宣讲,指导企业做好研发投入的财务归集等工作,使国家相关优惠政策得到落实,并为试点企业提供政策指导和服务等。

(7) 建立创新型企业评价体系

省科技厅于 2007 年设立了《黑龙江省创新型企业评价指标体系及评价考核研究》软科学课题,在充分调研与广泛征询意见的基础上,提出黑龙江省创新型企业评价指标及评价考核方法,从创新型企业的内涵、指标结构、评价操作方案、跟踪管理、支持方式等方面明确了创新型企业建设的工作内涵。

(8) 深入收集企业核心技术需求

根据科技部下发的《关于征集企业核心技术需求的通知》,黑龙江省有针对性地深入企业尤其是创新型企业、科研单位、大学进行走访,召开不同层面的座谈会,采取多种形式全面了解可以提高企业技术能力并对带动行业技术进步具有重要意义和作用的企业核心技术需求,积极组织相关企业进行申报。

3. 下一步工作思路

(1) 加大政策的落实力度

省有关部门将进一步加强《黑龙江省人民政府关于加快科技创新体系建设促进科技成果产业化的若干意见》中各项政策的宣传和培训,通过多种方式向全社会和广大企业宣传政策内容,解读政策的内涵和要点,并做好政策实施的评估督促工作,及时掌握政策执行情况,协调解决有关问题。

(2) 加大科技资金扶持力度

在通过多种形式征集企业的意见和建议,反映企业的重大技术需求的基础上,加大对产学研合作项目的支持力度，支持创新型（试点）企业更多地承担国家和地方科技项目。加强省内相关部门的协调和沟通，为创新型（试点）企业疏通和开辟投融资渠道。

（3）建立良好的科技创新服务体系

在具备条件的试点企业建设重点实验室、工程技术研究中心、中试基地等创新平台和转化基地，加强为中小企业服务的科技创新创业资源共享平台建设，引导各类中介机构为中小企业技术创新服务。同时继续为试点企业举办创新管理、知识产权和配套政策等方面的专门培训，加强对试点工作的引导、跟踪和评估。

（4）发挥试点企业的示范带动作用

充分发挥各地市科技局的作用，进一步加强与有关部门的协调与配合，把推进创新型企业建设工作作为区域创新体系建设的着力点和突破口，综合运用政策、项目、基地建设和信息服务等手段，加强对创新型企业的培育和引导，发挥其龙头与示范作用，延伸产业链条，辐射带动其他中小企业提高自主创新能力。

（六）江苏省创新型企业建设

自2006年底以来，江苏省积极组织实施技术创新工程，大力培育创新型企业，技术创新工作取得实效。

1. 工作进展情况

截至2008年底，全省组织开展了两批165家企业的省级试点工作。其中，第一批80家、第二批85家；2009年继续加大试点力度，目前正在组织第三批试点企业的专家评价工作。2009年，开展了江苏省创新型企业的评价工作，拟对符合标准要求的122家企业命名为省创新型企业。创新型企业试点工作对推动企业增强自主创新能力，建立和完善有利于自主创新的内在机制，探索不同类型企业创新发展的有效模式，引导和带动广大企业走自主创新之路发挥了重要作用。

（1）培养了一批自主创新企业

在165家省级创新型试点企业中，国有独资企业12家、国有控股企业34家、非国有控股企业119家；有134家是按照新办法认定的高新技术企业。通过创新型企业试点工作，全省涌现出沙钢、好孩子、尚德、雨润等一批自主创新企业，南京联创科技股份有限公司等10家企业获得国家创新型企业称号，无锡尚德太阳能电力有限公司等7家企业列入国家创新型试点企业，成为江苏省引导企业自主创新的标杆。

（2）企业创新能力增强

国家和省级创新型企业通过试点工作的推动，纷纷建立起支撑企业创新发展的国家级或省级重点实验室、企业工程技术研究中心等研发机构，165家创新型试点企业拥有国家级研发机构54个、省级研发机构160个，研发人员44799人，占全省研发人员总数的22.91%。部分行业骨干龙头企业还建立了重大研发平台，如沙钢集团、南京联创科技股份有限公司等8家企业建立了研究院，实现试点企业研发机构建设全覆盖。试点企业均制定了创新战略、创新规划和政策制度。

（3）企业研发投入加大

2008年，创新型试点企业研发费用支出达139.1亿元，占全省企业研发经费支出总额的31.6%，户均研发投入占主营业务收入的比重达3.7%，比2007年研发投入增加50亿元，占销售收入的比重提高了1个百分点。仅沙钢集团2008年研发经费支出就高达22.05亿元。

（4）企业经济效益显著

2008年，创新型试点企业实现增加值694.14亿元、主营业务收入3720.61亿元、纳税额191.94亿元、税后利润260.13亿元、出口创汇额1214717.41万美元，占全省工业增加值、主营业务收入、纳税额、税后利润、出口创汇额的比重分别为4.7%、5.91%、8.99%、8.81%、5.24%；利税率达12.2%，高于同期规模以上工业企业4.1个百分点，利税率达到25%以上的试点企业有22家；新产品销售收入1678.05亿元，占全省新产品销售收入的37.32%。

（5）企业创新产出优势明显

2008年，创新型试点企业专利申请4301项，占全省专利申请数的3.36%，其中，申请发明专利1697项；专利授权2667项，占全省专利授权数的5.98%，其中，发明专利授权436项。主持制定国家标准290项、参与制定国家标准346项，主持制定行业标准108项、参与制定行业标准156项，获得国家级科技进步奖53项、省部级243项，承担国家科技计划320项、省级科技计划项目597项。截至2008年9月，全省仅列入国家试点的第一、第二批10家创新型企业获省科技经费资助超过2亿元，其中，省科技成果转化资金14730万元、省科技支撑计划2075万元、省基础设施建设4100万元。87家试点企业拥有国家级重点新产品和省级高新技术产品，49家试点企业拥有省级及以上著名商标或品牌。

2. 主要做法

（1）全面推动企业成为技术创新的主体

一是大力实施"双百工程"。加大企业知识产权创造，深入实施知识产权战略，着力抓好"双百工程"的组织实施，重点培育100个重大自主创新产品，做大做强100家重点自主创新企业，力争所有大中型企业均拥有专利，显著提高企业自主创新产出。2009年上半年，江苏省企业及全社会申请专利增长80%，继续保持全国第一。

二是推动建立企业技术创新标杆梯队。对不同类型的企业进行分类指导，有针对性地引导和激励企业建立和完善有利于技术创新的机制，分层次确立技术创新示范企业。培育认定165家国家和省级创新型试点企业，新认定1835家高新技术企业，全省民营科技企业总数突破2.2万家，树立了一批企业技术创新标杆，引导全省企业加强技术创新。

三是引导企业建立健全技术创新内在机制。完善创新型企业评价指标体系，积极开展创新型企业评价工作；加强创新型企业动态管理，形成激励企业持续创新的长效机制，充分发挥创新型企业示范作用。

（2）建立和完善科技创新投入机制

一是建立政府科技投入的稳定增长机制。把政府科技投入作为科学发展观考核评价的重要内容，在持续增加省级财政科技投入的基础上，积极推动市、县加大财政科技投入，建立市、县级财政科技投入考核制度，确保省、市、县每年新增财政支出中科技支出的比例分别不低于6%、3%、2%，确保省、市、县财政科技投入增长高于财政经常性收入增长幅度。

二是建立企业科技投入引导机制。依法落实有关科技投入的各项规定，通过科技税收优惠政策落实、科技计划经费支持企业比重提高等措施，引导企业加大研发经费投入，确保全社会研究与开发投入占地区生产总值的比例提高到2%，企业研发投入占全社会研发投入的70%以上，健全企业技术创新投入机制。

三是完善科技金融的有效结合机制。支持金融机构创新信贷品种，完善科技型企业金融担保机制，吸引金融机构加大信贷投入。积极支持发展创业风险投资，进一步扩大创投资金规模，全省现有创投机构74家，管理资金超过200亿元。开展知识产权质押贷款和科技保险试点，拓宽企业技术创新融资渠道。

（3）探索建设科教优势转化机制

一是实施"校企联盟"行动，探索完善深入推进产学研合作的长效工作机制。2009年上半年，动员省内高校院所万名科技人员走进企业和农村，推动高等院校和科研院所面向企业技术需求开展科研工作，加快科技成果向企业转移。加快推进产学研重大创新载体建设，新建一批高校科技成果转化服务中心，组建了2000个产学研校企合作联盟，为全省企业技术创新提供广泛的科技项目资源。

二是加强政策引导，推动公共科技资源更好地面向企业开放服务。制定公共科技服务平台绩效评价制度，积极推动高校院所资源共享服务体系建设，组织高校院所向企业开放大型科学仪器设备、科学数据、科技文献、生物种质资源、实验动物等公共科技资源。

三是完善考评体系，建立技术向企业转移的政策激励机制。支持高等院校、科研院所建立技术转移的激励机制，对从事应用研究、成果转化和承担企业委托项目的科技人员实行分类评价，在业绩考核上享受同等待遇。应用研究以成果的转化应用为评价标准，在工作考评、职称评定等方面，建立新的考评体系。

(4) 健全完善科技资源整合机制

一是把政策落到企业，增强企业创新的动力。组织科技部门工作人员走进企业，"千人万企"推动政策落实，在全省科技系统中选派1000名工作人员担任"政策辅导员"，为企业开展政策服务，使高新技术企业税收优惠、企业研发费用加计扣除等重点科技政策落到实处，2009年，创新政策受惠企业超过1万家。

二是把研发机构建到企业，提高企业创新的能力。依托行业龙头骨干企业，在生物医药、太阳能光伏、轨道交通等重点产业领域，新建扬子江新药研究院、尚德光伏研究院等10个企业重大研发机构、企业院士工作站142家、省级工程技术研究中心300个，全省企业研发机构达2000家，制造业本土大中型企业建有研发机构的比例从年初的34%提高到50%，引导企业从应用开发走向自主创新，掌握核心技术，并发挥对整个行业的引领作用。

三是把人才引到企业，激发企业创新的活力。实施"江苏高层次创新创业人才引进计划"和"江苏科技创新创业双千人才工程"，以企业为主体，省、市、县三级联动，项目资助、平台支撑、待遇奖励、股权激励等措施相结合，着力推动高端人才向企业集聚。吸引领军人才142人，引进海外高层次创新创业人才3000人，培养企业高层次技术人才2000人，大力借助人才优势提升企业创新能力。

(5) 着力建设企业创新组织机制

一是构建产业技术创新战略联盟。在太阳能光伏、风电装备等战略性产业建立了10个产业技术创新联盟，推动技术集成，加快科技成果向现实生产力转化，形成产业技术创新链，提升产业核心竞争力。

二是建立技术创新服务平台。面向国家和省战略性产业培育、重点产业振兴中的重大需求，依托大型骨干企业、产业技术创新战略联盟、高等院校、科研机构等建立了230个技术创新公共服务平台，为企业提升技术创新能力提供有效服务。

三是推动产业创新集群发展。围绕国家和省级高新技术产业开发区，建设10个创新型园区，积极培植新的经济增长极。加强国家高新技术产业化基地建设，推进特色产业集聚发展，实施百亿级和千亿级特色产业基地创建计划，形成无锡太阳能光伏、苏州新型光电显示、南通海洋工程装备等5个千亿级创新型特色产业基地，形成一批产业创新集群。

3. 下一步工作安排

全面贯彻落实《国家技术创新工程总体实施方案》，大力支持企业提高自主创新能力，深入开展创新型企业建设工作。近期将着重抓好以下几方面工作：

(1) 进一步明确开展创新型企业建设的工作思路

以提高企业技术创新能力为核心，强化企业技术创新的主体地位，积极探索技术创新机制，着力建设科技创新投入、科教优势转化、科技资源整合、企业创新组织四大机制，加快推进技术创新体系建设，引导和支持创新要素向企业集聚，增强企业自主创新能力和产业核心竞争力，为推进经济结构战略性调整，加快发展方式转变，建设创新型国家和省份提供有力支撑。

（2）确立开展创新型企业建设的工作目标

形成企业为主体、市场为导向、产学研相结合的技术创新体系，大幅度提升企业自主创新能力，大幅度提升产业核心竞争力，大幅度降低关键领域和重点行业的技术对外依存度，率先成为国家技术创新工程试点省。全省力争2~3年内，建设30个国家和省产业技术创新联盟，培育300家拥有自主知识产权和自有品牌的创新型企业，形成产业发展新的竞争优势。

（3）全面推动创新型企业试点工作的组织实施

加强与省国资委、省总工会等部门的沟通协调，组织相关部门、地方扎实推进试点工作。推动全社会创新，充分调动省科协、省共青团、省妇联等各方面的创新积极性，大力弘扬创新文化，努力营造全社会支持企业技术创新的良好氛围。

（七）内蒙古自治区创新型企业建设

1. 进展情况

（1）启动实施

2006年，内蒙古自治区科技厅、国资委、总工会联合下发《关于印发"技术创新引导工程"实施方案的通知》（内科发政字〔2006〕17号）、《关于开展创新型企业试点工作的通知》（内科发政字18号），组织开展创新型企业试点、产学研战略联盟试点、集成创新和消化吸收再创新试点、企业研发机构和产业化基地建设试点。实施创新载体建设工程、关键技术攻关工程和重点产业跨越工程，以科技专项为纽带，推动创新型企业试点全面开展。

（2）进展概况

在自治区党委和政府的领导下，自治区科技厅、国资委、总工会、经委、地税局、国家开发银行呼和浩特分行联合对申报自治区创新型企业试点的单位进行审查，建立了国家创新型试点企业、自治区创新先导型试点企业、创新驱动型试点企业、创新培育型试点企业四个层面76家创新试点团队。涉及冶金、煤炭、电力、机械、化工、纺织、食品、建材、信息技术、医药工业、农业等20个行业。其中，中央驻内蒙古企业4家，高新技术企业33家，自治区重点企业13家，民营科技企业31家。试点企业的工业总产值占自治区工业的60%以上，在自治区的经济社会中占有举足轻重的地位。

按照所有制划分，国有独资企业10家，占13.2%；国有控股企业11家，占

14.5%;非国有企业55家,占72.3%。按照新办法认定的高新技术企业有7家,占9%。至2008年,已有1家企业被命名为国家创新型企业,5家确定为国家创新型试点企业。

（3）支持政策

——制定内蒙古自治区中长期科学和技术发展规划纲要配套政策。落实企业技术开发投入抵扣所得税的政策。据不完全统计,至2007年试点企业技术开发费抵扣所得税9223万元。

——建立自治区科技厅技术创新协调领导小组。2006年6月,成立了技术创新引导工程协调领导小组,整合科技资源,支持企业的技术创新。

——增加科技投入。在科技三项费不断增长的基础上,自治区设立技术创新引导奖励资金,自治区财政厅连续三年给予支持。2007年拨款1.2亿元,2008年拨款1.7亿元,2009年拨款1.8亿元,对企业的技术创新给予支持。自治区科技厅与国家开发银行签订协议,2007年拿出5个亿的贷款额度支持企业的技术创新。

——计划项目支持。2008年,试点企业主持国家科技计划49项,参与8项;主持自治区科技计划48项,参与7项;主持行业科技计划82项,参与2项。

（4）盟市开展创新型企业试点情况

自治区的包头市、巴彦淖尔市、阿拉善盟开展了创新型企业试点工作。2008年11月,包头市政府组织召开"包头市创建百家创新型企业试点工作暨实施企业技术创新引导工程动员大会",印发了《包头市创建创新型企业试点工作实施方案》及《包头市及企业技术创新工程实施意见》,认定了首批16家创新型试点企业。提出通过试点,未来五年培育建成100家创新型企业（国家级5家、自治区级25家、市级70家）,创新型企业将达到当年规模以上企业的20%。明确了创建创新型试点企业、培育重点自主创新产品、培育节能减排等7个方面的创新内容和14项任务目标。先后出台了"创新型试点企业认定"、"工程技术中心认定"、"企业技术中心认定"、"自主技术创新产品认定"、"节能减排推广示范企业认定"、"产学研合作示范企业认定"、"专利保护示范单位"等9个管理办法,为开展企业创新建设提供了制度保障。

（5）取得的成效

根据51家创新型试点企业的统计结果,合计工业增加值439.27亿元、主营业务收入1460.68亿元、纳税额114.55亿元、税后利润68.53亿元和出口创汇额213776.3万美元。试点企业的研发经费支出总量38.66亿元,户均研发投入7580.7万元。试点企业拥有国家、省级研发机构总量为50个,其中,国家级10个、省部级40个。研发人员总数8934人。

51家试点企业的专利申请数量为528项,占全区数量的比重为23.77%;专利授予数量为473项,占全区数量的比重为35.62%。其中,发明专利申请数量260

项，占全区数量的比重为 37.41%；发明专利授予数量为 23 项，占全区数量的比重为 16.43%。

主持制定国际技术标准 1 项，主持制定国家技术标准 28 项，参与 19 项。主持制定行业技术标准 14 项，参与 13 项。试点企业获得自治区科技奖 17 项，其中一等奖 5 项、二等奖 2 项、三等奖 10 项。承担国家科技计划项目 57 项，自治区科技计划项目 55 项。试点企业牵头构建产业技术创新战略联盟 5 个，参与 6 个。

2. 主要做法

（1）建立健全试点工作机制

建立自治区科技厅、国资委、总工会的协调会商机制，加强部门协同，共同推进自治区的创新型企业的试点工作。自治区科技厅内部成立"技术创新引导工程协调领导小组"，明确了处室的重点任务分工和责任制。

（2）加强创新型企业建设的基础性工作

组织开展试点企业摸底调查、产学研结合调查、企业落实税收抵扣政策情况调查，企业技术创新进展调查等多种形式的调查研究。建立内蒙古技术创新引导工程网站，编印内蒙古技术创新引导工程工作简报。建立试点企业申报、审查、推荐、考核的工作体系，对试点进展进行分析评价。建立企业年报制度，及时跟踪试点企业工作动态。实施科技名牌战略、知识产权战略和技术标准战略。

（3）开展创新型企业研究

开展企业技术创新动力机制研究，提出《内蒙古企业技术创新和股权激励调研分析报告》。研究制定创新型企业评价指标体系。研究企业技术创新核算体制和绩效考核，提出《关于将经过调整的经济增加值（EVA）纳入自治区技术创新指标的建议》。开展企业技术创新路线图和产业技术创新路线图研究，提出企业技术创新战略规划制定方法的模板。开展创新型企业管理研究，为科技计划与管理改革提出"企业技术创新推介计划"、"内蒙古自治区创新型企业试点工作流程图"等。

3. 下一步工作安排

第一，将技术创新工程作为自治区党委、政府推进技术创新，建设创新型内蒙古的主要抓手。

第二，建立自治区有关部门推进技术创新工程协调领导小组，完善技术创新部门协调机制。共同研究自治区的发展战略目标，明确合作事项，明晰协调合作方式。建立落实技术创新政策责任制，管理职能联动，统筹协调，共同支持自治区的技术创新。近期重点落实企业技术开发投入抵扣所得税政策、技术创新基金。

第三，创新科技计划组织方式。明确科技计划支持创新型企业程序和责任制统计。逐步实行企业技术创新推介计划。

第四，积极申请国家技术创新工程试点省。围绕创建创新型企业的关键问题开展试点。

（八）四川省创新型企业建设

2006年以来，四川省科技厅牵头、省级10个部门联合组织开展创新型企业工作，取得明显成效。

1. 总体情况

目前，四川省创新型企业团队初具规模，示范、试点、培育企业总数达到511家。其中7家企业被命名为国家创新型企业；9家企业进入国家创新型企业试点。

从全省共180家国家级和省级创新型及试点企业的统计数据看，企业创新能力得到大幅提升。

一是一大批关键领域核心技术取得重要突破，发明专利和自主知识产权大幅增长。2008年，企业拥有有效发明专利数88件，发明专利申请量由2005年的87件增加到2008年的335件，三年间猛增了285%。

二是研发投入大幅度增加，平均研究开发经费投入占主营业务收入的比重达3.84%。2008年，企业研究开发经费总额达34.12亿元，比2007年增长了42.17%。

三是新产品数量大幅增加，企业的新产品销售收入由2007年的528亿元增加到2008年的1175亿元，增长了122.54%。

四是经济总量有较大提升，企业的主营业务收入总额从2007年的1047亿元增加到2008年的2176亿元，翻了一倍还多；工业增加值达957.44亿元，占全省工业增加值的19.38%；企业利润大幅增长，从2005年的45亿元增加到2008年的132.75亿元，三年间增长了195%。

五是创新型企业技术开发费减免增幅较大，2008年，除去特殊行业和保密企业外，205家企业1555个创新项目共涉及金额达26.8亿元，比上年度增加10.9亿元，企业实际减免额近4.8亿元。

实践证明，全省创新型企业在开展创新活动，加大创新投入，提升技术水平，增强综合竞争力等方面发挥了重要的示范和带动作用，成为推进全省企业技术创新的重要突破口和抓手。

2. 主要做法

（1）抓企业主体

一是技术攻关突出企业主体。针对四川省高新技术主要领域和九大产业振兴发展企业需求，启动实施钒钛资源综合利用等18项重大关键技术攻关，每个项目投入100万元以上，实行重点突破。经测算，18个项目总投入近18亿元，技术突破后可实现企业直接经济效益273亿元，带动相关产业和产业集群发展2368亿元。初步统计，全省95%以上研发项目和资金实现了企业主体。二是联盟建设突出企业主体。构建企业主体、产学研创新联盟59个，实现了重点领域产学研结合的全覆盖。四川省集成电路设计产业创新联盟在通信类芯片、消费类芯片和功率半导体芯片等芯片设计关键技术及产业化联合攻关。2008年，累计形成自主知识产权200多项，集成电路产业总产值近70亿元，同比增长38%，已逐渐呈现出产业链的聚集效应，推动了IP产业结构优化升级。三是研发投入突出企业主体。有关部门对213家创新型企业调查表明，2008年，这批企业研发投入120多亿元，增长43%，占主营业务收入比重达4%；有效发明专利数增长41%，主营业务收入增长25.5%。

（2）抓人才服务

开展科技人员服务企业行动，引导产学研创新要素向企业聚集。一是建立科技人员服务企业志愿团。动员和组织全省近30所高等院校、20所科研单位、400名科技人员到100家国营大型企业、中小企业、民营科技企业进行义务帮扶。二是建立科技人员服务企业特派团。选派100名专业基础扎实、技术过硬、组织协调能力强的科技人员，到有重大产业化项目的企业进行重点帮扶。三是建立科技人员服务企业创业团。坚持项目带动、双向选择、利益共享的原则，动员和组织100名年富力强的科技人员主动到企业创业，把科技人员推向创业第一线。

（3）抓金融支撑

充分发挥财政资金的引导作用，加强风险投资引进、科技支行试点、科技保险和担保、证券交易、政府补贴等措施，做到"投、贷、保、证、补"并举，帮助解决科技型中小企业融资难问题。举办"2009中国（西部）高新技术产业与风险资本对接推进会"，引进风险投资18.5亿元，其中省外机构投资数超过3/4，资金比例占97%。设立并实施投资补助资金，98个项目获得2000万元政府引导投资补助资金，撬动10余个亿的社会投资资金效应。在全国率先成立建行成都科技支行、成都银行股份有限公司科技支行，组建了一个金融服务中心、两个重点实验室，初步搭建了科技金融研究、创新、服务的平台。

（4）抓知识产权

省科技厅、省质监局、省知识产权局联合开展"专利标准企业行"，加强专利工作，提高企业专利创造、运用、保护和管理能力。开展技术创新标准的跟踪服务，鼓励有条件的企业积极参与国家标准制定工作，通过抓标准制定，抢占产品在市场竞争中的发言权。

（5）抓政策落实

通过开展创新型企业认定、高新技术企业认定、技术开发活动认定、企业技术创新优惠政策培训等方式，重点落实三项政策。其一是企业技术研究开发费用150%加计扣除政策，过去三年为企业实际减免税收超过12亿元，引导企业技术开发投入超过70亿元。其二是高新技术企业重新认定，使符合条件的高新技术企业享受所得税减按15%的优惠政策，目前已认定高新技术企业865家。其三是落实技术转让税收优惠政策，鼓励企业等单位开展技术交易。2008年，全省技术交易合同9143份，交易总额85.9亿元，技术转让税收优惠近2亿元。

3. 下一步工作打算

按照《国家技术创新工程总体实施方案》的部署，结合四川省实际，抓紧制定四川省贯彻国家技术创新工程实施意见，在创新主体、创新要素、创新机制和创新服务等方面下工夫，引导人才、科研资金、技术等要素向企业集聚，推动企业成为技术创新需求、研发投入、创新活动及成果应用的主体。

（1）切实突出企业主体

强化企业创新的内在动力和发展机制，增强把握市场和行业变化趋势的研判能力和应对能力。鼓励企业不断加大技术创新的投入，建设科技人才队伍，建立和完善研发机构，提高研发能力。

（2）大力强化自主创新

推进实施重大关键技术攻关，兼顾短期可拉动内需、长期可形成规模效益，集中资金，优先安排。深入开展"专利标准企业行"活动，加强专利、标准工作，鼓励有条件的企业积极参与国家标准制定工作，提高企业专利创造、运用、保护和管理能力。

（3）推动构建产学研创新联盟

以市场需求为导向，以联盟各方的共同利益为基础，以突破共性技术和关键技术、研发新产品、提升产业竞争能力等为目标，完善具有法律约束力的契约合同，形成优势互补、利益共享、风险共担、开放发展的新型技术创新合作组织。

（4）加大科技服务创新平台建设力度

建立和完善以重点实验室、科技企业孵化器、工程技术中心、基础条件平台等为主体的科技服务创新平台。

（九）云南省创新型企业建设

1. 工作进展情况

（1）省级创新型试点企业认定及总体情况

云南省的遴选工作严格按照省科技厅、国资委、工信委、总工会等部门联合制定的《云南省创新型企业试点工作方案》，确定了三批64家创新型试点企业名单。目前正在遴选和认定第四批27家创新型试点企业。

在已认定的前三批64家创新型试点企业中，工业生产领域33家、社会发展领域9家、农产品生产领域22家。22家创新型试点企业被省政府授予"百户优强工业企业"称号。

前三批创新型试点企业在2008年共实现总产值983亿元，新产品销售收入达到279亿元，占全省新产品销售收入的比重为12%；实现增加值172.5亿元，占全省工业增加值的比重为8.4%；主营业务收入1016.6亿元，占全省工业主营业务收入的比重达到23%；出口创汇111374.5万美元，占全省工业出口创汇总额的比重达到22%；纳税额52.4亿元，占全省工业纳税总额的5.6%；研发费用支出总额14.5亿元，占全省研发经费支出的比重为53.01%，户均研发费用占主营业务收入的比重4.46%；创新试点配套经费总额3.1亿元；承担科技计划项目245项，其中，国家级74项、省级171项；共拥有研发机构47个，其中国家级8个、省级39个；研发人员总数达到9885人，占全省研发人员总数的比重为48.8%；各种专利申请数981项，占全省专利申请数的比重为24%，其中，各种专利授权数714项，占全省专利授权数的比重为33.7%，发明专利申请数258项，占全省发明专利申请数的比重为17.5%，发明专利授权数138项，占全省发明专利授权数的比重为34.6%；共主持制定技术标准189项，其中主持制定国家标准87项、主持制定行业标准102项，共参与制定技术标准198项，其中参与制定国家标准96项、参与制定行业标准132项；获得科技奖励数114项，其中国家级23项、省级91项。

(2) 管理与服务创新型试点企业

培育创新型企业工作遵循自愿申报、突出引导、注重集成、分类指导、重点推进的工作原则，从云南省十大重点产业中的省属国有企业、高新技术企业、民营骨干企业（含农业产业化经营龙头企业）和转制科研院所中，选择一批在技术创新、品牌创新、体制机制创新、经营管理创新、理念和文化创新等方面基础较好的企业进行试点和培育。

开展试点工作以来，由云南省科技厅牵头，联合省国资委、省工信委、省总工会，省科技发展研究院和省科技厅宣教中心参加，围绕重点新产品及关键技术研发、研发投入、经济效益、研发平台、人才队伍、知识产权、环保和能耗目标的完成情况，以及平台建设经费和企业配套经费的落实和使用情况，对云南省创新型试点企业的试点工作进行中期检查。通过检查加大对创新型试点企业试点工作的督查和引导力度，查找问题，全面掌握云南省创新型试点企业的试点效果，进一步改进服务管理工作。

省科技厅等部门对组织申报、评价国家级创新型试点企业工作高度重视，云南省目前已经有7家企业进入国家级试点企业名单，其中3家企业通过评价考核，认定为国家级创新型企业。还认真组织和实施创新型企业自主创新产品征集、科技计划企业专家库推荐、企业技术创新奖申报等配套工作。

2. 试点工作全方位引导企业技术创新

（1）试点企业重点新产品和重大关键技术的研发效果明显

2008年，第一批创新型试点企业确定的179个（项）重点新产品和关键技术中，共启动研发160多个（项），占89%以上；第二批创新型试点企业确定的181项重点新产品和关键技术中，共启动研发120多个（项），占66%以上。

（2）试点企业研发投入大幅增加

通过试点企业条件平台建设经费、匹配实施科技项目经费引导，各试点企业均按照3%以上的任务目标加大研发投入。财政支持第二批试点企业建设条件平台1050万元，企业匹配试点投入达到5330万元。截至2008年底，据不完全统计，第一、第二批44家试点企业研发投入增幅平均达到4.1%，达到37亿元以上，安排两批创新型试点企业创新研发平台建设经费2200万元，引导企业匹配经费1.1亿元，试点工作总经费达到1.3亿元。

省科技厅的五大科技计划对创新型试点企业申报的匹配重点项目给予优先支持，截至2008年底，共安排配套科技计划项目31项，安排省财政科技经费5593万元，引导企业投入研发经费11.4亿元，吸引银行贷款和主管部门配套资金5.1亿元。

（3）试点企业研发平台建设加强

2008年，通过条件平台建设财政资助和技术创新的系统引导，进一步强化产学研相结合，人才、基地、项目相结合，应用基础研究、应用技术开发研究、产业化相结合，各试点企业的研发平台建设水平和质量得到明显提升，科技成果的转化率和转化速度大大提高。两批44家创新型试点企业中，通过自建、共建、合建等形式，企业拥有的研发平台达到100余个。

（4）试点企业人才队伍建设得到加强

截至2008年底，据不完全统计，第一批创新型试点企业共引进和培养高职以上技术研发人才300余人，共培养和引进博士以上高职人员42人，参与技术创新的技术人员近8000人。第二批创新型试点企业共引进和培养高职以上技术研发人才230余人，共培养和引进博士以上高职人员60余人。人才的培养和引进，吸引和凝聚了一批高层次人才，提升了企业的自主创新能力。

（5）试点企业知识产权工作顺利推进

据不完全统计，第一批创新型试点企业试点以来共申请专利、软件著作权、新产品认定等340多项，获授权230多项，制定企业标准70余项，一些名牌产品和商标也获得注册保护。2008年，省第二批创新型试点企业共获得360余项专利、标准、软件著作权、新产品等的授权。

（6）试点企业新产品研发带动销售收入增加

2008年，各试点企业技术创新能力不断提升，总体经济实力显著增强，增长方式明显转变。据不完全统计，总产值、增加值、销售收入、利润、税收等主要经济指标年均增幅都在15%以上。

（7）试点企业大力进行技术革新和节能减排

2008年，各试点企业大力进行技术革新，组织技术比武、技能比赛等创新活动，提高生产效益，节能减排，资源利用率不断提高，万元增加值能耗年均降低都在4%以上，取得了明显的经济效益和环境效益。

3. 主要做法

（1）纳入云南省重大行动和规划

培育创新型企业工作，得到云南省省委、省政府的高度重视，把该项工作纳入了《建设创新型云南行动计划》、《云南省中长期科学和技术发展规划纲要（2006－2020年）》、《云南省"十一五"科学和技术发展规划》等重大行动和规划，并进行科学部署和分解实施。《云南省中长期科学和技术发展规划纲要（2006－2020年）》提出要"形成在国内外有影响的60~80户自主创新型企业，大大提升云南省工业企业的综合竞争能力"；《云南省"十一五"科学和技术发展规划》提出要"培养一批自主创新基地和示范企业，实施一批重大项目，形成在国内外有影响的60~80家自主创新型企业，大大提升云南省工业企业的综合竞争能力"；实施《建设创新型云南行动计划》的决定提出"每年遴选20家企业开展创新型企业试点工作，通过技术创新战略联盟建设，引导和支持创新要素向企业集聚，完善创新体制机制，加强创新基础和能力建设，加大研发投入力度，培养和吸引创新人才，培育一批在行业具有较强自主创新能力和竞争力的创新型企业。到2012年，全省创新型企业达到150家以上"。省委、省政府又进行任务分解，确定了负责的领导和部门，实施过程接受督查和监督，成为云南省建设创新型企业的有力保障。

（2）创新型试点企业享受财政经费补助等扶持政策

——财政经费扶持措施。省科技厅、省国资委、省工信委、省总工会在各自年度计划项目安排中对试点企业给予倾斜支持，对试点企业的申报项目简化审批程序，建立绿色通道，加大扶持力度。省国资委对省属国有试点企业提质增效、节能降耗等产业化项目给予支持，并优先落实有关扶持政策。

省科技经费对每户试点企业安排50万元创新试点引导经费，试点企业按不低于3:1的比例配套，专项用于试点企业技术创新平台条件建设。通过评价考核被认定为云南省创新型企业的，省科技厅再一次性扶持30万元，以提高企业的持续创新能力。

省科技厅对试点企业重大技术攻关、新产品开发等项目给予支持，优先组织省级高新技术企业认定和推荐申报国家重点高新技术企业认定，优先推荐申报国家相关科技计划项目和国家重点新产品认定，并按要求积极安排国家项目的匹配经费。

在创新型试点企业中，如果是经认定的高新技术企业，从2009年起，对通过认定的高新技术企业每家企业补助30万元，要求所在企业以3∶1以上比例配套，专项用于企业技术创新或研发平台建设。

在创新型试点企业中，如果是经认定的高新技术企业，同时又是列入上市培育对象的企业，对处于培养期的新产品开发项目优先给予立项支持，补助资金为新产品开发费用的20%～50%。若重点新产品获得自主知识产权，还将进一步加大项目资金支持力度；处于培养期的科技成果产业化项目优先列入科技创新强省专项计划给予支持，同时，积极引导银行等金融机构、科技创业投资机构参与投资，根据培育企业的不同成长阶段，积极帮助、协调、引导企业开展规范改制、规范运作和拟定上市方案等，并视工作进展情况，分别给予30万～150万元的经费补助。

——其他配套扶持措施。省工信委对试点企业技术改造等项目给予支持，并优先组织省级企业技术中心认定和推荐申报国家级企业技术中心认定。省总工会对试点企业优先安排和组织职工经济技术创新活动。

鼓励和支持试点企业建立健全技术创新体系和实施知识产权战略、品牌战略。积极推动试点企业独立或联合高等学校、科研院所建立技术中心、工程技术中心等技术创新机构，建立健全产品质量保证体系。优先安排试点企业开展知识产权试点和优先给予专利年费补助。

支持试点企业加强创新人才队伍建设，强化科技管理干部培训和人才培养工作。组织试点企业开展技术创新管理、知识产权管理、标准化管理等方面的培训，支持试点企业培养国际化人才、复合型人才。组织开展职工素质建设工程，提高职工的思想道德素质、科学文化素质、技术技能素质。试点企业的技术带头人、重点项目负责人优先推荐纳入云南省技术创新人才培养计划。

获得"云南省自主创新型企业"称号的企业，科技厅、国资委、工信委、总工会四部门联合向省政府建议以省政府名义对试点企业和试点工作中成绩突出的个人给予表彰、奖励，优先推荐申报"全国五一劳动奖状"和"全国五一劳动奖章"。

（3）协调和工作机构有效运转

由云南省科技厅、国资委、工信委、总工会组成实施"技术创新引导工程"协调机构，在省级创新型试点企业遴选认定、中期检查和相关调研工作中密切、高效配合；省科技厅的牵头处室和各项目处室、中介机构、计划综合处室、监督机构，在遴选创新型试点企业的各项工作中相互支持和协助，确保了省创新型企业试点工作的顺利开展。

（4）试点工作进行量化并对目标任务进行监督

将云南省创新型试点企业的创新示范目标任务清单向各试点企业、企业的主管部门和社会各界进行公布。创新示范目标任务清单分为重点新产品及关键技术研发目标；研发投入目标；经济效益目标；研发平台、人才队伍建设、知识产权、环保和能耗目标四个部分，进行简单明了的量化公布。在各大目标中又有年度目标、具体的投入数额和产品名称、技术领域等。在四部门与企业签订的《创新试点任务书》中，又对企业的试点内容和年度计划安排进行量化和细化，同时明确试点工作组织和责任分解，对企业的保障措施进行约束，提前约定企业创新平台建设的主要设备购置清单，以加强企业试点的工作制度化。

（5）组织与实施程序合理

由省科技厅牵头，省技术创新引导工程协调办公室组成联合工作组，负责确定试点企业名单、组织开展试点和对试点企业进行考核评估。通过考核评估的试点企业，四部门联合向省政府建议由省政府命名为"云南省创新型企业"并授牌。

4. 下一步工作安排

（1）总体工作目标

每年继续遴选20家左右企业开展创新型企业试点工作，通过推动产业技术创新战略联盟的建设，引导和支持创新要素向企业集聚，完善创新体制机制，加强创新基础和能力建设，加大研发投入力度，培育和吸收创新人才，培育一批在行业具有较强自主创新能力和竞争能力的创新企业。到2012年全省创新型企业达到150家以上。

（2）具体工作目标

一是试点企业总体经济实力显著增强，增长方式明显转变，循环经济发展成效突出。

二是试点企业加强创新体系建设，企业在技术创新机构建设、科技投入、创新人才培养和引进、自主知识产权和品牌获取、新技术新产品开发和产业化等方面取得新进展，自主创新能力大幅提升。

三是试点企业申报和承担国家、云南省科技计划项目的数量和质量大幅提高，努力吸引和凝聚高层次人才，提升自主创新能力和水平。

四是通过技术创新战略联盟的建设，引导和支持创新要素向企业集聚，试点企业努力开展与国内外科研院所、高等学校、大企业等的科技、经济合作与交流，利用社会资源的能力显著增强。

五是试点企业积极开展职工经济技术创新活动,组织职工进行技术开发、技术革新和发明创造,引导职工增强节约意识,推广应用节能降耗、环境保护、安全生产等方面的先进适用技术。

(3) 近期工作安排

一是在充分调研的基础上,制定科学适用的考核评价指标体系,对第一批创新型试点企业进行考核认定;加强服务和指导,对第二批创新型试点企业进行中期检查,确保顺利完成试点任务;完成第四批创新型试点企业遴选工作。

二是加大对创新型试点企业分类的针对性指导,特别是加大对有关企业技术创新优惠政策的宣传,引导试点企业通过产学研联合建立研发平台、建立产业联盟、建立健全知识产权战略体系,逐步健全企业技术创新体系;宣传和引导各试点企业探索产学研结合的新机制,积极实践"首席科学家制"、"项目经理制"、"技术等级工资制"、"特殊津贴制"、"股权激励制"等激励制度,建立企业研发高端人才引进和培养的长效制度,加大技术创新人才的引进和培养力度;指导各试点企业要在管理创新和文化创新方面加强探索,建立符合创新型企业实际的管理新机制,形成浓厚的创新氛围。

三是完成已经确定的第四批创新型试点企业的公示、发布决定、公布任务目标清单,与第四批创新型试点企业签订试点工作任务书,帮助企业完善试点实施方案,下发第四批创新型试点企业经费,每家50万元。对第一批创新型试点企业进行考核评价,认定第一批创新型企业,从2009年开始,对经认定的创新型企业再予以30万元的补助,以提高云南省创新型企业的持续创新能力。

(十) 中关村科技园区创新型企业建设

1. 背景与目标

2007年2月,北京市政府、科技部和中国科学院决定在中关村科技园区联合开展百家创新型企业试点工作,试点起止时间为2007~2010年。2007年4月,北京市政府、科技部和中科院联合召开了"中关村科技园区百家创新型企业试点大会",正式启动试点工作。

试点工作的目标是按照技术创新、管理创新、商业模式创新和文化创新,以及加强试点企业国际化竞争能力和高端人才引进培养能力的"四创两加强"试点思路,在中关村科技园区形成"四个一批"(取得一批关键技术突破、推出一批自主品牌、形成一批具有国际竞争力的企业、培育一批企业家);探索促进企业成为技术创新主体的有效模式和措施;形成具有推广价值的自主创新模式和自主创新企业标准评估体系;构建以企业为主体、市场为导向、产学研相结合的技术创新体系,引导企业走创新发展之路。力争到2010年,在试点企业中取得10项具有国际竞争力的行业共性关键技术突破，在重点领域形成一批核心技术专利，形成5~10家相关行业的世界一流企业，涌现出20个行业领军创业团队，有更多企业获得中国名牌，在产学研合作、整合并购、国际化发展、高端人才集聚等方面形成一系列有效模式和促进措施。

2. 工作进展

（1）总体概况

截至2008年底，中关村确定两批共计179家创新型试点企业。其中，2007年4月，确定了第一批100家；2008年6月，确定了第二批79家。在这179家企业中，目前已有169家企业被认定为高新技术企业（按照新的认定办法），占94.4%，另外10家企业正在准备认定材料。从领域上看，179家创新型试点企业覆盖了软件及信息服务、集成电路、计算机及网络通信、文化创意、新材料、先进制造、生物工程及新医药、新能源与环保、生态农业九大园区重点领域。

为促进创新型试点企业发展，制定了一系列的支持政策，如《北京市人民政府科学技术部中国科学院关于在中关村科技园区开展百家创新型企业试点工作的通知》（京政函［2007］22号）、《进一步推进中关村科技园区百家创新型企业试点工作的若干意见》（中科园发［2008］17号）、《关于促进中关村高新技术企业稳定和发展的若干意见》（中科园发［2009］4号）等。试点工作启动以来，北京市财政资金对试点企业支持项目共计158个，资金总额6.93亿元。此外，北京市共认定108家试点企业的418个产品进入《北京市自主创新产品目录》，在2009年已经发布的四批政府采购签约项目中，政府采购资金共采购18家试点企业自主创新产品8.72亿元。在科技部发布的2009年国家自主创新产品认定试点结果中，中关村共有49家试点企业的51项产品入选，位居全国第一，约占全国产品数量的21%。

（2）创新型试点企业取得的成绩

试点工作的开展，进一步激发了企业创新的动力和活力。试点企业积极梳理创新资源、明确创新重点和发展战略，并加大了研发投入力度，围绕国家战略、首都发展大力开展创新，创新能力显著提升。2008年，创新型试点企业实现收入1003.6亿元，占园区9.8%；纳税37.3亿元，占园区7.4%；税后利润44.6亿元，占园区7.4%；出口创汇额6.7亿美元，占园区3.2%；新产品销售收入达到418.2亿元，占园区12.6%。

2008年，创新型试点企业研发经费投入总额45.1亿元，占园区13.9%，研发投入占总收入比重达到4.5%。研发人员总数22587人，占园区12.9%。申请专利4522件，占园区26.3%；授权专利2900件，占园区32.0%（其中，申请发明专利3269件，占园区28.9%；授权发明专利1170件，占园区36.1%）；获得版权

635件、软件著作权1316件、集成电路布图设计权32件。主持或参与制定国际标准11项，国家标准326项，行业标准333项。

目前，创新型试点企业拥有国家级研发机构38个，省部级研发机构65个，占园区5.9%。累计获得国家科技进步一等奖两项（分别是中科大洋2002年获得非线性电视新闻综合网络系统国家科技进步一等奖、同方股份2008年获得第二代居民身份证国家科技进步一等奖），获得国家科技进步二等奖6项；获得其他国家科技奖励和省部级科技奖励共297项。牵头或参与组建产业技术创新战略联盟22个。

承担国家级科技计划项目260项，其中，国家"863"计划66项、国家"973"计划5项，"十一五"科技支撑计划72项，国家重大科技专项11项，承担省部级科技计划项目293项。

试点企业中涌现出了一批重要技术创新成果。如科兴公司人用禽流感疫苗，成为我国首个经过药品特别审批程序批准生产储备的药品，其生产的甲型H1N1流感疫苗也已获得新药证书并批准生产储备。神雾热能公司发明的蓄热式燃烧技术广泛应用于工业窑炉节能燃烧设备，平均节能率达30%以上。利德华福公司研发的大功率高压变频器平均节电率30%以上，连续四年居国内市场第一位，在技术上打破了国外垄断，并作为主要起草者起草了高压变频领域国家标准。北方微电子公司的100纳米高密度等离子刻蚀机国产化关键技术开发，大大提高了集成电路产业的装备能力。嘉捷博大公司研制成功公交车液压节能装置，可以为公交车辆节省30%燃油。海兰信公司对远洋船的船载航行数据记录仪进行研发和产业化，填补了国内技术空白，其中数据保护单元产品打破了国外企业垄断的局面，使产品成本降低20%。中联动力公司研究成功集成化车载式海水淡化装置，具有体积小、效率高、耗能少的优势，采用能量回收技术和高质量滤膜，在节约电能62%的基础上实现美国普通装置的3倍出水量。超图公司研发基于地图存储格式国家标准的移动终端导航电子地图开发平台，为国内导航硬件集成商和相关导航软件服务商提供了基于国标的导航软件开发工具，带动整个国产导航产业链应对国外标准对我国导航市场的渗透。闪联标准成为全球首个3C协同领域的国际标准。天元网络公司累计获得10余项国际标准。

试点企业的产学研合作打开新局面，整合资源能力稳步提升。一批企业通过与中关村开放实验室合作，开展技术攻关和产业化。通过组织和参与产业联盟的方式带动产业链上下游联动发展。如大用软件公司和北京航空航天大学的智能交通研究实验中心，联合开展动态交通信息服务网络电台负载均衡系统的研发。新奥特公司与北京邮电大学智能通信软件与多媒体实验室，联合实施传媒行业多媒体业务协同集成软件的产业化。启明星辰公司与中科院网络安全开放实验室，联合实施综合业务行为审计产品产业化。中星微公司与中国传媒大学数字音视频技术研究中心，联合开展多标准数字电视信道解码芯片研发及产业化。搜狐公司与清华大学智能技术与系统国家重点实验室联合建立了搜索技术研究中心。中创信测公司与工业与信息化部通信计量中心（原信产部通信计量中心）在通信设备检测方面开展合作。中信国安盟固利、北大先行公司与北方车辆研究所动力电池开放实验室，在锂离子电池检测方面开展合作。钢研集团国家钢铁材料检测中心，为安泰科技、七星华创、百慕航材等企业提供检测服务。另外，试点企业还牵头组建了中关村数字电视产业联盟、中关村资源节约与能源管理服务产业联盟、中关村生物医药研发外包联盟等，共有50余家试点企业参与了一个或多个产业技术联盟。

试点企业利用自主知识产权积极服务于北京奥运，加大品牌建设力度，树立了良好的企业形象。如联想集团是国际奥委会全球合作伙伴中唯一的一家中国企业。搜狐公司是北京奥运会互联网内容服务赞助商。华旗资讯公司研发的中国第一款手持移动电视在北京奥运期间正式发布。中科大洋公司为北广传媒提供城市电视奥运大屏幕播出及监控中心系统、大屏幕终端系统，为奥运期间户外电视节目的播出提供服务。亚都公司是北京奥运会空气加湿净化器独家供应商。中创信测公司为奥运城市提供通信网络测试和保障解决方案。碧水源公司承担了奥林匹克公园中心区龙形水系自然水景系统维护工程。仁创集团的生泰砂基透水砖在丰台体育中心垒球场、奥林匹克中心区项目上得到广泛应用。中星微电子公司开发的"星光"数字多媒体芯片，累计销售超过1亿枚，占领了全球同类产品60%的市场。

一批试点企业通过商业模式创新进入高速发展阶段。如搜狐公司的门户网站模式，金山公司的网络游戏模式，闪联的新型家庭娱乐模式，奥瑞金公司通过建立全国技术服务网络创造的种子生产销售新模式，德青源公司用工业化思维改造现代农业生产的模式，科信必成公司的生物医药研发外包模式等，在企业快速发展的过程中都发挥了至关重要的作用。

3. 主要做法和经验

（1）主要做法

——建立部市联动工作机制。由科技部政策法规司、中科院北京分院、北京市科委和中关村管委会组成试点联合工作组，并建立了联席会议和信息沟通机制。各有关司、委、办、局不断加大对试点企业的协同支持力度。

——指导试点企业编制试点实施方案。试点联合工作组指导试点企业编制了试点实施方案，协助试点企业围绕技术创新和管理创新进一步梳理创新资源、明确了创新重点、明晰了创新发展战略。

——制定试点评价指标体系。试点联合工作组制定了《中关村科技园区百家创新型试点企业试点考核评价指标体系》。从研发投入、技术创新、成长性、资产增长、研发条件、组织与管理等方面的指标考察企业试点效果，对试点企业实施动态管理。

——开展持续的调研工作。试点联合工作组持续开展企业调研工作，先后实地走访了120余家试点企业，并通过电话、电子邮件等方式与试点企业建立密切联系，以把握试点企业创新现状、创新能力和创新需求。

——及时总结宣传试点成功经验。试点联合工作组编制了《中关村百家创新型企业试点工作简报》，及时总结试点企业成功经验和模式，并通过报刊、电视等媒体进行广泛宣传，发挥试点的影响和示范作用，营造崇尚创新的良好环境。

（2）体会和经验

一是加强统筹协调，把试点工作作为支持企业做强做大的重要抓手。北京市委市政府、科技部、中科院的领导高度重视试点工作，明确要求各级党委政府要站在贯彻党的十七大精神、落实科学发展观的高度上落实百家创新型企业试点工作，要在国家自主创新战略的指引下，统一思想认识，加强统筹协调，把开展试点工作与建设创新型国家、创新型城市结合起来，把落实试点政策与部门的日常工作结合起来，服务于企业创新发展。要把试点工作作为支持高新技术企业做强做大的重要抓手，在协助试点企业创新发展的同时，探索总结自主创新企业做强做大的模式和经验，形成政府促进企业快速发展的政策支撑体系，通过发挥试点企业的示范带动作用和政策的支撑引导作用，鼓励更多企业由要素驱动向创新驱动转变，走自主创新之路。

二是整合创新资源，探索以试点企业作为打造创新集群的核心力量。支持试点企业通过产业联盟集聚创新要素，以兼并重组等形式整合产业链上下游资源，缓解企业在发展中遇到的创新资源缺失和整合能力不强的问题，探索把试点企业作为提升产业国际竞争力、做大重点产业、打造国际高端创新集群的核心力量。

三是坚持市场导向，始终把企业作为创新主体和试点工作主体。在试点工作中，始终遵循市场导向的原则，尊重企业的市场主体地位，充分认识到企业发展对产业环境的需求，以企业为试点工作的主体，积极营造创新的环境，激发企业的创新热情，鼓励和支持试点企业结合发展现状，围绕市场需求制定创新发展战略和试点工作实施方案，充分发挥企业作为试点工作主体的积极性、主动性，真正让企业成为研发投入的主体、技术创新活动的主体和科技成果应用的主体。

4. 下一步工作思路

（1）鼓励试点企业制定创新战略，不断提升企业技术创新能力

鼓励试点企业根据技术路线图制定技术创新战略、加大研发投入、搭建研发平台、加强关键技术研发，不断提升技术创新能力，创制自主知识产权技术标准

和产品。鼓励政府投资项目优先应用试点企业自主创新产品，不断拓展市场机会，建立"技术创新—市场回报"良性循环。鼓励试点企业积极探索产业组织模式创新，大力开展产学研合作，依托产业技术联盟，整合产业链上下游资源，进一步实现产业资源和优质要素的优化配置。

（2）鼓励试点企业创新投融资渠道，建设自主品牌

鼓励试点企业充分利用国家投融资体制改革、建设多层次资本市场的机遇，创新投融资渠道，改制上市，优先推荐试点企业在非上市股份有限公司股份报价转让系统挂牌及创业板上市。支持试点企业加大自主品牌和信用体系建设，不断提升企业形象、知名度和美誉度，增加企业技术和产品的附加价值。

（3）鼓励试点企业通过商业模式创新保持竞争优势，实现快速发展

支持试点企业充分把握全球产业价值链分解、重组、融合的大趋势，瞄准价值链的关键环节，通过技术、组织、流程、业务模式等多个方面的综合创新和根本性变革实现商业模式创新，通过差异化、独特化的商业模式提升竞争力，保持竞争优势，实现快速发展。

（4）鼓励试点企业通过文化创新，构建企业强大核心竞争力

鼓励试点企业积极培育能够持续创造有市场价值创新成果的土壤，逐步培养创新思维、创新机制、创新习惯、创新行为，最终建立助推企业持久发展的创新文化，使企业摆脱低水平、同质化的竞争，为企业构建不可替代的核心竞争力。

（5）鼓励试点企业全面加强人才引进培养能力和国际竞争能力

支持试点企业不断加强人力资源优化和管理，通过有效的激励措施，加大对战略性人才的培育、吸引力度，激发有突出贡献的科技人员和经营管理人员的工作动力和热情。鼓励试点企业积极参与国际市场竞争，通过跨国并购、技术和产品出口、高技术服务外包、设立境外研发中心或运营机构、开展国际科技合作研发、申请国际认证、参加国际会展等方式全面提升国际化竞争能力。

（6）加强协调和管理，为试点企业营造良好的创新环境

加强北京市相关委办局联合支持试点企业的支持力度，为试点企业提供更有针对性的政策支持。持续、深入开展试点企业调研，根据初创期企业、高成长企业、大型企业的不同需求进行分类指导，对于具有典型代表意义的试点企业提供"一对一"个性化的服务，不断提高对试点企业的服务水平。

第四章 创新型企业案例

创新型企业是中国企业中创新能力和市场竞争力较强、具有一定国际竞争力的群体。关于创新型企业的研究，我们不仅要从创新型国家建设、国民经济与区域发展的层面进行实证研究，更需要对创新型企业进行案例研究。通过众多的企业案例研究，可以归纳、总结出中国创新型企业的共同属性和一般规律，这不仅是案例企业未来发展的需要，更是许许多多以"创新型企业"为目标的中国企业的现实需要，也是开展创新型企业建设的重要内容之一。因此，在2009年度报告及后续年度报告中，将把创新型企业案例研究作为报告的重要内容之一。

本章选择了15家创新型企业进行案例研究，主要内容包括两部分：一是综述，即对15家企业的案例进行初步归纳和总结；二是15个企业案例。虽然各个案例的撰写格式并不统一，但目的是希望总结企业创新发展的经验，供企业相互交流和借鉴，为进一步把握企业技术创新的一般规律奠定基础。

一、综述：探索中国特色的企业创新之路

改革开放以来，中国的优秀企业就开始了创新活动。这些创新涵盖了企业所有的经营与管理活动，包括技术创新、市场创新、管理创新、文化创新及战略创新等。在对15家企业案例重点研究的基础上，结合我们长期对中国企业创新发展的一些研究心得，从创新的环境特征、市场方向、能力类型、战略路径、活动方式等方面进行了初步的归纳和探讨。

（一）创新的环境特征：市场化与国际化

创新是市场经济条件下的企业活动和行为，包括两大环节：一是发明和创造活动，即发明新技术，开发新产品等；二是市场经营活动，即通过成果的转化和商业化，在市场中获得价值回报。

改革开放之前的中国企业只承担生产职能，虽然存在发明和创造活动，但没

有市场经营活动，谈不上真正意义上的创新。改革开放之后，尤其是1992年中国确立"社会主义市场经济"目标之后，中国企业从计划经济体制下的生产单位转变为市场经济体制下的生产与经营单位。其中一个最为突出的标志是从单一的生产建制转变为生产与市场营销的双重建制。企业生产的产品不再由政府下达指令性计划，而是面向市场需求，由市场决定企业的生存和成败。

在市场竞争的环境中，中国企业开始踏上了创新之路。这条创新之路可以明显地分为两个阶段：一是20世纪最后20年的以模仿创新为主的阶段，即以引进外国先进技术为主，通过消化吸收再创新，主要创新成果从国内市场获得价值回报；二是进入21世纪后开始的自主创新阶段，企业日益注重开发拥有自主知识产权的新技术和新产品，不仅从国内市场而且还要从国际市场获得价值回报。

在国际化、全球竞争的环境中，中国企业进入到自主创新阶段，中国企业开始从生产与营销双重建制转变为生产、营销、研发的三重建制。这是中国企业面临的新挑战，企业不仅要生产出满足市场需要的新产品，而且要创造出新客户和新市场；不仅要满足和创造国内市场的需求，而且要满足和创造国际市场需求；不仅要在细分的利基市场取得优势，而且要进入全球主流市场并获得优势。

市场化和国际化是中国企业创新之路的主要环境特征。在这种环境约束下，中国企业的创新之路呈现出与发达国家企业不同的特点，可称为"中国特色"。中国社会主义市场经济的本质规定、中国企业的市场化后来者和国际化弱小者位置，决定了中国企业创新路径和方式方法的选择。

（二）创新的市场方向：从利基市场到主流市场

中国企业创新的市场方向，即中国企业创新最有可能获得较大价值回报的市场范围，主要有以下三类：大有作为的利基市场、责无旁贷的特色市场和伺机抢先的主流市场。

1. 大有作为的利基市场

利基（Niche）市场[①]是指国外跨国公司忽视、关注不够、可以放弃的细分市场，主要特征是市场规模较小，技术变化速度不快，产品具有全球通用性。这类市场是中国企业大有作为的创新方向，这是由中国企业的后发性（进入全球市场晚、技术依赖性强）和弱小性（规模实力小、资源有限、资本市场支持不足）所决定的。对多数中国企业而言，只有根据自身的资源和能力，选择一个利基市场（通常全球市场规模在100亿美元以下）集中投入，才能取得全球市场的优势地位。

---

① "Niche"一词原意为"壁龛"，引申为"一个狭小、合适的空间或位置"。目前"利基"是一个在企业战略理论中运用越来越广泛的概念。利基市场通常指规模和价值较小的细分市场，甚至是再细分市场。

振华港机是一个成功的案例。1992年成立的振华港机只有十几名员工，100万美元的资本，与当时世界著名的港机制造商差距甚大。振华港机首先从外围开始创新，获得总成本优势。之后，集中资源在核心产品上进行研发，不断开发出新产品，逐渐取得全球市场70%以上的份额，并且保持多年。振华港机能够取得如此高的市场地位，其根本原因在于企业战略定位正确。全球集装箱起重机市场规模在40亿美元左右，是典型的利基市场。在这样的市场中，国外大型跨国公司不会投入太多的资源，一旦有强大竞争对手出现就可能放弃市场。而振华港机正相反，10多年来专注于该市场，投入其全部资源，最终获得成功。

在全球市场或发达国家市场中取得冠军地位的中国企业，绝大多数是在利基市场中经营的。如中集集团在集装箱全球市场占有率第一，而集装箱的全球市场规模约在80亿美元左右；还有全球市场第一的好孩子童车、格兰仕微波炉等中国冠军企业，全球市场规模都在100亿美元以下。[①] 本章中的海天公司的天线业务、烟台万华的MDI业务都属于利基市场。

这类市场，是中国企业大有可为的市场，即创新成功率高，创新成果能获得较大的价值回报。因此，中国企业要在全球市场取得优势，选择适合自己的利基市场作为创新方向是可行的和现实的。

2. 责无旁贷的两类市场

中国企业必须做好而不能让外国企业占领的市场，主要有两类：一是特色市场，与中华文化密切相关；二是安全市场，包括国家安全、国力展示以及经济安全等。

从全球商品市场的历史来看，中国的特色商品，如丝绸、陶瓷、茶叶等曾在全球市场中占据主导的地位，但近代以来，由于工艺技术落后和市场营销不力，开始丧失主导地位。从目前状况来看，中文信息技术、中医药、中餐等凝聚着中华文化的产品和服务，理应由中国企业承担其开拓全球市场的责任。更为重要的是，这类市场的未来需求不但未下降，反而将日益增长。

我们把这类凝聚着中华文化、未来需求大的市场，称为中国的特色市场。这类市场的全球化，中国企业责无旁贷，也不应该由其他国家的企业来主导（目前的全球中药市场，却由日本的汉方药主导）。因此，它们是中国企业创新的市场方向之一。

方正集团在王选教授的领导下，开发的中文激光照排印刷系统，占领了全球98%以上的市场，正是这类市场中的佼佼者。本章案例中的汉王科技也是这样，汉王科技主要从事汉字识别技术研发，向全球市场提供产品和服务，一直被IT界

---

① 康荣平、柯银斌、许惠龙：《冠军之道》，中国对外翻译出版公司2006年。

视为坚持自主创新、发展国有品牌的楷模。

由于这类市场的责无旁贷性质,这是中国企业必须做好的市场,它不仅传承了中华文化,而且可能获得较好的价值回报,也是中国对世界的贡献,中国政府有责任为相关的企业提供政策支持。

另一类安全市场,当然只能由中国企业(主要是大型国有企业)来承担责任,如本章案例中的中国航天科技集团,承担着中国全部长征系列运载火箭、全部载人航天器、太空探测器和绝大部分军、民、商用卫星的研制和生产。

3. 伺机抢先的主流市场

全球主流市场是指市场规模庞大、产品的技术密集度高、能代表未来趋势和方向的市场。中国企业目前在这类市场中鲜有作为,国外跨国公司占据了绝大部分的这类市场。在未来,中国企业不能满足于利基市场中的成就,必须改变这种状况,在全球主流市场中占据一席之地或形成竞争优势。如果做不到这一点,中国就不可能产生世界级的企业,中国经济的自主和持续发展就难以保证。

这类市场的技术、资本、人力资源等门槛都很高,而且是国外跨国公司的领地。一旦出现竞争对手,它们将会倾其全力打压。因此,中国企业进入这类市场困难重重。但中国企业也不是没有机会进入并占领较好的市场地位,主要的机会就是技术范式转变带来的"弯道超车"效应。

深圳华为公司是目前可见的成功案例之一。在模拟交换机到程控交换机的技术范式转变过程中,华为跟随外国先进技术,以模仿创新为主,在国内市场和部分发展中国家市场占据了优势地位。随着第三代移动通信(3G)技术的发展,通信设备面临一次新的技术范式转变。华为提早准备,在跟随国内3G技术发展动向的同时,以更大的精力瞄准国际市场,全力投入WCDMA和CDMA2000技术制式产品的研发,保持与外国巨头同步,提升其全球市场地位。据权威调查机构统计,2009年第一季度,华为以15%的全球移动通信设备市场份额占据第三位,跻身全球移动通信设备市场领先企业行列。

类似的机会也正发生在其他领域,如新能源汽车就是全球汽车业的一次技术范式转变。比亚迪汽车公司进行了大量的技术储备和市场准备,加之政策的有力支持,日益增长的中国汽车市场极有可能成为新能源汽车的主流市场,而比亚迪等企业未来将有可能通过占据中国市场而成为全球汽车主流市场的领导者。

个人电脑、彩电和白色家电都是全球主流市场。联想、TCL、海尔、海信等中国企业都在努力成为世界级企业,但面临的困难较大。近几年,平板彩电的出现是一次技术范式的转变,但中国彩电企业都没有抓住这次机会。个人电脑和白色家电的技术范式转变在近期内难以看到,但中国企业可以通过商业模式创新实现后来居上(如美国戴尔公司)。

（三）创新的能力类型：多种能力并举

企业创新理论中有许多创新的分类方法，如创新程度视角的渐进式创新与突破式创新，创新诱因视角的技术推动型、需求推动型和推拉双动型等。我们再引入一种新的从创新所需的能力视角的分类，包括古典式创新、硅谷式创新、规划式创新等。

1. 古典式创新

熊彼特（J. Schumpeter）在1912年发表的《经济发展理论》中提出，创新是"企业家对于生产要素的新组合"，目的在于获取利润回报。在经典的熊彼特式创新模式中，企业家是创新的主角，是创新能力的主要载体。没有企业家就不可能有创新活动的出现和创新价值的实现。企业家的主要作用并不在于领导开发新技术、新产品或新市场，而是重新组合生产要素、资源和能力，实现企业的战略目标。

本章案例提到的中国化工的任建新、华为技术的任正非、振华港机的管彤贤、吉利集团的李书福、万向集团的鲁冠球等人，都是优秀的企业家，正是他们的创新意识和创新能力，引领着企业一步步地走向成功。以中国化工的任建新为例，早在蓝星清洗时期，任建新就通过专利技术的商品化和产业化，开创了中国工业设备清洗行业。在国内规模化发展时期，他设计的"以人为本"重组模式，成功兼并重组了70多家困难的国有企业。在跨国经营时期，他倡导的"谦虚、学习、融合"理念及其指导下的学习式并购方式，使四起海外并购获得成功。

2. 硅谷式创新

这类创新是指由大学教授、技术专家身份转变为企业家的一类创新。由于最早大规模出现在美国硅谷，通常被称为硅谷式创新。

在硅谷式创新中，企业创始人往往身兼两职：一是企业家职能；二是首席科学家或首席技术官职能。企业家的创新精神与能力、技术领导人的发明创造能力聚集在一个人身上。在美国，硅谷式创新具有风险投资、资本市场和法律制度的有力支持。而在中国，风险投资、资本市场和法律制度的支持不足，硅谷式创新成功率相对较低。本章案例中海天公司的肖良勇、汉王科技的刘迎建就是硅谷式创新成功的代表人物。

3. 规划式创新

这类创新的技术难度与复杂度都很高，使用新技术的产品比现有产品有突破性的性能，创新的目的是在市场中获取更高的利润回报。但在这类创新中，个人能力不占主导地位，组织能力成为创新的关键因素。需要某个或多个组织成为能力的主要载体，需要长期性的巨额资金投入和人力资源投入。

"协和号飞机"、"空中客车"都是规划式创新的典型代表。"协和号飞机"的速度为2.04马赫，是音速的两倍，从巴黎到纽约的飞行时间为3小时45分钟，而波音777需要花8个小时；飞行高度为58500~60000英尺，是波音或"空中客车"的两倍。全球共有12架"协和号飞机"，1977年投入营运，2000年7月25日发生一次空难（109人全部遇难），2002年全部退役。"空中客车"是继"协和号飞机"之后欧洲第2个主要的联合研制飞机计划，其初衷是为了同波音和麦道等美国公司竞争。1967年，英国、法国和德国政府签署一个谅解备忘录，开始进行"空中客车"A300的研制工作。1970年，空中客车公司正式成立。经过40多年的发展，空中客车公司从最初较松散的多国经济联合体发展成为引领全球航空制造业的两大巨头之一。2008年，空中客车公司的营业额超过270亿欧元，掌握了全球约一半的民用飞机订单。中国目前正在进行的"大飞机项目"也属于规划式创新。

本章中的国家电网公司特高压技术创新工程也属于规划式创新。国家电网公司是自然垄断行业中的特大型国有企业（2009年《财富》全球企业排名第15位），特高压输电关键技术的技术复杂度很大，风险也很大，国内不少专家和机构持有疑义。但国家电网公司经过科学论证，启动了该项技术研究与开发。并对项目进行了严密的规划设计，组织动员了三大方面（公司内部的科研资源、公司外部的研发联盟和国际技术交流与合作）的资源和力量，取得了成功。这类创新的决策特点，正如国家电网公司总经理刘振亚所言："实现电网技术升级是电网企业职责所在。面对压力，放弃是一个轻松的决定。但是作为一个对国家和人民的事业负责任的企业，我们无法选择轻松。"创新决策的目标是多重的，既有市场利润回报，又有对国家和社会的责任。

除了上述三种创新类型外，还有一种采用举国体制，不以直接获取市场利润回报为目标，而是围绕着国家在特定时期内的政治、军事、外交等目标的创新类型。如苏联的人造卫星，美国的曼哈顿工程和阿波罗登月计划，中国的"两弹一星"和"核潜艇"等，都属于此种类型创新。

这类创新虽然不能获得直接的经济效益，但其成功之后的大量新技术转移和扩散以及大项目的组织管理能力，有利于提升整个国家的创新水平和能力。美国兰德公司的一项研究表明，由飞机技术派生的衍生产品的销售额，是航空产品本身销售额的15倍，而航空业带动技术升级、产业延伸的效应则更大。

本章案例中的中国航天科技集团，是此类创新的典型代表。经过多年的自主创新努力，中国航天科技集团在航天器总体和系统技术、精确制导和导航控制技术、航天动力技术等11个重点技术领域，掌握了一大批具有自主知识产权的技术成果，打破了发达国家的技术垄断和封锁，创造了以"载人航天"和"嫦娥工程"为代表的一系列重大科技成就，有效地支撑了国家综合实力的提升，对相关产业和社会的牵引、辐射和带动作用巨大，使中国跻身世界航天大国之列。

（四）创新的战略路径：从模仿到自主

中国是后进的工业化国家，在几乎所有的近现代工业领域，中国企业都扮演着后来者的角色。不仅相比欧美企业是后来者，甚至相比日、韩企业也是后来者。后来者与先行者的明显区别主要有以下几个方面：第一，先行者早于后来者进入市场，当后来者进入市场时，先行者们早已在市场中找到了自己的位置；第二，先行者们从自身利益出发，制订了一套商业游戏规则，后来者进入市场时，一般要遵守这套规则行动；第三，先行者们拥有核心技术，技术自主性强，而后来者一般从引进先行者技术开始，技术依赖性强。

在这种位置上，许多中国企业创新的战略起点是从模仿开始，如果我们把"自主"选择为目标的话，那么，从模仿到自主就是中国企业创新的主要战略路径。接下来要探讨的问题是：模仿对象是谁？如何模仿？以及如何从模仿走向自主？本章的若干案例为这些问题提供一些可参照的答案。

振华港机的模仿对象是集装箱起重机的国际标准。从一开始，振华港机就严格遵从国际标准生产产品。此外，它们还模仿了某荷兰公司的专用运输船（并未侵犯对方的知识产权）。振华港机模仿了8年，于2000年把GPS技术应用在场桥上，开发出第一个新产品。之后，又陆续推出了一系列自主创新产品，逐步走向自主创新，并且制订出集装箱起重机的新国际标准。

华为的模仿对象，先是代理过的香港产交换机，然后是外国公司在中国的程控交换机。之后，华为先从关键零部件开始自主研发，以降低成本为目标。在此基础上，华为投入全部资源于3G（WCDMA和CDMA2000制式）技术开发，通过合作和并购相结合的方式，走向自主创新。

海天公司的模仿对象，是小灵通（PHS）和GSM/CDMA基站天线的外国跨国企业。海天天线根据中国市场的具体情况对天线技术加以调整和改进，并通过把天线产品从通信设备系统中分离出来的市场创新，实现了在中国市场对进口产品的替代。

烟台万华的技术基础来源于日本公司。在引进设备并加以消化吸收逐步达产的过程中，烟台万华逐渐掌握了相关技术，再通过与高等院校的合作开发，最终获得了具有自主知识产权的核心技术。

模仿作为起点，是后来者的普遍特征。关键的问题是：什么时间开始在模仿的基础上有所创新？什么时间能够实现自主创新？对不同的行业和企业而言，这个时间并没有一定之规，时间长与短并不能说明问题，主要是看最终结果，能否通过自主创新实现企业发展并在全球市场上获得合适的位置。

在这个过程中，企业家精神是至关重要的。振华港机的管彤贤在创业时讲过"世界上凡是有集装箱作业的重要港口，都应该有中国生产的集装箱装卸机械"；华为的任正非在创业初期，就明确提出"全球通信设备市场，三分天下，必有华为"；吉利集团的李书福也提出"让吉利汽车走遍全世界"，他们一直带领全体员工努力地实现企业的愿景和目标。

（五）创新的活动方式：合作与并购

如何从模仿走向自主创新呢？中国企业采取了多种多样的方式。其中，合作研发与并购获取是许多中国企业采用的方式。这也是由中国企业的后来者位置所决定的，因为后来，自身的资源有限，需要与他人合作来弥补自身的不足；因为后来，居上心切，一切由自己来做，时间较长，而并购获取能够获得时间优势（但成功率不高）。

与竞争对手合作是华为创新的一大特点。任正非说："如果我们和对手联合起来搞研发，共同研发一个产品，研发成本降掉一半，我们的成本就降了一半。竞争对手也要手拉手，也要走向合作。"西门子既是华为技术的主要竞争对手，也是主要合作伙伴之一。华为还通过多次小规模并购获得所需要的技术、人才和客户。

烟台万华与青岛化工学院（现青岛科技大学）的产学合作不仅时间长，而且成效突出。正是在此合作过程中积累了丰富的产学合作经验，烟台万华才在自身创新能力持续提升的同时，继续加强与科研院校的合作，不断扩大合作内容和深度，以保持自身的技术领先地位。

中国化工于2006年实施了三起跨国并购，把拥有先进技术的法国安迪苏公司和罗地亚有机硅业务归于旗下，极大地提高了中国化工在化工新材料领域的技术自主程度，为进一步成为世界级的跨国公司奠定了基础。

以上从五个方面，我们归纳和总结出一些中国企业创新发展的初步轮廓，进一步深入探讨，还需要进行更多的案例研究。

二、典型企业案例

下面分别介绍振华港机、三一重工、中国化工、华为技术、海天天线、烟台万华、汉王科技、国家电网公司、中国航天科技、奇瑞汽车、海信集团、万向集团、吉利集团、浪潮集团、仁创科技15家企业的创新发展案例。[①]

---

① 在本章企业案例的资料搜集和撰写过程中，各地方以及相关企业给予了积极配合和帮助，部分企业还提供了原始资料和稿件。由于报告篇幅限制，有些企业案例经过修改完善，将在以后年度报告中采用。在此一并表示感谢。

（一）振华港机：从外围创新到高集成度创新

20世纪90年代初，随着国际贸易的发展，国际集装箱运输业出现了一股"超巴拿马"的热潮。新型的集装箱货轮突破了巴拿马最大型集装箱货轮4000箱的旧标准，开创了集装箱运输的新纪元。如丹麦马士基海运公司制造的6000标准箱集装箱货轮，成为新一代货轮的典型代表，后来又发展到8000甚至10000标准箱的水平。在这种背景下，国际集装箱运输业界对港口装卸机械设备的效能提出了更高要求。当时的旧式港口机械面对繁重的集装箱装卸作业，显得力不从心。世界各大集装箱港口纷纷开始替换成运营效能高的新型港机产品，从而掀起了港机设备更新换代的高潮。

振华港机（ZPMC）应运而生。1992年，中国上海，一个只有十几名员工、100万美元启动资金的小型沪港合资港机企业成立了，它就是上海振华港口机械（集团）股份有限公司（以下简称振华港机）[①]的前身。合资双方分别是当时交通部在香港的全资子公司香港振华工程有限公司和上海港口机械制造厂（上海港机）。香港振华投资了50万美元，上海港机则以一块土地作价50万美元出资，并从产品设计、质量管理、生产和市场等部门调派了十几人加入了合资企业。59岁的管彤贤离开交通部机关，担任振华港机总裁。他领着这十几名员工，在上海港机厂附近租了几间简陋的办公室，开始创业。创业之初，管彤贤为振华港机确定了以下使命：世界上凡是有集装箱作业的重要港口，都应该有中国生产的集装箱装卸机械。

到2008年底，振华港机的集装箱起重机械产品远销73个国家和地区，100多个码头。自1998年起振华港机产品连续10年居全球市场占有率第一位，以岸边集装箱起重机（岸桥）订单计算，2008年，国际市场占有率为78%。[②] 振华港机拥有10多项国际先进水平的新产品，2005～2007年，其新产品销售收入占全部销售收入的比重达到50%～65%。2005年，振华港机"新一代港口集装箱起重机关键技术研发与应用"获国家科学技术进步一等奖。2008年，振华港机获得首届国家科技进步奖技术创新工程项目奖。

只有17年历史的振华港机，如何从一家只有10多个人、100万美元资本的小企业，成长为全球集装箱起重机械市场上的冠军企业？

1. 外围创新，进军海外市场

振华港机总裁管彤贤从一开始就着眼于海外市场（他在交通部任职多年，对

[①] 2009年5月，上海振华港口机械（集团）股份有限公司更名为上海振华重工（集团）股份有限公司。本报告仍采用原名称。

[②] 数据引自全球业界权威杂志《World Cargo News》，该企业数据主要引用于该杂志。

海外市场有比别人更多的了解。合资初期,双方商定振华港机以海外市场为主,上海港机以国内市场为主)。但是,面对日本三井、三菱、住友、石川岛,德国克虏伯、诺尔,英国莫里斯,韩国三星、现代这样的当时世界一流港机制造企业,仅凭十几人组成的创业班子,振华港机没有与这些强敌竞争的实力。怎么办?

(1) 以"低成本+国际标准"进入市场

1992年底,振华港机从加拿大温哥华港获得第一笔岸桥订单。报价低于同行的25%和良好的售后服务承诺是夺得订单的主要因素。在产品设计和制造上,振华港机采取模仿策略,同时严格遵照国际标准。

1994年,振华港机就开始申请ISO9001认证,并依此标准建立了质量体系。凭借对质量的高标准、严要求,振华港机不仅以低廉的价格优势叩开了国际港机市场的大门,更以国际化的质量标准立足于市场。在之后的业务拓展中,振华港机从未在标准上有过松懈,先后通过加拿大焊接协会(CWB)、美国钢结构学会(AISC)、德国焊接学会焊接技术培训中心与研究所(SLV)等国外权威机构的认证,以及焊工资质认证、UL认证、CE认证等,使振华港机的产品迅速打入欧洲、美洲、亚洲、非洲、大洋洲等国家和地区的100多个港口。

(2) 自办运输获得总成本优势

1994年前,振华港机在设备运输上曾遇到一段不小的波折。为振华港机提供岸桥运输服务的是当时全世界唯一的一家提供专业岸桥运输服务的荷兰公司,在与振华港机合作过程中频频提出苛刻条件并连连坐地起价。1993年初,当振华港机接到美国迈阿密港务局的4台岸桥订单后,这家公司开出150万美元一台的运输价,并不保证能按时将岸桥送达,使振华港机在设备运输方面陷入困境。

振华港机面对这种困境,决心另辟蹊径,在产品运输这个外围业务中实现创新。1993年11月,振华港机花200多万美元购买了一艘6吨级运煤炭的旧船进行改装,使其适用于专门的集装箱起重设备运输。翌年,第一艘印有"ZPMC"标记的专用侧装整机运输船,按时将振华港机制造的岸桥送往迈阿密。

自办运输使振华港机具备了其他港机制造商所没有的成本和服务优势,同时还威胁到那家荷兰公司。该公司以侵犯知识产权为由把振华港机告上法庭,最后振华港机胜诉。

如今,振华港机运输船家族已经从"振华1号"发展到"振华28号",它们远渡太平洋、大西洋、印度洋,将振华港机制造的一个个"钢铁巨人"送往世界各地的集装箱港口。此举促使振华港机将港机设备运输纳入到企业业务中,这种外围创新和一体化经营使振华港机获得了相当大的竞争优势:一是避免了因第三方运输公司过错而引发的、不必要的交货延误,为自身减少赔偿损失外,更为客户港口减少因卸货时间变更而造成的各种麻烦和损失;二是以当时购买旧船、改装、运输的成本计算,单位运输成本绝对低于第三方船运公司150万美元一台的报价；三是能根据客户要求灵活安排交货时间，大大提高了服务质量和客户满意度。

因此，侧装整机运输船堪称是振华港机早期一项重要的外围创新，尽管未涉及核心产品和技术，却使振华港机在整机运输上变被动为主动，不仅降低了产品总成本，而且大大提高了产品运输服务的质量，为客户提供了其他港机制造商不能提供的高效服务。

（3）整机装卸扩大总成本优势

在设备运输装卸方面，振华港机首创了岸桥调试完毕后整机装卸运输。过去，生产厂家在基地完成制造、调试岸桥后，需将岸桥分拆后运输到客户的集装箱码头，到港后再需1~3个月的时间安装、调试设备，才能真正交付使用。当时一般集装箱岸桥的毛作业效率为30~40自然箱/小时，扣除强保时间和预防保养维修时间后，估计一台设备每天平均工作20小时，那么客户在每台设备安装调试过程中，将损失1800~7200自然箱的装卸能力。对于繁忙的国际集装箱大港来说，机械设备均以最高的利用率运作，这种运营能力的浪费是相当大的。振华港机将设备整机运输、装卸，到港后仅需一天就可投入使用，最大限度地减少了客户运营能力浪费，为客户创造了直接的效益。

整机运输及装卸实际做起来并不容易。主要是在实际装卸作业中，整机装船、到港后卸船采用的是垂直装卸，而在升、降大型设备的操作过程中事故频发。这样一来，整机到港后仍可能由于装卸事故而未能立即投入使用。为解决这些问题，振华港机首创了利用潮差和调整船的压舱水，通过预先铺设的轨道将整机水平装卸，避免以往因垂直卸载而引发的事故，极大地提高了装卸的安全水平。真正确保了振华港机生产的整机卸下通电即可投产，避免客户港口产能的浪费，提高了港口的利用率，广受全球客户的欢迎。

以上外围创新是一类特殊的"侧翼战"。它并未涉及核心产品和技术上的改进和突破，但是这类创新却深得客户之心，缩短了港机设备的预运营期，降低了港机设备在制造完成后的额外安装、调试、修补工序，提高了服务质量，使振华港机获得了总成本领先的竞争优势。从此，越来越多的国际大港选择印有"ZPMC"标记的集装箱起重机，因为它不仅物美价廉，而且为港口节省了大量的原先在设备添置、更替过程中不必要发生的时间和成本。

在第一个10年中，振华港机作为弱小后发者，暂无实力在核心产品和技术上与强大的对手竞争，而是想客户所想，不断从对手价值链的薄弱环节（专业运输、整机装卸等）展开攻击，以自办运输业务、首创整机装卸等外围创新，由一个单纯依靠技术模仿的小企业成长为国际集装箱起重机械行业的后来居上者。1996年，振华港机以低于竞争对手25%的价格、国际标准的产品质量和优质的售后服务，成为仅次于德国诺威尔和日本三菱的全球集装箱起重机械行业的第三大制造商。

1998年，振华港机更以全球市场1/4的占有率跃居第一位。

2. 核心产品创新，占据市场主导地位

进入21世纪，振华港机以全球30%以上市场份额名列同行业的首位。但这种以外围创新获得的总成本领先优势，并不能保证振华港机市场地位的稳固、提升和持续。在市场第一的位置上，振华港机利用近10年积累的资源和能力，开始进入核心产品和技术创新领域，真正成为引领行业发展方向的领导者。

（1）长"眼"的场桥：第一项产品创新

首先拉开振华港机产品创新序幕的是带有全球卫星定位技术（GPS）的轮胎式集装箱龙门起重机（即场桥）。

场桥原先是个"瞎眼"巨人，它在移动、起吊时要靠人工指挥，不仅效率低，还易出现偏差，酿成事故。2001年，振华港机将刚刚问世不久的GPS技术结合磁尺双定位技术应用到场桥中去，首创了DGPS技术的集装箱起重机。带有这一先进技术的场桥定位精度高达±15mm，实现了起重机精确定位、直线运行、自动纠偏、箱位管理、高效作业五项功能，成就了起重机在定位精度上质的飞跃。当时，德国的一家企业也在开发类似的起重机GPS控制系统，并与振华港机在香港和记黄埔集装箱（HIT）码头招标中竞争。最终，振华港机的产品以先进的技术和明显的价格优势击败竞争者，振华港机制造的第一台配备GPS控制系统的轮胎式集装箱龙门起重机，于2001年首先登上香港HIT码头。以此为起点，振华港机进入到单项核心产品创新的新阶段。与竞争对手相比，这个阶段的产品不仅保持了前一阶段的总成本优势，而且拥有业内领先的技术，又形成差别化优势，当年振华港机在世界集装箱机械市场上的份额达到35%。

（2）明星产品的诞生

2003年，随着集装箱港口业务的日益繁忙，振华港机大量投入资源到提高起重机能效的核心产品研发工作中。当时，市场上常规的起重机一次只能吊起一个40英尺或两个20英尺的集装箱。但对繁忙的国际大港来说，时间就是金钱，如果集装箱起重机能一次吊起更多的集装箱，那么设备的使用、港口的运营效率将明显增强。鉴于当时世界集装箱船队趋于大型化，40英尺集装箱已占全球集装箱总量的六成，振华港机在阿联酋迪拜港的启发下，将新产品开发方向锁定在一种同时吊运两个40英尺集装箱的起重机上。

2004年，振华港机攻克了双箱对位作业和控制的技术难题，成功研发了双40英尺集装箱起重机，提高装卸效率50%以上，理论上毛作业效率可达90~100自然箱/小时，该产品的诞生堪称世界集装箱起重机技术发展史上的重大突破。当此项港口机械更新换代产品推出之际，正赶上全球常规集装箱起重机更新换代的大好时机（各大国际港口约有4000台计起重机需更新），于是产品一经推出，就受到全世界各大港口的青睐，成为振华港机的明星主打产品。2005年，迪拜港订购了10台该型号起重机，并一举创下每小时装卸104自然箱的世界纪录。2009年，上海洋山深水港区以每小时128自然箱的单机集装箱装卸作业台时量，创造了又一新的世界纪录。到2009年8月，振华港机双40英尺集装箱起重机的交货和订单总数达277台（全球市场每年新增岸桥200～300台）。

2004年，一种集成2002年双小车起重机和2003年双40英尺集装箱起重机两项产品性能的新型起重机问世。这是一项基于原先单项产品创新的集成创新产品，集合以上两项产品的优点于一身，是合二为一的升级产品，不仅是单项产品优点的吸收，更是对已有产品优点的突破。该产品作为当时效率最高、自动化程度最好的集装箱起重机，将起重机作业效率提高一倍，堪称世界最快的起重机。振华港机先于用户、先于市场，主动对自有主导产品进行更新，为企业发展注入了新的活力。当年，振华港机在世界集装箱机械市场的份额上升为50%以上，其余竞争对手的市场份额皆在15%以下。

（3）核心产品创新的市场效果

以上这些针对旧式集装箱起重机设备的不足而萌发的产品创新，是针对特定问题而推出的单项产品创新。这些单项核心产品和技术的创新，有效地提高了新型港机产品的作业能效，从而推动了集装箱起重机行业的快速发展。在这一阶段，通过这些核心单产品创新，振华港机不仅在价格与服务上击败了竞争对手，更以高效能的产品赢得了更多的客户，不仅保持了市场领先地位，而且真正占据市场的主导地位。2005年，振华港机在世界集装箱起重机械市场的份额达70%。

2006年，继双40英尺集装箱起重机之后，振华港机又成功研发了一次可吊3个40英尺集装箱的新型起重机，最大起重量可达120吨。相比双40英尺起重机，其装卸效率又提高了25%左右。首台产品于2007年运往深圳妈湾集装箱码头，妈湾7号成为世界首个拥有同时可吊起3个40英尺集装箱起重机的码头。尽管双40英尺集装箱起重机作为振华港机的明星产品，现在仍广受各大港口欢迎，但振华人没有停住脚步，敢于突破明星产品。正是这种居安思危，顺境不懈怠的创新精神，成为推动企业发展的原动力。

3. 高集成度创新，开拓新市场

高处不胜寒。2007年，振华港机面对的是如何巩固行业冠军地位的难题。攻易守难，辉煌的市场业绩对振华港机来说，形成了一股巨大的、无形的压力。停滞不前意味着倒退，给竞争者可乘之机；继续前进则意味着突破自我极限。振华港机选择了后者，通过集成式创新开拓了全自动码头系统这个新市场。

（1）整体设备供应商

2005年，振华港机获得总价超过2亿欧元的荷兰ECT Euromax自动化码头全套设备的订单，该码头作为世界上最先进、规模最大的自动化集装箱码头于2008年正式投入运营。振华港机包揽了全部76台自动化设备、16台集装箱岸桥、58台轨道吊和2台铁路吊车。值得一提的是，在竞标时奥地利一家集装箱起重机厂的报价比振华港机低5%～10%，但鹿特丹港方还是选择了振华港机。这有力证明了振华港机优质、高效的产品和良好的售后服务在竞争中的优势，已远胜过其价格的优势。自动化港口项目的成功标志着振华港机已有能力提供最先进的整体港口机械设备，体现了其在当今港口机械行业中的领军地位。同年，振华港机在世界集装箱机械市场的份额达到78%，印有"ZPMC"商标的港口机械几乎遍及全世界各个港口。

(2) 高效自动化码头装卸系统

随着航运业"超巴拿马"热潮的继续升温，对港口机械行业提出了更高的要求，但单项产品创新的效能已不能满足现代化码头的安全、高效、节能、环保，现代化港口急需一种新的解决方式。作为回应，20世纪90年代，荷兰鹿特丹港的ECT自动化码头和德国汉堡港的HHLA-CTA自动化码头相继建成。但港口方在投产使用中发现，自动化码头的投资过于昂贵，且实际操作效率并没有人工操作的效率高，因而不能得到普遍推广。针对以上缺点，振华港机找到了新的发展方向，致力于研发一套操作效率高、投资经济的码头自动化装卸系统。

2007年，振华港机与上海交通大学、同济大学和上海海事大学共同合作研发，首创了代表市场潮流的节能环保、安全高效集装箱码头全自动化装卸系统。研究团队调研了国外几个自动化码头后，结合以往振华产品的优点和客户使用中的经验，创新地在装卸系统中取消了内燃机驱动的水平运输和昂贵的导航系统，将集装箱传送分配用立体轨道的电驱动来实现，彻底改观了常规集装箱装卸系统，解决了港口装卸系统对环境的污染。经测算，同一泊位采用本方案的生产效率至少提高50%，堆场的存箱量提高25%，而且营运费用大大降低。

振华港机在自动化码头装卸系统上的研究，对现代集装箱港口有划时代的革命作用，被业内专家称为新一代码头装卸系统的发展方向。该系统解决了集装箱港口运行效率的世界性"瓶颈"问题，彻底改变平面转运的方式，缩短岸桥与场桥间集装箱转运路程，加快岸桥与场桥间集装箱周转，优化集装箱流程，实现智能化调度控制。更值得注意的是，该系统包括：一次性可处理两个40英尺集装箱，创造性地取消了传统码头用内燃机驱动的水平运输方式，将码头装卸装置完全置于轨道上用电驱动来实现立体交叉作业。这些创新点皆与振华以往的产品创新有关，是在以往产品创新基础上的高集成度的创新。2007年，振华港机建成世界第一个高效智能型立体装卸集装箱码头示范区——长兴示范区。

这一系统的研发，融入了振华港机前期产品创新的诸多成果和经验，并将范围从单件港机产品扩展到整套港口机械系统，是一种高度集成的系统产品创新。

据此,振华港机的市场范围从集装箱起重机械拓展到集装箱码头装卸全套系统,在引领全球集装箱码头发展方向的同时,为企业未来长期业绩增长奠定了基础。

4. 振华港机的创新地图

以上从产品创新与市场地位及相互关系的视角,描述了振华港机在不同市场地位/发展阶段中的创新活动。下面我们采取两个维度来描述振华港机集装箱起重机械的创新路径:一是创新的范围,分为外围和核心产品两类;二是创新的集成度,分为低与高两个层次。由此绘制出振华港机17年来的创新地图,如图4-1所示。其创新路径呈现出"C"形模式,"C"的宽度代表振华港机占据的市场份额。

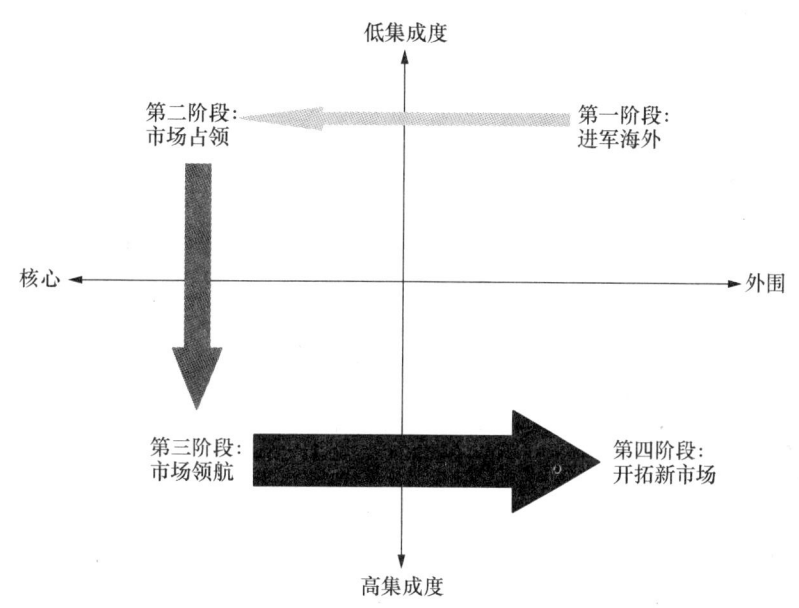

图4-1 振华港机创新的C形模式

(1) 客户至上 服务创新

刚成立时,振华港机是市场中的新手,在高手如林的港口机械行业,没有技术、没有资金、没有市场渠道。振华人基于企业当时的能力,找到了一条适合企业的创新路径:技术和产品模仿、运输服务等外围创新。凭着"振兴中华"的信念,凭着遵循国际标准打造的产品,凭着独特的售后服务,名不见经传的振华港机在短短6年时间内,不仅打入了海外市场,而且逐步占据全球港口机械市场份额第一位。这一阶段振华港机飞跃式的发展,主要依靠的是为客户提供更多、更好的服务,以"客户至上"为创新的核心理念。

(2) 能力提高 产品创新

振华港机的成功并不在于其上升的速度,而在于如何在保持第一的基础上,不断完善自身。以外围创新和服务优势打入市场后,振华人深知自己的实力与市场第一的地位尚不吻合。为此,先从单产品创新开始,再进入到集成产品创新,不断巩固和提升其市场份额,稳固了振华港机的行业地位。试想振华港机在夺得市场第一后,如果没有加紧核心产品的开发,而满足于当时的市场份额,那么马上可能会有第二家、第三家"振华港机"以同样的产品、同样的服务甚至更低的价格取而代之。事实证明,只有取得核心技术优势,在价格、服务和技术上都满足客户需求后,企业才可以将短期优势延伸为长期优势。

(3) 整体提升 集成创新

所有快速发展的事物都会遇到同一个问题——瓶颈,振华港机也遇到过,但是在瓶颈出现之前,他们就做好了准备。振华港机在技术和市场份额双领先的情况下,主动从客户主导型的单产品创新转向自我更新、自我攻击型的集成创新。他们在现有产品仍热销的情况下,主动集成以往产品的优势,推出更新换代的产品,把集成产品创新扩展到集装箱码头系统的全面创新,使产品领先于市场需求,真正成为引领行业发展方向的龙头企业。

(二) 三一重工:战略指导下的三位一体创新

三一重工股份有限公司(以下简称三一重工)是三一集团的核心企业,三一集团的前身是1989年梁稳根等人创办的湖南省涟源市焊接材料厂。1991年9月,该厂更名为湖南省三一集团有限公司。1994年,三一集团涉足工程机械领域,1995年,第一台拖式混凝土输送泵(以下简称拖泵)下线,1998年,三一集团拖泵产品年收入超过2亿元。1999年,三一集团开始生产混凝土泵车(以下简称泵车)。2000年,三一集团的主导产品——拖泵与泵车的国内市场占有率均达42%,[①] 直到2008年都一直保持国内市场占有率第一的地位。到2008年,集团已全面进入工程机械制造领域,主导产品为建筑工程机械、路面机械、挖掘机械、桩工机械、履带起重机械、非开挖施工设备、港口机械、煤炭机械全系列产品。

1. 以"非常规创新路线"站稳脚跟

1989年,梁稳根及其创业伙伴发起成立涟源市焊接材料厂,从事焊接材料的生产制造。至20世纪90年代初,企业经营规模大概在年产值亿元左右,年利润在千万元左右徘徊。梁稳根认为,公司之所以始终在1亿元左右踏步,根本问题在于所从事的材料行业市场规模太小,利润率不高,不利于企业做大做强;而企业地处偏僻的地级市,也不利于吸引科技资源和一流人才。

---

① 该企业数据来自中国工程机械协会的统计。

(1) 战略创新：双进战略

1992年，梁稳根在一次核心团队会上提出"双进战略"：进入大城市——长沙、进入大行业——工程机械，以拖泵作为切入点。当时集团内部有过激烈争论。有人认为，机械行业是夕阳产业，公司不掌握技术，几乎一无所知，为何不选择当时热门的电子、饮料、日用消费品行业？梁稳根则坚持认为，三一集团要进入的正是竞争不充分，民企优势强的领域；而且某种产品的进口替代性强，说明它的利润丰厚。"双进会"后，创业团队兵分两路：一部分留守涟源材料厂，收入除了维持日常开支外，全部用于支持混凝土泵车的生产；另一部分具体实施"双进战略"。1993年底，三一集团在长沙注册成立，下设三一重工和三一材料两家公司。

20世纪90年代以来，国民经济持续增长和城市化进程加快，中国工程机械行业进入了一个高速增长期。当时基本上是国外品牌主导中国工程机械市场，这些国外品牌销售价格昂贵。国内厂家当时要么不能生产，要么产品质量差，不能满足客户需求。三一重工选择在产业生命周期上属于高速成长期的工程机械行业，就是瞄准其可以实现"进口替代"的市场潜力和巨额盈利前景。

高市场容量、行业高成长性、利润水平可观，三一重工在选择这样一个有吸引力的行业之后，面临着如何在这个行业中定位的问题。当时的工程机械市场上，要么是价格高、品质好的国外产品，要么是质量次、价格低、缺乏核心技术的国内产品，客观上存在一个品质好、拥有核心技术、价格适中的利基市场：拖泵。

(2) 观念创新：技术壁垒不可怕

瞄准了这一利基市场，如何获取核心技术就成为成功的关键因素。当时国内企业都认为国外品牌是不可逾越的，工程机械的核心技术是不可逾越的。三一重工初探工程机械行业时，该行业的发展路径无非是以下两种：一是斥巨资引进跨国公司的技术，走引进、消化、吸收的路子；二是与国外企业合资，以市场换技术。但对三一重工而言，这两条路都走不通。购买技术，三一重工缺乏资金，且欧美的行业巨头对输出技术设置壁垒；合资之路，三一重工当时刚刚进入工程机械行业，还很弱小，根本就不入国外企业的"法眼"。

在和外国企业谈技术引进连连碰壁后，三一重工激出这样想法："与其引进技术跟在人家后面亦步亦趋，沦为'生产车间'，不如另辟蹊径，以自我创新掌握发展主动权。"工程机械行业包含很多复杂的技术，如智能控制、材料技术、液压控制。这个行业兼具劳动密集和技术密集的特点，这就决定中国企业不仅可以拥有众所周知的廉价劳动力优势，还可以利用技术人才优势。国内有大批一流的机械相关专业的技术人才，他们的薪酬只是国外的几分之一。这就使三一重工这个初入局者选择技术先行的路径，通过突破核心技术，实现对国内企业的技术领先，使企业产品与竞争对手产品形成明显的差别化。这一技术创新路径形成了三一重工进军工程机械行业的战略支点。

从零开始的三一重工，首先选择拖泵作为进入工程机械行业的敲门砖，当时这一产品市场在中国刚刚启动，国内客户已接受了这种新的施工方式（传统工艺是用塔吊运混凝土上高层建筑施工），而市场竞争也还不像路面机械等其他工程机械产品那样激烈，三一重工面临着比较好的时机。

三一重工发展伊始便请到了液压专家易小刚，他在三一重工日后的发展中承担了技术开拓者的角色。1995年9月，易小刚以技术合作者的身份来到三一重工。此前，他从没接触过混凝土拖泵，是不折不扣的"外行人"。进厂不久，易小刚发现，混凝土拖泵的高低压切换要靠接不同的管子，他设计了一个可以旋转90度的阀门，进行切换。但车间主任和工人一致反对更改原有设计，认为国外都是用管子，客户也没提意见，我们怎么能换呢？梁稳根决定支持易小刚。由此，三一重工有了自己的第一个专利。

观念上的创新是三一重工此后不断实现技术突破的关键。易小刚认为："这不是很难的突破，只是思路的改变。那时什么都讲国产化率，但越是模仿，越进入一个死胡同。其实我们完全可以用另外的思路去解决同样的问题。"抛开常规的模仿国外产品设计的路径，从零开始用通用的机械原理来做研发——这种非常规创新路线，是三一重工的"用兵奇道"。

正因为对工程机械技术一知半解，不知道该行业有很高的技术门槛，所以敢于创新，敢于打破引进、消化、吸收的"路径依赖症"。中联重工科技发展股份有限公司的董事长詹纯新曾这样评价三一重工："三一为什么能实现突破，就是因为梁稳根不懂工程技术，无知者无畏。"敢于创新、拥有核心技术人才，是三一重工能够实现技术突破的关键因素。

（3）技术创新：抛开"常规"

1995年10月，易小刚开始攻坚拖泵的核心元件——集流阀组的技术。原来三一重工的思路是买标准件组装，但易小刚在研究日本石川岛建机株式会社的集流阀组后发现，所有的液压元件全是非标准产品，只有石川岛自己能生产。所以，三一重工最后的思路是，对于不是很关键的零部件，去市场上买标准配件进行设计组装，最核心的技术由易小刚组织人员专门研发。不到一个月，一个工作原理与石川岛的产品完全不同的集流阀组被设计出来了。1995年底，型号为60A的三一混凝土拖泵正式下线。当时一台60A的拖泵售价是50万元左右，三一重工可从中获取50%的毛利，而且元器件是可以批量生产的标准产品，拖泵质量得到了保证。1998年，三一重工依靠拖泵产品年收入超过2亿元，在工程机械产业站住了脚跟。

从1994年开始，三一重工开始对混凝土输送泵机械、液压、电气等关键技术进行攻坚。之后，创造性地把拖泵的新技术应用到泵车等混凝土输送系列产品中。

1998年，公司开始研制37米泵车臂架，并于当年研制成功。而1998年之前，业内臂架是32米。当时业内流行一句话——"臂架长度增加一米比登天还难"。

1999年，三一重工开始生产泵车。2000年，三一重工泵车销售30台，国内市场占有率为42%。而此前国内泵车主要靠进口。2000年，三一重工开始研发42米臂架泵车。2001年，拥有自主知识产权的42米臂架泵车成功下线。该型号泵车一举填补了中国没有40米以上臂架泵车的空白，从此中国在泵车、臂架领域的研发与国际知名品牌达到同步水平，改变了原来国内市场绝大多数的混凝土泵及泵车依靠进口的局面。

2. 以"研发与服务"巩固地位

三一重工在混凝土施工机械领域抢占国内市场的制高点后，步入自我突破的道路，以不断巩固领先地位。2000年，梁稳根提出将"研发与服务"作为三一重工的两大核心竞争能力，即：在研发能力方面，确保混凝土输送机械在国内的领先地位，争取路面机械达到国内一流，三一重工新产品达到国外同类产品的水平；在服务能力方面，超过同行标准，超过客户期望，成为行业标杆。

（1）战略创新：研发与服务

定位核心竞争力时，三一重工坚持"三做"的评判标准，即"必须做、可以做、值得做"。行业的关键成功要素，公司必须做；企业优势资源所支持的要素，公司可以做；与客户突出需求密切相关的要素，公司值得做。

为了定位自身企业的核心能力，三一重工曾组织10余人的队伍，耗时半年，对进入世界500强的卡特彼勒、小松、沃尔沃、迪尔、菲亚特等国际知名工程机械企业的成长历程进行系统研究。他们发现，产品的可靠性、先进性、经济性、品牌影响力、售后服务是工程机械行业成功的关键要素。这就需要企业从研发、采购、制造、营销、服务5个环节进行努力，但这5个环节相对三一重工的自身优势来看，由于资源有限不可能全部做好，需要再进行筛选。

三一重工首先考虑自身资源优势。在刚进入工程机械领域时，三一重工在资金方面没有优势，无法在制造环节中打造核心能力；在品牌和规模上更没有优势，也难以在采购环节中打造核心能力。而三一重工较突出的优势是人力资源丰富，中国拥有1800多万机械产业从业人员，三一重工可以将丰富的人力资源优势转化为企业的竞争优势。而在5个基本经营环节中，研发、营销和服务3个环节最易发挥劳动力资源优势，因此将其定位为核心能力是完全有可能的。

三一重工进而考虑用户的突出需求。工程机械产品单价高，从几十万元到几百万元不等，用户的采购频率不高，因此对采购的方便性要求不明显。但工程机械市场的客户是各种类型的建筑建设公司，客户注重的是产品的质量和技术，又因为工期的限制，对服务的及时性、完备性要求较高，而对价格敏感性要求不高。

在重型机械产业中,机器停工意味着巨大的损失,因此,维修服务的快慢直接影响着用户的经济效益。按照"值得做"的原则,三一重工最终把核心能力锁定在研发和服务上,以确保用有限的资源最大限度地满足用户的突出需求。

三一重工的服务战略还源于市场竞争的需要。虽然国外产品技术先进、质量较好,有实力的客户首选国外品牌,但客户对国外品牌的服务能否及时并不放心,因为国外品牌的服务一般通过经销商提供,但国内经销商体系不完备,经销商实力难以达到客户需要。因此,三一重工能够以高质量的服务抢占市场份额。否则国外高性能、高效率、高稳定性和可靠性的产品,可能仍会是国内用户的首选。尤其在中国加入WTO后,国外同类产品进入中国市场参与竞争的能力增强,特别是国外知名厂家在中国设厂生产,可能削弱三一重工的产品竞争优势。

另外,对于国内的竞争对手,随着市场竞争的加剧,市场竞争不规范,可能引发恶性竞争,导致产品价格下降。为此,三一重工除了致力研发,提高产品性能和性价比之外,提高服务能力、"为客户创造价值"成为其巩固市场地位,赢得客户和市场的着力点。

(2) 观念创新:打破"行规"

"为客户创造价值"是三一重工服务的核心理念,它要求确保设备的正常运转,最小化设备停机时间,延长设备使用寿命,使客户获得最大的投资收益。每年三一重工将销售收入的4%左右投入到服务之中,用以完善服务体系建设。三一重工还率先在行业内推行服务质量体系认证,按照ISO9000的标准进行运作。而在当时,中国工程机械行业大部分企业采用低成本竞争模式,主要关注产品的实用性、可靠性和产品质量,对服务体系建设重视不够。三一重工的服务战略,颠覆了工程机械行业的"行规"。

三一重工还将服务模式由此前的"保姆式"向"管家式"转变,由传统的被动式服务向主动式服务转变,全方位提供客户施工作业流程涉及的全面产品和服务,满足客户的整体需求。如三一重工根据施工行业的特点和需求的发展变化,为客户提供混凝土成套设备的"整体解决方案",即根据产品性能以及客户的实际情况,提供设备的最佳匹配方案,提高成套设备的性价比,从而提高客户的选购效率;在施工过程中,服务人员在最短的时间内对所有设备进行维护,避免因设备提供厂家不同而带来的低服务效率及高服务成本,同时提升整体施工过程的质量,降低综合成本等。

(3) 技术创新:不懈的研发

为了瞄准国际上行业制高点,三一重工对研发尤为重视。2005~2007年间,三一重工研发经费投入分别为15832万元、23256万元和41536万元,占销售收入的比重分别为6.2%、5.1%和5.0%,投入强度达行业平均水平的3~5倍。三一重工的新产品研发周期(产品研发至样机下线)一般不超过1年,最快为6个月。

三一重工在集成现有先进背景技术的基础上，形成自主知识产权的技术，并达到国际水平。截至2008年2月，三一重工共申请专利710项，其中发明专利149项、国际专利27项，已授权专利446项。专利最多的产品为拖泵、泵车和掘进机。2002年，三一重工在香港国际金融中心创造了406米的单泵垂直泵送世界纪录；2007年12月，在上海环球金融中心，三一重工以492米的泵送高度再次刷新纪录；2007年10月，由三一重工自主研制、代表国际最高技术水平的66米臂架泵车获得吉尼斯世界纪录；2008年12月31日，三一重工自主研制的72米世界最长臂架混凝土泵车下线，再次打破了泵车臂架的吉尼斯世界纪录，标志着三一重工拥有该领域的最先进核心技术，从技术的跟随者成为领导者。

（4）服务创新：形成独特的服务模式

2005年6月，三一重工对原有800呼叫服务系统进行升级改造，在国内工程机械行业第一家启动4008呼叫服务系统。相对于以前的800呼叫服务系统，4008系统更加规范。一是统一了号码，无论客户在全国任何地方，均可拨打这一号码，且不受公司及服务中心地址变迁的影响。二是降低客户费用，被叫长途话费由三一重工承担。三是使用更加便利，可使用手机、固定电话拨打，克服了800呼叫系统只能由固定电话拨打的局限性。四是能起到全面调节的作用，由总部及时掌握公司在各地产品的服务情况，以快速地进行资源调配。

2006年，三一重工首次在中国工程机械行业引入"6S"店概念。6S店整合了三一重工所有产品系列的整车销售、零配件供应、售后服务、信息反馈、产品展示、培训"六位一体"的销售服务职能。到2008年，三一重工已在全国各大省会城市全面建设6S店。

三一重工还充分发挥技术上的后发优势，以技术创新来撬动服务战略，提高产品的附加值。在售后服务上，工程机械行业通行做法是给每台卖出去的机器指定责任工程师，一旦出问题，客户给责任工程师打电话，由他负责解决。但这个售后服务流程难以在时间上得到保证，因为工程机械产品的个性化零组件太多，工程师通常要到现场把机器拆开才知道怎么处理，然后再通知公司或供应商备货，空运至现场。2007年以前，三一重工也是采用这种服务流程，不过为保证客户满意度，公司通常在附近的服务网点准备两辆同类机器，一旦出现问题就先替换。这一策略使其在业内赢得很好的口碑，但也负担着高昂的服务成本。

2007年，三一重工推出中国工程机械行业第一个"企业控制中心"——ECC（Enterprise Control Center）系统，在每台售出设备上装置智能终端，将设备的状态随时反馈到监控中心。无论客户设备在哪里，控制中心的GPS定位系统都可以迅速定位国内外销售的每一台产品的具体位置和运行状况，并可远程诊断，就近派工，有效降低了服务成本。

三一重工要求员工必须在客户打完电话后3分钟内作出回应、24小时内完工。

这种服务模式被称为："一二三线协同、天地人合一。"其中，"一二三线协同"是指一线负责现场的服务工程师、二线设在呼叫中心的工程专家、三线通过远程会议系统联通的生产专家和供应商专家之间的协同，而"天地人合一"则是指卫星通信和地面 Internet 通信相结合。

3. 战略指导下的三位一体创新

1994~2008年，三一重工的发展历程大体可分为两个阶段：一是1994~2000年，是三一重工从零到第一的过程。关键在于选定了合适的行业和市场，实行差异化战略。而且突破了行业的固有观念，抛开模仿国外产品设计的常规方式，采取"从零开始用通用的机械原理"做研发的非常规创新路线，攻克混凝土输送泵等关键技术，并创造性地把这些新技术应用到泵车等混凝土输送系列产品中，与竞争对手形成差别化优势，取得较好的市场地位。二是2000~2008年，三一重工提出培育"研发与服务"两大核心竞争能力以巩固市场地位，实现自我突破。关键是以技术提高性能，并在观念上打破"行规"，以制造业服务化的方式进一步加强竞争优势（见表4-1）。

三一重工始终坚持的自主创新不仅用于新产品开发，还运用于高质量的服务中，技术成为同时支撑产品和服务的重要力量。三一重工形成了战略指导下的三位一体（观念、技术、服务）创新模式，战略是指导前进的方向，规定了观念、技术、服务等创新的方向和范围；观念创新是先导，承载着战略使命，又为技术和服务创新提供精神动力；技术与服务创新是价值提升的内容和基础，既为用户创造价值，又要与对手竞争。这种三位一体的创新模式使三一重工不仅巩固了国内市场地位，而且进一步到海外建厂、设立研发中心，进军全球市场。

表4-1 三一重工的创新历程

	阶段1：（1994~2000年）	阶段2：（2000~2008年）
战略创新	进入工程机械行业；选择品质好、拥有核心技术、价格适中的利基市场	将"研发与服务"作为企业两大核心竞争能力
观念创新	不怕技术壁垒，敢于打破引进、消化、吸收的"路径依赖症"	重视服务战略，颠覆工程机械行业的"行规"。服务模式向"管家式"转变，向主动式服务转变，满足客户整体要求
技术创新	抛开模仿国外产品设计的常规路径，从零开始用通用的机械原理做研发	集成现有先进背景技术，形成自主知识产权的技术；以最少的投入、最高的质量满足客户的全方位需求
服务创新	（基本上无）	以信息化等手段实现服务方式的创新

（三）中国化工：追求自主知识产权的价值创新

2004年5月，中国化工集团公司（以下简称中国化工）成立，拥有成员企业118家，包括国家级转制科研院所25家。经营业务涉及化工新材料及特种化学品、石油加工及化工原料、农用化学品、橡胶加工及化工机械、氯碱化工和科研开发。

1. 中国化工的创新起点

中国化工是由蓝星集团、昊华集团为主体，联合其他企业重组而成的，蓝星集团又是由蓝星清洗为主体发展而来的，可以认为，蓝星清洗是中国化工的"种子"企业，中国化工的自主创新是以蓝星清洗为起点的。

（1）自主技术创新的先行者

1984年是中国现代公司的"元年"，当今中国的许多"标杆型"企业在该年诞生，如联想、海尔和万科等。蓝星清洗也在这一年诞生，只是与这些企业出生在北京及沿海城市不同，蓝星出生在西北的兰州市。

蓝星清洗发端于一项发明专利技术——Lan5-硝酸酸洗缓蚀剂，该项技术由化工部兰州化工机械研究院自主开发，并于1981年获得国家发明奖。之后，兰州化工机械研究院也曾主办过技术培训班，但并未取得预期的推广效果。1984年9月，时任兰州化工机械研究院团委书记的任建新创办蓝星清洗（当时名称为"化工部化工机械研究院化学清洗公司"），在经过市场和技术双重开发的艰苦努力后，蓝星清洗探索出一个全新的技术成果商业化、市场化和产业化的商业模式，逐渐形成自主知识产权的化学清洗技术体系，并通过技术转让与合作，在全国范围内推广化学清洗技术。蓝星清洗为中国石油化工等行业提供清洗服务，开创了工业清洗的全新市场。自1986年打破大型引进装置开车前清洗市场由外国企业垄断的局面，到1988年外国清洗公司彻底退出中国市场，蓝星清洗至今一直占据着中国工业清洗的高端市场。蓝星清洗还在日本、美国、印度尼西亚、乌克兰设立分公司，为外国客户提供清洗服务，实施国际化经营。

20世纪80年代，进口外国产品在国内销售，引进外国先进设备和技术生产"进口替代"产品是中国企业占主导地位的商业模式。以自主技术开发新产品并占领市场的企业极少，蓝星清洗是极少数拥有自主技术创新和战略创新能力的企业之一，是中国企业中自主技术创新的先行者。

（2）战略创新的领先者

根据伦敦商学院马卡德（Constantinos C. Markides）教授的理论，战略创新就是寻找一个独特的战略定位，它包括新的客户、新的产品或服务以及新的规则和方法（如何把产品或服务提供给客户）。

在改革开放的前20年，满足中国转型过程中不断爆发的市场需求，进口或替代进口外国产品供应中国市场，以"我也是"（Me too）战略思维占领市场并获得企业成长，是中国企业的主旋律。而蓝星清洗则从创业时就是战略创新者。当时中国并不存在工业清洗市场，工业企业的设备清洗工作主要在本企业内部完成，引进的外国大型工业装置的开车前清洗工作，作为设备进口项目的一部分并未独立出来。蓝星清洗开创了一个全新的市场——工业清洗市场，创造出一批新的客户；推出自己的新产品和服务——化学清洗剂和服务（外国公司主要采用物理清洗技术）；通过承包大型清洗工程、设立各地分公司、技术转让和合作等多种方式向客户提供工业清洗服务。

（3）创新起点的战略意义

蓝星清洗是中国化工的"种子"企业。1995年，蓝星清洗总部迁至北京，公司股票上市。之后，以蓝星清洗为主体的蓝星集团在全国范围内兼并国有化工企业，接收军队保障性企业，吸收转制科研院所共70多家。2004年5月，以蓝星集团、昊华集团为主体的中国化工集团公司成立。

蓝星清洗以自主技术创新起步，不断进行战略创新实践，使蓝星集团拥有较强的自主创新能力。这主要表现在以下三个方面：一是组织制度创新。蓝星集团是一家创业型国有企业，国家除政策支持外，并未投入多少资本金，企业的成长主要依靠任建新及全体员工的努力。但在创业型国企纷纷改制成为以民营为主的股份制企业的时候，蓝星集团却坚持国有企业的产权制度。这种组织制度安排在其后的发展中发挥了重要作用。二是战略定位创新。在1996年成功兼并江西星火化工厂后，蓝星集团以"化工新材料"为战略定位，既不与上游争原料，又不与下游争市场，在现代化学工业和新材料工业的"交汇处"找到自己明确的战略定位。这是一个既不完全属于化学工业，也不完全属于材料工业，而是两者"交汇"的新行业和市场。三是兼并模式创新。据初步研究，蓝星集团在兼并重组国有企业和改制科研院所的过程中，形成了独特的"以人为本"的兼并重组模式：以人的观念变革为先导；以人的素质和能力为支点；以人的积极性和责任心为杠杆；以人的前途和出路为保证。

蓝星集团拥有的自主创新能力是中国化工发展的"综合学习基础"。蓝星清洗早期的跨国经营实践和蓝星集团成功兼并国内企业的经验，在中国化工多起跨国并购中已经发挥了重要的作用；蓝星集团的创新探索，为中国化工的自主创新提供了丰富的经验和实践基础。

2. 自主知识产权的价值创新目标

分析显示，中国化工的自主创新有两个目标：一是获取拥有自主知识产权的技术和产品；二是围绕提升企业价值而开展的创新活动。

(1) 以拥有自主知识产权为目标的创新

在中国化工的科技发展规划和科技创新产业统计中，科研成果和专利申请授权数量是两个主要指标。

中国化工有多项科研成果获国家科技进步奖，如长沙院完成的"罗布泊地区钾盐资源开发利用研究"项目获2004年国家科技进步一等奖，江西星火有机硅厂"年产5万吨有机硅甲基单体生产新技术及装备开发研究"项目获2005年国家科技进步二等奖，天华院"10万吨大型裂解炉"、无锡树脂厂"苯酚烷基化清洁催化及工业应用"、沙隆达"环境友好生产乙酰甲胺膦新工艺"等4项获2006年国家科技进步二等奖等。累计到2007年底，中国化工专利申请数为2336件，授权专利数为1258件，在中央企业中名列前茅。

中国化工对科研成果和专利申请授权数的高度重视，正是以获取自主知识产权的技术和产品为技术创新目标的具体体现。这两项指标，尤其是专利申请授权数较好地反映了生产科技型企业的自主知识产权状况。中国化工对专利管理工作尤其重视，全集团已有69家重点企业建立了知识产权管理制度及管理机构。集团公司也正着手研究、制定和实施集团公司的知识产权战略。

(2) 以提升企业价值为目标的创新

中国化工总经理任建新多次讲道，"企业创新是技术和市场的结合，企业创新的原动力是市场，检验和评价企业创新的成效的还是市场"。在市场导向的技术创新方面，中国化工下属若干企业已经取得了一定的成效。如西南院的变压吸附技术已形成与美国UOP和德国林德公司三足鼎立之势，其中，为神华集团煤制油项目配套最大氢处理装置能力已达35万立方米/小时；自行开发变压吸附浓缩回收催化裂化干气中乙烯技术，已成功在中石化燕山分公司产业化；同时该院开发的20万吨醋酸专有技术，已在国内转让5家，获得技术转让收入近1亿元。黎明院自主研发的蒽醌法固定床制过氧化氢技术，在国内已先后向40多家企业推广，总生产能力达到200多万吨/年，占有的市场份额达80%以上。炭黑院探索出一条技术与商业模式共同创新的发展道路。到2006年，炭黑院的技术成果已转让至中国炭黑行业85%的生产企业，完成合同总金额4亿多元。

在2006年集团科技工作会议上，总经理任建新提出了技术创新的三种方式：一是通过引进、消化、吸收、再创新，掌握自主技术，实施进一步扩产改造，达到产品经济规模；二是在保持降低消耗、减少费用等管理改善的同时，更加突出以技术进步为手段，改善产品工艺、提高配方水平，降低原材料及能源消耗，注重科技要素在降低成本中的作用；三是针对企业产品发展规划搞研发，争取做到生产一代，储备一代，开发一代。

这三种技术创新方式共同指向一个目标——企业价值提升。企业价值的一般公式为：企业价值（利润）＝销量×（价格－成本），由此，以提升企业价值为目标的技术创新就是以下三种方式及其组合：提高产品销量的创新、降低产品成本的创新和提高产品价格的创新。中国化工的三种创新方式正是如此，其共同目标是提升企业价值。

（3）自主知识产权的价值创新

中国化工的自主技术创新战略目标是获取自主知识产权和提升企业价值，即以"自主知识产权的价值创新"为目标。

在中国化工下属企业的创新实践中，已有少数企业做到了这一点。如江西星火有机硅厂的"5万吨/年有机硅甲基单体生产新技术及装备"项目，获得国家科技进步二等奖，申请专利8项（发明专利4项），授权专利4项，实现了拥有自主知识产权的目标；同时，5万吨/年有机硅单体生产线的投产，在中国有机硅行业首次实现了规模化生产，产品质量达到国际先进企业标准，可替代进口产品，解决了国内市场供不应求的局面。还使产品成本普遍下降了10%以上，提高了产品性能，3年替代进口节约外汇1.4亿美元，降低了设备投资额4亿元，极大地实现了企业价值提升的目标。

对自主知识产权的价值创新目标，总经理任建新有非常清楚的认识："今天抓自主创新和核心技术的知识产权创造，目的是为了今后不受制于人，保持企业的发展后劲……真正能对企业生产和市场发挥作用的关键技术专利才是根本，只有让专利技术实现产业化并占领市场，实现经济价值，才是我们企业专利工作追求的目标。""自主知识产权的价值创新"是中国化工自主创新战略的目标。

3. 企业战略指导下的创新行动

创新本身并非目的，它只是实现企业战略的重要手段之一，创新的数量和种类必须与企业的战略相吻合。只有在企业战略指导下的创新行动，才是有效和有价值的创新。

中国化工在成立初期就制定了具有"自主性"的企业战略，突破了中国企业多年来形成的"我也是"战略思维定式；同时，在企业战略指导下明确了创新方向和途径。集团下属的若干企业也在总体战略的指导下，采取以"多重组合"为特色的技术创新战略行动。

（1）自主性企业战略

中国化工的战略定位是"老化工，新材料"，即传承几代化工人的基业，在重组改造国有化工企业的过程中发展化工新材料，并适当向上下游延伸，在化学工业关键领域和重要行业体现控制力、影响力和带动力。

与许多国有大型企业相比，中国化工的企业战略具有明显的"自主性"：一是尊重历史及其作用。"老化工"是中国化工业的历史写照，是中国化工成长和壮大的基础，必须从战略高度传承几代化工人的基业。二是独特的战略定位。"化工新材料"是在化学工业和材料工业的"交汇处"开创一个全新的行业和市场。三是清晰的战略目标。即在关键技术领域和化工新材料行业体现控制力（拥有自主知识产权，掌握关键核心技术）、影响力（在若干细分市场占据主导地位）和带动力（带动下游产业及中国整个化学工业）。四是重视并购重组与改造的战略功能，这种实现战略定位和目标的主要手段，是由现代化学工业的特性及中国化工战略目标所决定的。从实践来看，中国化工的并购重组对象不仅包括国有化工企业，还包括外国优质的化工企业。五是保持战略弹性。"适当向上下游延伸"是其主要体现，关键在"适当"，选择"适当"的业务领域，在"适当"的时机，以"适当"的方式，向上下游延伸。

（2）企业战略指导下的技术创新

2006年，集团公司科技工作会议提出"以企业发展规划为指引确定企业技术创新的定位和方向"，也就是"企业战略指导下的技术创新"。从层次上看，企业自主技术创新必须服从于企业总体经营战略；同时，由于技术创新的整体性、长期性和根本性，技术创新本身又形成一个战略层面。在技术创新战略层面，自主知识产权的价值创新是目标，各种类型和方式的技术创新行动是手段。企业必须根据所处行业的技术特征、资源和能力状况，客户需求偏好和竞争对手的战略行动，以及主导产品的成熟生命周期阶段来选择合适的技术创新类型和手段。

以企业战略为指导的技术创新，在中国化工不仅是一种意识和理念，而且是一项具体的指导原则和方针，主要通过以下方面得以体现：一是围绕集团公司主导产业，积极申报承担国家科技计划项目。二是以产业化装置和产品的持续优化改进为创新中心。这是由现代化学工业的特性所决定的，产业化装置在化工行业中的地位非常重要。不仅是化工企业扩大产量的基础，同时也是化工企业降低成本的主要领域，兼具提升企业价值的双重目标。三是聚焦在1~2个关键技术领域，取得行业技术领先者地位。

（3）多重组合的技术创新战略行动

从中国化工大量科技创新活动的资料分析和调研访谈中，初步看到中国化工自主创新行动的主要特点是"多重组合/结合"。

一是创新类型体现为产品创新与工艺创新的组合。从中国化工2006年获奖的创新成果来看，工艺创新占主导地位，产品创新次之。这种状况是符合化学工业的技术特性和中国化工的战略定位的，由于产业化生产装置在化工企业竞争力中的核心地位，工艺装备技术创新具有战略性意义，除炼油行业外，中国石油化工行业80%的技术和装置依赖进口。此外，由于中国化学工业处在后来者位置，中国化工定位在"化工新材料"，不发展下游终端产品，所以，产品创新地位与作用与工艺创新相比较低。

二是创新过程体现为技术推动与市场拉动的组合。中国化工拥有24家转制型科技院所是技术推动型创新的主体，而其他的生产经营企业则要成为市场拉动型创新的企业。理想的状况是，通过集团公司的激励政策，使集团内的科技型企业与生产型企业既分别以技术推动或市场拉动为主导，又能够在集团内形成技术创新网络和联盟，充分发挥各自的优势，提升集团公司的整体价值。中国化工正在朝着这个方面努力，如筹建中的中国化工技术中心和中国化工工程中心就是这种努力的一部分。

三是创新来源体现为引进技术与自主创新的结合。由中国化工工业和新材料工业的后发弱小地位所决定，引进技术的消化、吸收、再创新将是中国化工在较长时期内的主导创新来源和方式。从目前的诸多创新实践来看，中国化工的大部分技术创新属于引进技术的消化、吸收、再创新。如无锡树脂厂，作为中国双酚A产业的开拓者，从波兰引进了国内第一套交换法双酚A装置后，经过技术消化和吸收，使这项不成熟的技术装置在1996年实现了正常生产。之后，经过不断学习和积累，依靠自己的技术力量，实现了该引进装置的产能从1.2万吨/年提高到1.6万吨/年（2002年）。2000年后，无锡树脂厂又从日本千代田公司引进2.5万吨/年双酚A项目，在消化吸收助催化法生产技术的基础上，创造性地把这项技术移植到从波兰进口的装置上，替代了其离子交换法生产技术，使装置产能从1.6万吨/年再提高到2.5万吨/年（2005年），并且首先采用国产助催化剂替代进口助催化剂。2005年后，无锡树脂厂利用所掌握的技术，协助设计院开发9万吨/年双酚A技术软件包，既实现了技术自主，又提升了企业竞争力。

四是创新方式体现为内部创新与并购创新的结合。中国化工在2005年之前主要采取内部创新的方式，如蓝星清洗在化学清洗技术领域、江西有机硅厂在有机硅单体技术领域以及若干科研院所在其科研开发项目上开展创新。2005年之后，中国化工在海外成功实施了多项跨国并购，从而开拓了并购创新的新方式。跨国并购的动机之一就是要获取外国企业的专利技术，并将其与国内技术相结合，从而达到控制某品类关键核心技术和占据全球市场份额的双重目的。

五是创新战略体现为技术创新与商业模式创新的组合。这类创新战略只在少数企业中实施过，如前面提到的蓝星清洗、炭黑院和西南院。在目前的状况下，中国化工下属企业中的技术创新较多，商业模式创新较少，两者的结合则更少。这也是中国化工高层决策者值得注意的一个现象。

现代化学工业作为以化学科学知识为基础的行业，技术创新有其重要的地位和作用。但根据企业史学家钱德勒（Alfred Dupont Chandler Jr.）教授的研究，"自从20世纪50年代以来，化学学科和工程学已经不能再为产生重大的新产品提供机会。在21世纪初期，化学工业不再是一个高技术产业"。果真如此的话，商业模式创新将在化学工业发展中扮演越来越重要的角色。

当然，中国的情况与欧美国家有所不同，我们许多的技术装置和化工新材料产品仍需进口，引进技术消化、吸收、再创新仍占主导地位。因此，对中国化工而言，技术创新与商业模式创新的平衡与结合构成其创新战略的主要问题。

中国化工的自主创新实践表明，中国化工拥有中国企业极少具备的自主创新"基因"——蓝星清洗的自主技术创新和战略创新，这种"基因"成为蓝星集团自主创新能力的核心，进而成为中国化工集团公司的"综合学习基础"。这种"综合学习基础"决定了中国化工的战略边界和自主创新战略的定位和方向，成为中国化工创新型企业建设的"支点"。追求"自主知识产权的价值创新"是中国化工自主创新的战略目标。中国化工下属企业的创新行动呈现出"多重组合"的特点，如何将"组合"转化为更多的"结合"（尤其是技术创新与商业模式创新结合）是中国化工未来的努力方向。

（四）华为技术：伺机抢先创新的探路者

1988年，深圳湾畔，任正非等人以两万元人民币创立了华为技术有限公司（以下简称华为）。最初，华为仅仅是将程控电话机等产品从香港贩卖到内地，后来开始自己组装并销售，再后来决心自己研发程控交换机，终于研制出具有划时代意义的C&C08机。此后，华为进入快速发展时期，在通信设备市场突飞猛进。2005年，华为的国际市场销售首次超越国内市场，开始成为一家国际化企业。2008年，华为销售额突破千亿元人民币，跃居世界先进的通信设备制造商之列。2009年4月，海外咨询机构ABI Research发布的市场调研报告显示，华为移动宽带终端产品在全球范围市场份额已经达到55%，是目前全球第一大3G移动宽带产品供应商。2009年8月底，华为移动宽带终端产品全球累计发货量已经超过6000万部，其上网卡已应用于全球315个运营商网络，覆盖133个国家，包括全球著名电信运营商沃达丰、西班牙电信、英国电信、德国T‐Mobile、日本eMobile等。

回顾华为跌宕起伏的20年，技术创新成为其高速发展的重要支撑。从起步时期的交换机，到后来的GSM，再到3G，华为从简单模仿到跟进研发，再到自主创新。总结华为技术创新的方向和路径，可以说，华为是中国企业通过伺机抢先创新战略进入主流市场的探路者。

1. 模仿创新，抢占国内市场

20世纪80年代以前，全国上下，从农话到国家骨干电话网用的全是从国外进口的设备。处于短缺经济时代的中国对交换机的需求量很大。国外产品价格很高，利润当然丰厚。

20世纪80年代中后期，国内出现了200多家小型的国营和民营交换机厂家。由于技术落后，这些企业只能生产一些小型交换机，主要销售到刚兴起的大型酒店等。1988年成立的华为也是这200多家交换机企业之一，当时的主要业务是代理香港产的交换机在国内市场销售，由于质量比国内产品好，价格比进口产品低很多，因此很有竞争优势。

1990年以后，交换机技术范式开始从模拟向数字式快速演进。此时的华为如果不能及时跟上技术范式转变的步伐，就必然被残酷的竞争淘汰。华为人敏感地把握住这一机遇，开始研制自己的数字交换机。

20世纪90年代初，国内的通信设备市场几乎全是阿尔卡特、朗讯和西门子等国际巨头的天下，没有人会相信中国企业能造出自己的程控交换机。而从做代理商那天起，任正非就希望做出自己的产品，这种渴望成为华为涉足自有技术开发的原动力。在代理商阶段，华为曾不断对那些国外交换机技术进行研究。当香港公司的工程师对已售出产品进行现场维护时，华为必派出自己的工程师到现场。此后，华为把全部"家当"投入到半机械、半数字的入门级产品JK1000的开发上，这时的华为与国内其他同类厂商技术水平没有多大差别。华为成功推出JK1000，并开始做2000门交换机的同时，又将研发目标直接瞄准万门级设备。20世纪90年代的国际市场上，主要通信厂商一致将万门级交换机作为主流技术。

在技术条件、可动用资源有限的情况下，更多的国内厂商宁愿选择成本低、收益快、跨越难度较低的技术门槛。华为的研发一开始盯上主流技术的万门交换机，短时间内可能遭遇国内外竞争对手的挤压，具有相当大的风险性。但任正非毅然将华为的所有资金都投入到C&C08机的研制上。经过一年攻关，华为终于成功研制出C&C08，在随后的北京通信展览会上，华为凭借C&C08将国内同类厂商抛到身后。此后10年，C&C08一直对华为有重大的市场贡献。

在以华为为代表的国内企业低价产品的进攻下，国外进口品牌节节败退，到1995年，国外品牌在中国所占的市场份额，由最初的80%~90%跌到50%。1999年，华为销售额突破百亿元，2001年，销售额增至255亿元，利润27亿元。在信息产业部公布的电子百强企业中，华为排名第十，利润高居榜首。

2. 核心零部件创新，巩固市场地位

在程控交换机时代，华为的技术创新、产品设计基本上还是模仿国外厂家的，真正属于原创性的核心创新并不多。

1997年圣诞节，任正非率华为高管多人到美国，先后考察了IBM、贝尔实验室等著名机构，这些机构的领先战略给任正非留下了深刻的印象。在美国高科技公司看来，模仿别人的技术是不会长久的，企业要想长远发展，必须走自主研发之路。从此，任正非更加坚定了创业初期制定的走自主创新的道路。

ASIC（特定用途集成电路）在华为的产品中使用非常广泛。之前，华为的ASIC全部进口，成本很高，且容易受制于人。任正非下决心要研制出具有自主知识产权的ASIC。为此，华为设立了专门的ASIC设计部，并投入庞大的人力资源与物力资源。这样，华为每年都设计出几个主要芯片，然后由德州仪器或摩托罗拉等公司加工，以替代直接购买的芯片。华为每次用于芯片规划、投入生产的费用都超过2000万元人民币，截至2003年，华为仅芯片规划一项累计投入就超过40亿元人民币。ASIC芯片设计部门成立3年，员工就达到300人，成为当时国内最大的芯片设计公司。华为自己设计的芯片成本在15美元以下，直接采购国外厂商现成芯片则超过100美元。华为一年至少需要数百万片芯片，就会有上亿美元成本被节约出来，这成为后来华为3G产品以价取胜的关键因素。

2000年之后，在越来越多的产品上，华为开始具备了改进并创新的能力。尤其最近几年，在下一代网络（NGN）、3G全系列设备、光网络、ADSL宽带等领域中，华为的技术实力已经在全球进入第一阵营。

为了跟踪国际最先进的通信技术，招募最优秀的技术人才，华为先后在美国达拉斯、印度班加罗尔、瑞典斯德哥尔摩、俄罗斯莫斯科以及中国北京、上海等地建立了研究所。全球各地研究机构均有自己的主攻技术领域：印度班加罗尔以软交换技术、平台技术为主；美国达拉斯以ASIC技术及CDMA算法为主；美国圣地亚哥以终端和芯片技术为主；瑞典斯德哥尔摩以基站架构和系统设计、射频和核心算法为主；俄罗斯莫斯科以算法及射频技术为主；中国上海以基站系统、终端、ASIC芯片为主，中国北京以核心网分组域、网关、终端为主。

2001年，华为研发系统开始实施CMM管理。2003年1月，华为印度研究所正式通过CMM五级国际认证，成为极少数取得CMM五级认证的企业之一。印度、南京、上海研究所及中央软件部也先后通过CMM五级国际认证，北京研究所通过CMM四级国际认证。[①]

华为不惜重金招揽国内外的优秀技术人才。1996年，华为曾以10万美元年薪，聘请了一批"海归派"开发人员。华为开出10万美元年薪去挖一位从事芯片研发的工程师，这位工程师到岗后，华为发现其价值远大于当初的评价，立刻将其年薪涨到30万美金。华为如此豪放的人才战术让外资企业都望而生畏。

2003年，华为开始在GSM技术领域里有所作为，并在GSM-R技术领域与西门子、北电网络等企业并驾齐驱，标志着华为在无线通信技术上跟上了国际同行。几乎所有的法国电信巨头都成为华为的客户，其中包括法国电信、布伊格电信和SFR移动公司。

到2005年初，华为仅在无线终端领域取得的相关专利就达300余件，其中95%以上是发明专利，专利申请数量名列中国第一。依靠强大的研发力量，坚持在核心零部件技术领域进行自主知识产权技术的开发，使华为的技术突破能力越来越强，奠定了华为在众多领域里的技术地位。

---

① CMM即能力成熟度模型（Capability Maturity Model），是一种国际通行的评价软件承包能力并帮助其改善软件质量的方法，侧重于软件开发过程的管理及工程能力的提高与评估。CMM分为五个等级：一级为初始级，二级为可重复级，三级为已定义级，四级为已管理级，五级为优化级。

3. 倾力3G技术领域，提升全球市场地位

世纪之交，全球电信行业开始进入第三代移动通信（3G）时代。国际电联确定的3G主流技术标准有3个：分别是TD-SCDMA、CDMA2000和WCDMA。由于CDMA是最新发展起来的技术，不论是技术的先进程度还是市场的成熟程度，国内外各大移动设备提供商基本上处于同一起点、同一环境，在通信设备制造领域还没有形成少数巨头垄断技术和市场的局面，这次新旧技术范式的更替成为中国通信制造业赶超国际先进技术水平的重大契机。

华为是从固网到无线业务的全面供应商，有2G通信技术的基础，也有NGN的技术基础，在3G技术研发上有很大的优势。华为错过了第一代移动通信产业的技术飞跃机会，在第二代移动通信设备领域，经过努力赶了上来。在第三代移动通信领域，华为终于与业界领先厂商站在同一条起跑线上，有能力参与国际竞争并在国际上获得一席之地。

在国内3G市场尚未启动且采用何种3G标准尚未明确之时，华为一方面跟随国内3G技术发展应用的动向；另一方面把主要精力投入到国外3G市场，投入巨资研发WCDMA和CDMA2000技术制式的产品。早在1995年，任正非就要求华为人开始跟踪国际上3G技术的走向。1998年，华为开始规模投入，到2002年底推出WCDMA产品整套的商用版本。1998~2008年的10年间，华为一共向WCDMA投入超过50多亿元资金，尤其是最近几年，平均每年的投入都在10亿元以上。人员也从起初的2000多人增加到了今天的5000人。2003年12月，华为参股香港移动运营商SUNDAY，签署1亿美元的3G合同，全面布局香港WCDMA网络。几乎同时，由华为独家承建的阿联酋电信WCDMA网络正式投入商用，使阿联酋电信成为中东地区及阿拉伯国家中第一个推出WCDMA商用服务的运营商。2004年12月，华为拿下荷兰运营商Telfort的WCDMA合同，虽然Telfort是荷兰最小的运营商，不过这是华为第一次突破欧美3G市场。2006年9月，华为和乌拉圭最大的电信运营商ANTEL签订WCDMA商用合同，这是拉美地区第一个3G商用合同。2007年，华为无线设备业务收入达70亿美元，在全球3G市场已经呈现出与爱立信、诺基亚西门子三分天下的态势。

2009年，中国通信行业开启3G时代，工业和信息化部为重组后的中国移动、中国电信和中国联通发放3张采用不同技术标准的3G牌照，即中国移动采用中国自主研发的TD-SCDMA技术标准，中国电信采用CDMA2000标准，中国联通采用WCDMA标准。华为在海外市场占据一定份额和积累了丰富的市场经验，在国内3G时代到来之际，迅速回归进入国内WCDMA和CDMA2000市场。2009年2月，在中国电信首轮500万台EV-DO手机集中采购招标中，华为推出的首款3G手机C7600获得大额订单；3月，在中国电信3G上网卡集中采购结果中，华为3G

上网卡所占份额超过50%；4月，在中国联通首轮WCDMA上网卡招标中，华为总体份额和单款产品采购量均居第一；5月，中国电信集中采购上网卡内置模块，华为成为独家供应商；在同期举行的中国联通上网卡采购中，华为也获得上网卡内置模块75%的市场份额。

来自美国市场调查公司Dell'Oro的统计资料显示，2009年第一季度，在全球移动通信设备市场排名中，华为以15%的全球市场份额占据第三位。华为正在成为全球通信设备的领先者之一。

4. 以合作、并购伺机抢先

回顾华为成长史，其在技术研发上不断超越自我、克服起步晚的不利局面，追赶世界先进水平，最终在3G时代与国际先进巨头站到同一起跑线上，并在3G技术上开始局部领先。

在华为的三个发展阶段，1988~1999年的第一阶段，跟上了模拟技术范式向数字技术范式转变的潮流，以模仿创新为主，占领国内市场；1999~2003年的第二阶段，以核心零部件产品为创新重点，在巩固国内市场地位的同时，积极拓展海外市场；2003年至今的第三阶段，以多年积累的资源和能力抓住新技术范式带来的后来居上的机会，进入全球通信设备领先制造商的行列。在这一过程中，华为自主创新的主要方式是通过开放合作和并购获取先进技术。

（1）开放合作，实现双赢

在技术创新过程中，华为以自主研发为主、掌握核心技术的基础上，采取开放心态，吸收世界最先进的技术，寻求在全球范围内的技术合作。任正非曾谈到，华为要"遵循在自主开发基础上广泛开放合作的原则，重视广泛的对等合作和建立战略伙伴关系，使自己的优势得以提升，优势更优势"。他认为："如果我们和对手联合起来搞研发，共同研发一个产品，研发成本降掉一半，我们的成本就降了一半。竞争对手也要手拉手，也要走向合作。"

2005年3月，西门子信息与移动通讯集团（西门子移动）和华为公司正式签约，合资组建鼎桥通信技术有限公司，共同专注于TD-SCDMA技术及产品的开发、生产、销售和服务，以推动TD-SCDMA的进一步发展。合资公司总投资超过1亿美元，其中西门子移动和华为公司分别占51%和49%的股份。

西门子移动早在1998年就开始TD-SCDMA技术的研发，累计投资已达1.7亿美元。根据信息产业部电信研究院的数据，西门子拥有11%的TD-SCDMA基本专利。此前，中国的多个测试网络都表明，西门子TD-SCDMA技术已经达到商用的成熟度。此外，西门子在TD-SCDMA和WCDMA两种技术上都具备优势。鼎桥通信技术有限公司的成立，使双方资源互补，能更有效地降低双方研发成本。

华为先后与西门子、英飞凌（Infineon）、德州仪器（Texas Instruments）、摩托罗拉（Motorola）、微软（Microsoft）、英特尔（Intel）、太阳微电脑（Sun Microsystems）、3Com、NEC、松下、朗讯（Lucent）、IBM等公司开展多方面的研发和市场合作。与NEC、松下合资成立了宇梦公司。IBM则为华为设计基础的生产系统。

（2）并购获取技术

并购是国际大公司整合资源，迅速覆盖目标市场的常用手段。如2006年甲骨文（Oracle）就在全球进行了12次并购。华为也正在尝试这样的方式，通过直接并购一些小的技术型公司，降低自己的研发成本，集中精力攻克核心技术。

在全球高科技产业处于低迷期，华为在美国展开了一系列小规模、低成本的并购行动。2002年初，华为完成对光通信厂商OptiMight的收购，加强了自己在光传输领域的技术实力。2003年，又完成对网络处理器厂商Cognigine的收购，以加强在交换机和路由器核心处理器方面的能力。华为在硅谷投资了一家名为LightPointe的自由空间光通信（FSO）厂商，其拥有一项利用激光进行无线传输的光纤技术。华为还借此取得OEM该公司FSO设备的资格。通过上述收购，华为强化了传输与接入领域的技术优势。在国内，2005年5月，华为以1000万元收购了宏智科技在湖北、青海的BOSS项目及湖北、青海、新疆的BI项目的合同权利和相关知识产权。这些项目主要是宏智科技与中国移动签订的软件服务合同，弥补了华为在这些领域的空白。

改革开放以来，尽管中国企业已经取得了骄人成绩，但在规模庞大、产品技术密集度高，能代表未来趋势和方向的全球主流市场仍鲜有作为。中国要产生世界级的企业，提高在全球产业分工体系中的地位，必须改变这种状况，争取在全球主流市场中占据一席之地或取得竞争优势。虽然中国企业进入该类市场困难巨大，但仍然有机会进入并占领较好的市场地位，这个机会就是技术范式转变带来的"弯道超车"效应。华为经过多年的技术积累和提前准备，抓住3G带来的技术范式转变，与外国巨头同步研发，并倾其全力，取得技术优势并打入国际市场，逐步成为全球移动通信设备市场的巨头之一。华为的创新实践说明，中国企业经过持续努力，有能力在全球主流市场上取得地位和优势，这是中国企业真正跻身世界一流企业行列的必由之路。

（五）海天天线：技术与市场的双重创新

自从中国诞生大众化的移动通信行业，移动通信系统的基站天线设备就长期被外国公司垄断。这种状况由于西安海天天线科技股份有限公司（以下简称海天公司）的出现才开始改变。

1. 开启创业梦想，初试牛刀

20世纪80年代，西安电子科技大学的肖良勇教授到美国访问，了解了一家美国著名的天线公司——CHU。该公司由美国麻省理工学院华裔教授朱兰成在20世纪30年代创办，朱教授利用自己在天线研究领域的技术权威地位，奠定了公司的发展基础。虽然朱教授不幸于20世纪50年代去世，但他创办的CHU公司却发展至今，成为美国著名的通信天线公司之一，美国海军的大部分天线由其提供。

CHU公司的成长轨迹和美国教授走出这样一条市场化道路触动了肖教授，使他产生了一个"中国CHU"之梦。肖良勇本人是军事天线专家，任教的西安电子科技大学在中国天线技术研究领域拥有权威性的地位，不仅设有天线研究实验室，而且从1958年开始就设有天线专业（在其他院校，天线只是作为一门课程）。有意思的是，肖良勇的研究领域也是军用市场，尤其是海军天线产品，这与朱兰成教授当年的情况一样。朱兰成教授创办CHU公司，无疑给肖良勇重大的启发，同样的学术背景、同样的工作环境，以海外知名企业为蓝本，肖良勇形成了自己的创业梦想。

1992年，为了尝试将天线理论研究转化为实际产品开发，肖良勇支持小儿子肖兵创办了西安海天通信设备厂。在公司初期阶段，主导产品是供海军使用的天线，业务量虽然不大，但收入稳定，这也许是中国海军历史上首次使用非军工企业的产品。西安海天通信设备厂依靠这个产品逐渐发展，在拥有一定的资金实力后，肖兵开始尝试新业务，对"当家产品"——天线有所忽视，但新业务大多失败，天线业务也难以发展。到1998年，海天通信设备厂负债上千万元。

2. 调整战略定位，抢占小灵通天线市场

1998年末，肖良勇从大学退休。为了继续实现自己的"中国CHU"之梦，同时为了偿还工厂的债务，毅然决定亲自执掌海天通信设备厂。

上任初期，肖良勇首先巩固原有的军工天线市场，并对其他业务进行清理和退出。然后开始选择新的产品和市场。天线市场是肖良勇及其团队的最大优势所在。除军用市场，当时的中国天线生产企业主要从事卫星接收天线、电视接收天线等业务。在中国天线市场中能否找到一个适合创业的细分市场，是公司的首要战略问题。

为寻找这个细分市场，肖良勇积极收集市场信息。1999年夏天，浙江余杭电信局决定投资建设小灵通网络（PHS），他们希望设备供应商降低成本，以尽快收回投资。为余杭电信局提供试验设备的公司是UT斯达康，但当时UT斯达康不具备自主生产能力，提供的是OEM产品。由于基站设备、手机和天线都由日本厂家生产，所以PHS全套设备价格较高。得知这个消息后，肖良勇专程到当地考察，发现PHS天线是中国天线市场的一个新机会。当他拿到PHS天线的外国产品，经过"反求工程"，更加认为自己有能力抓住这个新的市场机会。肖良勇当即承诺3个月内提供样品，供UT斯达康测试。

海天公司集中全部资源,在3个月内顺利地研制出PHS天线样品。经过综合测试,海天天线的技术性能不比国外的天线差,有些指标甚至优于国外产品。同时,日本厂商的单价为68美元,而海天天线只有22美元,仅1/3。于是,在1999年秋天,UT斯达康决定选用海天公司的PHS基站天线,首笔订单1000根。从此,海天公司正式进入移动通信天线这个被外国产品垄断的具有极大成长潜力的细分市场。

自UT斯达康公司率先采用海天PHS天线之后,海天公司紧紧盯住PHS基站天线市场,其产品相继被青岛朗讯等设备供应商采用。海天产品不仅在性能价格方面超过日、韩厂商,而且根据城市的街区、街道和楼房等具体应用环境,研制生产出30多种不同规格的天线产品,远远超过日、韩厂商的2~3个品种。

1999年,海天公司占有当年国内新增PHS基站天线市场的90%以上的份额,成为中国PHS市场份额最大的两家公司——UT斯达康和青岛朗讯的最大天线供应商,实现销售收入1858万元。以PHS天线业务的成功为基础,为适应业务发展的需要,肖良勇于1999年10月对原有的西安海天通信设备厂进行重组,成立了西安海天通信设备有限公司,公司注册资本100万元。

在不断研制和推出PHS基站天线的同时,海天公司于1999年底开始研究GSM/CDMA基站天线产品,其方法仍然是首先对外国厂商的产品进行"反求工程",然后自主研制和开发。经过实验和生产,他们发现,当时售价近万元的天线产品,其直接成本还不到千元,这又是一个新的市场机会。

2000年7月,海天公司自主研制的GSM/CDMA基站天线产品通过陕西省科委鉴定,完全符合当年5月信息产业部颁发的《移动通信系统基站天线技术条件》。2000年9月,海天公司参加美国芝加哥PCIA(个人通信产业协会)展会。这是业界最有影响力的展会,中国只有3家公司参展,海天公司首次把自己的产品展现在全球同行面前,并获得了7家分销商合作销售的意向。

2000年10月,肖良勇决定出让股权,引进新的股东。其结果是以海天通信设备有限公司为基础,引进了西安解放集团股份有限公司、西安国际信托投资有限公司、北京京泰投资管理中心等一批有实力的股东,公司变更为"西安海天天线科技股份有限公司",注册资本从100万元扩至5000万元。之后,海天公司成立研究院,投资上千万元,引进研发人员150多人,配备了全套具有国际先进水平的研究和测试设备。

2000年,海天公司实现销售收入2670万元,获利1100万元。PHS基站天线继续占有90%的市场份额,新研制的GSM/CDMA基站天线也进入测试阶段。

3. 拓展技术领域,打破GSM/CDMA天线国外垄断

一直到2000年,中国GSM/CDMA基站天线市场全部由外国厂商垄断,这种状况在 2001 年发生了根本性的变化，引发这种变化的是海天公司。在 2001 年，海天公司的天线产品进入中国移动、中国联通的移动通信网络，当年就有 6 家省级运营商选择海天天线，销售量达到 1 万根，市场占有率从零上升到 8%。

2002 年更是海天大发展的一年。当年 7 月中国联通明确表示，为了降低网络建设成本，基站天线系统可以与主设备"拆包"单独采购，从而改变了以往天线产品与基站设备"打包"的销售方式。可以认为，正是海天公司的天线产品以其质量和成本赢得了市场，促使中国运营商改变了采购政策；而中国大运营商政策的改变，为海天公司提供了更大的发展机会。

2002 年，海天公司实现销售收入 1.64 亿元，海天天线产品扩展到 26 个省市的中国移动、中国联通公司客户，海天 GSM/CDMA 基站天线销售量达 3 万根，占整个市场份额的 22%。与此同时，海天公司还研制出 GSM/CDMA 直放站、室内分布系统等新产品。

2003 年 11 月，海天公司在香港创业板成功上市，募集资金 1.1 亿港元。上市当年海天公司共完成销售收入 2.2 亿元，利润超过 4000 万元。海天无线市话 WLL/PHS 基站天线中国市场占有率达 35%，移动通信 GSM/CDMA 基站天线市场占有率超过 25%，移动基站天线销售排名第二。客户遍布中国除西藏外的所有省、市、区，同时产品销往美国、俄罗斯、印度等 10 多个国家和地区。在业务拓展上，海天公司建设了国内唯一的"多探头三维方向图高速测试系统"、加盟了 TD-SCDMA 产业联盟并引进高端技术人才，正式启动以智能天线为核心的系统研发项目。2003 年，海天公司被《当代经理人》杂志评选为中国成长企业百强的第六名。

4. 渡过二次危机，走向自主创新

2003 年上市后，由于管理不当和市场低迷，海天公司一度亏损达 6000 万元，企业再次处于危难关口。来自市场上的压力使海天公司认识到，只靠拿来别人的产品改进一下，创新成分较小是无法走长远的。海天公司要在国际竞争中站稳脚跟，必须将自主创新作为公司的重要战略。危机之下，本已退居二线的肖良勇再度"出山"。

肖良勇带领海天团队研发出一种移动通信基站天线使用的宽带天馈单元，在国内同类产品的评比中同比全优，国内排名第一。就在此时，国外一家公司公开招标大量移动通信基站天线，标的是 6 万根高标准的基站天线，且要求在 3 个月内交货。肖良勇果断地承接了生产任务。"必须依靠科技的不断创新，产品才能有生命力，才能抢占市场，企业才能立于不败之地。"肖良勇深有感触。

凭借持续不断的技术创新，海天公司近年来发展快速。公司独家拥有两项研发技术方面的优势，即目前全球独有的"128 多探头球面近场电扫描高速天线测试系统"和"基站天线低成本高性能宽带天馈单元"的技术。前者是目前世界上最大最先进的产品。此套投入人民币7000多万元购建的系统，通过三年时间的改进及升级，于2007年5月正式通过验收，成为国内第一个5分钟内可高精度、高重复性测量制作出各种天线覆盖的立体方向图，首创可真实看见微波的辐射成像系统。此系统顺利通过中国移动研究院、大唐移动、信息产业部、印度Reliance公司等的测试。后者于2007年5月取得国家发明专利，用此发明的基本天馈单元可构造全频段的宽带基站天线，只需用两款尺寸的天线就可覆盖移动通信所有频段。

5. 实现技术与市场的双重创新

（1）熊彼特式古典创新与硅谷式现代创新

海天公司是一个企业家主导下创业创新的典型。熊彼特在1912年发表的《经济发展理论》中提出，创新是"企业家对于生产要素的新组合"，目的在于获取潜在利润。在经典的熊彼特式创新模式中，企业家是创新的主角，没有企业家就不可能有创新的出现和完成。海天公司的创新事例属于一个典型的熊彼特式创新。肖良勇是这一创新的主角，是他发起并完成了"生产要素的新组合"，把中国人自己制造的基站天线投入市场，用获取的利润加大研发强度，再用新产品投入市场，直至成为市场领导者。

肖良勇创办海天公司源于一个"中国CHU"梦。"二战"后的美国，陆续出现一批由大学教授创办高科技企业的实例。这类实例大多出现在硅谷、128号公路区，所以可以把这类创新称为"硅谷式创新"。很显然，肖良勇教授通过海天公司实现的创新活动，应该属于硅谷式创新，更严格地说是"准硅谷式"——当时中国的大学教授是不允许兼职创办企业的，另外也没有创业投资等条件。这种创新与古典创新的一个差异就是组织者与技术者集于一身。

（2）市场需求与战略定位

"生产要素的新组合"能否成功的关键在于与某种市场需求相匹配，导致利润的产生。在20世纪90年代的中国，对于海天公司来说，有很多市场机会，关键是寻求到与自身能力相匹配可获得利润的那些市场需求。就是要明确企业的战略定位，企业家的作用在这里凸显。

海天公司最初的经营理念，就是依靠自身的传统技术——军品天线来取得第一桶金。这个市场因为其特殊性在拓展和企业盈利上存在瓶颈。事实证明，军品和民品齐头并进的决策使海天负债累累。其中的深层原因就是企业的技术能力与市场需求不匹配。

肖良勇接手公司后的第一件事就是放弃多元化战略，清理和退出原有市场，努力寻找新的市场空缺，追求专业化成长——利基战略。结果就是PHS天线以及而后的 GSM/CDMA 基站天线进入了这位企业家的敏锐视线。从利基战略上看，这一决策是定位准确的。长期与专注是高新技术企业成功的重要法则，转换了战略定位的海天公司像开上了正路的赛车一样，飞速发展了。

（3）基于自主创新的竞争法则：先低成本后差异化

波特（Michael Porter）的一般竞争战略认为，企业可以通过三个方面获得竞争优势：低成本、差异化和专一化。海天公司成长可以说以一种行之有效的方式贯彻了这一原则，即始终保持产品的专一化，先用低成本的手段获取市场份额，待有资本和能力时自主研发，以差异化产品走向国际。

从 2001 年开始，在中国以海天公司为首的国产品牌的企业，在 CDMA、GSM 2G 范围内的基站天线市场占有 90% 以上份额，价格上比外国公司在中国卖的天线价格下降了 80%～90%，而性能并不亚于国外的天线企业。当然，海天公司的策略并不是一味追求低成本，而是不局限于低成本，性能指标还要达到国际一流。这也是不少中国企业成功的诀窍：产品质量很好，相对于国外很便宜。

2003 年，上市后的海天公司在经历了内部管理不善和外在市场压力带来的阵痛后，意识到没有自主创新的产品难以在国际上立足，自主创业要有真正自己的产品。具备一定实力的海天公司在肖良勇的带领下开发出全球独有的"128 多探头球面近场电扫描高速天线测试系统"及"基站天线低成本高性能宽带天馈单元"的专利技术。凭借两种先进技术，研制出独有的超宽带天线产品，既提高了产品的使用效率，又为电信运营商降低了建站成本。凭此产品，海天公司进一步巩固了行业的领导地位。

（4）创新的路径：从模仿创新到自主创新

先模仿后创新是后来者的"样板"道路。海天公司从 1999 年成立到 2003 年上市，产品以模仿创新为主。PHS 天线和 GSM/CDMA 基站天线都是通过"反求工程"对现有产品进行分析后再研制开发的，可以说是用一组新的要素组合实现低成本同功能，甚至是低成本和较高功能。这段时间让海天公司积累了技术经验和市场经验，为日后的自主创新埋下伏笔。通过模仿、"反求工程"等手段，合理吸收他人产品的技术优点、形成自有产品是海天公司确立市场地位、逐渐把蛋糕做大的不易之道。

2007 年后，着力追求自主知识产权的专利技术是海天公司的创新目标。通过海天公司的案例可以看出，一个企业从起步到真正完全拥有自主知识产权，需要相当漫长的时间。即便海天公司这样迅速崛起的企业也用了 10 余年时间的探索。开展自主创新，除了受市场压力这一外来因素的决定，最主要的是企业需要具备成熟的研发团队和承担研发风险的能力。

（5）基于核心价值观的管理理念

在管理理念上，海天公司一直坚持以人为本，这是企业的核心价值观。肖良勇认为，以人为本不是一句空话，而是一个思想上的问题，领导的素质决定了这一点。企业各层领导要设身处地为员工着想，保证上下沟通顺畅，尤其在涉及员工利益的事情上不可偏信偏听，必须对基本事实进行清晰地了解后才能做出处理。正因为如此，海天公司的职工都愿意与领导谈话或建言献策，促进了企业的健康发展。

海天公司在用人上有自己的一套理念，研发人员并不一定要有高学历，关键是有能力，有科学的理念，还要肯学习。DNA双螺旋结构发现者沃森（James Watson）曾说："你不需要绝顶聪明，也不需要精湛的学问，只要足够聪明，还要有天不怕、地不怕的精神，就能做出很多重要的事情来。"现在这句话成了海天人的理念。

此外，海天公司为科研人员提供了最好的科研环境，公司的科研人员可以24小时随时进行研测，这是其他企业所做不到的。为了留住人才，海天公司出台了针对特殊人才的"八年政策"，并安排了100万元的专项资金。对于达到这个条件的员工，企业将提供不少于12万元的买房款和不低于8000元的月薪，使员工没有后顾之忧。

（6）创新外部环境：行业内合作

海天公司带动了中国移动通信基站天线行业的发展。2002年以前，中国基站天线行业和市场并不单独存在，基站天线与主设备以"打包"方式销售，全部由外国厂商垄断。2002年，中国移动通信基站天线行业从移动通信设备制造业中分离出来，成为一个单独存在的行业和市场。这次"拆包"，一方面得益于海天产品的成功，低廉的价格大大降低了基站的建设成本；另一方面，中国运营商与民族天线企业联手合作，打破外商垄断，变换销售方式也是不可忽视的原因。两方面因素结合促进了海天公司的成长壮大，而国家基础建设的成本也大大缩小了。

目前，TD-SCDMA业务刚刚启动，海天公司作为设备制造商，再次搭上了这只大船。借助发展第三代移动通信的历史机遇，海天公司将迎来第三次飞跃。

（六）烟台万华：以自主创新打破国外技术封锁

烟台万华聚氨酯股份有限公司（以下简称烟台万华）的前身是烟台合成革总厂的异氰酸酯（MDI）[①]分厂，是为合成革厂做配套而建立的。1998年底，经过股份制改造，烟台万华正式成立。

烟台万华成立后，连续六年销售收入和利润以年均50%以上的速度递增，连

[①] 异氰酸酯（MDI）是生产聚氨酯最重要的原料。聚氨酯是继聚乙烯、聚氯乙烯、聚丙烯、聚苯乙烯之后的第五大塑料，性能优异、用途广泛，是当今世界迅速发展的一种优良合成材料。MDI系列包括聚合MDI、纯MDI、液化MDI、改性聚合MDI、聚酯多元醇、二胺等，广泛应用于保温、制革、弹性体、涂料、黏合剂、电子及汽车、火车内饰件等领域。

续八年销售额和净利润年均复合增长率分别超过60%和50%。目前，烟台万华已发展成为拥有10多个海内外子公司和7个研发机构的集团化企业。是继德国的BASF、Bayer、英国的ICI、美国的DOW、日本三井东亚等公司之后的世界上第六个拥有MDI制造技术自主知识产权的企业，是国内唯一一家能生产MDI的技术密集型和资本密集型企业。2007年，公司实现销售收入78亿元，利税24亿元，国内市场份额达到36%，远超外国跨国公司，主导整个亚太地区MDI市场。

1. 引进无望，踏上创新之路

20世纪90年代以前，MDI生产和制造技术长期被西方发达国家垄断。早在20世纪50年代末，中国就开始为军工用途研究生产MDI和聚氨酯，由于没能攻破MDI的关键技术，均在后来激烈的市场竞争中淘汰出局。

烟台万华的前身——烟台合成革厂于20世纪80年代从日本引进一套相当于欧美20世纪60年代水平的年产1万吨MDI生产装置。该装置是日方在2万吨/年装置的基础上缩小而成，由于MDI技术复杂和设计问题，装置自1984年初投产后长期不能满负荷运转，且运转极不稳定，每月数次停运，经常突击抢修，年产量一直徘徊在五六千吨，质量、产品档次等远远落后于国外先进水平。

烟台合成革厂通过解决装置稳定问题而积累了大量的第一手研究数据。在此基础上，与有关研究机构合作，从实践和理论上破解MDI装置及其运行规律。在采取多项改造措施后，MDI装置的运转终于稳定了，1988年达到80%的产能。靠自己进行技术改造的初步成功，让万华人首次尝到消化吸收改造带来的好处。

由于酸碱的腐蚀性较强，化工装置的使用期限一般为8年。到20世纪90年代，这套设备实际上已经无法运转。为了生存和发展，烟台万华希望通过再次引进外国技术，上马MDI二期工程。但在与日本和欧美跨国公司的接洽中，外方为了独占中国的巨大市场，均拒绝了烟台万华提出转让技术的要求。

由于MDI市场需求越来越大，产需矛盾日益突出，国外几大跨国公司大搞技术垄断，并凭借其雄厚的资金和技术优势，以低于欧美市场20%~30%的价格在中国大量倾销，挤垮了国内除烟台万华以外的三家小MDI工厂，意欲占领中国全部的MDI市场。

严酷现实使万华人意识到，真正具有市场潜力的核心技术是引进不到的，技术创新能力更是买不来的。要生存只有依靠自己，立足技术创新，开发出属于自己的核心技术，生产出具有强大市场竞争力的核心产品，才是唯一出路。

2. 产学合作创新，逐一攻克核心技术

为突破国外的技术封锁，万华人首先想到寻求国内的技术、理论支持。20世纪80年代末以来，青岛化工学院（现青岛科技大学）在工程化学模拟系统研究方面取得重大的突破性进展，跨入世界先进水平，荣获化工部科技进步一等奖，国家科技进步二等奖。青岛化工学院院长韩方煜教授是国内最早开展计算机应用研究、开发过程模拟系统软件的学术带头人，在他的指导下，青岛化工学院计算机与化工研究所成长起一支实力雄厚的学术梯队，研制开发的高新技术成果"ECSS工程化学模拟系统"，占据了国内工程化学模拟领域的制高点，"ECSS"技术已经在国内石油、化工、轻工、医药等行业得到运用。

烟台合成革总厂MDI二期工程项目负责人丁建生1982年毕业于该校化工专业。工厂上门求援后，双方决定对引进装置联合进行消化吸收，着重攻关"卡脖子"的光气化技术。双方工程技术人员运用ECSS工程化学模拟高科技，对光气化系统各种工况进行全面系统的模拟核算，通过进行SCI、ECSS模拟、消化吸收，一点点进行设备改装，不断进行调试，找出问题症结所在，提出可行性改造方案和不同工况下的优化控制方案。由此，以丁建生为首的技术人员熟悉了MDI这个庞大化工机器上每个小管子的来龙去脉。

1989年6月，烟台合成革总厂应用攻关成果对MDI装置光气化工序进行改造，使光气化负荷在夏天由80%~90%达到105%，实现了稳定生产，年产量增加了10%，半年就增加利税600余万元。这项成果"MDI装置光气化工段模拟软件"获得了1992年山东省科技进步三等奖。

从此，企业与青岛化工学院建立了长期稳定的合作关系，他们采取先进的开发模式和组织网络，对装置的多处关键技术集中优势力量联手攻关。在实际运作中，采取边研究开发、边消化吸收、边实施改造的方法，成熟一部分改造一部分，使技术成果尽快转化成生产力，早创效益。先后完成和承担了与公司主营产品相关的重大科研项目：1998~1999年，开发出拥有自主知识产权的年产2万吨MDI制造技术；1999年底，完成4万吨/年的技术开发，标志着公司终于掌握了具有自主知识产权的、代表20世纪90年代国际先进水平的MDI制造技术。双方合作完成的"MDI制造技术研究与开发"获得1998年山东省科技进步一等奖和1999年国家科技进步二等奖。2001年，万华实现了4万吨MDI的产业化，而且生产装置、产品的质量、品种等方面达到或接近20世纪90年代国际先进水平。随后，又成功开发出8万吨MDI制造技术。

除此之外，烟台万华还积极与省内外其他高校和科研单位积极进行合作研发并取得积极成效。如他们与烟台师范大学合作完成的"PE系列环氧树脂固化剂的研制"获得山东省科技进步三等奖。

3. 持之以恒形成自主创新能力

产学研合作的创新方式促进了烟台万华自身创新能力的提高，这体现在烟台万华依靠自己的科研力量，研制开发出束状超细纤维合成革。

束状超细纤维合成革是一种高技术含量、高附加值的产品，是目前国际人工制革领域最高技术水平的新产品，处于国际领先水平，该产品几乎具备天然皮革的一切特性和优点，并且在机械强度、耐化学性能及排湿性、质量均一性、加工性等方面更优于天然革，是天然皮革最理想的替代品，也是目前国内外高档皮革制品的首选产品，世界上只有日本、韩国等少数国家或地区掌握该技术。烟台万华依靠自主创新，用不到两年的时间就攻克了从纺丝到成品几十个技术难关，试制出具有自主知识产权的国际先进水平的束状超细纤维合成革，实现了中国人工制革领域技术上的突破，并以此为契机，陆续开发出一系列适应市场需求的多花色、多品种的超纤革产品，稳稳地占领了市场。

2003年12月，烟台万华自主开发出年产16万吨的MDI制造技术，并将其应用于万华宁波工业园的MDI工程建设。2006年1月，科技部组织专家对万华年产16万吨MDI装置项目进行验收，专家组对该课题成果的评价是："万华年产16万吨MDI装置物耗、能耗、质量、安全、投资等各方面，整体技术达到了国际先进水平，是中国化学工业引进、消化、吸收、再创新的典型。"该项技术成果不仅带动了民族聚氨酯工业，使上游产品形成产业链，还提高了下游产品的竞争力。该项目获得2006年山东省科技进步一等奖。

2007年12月，由烟台万华、宁波万华和华陆工程科技（原化学工业部第六设计院）有限责任公司共同合作完成的"年产20万吨大规模MDI生产技术开发及产业化"项目获得国家科技进步一等奖。自主研发的20万吨大规模MDI制造技术意味着烟台万华掌握了世界上单套规模最大的MDI生产技术，这一历史性的突破，标志着中国的MDI生产技术已跨入世界MDI制造技术的领先行列，也标志着中国在这一高技术领域不再受制于人。

在形成自主创新基本能力的基础上，烟台万华的合作创新也进入了一个新的阶段，与北京化工大学、陕西科技大学等国内多家高校和科研院所开展合作并共同申报专利。

4. 创新发展的成功逻辑

经过10余年的不断创新，烟台万华成为目前中国唯一拥有MDI自主知识产权的生产企业，成为在国际聚氨酯产业领域具有强大品牌影响力和竞争力、在业内具有管理标杆地位的企业。公司在MDI生产技术开发、工程放大等方面积累了丰富的经验，并培养了一支生产、技术开发力量强的高级工程技术人才队伍。烟台万华的创新发展具有其内在的逻辑和必然性。

（1）树立勇于创新的信心

烟台万华之所以坚定地走上自主创新之路，是由于有以丁建生为代表的一批有责任感、事业心和拼搏精神的企业家和工程技术人员。他们认定，只要坚定自强不息、振兴民族产业的信念，在对引进装置消化吸收的基础上，瞄准国际领先水平，坚持不懈地进行自主创新，就能摆脱中国企业"引进—落后—再引进—再落后"的怪圈，在国外跨国公司垄断的高技术产品领域中，靠具有自主知识产权的核心技术，打破国外技术封锁，铸就真正属于中华民族的自主品牌。事实证明，自主创新能否成功，树立勇于创新的信心，拥有一个好的带头人，培育一支坚定的创新团队是首要条件。

（2）围绕主业，加大投入

烟台万华采取"突破难点，带动全面"战略。"一个企业无法做到两线作战。"处于快速成长期的烟台万华善于利用自己的优势，围绕主业、强化核心产品，专注于MDI产业的发展。MDI制造技术的研究与开发，不同于常规的新产品研制，它的特点是必须紧密结合现有生产装置，在消化吸收的基础上研究开发制造技术软件，从而把引进的生产技术转化为自己的专有制造技术。这就要求技术创新不仅是为了扩大生产能力，更重要的是开发出一整套MDI制造技术。通过持续技术创新，推动产品业务的差异化和新产品多元化开发。

近几年来，烟台万华每年都将销售收入的5%投入科研，其中80%投入MDI相关产业，使企业逐步掌握核心技术，占领制高点。提高了企业的核心竞争能力，形成了企业持久竞争的优势，实现了企业跨越式的发展。

（3）开放体系，合作创新

烟台万华历年来分别与多家国内外研究机构和公司进行了大量技术合作，公司的主要研发机构是北京研究院。美国研发中心是烟台万华的海外平台，为的是借鉴和学习国外先进的技术，引进全球MDI、聚氨酯相关领域的人才。烟台万华的实践充分体现了实行开放式研发的巨大作用。烟台万华与青岛化工学院签订了责、权、利相结合的研究开发合同，针对企业和高校各自的优势，对每个课题的具体研究过程，他们都设计了一种矩阵组织的方法开展研究工作。采用矩阵法开展工作使得一个复杂的系统工程有条不紊、接口紧密、有效地组织各个工作环节，缩短开发周期。

（七）汉王科技：以持续创新占领中文识别技术制高点

在飞速发展的信息技术领域，中文输入是一项具有挑战和战略意义的技术。仅仅在键盘汉字输入这一领域就有多种解决办法，拼音、五笔以及种种有自身特色的输入法层出不穷。汉王科技股份有限公司（以下简称汉王科技）从一开始就致力于手写输入汉字，刘迎建带领汉王科技经过20多年的持续技术创新，不断超越自我，目前，在手写市场占有率超过75%，光学识别技术（OCR）领域市场占有率超过50%，以实力和成绩牢牢占住中文识别技术的制高点。

1. 刘迎建：从发明者到企业家的转变

刘迎建首先是一个发明者，在20多年的市场历练中逐渐完成了向企业家的转变，领导汉王科技在波谲云诡的IT市场中驰骋。

刘迎建15岁参军，1978年，以西北地区军队考生第一名的成绩考入南京通信工程学院，成为全军第一批计算机系学员。20世纪80年代，在总参通信部连队工作的刘迎建，成功地主持开发出"手键信号分析系统"、"报务模拟训练系统"，而且在实践中得到推广和应用。1984年，他转向联机手写汉字识别输入研究课题，从此跨入模式识别、文字识别研究领域。他研制的"联机手写汉字识别在线装置"1986年获国家发明专利。在同年电子工业展览会上展出时，引起很大反响，当年就获得百万元以上的经济收入，首次实现了科研成果的转化。

到1992年，刘迎建已经成功地开发出脱机印刷体汉字识别系统第一版，联机手写汉字识别系统第一至第四版、脱机手写汉字识别第一版，在同年6月参加全国汉字识别、语音识别评测等的诸多参赛系统中，均获得第一名，从此奠定了在中国汉字识别领域技术的领先地位。

1993年，为响应中科院"把科研成果转化为产品"的号召，刘迎建牵头创立北京中自汉王科技公司（即汉王科技的前身）。公司名称意为"汉字输入之王"，文字识别领域中的王者，刘迎建任总经理。随着刘迎建企业家身份的确立，汉王科技开始走上了集科研、开发、生产、经营于一体的发展道路。

1995年之后，又陆续研发出一系列版本的联机手写汉字识别系统，采用了神经网络技术等，攻克了形变连笔识别汉字等问题，在联机手写汉字输入、脱机手写汉字识别等的整体技术性能指标上达到国际领先水平。至今，汉王科技的汉字手写识别核心技术已经改进到第10个版本，还开发了包括英文、泰文、日文、韩文等多种文字的手写识别技术。汉王手写笔已经形成单独零售的手写笔系列产品，家用电脑系列中附带的手写产品，嵌入到掌上电脑及PDA中的变种产品以及手写技术的衍生产品等4种不同表现形态的应用产品，这些产品既是企业生存的支撑点，也是构成企业发展的新增长点。

此外，汉王科技的OCR对于印刷体汉字的识别率最高达到99%以上。不仅可识别宋体、黑体、楷体、仿宋体、繁体等多种字体，并且可以对多种字体、不同字号、表格混合排版等复杂版式进行识别。在此技术基础上的一系列票据识别系统、表格识别系统等已经获得应用。2004年，汉王科技的OCR技术授权给诺基亚、三星、LG、联想等公司。2005年12月，LG率先在全球推出了第一款具有OCR技术的手机——G832。这款高端商务手机搭载了汉王科技的嵌入式光学字符识别系统，可以将拍摄到的任何印刷体的名片、卡片、广告画面，通过OCR轻松地把其中的文字以文本方式保存到手机，实现了文字的快速识别和输入。

2. 企业的经营战略与经营理念

企业发展不是闭门造车。一味追求技术上的提高而不实现成果的市场化应用是无效的创新。如何将成果实实在在地转化成利润是很多企业的难题。汉王科技就经历了不少坎坷，这在原始创新型企业中有相当的代表性。

（1）产品定位战略

在中国普及推广应用计算机，用键盘输入对相当部分人是一个无法逾越的难题。联机手写汉字识别采用符合中国人习惯的笔输入汉字，是一种最方便的汉字输入方式。这项技术的发明和应用，为中国办公自动化开创了一个新的应用领域。刘迎建当时的理想是一台电脑配上一支笔，但这个设想没能撼动键盘输入的局面，尤其是在 Windows 系统进入中国后，汉王科技受到很大的打击。

发现实际产品销路不大后，汉王将自己的经营重点转为技术授权和技术合作。公司在从事研究的同时，就把研究成果与产品开发紧密结合，把产品与应用相结合，把研究与开展海外公司的技术合作、技术授权相结合。这样既使自己的技术走向海外，在海外找到经济发展的增长点，又促进了企业的发展。汉王科技从 1993 年 10 月开始把手写汉字识别技术用于中国香港、台湾地区的名人、快译通、好易通、神宝、天倚、人因、良英等公司的 PDA、个人手写数字助力及 PC 手写输入系统，并形成一个产业。与此同时，汉王为日立公司、韩国丹一公司研发日、韩文手写识别软件；与日本 NTT 公司、NEC 公司开展技术合作研究，如"日文印刷汉字和非汉字识别"、"打印和手写日文非汉字的识别"、"表格后填信息的抽取和复原"及"表格后填抽取及使用法"等研究项目。通过上述技术研究与合作实践，既锻炼了一支善于解决技术难题的研究队伍，又获得相当数额的经济收入，产生了良好的国际影响。

1995～1996 年，汉王公司与英特尔上海公司开展手写汉字识别技术合作。1998 年 10 月，汉王科技将手写识别技术授权微软公司中国研发中心用于 Win CE，汉王科技成为亚洲唯一有实力向微软授权技术的公司。

（2）软软结合的经营理念

在经历了软硬件相结合的不太成功探索后，汉王科技采用软软结合的办法将自己的技术延伸到铁路运输、公安、检察、电子商务、掌上电脑等多个领域。

汉王科技已将手写识别技术用于吉林省检察院 OA 系统，大庆市油田管理局触摸办公系统；OCR 技术运用于国防大学图书馆数字化系统、台湾鼎展科技股份有限公司的 MUSTEK 系列扫描仪、台湾宝迈企业有限公司及上奇科技股份有限公司；北京世纪超星信息技术发展公司在超星图书阅览器中捆绑 OCR 识别技术；国家税务局使用汉王增值税发票识别认证技术；上海邮电三所使用汉王手写数字识别技术；湖北省公安厅制证中心使用身份证识别技术；杭州信雅达公司使用汉王手写字符识别技术；京石高速路使用汉王车牌识别技术；夏新电子股份有限公司将汉王OCR技术用于自己的产品中；日本日立公司使用汉王手写识别技术；日本NTT公司使用汉王表格提取识别技术；等等。

汉王科技研发的表格自动录入系统也达到了实用化，并在银行系统、工商行、工商局等行业领域得到应用，取得良好效果。

(3) 网聚科技人才

在技术变革飞快的行业，一个高技术公司除了有自己较好的技术发展方向、技术定位明确外，最关键的因素是人才。汉王科技所走过的道路，充分证明了这一点。1997年以来，汉王科技的李明敬、李志峰等人，研发了联机手写汉字识别系统8.1版和9.0版，手写数字识别系统、汉王全能阅读器OCR4.0版，银行用支票大写金融数字识别系统、快速增值税发票防伪识别认证系统，在1998年初国家有关部门组织的世界性评测中，联机手写汉字识别、脱机手写汉字识别、脱机印刷体识别汉字部分、银行用支票大写金融数字识别均获第一名佳绩。说明只有高水平的技术人才，才能做出世界一流水平的高科技产品。近年来，汉王科技的专职研发人员逐年增长，2007年达到137人，占企业员工总数的27.3%。

汉王科技奉行"以人为本，共同发展"的理念，充分调动和挖掘员工的创造潜力和积极性，实现"事业留人，感情留人，待遇留人"。所谓事业留人，是指为每个员工提供广阔的发展平台，"人尽其用"。所谓感情留人，是指汉王科技高层中很多都是研发领域的专家，是科研院校的导师，与企业里的研发人员都是"师生关系"，很多骨干人才都对企业有很深的感情。汉王也不反对公司内的员工谈恋爱，鼓励大家"以汉王为家"。所谓待遇留人，是指汉王科技一直努力提供丰厚的薪资和福利，还按照公司的发展战略，对骨干员工实施股份奖励。

在人才激励方面，汉王科技制定了专利奖励办法，对研究开发的新技术、新产品及时申请专利和软件著作权的公司员工，予以奖励。2006年，为进一步激发研发人员的创新积极性，公司实施了更为有效的专利奖励制度。新管理办法对发明人的奖励根据发明创造的种类的不同，规定了其发明创造的奖励方式、奖金报酬的数额和取得方式。同时，增加了对专利撰写人的奖励内容，即重奖专利技术交底稿的撰写人，凡提出申请撰写专利技术交底稿的，在收到专利申请受理通知书时给予5000元的资金鼓励，获得专利授权后再奖励发明人。奖励制度根据发明、实用新型、外观设计创造性的高低，适当区分奖励额度，充分调动了员工开拓市场、投入技术创新的积极性。截至2007年底，公司发明专利授权数为12项，正在申请的发明专利101项。

3. 汉王科技的创新战略

汉王科技在技术与市场竞争中摸索出一套特色的创新发展模式，即以发展核心技术来提高企业竞争力，专注于自己具有优势的领域构筑核心竞争优势。

（1）注重新产品开发，实现持续发展

汉王科技把研发投入分成两部分使用：一部分投入到原有产品的完善升级中，延长其生命周期；另一部分为加强新产品的开发。这可以用汉王科技的"创新十六字诀"来表述：由外到内（即产品创意和需求来自公司外部，充分了解市场关注点及客户需求后，再开展产品研发工作），由小到大（产品创新的投入从小到大，滚雪球式发展），由上到下（行业产品必须从高层开始推动，获得高层认可是切入行业客户的"捷径"），由点到面（新产品、新方案必须先进行试点，试点成功后再进行大范围推广）。

汉王科技的研发流程分为两步：第一步是"货架技术"研发。货架技术是新技术研究和技术储备类的项目，相当于一个软件和零部件的资源库，这是由研发部门自主发起的研究类项目，一般包括技术预研、新技术方案评估等。这类项目周期不确定、没有严格的指标性目标，一般由研发部门自行管理。

第二步是在"货架技术"研发后，筛选组装，排序成第二年的N字号工程。所谓N号工程，就是1号工程、2号工程、3号工程。是由每年年初各事业部提出的重点项目，由产品战略委员会审核批准确定的重点项目，这类项目包括软件、硬件开发、模具制造等。董事长刘迎建每年都会主抓汉王"一号工程"。

（2）集中资源保证创新战略的实施

汉王科技在创新实践中摸索出一套制度，用来保证创新战略的实施。其中最著名的就是"计划生育"发展论。

在2000年和2001年，汉王科技每年立项上马40多个项目，最后大部分都失败了。2005年，在刘迎建董事长的主导下，汉王科技上下大反思，总结了公司创新发展的经验教训。最终结论是：痛下决心做减法，坚定围绕主业发展目标，集中资源，实行"计划生育"，努力做到"优生优育"——主体产品线不超过两个，战略产品线不超过一个。根据用户需求、市场需求建立需求库，哪个项目最合适，就先做哪个，以提高成功率。为此，汉王科技确立了新品立项的五原则：第一，不是主业不做；第二，不是长线不做；第三，不能有不可战胜的对手；第四，没有空间不做；第五，要符合企业的根本利益。

为了从源头上控制项目，由公司高层和产品线核心人员组成产品战略委员会，长期对产品战略实施情况以及市场信息进行关注，并不定期地组织公司骨干对产品战略规划进行专题讨论。

事实证明，这个做法非常有效。几年来，汉王科技的新品成功率已经连续几年超过50%，最多达到100%。而业界的数字则为5%~15%。

（3）以产学研合作促原始创新

汉王科技在掌握自身核心技术的基础上，积极推进与高校、科研院所的产学研合作，积累基础研究资源，增强应用开发实力。推进产学研合作，将充分发挥企业和科研院校双方优势，完成一些具有长远市场前景但技术尚不完善项目的开发工作，保证企业的长期竞争力。

2003年，汉王科技与中国科学院自动化研究所生物识别与安全技术研究中心（Center for Biometrics and Security Research，CBSR）合作，瞄准人脸识别技术的国际前沿，充分整合自动化所生物特征识别方向的优秀资源，积极开展人脸识别技术的潜心研究。现在汉王科技拥有完全自主知识产权的Dual Sensor TM人脸识别算法，识别性能达到国际一流，识别速度快，为人脸识别的大规模应用奠定了坚实基础。突破了国外技术垄断，正式拉开国内人脸识别产业化的帷幕。

2008年，汉王科技与北方工业大学信息学院合作，以开展盲人阅读器项目合作为主导，实行综合性的深度合作，汉王科技为学校提供研究生研发实习基地，通过技术骨干的带领，推动研究生快速适应企业的研发机制，也为高校教师提供一些侧重于基础研究的课题，共同推进人机智能交互领域的科研发展。

4. "汉王Inside"任重道远

汉王科技是从汉字手写输入技术起家的。为解决依靠键盘输入汉字给人带来的不便，汉王手写输入技术先后攻克了笔顺、连笔、识别率等技术难关，不断提高技术水平，常年专注于中文识别。在此基础上，该技术逐步扩展到其他国家文字，为非中文语言提供解决方案。OCR技术同样也是从解决中文开始，逐步开拓领域的。可以说，是中文成就了汉王。依托这种语言，汉王在市场上傲视群雄。

但是，这个因民族文字而腾飞的企业，却因为是"中国制造"而在打造品牌上颇费周折。长期以来，汉王科技在属于自己的产品上处于尴尬的境地。公司的主营产品有汉王笔、文本王、名片通、手写电脑、数码电话、指纹考勤机、汉王眼，上述产品销售收入占企业销售总收入的90%以上。但是，在众多的产品线中，除了手写软件授权业务外，其他产品却发展缓慢。这使得汉王科技看起来依然是一家"没有长大"的公司，一家没有从"外围市场"进入"核心市场"的技术企业。

2001年，智能手机的兴起使手写识别和OCR这些汉王科技经营了10多年的技术又变成滚滚财源，手机授权业务猛增带动了企业平均每年51%的成长率。据2007年中国手机技术发展研讨会的资料，中国市场推出的142款智能手机中有136款采用了汉王的手写技术，诺基亚、三星、索爱、多普达、NEC、飞利浦以及国内的联想、TCL等厂商，都是汉王手写输入技术的授权客户。移动通信市场的兴旺让汉王科技大受其益，在PC外围战斗多年后，汉王技术终于可以随着手机的普及而走进主流市场。在美国麻省理工大学的一次测试中，汉王的OCR技术也位居世界前列。

刘迎建认为专注于技术领域对消费市场的影响反而更加深刻,"技术品牌"已经成为用户重要的选择标准。目前,汉王在传统手写笔市场占有率名列第一,在中文手写输入领域更有高达80%的市场份额。"汉王识别"之于手机,犹如"英特尔芯片"之于电脑,刘迎建希望汉王能够成为手机行业的"汉王 Inside",也坚信有资格扮演这样的角色。"消费者因为信任汉王的技术而选择获得汉王技术授权的手机品牌,汉王也像英特尔那样,利用汉王的技术创新为手机行业带来更多的机会和声誉。"业内人士表示,汉王的品牌效应已经超越了单纯的技术层面,嵌入采用汉王授权技术的手机品牌也意味着采用中国人自己的自主知识产权,这将对消费者的心理产生一种微妙的积极影响,对市场而言,更代表一股强有力的推动力量。

(八)国家电网公司:以重大创新工程带动自主创新突破

国家电网公司成立于2002年12月29日,是关系国家能源安全和国民经济命脉的国有骨干企业,以建设和运营电网为核心业务,承担着为经济社会发展提供安全、经济、清洁、可持续的电力供应的基本使命,经营区域包括26个省、自治区、直辖市,覆盖国土面积的88%,供电人口超过10亿人,管理员工148.6万人。2008年底,公司资产总额1.64万亿元。公司名列2009年《财富》全球企业500强第15位,是全球最大的公用事业企业。

自2003年以来,国家电网公司通过组织实施特高压技术创新工程,在特高压输电关键技术研究和应用方面取得重大突破,带动企业自主创新突破。企业的创新意识明显增强,企业核心竞争力大幅度提升,带动中国电力行业和相关装备制造业技术水平的快速提升。

1. 创新的起因和背景

改革开放以来,随着中国经济社会发展,电力工业也实现跨越式发展。截至2005年底,全国发电装机容量达到5.17亿千瓦,全社会用电量达到2.47万亿千瓦时。电力装机容量和发电量均居世界第二位。根据预测,中国电力工业发展仍将保持较快增长,到2020年,中国装机容量将突破15亿千瓦,全社会用电量达到7.36万亿千瓦时。但中国的一次能源资源分布与生产力布局很不均衡,煤炭、水能以及可大规模开发利用的陆地风能和太阳能资源主要集中在西部和北部地区,而能源消费需求主要集中在经济较为发达的中东部地区,负荷中心与大型能源基地的距离一般都在1000~3000公里。东部地区由于受土地、环保、运输等因素的制约,已不适宜大规模发展燃煤电厂。基本国情决定了有必要加快建设特高压电网,充分发挥特高压长距离、大容量、高效率、低损耗输电的优势,促进大水电、大煤电、大核电、大型可再生能源基地的集约化开发和更大范围的资源优化配置,以保障国家能源安全，服务于经济社会可持续发展。

从20世纪60年代开始，美国、苏联、日本、意大利等国家先后开展了特高压输电技术的研究和开发。从1980年起，苏联建成长达2362公里的1150千伏交流输电工程。苏联解体后，送端电源未能按预定目标建设，1992年起降压运行。日本从1992年共建有1000千伏同杆并架线路427公里，但由于其电力需求增长减缓，核电建设计划推迟，一直按500千伏降压运行。苏联、巴西、印度等国家曾对特高压直流输电工程的应用开展过研究，但都没有特高压直流输电工程的实际运行。因此，中国发展特高压输电技术，既没有可以直接引用的标准，也没有完全成熟的技术和经验可供借鉴，更没有商业化供货的设备，只能探索适合中国国情的自主创新之路。

正是在这样的背景下，2003年8月，国家科技部支持开展"西南水电送出超/特高压技术研究"，同年国家发改委批复建设西北750千伏输变电示范工程。2004年底，国家电网公司党组会议正式提出发展特高压输电技术，建设以特高压电网为核心的新国家电网的战略构想。

2. 创新工程的决策过程

国家电网公司在组织和推进特高压技术创新工程过程中，经历一个反复论证和审慎决策的过程。

2005年初，国家电网公司相继成立了特高压工程领导小组及其办公室、特高压电网工程顾问小组，启动可行性研究。2005年2月，公司正式启动第一批交流特高压工程关键技术研究项目，启动特高压骨干网架总体规划工作。2005年5月，公司召开特高压示范工程建设启动会议。

国家电网公司发展特高压的设想和方案公布后，引起了业界和社会的不同反应。一些专家认为在现有500千伏的电网上，再建一个1000千伏级的电网，是否必要，是否安全，设备国产化问题能否解决等，都需要深入论证。有些专家还指出国家电网发展特高压方案存在缺陷。2005年5月，这些意见汇总为《关于发展特高压电网存在的问题和建议》的报告，以中国投资协会名义提交国务院。

根据国务院领导要求，国家发改委于2005年6月在北戴河召开特高压输电技术研讨会。与会专家就技术等问题进行争论，最终认为特高压的技术应该研究，而且由国家出面组织研究，另外同意启动试验工程，但应该遵循"特高压实验场—特高压试验线路—特高压试验工程—示范工程—商业化运行"的客观规律。

北戴河会议后，国家电网公司将晋东南—南阳—荆门的1000千伏交流特高压试验示范工程可行性报告上报国家发改委，环境影响报告以及水土保持方案相继上报国家环保总局以及水利部，并顺利通过审批。其间，中国投资协会再次上书中央和有关部门，希望特高压电网工程能够先做规划，进行科学论证。由中国工程院27位院士、7位专家组成的特高压咨询课题组,对晋东南至荆门线路实验示范工程进行论证,对其功能定位、规模、线路长度等进行讨论,并从能源规划不确定、技术、环境影响、设备国产化过程等方面提出可能风险。

2005年10月,国家发改委再次组织召开试验示范工程汇报会,包括持反对意见的专家、国网公司人员以及发改委的相关官员参会,会上各方继续就有关问题进行争论。2006年初,一些老专家再次上书中央,要求慎重考虑采用特高压技术。2006年2月,中央有关领导批示,请国家发改委组织专家继续深入论证,充分了解各方意见。之后,国家发改委又组织召开关于特高压的汇报会。

面对不同意见,国家电网公司领导层的目标坚定,确定了"科学论证,示范先行,自主创新,扎实推进"的十六字方针。公司建立了重大技术问题由专家院士顾问组审核把关的机制,委托中国工程院、国务院发展研究中心等权威机构就发展特高压的关键问题进行咨询论证。2005年4月,国家电网公司和中国电机工程学会联合主办特高压输电技术国际研讨会,与国内外特高压领域的机构和专家交流研讨。公司主要领导还先后赴日本、俄罗斯等国考察。

经过反复论证和争论,各方逐步就中国发展特高压输电技术的必要性和紧迫性达成共识。2006年8月,国家发改委正式批准山西长治—湖北荆门的1000kV交流特高压试验示范工程,标志着特高压技术创新工程进入快速推进阶段。

3. 以重大创新工程推动资源整合

国家电网公司作为一个具有历史传承的大型国有企业,长期的技术积累是其取得重大创新突破的重要基础。如中国电力科学院在中国电力工业发展的各个标志性阶段都作出过重要贡献,先后获国家科技进步奖就有76项(其中一等奖6项)之多;武汉高压研究院是有30多年历史、以高电压技术研究著称的电力科研机构。但在相当长一段时间内,公司所属各级科研单位,尤其是直属科研单位存在功能定位不准确,主营业务不够突出,科研资源相对分散,技术支撑滞后于企业发展要求的状况。为此,国家电网公司以组织实施特高压技术创新工程为契机,对企业科技资源进行整合。2006年,公司对直属科研单位进行优化整合,形成中国电力科学院、国网北京电力建设研究院、国网南京自动化研究院、国网武汉高压研究院和国网北京经济技术研究院5家直属科研单位,并明确各自的功能定位,如武汉高压研究院之前主要为系统外厂商从事检测服务,新的功能定位是以超高压和特高压输电试验研究为主攻方向;中国电力科学院则是以大电网安全运行、超高压和特高压输变电技术研究为主攻方向。2008年,国网公司将5家直属科研单位进一步整合重组为3家(中国电力科学研究院与国网北京电力建设研究院重组为中国电力科学研究院;国网南京自动化研究院和国网武汉高压研究院重组为国网电力科学研究院),旨在形成跨专业优势互补。此外,国家电网公司二级企业所属科研机构也围绕工程实施，重新调整定位，完善科研设施条件，提高科研和试验能力。由此，形成公司直属科研单位和二级企业所属科研单位为主体的内部研发体系，在特高压技术研究与应用中发挥核心作用。

围绕工程目标，国家电网公司充分发挥国家科技计划项目的引导作用，加强公司经费投入的集约化管理，健全自主创新投入稳定增长机制，确保投入持续高比例增长。自2003年以来，在750kV和特高压输电、超大规模电网安全稳定控制、大功率电力电子领域总投入约25亿元，其中企业自主投入占90%以上。公司将研究和投入的重点放在攻克关键共性技术、增强自主创新能力上，集中力量、重点攻关。同时，建立"一考两制"的创新激励约束机制，即将重大科技创新纳入企业主要负责人的业绩考核，建立重大关键技术研发项目责任制，实施新技术推广应用工程问责制，以保障工程的顺利实施。

4. 实现重大突破，创新成效显著

通过不懈努力，国家电网公司特高压输电关键技术研究和应用取得重大突破，全面掌握世界特高压输电最前沿的关键技术，总体居于国际领先水平，并通过支持首台首套技术的示范应用、实施有效的推广应用机制实现了新技术的规模化应用，提高了电网的技术装备水平，取得了显著的社会和经济效益。

实现三大技术突破。一是大容量、远距离、高海拔、重污秽条件的特高压输电技术取得重大突破，建成目前世界上电压等级最高、海拔最高的750kV交流输变电示范工程；1000kV交流和±800kV直流输电关键技术取得全面突破，成为世界特高压输电技术的引领者。二是超大规模电网安全稳定运行控制技术取得重大突破，保证了世界上最大规模交直流混合电网的安全运行。三是灵活交流输电技术取得重大突破，攻克了大功率电力电子应用基础理论和系统集成技术，自主开发了主要技术参数居世界第一的可控串补等系列灵活交流输电技术和装置，有效地提高了电网输送能力和安全稳定水平。

企业核心竞争能力大幅提升。通过特高压技术创新工程实施，形成了一批具有自主知识产权的核心技术创新成果，部分研究成果快速向行业标准、国家标准以及国际标准（IEC）转化。公司发明专利的申请数量由2003年的19项增加到2007年的167项，年平均增长率达195%；发明专利的授权数量由2003年的5项增加到2007年的38项，年平均增长率达165%，截至2007年底，公司拥有发明专利196项。主导和参与制定特高压技术国际标准5项，国家标准26项，行业标准42项，企业技术标准100余项，改变了中国在国际输电技术标准制定和使用中的被动局面。大功率电力电子设备、电网控制保护与自动化设备等特高压输电重大装备在全面占领国内市场的基础上，成功打入国际市场并销往美国、英国等30个国家和地区，显著提高了公司的核心竞争力。

经济社会效益显著。通过与工程相关的关键技术研究和示范工程推广应用，电网运行的安全性、灵活性、经济性、环保性和输电能力得到提升。截至2007年底，实施创新工程累计提高电网输电容量1.1亿千瓦，相当于6个三峡发电厂的发电容量。特高压、长距离、大容量电网促进了中国能源资源优化配置，支持了西部经济发展，缓解了煤电运矛盾和东部环境、资源压力，促进了区域经济优势互补和协调发展。也为利用国外能源提供了新途径，提升了国家能源安全保障水平。同时，特高压输变电技术领域的一系列关键共性技术难题的突破，带动了电网和设备制造行业从基础理论、关键技术、设备研发到工程应用整体水平的大幅度提升，带动了装备制造业向高电压、大容量、高技术含量、高附加值产品的升级，使中国在特高压输变电领域迅速跻身于世界领先行列。

此外，通过工程的实施，公司还凝练形成了指导电网发展的"一特四大"（特高压、大煤电、大水电、大核电、大可再生能源）战略和指导公司科技创新的"一流四大"（建设一流人才队伍，实施大科研、创造大成果、培育大产业、实现大推广）科技发展战略，形成了"努力超越、追求卓越"的创新文化。

5. 企业家精神与企业创新动力

按照熊彼特的创新理论，创新发生的根本原因在于社会存在着某种潜在利益，创新的目的就是为了获得这种潜在利益。当企业家意识到某种潜在利益时，就会主动地投入资本或吸引他人投资，创造或引进一种新的生产方式去获取这种利益。在利益的追求中，企业家又会不断地改进所采用的方法，使获取的利益最大化。这种企业家精神是企业创新的重要动力源泉。2004年，国家电网公司提出发展特高压技术，在世界上没有现成经验可以借鉴。当时面临的困难之大，对电网公司领导层是一个巨大挑战。公司总经理刘振亚曾感慨地说："实现电网技术升级是电网企业职责所在。面对压力，放弃是一个轻松的决定。但是作为一个对党和人民的事业负责任的企业，我们无法选择轻松。"这种勇于承担风险的责任感恰恰是企业家精神的一种重要体现。同时，国家电网公司作为一个特大型国有企业，基于所属行业的自然垄断特征，其创新内在动力、机制不同于一般市场化企业。它具有经济和非经济双重目标，在追求获利的同时，还承载着社会责任和国家任务。逐利性决定它必须满足市场需求，国家任务和社会责任使它同时要服务于国家战略需求。

因此，国家电网公司创新最原始的驱动力是多元的，包括市场竞争压力、企业家精神以及"国有"性质所赋予的社会责任。长期以来，大型国有企业的创新动力来源问题始终困惑着理论界，而国家电网公司的创新实践为此提供一种诠释，只是针对不同类型的国有企业这三种创新动力的强度各有不同而已。

总之，中国特高压输电技术突破是世界电力领域的一项重大技术创新，特高压技术创新工程在国家电网公司自主创新道路上是一个具有里程碑意义的重大事件，有力地推动了公司科技创新体系建设。该工程案例也为中国特大型国有企业开展自主创新的必要性、可能性和路径选择提供了一个很好的参照和标杆。

（九）中国航天科技：系统工程理念指导下的创新发展

1. 企业概况

中国航天科技集团公司（以下简称航天科技集团）于1999年7月成立，是央属重点国有企业。在其发展过程中逐步形成了宇航系统、导弹武器系统、航天技术应用产业以及航天服务业四大主营业务。航天科技集团成立10年来，一直是中国航天事业发展的主导力量，承担着中国全部长征系列运载火箭，全部载人航天器和深空探测器以及绝大部分军、民、商用卫星的研制生产任务，并且是唯一的境内广播通信卫星运营服务提供商。

航天科技集团组织结构包括集团总部、研究院（专业公司）和厂所三个层级。二级单位包括中国运载火箭技术研究院、航天动力技术研究院、中国空间技术研究院等八个大型研究院，中国卫星通信集团公司、中国长城工业总公司、中国航天工程咨询中心等十家大型专业公司以及若干直属单位。此外，航天科技集团拥有航天机电、火箭股份、中国卫星、航天动力以及中兴通讯（参股）等境内上市公司，中国航天万源、航天控股以及亚太卫星等境外上市公司。

2008年，航天科技总资产达到1500亿元，总收入达到700亿元以上，实现利润总额60亿元，全员劳动生产率达到12.6万元/人年；从业人员13.48万人，拥有博士、硕士等高素质人才为主体的约4000人的专职研发队伍。

航天科技集团及其前身经历了从1956年到20世纪70年代的创业和初期发展阶段，20世纪八九十年代的快速发展阶段。2008年，集团公司提出"构建航天科技工业新体系，建设国际一流大型航天企业集团"的新目标，标志着航天科技集团发展的战略转型。

2. 企业的创新活动

（1）创新战略思路

航天科技集团始终坚持以"系统工程理论与方法"指导创新活动。以系统工程理论为基础，围绕保障国防安全和航天产业竞争力提升的战略需求，从技术创新和生产管理两条主线构建集团决策运行体系，开展持续的创新活动。

根据航天科技集团的创新战略思路，1999年以后通过"十五"、"十一五"规划的编制，明确集团整体发展的目标和方向，围绕"载人航天与探月工程"、"第二代卫星导航与定位系统"、"高分辨率对地观测系统"等国家重大科技专项的实施，凝练出近、中、远期不同的技术发展方向，制定并实施核心技术计划。航天科技集团通过决策、咨询和执行三大系统的配置，有效地保障各项规划、计划目标的实现，系统推进创新战略思路的实施。2008年以后，在创新战略思路指导下，航天科技集团重点推进了创新型、开放型、融合型的航天科技工业新体系的建设。

（2）体制与机制创新

航天科技集团建立了以"一个总体设计部、两条指挥线"为基础的航天系统工程管理体系，保障公司自制体系的运转流畅、整体最优及协同高效。在重大科技领域围绕型号工程组建多个总体设计部，总体设计部统筹各型号系列的设计、研发和生产。围绕目标产品的产出，在型号中不断强化工程"两总"，即总指挥、总设计师在生产和创新中的作用。在"两总"下形成两条指挥线，即型号指挥系统，包括总指挥、指挥调度系统、相应职能部门；型号设计师系统，包括总设计师、分系统主任设计师、部件级主管设计师。

将各研究院建设成大型科研生产联合体。联合体以研发为基础，以形成最终产品和技术产业化为基本导向，保障研发成果顺利转化为产品。使联合体具备研发、设计、生产、制造、总装、测试、服务等综合能力，成为军民融合、产业集聚、集成创新的经济实体。强化具有总体性质的联合体的辐射和拉动作用，提升系统集成能力；发挥具有专业性质的联合体的支撑和推动作用，提升专业技术、产品的研发与制造能力，形成符合发展需要的组织模式。

为了促进航天科技成果转化，开拓市场，提升集团公司竞争能力，十大专业公司始终按照分工明确、职责清晰、协调高效的原则，在集团总体创新战略思想引导下，与八大科研生产联合体形成有效配合与协作关系，从整体上支撑集团发展目标的实现。

积聚生产与创新资源，按照重点突出、结构合理、功能完善、资源集约的原则，在重点地区布局建设航天产业基地群。完善以北京、上海、成都、西安、天津、海南、内蒙古及深圳（香港）八大主要基地为主的产业能力体系，形成航天科技集团强大的总装能力和规模生产能力。

（3）研发支撑体系建设

航天科技集团将"建立专业化、集约化、能够形成自主知识产权的技术创新体系及开放式的合作创新平台"作为新时期工作重点任务之一，以应用基础研究为源头，以核心技术计划的实施为核心，从体系架构到研发机构进行系统设计与整合。

在研发系统和机构建设方面，以国家重点技术领域的发展，布局并建设系统级研发中心、重点专业技术研发中心、重点实验室、工程技术中心为主的多层研发体系。目前，航天科技集团建成了以研究院为核心的8个系统级研发中心、以研究所为载体的30多个重点专业研发中心,建成了空间智能控制技术等11个国防科技重点实验室和小卫星及其应用国家工程研究中心、国防科技工业焊接自动化技术研究应用中心等20个工程技术中心。

根据系统工程的理论,航天科技集团通过产学研合作建立研发机构、合作研发项目、设立企业研究基金、建立科技园区以及合作培养人才等多种形式,整合外部各种创新要素和资源、扩大外部支撑,建立开放式的合作创新平台,以提升整个研发系统的支撑和引导能力。目前,航天科技集团与清华大学等近20所国内知名高校开展了技术和产业研发的战略合作。2007年初,与深圳市政府、哈工大在深圳共同建立了航天科技创新研究院。2008年,与哈尔滨工业大学共建联合技术创新中心,每年将向该中心投入1000万元,首期5年。

航天科技集团通过持续高强度的科技投入保障研发体系建设和高效运行。2003年科技投入约96亿元,2007年增加到156.7亿元,其中自有资金投入分别为0.88亿元和12亿元,自有资金投入幅度增加了10多倍。

(4) 知识产权战略与管理

航天科技集团通过制定与实施知识产权战略,加强知识产权工作体系建设,建立健全知识产权规章制度,进行形式多样的宣传与培训等,不断提高全员知识产权意识,全面提升知识产权创造、保护、管理和运用的能力。

2007年,航天科技集团发布了《知识产权工作纲要》,提出按照"激励创新、强化管理、加强饱和、促进运用"的原则,着力提升运用知识产权制度和国际规则的能力。

集团建立了三级知识产权管理体制,各级管理机构组成做到"横向到边";建立型号和重大研发项目知识产权责任制,做到"纵向到底";充分发挥集团公司知识产权中心在知识产权管理和应用方面的技术支持和技术服务作用。

集团颁布并实施了一系列鼓励和保护知识产权的制度,其中包括《中国航天科技集团公司知识产权管理规定》、《中国航天科技集团公司技术秘密管理办法》、《中国航天科技集团公司专利管理办法》及《中国航天科技集团公司商标管理办法》。通过这些规定和制度的贯彻落实,集团的知识产权创造、保护和管理能力得到显著提升,专利拥有量有了明显的增加。

(5) 人才队伍凝聚

航天科技集团党组及各级党委以"人才高度就是事业的高度"的思想凝聚人才。从规划、制度建设、政策引导、环境优化入手,营造激励创新创造的人才成长环境。着重加强以重点学科带头人为代表的创新人才、以优秀企业家为代表的经营管理人才和以能工巧匠为代表的技能人才等的培养和凝聚。

集团成立后,为了解决型号队伍人才交替和可持续发展问题,航天科技集团积极推进型号领导干部年轻化,制定下发《型号系统领导干部管理规定》,明确提出 45 岁以下型号领导干部培养、选拔、使用的政策措施，明确目标，有针对性地制定型号领导干部的培养选拔计划，大胆起用优秀年轻人才，设置总指挥助理、总设计师助理，充实型号领导岗位，有效地实现人才交替。到 2008 年底，集团 250 余名型号"两总"中，45 岁以下的占 66%，集团领导以及很多重大专项、工程的"两总"都实现了年轻化。这一指标也受到国际同行的青睐。

集团坚持"统筹规划、突出重点、分级负责、分类培训"的原则，构建了具有航天特色的人才培训模式，充分发挥老专家和高技能人才的"传、帮、带"作用，建立制度保障航天特色的研究生培训体系，加强了人才培养力度。集团公司按照创新型企业的要求，狠抓预先研制，通过重点型号任务和建立国防科技重点实验室、国家级工程研究中心、系统级研发中心等为创新型人才成长搭建平台，打造创新人才队伍。

（6）企业品牌塑造与市场营销

航天科技集团在始终坚持"质量是政治、质量是生命、质量是效益"的质量观基础上，从加强企业文化建设和加强知识产权保护的角度塑造企业品牌，增加品牌的知名度和美誉度。"中国航天"以及"神舟"、"长征"等知名品牌，已经形成巨大的市场影响力和竞争力。

航天科技集团先后推出了视觉、理念、行为三大识别系统。在识别系统方面，集团公司开发了具有航天特色并能反映企业文化内涵的企业标志，包括图形标志、组合标志两种。同时，提出了将企业名称或品牌名称经过特殊设计后确定下来的规范化立体表达形式，即标准字。航天科技集团将统一的视觉标示系统作为统一员工意识和对外宣传视觉的导向。

质量是企业品牌建设的基础。航天科技集团始终将周总理在几十年前提出的"严肃认真、周到细致、稳妥可靠、万无一失"作为所有员工永恒的质量座右铭。结合新的形势，集团赋予"十六字方针"新的内涵，逐步形成了中国航天的"零缺陷"理念，其内涵有三个层次：一是追求各项技术工作和管理工作第一次就做对、做好；二是力求型号研制、生产和服务中各环节、各零部件、各项操作全面优质、准确无误；三是要求型号研制大型地面试验、飞行试验等任务圆满完成。

（7）创新文化建设

航天科技集团继承了以"航天精神"、"两弹一星精神"、"载人航天精神"为核心的文化传统。2002 年以后，设立了统一的企业文化部，归口管理并积极推进企业文化建设，在完成企业识别系统建设的同时，大力加强创新文化等专项建设。

集团将"以国为重、以人为本、以质取信、以新图强"作为集团发展的核心理念。在新的高强度市场竞争条件下，逐步形成并不断弘扬体现"高度责任感使命感驱动，高成功目标的追求，高风险下的坚韧执著，高度的奉献精神"等特征的创新理念。在创新行为方面，倡导"以国为重，航天为荣；型号牵引，自主创新；大力协同，集智攻关；严慎细实，精准试验；爱护人才，培养人才；系统管理，技术民主"等规范，同时，重点推进航天文化的重组、融合和认同，加强了集团理念与员工行为的有效统一。

集团将创新文化建设与四大主业发展相融合，与国家重点型号任务的推进紧密结合，与满足市场和客户需求相结合，与促进创新人才培育相结合，逐步推进学习型组织建设，进一步促进转化为创新型组织。

3. 企业创新成效

航天科技集团通过开展持续创新活动，全面提升创新能力和核心竞争力，对产业发展和国防安全提供了有效支撑。

航天科技集团创新产出迅速增加，在航天器总体和系统技术、精确制导与导航控制技术、航天动力技术等11个重点技术领域，集团公司掌握了一大批具有自主知识产权的核心技术成果，打破了发达国家的技术垄断和封锁，创造了以"载人航天"和"嫦娥工程"为代表的一系列重大科技成就。专利申请数达到4085件，其中发明专利占73.4%。航天科技集团共获得国家科学技术奖40项，获得国防科技进步奖1320项。

随着创新能力的提升，航天科技集团在运载火箭、卫星、飞船、月球探测器和导弹武器等领域的研制、生产、发射能力得到大幅提升，市场竞争力迅速增加。运载火箭的研制生产能力提高了一倍，2007年，实现了10箭11星的高密度发射；2008年，发射了11箭13星，创历史新高。到目前为止，运载火箭已持续73次成功发射，可靠性达到了世界领先水平。航天科技集团目前承担了五项国家重大专项任务。

集团通过重大工程的实施和战略产品的高质产出，有效地支撑了国家竞争力的提升，对产业和社会的牵引、辐射与带动作用明显。载人航天中航天员首次成功实施空间出舱活动和空间科学实验，标志着中国已成为世界上第三个独立掌握空间出舱关键技术的国家，意味着中国在航天产业的高端具有较强的竞争优势，证明中国已经跻身于世界航天大国之列。

4. 结语

"系统工程理念"是航天科技集团创新发展的鲜明特征。系统工程的理论和方法贯穿于航天科技集团的管理和工程实践的全过程，贯穿于企业创新战略制定与实施、创新体系建设、体制与机制创新、创新文化建设等各方面，形成了具有航天特色的系统工程管理方法，铸就了"两弹一星"和载人航天等重大科技成果，促进了企业健康、可持续发展。

（十）奇瑞汽车：以技术创新铸就自主品牌辉煌

1. 企业概况

奇瑞汽车股份有限公司（以下简称奇瑞公司）成立于1997年1月，由安徽省及芜湖市5家投资公司共同出资设立，现注册资本36.8亿元，属国有控股企业，前身为安徽汽车零部件有限公司，2008年3月完成股权重组，成立股份有限公司。公司主营业务为乘用车整车及KD件、核心零部件的研发、生产和销售。

1997年3月，奇瑞公司动工建设，1999年12月，第一辆奇瑞轿车下线，2001年3月，奇瑞轿车正式上市，当年销售2.8万辆。2007年8月22日，奇瑞第100万辆汽车顺利下线，成为中国第一家达到此规模的自主品牌乘用车企业。现已上市的产品有奇瑞、开瑞、瑞麒和威麟四大品牌16个系列整车及与其配套的发动机、变速箱和关键零部件产品。奇瑞公司是目前中国最大的自主品牌乘用车研发、生产、销售、出口企业。

奇瑞公司现有乘用车制造事业部、发动机事业部、变速箱公司、中央研究院、汽车工程研究总院、规划设计院、试验技术中心等生产、研发单位，具备年产整车65万辆、发动机65万台和变速箱40万套的生产能力。公司现有员工2万余人。2008年，公司共销售整车35.6万辆，其中出口13.5万多辆，实现销售收入188亿元，利润5.8亿元；截至2008年底，企业总资产达到271亿元。

2. 企业主要创新活动

（1）创新战略思路

奇瑞公司诞生的时候，中国汽车工业正充斥着两个神话：一是汽车企业不与跨国公司合资没有前途；二是企业不达到100万辆以上生产规模不能进行自主研发。而奇瑞公司通过对国内外汽车市场的分析和对世界汽车产业发展趋势的把握，决心走一条自主研发、自主发展的道路，将奇瑞建设成为自主品牌的汽车企业。

在中国的汽车工业较西方国家起步晚的环境下，中国汽车特别是轿车的自主开发起步于21世纪初，奇瑞公司在自主创新的初始阶段，大胆利用和整合国际一流的人才、技术、设备等资源为我所用，走"引进—消化吸收—再创新"的路子，推进自主品牌企业的国际化。所以，奇瑞公司的创新经历了集成创新、原始创新两个阶段。在集成创新阶段，通过"以我为主、联合开发"，实现了产品开发"从无到有"的转变；在原始创新阶段，通过加大自主创新能力和开发队伍建设，实现了产品开发"从有到优"的转变。

(2) 体制与机制创新

为实现创新战略思路，奇瑞公司通过战略事业单位（SBU）管理模式和实行期权期股，最大限度地激发研发人才和骨干管理人员的积极性。

首先，全面推行SBU管理模式，组建若干个模拟或真正独立核算的经营体，通过使用内部货币形式量化的企业资源，建立起等价交换、有偿服务、目标承包、货币结算的内部市场化运作机制。公司将每一个研发项目、每一个产品甚至每一个车型、机型、箱型作为一个独立的SBU单元，通过公司与项目负责人签订承包合同，确认项目的开发目标及开发费用等；通过内部索酬、索赔，解决研发机构与上下游SBU单位之间的业务结算关系；建立新的研发SBU业绩评估体系，各研发单位业绩包括经营业绩、KPI考核、过程考核、制度奖惩四个方面，综合评定研发团队及个人的绩效。

其次，积极推进产权制度改革，对公司经营管理人员和骨干技术人员实施股权激励，吸引高端技术人才加盟，鼓励全体员工的积极性和创造性。2004年以来，为了推进产权制度改革，奇瑞公司秉着改革改制方案合法合规、有利于企业快速发展，有利于国有资产保值增值，有利于调动管理人员、科技人员和广大员工积极性、创造性的基本原则，积极开展股权激励，建立以产权为纽带的激励机制，形成利益共同体，解决了骨干人才主动性、创造性问题。

(3) 研发支撑体系建设

从创立之初，奇瑞公司就坚持自主创新，奉行"大技术"战略，努力成为一个技术型企业，并建立了以本部汽车工程研究总院为核心，以上海、北京等国内分院和东京、都灵等海外分院为支撑点，以一批控股设计公司为骨干，与关联零部件企业和供应商开展协同设计，同时兼顾与国内大专院校和科研院所展开合作的产品研发体系。

为适应企业快速发展的需要，将研发项目做得更加精细、将开发产品做得更加完善，奇瑞公司结合中期产品规划和长远战略发展目标，根据研发功能不同、产品类别不同和平台大小不同，分别组建了规划设计院、汽车工程研究总院（包括三个乘用车研究院、一个商用车研究院、一个发动机研究院、一个传动系统研究院）、试验技术中心，形成了从整车（包括乘用车和商用车）到发动机、变速箱、关键零部件，从工艺规划、设计开发到工程技术、试验试制的完整的开发体系。

为整合国外资源，奇瑞公司在汽车造型设计圣地——意大利投资成立了整车造型设计、汽车工程设计及设计咨询公司，聘用高级造型设计、工程结构设计工程师和设计项目管理专才，将国际上先进的汽车设计理念引入到奇瑞新车型的设计过程中。为了提升自动变速箱的开发水平，在澳大利亚成立了奇瑞汽车工程研究院悉尼公司。目前，悉尼公司主要负责AT自动变速箱项目的样机设计开发工作，包括总布置设计、零部件设计、样机试制、性能试验和整车的TCU标定。

经过多年自主研发，奇瑞公司认识到，企业的自主创新必须要充分利用外部资源，因此在培养自有开发技术力量和队伍的同时，还采用产学研合作方式，与高校、科研机构、中试基地等建立了广泛的双边、多边合作关系。奇瑞公司先后与国内数十家高校、科研机构建立合作关系，共同承担多项"863"计划、科技攻关计划等项目，在开展项目合作的同时，还与合肥工业大学共同组建了奇瑞瑞赛克—合肥工业大学汽车绿色技术研究中心，从事汽车回收再利用等绿色技术的研究；共同设立了安徽省汽车NVH与可靠性重点实验室，开展噪声控制技术研究等；形成了企业、高等院校、科研院所三位一体的产学研联盟。

目前，奇瑞公司每年投入的研发经费达到销售收入的5%以上，过去三年研发经费投入达30.6亿元，占到销售收入的5.8%。

（4）知识产权管理

为满足奇瑞公司在新的战略阶段"打造自主国际名牌"的要求，公司制定了全球化视野的知识产权战略，更加注重知识产权转让、投资、许可等资本化和商品化运作，通过建立知识产权工作体系实现知识产权创造、应用、管理和保护。

奇瑞公司目前建立了由公司副总经理直接领导的知识产权管理机构，聘请资深专利代理人担任公司的知识产权顾问，对公司的知识产权工作给予指导。在公司内部基本形成知识产权创造、应用、管理、保护为一体的知识产权工作体系。

奇瑞公司还建立和完善了知识产权管理制度。先后制定了《知识产权管理规定》、《专利管理规定》、《专利奖励操作规范》、《专利检索操作规范》等一系列规章制度，保障了知识产权工作顺利开展。奇瑞汽车的新产品或新技术开发在申请立项前要求项目组进行国内外专利检索，以专利检索和分析报告作为新项目立项的重要参考依据。

截至2008年底，奇瑞公司累计申请专利3198件，获得授权专利1674件，成为中国汽车行业拥有自主知识产权最多的企业之一。奇瑞公司的知识产权工作也得到国家相关部门和社会各界的赞誉，2007年2月，奇瑞公司被国家知识产权局授予"全国企事业知识产权示范创建单位"称号。

（5）人才队伍凝聚

人才队伍作为创新的关键要素一直得到奇瑞公司的重视。公司成立之初就提出了"实现一个理想、创立一种机制、制造一流产品、锻炼一支队伍"的目标，通过外部引进和内部培养，建立了一支战斗力强的研发和管理团队。

在人才引进方面，奇瑞公司坚持用广阔的事业吸引人、真挚的情感留住人。对于加盟到奇瑞公司的人才，公司依托现有研发平台，通过国家重点创新项目及企业自立项目，为其提供良好的事业平台，成就自我的机会。对于不能正式加盟奇瑞公司的人才，则聘请其作为技术、管理顾问，谋求建设性意见和建议或专项工作攻关，并通过设立海外分院、合作/合资办厂等多种形式，为其提供更广阔、更便利的事业平台。对公司引进的海外人才，各级领导主动关心他们，与其沟通，帮其解决工作、生活中的问题，重大节日时，董事长亲自邀请他们及家人交流用餐。许多海外人才受到公司最高领导人的个人魅力影响，毅然投身于中国汽车工业。

在现有的6100多名工程技术和管理人员中，有5300多人从事产品研发，其中，来自欧美、日韩等跨国汽车公司和著名汽车零部件企业的外籍专家、海归人才100多人，从国内外著名大学毕业的博士、硕士近500人，来自国内大型汽车企业的老专家和技术骨干70多人。

在人才培养方面建立学习型组织，注重技术骨干和技术专才的培养；公司通过建立灵活多样的培训机制，通过各种途径打造"技术至上"的队伍，对新进公司的本科生、硕士生、博士生，配备导师专门指导；通过联合设计送到国外学习；通过请国外专家来奇瑞指导项目开发对员工言传身教；通过轮岗和挂职进行工作训练；通过举办各种培训讲座与重点院校进行广泛交流，实行校企联办，共同培养人才。

几年来，公司派到国外培训人数已达2000多人次，其中派到奥地利AVL发动机设计公司的有300多人次，培训时间最长的两年，最短的也有半年时间。2000年，公司与合肥工业大学联合成立合肥工业大学奇瑞研究生研修班；2002年，建立了博士后科研工作站；2006年，与芜湖职业技术学院合作办学，为公司培养一线技术人员及管理人才。

（6）品牌塑造与市场营销

奇瑞汽车品牌的规划根据公司的业务发展战略，经历了两个发展阶段：第一阶段是"通过自主创新打造自主品牌"；第二阶段是"通过开放创新打造自主国际名牌"。2009年，公司推出向两端延伸的品牌规划，建立了向上突破中国本土汽车品牌瓶颈，向下进入微车领域的规划。自此公司形成了微车品牌开瑞、经济轿车品牌奇瑞、高端品牌瑞麒和威麟，四条品牌线并举的局面。

奇瑞公司秉承"大营销"理念，全面升级"品牌、品质、服务"三大平台，不断提升品牌形象和企业形象。2006年，"奇瑞"被认定为"中国驰名商标"，入选"中国最有价值商标500强"第62位；2007年，奇瑞公司当选2007年度"最具全球竞争力中国公司20强"和"发展中国家100大竞争力企业"；2008年，奇瑞公司第三次被《财富》杂志评为"最受赞赏的中国公司"，同时，在世界知名战略管理公司罗兰贝格发布的最新研究报告里，奇瑞公司第二次入围"全球最具竞争力的中国公司TOP10"。

在建立完善的质量管理体系和销售服务体系方面，奇瑞公司确立了"顾客满意"是公司永恒的宗旨，为顾客提供"零缺陷"的产品和周到服务是公司每位员工始终不渝的质量方针，并于2001年2月顺利通过ISO9001国际质量体系认证。

2002年10月，公司又在国内同行中率先通过了体现汽车行业特殊要求的ISO/TS16949质量管理体系认证。在售后服务方面，建立和完善了以"提升客户满意为目标"的售后服务体系，服务网络已发展到540多家，覆盖全国31个省、市、区。密集的服务网点使奇瑞汽车的售后服务更及时、更快捷。

奇瑞公司从发展初期就注重开拓国际、国内两个市场，"全球化"是企业孜孜不倦的追求目标，并积极实施"走出去"战略，成为中国第一个将整车、CKD（Completely Knock Down，全散件组装）散件、发动机以及整车制造技术和装备出口至国外的轿车企业。目前，奇瑞公司正积极实施"大国际"战略，全面推进全球化布局，产品面向全球70余个国家和地区出口，已建或正在建的海外15个CKD工厂，将深度覆盖亚、欧、非、南美和北美五大洲的汽车市场。

（7）企业创新文化建设

公司自成立以来，坚持大力弘扬创新文化，形成了根植创新的企业理念和"创新、敬业、诚信、勤俭、廉洁、和谐"的企业文化精髓；营造了"崇尚创新、宽容失败、支持冒险、奖励冒尖"的文化氛围。

企业文化在企业整体创新过程中所起的作用是如何培养一群真正充满激情的人，一群不断挑战极限的"技术疯子"。公司制定了适合不同层级员工的激励机制，坚持短期激励与长期激励相结合、物质激励与精神激励相结合，设立了股权、住房、购车、休假、医疗保健、子女教育等自助式福利，让他们以全身心的精力和热情投入到工作中。在创新激励机制的带动下，企业员工以创新为目标，以创新为动力，以创新为快乐，不断攻克新技术、疑难技术的堡垒。奇瑞公司每年一届的科技大会上，都对创新工作比较突出的集体和个人进行表彰，对获得发明专利比较多的员工进行嘉奖。

3. 企业创新成效

通过自主创新，奇瑞公司积极发展并逐步掌握了一批整车开发的核心技术，特别是节能、环保关键技术。企业创新能力持续提升，现已形成了每年推出4~6个新车型的开发能力，基本实现了"开发一代、生产一代、储备一代"的目标。2009年，公司凭借"节能环保汽车技术平台建设项目"获得了"国家科技进步奖一等奖"，同时，奇瑞公司还凭借轿车"整车自主开发系统的关键技术研究及其工程应用项目"获得"国家科技进步奖二等奖"。

通过自主创新，企业的整体竞争力大幅提升，取得了显著的经济效益，2008年，奇瑞公司销售整车35.6万辆，连续三年稳居全国乘用车行业前五名，其中出口整车13.5万辆，连续六年保持全国乘用车出口第一名。

以奇瑞为代表的自主品牌开发模式，促进了汽车行业自主开发氛围的形成，树立了自主开发的信心，推动了中国汽车行业的技术进步。

（十一）海信集团：以创新科技为发展的核心基因

1. 企业概况

海信集团有限公司（以下简称海信）成立于1969年，是特大型国有电子信息产业集团公司。目前，形成了多媒体、家电、通信、IT、房地产、服务（与配套）六大产业板块。长期以来，海信坚持"技术立企、稳健经营"的发展战略，以优化产业结构为基础、技术创新为动力、资本运营为杠杆，持续健康发展。进入21世纪，海信以强大的研发实力为后盾，以优秀的国际化经营管理团队为支撑，加快发展速度。2008年，实现销售收入489亿元，研发人员超过2000人，每年研发投入占销售收入的5%以上，在中国电子信息百强企业中名列前茅。

集团公司直属单位包括青岛海信电器股份有限公司、海信科龙电器股份有限公司等19家产品公司以及海信国际营销有限公司、海信集团财务有限公司等3家专业公司。拥有海信电器和海信科龙电器两家沪、深、港三地上市公司。

海信经历了以电视机为主导产品的产品经营阶段，强调技术内核的品牌经营阶段，围绕核心技术展开相关多元化的产业经营阶段。同时，海信正在积极实施走出去战略。目前，海信在南非、埃及、阿尔及利亚、匈牙利、法国等地拥有生产基地，在意大利、澳大利亚、美国等地设有15个海外分支机构，同时在海外拥有完善的销售网络，产品远销130多个国家和地区。在青岛、深圳、顺德以及南非、美国、比利时等地建有研发中心，初步确立起全球研发体系。

面向未来，海信确定了"到2010年，海信的规模将达到国内同行业前两位"的战略目标。并致力在3～5年内，把海信打造为一个拥有良好的公众口碑、优秀的国际化经营管理团队、自己的核心技术、一流的制造和分销能力的世界性的"家电、信息、通信"主导产品供应商。

2. 企业主要创新活动

（1）创新战略思路

海信的创新思路在于技术、人才和产业形成动态的均衡。主要体现在"技术孵化产业"的产业领域拓展方式与"四个延伸"的研发策略两个方面。

通过掌握新产业的某项独特核心技术，与行业内在位者展开竞争，并超越竞争对手是海信进入新产业领域的基本策略。海信每涉足一个新的领域都遵循这种扩张模式：首先通过行业扫描与技术分析，发掘待进入行业的技术制高点。成立研究所研发进入该产业的技术切入点，并同时进行技术研发和人才储备，待时机充分成熟后，研究所裂变为新的产品公司。海信利用变频技术进入空调产业便是这一模式的最佳例证。

海信提出"四个延伸":一是向产业与技术前端延伸,瞄准产业前沿、产品链技术的前端,占领技术与市场的高地,如海信成功推出"信芯",进入了多媒体产业链的前端;二是向有市场发展前景的技术方向延伸,抓住新的技术与市场发展机遇,抢占市场先机,如海信智能交通产业已发展成为国内龙头,并不断打败国外优势企业;三是向更能控制质量和成本的方向延伸,大幅度提高海信产品的竞争力,如海信强调工业设计,以较小的投入实现了海信产品外观及结构设计的改善,强化了海信作为高端产品的品牌形象;四是向系统集成产品和整体解决方案延伸,向系统产品和整体解决方案提供商的目标努力,如海信发起"闪联"产业联盟,发表Dnet-home网络加添系统标准,推出"蓝莓"系列多媒体产品。前两个延伸体现了海信对于技术的不断追求,而后两个延伸则体现了注重消费者在技术发展中的核心地位。

(2) 体制与机制创新

海信处于一个技术密集,同时产品更新速度非常快的经营环境。这种经营环境迫使海信需要在技术与市场之间取得合理的平衡。对于海信这种规模的企业而言,市场与技术之间的协调需要利用有效的机制实现。海信的经验体现在强调融合的两类规划、适当分权、结果与过程结合的评价三个方面。

规划是海信衔接技术与市场的主要手段。在技术规划过程中,海信遵循"技术要从市场中来,最终要回到市场中去"的基本思想,同时在技术系统内部形成"钱到技术很容易,但是技术到钱不容易"的共识。通过技术与产品两条线,将研发资源有效地配置在基础研究部门与市场开发部门。这种规划主要通过技术部门、产品规划部门与市场部门的合作完成。整个规划过程中,强调部门之间充分的横向沟通,强调部门之间的融合与共识,最终形成技术规划与产品规划的有效衔接。在规划过程中,集团为了避免产品公司过分关注短期利益,确定了预研经费不少于产品公司研发投入30%的基本原则。

赋予研发部门在一定程度上的项目自主权,是海信克服市场部门可能存在关注近期产品竞争力,忽视远期技术储备的短视行为的重要方式。虽然在规划过程中,强调三个部门的共识,但是研发部门仍然获得一定程度的自主开发权力,这种权力允许研发部门独立开展市场部门并不看好的项目。

为了避免技术部门陷入追求技术领先的盲区,提高研发与企业绩效之间的联系,集团通过预研项目的数量、成果转换率以及过程监控三个方面对产品公司的研发活动进行评价,迫使研发部门能够为集团的竞争力做出更为直接的贡献。并且推行有偿使用公用研发支持平台,用以控制研发成本,提升研发效率。

(3) 研发支撑体系建设

海信研发中心现已建成国内较为完善的研发平台体系。这个研发平台体系主要包括四个层次:第一个层次是应用基础研究中心,重点解决前瞻性、关键性和共性的技术研发，这个层次的研发机构主要有：数字多媒体技术国家重点实验室和集团直属研发机构；第二个层次是产品研发中心，重点解决应市产品以及本领域前瞻性技术的研发，这个层次的研发机构主要由多媒体研发中心、家电研发中心、移动通信技术研发中心、宽带多媒体技术研发中心、数字传媒技术研发中心、网络技术研发中心、智能交通技术研发中心、智能商用设备研发中心和模具设计与塑品成型技术研发中心等研发机构组成；第三个层次是公共研发支持平台，主要由工业设计中心、检测中心、中试中心、数据信息中心、技术培训与学术交流中心、博士后科研工作站等组成；第四个层次是产学研合作的载体以及与外部共建的研发机构，主要有山东大学海信研究院、联合实验室（如海信－FAIRCHILD（仙童）联合实验室，海信－ON（安森美）联合实验室等）组成。

在与高校联合建立研究院的过程中，海信积累了与外部研发机构进行合作的经验。这些经验包括：①合理选题。选择适合高校研究人员的课题是与高校合作成功的前提。②细致的任务描述。在合作过程中，每一阶段都应该对双方任务进行细致的描述与分工。③详尽的项目计划。按照项目管理的方式对结果、科研经费进行管理。④频繁的互动融合。发挥高校人员建模计算等理论能力，同时不断引导他们确定以实现产品功能为导向的项目思维。

（4）知识产权管理

随着企业经营规模、涉足领域的不断扩大，特别是国际化进程的推进速度日益加快，集团主动调整知识产权管理的策略与内容，使得现有的知识产权管理发生了一系列积极的变化。这些变化包括：①提前布局。根据企业的近期、中期、长期发展规划，有步骤、有目的地进行专利布局。②掌握节奏。进一步明确知识产权的保护应与海信海外市场的开拓相适应，在产品进入各类市场之前，评估知识产权的风险和各类成本并及时预计。③重点突出。将国家重点实验室建设、海信多媒体信息产业、海信矢量变频技术、海信双高效节能冰箱技术、海信智能交通技术以及海信下一代通信技术等核心技术的知识产权保护工作列入工作重点，强调重点工作领域内知识产权保护的广度和密度。④关注标准。将标准的跟踪、参与和制定工作纳入知识产权工作的重要内容，积极跟踪各类标准制定的同时，提交具有专利保护的各类技术方案至标委会，通过内部评估和第三方评审，参与标准的知识产权保护。⑤全程实施。海信的知识产权管理从项目立项开始，一直贯穿于整个研究开发过程。在项目立项之初，便要求项目申请书中对可能遇到的知识产权与可能产生的知识产权问题进行预测与建议。

为了保障以上5个方面的落实，海信建立了两级知识产权管理机构，同时制定了一系列的实施细则，与切实有效的管理手段相结合，保证了知识产权战略的有效实施。目前，海信共有20多个管理制度和管理办法，形成了与集团发展阶段相适应的知识产权管理体系。

（5）人才队伍凝聚

在企业成立之初，海信便确立了科技人员在整个职位序列中的价值优先地位，并且采用工资的形式体现出科技人员的这种优先地位。虽然在不同时期，海信吸引科技人才的方法与手段并不完全相同，但将科技人员作为企业发展中的核心人才的理念始终没有发生变化。现阶段，海信主要通过明确科技人员的发展通道与灵活多样的激励机制突出科技人才的核心地位。

为了解决科技人员的上升通道，避免科技人员转入管理岗位，鼓励科技人员能够安心从事专职科研工作，海信为科技人员建立了专门的职业通道，技术系列的岗位等同甚至高出管理系类工资待遇，如首席科学家享受副总裁级别的同等待遇。

海信对科技人员的激励方式有两个特征：一是奖励形式多样与完备。海信为科技人员设立了包括集团科技创新奖励、优秀项目建议奖、提案奖励、知识产权奖励等多种奖励方式。丰富的奖励手段使得各类技术人才都能够得到有效地激励。二是奖励兑现的及时性与阶段性。海信专业研发人员的变动收入主要依据课题完成情况进行发放。由于科技成果在市场表现方面有一定的滞后性，同时考虑到激励的时效性，海信确定了研发人员变动薪酬根据项目推进阶段分步实施的原则。一般将项目从立项到批量生产划分为3个阶段，前两个阶段主要涉及技术完成情况，占变动工资的70%，批量生产后的市场表现占研发人员变动工资的30%。

（6）品牌塑造与市场营销

海信坚持"技术引领市场，速度保鲜技术"营销理念。各产品公司坚持以产品质量、消费者沟通、品牌宣传与企业社会责任为途径，不断深化海信品牌中的技术因素。

一是加强质量管理，将质量作为品牌的基础。海信认为产品质量是一个品牌的基础，没有好的产品质量，不可能创造一个卓越的品牌。

二是密切联系消费者，将口碑作为品牌宣传途径。海信注重在销售环节、研发环节和售后服务环节与消费者的沟通联系，突出消费者口碑对促进知名品牌的作用。

三是突出科技含量，将"三高"作为品牌诉求点。海信在品牌宣传方面，始终坚持体现品牌核心价值——创新科技。海信下属品牌在核心价值不变的前提下，通过自身形象和传播手法与时俱进的变化向消费者传递出一个不断创新、形象丰满的海信形象，以实现企业"高科技、高质量、高水平服务"的三高战略的品牌诉求。

四是注重社会责任，将企业责任感与品牌建设紧密联系。海信一方面通过财务稳健，守法经营，为当地创造大量税收和数万的就业机会；另一方面始终坚持回报社会的企业责任。

(7) 企业创新文化建设

创新是海信文化的重要组成部分。其鲜明的特征体现在对科技人员原始创新失败的容忍以及自下而上群众性创新活动的实施。

海信认为中长期的科技项目具有不确定性高、难度大的特征，因此，宽容失败成了海信文化的一个重要特征。如"信芯"的研发，在近5年的时间里，课题组年复一年地钻研、反复，屡败屡战。年复一年的投资不能换来阶段性的成果，但海信仍坚持对其投入。董事长周厚健说，这不仅仅是一个芯片设计项目，而是关系到海信向视听领域上游技术和产业拓展，摆脱国外垄断技术控制的战略抉择，只要海信存在，就坚决要做。到正式流片前一天晚上，周厚健给负责研究开发的副总裁通电话，告诉他："即使流片失败，我们也认了。这次失败我们可以再来一次。"核心芯片流片费用巨大，每失败一次，几百万元就打了水漂。周厚健认为，对于参加项目的所有人来说，失败带来的打击和损失要远远高于对公司以及公司决策者的打击。要给予他们足够的理解和宽容。课题组在项目成功后的总结中一致认为，没有集团领导的理解和支持，信芯早已夭折。

为了推动创新文化的落地，培养全公司的创新氛围，集团公司制定了《集团合理化建议活动实施管理办法》。各产品公司与集团设立提案评审委员会，来自各产品公司的专家构成集团的评审委员会。对于员工提供的合理化建议进行即时评审，并且一经采用，立即奖励。同时，根据员工提供的合理化建议，每年制定合理化建议活动主题，以鼓励、引导员工积极参与企业经营管理，调动每一位员工的积极性。近三年来，每百名员工年均提出合理化建议数均在90条以上。近5年，公司的合理化建议采用率超过37%。在落实创新文化过程中，集团工会针对企业工作实际，以生产经营和市场为导向，开展多种形式的比武。通过这些活动的开展，切实解决了管理中的薄弱环节、生产经营中的难点和安全服务问题。

3. 企业创新成效

海信长期以来执著地走技术道路，这一发展道路对海信新产品开发能力、自主创新能力，品牌塑造都有直接的影响与贡献。

在强大的技术创新能力推动下，海信的新品推出速度不断提升，平均每3个月就推出一批新产品，每天推出一个新产品，在技术创新的速度上领先同行3个月以上。2005~2007年，连续3个年度新产品收入占全部销售收入的90%以上。

在自主创新能力方面，海信通过长期的技术道路，积累了在芯片、网络、显示与计算技术方面的技术能力。至2007年，共获得各类专利与授权2500项以上，其中发明专利90多项。并荣获2006年（信息产业部）信息产业重大技术发明奖等重要奖项。2006年2月，在信息产业部电子有关数字音视频产业企业技术竞争力分析中，海信在国内企业中名列首位。2005年6月，海信研发成功中国音视频领域第一款具有自主知识产权的产业化芯片。2007年9月，海信电视液晶模组生产线正式开工投产，中国液晶电视模组几乎全部依赖进口的现状被打破。

长期的技术道路同样给海信的品牌带来丰厚的回报。"创新科技"成为海信品牌的核心基因，海信树立了行业技术专家的形象，成为国内唯一一家持有海信（Hisense）、科龙（Kelon）和容声（Ronshen）三个中国驰名商标的企业集团。同时海信电视、海信空调、海信冰箱、海信手机、科龙空调、容声冰箱全部当选中国名牌。

4. 结语

海信选择技术领先策略在一个强调品牌、产品更新速度与营销能力的市场与对手展开竞争，并在竞争中获得快速发展与广阔的生存空间。相对众多竞争对手将概念开发与营销活动作为重要的竞争武器，海信坚持"技术立企"的成功经验对中国诸多营销导向的企业进行战略转型具有重要的启示。同时，作为一家围绕核心技术展开相关多元化的大型企业，其中央研究院与各产品公司之间研发活动的分工与协调，对于很多开始建立专门的研发机构的公司具有借鉴作用。

海信利用技术优势，在竞争残酷的家电与电子行业脱颖而出，一个重要原因在于海信有效地利用各种机制平衡了长期发展与短期利益，产品技术与基础研发之间的关系。这些协调机制在组织层面上，有利于解决资源如何有效地在基础研究与产品开发中进行合理的配置；在团队层面，有利于研发部门、产品规划部门与市场部门的合作；在个人层面，有利于减少研发人员脱离市场的倾向，提高其个人研发活动的有效性。

需要特别指出，海信的这种协调机制，不是某一项或者某一类制度，而是体现在规划、激励、评价、品牌塑造以及文化等各个方面。而且各项制度都能够内在地统一于海信处理技术领先与市场竞争力之间平衡的原则之下。

（十二）万向集团：全球范围整合资源支撑创新发展

1. 企业概况

万向集团有限公司（以下简称万向）创建于1969年，从一个铁匠铺、4000元资产、7个人白手起家，经过40年的发展，成为实现跨国经营的中国汽车零部件行业的龙头企业。集团的主营业务为汽车零部件制造，主导产品包括汽车传动系统、制动系统、转向系统、悬架系统、排放系统5个系统12个系列。

集团目前的组织架构由集团总部、各领域、主营公司、专业化工厂（公司）4个层面组成。集团公司下设汽车零部件、农业、房地产金融投资、新能源等十大领域。其中，汽车零部件业共有32家专业制造企业，其中模块化工厂10家，在全国形成了6平方公里的制造基地。截至2008年底，集团总资产300多亿元，净资产过百亿元。2008年营业收入463.6亿元，实现利税30.7亿元。集团现有员工2万余人，其中研发人员近1000人。

纵观万向40年来的发展道路，始终坚持以技术为中心的发展路线，同时善于适应并利用外部力量推进企业进步。其发展历程大致可以分为四个阶段：第一阶段是20世纪70年代的"多角化经营"，拾遗补阙求生存；20世纪80年代进入第二阶段，万向开始走专业化道路，大批量、专业化生产汽车万向节；20世纪90年代，万向进入发展的第三阶段，主推国际化战略，开始通过资本运作打入国际市场，产品销往全世界；2000年以后进入第四阶段，万向采取了"大集团战略、小核算体系、资本式经营、国际化运作"的运营策略，进行多元化经营。

2. 企业创新活动

（1）创新战略思路

万向的创新思路始终坚持以产学研合作提升技术水平的路线，通过从全球层面实施资源整合创新、从产业层面实施链合互动创新、从企业层面实施全面协同创新的"三位一体"战略推动企业发展。

在全球层面，万向通过收购、并购的产产合作方式推动企业创新发展。一方面，万向以并购和自创相结合的方式，实现外部创新资源内生化。万向先后在美国等地收购了舍勒、UAI、德尔福、洛克福特、AI等公司，力争在此基础上经过消化、吸收、再创新，形成自己的集成技术能力。另一方面，万向利用海外的技术、市场优势和国内在成本、人力上的优势，主导产业国际分工，建立起面向全球的开放式创新体系。目前，万向通过分布在美国、英国、德国、加拿大等8个国家的19家公司，建立了涵盖50多个国家和地区的开放式创新体系，构筑了一个与国际接轨的多点多层面的技术创新平台。

在产业层面，万向通过产学合作、产研合作和产产合作等方式实现链合互动创新。一是通过产学研合作进行核心技术开发。万向与洛阳轴承研究所联合建立了研发中心，与上海同济大学联合建立了汽车底盘系统研发中心，开展面向汽车产业关键、共性技术和配套技术的开发，积极实施与汽车制造企业协同的模块化工厂战略。二是优化汽车产业公共服务平台。万向不但建立了汽车零部件实验室、浙江省汽车零部件试验基地，还牵头组建浙江省汽车摩托车零部件质量检验中心、浙江省轴承产品质量检测中心、浙江省汽车零部件公共创新服务平台等。三是推动产产合作，提升产品开发的同步性。目前，万向已与海汽、上汽通用五菱、江淮等实现底盘同步开发及系统集成供货，并且正在加大与奇瑞等汽车制造企业在汽车底盘系统集成技术的同步合作开发。

在企业层面，万向通过整合创新智力资源，实现企业全面协同创新。早在20

世纪70年代末80年代初，迫于生存压力和自身弱势，同时意识到供不应求的市场潜在需求，万向充分利用了技术外援，以增强自身的技术创新能力。那时的万向每周末都会派车进城，请"星期天工程师"到厂里解决技术问题。万向逐步意识到必须吸引并建立自己的研发团队，依靠自身的研发力量解决企业的发展问题。1983年前后，鲁冠球向时任国务委员的张劲夫同志"要"来了几批大学生，鲁冠球为每个人付了6000元的培训费。目前，这些昔日的大学毕业生已成长为集团第一线的业务骨干。

（2）体制与机制创新

万向建立了"一核三全七机制"，以万向国家级技术中心（万向研究院）为核心单位，鼓励全时空、全员和全要素创新，并对资源配置、组织保障、文化激活、知识管理、人才激励、产业孵化和产学研合作7个机制进行统筹规划，确保创新活动的顺利开展。

万向实施统一资金使用、统一科技攻关计划、统一验收考核激励的"三统一"机制。资金统筹方面，根据集团技术中心每年制定的年度预算，其中涉及大型研发项目的经费，由集团统一支付。而实验室、工作站、孵化中心等机构日常的运营费用，则每个季度按各子公司销售收入的0.7%～2%不等进行提取，以此确保集团对于研发资金的统一调配和使用。在项目管理方面，针对公司签约的每个项目，万向都会派出由公司代表（总部人员）、商务代表（营销人员）、技术代表（研发人员）三方共同组成的团队，统一实施科技攻关计划，便于研发团队实时跟踪客户的实际需求，并根据需求进行技术创新和产品完善。考核激励方面，集团制定了包括《科技项目人员绩效挂钩分配及奖励实施细则》、《科技成果奖励实施办法》等，以确保技术创新工作运行的有效性、合理性。

在组织保障机制上，万向建立了研究院总部、子公司、海外机构和外部机构互为补充的研发组织体系；在文化激活上，在企业内广泛推广鼓励创新、宽容失败的创新型文化；在知识管理上，实施基于经营技术的专利战略；在人才激励上，采取"项目工资"制的薪酬体系；在产业孵化机制上，倡导围绕中长期战略，开展前瞻性和探索性研究，培育新的增长点；在产学研合作机制上，采用项目合作的方式与高校、国外开放实验室、国际一流主机厂和供应商合作。

（3）研发支撑体系建设

万向建立了"以万向研究院为技术创新的核心，统分结合"的研发支撑体系。1994年，万向投资5000多万元建立企业技术中心，1996年被认定为国家级企业技术中心，2002年在此基础上成立万向研究院，进行公司化运营。研究院负责集团技术创新体系及平台的建立、前瞻性的产品研发、战略性的研发储备。还负责统筹和整合内外部资源，并进行资源的二次分配，形成合力解决企业发展的重大技术创新问题。研究院下设有国家级实验室（万向集团汽车零部件实验室）、博士后科研工作站、高科技孵化中心、联合研究开发中心等二级单位。各企业研究所负责解决本企业产品的升级、换代和技术质量问题。此外，自2000年以来，万向还在海外组建了万向北美和万向欧洲技术中心作为海外技术创新体系的核心，专门负责海外核心技术的并购、消化和吸收，并在19家海外公司设立了二级研究机构。

万向研发支撑体系有两大特色：一是注重产学研合作，利用外部智力网络。万向与上海同济大学、洛阳轴承研究所等联合共建了研发中心，通过建立行业专家网络、签约博士后、与海外公司联合建立实验室等举措，吸纳集团外部的智力资源。二是关注技术与市场的紧密结合。在项目管理方面，每个项目的实施团队"对外"代表了公司的整体利益，需要通过与客户的沟通与对接，对万向的技术和产品进行推介；"对内"则代表的是客户利益，严格按照客户的要求，检查督促企业做好技术开发和生产控制全过程。

万向每年按照销售收入的3%左右投入研发（特别是在汽车零部件行业上的研发）。2008年，集团主营业务收入为412.01亿元，研发经费投入约12.59亿元，占主营业务收入的3.06%。

（4）知识产权战略与管理

万向自1998年开始实施专利战略，至今已形成了包括独占与控制、许可与转让、投资与合作等多方面内容在内的知识产权战略，其核心是促进专利、技术、市场的"三结合"。

万向相继制定了《万向集团专利管理办法》、《万向集团专利基金管理办法》、《万向集团商标管理办法》、《万向钱潮专利奖励办法》、《万向集团专利工作手册（试行）》等管理制度，明确了内部知识产权管理工作的机构和职责、专利制度的运用、专利和商标的管理、专利的奖惩制度及工作考核方法等。

首先，集团通过收购行为，独占或控制专利技术。万向通过收购世界上拥有万向节产品专利最多的美国舍勒公司，一次性收买其所有的万向节专利技术。

其次，集团与国内外的研究机构合作开发技术，共享或独立享有专利所有权。万向研究院及其下属的国家级实验室、检测中心等已实现两个"开放"：一是免费向国内的高校、科研机构开放；二是向国外的主机厂实验室开放。这样一方面万向可以吸引大批的研发人员共同开发技术；另一方面，这些高校、研究机构、实验室使用设备进行的测试又能够为万向提供研发的数据储备。目前，万向研究院已逐步积累了两个重要的工程数据库（失效分析数据库和实验数据库）。

最后，集团与国外大公司合作，由国外公司提供产品的设计和制造技术，万向在消化吸收基础上再创新，形成自有的知识产权，申请国内外专利，使专利产品返销国外。如万向曾与美国一家公司合作，由美方提供第三代轮毂单元的制造技术，万向根据实际情况对其结构、材料等进行创新，形成独立知识产权并申请专利，产品不仅返销北美、欧洲的许多国家和地区，还使得集团的轮毂单元制造技术达到国际水平。

截至2009年7月，万向累计申报专利957项，累计获授权717项，是世界上拥有万向节专利最多的专业制造企业。

（5）人才队伍凝聚

万向推崇以人为本的管理理念，秉承"人人头上一方天，个个争当一把手"的管理原则，坚持构建"两袋投入"（脑袋与口袋）的员工凝聚力机制，充分调动每个员工的积极性，激励员工共同参与企业创新。

在人才使用和培养上，万向倡导德才兼备的用人观。对于引进人才，鼓励其与企业建立长期的劳动关系，所有应届毕业生和科技人员都必须签订为期10年的劳动合同，促使应聘者作出理性、慎重的选择，为未来形成稳固的劳动关系打好基础。对新员工，一方面为他们安排优秀的资深员工担任督导师，提供职业发展辅导，进行技能培养，同时注重企业优秀文化的传承；另一方面开展定期的职业发展评估，及时掌握新员工的思想动态与工作表现，营造出人才脱颖而出的良好环境。在人才跳槽现象频繁的今天，万向成功地留住了大部分骨干人才，企业的中高层管理者与技术骨干，年流动率很少超过3%。

在人才激励上，万向一方面构建起"基本工资＋岗位工资＋激励收入"的分配机制，对基本工资与岗位工资，既注重体现岗位、能力差异，也注重体现公平、和谐。万向连续多年以确保一线员工收入增长为分配目标，严格控制高级管理人员的年薪水平，自2008年以来严格执行"不裁员、不减薪、不降福利"，既履行了大企业的社会责任，又避免拉开分配差距，减少内部分配矛盾。另一方面，对为企业创新做出突出贡献的员工，实施激励分配，加大特殊贡献奖励力度。40年来，员工收入水平与企业发展保持着良好的协调增长关系，对于科技人员实施项目工资制，对特殊人才鼓励签订岗位责任制，在员工创造创新成果的同时，给予员工应有的价值体现，极大地调动了科技人才的创新积极性。如万向旗下轮毂单元技术团队八年如一日，为万向成功进入大众配套体系提供了扎实的技术保障。

（6）品牌塑造与市场营销

万向品牌战略的总体思路是树立品牌经营意识，不断争创名牌，提高品质，扩大企业及产品认知度、美誉度。

为打造知名品牌、驰名商标，万向制订了严格的措施以及相应的激励机制。集团先后成立"万向创名牌工作小组"、"万向品牌建设工作小组"等，指导万向品牌建设工作。2006年，"钱潮QIANCHAO"和"万向WANXIANG"两个商标，先后被国家工商行政管理总局认定为中国驰名商标。

万向打造品牌的第一种做法是从贴牌加工到收购品牌，充分利用现有知名品牌的优势。万向利用国内的制造成本优势，进行战略性品牌外购，通过收购美国上市公司 UAI 公司，把他们的"UBP"品牌引入中国。该品牌在国际市场享有很高的美誉度，为万向国际化战略的推进赢得了优势。第二种做法是自主创立品牌，万向通过给通用、福特等一流跨国汽车公司提供配套产品和服务的机会，学习国外汽车行业的技术标准和设计能力，并在消化、吸收、再创新基础上，推出"万向钱潮"的一系列产品，具有长远的增值能力。

万向在市场营销上走出了"先国外后国内、先二级市场后一级市场"的道路。20 世纪 70 年代末 80 年代初，受计划经济体制的束缚，万向最初很难打开国内市场，不得不转向国际市场寻求生存。1994 年以后，万向主要通过将产品质量与国际标准接轨的方式，将产品销售到美国市场，同时开始采取培育经销商的做法，初步解决了海外销售市场的层次和结构问题。进入 21 世纪以后，万向美国公司借助整合和并购的方式，在全球层面实现了产品、物流、服务的配置，不断扩大并稳固其在国际市场的地位。目前，万向的市场营销策略是建立国内配套、社会维修、出口销售各占 1/3 的"三三制"市场结构体系。

（7）企业创新文化建设

万向致力在企业内部营造鼓励创新、宽容失败的创新型文化，促使"人人、事事、处处、时时创新"的观念深入人心。

20 世纪 80 年代，万向的"两袋（脑袋和口袋）投入"的理念和做法，让员工明晰了生产任务与国家声誉、企业前途及个人收入之间的关系，调动了员工的积极性，促使生产效率大幅提高。20 世纪 90 年代，万向提倡"一天做一件实事，一个月做一件新事，一年做一件大事，一生做一件有意义的事"，促使全集团上下形成不断创新、时刻进步的良好氛围。

进入 21 世纪，万向更加重视员工的创新文化教育。通过编印《万向文化》手册、"万向故事"系列丛书等，对企业的经营目标、创新理念、投资文化、创业历程等进行介绍，帮助员工了解万向文化、明确奋斗方向、规范行为举止。

3. 企业创新成效

创新活动有力地提升了企业的创新能力，促使万向不断向新的发展阶段迈进。万向已拥有专利 700 余项，世界名牌 1 个，中国名牌产品 6 个，起草发布国家和行业标准 18 项，连续 6 次在全国企业技术中心综合评比中名列前 8 位。通过技术创新和机制创新，万向实现了三个转型升级：一是企业生产模式实现了从 OEM（贴牌生产）向 OBM（自有品牌生产）的转型；二是产品供货模式实现了从零部件供货商到系统供应商的转型；三是企业运营模式从二级供应商向一级甚至零级供应商的转型。

目前，万向的主导产品在国内市场的占有率达 65% 以上，在国际市场的占有率为 10% 左右。万向的经济效益达到了"十年添个零"的快速增长。从 20 世纪

70年代企业实现日创利润1万元、员工最高年收入超过1万元；20世纪80年代，实现日创利润超过10万元、员工最高年收入超过10万元；20世纪90年代，实现日创利润超过100万元、员工最高年收入超过100万元；到2009年，企业日创利润超过1000万元、员工最高年收入均达到1000万元。

万向通过收购美国舍勒公司、并购美国AI公司等一系列举措，成为世界上拥有万向节专利最多的企业，打破了跨国汽车企业对于核心技术的垄断。万向还在产品设计同步化、模块化工厂建设等方面采取了一系列有效措施，加快了中国整车开发的速度，为推动中国汽车产业的发展作出了突出贡献。

4. 结语

鲁冠球本人对于创新的理解和诠释，贯穿于万向发展的始终。万向的发展历程就是不断在夹缝中求生存，不断"创新"的过程。正是这种执著于创新的精神，深刻的社会责任感再加上开阔的国际视野和宽容的用人观念，缔造了万向一系列神话般的故事。万向的下一步目标是紧密围绕其创新思路：一是继续将实业与金融相结合；二是要真正做到"引进来、走出去"；三是大力发展新能源产业，力争续写"奋斗十年添个零"的神话。

（十三）吉利集团：从价格取胜向技术领先的战略转型

1. 企业概况

浙江吉利控股集团有限公司（以下简称吉利集团）始建于1986年，是中国汽车行业十强中唯一的民营企业。公司主营业务为汽车、摩托车、汽车发动机、变速器、汽车电子电气及汽车零部件等生产经营。凭借灵活的经营机制和持续的自主创新，公司连续六年进入中国企业500强，连续四年进入中国汽车行业十强。

吉利集团组织结构包括总部、制造基地两个层级。总部设在杭州，在浙江临海、宁波、路桥和上海、兰州、湘潭建有六个汽车整车和动力总成制造基地。集团还拥有在香港上市的吉利汽车控股有限公司。

经过20多年的建设与发展，2008年，吉利集团总资产达到139.6亿元，总收入达到129.4亿元，利润总额实现8.5亿元。集团现有员工1.2万人，其中工程技术人员1600余人，拥有院士、外国专家、博士、硕士、高级工程师等高素质人才数百名。

吉利集团的发展经历了三个阶段。第一阶段为1998～2003年的以价格取胜战略阶段，以较低价格打破轿车市场已有的格局，为轿车进入百姓家庭作出贡献，也为吉利汽车跻身国内轿车市场前列奠定了基础。第二阶段为2003～2005年的以质量取胜战略阶段，进行企业内部流程再造和信息化建设，对各基地布局进行重大整合，实施大规模技术改造，实施精致工程和用户满意工程等，大幅提升产品质量。第三阶段从2004年起，公司进入全面战略转型期，在实现"造最安全、最环保、最节能的好车，让吉利汽车走遍全世界"的发展目标下，开始实施公司的创新战略。

2. 企业主要创新活动

（1）创新战略思路

在"总体跟随、局部超越、重点突破、招贤纳士、合纵连横、全面领先"的发展战略指导下，吉利集团坚持保持成本优势下的"技术领先、品质领先、全面领先"的创新战略思路，通过技术含量和产品品质的不断提升，增强企业的核心竞争力，最终实现从低附加值到高附加值的战略转型。

根据上述的创新战略思路，吉利集团制定了"十一五"发展规划，包括《国内外生产与研发基地布局规划》、《新产品及新技术研发规划》、《国内外销售服务体系建设规划》、《供应商体系建设规划》、《信息化建设规划》、《质量体系和品质提升规划》、《知识产权保护规划》、《品牌和企业文化建设规划》、《企业标准及标准化建设规划》、《组织体系与人力资源规划》、《投融资规划》等11个子规划。

规划从集团的发展战略，到技术路线、发展目标和将采取的政策措施等均有详尽的阐述，为集团健康有序地发展指明方向。吉利企业技术中心年度工作计划提出的目标任务都融入在11个子规划之中，并得到各系统的有力支撑。

（2）体制与机制创新

为满足集团发展和经营管理的需要，吉利集团在组织机构、企业管理、质量管理等方面全面探索体制与机制上的创新。

在组织机构上，为贯彻落实"以客户为中心，以订单为主线，深化改革，科学管理，三链协同，实现高质量下的高增值与高增长"的经营方针，建立集团实行战略转型后新时期的"高效率高效益"精益组织，2008年，集团按照"属地化、系统化、同类化、扁平化、社会化和产品线管理"六项原则展开组织架构改革与整合。通过改革和整合，集团架构更加合理、管理更加顺畅，实现了高效率和高效益。

在企业管理上，从2004年开始，集团不断加强信息化建设。公司吸收优秀的管理思想，进行企业内部流程再造和内部市场化的尝试，创造出"3+3"滚动订单管理办法，降低了企业的资金占用，提高了对市场的快速反应能力；投资上亿元推进实施了基于SAP软件的ERP系统、具有强大支持功能的售后服务信息系统、工作流程和绩效考核为一体的CPC协同商务系统和PDM等信息系统，形成管理的标准化和规范化体系。在企业决策上，吉利集团采用董事会领导下的经营管理委员会负责制，并设立发展战略委员会、合同评审委员会、质量管理委员会和生产安全委员会4个委员会，作为经管会决策的支持系统，有效地规避决策上的风险。信息化建设使集团的管理创新迈上了新台阶。

在质量管理上，集团与国际接轨，从2005年10月起，开始导入ISO/TS16949国际汽车业质量管理体系认证，以规范从设计、采购、制造到销售和服务的质量控制行为。在供应商方面，截至2006年底，共完成对465家关键件供应商和非关键件供应商的评审工作。在提高评审要求的前提下，B级供应商由2004年的37%上升到65%，C级供应商由2004年的56%下降到30%，供应商质量保证能力有了明显提高，为整车产品可靠性提供了有力保障。

（3）研发支撑体系建设

吉利集团坚持"技术创新是先导创新"的理念，坚持"以我为主、以创造新市场、创造新机会、创造新价值"的原则，整合国内外资源，在消化吸收国际汽车成熟技术和公开技术的基础上进行再创新，开发具有国际先进水平的、拥有完全知识产权的、填补国内空白的产品，形成新的竞争优势。集团创造性地建立了产品自始至终、技术从无到有的全面管理和技术创新体系，高度重视研发的四大支柱——人才、设备、流程和知识积累的储备。

依托国家级企业技术中心平台，集团构建了包括一个集团技术部、一个研究院和各基地技术部的技术体系三层运作机制。统一战略规划与布局、统一开发能力及建设、统一研发管理模式、统一人才培养及使用，确保吉利产品与核心技术的全程受控和有序产出。集团技术部对整个技术体系进行统一规划、管理和考核。总部设在临海的吉利汽车研究院全面负责各类项目的开发工作，本着"集中力量、整合资源"的指导原则，最大限度地整合研发人员、设备等资源，目前形成了包括19个部门、55个专业科室在内的体系完备、对口清晰的组织架构，涵盖了综合管理、整车开发、总成开发、开发支持和产品工程等各个环节。

吉利集团按照国际主流厂商的标准，重点进行了产品开发体系、技术管理体系和产品验证确认体系三大体系的建设，并将企业的研发体系整合到一起，所有研发中心成果共享，分工也更加明确。研发体系的整合使得企业研发更有效率，也更有针对性。

吉利集团十分注重整合各类产学研资源进行自主创新，先后与韩国大宇国际、意大利汽车项目集团、德国吕克公司等国际知名汽车设计公司进行交流和技术合作。吉利还与同济大学合作共建了吉利—同济汽车工程研究院，以产学研合作为模式，在人才培养、产品设计、关键零部件开发与整车试验及开发等相关领域开展全面合作，从而提升了吉利汽车自主开发的实力和影响力。

集团每年投入的研发经费占销售收入的8%以上，确保了各个研发项目能够顺利进行。2008年，集团研发经费投入达到9.9亿元。持续高强度的科技投入保障了吉利研发体系的不断完善和高效运行，为公司成功转型奠定了坚实的基础。

(4) 知识产权管理

吉利集团将知识产权工作作为企业创新战略的重要组成部分，通过实施技术开发专利先行的知识产权战略，落实机构，制定措施，努力提高员工知识产权意识和自主创新素质，并采用不同方法持续开展专利工作。

在组织机构上，建立了分工明确、有机配合的知识产权管理机构。集团成立以副总裁挂帅的知识产权办公室，主抓集团的知识产权工作，并设有专职工作人员，吉利汽车研究院和各子公司也相继成立知识产权办公室。在专利方面，集团有3名专利管理工程师，各子公司设有专职和兼职人员负责专利的日常管理和维护。商标和著作权由集团法律事务部统一管理。

在管理制度上，吉利集团制定了《产权证照管理办法》、《知识产权管理办法》、《专利保护与风险规避管理办法》、《专利档案管理办法》和《科技进步工作管理办法》、《关于科技创新项目和成果的管理办法》等。做到人员专业化、制度标准化、管理流程化、奖惩制度化。并加大力度奖励专利发明人，从2005年至今公司共奖励发明人近200万元。

在员工培训上，先后派出数名技术人员参加国家和地方知识产权局组织举办的各种学习班、培训班、研讨会议。经过系统的专利业务知识学习和培训，专利工作人员基本成为集法律、科技、经济等多方面的知识于一身的专业人才，并在技术人员中普及《专利法》及相关法规、专利申请文件撰写、许可贸易知识、各种法律事务处理、专利文献检索等专利管理知识，使广大技术人员成为开展专利工作的基础力量和公司相关机构履行专利工作职能的助手。

通过专利培训、网络宣传、专利信息简报、吉利发明人构思录等多种形式来加大企业员工对知识产权重要性的深入了解，并帮助员工最大限度地进行创造发明。通过集团各子公司的生产现场、生活区等每个角落摆放《吉利发明人构思录》，使员工可以把很多精彩创意和新颖构思记录下来，为新的发现和发明奠定基础。再经过专人挖掘、深化转化为专利，目前转化率已达70%以上。

经过各项措施的有效实施，吉利集团的知识产权工作获得了明显成效。2008年，集团申请发明专利和实用新型专利299项、外观专利78项、科技成果23项、科技论文320篇。

(5) 人才队伍凝聚

吉利集团本着"立足培养、加强引进"的指导原则，创造性地建立了完备的人才培育体系，并以自办教育为突出特色，建立了从初级到高级、多学科、全方位完善的教育体系。

人才的培养与引进是增强企业实力的重要内容。吉利集团创立了"高管带研究生，专家带助手，师傅带徒弟"的人才快速成长机制，开办吉利大讲堂，成立职工技能鉴定站，根据员工的不同需求开发不同的培训体系，启动全员整体素质提升培训工程。经过短短几年，吉利集团已建立起一支拥有10余名外国专家、上百名高级工程师、数百名博士、硕士的科研队伍，研发人员已近千人。这些专业人员在吉利的战略决策、技术管理、生产制造等各个层面发挥重要作用。

吉利集团投资建设的教育体系为企业和行业输送了大量的专业人才。吉利先后投资数亿元建立了浙江吉利技师学院、浙江吉利汽车工业学校、北京吉利大学、海南大学三亚学院、浙江汽车职业技术学院，2007年创办了中国第一所民办研究生院——浙江汽车工程学院，邀请了众多国内外知名专家、学者前来授课，重点培养汽车研发、营销、管理等领域的高层次人才，目前已有硕士、博士学员共402人；同时，以此为基础开办了经销商总经理和供应商总经理研修班，从而建立了从初级到高级、多学科、全方位完善的教育体系。到今天，吉利70%的员工都来自这些学校，现在每年有几万名学生在吉利的各级学校学习，他们构成了吉利快速发展的人才基础。

为充分发挥并激励技术人员的主动创造性，吉利集团建立了对人员资格、资历、资质实施动态管理的"三资"体系，创建了员工从技术、管理、技能和经营等方向发展的四大通道，并形成了物质激励为基础、精神激励为导向、晋升激励为支持的激励三角形。

（6）品牌塑造和市场营销

为实现到2015年产销200万辆，其中2/3出口的目标，以及适应全球汽车市场的发展趋势，吉利集团按照"量体裁衣"的思路，启动多品牌战略。

吉利集团的多品牌化战略从以往的以产品分网销售的方法，转变为分品牌销售，即"全球鹰"、"帝豪"、"上海英伦"三个子品牌。并将在2~3年的时间内将上市的新车进入不同的品牌渠道和销售网络，每个品牌都有自己的产品线和技术平台。根据各品牌的定位和个性实行独立的销售渠道，建设相应的汽车销售网络，使吉利产品的销售渠道更加清晰，有效地提高吉利销售网络的承载能力，使吉利的产品营销形象得以彻底改变。根据吉利品牌规划，到2015年，吉利计划将拥有5个技术平台、15个产品平台、40余款车型，这些车型将分布三个子品牌。2009年是吉利的品牌打造年，以企业品牌规划为主线，推进各品牌VI和SI系统的设计与应用，推进品牌形象店建设，推进依托品牌的各车型的传播与加强品牌塑造。全面启动吉利的多品牌战略，通过网络建设和服务满意度的提高提升吉利的品牌价值，力争使吉利汽车真正成为世界知名汽车品牌。

吉利坚持"不打价格战、不向经销商转嫁危机"的思想，创新服务模式，建立吉利汽车"道路施救管理系统"，升级"吉利汽车维修问诊系统"，快速提升服务水平和反应能力；通过推行备件紧急订单绿色通道，推广备件就近采购和小包装直供模式，在长三角区域实行集货配送，开通备件物流索赔信息系统，开展备件产品质量改善，整合社会资源建立备件代理库，进行备件代理库经营方式改革，有效地缩短了订单交付周期，大幅度降低备件投诉率和投诉量，稳步提高备件发货一次满足率，切实提升了用户满意度。

吉利集团已在国内建立了完善的营销网络，拥有4S店和服务站1000多家；建立了国内一流的呼叫中心，为用户提供24小时快捷服务；率先在国内汽车行业实施了ERP管理系统和售后服务信息系统，实现了用户需求的快速反应和市场信息快速处理。吉利汽车累计社会保有量已经超过120万辆，吉利商标被认定为中国驰名商标。

(7) 企业创新文化建设

吉利集团以"造最安全、最环保、最节能的好车，让吉利汽车走遍全世界"作为企业使命，坚持"人性化的神经管理、军事化的高效执行"的企业文化建设方向和"敬业、沟通、创新、拼搏"的企业精神，形成以共同的价值观为基础、尊重个人兴趣和特长、满足不同薪酬体现方式需要的以感情和事业留人、用人的机制。

吉利集团重视每位员工提出的意见和建议，实行"问题解决票"等系列"原动力"工程。通过"原动力"工程，公司采纳员工合理化建议10余万条，为公司创造经济效益近3亿元。

吉利集团作为民族汽车工业自主品牌企业，致力于回报社会，对中国的慈善教育事业身体力行。通过实施"光彩吉利教育资助行动"、"吉利行天下，慈善中国行"、"吉利未来人才基金"助学工程等项目，为中国希望工程做出了很大的努力。除了捐赠资助慈善教育事业，促进中国希望工程发展外，吉利集团在扶贫、救灾、助残等方面，也为构建和谐社会做出了不懈的努力。

3. 企业创新成效

吉利集团的综合创新能力不断增强。通过各方面不断创新，已形成了初具规模的研发团队，完善了产品开发流程和管理模式，积累了宝贵的知识、技术和经验，具备了基本的正向开发能力。企业由此具备了自主研发的"造血"功能，能够独立而持续地完成产品开发与核心技术突破，企业核心竞争力显著提高。

随着创新能力的提升，目前吉利集团共承担国家级科技计划8项，省部级科技计划5项。申请各类专利1000余项，其中发明专利100多项、国际专利27项。获得国家科技进步奖1项，省部级科技进步奖10余项。获得国家级"企业技术中心"、"创新型企业"、"博士后工作站"、"高新技术企业"、省级"高新技术研发中心"、"专利示范企业"等多种荣誉称号。

凭借成功的创新战略，吉利汽车在全球金融风暴中实现逆势上扬，在全年没有实施产品降价的情况下，顺利完成新老产品的换代，使吉利汽车的价位区间向上扩展，同时完成了2008年经营指标。全年共销售汽车22.18万辆，出口4.2万辆，同比增长 18.7% 和 42%；实现销售收入 130 亿元，利税 18 亿元，同比增长 13% 和 11.4%，取得了销量和利润双丰收。

4. 结语

面对日益严峻的市场竞争环境，自主创新之路何其艰难！吉利集团针对国内轿车市场的实际，在国家有关部门的支持和帮助下，从最简单的技术着手，逐渐积累研发能力，形成核心竞争力，最终把产品打入国际市场。正是依靠自主创新，吉利集团才成功实现了战略转型，才有了如今面对"金融海啸"的坦然。

中国的汽车工业起步较晚，技术水平相对滞后，而以市场为导向的汽车产业，其发展之路更是坎坎坷坷。尤其是民营汽车企业从无到有、从小到大，在市场经济的惊涛骇浪中，起起伏伏，风雨飘摇，写就了一段特殊的"中国汽车"的成长故事。作为民营汽车企业的典型代表，"吉利"在勇闯自主品牌的奋斗历程中，努力从最初的低价成本优势向技术性能优势转变，从"价格取胜"战略向"技术领先"战略转变，从而实现了"品牌创新"，走出了自主创新、创造民族汽车品牌的成功之路。

（十四）浪潮集团：持续创新战略成就 IT 领先企业

1. 企业概况

浪潮集团有限公司（以下简称浪潮集团）于 1989 年正式成立，主营业务涉及计算机、软件、移动通信、智能终端、半导体等产业群组，用户遍及金融、通信、政府、教育、制造业、烟草等行业和部门。浪潮集团致力于全方位满足政府与企业信息化需求，是中国领先的计算平台与 IT 应用解决方案供应商，同时也是中国最大的服务器制造商和软硬件一体化 IT 解决方案提供商，整体实力位居中国 IT 产业前二位、服务器和软件均位居中国自主品牌首位。2008 年浪潮集团总资产达到 62 亿元人民币，实现销售收入 232 亿元。

集团目前拥有 20 余家控股公司，包括"浪潮信息"、"浪潮软件"、"浪潮国际"三家上市公司，员工 5000 余人，其中科技人员 2300 余人。2009 年位居中国大企业集团竞争力 500 强第三位，位列中国大企业集团第 196 位。

浪潮集团前身创建于 1945 年，1974 年更名为山东电子设备厂，1983 年进入 IT 产业并取名"浪潮"，是国内最早从事信息产业的企业之一。1989 年浪潮电子信息产业集团公司正式成立，2001 年集团改制并更名为浪潮集团有限公司，2004 年实施国有股减持后，建立起完善的现代企业制度。2008 年被科技部、国资委、全国总工会认定为首批创新型企业。2009 年，浪潮集团收购了德国奇梦达中国研发中心，使中国第一次具备了基于国际领先工艺技术进行集成电路设计和产品研发的能力，使浪潮集团不断向产业链的上游延伸，从IT产业国内第一阵营向国际第一阵营跨越。

2. 企业主要创新活动

（1）创新战略思路

浪潮集团始终重视持续创新，实施"专注化、一体化、利益共同体和国际化"四大创新发展战略。"专注化"是在一个充分竞争的行业里，通过市场细分，找到适合自己发展的一两个目标市场，集中资源实现持续创新突破，迅速占领行业和领域的制高点。而服务器正是企业专注化战略中的龙头产业。"一体化"是指集团一体化经营、市场平台共用，公司内建立以市场链为基础的客户关系，以提高集成创新能力。"利益共同体"是指通过管理创新，建立以集团为核心的利益共同体。其基点是以增强企业持续创新能力来保障利益共同体的最大利益。"国际化"是指围绕着集团的核心业务，开展国际合资合作，借鉴先进技术管理经验，提高自身的核心能力，增强国际竞争力。这四大创新战略不仅体现为能产生具有自主知识产权的科研成果和科学发明，更重要的是能实现自主产权科研成果的转化、产业化应用和市场开拓。

根据这一创新战略思路，浪潮集团编制了五年规划，制定了三级技术创新研发体系，建立了一体化的市场平台，与世界500强企业开展合作创新，将创新精神融入企业文化。2009年，浪潮集团通过海外并购引进、消化、吸收、再创新，使集团进一步向"创新型、市场化、全球化"的创新型企业迈进。

（2）体制与机制创新

为增强企业的集成创新能力，从2004年起，围绕用户需求，浪潮集团建立了产品、行业和区域三维协同的营销体系，强化软硬件整合能力，更大限度地发挥与提升软硬件综合优势，以满足客户全方位、一体化IT应用需求。

为了增强企业的引进、消化、吸收、再创新能力，浪潮集团与世界500强企业合作，与LG、爱立信成立了合资公司，与微软、英特尔、IBM、EDS、日立等建立了多层次战略合作关系，极大地提升了浪潮在技术研发与管理上的核心竞争力。浪潮集团的国际化目标分为三步：与世界500强的合资合作；在海外建设据点，逐步扩大数量；进入全球化经营。近几年，浪潮集团国际化的步伐明显加快，当前已经处于国际化的第二阶段。

浪潮集团专门设立了首席知识官（CKO），同时自主开发了综合知识管理平台，实现了企业知识的管理。

（3）研发支撑体系建设

浪潮集团建立了"三级研发体系"，即应用基础研究、产品设计开发和生产工艺创新三级梯次衔接的技术创新体系。

第一级为应用基础科研机构，主要着眼于未来3~5年的应用基础科研，科研载体包括高效能服务器与存储技术国家重点实验室、国家级企业技术中心、博士后工作站、海外研发中心等。研究具有前瞻性的应用基础技术和关键共性技术。

第二级为技术与产品开发机构，主要着眼于未来1~2年的技术与产品开发，进行应用技术的创新研究和新产品开发。机构载体包括省级EDA设计实验室、SOA重点实验室、省级特种计算机工程技术研究中心、便携式计算机设计研发中心等。

第三级为工程（工艺）研究机构，主要着眼于现在的生产工艺与工程研究，研究生产工艺的创新和创新技术的产业化。

基于三层研发体系，浪潮集团积极进行创新平台的建设。2006年，山东光电子工程技术研究中心被确认为省级工程技术研究中心。2007年，高效能服务器和存储技术实验室被确认为国家重点实验室，成为国家在高端服务器和存储领域设立的唯一重点实验室；同年，山东省税控收款机工程技术研究中心被确认为省级工程技术研究中心，浪潮SOA软件技术重点实验室被确认为国家级软件评测实验室，也是国内首家SOA创新中心；山东省软件工程技术中心被确认为第一批山东省软件工程技术中心。

浪潮集团坚持走开放式的产学研联合创新之路，与清华大学、北京大学、国防科技大学、西安交通大学、哈尔滨工业大学、华中科技大学、中科院软件研究所等高校和研究机构展开深入合作，使企业的技术创新能力和产品研发能力不断增强，在服务器、信息安全、应用软件等领域推出一系列技术成果和新产品。

（4）知识产权战略与管理

浪潮集团通过制定与实施知识产权战略，加强知识产权工作体系建设，将知识产权工作纳入各产业年度绩效考核目标，不断提高全员知识产权意识，全面提升知识产权创造、保护、管理和运用的能力。

浪潮集团坚持实施"技术专利化、专利标准化、标准国际化"知识产权战略。集团设立了首席技术官（CTO）、首席知识官（CKO），建立了较为完善的三级知识产权管理体系。第一级为集团CKO（由CTO兼任），全面负责集团知识产权、标准和企业知识管理工作。第二级设在集团知识产权部，协助CKO统筹组织整个集团知识产权管理工作。第三级设在各产业单位，负责组织本单位知识产权工作的开展。目前，浪潮集团拥有专职知识产权管理人员12人，兼职知识产权管理人员62名，自上而下形成了专职和兼职相结合的知识产权管理队伍。

浪潮集团先后制定了《专利管理与奖励办法》、《标准与专利奖励办法》、《专有技术管理办法》《专利管理工作流程》、《专利项目评估办法》、《软件著作权申报流程》等规章制度。进一步完善了集团知识产权制度体系，建立起符合市场经济要求的专利利益分配与激励机制。

浪潮集团将知识产权工作纳入年度绩效考核目标，将知识产权发展预算单列并保证逐年提高。同时开展了专利效益评估工作，对软、硬件产品的专利技术分别采用不同的方法进行测算评估，并将评估结果与专利奖励挂钩，促进了专利质量的提升。

（5）人才队伍凝聚

浪潮集团推行"以人为本"的用人理念和激励机制，以及具有浪潮特色的技术带头人体系。建立了与绩效挂钩的薪酬体系和激励机制，采用奖金、期权和设立奖励基金等形式，营造了"鼓励全员创新、倡导业绩导向"的企业文化。在薪酬体系的设计思想上，向关键岗位和技术开发人员倾斜。在薪酬分配中淡化工作年限、学历等因素，通过岗位分析评价，着重突出岗位所需技能、贡献等主要价值指标，配合综合计分卡评估体系，对员工的绩效进行科学评价。评价结果体现奖优罚劣、有效激励的原则。

浪潮集团不断加强职级体系建设，为员工提供不同的职业发展和晋升通道，有利于企业形成科学合理的人才结构。职级体系整体设计分为管理和技术两大序列，每个序列以人员业绩、能力和素质水平为基准设定不同的级别。员工可依据岗位和职业规划选择不同的发展通道。如技术人员序列，从技术员到Inspur院士共设9个级别23小级，使研发技术人员享有独立的晋升通道。

浪潮集团坚持自我培养和引进人才相结合的人才培养战略，形成了稳定的人才队伍和人才梯队。以承担国家项目为契机加强人才引进与自我培养，形成了国内一流的研发专业团队。同时，建立软件人才培训基地、开展联合培养和继续教育，解决人力资源的可持续性、健康发展问题。

（6）企业品牌塑造与市场营销

浪潮集团致力于打造具有国际竞争力的知名品牌，2006年4月启用国际化品牌新标识Inspur，该名字源自"Inspire"（鼓舞，激发，赋予灵感），同时又是In（内部的）与Spur（驱策，不断推进，飞奔向前）的结合。其激发灵感和不断推进的英文含义与"浪潮"的品牌理念相契合。2008年，浪潮集团成为第十一届全运会IT产品与服务合作伙伴，对提升浪潮品牌影响力、促进市场开拓等将产生积极影响，也是浪潮担负社会责任的集中表现。

从2005年开始，浪潮集团通过市场营销一体化战略和一系列举措，建立起了"五统一、三协同、三共享"的新型营销体系和管理模式（市场委员会统一规划指挥、区域市场统一销售、客户关系统一管理、产业单位统一考核、营销工作统一平台；销售过程协同、品牌推广协同、项目实施协同；共享客户、渠道、知识和经验），有力地支撑了集团软硬件一体化战略的实现，促进了产业规模的快速扩张和核心竞争力的提升。

目前，浪潮在全国拥有8个市场大区，在30个省、市、区设立分公司或办事处，在省、市、县、乡大力发展合作伙伴、代理商、技术支持和服务机构，形成了完备的市场体系。

（7）企业创新文化建设

创新是"浪潮"品牌和文化之本。浪潮的成长史，就是围绕计算机软硬件及相关产业的自主创新史。"以客户为关注焦点"、"把技术创新、管理创新贯穿于企业文化建设全程"是浪潮文化的两大要点；"将浪潮建设成为创新型、市场化、全球化的公司"是浪潮的企业愿景；"实施具有价值的创新"是浪潮的核心价值观之一。

浪潮集团紧紧抓住国家大力推进以企业为主体的技术创新体系建设的契机，充分认识"工业化和信息化融合"的趋势，坚持原始创新、集成创新和引进、消化、吸收、再创新并举的创新策略，坚持有所为有所不为，以市场为导向，集中力量、重点突破，实现产业的跨越式发展，持续"今天比昨天进步就是创新"、"实施有价值的创新"等创新理念，将技术创新、管理创新贯穿于企业文化建设全程。

浪潮集团要求将创新理念融入每一个员工的基本思维和具体行动，通过倡导自主创新，强调自主知识产权、产学研结合，使得技术创新源源不断地会聚为企业的核心竞争力。"依靠自主创新，不断提高产品竞争力"被确定为2009年度集团十大任务之一，进一步明确了创新的地位。

3. 企业创新成效

截至2008年底，浪潮集团实现工业增加值46亿元，主营业务收入187亿元，纳税额5.7亿元，税后利润3.9亿元，出口创汇22767万美元，新产品销售收入171亿元。共投入研发费用10.8亿元，研发投入占主营业务收入的5.8%。

浪潮集团通过建设高水平创新平台，不断提升自主创新能力，并据此建立起自主创新、产学研联合、国际合作相结合的技术创新模式。目前集团共有研发机构34个，其中国家级企业技术中心、博士后科研工作站、国家重点实验室等国家级研发机构5个，省级研发机构12个，企业自设及产学研联合建设研发机构17个。拥有价值近2亿元的研发资产设备，拥有高水平的实验开发仪器设备，包括国际领先的设计软件、大型科学仪器设备和硬件软件开发平台。

截至2008年底，浪潮集团先后承担国家科技计划项目21项，其中承担国家"863"计划重大专项等科技项目14项。承担山东省科技计划项目43项，济南市科技计划项目21项。累计获得国家科技进步奖4项，其中二等奖3项、三等奖1项；获得省级科技进步奖12项，其中一等奖4项。累计申请专利834项，其中发明专利320项；取得软件著作权登记217项；牵头或参与制定国家标准21项，其中9项已公布；每年推出的创新成果超过70项，部分达到国际领先水平。

4. 结语

浪潮集团从一家濒临倒闭的地方小厂，到综合实力位居中国 IT 产业前两位的行业巨头，以下几点对企业的创新发展起到了不可替代的作用。

第一，主动实施变革。走上浪潮集团主要管理岗位的一批年轻技术专家凭借思想活跃、锐意进取的精神、敏感的技术嗅觉以及对产业发展方向的把握，推动着浪潮的变革创新，使得浪潮抓住了产业发展的机遇，实现了体制、机制的变革。

第二，坚持自主创新。创新是浪潮的生命线。浪潮的创新主要包括：营造"全员创新"的企业文化；构建了以三级研发体系为载体的"创新链"；对研发经费实施"饱和投入"；明确了"技术—专利—标准"梯次攀登的技术创新体系；注重知识积累与传承；重视打造"头脑型"人才团队。

第三，培养斗志，建立"勇于进取，敢于面对竞争"的企业核心价值观。斗志是挑战自我、超越极限的精神，是永不服输的信念，是浪潮发展的精神法宝。

第四，树立海纳百川的开放意识。不故步自封，建立开放式的竞争理念和研发平台。

（十五）仁创科技：以产品开发为主线开拓创新

1. 企业概况

仁创科技集团（以下简称仁创）成立于1993年，从三间小平房、一口大铁锅起步，经过十几年的发展，现已成为年主营业务收入1.5亿元（2008年数据）的创新型高科技企业。仁创属私营企业，注册资金5300万元，第一大股东为法人代表秦升益。企业的经营范围为铸造、石油开采、生态环保建材等领域的砂产品以及相关设备、仪器的研究、生产、销售及其服务。其产品主要包括：用于精密铸造领域的覆膜砂、用于石油开采领域的孚盛砂和用于生态建材领域的生泰砂。

作为集科、工、贸于一体的高新技术企业，仁创目前拥有6家子公司、1所研究院，在北京密云、内蒙古奈曼、安徽合肥、湖北十堰、吉林长春建有5大生产基地，占地总面积1500余亩。截至2008年12月，公司拥有职工420人，研发人员97人。目前，仁创具有年产20万吨覆膜砂、30万吨孚盛砂和300万平方米生泰砂系列建材产品的生产能力。

纵观仁创的发展历程，是以产品开发为主线，不断进行开拓创新的。1987年，第一代科研成果——铸造用覆膜砂研制成功；1990年，第二代科研成果——"耐高温覆膜砂"应运而生，该产品荣获部级科技进步一等奖和国家发明奖。1996年，仁创科技有限公司成立，并在外地建立了5个中试及生产基地，全面推进覆膜砂的产业化。而继覆膜砂之后，仁创又于2003年和2005年先后首创性地开发出孚盛砂和生泰砂系列产品。

2. 企业创新活动

（1）创新战略思路

如果用一句话概括仁创的创新战略思路，就是董事长秦升益总结的——"您的需要，我的创造"。这里的"您"不仅指客户还包括行业甚至社会，而"需要"主要是指潜在的需求，特别是社会急需解决的问题或难题。仁创从这一思路出发，通过分析潜在的需求，找到真正的需要，进行技术创新，进而产业化形成产品，从而达到与市场之间的良性互动，在为客户创造价值的过程中实现企业自身的价值。

"您的需要，我的创造"这一理念始终贯穿在仁创的创新活动中。仁创在三项主打产品（覆膜砂、孚盛砂和生泰砂）上的技术创新，都来自行业或市场的实际需求。覆膜砂的发明初衷，是为了有效解决铸造材料粘结剂高温性能不足的问题。"透油阻水"的孚盛砂弥补了现有石油开采支撑剂不能对油、水进行选择性渗透的缺陷，可以降低油田的油水分离成本，减少采油用压裂设备的损耗。生泰砂则通过"破坏水的表面张力"的透水原理，解决了传统建材在透水、过滤净化以及雨水收集等方面的难题，目前已在水立方、国家体育馆等多项工程中得以应用。

秦升益还通过对创新规律的探索，总结了三种创新思维模式："模拟思维"、"易经思维"、"果因思维"。"模拟思维"是通过以往大量的实验积累，在脑海中进行模拟的试验和配制，碰撞出新产品的思维火花。"易经思维"是用阴阳思维，将物质分解提炼出最小的要素，通过抓主要矛盾，配制出所需要的产品。"果因思维"是从产品要达到的效果出发，倒推出达到这一效果所需要的最基本要素及其组合方式，然后用实验加以论证。据介绍，这三种思维模式直接催生出仁创绝大部分产品的雏形。

（2）体制与机制创新

仁创在体制和机制上的重要创新，是形成了"仁创流水线式创新模式"。公司将创新过程分为"创意—试验—中试—产品化—市场化—产业化"六大环节，并建立了相应的组织结构予以保障：研发管理中心设立了创意部、实验室和中试车间进行创意、试验和中试；生产管理中心设立若干生产基地从事产品化；营销管理中心设立了产品销售部负责市场和产业化。

在创新过程的六大环节中，"硅砂资源利用国家重点实验室"下设立的创意部，是仁创在机制上的一个亮点。创意部主要负责参与制订公司新产品开发研究战略、解决销售部门反馈的产品问题、收集同行业信息资料、评估验收研究成果等。通过创意部的良性运作，仁创不但能够确保对课题进行集体攻关，缩短课题的攻克时间，而且还能发动员工及时反馈信息，将市场需求快速转化为立项研究。

仁创在体制和机制上的又一创新，是在科研、生产、销售、管理部门之间建立内部市场化运行方式，致力形成"科研—生产—销售"到"再科研—生产—销售"不断循环、互动的螺旋式发展创新机制。

具体地说，研发管理中心的每一项研发成果，都会以技术许可的方式转入生产管理中心，由后者负责将其产业化形成产品；随后该产品将以内部转移价销售给营销管理中心，由营销中心进行推广销售，以满足客户需求，解决社会某一方面难题，进而引导消费，创造新的市场。而产品销售后形成的盈利的8～10个百分点将通过研发投入的方式，继续支持科研工作的顺利开展；与此同时，经销售部门反馈的新的市场需求信息，又将为研发中心的创意提供原动力，从而形成企业的持续创新能力。

仁创在体制和机制上的第三项创新，是采取科研、生产的一体化机制——"4/6"的研发人才共享机制。所谓的"4/6"指有40%的研发人员在总部专门的研发机构，从事固定的项目研发；其余60%的研发人员分派在集团生产、销售、管理等环节部门，既承担自身岗位的技术完善工作，又承担新的研发课题的技术工作。设置这一特殊机制的目的在于促使研发人员深入第一线，及时把握行业的信息，直接接触客户的需求。由于将科研和生产营销体系相融合，打破了部门之间的分隔，来自一线的业务信息能够迅速反馈到总部，各环节之间的信息相对通畅，从而大大提高了研发效率。

(3) 研发支撑体系建设

围绕产品的创意、试验、中试、生产和销售，仁创逐步建立起研发支撑体系。企业的研发核心是"硅砂资源利用国家重点实验室"，该重点实验室下设有创意部及硅砂基础技术研究、粘结技术研究和硅砂应用技术研究三个实验室，主要负责基础技术研究工作。围绕着这一研发核心，仁创配备了中试车间、生产线及产业化生产厂等机构，建有密云中试基地和房山核心材料中试基地，负责各项硅砂资源利用技术成果的中试生产。进入生产和销售阶段，仁创在内蒙古、合肥等地建立了生产基地，以保证产品的顺利产业化。

除了集合企业内部的研发资源，仁创还通过"硅砂资源利用国家重点实验室"，有效整合外部的产学研力量，加强同科研院所和高等学校的联系和合作，与大庆油田、石油大学等企业与研究单位建立长期合作或项目合作关系。目前，实验室已成为仁创进行产学研合作的有效开放平台之一。

为了在资金投入上对研发工作予以充分保障，自2001年以来，仁创坚持把每年销售收入的8%～10%用于下一年的研发投入。仅2008年，企业的研发投入为995万元，占上一年销售收入的8.05%。

(4) 知识产权战略与管理

仁创在知识产权战略上的主要指导思想是"预防为主，积极应对"，即"以保密工作为基础，以知识产权法律保护为主体，以不断的技术更新为保障"，建立企业的知识产权保护体系。企业以市场为导向，通过知识产权的经营提高自身在砂产业领域的知识产权核心竞争力，目标是从知识产权的创造保护和管理向经营过渡，致力于知识产权价值的最大化。

具体地说，仁创平时就十分注重对国内外行业的专利信息进行跟踪收集和整理分析，为自身研发提供参考。每个研发项目在立项前都会进行专利的查新检索，分析是否已有相关的知识产权保护。而在进行专利申请时会进行甄别分析，判断是申请专利还是通过技术秘密方式进行保护，对技术专利进行布局。

在实际的做法上，仁创采取了保密工作和专利相结合的方式对知识产权进行保护。首先，不但每位员工在入职的时候需要与公司签订保密协议和知识产权权属协议；而且公司凡是在与外部进行合作，特别是涉及重大商业利益的项目时，都会就知识产权的归属问题签署专门的协议。其次，仁创建立了知识产权的培训、管理、档案登记、奖励等制度，对知识产权加以维护。目前，公司已申请100多项专利，其中发明专利占60%以上，已授权专利31项，其中已授权发明专利10多项。

（5）人才队伍凝聚

为强化员工的创新意识、吸引并留住优秀人才，仁创制定了完善的人才培养和激励制度。在员工的奖励机制上，对于重要的技术骨干，公司给予员工期权，增强了员工的主动性和主人翁意识；并通过奖金、课题津贴等方式，加强科研人员的福利待遇。在员工的培训和再教育方面，对于那些在公司管理及技术方面作出突出贡献的员工，公司出资让他们参加外部培训，如到清华大学等名校进修；与此同时，公司还成立学习小组，鼓励每个员工相互学习，并组织大量的技能培训，提高员工的创新素质和能力。在员工的考核标准上，仁创强化了对员工的绩效考核，致力营造内部的竞争机制。在员工的生活条件方面，公司在密云等地的研发基地为员工提供宿舍、班车等生活便利，吸引并留住高科技人才。

（6）品牌塑造与市场营销

在品牌的塑造上，仁创特别注重集团的理念建设和标识管理。在品牌的理念层面上，不断充实其"仁创"品牌的文化内涵：以厚德载物为"仁"，自强不息为"创"。在品牌的标识管理上，"仁创"商标被认定为北京市著名商标。在品牌的宣传推广上，企业通过参加国内外专业交流活动和大型展览展销活动、接受媒体采访类报道等方式，扩大"仁创"品牌的知名度和美誉度。

在产品的市场营销方面，仁创基于产品的特点采取适宜的推广手段。首先是从覆膜砂产品开始，就注重与市场份额较大、市场知名度较好的东风、长春一汽等公司实行捆绑合作，建立生产基地。通过借助他人知名品牌之力，推广仁创自身的产品。其次，多次参与政府的示范工程，以此带动企业的营销能力。如仁创的生泰砂产品已广泛应用于全国 300 多项工程，尤其成功应用于水立方、奥运景观大道、国家体育馆等 10 多项奥运工程，成为科技奥运亮点，这在一定程度上提升了企业品牌知名度和产品推广度。最后，针对市场的不同需求，企业还开发出适应细分市场的产品系列。如针对生泰砂产品目前成本较高、价格偏贵的特点，仁创将产品按照加工程序、性能强弱、用料多少分为不同的价位，满足了不同客户群体的需求，有利于该产品在建材领域的推广。

（7）企业创新文化建设

仁创的创新文化源于秦升益对于中国传统文化和现代创新理念的理解，其核心价值观是：将传统文化与现代科技有机结合，探索创新规律，构建创新模式，形成自主创新体系。为此，秦升益将企业目的定位为："通过自主创新，以产品和服务致力于最大限度地满足社会某一方面的需求，解决社会某一方面难题"，与传统经济学"追求利润最大化"为企业目的相比更符合企业创新的科学性，使企业目的与社会责任和谐统一。

为了增强企业的内部凝聚力、加深员工对于企业文化的认同感，仁创举行了一系列的内部宣讲和培训活动。在宣讲中，秦升益亲自坐镇，为员工回顾公司的创新历程，讲解中国传统文化与现代创新理念的关系，让仁创的创新文化充分渗透到企业运转的方方面面，促使全员在思想理念和行为方式上形成高度的一致性。

在实际工作中，秦升益提出一句口号"没有不可能的事"。无论是技术难题的攻克，新产品的开发，还是市场的开拓上，仁创都鼓励员工突破惯性思维方式的束缚，敢于创新、勇于实践，为公司的业务发展和科研创新提出建设性意见。在每项产品的诞生过程中，秦升益亲自带领研发团队攻克技术难关，鼓励研究人员突破传统思维方式，达成看似"不可能"的产品性能。而在产品的试用和推广阶段，秦升益又冲在第一线，反复和行业专家、买方负责人等进行沟通，最终赢得了客户群体对产品的认可，并用事实证明了产品性能的优越性。

3. 企业创新成效

通过开展创新活动，仁创提升了企业自身的竞争优势，促进了产品的市场推广，取得了较好的经济回报和社会效益。

首先，企业竞争优势得以增强，市场占有率逐步提高。通过技术创新，企业解决了沙漠中风积沙利用等多项共性技术难题，获得了 100 多项拥有自主知识产权的原创性的科研成果。覆膜砂、孚盛砂和生泰砂系列产品近 3 年来年均销售增长率超过 100%；高端产品市场占有率 95%。其次，企业创新能力不断提高，形成了较为完整的创新体系，自主知识产权数量迅速增长，目前已被评为全国首批创新型企业和首批企业国家重点实验室建设单位。再次，企业取得了显著的经济社会效益和示范效应，对行业发展起到了良好的带动作用。治沙用沙、节能减排、提高能源利用率一直是中国经济发展的目标之一。仁创通过研发并推广"透油不透水"的孚盛砂，以取代原有的石油开采支撑剂，不但有效提高了油井的出油率，而且有助于开发原先被认为是不可能进行开采的贫油资源，引发了石油专家讨论和关注，为推进石油产业发展和资源的有效利用做出了贡献。

4. 结语

对于仁创这样的中小型民营企业来说，具有创新能力的企业家在企业的发展过程中扮演着重要的角色。在管理上，企业家充当了企业管理的多种角色，他既是企业的精神象征，又是企业的最高管理者，同时也是研发工作的主导和产品的创意者，这就有助于整合企业的有限资源，保持企业在管理层面的高度一致。在文化上，仁创无论从行为、理念还是对外推广上，都渗透着企业家对于创新的理解，这与企业注重从理念的角度强化对员工的领导、增加企业凝聚力密不可分，也是企业持续发展的动力之一。另外，企业十分重视对知识产权的管理和经营，制定了严格的管理制度，通过知识产权价值的最大化提高企业竞争力，这也与企业家的技术保护意识密不可分。

第五章 创新型企业评价指标研究

2006年,科技部、国资委、全国总工会三部门组织开展创新型企业建设。在试点工作基础上,为更好地对企业自主创新状况进行评价和激励,为完善相关政策提供决策依据,同时发挥评价的导向作用,引导更多企业走创新驱动发展道路,三部门决定开展创新型企业评价工作,由此也就提出了对创新型企业评价研究的需求。本章从创新型企业的内涵与主要特征入手,基于加快建设以企业为主体、市场为导向、产学研相结合的技术创新体系的政策导向,以企业创新依存度为核心,研究提出创新型企业的评价指标体系。

一、创新型企业评价研究的背景与要求

(一) 创新型企业概念及评价的提出

党中央、国务院在深刻分析国内外科技经济发展最新趋势的基础上,做出实施自主创新战略,建设创新型国家的重大战略决策。这是开展创新型企业建设的宏观背景,因而创新型企业是一个具有明确政策导向意义的概念,创新型企业建设体现了中国政府加快推进以企业为主体、市场为导向、产学研相结合的技术创新体系建设的意志。

1. 创新型企业概念的提出

进入21世纪,在世界多极化、经济全球化和新科技革命的大背景下,中国迎来了重要发展机遇期,转变经济增长方式,提高经济增长质量的紧迫性和重要性更加凸显。

党的十六大对本世纪前20年全面建设小康社会进行了总体部署。十六届五中全会提出,要把增强自主创新能力作为科学技术发展的战略基点和调整产业结构、转变增长方式的中心环节。十六届六中全会提出了"十一五"时期经济社会发展

的主要目标,既要在优化结构、提高效益和降低消耗的基础上,实现2010年人均国内生产总值比2000年翻一番;也要形成一批拥有自主知识产权和知名品牌、国际竞争力较强的优势企业。

2006年,全国科技大会及颁布的《国家中长期科学和技术发展规划纲要(2006–2020年)》(以下简称《规划纲要》),勾勒出建设创新型国家的基本蓝图。《规划纲要》提出到2020年科技发展的总体目标是自主创新能力显著增强,科技促进经济社会发展和保障国家安全的能力显著增强,为全面建设小康社会提供强有力的支撑;基础科学和前沿技术研究综合实力显著增强,取得一批在世界具有重大影响的科技成果,进入创新型国家行列,为在21世纪中叶成为世界科技强国奠定基础。并明确提出,以建立企业为主体、产学研结合的技术创新体系为突破口,全面推进中国特色国家创新体系建设。

在建设创新型国家、加快转变经济增长方式的宏观背景下,为加快建立以企业为主体、市场为导向、产学研相结合的技术创新体系,科技部、国资委、全国总工会于2005年底启动实施"技术创新引导工程"。工程的基本宗旨是促进企业成为技术创新的主体,提升企业核心竞争力,增强国家自主创新能力,为建设创新型国家提供有力支撑;其主要目标是引导形成拥有自主知识产权、自主品牌和持续创新能力的创新型企业,引导建立以企业为主体、市场为导向、产学研相结合的技术创新体系,引导增强战略产业的原始创新能力和重点领域的集成创新能力。技术创新引导工程的重点工作之一就是组织开展创新型企业建设。

由此,创新型企业建设成为新时期贯彻落实党中央、国务院加强自主创新要求的一项重要工作和科技创新政策的重要载体,"创新型企业"的概念也在上述政策演变过程中逐步形成并被正式提出,这是一个具有明确自主创新导向的政策概念。

综合国内外的相关研究和实践探索,作为科技创新政策的重要载体的创新型企业是指拥有自主知识产权和自主品牌,依靠技术创新获取市场竞争优势和持续发展的企业。推动创新型企业建设的目的,是以提升企业自主创新能力为核心,形成和完善有利于自主创新的体制机制,引导和培育一批具有持续创新能力的企业成为国家经济实力和核心竞争力的重要支柱,示范带动更多企业走创新发展道路。

2. 开展创新型企业评价研究的需求

创新型企业代表的是一种崭新的企业运行和发展模式。在创新型企业试点工作基础上,开展创新型企业评价,通过全面评价企业创新能力、创新投入、创新产出、创新影响和创新管理,系统考察企业发展对技术创新的依存程度,对"技术创新引导工程"的顺利实施具有重要意义。因此,科技部、国资委、全国总工会三部门决定开展创新型企业评价工作,由此提出了开展创新型企业评价研究的需求。

对创新型企业的评价就是对企业各种技术创新现象加以概念化抽象、建立指标体系进行测度的过程。开展创新型企业评价对企业和政府双方都具有现实的指导意义。在微观层面上,企业通过对其创新能力进行客观的评估,可以发现其创新能力的不足之处,为其制定和实施创新战略规划提供决策依据,促使其增加创新投入,加强创新管理,完善创新机制,采取种种合理的措施,使企业提高持续创新能力,保持和提高竞争优势。在宏观层面上,政府通过对企业创新能力进行全面科学的评判,掌握企业创新状态,可以甄别出合乎要求的创新型企业,从政策等方面对其予以重点扶持,从而通过扶持创新型企业的发展带动行业、区域乃至国家创新能力和竞争力的提高。

提高企业创新能力必须建立在对企业创新能力的准确评价的基础上,这就需要有一套科学的评价指标体系,使企业能够全面客观地认识自己,及时地发现问题并解决问题。通过对创新型企业评价指标体系的研究,可以更好地总结企业自主创新和研究开发活动的状况和特点,构建符合企业发展规律的评价指标体系,以推动企业建立和完善有利于创新的体制和机制,激励企业加大研发投入、健全研发机构、培育创新人才,增强技术创新的内在动力,加强管理创新和文化创新,促使企业快速、健康、良性发展。

(二) 创新型企业的主要特征

1. 企业创新活动的内涵与发展模式的演进

"创新"是一个含义非常丰富的概念,在科技、经济、管理、社会等多个领域都有比较广泛的应用。在拉丁文中,它的意思是指"更新、创造或改变";后来,人们曾经把"创新"和"发明"视为同义词,一直到经济学家熊彼特(Joseph Alois Schumpeter)对其做了明确的区分,并赋予其现代含义。他认为,"创新"就是建立一种新的生产函数,把一种从来没有过的关于生产要素和生产条件的"新组合"引入生产体系,也就是说,"创新"包括了从新思想的产生到产品设计、试制、生产、营销和市场化的一系列产出和过程,"发明"仅是其中的一个环节。具体而言,熊彼特的"创新"概念包括了五种情况:一是创造或生产新的产品;二是引入新的生产方法或工艺过程;三是开辟新的市场;四是开拓并利用新的原材料或半制成品的供给来源;五是采用新的组织方式。总之,创新的实质是新技术的产生和商业化应用,这其中既有产品、工艺等与技术方面联系比较紧密的开发活动,也有市场、供应链和组织等非技术层面的管理活动。

在熊彼特之后,随着人类经济社会的快速发展,"创新"的概念得到了人们越来越广泛的认同,并被应用到多个领域。许多学者也在其创新理论的基础上,进一步衍生、发展出了多个理论体系，其中比较重要的有技术创新、管理创新和制度创新三个理论体系。如美国著名管理学家德鲁克（Peter F. Drucker）将"创新"定义为"赋予资源以新的创造财富能力的行为"，并将其引入管理学领域，认为有技术创新和社会创新两种不同的表现方式，前者是在自然界中为某种自然物找到新的应用，并赋予新的经济价值；而后者则是在经济与社会中创造一种新的管理机构、管理方式或管理手段，从而在资源配置中取得更大的经济价值与社会价值。而在著名制度经济学家道格拉斯·诺斯（Douglass C. North）看来，创新者通过对现存制度安排的人为的、主动的变革，可以获得追加利益，这就是制度创新。

创新是生产要素的重新组合，而企业则是其中的核心主体，特别是企业创业或经营管理者的作用至关重要，熊彼特曾形象地将企业的创新比喻为是"有眼光的人用新产品赌自己和投资者的钱"，而且这种行为是推动经济增长的原动力，创新成功的企业和企业家正是在"创造性地毁灭"现有的市场和竞争者的同时，促进了新的经济增长。

在人类经济、社会的发展过程中，科技进步的节奏不断加快，技术变革的因素对企业竞争地位的影响越来越突出，这使得在企业的各种创新活动中，技术创新占据着核心地位，企业的管理创新、组织创新和市场创新则在许多情况下表现为促进企业技术创新的保障，并最终共同反映在企业的产品和服务竞争力上。

值得注意的是，企业的创新和发展模式是一个动态演进的过程，在不同的经营时期、所处行业的不同、所在产业技术发展的不同阶段，都会影响企业对创新行为的选择和发展模式的转换。如英国著名创新政策研究学者凯思·帕维特（Keith Pavitt）曾按创新的特点对不同产业部门进行了分类，有供应商主导型产业、规模密集型产业、信息密集型产业、基于科学的产业和专业化供应商的产业，不同产业部门的研发强度和主要技术的来源有不同的特点，或者以过程创新为主，或者以产品创新为主，或者企业创新更加依赖科学技术的发展，需要对研究与开发（R&D）的高投入。经济合作与发展组织（OECD）等国际组织还根据行业的研发密度，将产业分为高技术产业、中高技术产业、中低技术产业、低技术产业等不同的类型。而每个行业实际上都有自己的创新机会，即使是在所谓的"低技术部门"，高技术已经渗透进来，技术专有性和其他与技术创新收益相关的因素在其部门中也是普遍存在的，所以，当今世界上并没有真正与创新"绝缘的"的产业部门。

创新的含义在不断发展，企业创新的模式并不一致，能否用一把尺子量出所有的"创新企业"，有没有"创新企业"的共同特征？企业创新的这种动态演变特点，也给人们对企业创新的统一监测和评价带来了问题。这种困扰从OECD关于技术创新统计和监测的《奥斯陆手册》对"创新企业"的统计界定不断修订也可以体现出来。

在1992年第一版的《奥斯陆手册》中，被统计的"创新企业"是"有产品创新、工艺创新或产品与工艺创新兼有的企业"。1997年的第二版《奥斯陆手册》，则更确切地将其定义为"在调查期间，已经实现了技术上新的或重大改进的产品或工艺、产品与工艺两者结合的企业，即在此期间具有成功的产品与工艺（TPP）创新活动的企业"，强调其最低的要求是产品或工艺对该企业应该是新的或有重大改进的（在世界上不一定是新的），"TPP创新活动已经失败了的企业不包括在内，在调查期末还在进行TPP创新工作但没有取得成功的企业也不包括在内"。到2005年的第三版《奥斯陆手册》中，随着对创新理解的深入，"创新企业"的定义有了进一步发展，被界定为"在调查期间内已经实现了创新的企业"或"至少实现了一项创新的企业"。与前两版相比，新的概念界定不再局限于TPP创新活动，将营销创新和组织创新也包括进来，对创新概念的理解上更加全面；另外，对"创新企业"不再强调必须是成功实现创新的企业，只要求在调查期内实施了创新即可，如一个企业只要推出了新产品，即使新产品在市场上没有获利，也是创新企业，因为它已经实施了创新。

第三版《奥斯陆手册》将"创新企业"按两个方法进行了分类：一是从创新的执行者看，分为依靠自主创新、与其他企业或公共研究机构合作创新的企业和主要采用其他企业的创新（如新设备）进行创新的企业；二是从所实现的创新的类型看，分为实现了产品创新的企业、实现了工艺创新的企业、实现了营销方法创新的企业、实现了组织创新的企业，或者是实现了上述两种以上的混合创新的企业。

2. 创新型企业的五个主要特征

随着时代的发展，创新已从单纯的以技术为主的层面，日益进入到企业经营的各个层面，企业的创新涵盖到技术、组织、管理、市场等多个方面的活动，人们对"创新型企业"的内涵及特征的认识也日益丰富和深化。国内外一些学者通过对创新比较成功的企业的调查和总结，分析了该类企业所具有的某些特点，如企业家和员工具有较强的创新倾向，重视科技投入并有较好的企业内部研发能力，密切联系客户并能理解使用者的需要，具有自主权和企业家精神，重视人在创新中的作用发挥，有较强的知识产权和技术管理能力，能够对企业的产品创新、工艺创新、市场创新、组织创新、管理创新等进行整体、系统的规划，等等。总体而言，这类企业不能仅仅是产生了创新活动的企业，而应该具有持续创新的能力，能够通过不断的技术、管理、营销等方面的创新来应对市场竞争。

从创新的内涵与企业发展模式的演进来看，创新型企业应当以创新作为企业发展的动力，将各种主要以发明、创造带来的新的生产要素或新的生产要素组合运用到实际经营过程中去，通过整合企业内部和外部的资源，实现技术及战略、文化、制度、市场与流程等全面协同创新，以掌握核心技术和拥有自主知识产权为手段获取竞争优势，最终实现企业经营目的并间接为客户创造价值。也就是说创新型企业既不能是简单的创新统计类企业，《奥斯陆手册》中被统计的"创新企业"仅是创新型企业的基础库，也不仅仅是指企业的技术创新活动，而应该包括整个企业的经营活动，代表的是一种新的企业运行和发展模式。正如德鲁克对创新型企业的看法，创新型企业的任务是把创新精神制度化而创造出一种创新的习惯，即把一大群人组织起来使"变革"成为"规范"。

总之，创新型企业不仅仅局限于狭义的技术创新，而是指以市场为导向的，涉及技术及战略、文化、制度、市场与流程等全面协同创新的企业；创新型企业也不仅仅是指独立进行创新的企业，更是强调企业应作为创新的主体，积极主动地整合其内部和外部资源，通过自主创新，拥有自己的知识产权，实现其经营目标。创新型企业通过持续地不断推出、实施新的项目，以获得持续不断的发展动力，确保其在行业领域内的领先地位，实现企业实力、规模、效益的持续发展。

中国推动建设的"创新型企业"，是一个具有明确政策含义的概念，其实质更多的是"创新示范企业"。它代表中国企业在运行和发展模式上向以创新为驱动的模式转换，要求企业在技术创新的同时加强战略、制度和组织创新，形成持续的创新能力。对创新型企业的理解，应该把握四个方面：一是以创新为企业发展的动力；二是创新应是持续的；三是创新是全面协同的；四是创新是自主的。

根据国内外对创新型企业内涵的认识，我们将创新型企业的主要特征归纳为以下五个方面：

一是具有自主知识产权的核心技术。这主要是指企业掌握了一定的核心技术并具有自主知识产权，整体技术水平在同行业居于领先地位。积极主导或参与国际、国家或行业技术标准的制定工作。

二是具有持续的创新能力。企业创新是企业以市场为基础，以获取经济效益为目的，对生产经营过程中的各种生产要素进行系统的调配和新的组合的活动过程。创新活动是主导整个企业其他活动的中心，其他活动则是围绕着创新活动发挥着辅助和支持作用。持续性是创新型企业的一个基本特征，创新过程是一个动态的连续过程，企业要不断地获取更多利润就必须依赖企业的持续发展，要持续发展就必须进行持续创新，要进行持续创新就必须具有持续创新的能力。所以，为创新型企业所高度重视的是能够创造未来利润的创新活动，企业的持续发展才是创新型企业的根本所在。

三是具有行业带动性和自主品牌。行业带动性是指企业在行业发展中具有较强的带动性或带动潜力，对行业发展和技术进步具有重要影响。创新型企业应注重自主品牌的管理和创新，通过竞争发展，形成企业独特的品牌，并在市场中享有相当知名度。

四是明显的效益性。作为创新成果的知识产权只是企业创新成果的直接表现形式，企业创新的最终成果应当是包括经济效益在内的综合效益。而企业创新就是围绕并实现这个经济效益目标的有效方式，借助于对各种生产要素的更新和有效组合，企业可以不断地取得更大的经济效益。效益性是创新型企业的又一重要特征。

五是具有创新发展的战略和文化。重视企业发展战略创新，努力营造企业的创新文化，把自主创新作为企业战略的重要内容。

（三）作为政策工具的创新型企业评价

对创新型企业进行评价是推动创新型企业建设、推进企业成为技术创新主体的一项重要工作，也是政府引导企业创新的政策工具。创新型企业的评价工作自始至终要凸显国家政策的导向性。政府对企业创新活动评价的目的有两个：一是作为对企业创新活动实施有关引导政策的依据；二是作为国家有关科技战略调整的参考。这一评价最重要的是体现评价的政策引导作用，通过评价遴选出在创新方面具有代表性和对创新具有较高依存度的企业，发挥其示范带动作用，形成政策导向。

构建有利于企业发展的创新型企业评价指标体系，其作用具体表现在以下四个方面：

一是为创新型试点企业提供一个自我评价的平台，方便创新型试点企业在市场上与其他企业进行比较，意识到自己的不足，正确为自己进行定位和规划。

二是为相关政策法规的制定提供决策依据。建立健全鼓励创新的政策法律体系，将鼓励自主创新、规范市场行为和创新行为纳入所有相关政策法规的制定和修改中。

三是有助于形成完善的创新政策体系。根据创新型企业评价体系的结果，可以有针对性地对现行的支持企业创新的相关政策进行梳理，加强政策之间的配套与协调，为企业自主创新创造良好政策环境。

四是有利于完善国家科技计划体系。通过创新型企业评价，发现企业创新的需求，统筹科学研究与技术创新之间的关系，完善技术创新领域的战略布局与政府财政资源配置，加大和优化国家科技计划对创新型企业的支持。

二、创新型企业评价的方法基础和设计思路

（一）创新型企业评价的难点与研究路线

1. 指标评价需要解决的关键问题

创新型企业评价有别于一般意义上的学术研究对企业创新能力的比较，也有

别于商业化的企业评价，需要突破以下几个方面的难点：

一是如何评价企业的发展途径。创新型企业评价的关键是在充分认识创新型企业的内涵、发展模式等基础上，对企业的发展途径进行评价，相应的指标体系应是对企业通过技术创新获得成长的判定，是对企业依靠技术创新持续发展的判定。这种评价不同于高新技术企业的认定，也不是对企业创新性和创新能力简单对比和排序。

二是如何对不同类型、行业、规模的企业进行评价。企业类型不一、行业多样、规模各异，既要总结出不同企业创新的基本特征和规律，并通过相应的指标予以反映，又要在对不同企业创新差异性进行分析的基础上，对企业进行比较，这是进行科学评价的一个重要难点。

三是如何使评价既符合逻辑和学理，也要具有可操作性。科技部等三部委的创新型企业评价是一项具体的工作，服务于技术创新引导工程的实施，服务于技术创新体系的建设，因此是在符合学理基础上的可以具体实施的评价。

四是如何使评价既体现中国特色，也便于国际比较。创新型企业建设的目标是培育一批具有较强创新能力，能够跻身世界一流企业行列的创新型企业，因而评价必须既能符合中国企业的特点，也便于国内外企业的比较。

2. 研究路线

在综合考虑上述因素的基础上，评价指标体系的构建将沿着明确目标、逻辑科学、分层展开，在确保"效度"和"信度"基础上逐步精练的思路进行。作为政策工具的创新型企业，要建立相应的考核评估指标体系，不能采用简单的指标体系，而应当考虑其独有特征，设计有针对性的评价指标。具体的研究路线如下：

首先，对创新型企业的内涵和主要特征进行研究，总结国内不同企业技术创新的基本规律和美国、日本等国际领先企业的创新经验，归纳和梳理创新型企业的内涵和特征。

其次，通过对国内外企业创新评价的文献分析，系统研究与企业创新活动有关的评价方法和相关指标设计，借鉴国际上不同国家的创新监测和评价经验。

再次，就创新型企业的基本特征和内涵，运用反映其创新依存度等指标，到东、中、西部不同地区的企业进行实地调研，并采集央属特大型企业、转制院所和地方推荐企业的数据，分析其中的差异性和共通性。

最后，采用文献梳理、实际调研和专家建议等多种方式，提出和企业创新相关的80余个指标，构建指标备选库，再进行优选，进一步凝练出较能反映和把握企业技术创新依存度的指标，进行初步的模拟试算和完善。

(二) 企业创新评价的国际经验

对创新概念和重要性的认识推动了创新评价的开展。总结相关研究文献，国内外学者对企业创新能力的评价、对技术创新的测度和评价方法等做了大量研究，特别是创新投入发生后，创新活动表现出来的特性和创新产出的指标，如创新目的、促进或阻碍创新因素分析、创新的新颖性及创新对企业行为的影响等。

从创新政策的角度，国际上以企业创新活动为对象，对企业创新能力、创新绩效的评价研究，比较值得注意的有欧洲创新计分牌、韩国《技术创新能力评价指标》和美国《21世纪创新工作组报告》。

1. 欧洲创新计分牌（EIS）

为了评比欧盟各成员国的创新绩效，欧盟推出了欧洲创新计分牌（European Innovation Scoreboard, EIS）。EIS 的数据来源于欧盟四年一度的创新调查（CIS，1998，2000，2004），2004 年包括了 25 个欧盟成员国创新指标及趋势分析。该调查确定的创新范畴是：更新或扩展产品、服务以及相关市场的范围；建立新的生产、供应和销售方法；引入管理、工作组织、工作条件和劳动技能方面的变革。EIS 根据调查得到的数据建立了 22 个指标，分为四组：①人力资源（5 个指标）；②新知识创造（6 个指标）；③知识转移和应用（4 个指标）；④创新收益、产出和市场（7 个指标）。EIS 指标体系见表 5-1。

表 5-1 欧盟 EIS 指标体系构成

一级指标	二级指标
人力资源	科工毕业生的比例（20~29 岁）
	受过高等教育的人口比例（25~64 岁）
	长期学习的人口比例（25~64 岁）
	中高技术和高技术制造业的就业人口占全部劳动力的比例
	高技术服务业就业人口占全部劳动力的比例
新知识创造	政府 R&D 支出占 GDP 的比例
	企业 R&D 支出占 GDP 的比例
	每百万人 EPO 高技术专利申请数
	每百万人美国专利局高技术专利授权数
	每百万人 EPO 专利申请数
	每百万人美国专利局专利授权数
知识转移和应用	自主创新的中小企业占全部中小企业的比例
	合作创新的中小企业占全部中小企业的比例
	创新支出占销售收入的比例
	运用非技术变革的中小企业占全部中小企业的比例

续表

一级指标	二级指标
创新收益、产出和市场	高技术风险投资的比例
	早期风险资本占GDP的比例
创新收益、产出和市场	市场新产品销售收入占全部销售收入的比例
	企业新产品但非市场新产品销售收入占全部销售收入的比例
	互联网的便利性
	ICT支出占GDP的比例
	制造业附加值占高技术部门的比例

该指标体系最后被合成一个综合指标——综合创新指数，用于评价欧盟各国及其他若干参照国家的创新能力。经过这套评价指标体系的检验，发现欧洲和美国、日本创新绩效的差距主要体现为3个指标：专利、受过高等教育的劳动人口和企业R&D支出。此外，欧盟各成员国内部以及不同部门的创新绩效也有差异。总体而言，欧盟最具创新性的部门是电子和光学仪器，最无创新性的部门是纺织和纺织品业。芬兰的电子设备制造业是最具创新性的，但在德国则是交通设备业。在具体的创新方式方面得出的结论是：高技术和中高技术制造业创新来源于知识创造；服务业和低技术制造业的创新来源于知识扩散。欧盟通过这些横向对比，能够发现各成员的优劣势及问题所在，便于各国制定有针对性的创新政策。

2. 韩国《技术创新能力评价指标》

韩国中小企业厅根据OECD的《奥斯陆手册》开发出《技术创新能力评价指标》，帮助以技术创新为核心竞争力的中小企业。该评价指标由企业的"技术创新系统评价"（1000分）和"企业具有的单项技术的竞争力评价"（10个等级）构成。其评价指标体系见图5-1。

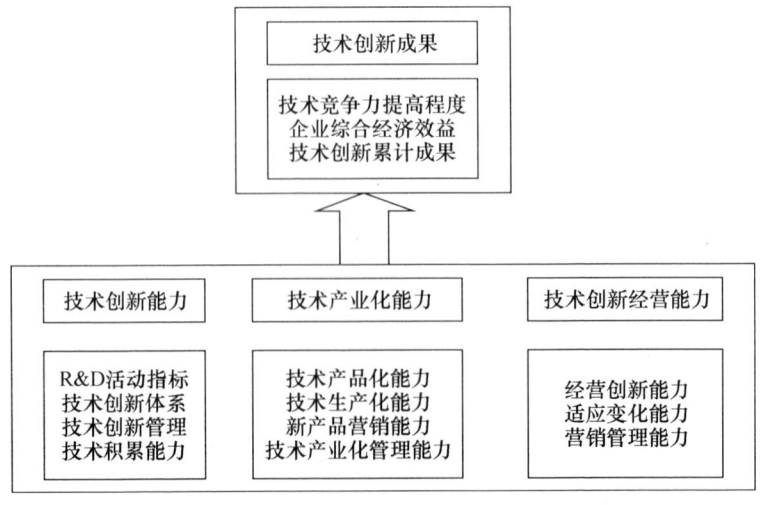

图5-1 韩国技术创新系统评价模型

在此基础上，开发企业在线自我诊断的技术创新评价指标体系，由技术创新能力、技术产业化能力、技术创新经营能力、技术创新成果四类指标组成，涵盖了企业的投入、生产、经营过程和最终的成果。其中每一部分还包括若干二级、三级指标。根据企业所属行业赋予不同的分数，具体分为制造业企业（50人以下）、制造业企业（50人以上）、软件企业、生物企业、环境保护企业和服务企业。

在用三级指标计算企业的分数时，采用一般的加权得分：①各指标的分数分为5档次（A、B、C、D、E），分数设置以5分、4分、3分、2分、1分为其标准。每个项目按照问题的重要性不同，分配不同的分数权重。②各指标以赋予的权重乘以各档次分数得出该项指标的实际得分。

3. 美国《21世纪创新工作组报告》

2004年12月，美国竞争力委员会在华盛顿举行的国家创新峰会上发布了《21世纪创新工作组报告》。该报告提出，国家创新政策要有效，关键在于对驱动创新绩效的因素进行测度与监控。但是如何准确监测呢？研究认为指标体系既要包含定量方法，又要包含与创新绩效相关的公共政策等因素。对此，提出用"国家创新生态"指导国家创新系统建设的设想。"国家创新生态"不仅关注创新能力和投入要素，还强调了政策和市场影响力等软性要素并选取了相应的定性指标，如宏观经济条件、国家优先领域、市场准入、产业竞争结构、标准、股票市场评估等。评价指标体系包括六方面：①创新投入要素，如企业的知识、资本和人力资源等关键创新资源；②创新执行要素，如设计、生产、组织文化、产业化障碍；③公共政策环境，如研发政策、财税政策、知识产权保护、技术转移政策、人力资源政策、政府采购政策、市场准入等；④创新基础设施，如研究机构、教育机构、资本市场、信息基础设施、区域创新集群等；⑤企业产出绩效（如财务绩效、知识和能力等无形的产出），消费者价值和产出（如产品、服务和工艺）；[①] ⑥国家创新产出和成果，如创新对GDP增长的贡献、劳动和全要素生产率、部门贸易余额、公司创新收入、市场份额等。

《21世纪创新工作组报告》有两大贡献：首先，在指标体系理论方法上有重大创新，不同于以往单纯地关注投入、产出或创新的状况，更重视知识、无形资产等创新过程要素的影响（其四代指标变化见表5-2）。其次，有几个明确的政策含义：一是为政策制定者与社会公众提供有关国家创新系统运行绩效的信息；二是测度企业创新战略和公共政策目标的进展与结果；三是引导各方关注重大创新趋势和发展机会；四是支撑R&D预算和创新政策的成本测算及评价；五是推动创新政策的立法舆论。

---

① 与产品相关的包括改善产品的性能、适用范围等以提高顾客的效用；与工艺相关的包括降低成本、提高生产灵活性、提高生产率和产量；与服务相关的包括及时传输、便利、技术支持、培训、品牌、安全性、环境影响等。

表5-2 《21世纪创新工作组报告》评价方法、指标的变化

指标特色	第一代 投入指标	第二代 产出指标	第三代 创新指标	第四代 过程指标
时期	20世纪五六十年代	20世纪七八十年代	20世纪90年代	2000年后
指标内容	研发支出 科学和技术人员 资金 技术密集度	专利 论文 产品 质量变化	创新调查 创新指数 创新能力比较	知识 无形资产 网络 需求 集群 管理方法 风险/回报 系统动力学
理论基础	反映的是线性创新概念，着重于投入指标，如研发投入、教育支出、资金支出、研究人员、大学毕业生、技术密集度等	考虑到科学与技术活动的中间产出而增加了一些产出指标，如专利数、科学论文、新产品和工艺数、高技术贸易	在调查和综合公开可用数据的基础上，集中了更丰富的创新指标和指数，主要关注国家创新能力的比较和排名。难度在于国际数据的有效性和服务部门创新调查	计算实物或人力投入所依赖的知识基础的形成与扩散途径；跨组织的网络关系带来的知识交换；考虑经济状况、公共政策、环境、基础设施、社会态度和文化对创新系统的影响
执行组织		OECD等	OECD/创新调查	在研究中

资料来源：根据《21世纪创新工作组报告》整理。前三代的测度体系都符合经典的生产函数，没有体现要素投入如何转化为创新产出的中间过程。

（三）基于创新依存度的评价设计思路

指标体系要重视深度考察创新，既要考察创新的"质、量、度"，又要全面考察创新各个环节的情况。"质"是指企业在创新中一定数量资源投入基础上，所产生的直接创新产出的情况，如产生的专利、论文等。"量"是指企业创新的相关数量表现，包括在资金、人力、设备等方面的一定数量的投入等。一个企业往往创新的量达到一定度，创新的质量和产出才会有明显的增加。"度"是指企业在创新中，在一定数量的资源投入和一定数量的直接产出的基础上，整个企业从创新中获得的最终收益的程度。

指标体系评价的重点不是研发本身，而是创新。研发和创新之间紧密联系，又有所不同。创新本质是一个经济活动，因此指标体系应更加突出经济性指标。

从系统和过程的角度考察企业创新特质和特性，即从企业的"战略取向—组织构造—创新活动—创新产出与业绩"等全面考察企业创新特质和创新依存度，这是指标体系设计的理论基础。要始终思考如何考察企业发展依靠创新的程度，也就是企业创新依存度，而不是纯粹地考察企业创新能力。

只有一个企业发展对创新或者技术创新"依存度"比较大，或者创新对一个

企业的发展贡献度比较大，达到一定标准的时候，一个企业才能转化为创新型企业。但这个度或者标准是多少，需要根据不同企业性质、行业属性、生命周期和一个国家经济发展水平来进行综合判定。

中国创新型企业无论在企业类型、创新模式还是创新文化上，与国际创新企业有很大差异，具有浓厚的本土特色。而对这些企业的评价要体现其作为一种政策工具的特性。评价指标也要突出重点，需要注意的是：

第一，创新指标体系与科技指标体系有差别，要重视调查所得的数据。指标体系的数据来源有实地调查和统计数据两类。由于创新源泉是多样的，包含科学技术在内的多个要素，因此创新指标体系要对科学统计数据辅以创新调查。调查包括定量和定性两方面，分别搜集统计提供不了的数据以及创新中的影响因素。就创新调查而言，目前国际上已经有了以《奥斯陆手册》为代表的规范的技术创新调查方法，中国创新型企业评价可以参考这些方法。

第二，定量指标应力求精练准确，重点评价科技创新活动的效率。这些指标设计应注重数据的可采集性。至于到底多少指标才够用，既能体现创新概念的准确内涵，又能满足统计上的要求？国内外很多专家都认为，企业创新指标体系设计宜精不宜繁。国外众多研究认为以下三个指标对企业创新绩效的评价是必不可少的：企业 R&D 投入占销售收入的比重；企业专利申请、授权情况；企业新产品、新工艺或新服务占企业全部销售收入的比重。这三个指标测度的是创新投入—产出链的效率，在中国也得到了广泛应用。

第三，定性指标要能反映创新过程的特点。到目前为止，还没有成熟的方法去量化知识、技能、管理、制度等无形资产，只能通过定性指标设计来捕获相关信息。定性与定量结合的评价体系需要通过分阶段评价实现。其中，定量指标通过模型计算得出，定性指标通过专家打分或现场测评实现，再分别赋以恰当的权重得到最终的评分。中国创新型企业评价就可以采用两阶段评审模式，对核心指标定量化处理，非核心指标靠专家测评。

第四，注意数据采集的可靠性。调查的一个难点是让被调查者充分理解调查意图并准确填报数据。这就使调查数据选择、问卷设计技巧显得很重要。借助明确的方法指南可以对调查人员、受调查单位等进行统一的培训。欧盟 R&D 调查已趋于成熟，但中国企业 R&D 统计还存在一些现实困难。首先是企业没有专门的 R&D 费用会计科目，即使一些大企业建立了技术开发费用科目，但要区分出 R&D 活动费用并不容易。其次，企业财会和项目管理人员缺乏有关 R&D 的统计培训，容易把 R&D 活动和其他科技活动相混淆。其他如新产品销售收入等数据也有类似问题。

三、评价指标体系与综合评价指数的构建

创新型企业评价体系是指由一系列与评价相关的评价制度、评价指标体系、评价方法、评价标准以及评价机构等形成的有机整体。而评价指标体系是评价体系的重要组成部分，并可以较为客观地评价创新型企业目前的发展情况及预计未来发展趋势，也是本章的研究重点。

（一）评价指标的选择过程

1. 确定创新型企业评价备选指标库

创新型企业应该是拥有自主知识产权的核心技术、知名品牌和良好的创新管理与文化，在获得国内、国际市场竞争优势和持续发展的途径上对技术创新具有较高依存度的企业。根据对创新型企业内涵的理解，以服务于建设创新型国家战略为基本出发点，可以刻画企业创新特性的可备选指标包括5个一级指标、15个二级指标及80多个三级指标，具体见表5-3。

表5-3 创新型企业评价备选指标

一级指标	二级指标	三级指标
企业基本素质	企业资信	注册时间；获得相关质量、流程认证；获得相关环保认证
	产权与治理结构	产权清晰度；法人治理结构完备性；内部组织结构科学合理
	利税	年人均纳税；利润（总额、净资产收益率）；人均销售收入
创新能力	创新人才	研究人员总数；本科以上学历员工占员工总数的比例；技术研发人员占员工总数的比例；每百名员工拥有专利员工比例；千名研发人员拥有授权专利数；千名研发人员拥有授权发明专利数
	研发机构	是否设有企业中央研发机构；企业研发机构硕士以上人员占研发人员比例；研发机构组织合理性；企业产学研联合研发机构状况
	研发资产	研发总资产；研发资产占总资产比例；中央研发机构投入
创新活动	研发投入	研发人员工资收入占工资总额的比例；对员工发明创造、技术改良奖励投入；每年接受技术培训人员比例；研发人员人均研发费用；研发投入总量；研发投入占总成本比例；每年研发投入占销售收入比例；研发投入占新增销售收入比例；研发支出占企业增加值比例；研发投入占新增利润比例；过去三年生产过程中创新投入；研发投入过去三年环比增长率
	创新过程	参与国家和地方科技计划项目数量；创新源信息获取能力；创新源获得机制；产学研合作机制；产品与工艺创新比例；合作研究项目数量；专利获得周期；新产品上市周期
创新绩效	专利、论文	研发人员人均企业专利申请；研发人员人均专利授予总量；发明专利申请和授予数量；发明专利比例；实用新型专利数量；专利总量增长量；专利授权三年环比增长率；每年技术论文发表数量

续表

一级指标	二级指标	三级指标
创新绩效	产品与利润	拥有自主专利产品数量；拥有自主专利商品品牌数量；利税总额；企业劳动生产率
创新绩效	新产品销售业绩	每年新产品数量；新产品销售收入；新产品销售收入占总收入比例；新产品增加值；研发投入占新产品销售收入比例；研发人员人均新产品销售收入；技术性服务收入占总收入比例；新产品销售所得利润占总利润比例；新产品销售所得利润环比增长率；新产品市场占有率；新产品利税率
创新绩效	创新成果影响	专利授权许可企业数量；专利授权收入；技术标准级别与数量；技术转移与扩散；成果获奖级别及数量；获得国家奖励数量；发表论文引用量；全员劳动生产率
创新管理	创新战略	企业创新战略与规划；企业创新战略与规划实施
创新管理	创新文化	企业章程、口号、广告等中的创新导向；企业家精神；每年合理化建议总数；每百名员工合理化建议数
创新管理	创新管理制度	知识产权管理制度与机构；专利和技术改进奖励制度；创新利益激励分配制度；研发人员和一线工程师培训制度；技术研发战略设计与规划

2. 创新型企业评价指标的初步筛选

以反映企业的创新依存度为基本出发点，精选从创新的过程角度能够界定和描述技术创新"型"概念的相关指标，结合各指标之间的交叉、关联、制衡等关系，可以将上述指标进一步凝练为5个一级指标、14个二级指标和25个三级指标的创新型企业评价指标框架体系。这些指标从过程的角度系统考察企业创新特质和特性，即从企业的"战略取向—组织构造—创新活动—创新产出与业绩"等全面考察企业创新特质和创新依存度。具体见表5-4。

表5-4　创新型企业评价指标框架体系

一级指标	二级指标	三级指标
创新能力	创新人才	全部从业人员中研发人员比例（基本数值指标）
创新能力	研发机构	企业研发机构的地位（专家评测指标）
创新能力	创新资产	研发设备固定资产占总资产的比例（专家评测指标）
创新投入	研发投入	全部收入中自主研发投入的比例（基本数值指标）
创新投入	研发投入	有无委托或合作研发投入（专家评测指标）
创新投入	成果转化投入	新产品试制费占销售收入的比例（专家评测指标）
创新投入	成果转化投入	消化吸收经费占销售收入的比例（专家评测指标）
创新投入	教育培训投入	职工教育培训费占销售收入比重（专家评测指标）
创新产出	专利（版权/论文）	千名科学家和工程师拥有授权发明专利（基本数值指标）
创新产出	专利（版权/论文）	发明专利申请的近三年年均增长率（基本数值指标）

续表

一级指标	二级指标	三级指标
创新产出	新产品（服务）	每年新产品（服务）的数量（专家评测指标）
		全部收入中新产品（服务）收入比（基本数值指标）
		新产品（服务）销售收入增长率（专家评测指标）
	标准	企业参与制定的技术标准的级别与数量（专家评测指标）
创新影响	直接影响	企业专利许可项目数量（专家评测指标）
		技术转让、许可经费（专家评测指标）
		企业获科技类奖励级别与数量（专家评测指标）
	品牌影响	是否具有国家或省级驰名商标、知名品牌（专家评测指标）
	国际影响	企业拥有三方专利的数量（专家评测指标）
		每年新产品（服务）的出口额（专家评测指标）
创新管理	创新文化	是否具有企业家创新意识和精神（专家评测指标）
		每百名员工提出的合理化建议数（专家评测指标）
	创新保障机制	知识产权管理制度的完善性（专家评测指标）
		技术创新激励制度完善性与执行情况（专家评测指标）
		是否有企业决策层认可的创新战略、规划和计划（专家评测指标）

指标分成两大类，即"基本数值指标"和"专家评测指标"。基本指标是所有类型企业必须参与对比分析的数值指标，与国外相关研究具有一定可比性，通过对不同企业测定不同的参考值，评价这些企业在基本指标方面所体现的特征。6个"基本数值指标"包括：全部从业人员中研发人员比例、全部收入中自主研发投入的比例、千名科学家和工程师拥有授权发明专利数、发明专利申请的近三年年均增长率、全部销售收入中新产品（服务）收入比例、全员劳动生产率。

这6个指标是创新能力、创新投入和创新产出的核心指标。之所以选择这6个指标是基于以下考虑：第一，文献分析、实地调查、企业座谈等不同形式的调研结果表明，这6个指标认同度较高，是较能反映企业发展创新依存度的定量指标，也是当前较具导向性的指标；第二，这6个指标中的大部分也是国际上考察企业创新能力的核心指标；第三，这6个指标由国家统计局列入每年企业统计中，便于采集、分析和比较。

我们再从反映企业创新"质、量、度"的视角，对指标体系进行精选。"量"是反映企业创新的相关数量表现，选择包括资金、人力、设施等方面的9个指标；"质"是反映企业的直接创新产出情况，选择包括专利、技术标准、新产品销售收入等方面的7个指标；"度"是反映企业从创新中获得的最终收益的程度，选择包括新产品、创新战略和管理等方面的8个指标。共计24个指标，具体见表5-5。

表 5-5 考察企业创新"质、量、度"的指标

一级指标	二级指标	三级指标
企业创新	质	千名研发人员拥有授权发明专利数（基本数值指标）
		发明专利申请的近三年年均增长率（基本数值指标）
		技术（包括专利）转让、许可经费（专家评测指标）
		新产品（服务）收入占全部销售收入的比例（基本数值指标）
		全员劳动生产率（基本数值指标）
		国家或省级驰名商标、知名品牌数量（专家评测指标）
		企业参与制定的技术标准的层次与数量（专家评测指标）
	量	研发人员占全部从业人员比例（基本数值指标）
		企业研发机构的层次（专家评测指标）
		研发投入占全部销售收入的比例（基本数值指标）
		产学研合作（专家评测指标）
		消化吸收经费占技术引进经费的比例（专家评测指标）
		职工教育培训费占销售收入比例（专家评测指标）
		实用新型和外观设计数量（专家评测指标）
		版权、软件著作权等获得授权的数量（专家评测指标）
		每百名员工提出的合理化建议数（专家评测指标）
	度	新产品（服务）销售收入增长率（专家评测指标）
		新产品（服务）利润占总利润的比例（专家评测指标）
		研发投入增长率（专家评测指标）
		企业拥有国外专利的数量（专家评测指标）
		创新理念和企业家精神（专家评测指标）
		知识产权管理（专家评测指标）
		技术创新激励（专家评测指标）
		创新战略、规划和计划（专家评测指标）

3. 具体指标的三性分析和选择

所谓三性是指评价指标的"可采集性、可比较性、可分析性"。要使整个评价科学、客观、合理，应保证指标具有可采集性、可分析性和可比较性。可采集性是指，指标内涵比较明确，企业可以通过财务、合同、统计等相关方法准确生成指标的数值，评价时可以通过一定的渠道获得指标数值；可分析性是指，指标与企业的创新具有紧密联系，能够从相关侧面反映创新的相关特征或者"质、量、度"的相关方面；可比较性是指，指标数值在不同类型、不同地域企业之间具有可比性，是各种类型企业创新所具有的共同特征的体现，能够反映不同类型企业在创新某一方面的差异。

依据上述原则，对每个指标的可采集性、可比较性和可分析性进行分析，从

更加全面系统的角度对指标进行精准化，以形成科学的指标体系。对于可采集性，我们分析了数据产生的口径和来源的渠道，包括可能来自国家统计局、国资委、国家工商总局、质量监督局等相关部门；对于可比较性，我们分析了每个指标在一定规模范围、生命周期范围、产业范围内的可比性，也分析了相关的国际可比性；对于可分析性，我们分析了每个指标所体现的创新的意义及和创新依存度的联系，分析每个指标的数值是否越高越好，越具有正面的意义。具体见表5-6。

表5-6 评价指标的三性分析表

三级指标	采集方法与途径	准确程度	可比较性	可分析性
研发人员占全部从业人员比例（基本数值指标）	企业上报，依据统计局口径、数据二次计算（国资委企业通过国资委采集、上市公司根据发表的公报，下同）	较准确	在一定规模范围、产业范围内可比，国际可比	创新人才素质，研发人员越多越好、从业人员越少越容易获得高分
企业研发机构的层次（专家评测指标）	上报告知（各部门和地方认定情况）	准确	在一定规模范围、产业范围内可比	创新持续性，越高越好
研发设备原值占固定资产的比例（专家评测指标）	企业上报与相关统计渠道	较差（研发设备边界不准确，大部分企业没有单独台账统计）	与产业特征联系紧密	对不同企业而言，不一定越高就越好
研发经费投入占全部销售收入的比例（基本数值指标）	企业上报，依据统计局口径、数据二次计算	较准	在一定规模范围、生命周期范围、产业范围内可比，国际可比	创新活跃度，目前中国企业越高越好
研发经费投入增长率（专家评测指标）	企业上报，依据统计局口径、数据二次计算	较准	在一定产业和生命周期范围内，国际可比	创新持续性，目前中国企业越高越好
消化吸收经费占技术引进经费的比例（专家评测指标）	企业上报，依据统计局口径、数据二次计算	较差	在一定产业和生命周期范围内可比	二次创新程度，越高越好
职工教育培训费占销售收入比例（专家评测指标）	企业上报，统计与税务有相关数据	较差（定义边界随意性较强，部分企业财务没有单独台账统计）	在一定产业和生命周期范围内可比	反映企业重视职工素质提升的程度，为创新型人才培养打下基础
千名科学家和工程师拥有授权发明专利数（基本数值指标）	企业上报，依据统计局、知识产权局公布数据二次计算	较准	一定的产业范围内可比，国际可比	创新产出，科学家和工程师人数越少分越高，建议将科学家修改为研发人员
发明专利申请近三年年均增长率（基本数值指标）	企业上报，依据统计局、知识产权局公布数据二次计算	准确	在一定生命周期范围、产业范围内可比，国际可比	创新活跃度，越高越好

续表

三级指标	采集方法与途径	准确程度	可比较性	可分析性
版权、软件著作权等授权的数量（专家评测指标）	企业上报，依据统计局、知识产权局公布数据二次计算	准确	一定的产业范围内可比	创新产出，越多越好
实用新型和外观设计数量（专家评测指标）	企业上报，依据统计局、知识产权局公布数据二次计算	准确	一定的产业范围内可比	创新产出，越多越好
新产品（服务）收入占全部销售收入的比例（基本数值指标）	企业上报，依据统计局口径、数据二次计算	较差	在一定生命周期范围、产业范围内可比，国际可比	创新回报，越高越好
新产品（服务）销售收入增长率（专家评测指标）	企业上报，依据统计局口径、数据二次计算	较差	在一定生命周期范围、产业范围内可比，行业差异巨大	创新活跃度，越高越好
新产品（服务）利润占总利润的比例（专家评测指标）	企业上报，依据统计局口径、数据二次计算	较差	在一定生命周期范围、产业范围内可比，行业差异巨大	创新经济收益，不同产业差异巨大，很多企业不一定有收益，未必能很好反映企业创新情况
全员劳动生产率（基本数值指标）	企业上报，依据统计局口径、数据二次计算	较准	在一定生命周期范围、产业范围内可比，国际可比	创新效益，越高越好
技术（包括专利）转让、许可经费（专家评测指标）	企业自报	较差（定义边界随意性较强，大部分企业财务没有单独台账统计）	不同行业和规模差异巨大	反映创新的业绩与影响力
企业参与制定的技术标准的层次与数量（专家评测指标）	企业上报	较准（5年参与的，已经颁布的标准纳入）	在一定规模范围、产业范围内可比	创新成果以及业内影响，越多越好
国家或省级驰名商标、知名品牌数量（专家评测指标）	企业上报，根据国家工商管理、消费者协会、质量监督局系统等认定	准确	在一定规模范围、产业范围内可比	创新效益与市场认可，越多越好
企业拥有国外专利的数量（专家评测指标）	企业上报	准确	在一定规模范围、产业范围内可比	创新质量和国际影响，越多越好
创新理念和精神（专家评测指标）	企业家创新精神 公司价值观 公司理念	定性指标	产业差异巨大	创新的内部结构保证
每百名员工提出的合理化建议数（专家评测指标）	企业上报，是在公司有正式备案的合理化建议	差（合理化定义范围边界各企业理解不一致，很多企业没有统计）	所有行业、规模适用，国际可比	反映全员创新活跃程度
产学研合作（专家评测指标）	产学研合作项目数 近三年经费数	定性指标	在一定产业和生命周期范围内可比	创新的内部结构保证

续表

三级指标	采集方法与途径	准确程度	可比较性	可分析性
知识产权管理（专家评测指标）	机构 人员 管理制度	定性指标	在一定产业和生命周期范围内可比	创新的内部结构保证
技术创新激励（专家评测指标）	制度、机制 每年奖励人数（研发与非研发人员） 奖励经费	定性指标	在一定产业和生命周期范围内可比	创新的价值取向
创新战略、规划和计划（专家评测指标）	规划的权威性 规划的稳定度	定性指标	在一定产业和生命周期范围内可比	创新的内部结构保证

通过对每个评价指标的三性分析，我们选择采集准确或比较准确的指标及具有较强可分析性和可比较性的指标，形成新的指标体系。具体见表5-7。

表5-7　三性分析后新指标体系表

一级指标	二级指标	三级指标
创新基础	人才	研发人员占全部从业人员比例（基本数值指标）
	机构	企业研发机构的层次（专家评测指标）
创新投入	研发	研发投入占全部销售收入的比例（基本数值指标）
		研发投入增长率（专家评测指标）
	再创新	消化吸收经费占技术引进经费的比例（专家评测指标）
	培训	职工教育培训费占销售收入比例（专家评测指标）
创新产出	专利（版权）	千名研发人员拥有授权发明专利数（基本数值指标）
		发明专利申请的近三年年均增长率（基本数值指标）
		版权、软件著作权等获得授权的数量（专家评测指标）
		实用新型和外观设计数量（专家评测指标）
	新产品（服务）	新产品（服务）收入占全部销售收入的比例（基本数值指标）
		新产品（服务）销售收入增长率（专家评测指标）
	经济绩效	新产品（服务）利润占总利润的比例（专家评测指标）
		全员劳动生产率（基本数值指标）
		技术（包括专利）转让、许可经费（专家评测指标）
创新影响	标准	企业参与制定的技术标准的层次与数量（专家评测指标）
	品牌	国家或省级驰名商标、知名品牌数量（专家评测指标）
	国际影响	企业拥有国外专利的数量（专家评测指标）
创新管理	文化	创新理念和企业家精神（专家评测指标）
		每百名员工提出的合理化建议数（专家评测指标）
	组织保障	产学研合作（专家评测指标）
		知识产权管理（专家评测指标）
		技术创新激励（专家评测指标）
		创新战略、规划和计划（专家评测指标）

4. 指标体系进一步精练

在上述分析的基础上，综合考虑指标的可采集性、可比较性和可分析性，在进一步分析指标之间制衡关联的关系后，创新型企业评价指标体系精练为以下20个指标（见表5-8）。

表5-8 精练的指标体系表

一级指标	二级指标	三级指标
创新基础	人才	研发人员占全部从业人员比例（基本数值指标）
	机构	企业研发机构的层次（专家评测指标）
创新投入	研发	研发投入占全部销售收入的比例（基本数值指标）
		研发投入增长率（专家评测指标）
	培训	职工教育培训费占销售收入比例（专家评测指标）
创新产出	专利（版权）	千名研发人员拥有授权发明专利数（基本数值指标）
		发明专利申请的近三年年均增长率（基本数值指标）
		版权、软件著作权等获得授权的数量（专家评测指标）
		实用新型和外观设计数量（专家评测指标）
	新产品（服务）	新产品（服务）收入占全部销售收入的比例（基本数值指标）
		新产品（服务）销售收入增长率（专家评测指标）
	经济绩效	全员劳动生产率（基本数值指标）
创新影响	标准	企业参与制定的技术标准的层次与数量（专家评测指标）
	品牌	国家或省级驰名商标、知名品牌数量（专家评测指标）
	国际影响	企业拥有国外专利的数量（专家评测指标）
创新管理	文化	创新理念和企业家精神（专家评测指标）
	组织保障	产学研合作状况（专家评测指标）
		知识产权管理（专家评测指标）
		技术创新激励（专家评测指标）
		创新战略、规划和计划（专家评测指标）

（二）"4+1"评价指标体系及诠释

1. 基于创新依存度的"4+1"指标方案

在充分吸纳各方面意见，分析地方和相关企业一手的评价实践经验和相关研究成果的基础上，我们对创新型企业的内涵与外延、测度的基本标准、评价的指标选取和方法等进行深入系统分析，对国内外的相关企业的数据进行测算与分析，结合国家的重要战略需求和三部委推进试点工作的部署，提出客观测度企业创新依存度的"4+1"评价指标体系。这主要通过四个定量指标和一个定性考察指标进行系统评价。

四个定量指标是：研发经费投入占主营业务收入的比重；[①] 千名研究开发人员拥有的授权发明专利量；新产品（工艺、服务）销售收入占全部销售收入的比重；全员劳动生产率。一个定性考察指标是：创新组织与管理。这些指标互为补充、互相印证，既克服了单纯使用定量指标反映企业技术创新活动的局限性，又克服了单纯使用定性指标反映企业创新状况的模糊性，构成了一个比较完整和严密的指标体系。

（1）定量指标

研发经费投入占主营业务收入的比重指标，反映了企业在资源配置上对创新的侧重情况，通过该指标可以考察企业运用资本资源实现发展过程中对创新的依赖程度。

千名研究开发人员拥有的授权发明专利量指标，反映了企业对核心技术和自主知识产权的掌握状态和创新效率；新产品销售收入占全部销售收入的比重指标，反映了企业收入构成和获取利润的来源。通过这两个指标，可以考察企业获取竞争优势和取得经济效益对创新的依赖程度。

全员劳动生产率指标，反映了企业投入产出的效益。通过该指标，可以综合考察企业发展过程中的整体效率，因其中包含着技术创新对企业技术进步的贡献，在一定程度上可以体现创新和效率之间的依存关系。2008年度诺贝尔经济学奖得主、美国经济学家保罗·克鲁格曼曾系统分析亚洲国家技术进步乏力导致全员劳动生产率的下降，并预言了亚洲奇迹的破灭。因而该指标是国际通用的反映企业或其他经济体的创新依存度的综合指标。[②]

（2）定性指标

创新组织与管理指标，包含了创新战略、制度创新、品牌塑造、文化建设以及研发支撑体系建设等内容。其中，创新战略、制度创新、文化建设体现企业的创新软实力；品牌塑造一定程度上反映了企业技术创新的市场实现效果；研发支撑体系建设反映了企业对创新能力建设的重视程度。通过该指标，可以综合反映企业技术创新的行为，印证企业着眼长远发展对技术创新的依赖程度。

因此，"4+1"指标从不同侧面和不同阶段，反映了企业技术创新的意愿、行为和绩效，可以比较全面、系统地考察和评价企业发展对创新的依存程度。

[①] 2008年，国家会计准则调整后，我们统计创新型企业建设情况，用主营业务收入指标替代销售收入指标。在前文为尊重研究过程，采用"研发经费投入占销售收入的比重"，而最终确定"4+1"指标时，我们采用"研发经费投入占主营业务收入的比重"。特此说明。

[②] 美国经济学家保罗·克鲁格曼认为："经济的最本原问题是效率问题。"他1994年在《外交》杂志上撰文指出，亚洲经济的高速增长是依靠不断增加要素投入，特别是资本投入取得的，由于亚洲国家缺乏自己的技术基础，尤其基础研究落后，技术创新不足，终将会因技术进步乏力而导致全员劳动生产率下降，导致亚洲奇迹的破灭。1997年发生的亚洲金融危机在一定程度上印证了他的观点和预言。

2. "4+1" 指标体系的确立过程

"4+1" 指标方案的凝练体现了四个原则：一是所使用的指标能够覆盖和刻画创新型企业的基本特征；二是指标之间的关联制衡关系要比较明确；三是所采集数据的准确性可以得到保证，具有可核查性；四是具有明显的导向性，能够体现国家战略意图。在这四个原则的指导下，逐步确定了"4+1"指标方案。

第一步，重点围绕企业对创新的依赖性、创新持续性和代表性进一步明确指标框架体系。创新的依赖性是指，具有创新活动和创新成果是创新型企业的基本特征，可从研发投入、专利、新产品（工艺、服务）产出和研发支撑体系建设等方面进行考察。创新持续性是指，创新型企业应是持续不断进行创新活动的企业，可从企业一个时间段内（如近三年）的创新行为和业绩进行考察。代表性是指，评价创新型企业要体现国家自主创新战略的政策导向，激励企业通过创新获取竞争新优势，因此需要创新型企业在产业发展和技术创新上具有较强的代表性，可从企业的市场份额、知名品牌与驰名商标等方面进行考察。

第二步，综合考虑指标的可采集性、可比较性和可分析性，可以进一步凝练数据来源最为可靠、可比较性和可分析性较强的关键定量指标。如由于目前在统计工作上的制约，"消化吸收经费占技术引进经费的比例"（统计数据口径与财务没有完全对接，行业和国际比较性差）、"新产品（服务）利润占总利润的比例"（计算口径不统一，部分行业差异大）、"技术（包括专利）转让、许可经费"（行业可比较性差）等指标在可采集和可比较性方面会影响整个评价的结果，暂不采用。

第三步，在已有相关数据的基础上，对选择的指标体系进行模拟试算，考察整个评价体系的评测结果的信度和效度，保证整个评价结果对创新"型"的刻画以及技术创新依存度的测度的准确性。

第四步，对指标体系的导向性进行深入分析评价，挖掘指标体系的指导意义及对企业管理的规范作用。研发经费投入指标是为了引导企业在各种资源配置上注重对技术创新的投入；发明专利指标是为了鼓励企业掌握更多的自主知识产权；新产品（工艺或服务）收入指标是为了引导企业通过创新成果应用获取利润；全员劳动生产率指标是为了引导企业注重全面提升创新的投入产出效益；创新组织与管理指标是为了引导企业从制定战略、完善体系、强化管理、塑造品牌、营造文化等方面，系统地开展创新型企业建设。

第五步，在对指标进行数理分析和政策含义分析的基础上，基于各地方意见、各种类型企业数据采集的情况，最终确立"4+1"指标体系。

3. "4+1" 评价指标的诠释

"4+1" 评价指标体系确定后，我们对各个指标的内涵予以明确。

——研发经费投入占企业主营业务收入的比例，指研发经费投入与企业主营业务收入的比。采用国家统计局与科技部对研发经费的统计口径。

——千名研究开发人员拥有的授权发明专利量，指企业拥有的授权发明专利数与企业千名研发人员数量的比。研究与试验发展人员是指参与研究与试验发展项目研究、管理和辅助工作的人员，包括项目（课题）组人员、企业科技行政管理人员和直接为项目（课题）活动提供服务的辅助人员。拥有发明授权专利数是指企业作为专利权人拥有的、经国内外专利行政部门授权且在有效期内的发明专利件数。

——新产品（工艺、服务）销售收入占全部销售收入的比重，指企业新产品销售收入与企业全部产品销售收入的比。采用国家统计局与科技部对新产品的统计口径。新产品一般是指采用新技术原理、新设计构思研制、生产的全新产品，或在结构、材质、工艺等某一方面比原有产品有明显改进，从而显著提高了产品性能或扩大了使用功能的产品。

某些能源、采矿、建筑、通信服务等及工程类企业产出具有一定特殊性，创新活动具有个性特征。对这些个别特殊企业的评价采取以下两种处理方式：①对指标的权重将予以单独考虑；②对指标数据的采集方法将进行个案处理，如可以采用新工艺、新技术带来的新增产品或提供的工程、服务收入占整个销售收入的比例来表示。

——全员劳动生产率，指企业年增加值与企业全体员工数量的比。工业、建筑业增加值是指工业企业（包括运输与邮电业）、建筑业企业在报告期内以货币表现的工业、建筑业生产活动的最终成果。收入法计算的工业增加值包括固定资产折旧、劳动者报酬、生产税净额和营业盈余。

关于"创新组织与管理"定性考察内容也予以明确，主要包括如下内容：

——创新战略制定与实施，主要包括企业创新战略规划的制定情况和创新战略规划的实施情况。

——企业研发支撑体系建设，主要包括企业研发机构建设情况（包括与外单位联合建立研发机构情况）、创新团队建设情况、企业开展产学研合作情况、企业研发设备条件建设与共享情况等。

——创新管理与制度建设，主要包括知识产权的管理情况（战略的制定与实施情况及相关的制度措施）和企业内部激励创新的制度与措施。

——品牌塑造，主要包括知名品牌、驰名商标的拥有情况和为打造知名品牌、驰名商标的相关措施情况。

——创新文化建设及群众性创新活动，主要包括企业的核心创新理念、群众性创新活动及职工合理化建议情况（近三年的每百名员工年均提出合理化建议数）和工会推进职工创新活动情况等。重大科技奖励等情况包括省级以上科技进步奖、技术发明奖和自然科学奖等获得情况。

(三) 综合评价指数的构建

为了指导企业更好地发展，我们尝试编制企业创新相关指数来评价企业的创新状况和发展路径，以对企业的创新特征进行整体把握。创新型企业除了具有明确的创新战略取向，拥有自主知识产权、知名品牌和良好的创新管理与文化之外，在国内、国际市场竞争优势的获得和持续发展的途径上对技术创新还应该具有较高依存度。那么，采取什么样的方法来测度企业的创新依存度呢？以下从两个层次，说明企业综合评价指数的编制和具体每个企业创新依存度指数合成的具体步骤及权数的确定。

1. 创新型企业综合评价指数的编制

创新型企业综合评价指数是从整体上监测企业创新能力、创新依存度的指数，我们将选择层次分析法等相关方法，探讨其编制过程。

第一步，构造层次分析结构。为了提高评价体系的科学性，我们采用层次分析法（Analytic Hierarchy Process，AHP）来确定各级指标的权重。

建立问题的层次结构模型是 AHP 法中最重要的一步，把复杂的问题分解，并按元素的相互关系及隶属关系形成不同的层次，同一层次的元素作为准则对下一层次的元素起支配作用，同时它又受上一层次元素的支配。每一层次中的元素一般不超过 9 个，因为同一层次中包含数目过多的元素会给两两比较判断带来困难。本章对创新型企业的综合评价所建立的层次分析结构来源于创新型企业综合评价指标体系框架，如图 5-2 所示。

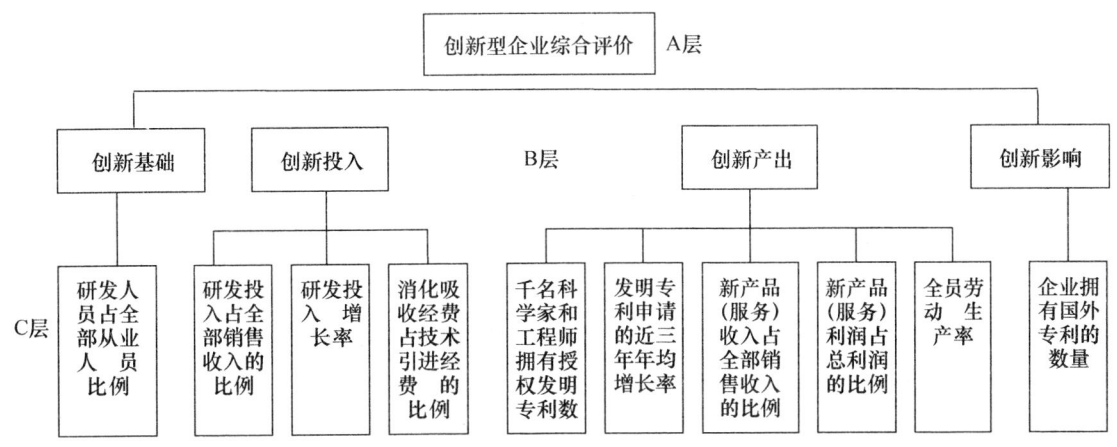

图 5-2 创新型企业综合评价指标体系的层次分析结构图

第二步，构造判断矩阵。建立层次分析模型之后，我们就可以在各层元素中进行两两比较，构造出比较判断矩阵。

层次分析法主要是人们对每一层次中各因素相对重要性给出的判断，这些判断通过引入合适的标度用数值表示出来，写成判断矩阵。判断矩阵表示针对上一层次因素，本层次与之有关因素之间相对重要性的比较。表5－9为一种常用的1~9标度法。

表5－9 判断矩阵标度及其含义

序号	重要性等级	赋值
1	i、j两元素同等重要	1
2	i元素比j元素稍重要	3
3	i元素比j元素明显重要	5
4	i元素比j元素强烈重要	7
5	i元素比j元素极端重要	9
6	i元素比j元素稍不重要	1/3
7	i元素比j元素明显不重要	1/5
8	i元素比j元素强烈不重要	1/7
9	i元素比j元素极端不重要	1/9

假定上一层次的元素 A_1 作为准则，对下一层元素 B_1，B_2，…，B_n 构成支配关系，我们的目的是要将准则 A_1 的相对重要性赋予 B_1，B_2，…，B_n。在这一步中要回答下面的问题：针对准则 A_1，两个元素 B_i、B_j 哪个更重要，重要性程度的大小如何。这就需要对"重要性"赋予一定的数值，赋值的根据或来源一般地应由熟悉具体行业的专家独立地给出。

对于 n 个元素来说，我们得到两两比较判断矩阵：

$$B = (B_{ij})_{n \times n}$$

其中，B_{ij} 表示因素 i 和因素 j 相对于目标重要值，根据其重要性等级给予赋值。一般来说，构造的判断矩阵取如下形式：

A_k	B_1	B_2	…	B_n
B_1	B_{11}	B_{12}	…	B_{1n}
B_2	B_{21}	B_{22}	…	B_{2n}
⋮	⋮	⋮		⋮
B_n	B_{n1}	B_{n2}	…	B_{nn}

显然矩阵 B 具有如下性质：

$$B_{ij} > 0$$
$$B_{ij} = 1/B_{ji} \ (i \neq j)$$
$$B_{ii} = 1 \ (i, j = 1, 2, \cdots, n)$$

我们把这类矩阵称为正反矩阵。对正反矩阵 B，若对于任意 i, j, k 均有 $B_{ij} \times B_{jk} = B_{ik}$，此时称该矩阵为一致矩阵。值得注意的是，在实际问题求解时，构造的判断矩阵并不一定具有一致性，常常需要进行一致性检验。

实际上，凡是较复杂的决策问题，其判断矩阵是经由多名专家填写咨询表之后形成的。专家咨询的本质在于把专家渊博的知识和丰富的经验，借助于对众多相关因素的两两比较，转化成决策所需的有用信息。因此，专家在填写咨询表之前，必须全面深入地分析每个影响因素的地位和作用，纵览全局，做到心中有数。

第三步，判断矩阵的一致性检验。所谓判断思维的一致性是指专家在判断指标重要性时，各判断之间协调一致，不致出现相互矛盾的结果。在多阶判断的条件下出现不一致是极容易发生的，只不过在不同的条件下不一致的程度是有所差别的。

根据矩阵理论可以得到这样的结论，即如果 $\lambda_1, \lambda_2, \cdots, \lambda_n$ 是满足式
$$Ax = \lambda x$$
的数，也就是矩阵 A 的特征根，并且对于所有 $a_{ii} = 1$，有
$$\sum_{i=1}^{n} \lambda_i = n$$

显然，当矩阵具有完全一致性时，$\lambda_1 = \lambda_{\max} = n$，其余特征根均为零；而当矩阵 A 不具有完全一致性时，则有 $\lambda_1 = \lambda_{\max} > n$，其余特征根 $\lambda_2, \lambda_3, \cdots, \lambda_n$ 有如下关系：
$$\sum_{i=2}^{n} \lambda_i = n - \lambda_{\max}$$

上述结论告诉我们，当判断矩阵不能保证具有完全一致性时，相应判断矩阵的特征值根也将发生变化，这样就可以用判断矩阵特征根的变化来检验判断的一致性程度。因此，在层次分析法中引入判断矩阵最大特征值根以外的其余特征根的负平均值，作为度量判断矩阵偏离一致性的指标，即用
$$CI = \frac{\lambda_{\max} - n}{n - 1}$$
检查决策者判断思维的一致性。

显然，当判断矩阵具有完全一致性时，$CI = 0$，反之亦然。从而我们有：$CI = 0$，$\lambda_1 = \lambda_{\max} = n$，判断矩阵具有完全一致性。

另外，当矩阵 A 具有满意的一致性时，$\lambda_{\max}$ 稍大于 n，其余特征根也接近于零。不过这种说法不够严密，我们必须对"满意一致性"给出一个度量指标。

衡量不同阶判断矩阵是否具有满意一致性，我们还需要引入判断矩阵的平均随机一致性指标 RI 值。对于 1~9 阶判断矩阵，RI 值分别列于表 5-10 中。

表 5-10　1~9 阶判断矩阵 RI 值分布表

1	2	3	4	5	6	7	8	9
0.00	0.00	0.58	0.90	1.12	1.24	1.32	1.41	1.45

在这里，对 1、2 阶判断矩阵，RI 只是形式上的，因为 1、2 阶判断矩阵总是具有完全一致性。当阶数大于 2 时，判断矩阵的一致性指标 CI 与同阶平均随机一致性指标 RI 之比称为随机一致性比率，记为 CR。当

$$CR = \frac{CI}{RI} < 0.10$$

时，即认为判断矩阵具有满意的一致性，否则就需要调整判断矩阵，使之具有满意的一致性。

第四步，层次单排序。计算出某层次因素相对于上一层次某一因素的相对重要性，这种排序计算称为层次单排序。具体地说，层次单排序是指根据判断矩阵计算对于上一层某元素而言本层次与之有联系的元素重要性次序的权重。

我们这里给出一种简单的计算矩阵最大特征根及其对应特征向量的方法根的计算步骤。

（1）计算判断矩阵每一行元素的乘积 M_i

$$M_i = \prod_{j=1}^{n} a_{ij}, (i = 1, 2, \cdots, n)$$

（2）计算 M_i 的 n 次方根 $\overline{W_i}$

$$\overline{W_i} = \sqrt[n]{M_i}$$

（3）对向量 $\overline{W} = [\overline{W_1}, \overline{W_2}, \cdots, \overline{W_n}]$ 正规化

$$W_i = \frac{\overline{W_i}}{\sum_{i=1}^{n} \overline{W_i}}$$，则 $W = [W_1, W_2, \cdots, W_n]$ 即为所求的特征向量，也就是指标 i 的权重。

第五步，层次总排序。依次沿递阶层次结构由上而下逐层计算，可计算出各指标相对于总目标的相对重要性的排序值，即层次总排序。

层次总排序要进行一致性检验，检验是从高层到低层进行的。但也有最新的研究指出，在 AHP 法中不必检验总排序的一致性。也就是说，在实际操作中，总排序一致性检验常常可以省略。

运用层次分析法和德尔菲法的结合可以对创新型企业综合评价指数进行编制。

层次分析法是把研究对象指数作为一个系统，按照分解、比较判断、综合的思维方式进行编制，根据德尔菲法得到的专家对各层指标重要性的打分意见的反馈结合确定各层指标的权重，把定性和定量方法结合起来，能处理许多用传统的最优化技术无法着手的实际问题，应用范围很广，并且增强了指数编制和权数确定的有效性。

2. 创新型企业创新依存度指数的生成

创新型企业创新依存度指数反映了创新型企业在获取市场竞争优势和持续发展过程中对技术创新依存的程度和趋势。指数生成基于对被评价企业的4个定量指标和1个定性考察指标的综合评价。指数生成办法如下：

（1）定量指标的赋值

一是定量指标的权重。由于4个定量指标在反映企业技术创新依存度上的作用不同，因而赋予不同的权重。研发经费投入占企业主营业务收入的比重反映了企业为发展而进行的资源配置的倾向，同时也是拥有自主知识产权核心技术的基础与条件，因此在4个定量指标中应给予最高权重；新产品销售收入占全部销售收入的比重是技术创新产出最主要的体现，在一定程度上反映企业专利、核心技术商品化、市场化的程度和产出绩效，其权重也应高于其他两个指标；千名研发人员拥有的发明专利数和劳动生产率较上述两个指标分别从核心技术的掌握、企业总体效益水平方面反映企业对技术创新依存的状况，所以给予了相同的权重。

二是定量指标分值的确定。研发强度 f_1、新产品（工艺、服务）销售收入占全部销售收入的比重 f_2、千名研究开发人员拥有的授权发明专利量 f_3、全员劳动生产率 f_4。

定量指标分值计算：

$$B = \sum_{i=1}^{4} A \times f_i \times k \times \frac{\overline{x}_i}{\overline{\overline{x}}_i}$$

其中：

B 为4个定量指标赋值；A 为总分数（100分）；f_i 为单项指标的权重；$A \times f_i$ 为单项指标的满分；k 为行业水平系数；$A \times f_i \times k$ 为企业达到行业均值的基本得分；$\frac{\overline{x}_i}{\overline{\overline{x}}_i}$ 为以系数形式考察企业指标与行业指标对比的倍数。

为了进行行业比较，设定行业水平系数 k，这是综合分析了国内外各行业发展水平和战略目标取向后的一个综合系数。

当企业某个指标的 $A \times f_i \times k \times \frac{\overline{x}_i}{\overline{\overline{x}}_i}$ 超过该指标的满分，按满分计算该指标的分数。

将企业在每个指标上的得分相加形成了企业定量指标的总赋值 B。

（2）定性指标的赋值方法

一是定性指标权重的确定。在定性指标中不同的指标具有不同的权重。企业创新战略的制定与实施是决定企业是否走依靠创新获得发展道路的关键保证，研发支撑体系建设情况、创新管理与制度建设情况是战略得以实施的重要保障，所以应该赋予这三个方面内容相对比较高的权重。定性指标中参考项主要考察企业获得国家科技进步奖、国家发明奖等有显示度的荣誉，以便反映企业技术创新能力以及企业国际国内的竞争优势。

二是定性指标分值的确定。

步骤1：个体专家根据企业自评、部门推荐意见和定量指标的实际得分情况，依据"专家评价表"的内容，进行主观打分并加总。

步骤2：通过"专家评价汇总表"，对每一组5位专家的定性赋分进行平均，形成每个企业的定性评价分值。

$$\overline{C} = \frac{\sum_{i=1}^{5} C_i}{5}$$

（3）综合评价指数的生成

综合评价指数的计算公式如下：

$$D = 0.45B + 0.55\overline{C}$$

综合考察定量指标与定性指标的结果可以全面考察企业技术创新活动在企业持续发展和获得竞争优势过程中的作用。定量指标从统计数据出发考察企业技术创新投入产出过程与成果，具有一定的客观性，同时考虑到定量指标在描述技术创新过程复杂性方面的局限性，给予其相对于定性指标较低的权重；定性指标的结果参考了企业自评估报告、管理部门的推荐意见，同时也参照了企业定量指标的数据处理结果，在一定程度上对4个定量指标的相关内容进行了补充，信息量较大，因而给予其相对较高的权重。

综上所述，通过创新型企业评价指标研究，加深了我们对创新型企业的内涵和特点的认识，对作为政策工具的创新型企业评价也有了更深入的理解。科技部等部门组织开展创新型企业评价，不仅仅是要评价遴选出一批优秀企业，更重要的是着眼于其政策导向作用，更重视其引导企业加强自主创新的公共政策效应。"4+1"评价指标体系的构建过程也是我们逐步深入认识创新型企业发展规律的过程。当然本研究的结果仍需要在创新型企业评价的实践中进一步改进和完善，以更好地发挥对企业创新的评价和引导作用，推动创新型企业建设。

重要文献

重要论述

（以时间为序）

（1）2005年12月23日，《实施"技术创新引导工程"，增强国家自主创新能力——在"技术创新引导工程"启动会议上的讲话》（李学勇）

（2）2005年12月29日，《增强自主创新能力 呼唤创新型企业——国家科技部副部长李学勇专访》，《人民日报》

（3）2006年7月24日，《开展创新型企业试点工作 增强企业自主创新能力——三部门领导就开展创新型企业试点工作答记者问》

（4）2007年2月26日，《大力优化体制和政策环境，积极推进创新型企业建设——在创新型企业试点工作会议上的讲话》（徐冠华）

（5）2007年2月26日，《在创新型企业试点工作会议上的讲话》（邵宁）

（6）2007年2月26日，《在创新型企业试点工作会议上的讲话》（乔传秀）

（7）2007年2月27日，《在创新型企业试点工作会议上的总结讲话》（李学勇）

（8）2007年3月19日，《确立企业在技术创新中的主体地位》，《求是》（李学勇）

（9）2007年4月4日，《在中关村科技园区百家创新型企业试点工作大会上的讲话》（刘淇）

（10）2007年4月4日，《在中关村科技园区百家创新型企业试点工作大会上的讲话》（徐冠华）

（11）2007年12月14日，《让创新驱动发展——在全国第二批创新型试点企业名单发布会上的讲话》（李学勇）

（12）2008年6月10日，《集聚创新要素 加快创新型企业建设——在创新型企业专题研讨班上的讲话》（李学勇）

（13）2008年7月28日，《在创新型企业建设工作会议上的讲话》（万钢）

（14）2008年7月28日，《在创新型企业建设工作会议上的讲话》（李学勇）

（15）2009年7月14日，《在技术创新工程实施视频会议上的讲话》（刘延东）

（16）2009年7月14日，《在技术创新工程实施视频会议上的总结讲话》（万钢）

（17）2009年7月14日，《在技术创新工程实施视频会议上的讲话》（李学勇）

实施"技术创新引导工程"，增强国家自主创新能力

——在"技术创新引导工程"启动会议上的讲话

科技部党组副书记、副部长 李学勇

(2005年12月23日)

当前，全党全国正在深入学习贯彻党的十六届五中全会精神和中央经济工作会议精神，研究部署"十一五"的各项工作。在这一新的形势下，今天，科技部、国资委、全国总工会在这里联合召开"技术创新引导工程"启动会议，部署实施"技术创新引导工程"，这是以科学发展观为指导，贯彻落实十六届五中全会精神和中央关于加强自主创新有关精神的一项重要举措，意义重大。会上，有关部门的领导同志将做重要讲话，一些地方的同志将就推动自主创新工作进行经验交流。在此，我就实施"技术创新引导工程"，增强自主创新能力讲几点意见。

一、加强技术创新是贯彻落实党的十六届五中全会精神、提高自主创新能力的必然要求

十六届五中全会通过的《中共中央关于制定国民经济和社会发展第十一个五年规划的建议》，以邓小平理论和"三个代表"重要思想为指导，全面贯彻落实科学发展观，着眼于全面建设小康社会，提出了未来五年我国经济社会发展的指导方针、总体要求、战略目标和重大部署。认真学习贯彻十六届五中全会精神，对于我们深刻认识科技工作面临的新形势和新任务具有重要的指导意义。

1. 增强自主创新能力是中共中央、国务院综合分析国际环境和国内形势作出的重大战略决策

十六届五中全会提出"把增强自主创新能力作为科学技术发展的战略基点和调整产业结构、转变增长方式的中心环节，大力提高原始创新能力、集成创新能力和引进消化吸收再创新能力"，提出"科学技术发展，要坚持自主创新、重点跨越、支撑发展、引领未来，不断增强企业创新能力，加快建设国家创新体系"。这是中央对未来五年乃至今后较长时间我国科技发展和产业结构优化升级作出的根本性战略部署，体现了鲜明的时代特征和明确的政策导向。

我们必须深入领会十六届五中全会精神，明确"自主创新"的具体内涵，从根本上指导我们的科技工作：一是加强原始创新，努力获得更多的科学发现和技术发明；二是要加强集成创新，使各种相关技术有机地融合起来，形成有竞争力的产品或产业；三是要在引进国外先进技术的基础上，促进消化吸收和再创新。坚持自主创新，并不是排斥技术引进，但引进技术绝

不等于引进技术创新能力。当前，随着国民经济的不断发展，一些深层次的问题和矛盾日益凸显，单纯依靠技术引进已经不能满足国民经济建设和社会发展的需求。我们应当立足自主创新，在充分利用全球资源的基础上，依靠自身创造性的努力来逐步解决我们所面临的核心技术缺乏的问题。

2. 实施"技术创新引导工程"是增强自主创新能力的重大举措

胡锦涛总书记多次强调指出，要坚持把提高自主创新能力作为推进结构调整和提高国家竞争力的中心环节，要确立企业技术创新和科技投入的主体地位，增强企业的研究开发能力。温家宝总理强调，要把建立以企业为主体、产学研结合的技术创新体系作为突破口，推进国家创新体系建设。陈至立国务委员也指出，确立企业在技术创新中的主体地位，是我国科技发展的重要任务。因此，实施"技术创新引导工程"，提升企业的技术创新能力，推动企业成为技术创新主体，已经成为贯彻落实中央关于增强自主创新能力战略部署的一项重大而紧迫的任务。

技术创新能力是一个国家自主创新能力的重要体现，是增强产业竞争力的关键环节。随着经济全球化进程的加快，国际间产业分工和转移越来越依赖本国企业技术创新能力的高低。目前，全世界90%以上的发明专利都掌握在少数几个发达国家手里，跨国公司凭借技术优势牢牢占据了产业链的高端，形成了对世界市场特别是高技术产品市场的高度垄断，从中获取大量超额利润。而我国由于自主创新能力较弱，许多企业的核心技术和装备基本上依赖进口，缺乏具有自主知识产权的核心技术，装备制造业水平长期得不到提高，在一些产业领域正在表现出不同程度的对外技术依赖。在我国2.8万多家大中型企业拥有研发机构的只占25%。企业创新投入严重不足，据最新的调查显示，企业研究开发经费仅占销售收入的0.56%。在我国发明专利申请中，外国企业申请量占50%以上。在一些高技术领域，关键技术的专利申请基本上被国外企业垄断：在国外专利申请中，计算机类占70%，生物技术类占87%，信息类占92%，半导体类占90%。实施"技术创新引导工程"就是要采取有力措施，把建立以企业为主体、市场为导向、产学研结合的技术创新体系作为国家创新体系建设的突破口，使科技创新真正进入经济社会发展的大循环中，提高产业竞争力，增强国家自主创新能力。

二、实施"技术创新引导工程"的基本宗旨和主要目标

长期以来，党和政府大力实施科教兴国战略，对加强技术创新特别是企业技术进步作出一系列重要决策和部署，出台了一批加强技术创新的政策，各有关部门也纷纷采取有效措施，加强技术创新，使企业技术创新能力得到显著增强，在市场经济大潮中涌现出了华为、海尔、海信、奇瑞等一些具有较强创新能力的企业。国家发改委重视企业技术进步和技术改造，采取了很多有力的措施予以引导和支持。国资委非常重视加强国有大中型骨干企业的研究开发工作，把科技创新能力作为企业绩效考核的重要内容。财政部对科技型中小企业创新基金给予支持，同时在科技计划经费上给予大力支持。全国总工会鼓励广大职工为加强技术创新建功立业，引导职工加强技术创新和技术改造。科技部通过各类科技计划项目的支持、国家高新区、国家重点实验室、国家工程技术中心、国家创新体系企业研究开发中心试点、中小企业创新基金、成果转化基地和产业化基地、科技企业孵化器建设等方面的工作，有力地促进了企业技术创新能力的提升，形成了一批具有较强创新能力的企业。各地在推进技术创新中积极探索，勇于开拓，取得了显著的成效。江苏省设立科技成果转化专项资金，已安排专项拨款13亿元，对企

业技术创新产生积极而深远的影响；山东省委、省政府先后出台了《关于加强高新技术产业化的若干意见》和《关于加强科技创新体系建设，进一步推动高新技术产业发展的决定》等有关文件，激励企业加强自主创新；浙江省推进"六个一批"工程的组织实施，着重推进企业技术创新；深圳市以市场为导向、以产业化为目的，把企业作为自主创新的主体，形成了"四个90%以上"：即90%以上的研发机构设立在企业，90%以上的研发人员集中在企业，90%以上的研发资金来源于企业，90%以上的职务发明专利出自企业。

在新的形势下，为深入贯彻党的十六届五中全会精神，提升企业自主创新能力，采取更加有力的措施加强技术创新，科技部、国资委、全国总工会三个部门，针对当前制约我国技术创新能力提升的薄弱环节，决定联合实施"技术创新引导工程"。

1. 基本宗旨和主要目标

"技术创新引导工程"的基本宗旨是：推进企业成为技术创新主体，提升企业核心竞争力，增强国家自主创新能力。

"技术创新引导工程"的主要目标有三个方面：一是引导形成一批拥有自主知识产权、自主品牌和持续创新能力的创新型企业；二是引导建立以企业为主体、市场为导向、产学研相结合的技术创新体系；三是引导增强战略产业的原始创新能力和重点领域的集成创新能力。通过引导工程的实施，切实加强技术创新，增强自主创新能力，为建设创新型国家提供有力支撑。

2. 基本原则和总体部署

实施"技术创新引导工程"的基本原则是：坚持全面落实科学发展观，坚持加强政府引导和运用市场机制相结合，优化资源配置，集成各方优势，创新工作机制，营造有利环境。

实施"技术创新引导工程"的总体部署是：针对各类企业的特点和发展要求，重点给予支持。对于高新技术企业，要重点支持其开展以增强自主创新能力为核心的"二次创业"，推进高新技术产业化；对大型骨干企业，要支持其建立研究开发机构，增强研究开发实力；对于广大民营科技企业和科技型中小企业，要着重建设公共技术服务平台，完善科技中介服务体系，使其在市场竞争中迅速成长壮大，实现新的发展；对已实施企业化转制的科研院所，要加强持续创新能力建设，在深化改革的基础上，加大支持力度，充分发挥其在行业发展和高新技术产业化中的骨干作用。

三、实施"技术创新引导工程"的重点内容

1. 开展创新型企业试点

创新型企业代表的是一种崭新的企业运行和发展模式，要求企业在技术创新的同时，加强战略、制度和组织创新，其外在的显著特征是企业拥有自主知识产权和自主品牌，具有较强的持续创新能力。开展创新型企业试点工作不是要简单地对企业进行资格认定，"挂牌子"，而是针对我国大多数企业创新机制不畅、创新能力薄弱、创新活动不多的突出问题，以提升企业自主创新能力为核心，推动企业建立和完善有利于创新的体制和机制，增强技术创新的内在动力和能力，引导企业走创新型发展的道路，为建设创新型国家提供有力支撑。

要坚持"大力推进、联合协同、分步实施、分类指导"的基本原则，即充分发挥政府的引导作用和市场配置资源的基础性作用，实施切实有力的政策措施推进试点；加强各方面的联

合，形成合力，加强措施协调，形成良好的工作机制；从条件相对成熟的企业开始，逐步扩大试点范围，提高试点水平，加强对试点企业的跟踪指导，实行动态调整；区分不同的对象，制定有针对性的试点办法，建立相应的评价指标体系。

各地方和行业要结合自身的特点，研究提出试点工作的内容，先做起来，注意积累经验，逐步扩展内涵。试点工作要充分调动企业的积极性，着重帮助企业解决一些自身想解决又难以解决、对其长远发展又关系重大的问题，如引导和帮助企业加强研发能力建设，加大研发投入力度，培养创新人才队伍，探索创新管理模式，完善创新环境建设等。各地方和行业要研究制定切实可行的试点工作实施方案，在符合条件的企业开展试点工作。

2. 支持若干重点领域形成以企业为主体的产学研战略联盟

产学研联盟把研究开发与市场需求有机结合，有利于科研成果尽快转化为现实生产力，这是社会主义市场经济条件下产学研合作机制的一种重要表现形式，对于提高企业的自主创新能力和国际竞争力有着非常重大的意义。多年来，科技部在支持和引导产学研战略联盟方面，如高清晰度电视、第三代移动通信、软件等领域进行了一些探索，积累了一些有益的经验。

面对加入世界贸易组织的新形势，下一步我们要选择一些重点领域，以研究开发共性关键技术和重要技术标准为纽带，加快引导形成一批产学研战略联盟。产学研战略联盟要突出企业的主导地位，以行业龙头企业和大中型骨干企业为核心，联合高等学校和科研院所共同组建形成。国家要通过科技计划、重大科技产业化项目、科技重大专项等，对产学研战略联盟给予优先支持。

3. 优化资源配置，引导和支持战略产业的原始创新和重点领域的集成创新

鼓励企业参与国家科技计划是提高企业自主创新能力的重要途径。"十一五"期间，要改革科技计划支持方式，支持企业承担国家研究开发任务，鼓励企业参与国家和地方的科技计划。国家主体科技计划要建立通畅的渠道，更多地反映企业自主创新的需求，特别是要建立有效机制，广泛了解国有大型企业集团的科技需求，更多地吸纳这些企业参与。在具有明确市场应用前景的领域建立企业牵头组织、高等院校和科研机构共同参与实施科技计划项目的机制。同时，要完善科技计划项目评审和立项办法，提高评审专家中企业同行专家的比例。

4. 加强企业研究开发机构和产业化基地建设

企业研究开发机构是技术创新活动的主要平台，也是技术创新成果的主要源头。"十一五"期间，将在总结试点经验的基础上，扩大国家重点实验室和国家工程技术研究中心的建设规模，依托企业化转制院所和其他符合条件的企业新建一批重点实验室和工程中心，使其在行业科技进步中发挥更为积极的作用。与有关部门共同开展国家认定企业技术中心工作，重点支持企业自主研发活动和科研计划。企业研究开发机构要努力成为开展原始性创新的孵化基地，成为推动集成、配套的工程化技术成果向现实生产力转化的重要环节，成为高技术产业化和培育新增长点的助推器，成为制定相关技术标准和获得自主知识产权的主要载体，成为吸引一流工程技术人才的集结地。

"十五"期间，科技部通过863计划、火炬计划、星火计划等科技计划，建设了一批产业化基地和特色产业基地，对促进高新技术转化和产业化起到了积极的效果。"十一五"期间，要在巩固现有基地的基础上，加大相关科技计划的引导和支持力度，新发展一批成果转化与产业化基地，进一步发挥国家高新区在集聚企业主体、促进科技成果产业化中的重要作用。

5. 加强公共服务平台建设

中小企业技术创新是增强国家自主创新能力和区域经济发展活力的重要源泉，是培育大型企业的摇篮。要充分发挥中小企业在自主创新中的作用，创造有利于中小企业创新创业的发展环境。要加快建立和完善科技中介服务体系，加大政策扶持力度，大力培育和发展技术市场、生产力促进中心、科技企业孵化器、科技咨询机构和创业风险投资服务机构等各类科技中介机构，引导其向专业化、规模化和规范化方向发展。

进一步完善农业技术推广服务体系，促进农村或农业企业加强技术创新。要采取有力措施，支持农业技术服务组织充实技术力量。继续深化和推广"科技特派员"试点，推广农业"专家大院"模式，鼓励科技人员深入生产一线创新创业，为广大农民和中小企业服务。

6. 加强企业职工技能培训，鼓励广大职工为加强技术创新建功立业

要引导职工加强技术创新和技术改造，推动产业结构优化升级和经济结构调整。广泛开展职工技术交流和技术协作，组织职工进行技术攻关，参与技术市场建设，促进职工科技成果和技术发明加速转化。引导职工增强节约意识，发动职工改进工艺、技术和设备，大力推广节能降耗、环境保护、安全生产等方面的先进适用技术，倡导节约型的生产方式和消费方式。

四、主要保障措施

1. 营造有利的政策环境

进一步加强技术创新，增强自主创新能力，关键是要制定和实施一系列有利于技术创新的强有力的政策措施。目前，在我国现行政策体系中，加强自主创新尚未成为有关政策的重点，激励企业成为技术创新主体的政策还较薄弱，经济政策和科技政策存在不协调的现象，有利于增强自主创新能力的政策体系尚未形成。要以增强自主创新能力为主线，以促进企业成为技术创新的主体为重点，制定有力的财税政策、金融政策、政府采购政策、技术引进政策以及知识产权等政策，激励企业加大研究开发投入，加速科技成果转化和产业化，激发和调动广大科技人员的积极性和创造性，促使企业真正成为技术创新的主体。

2. 增加引导性经费投入

要努力优化存量经费，扩大增量经费，为加强技术创新工作提供经费保障。特别是加大政策性经费的支持力度，加强政策研究、创新型企业试点、研发机构与工程中心建设、产学研结合引导以及工程整体推动等方面的工作。

3. 加强创新人才队伍建设

高水平的科技人才和富有创新精神的企业家是技术创新以及企业发展的生命力所在，高素质的人才队伍决定着企业技术创新能力。要大力提倡科技人才到企业就业或自行创业，鼓励企业探索股权、期权等激励方式吸引科学家和工程师到企业创新创业，不断壮大技术创新队伍。广泛开展职工技术交流和技术协作，组织能工巧匠进行技术攻关，促进职工科技成果及时转化；要进一步加强职工培训及素质建设。

4. 完善技术创新的机制

加快建设现代企业制度，加强考核激励，增强企业技术创新的内在动力。要把技术创新能力作为国有企业考核的重要指标，把技术要素参与分配作为高新技术企业产权制度改革的重要内容。坚持应用开发类科研院所企业化转制的方向，深化企业化转制科研院所产权制度等方面的改革。加强科技奖励对企业技术创新的激励和引导。要把企业技术创新中的集成创新、组织创新纳入到国家科技进步奖等重大工程项目的奖励范围。

五、关于实施的有关要求

这次会议后，科技部将与国资委、全国总工会等一起，根据各部门、各地方的意见，抓紧完善实施"技术创新引导工程"的方案，研究制定落实各项任务的具体实施方案，包括创新型企业试点、引导和支持若干产学研战略联盟建设等。方案制定后，将尽快下发实施。下面，我就做好"技术创新引导工程"的实施工作，提几点具体要求。

1. 加强领导，纳入规划

科技部、国资委、全国总工会等部门对实施"技术创新引导工程"十分重视，做了深入研究。科技部已经将其纳入到"十一五"科技发展规划中，将采取有力措施予以推动。各地方和各有关行业科技管理部门要把实施"技术创新引导工程"作为贯彻落实党的十六届五中全会的重要举措，加强领导，把有关工作纳入"十一五"规划，组织优势力量，扎实做好实施工作。

2. 大力协同，形成合力

"技术创新引导工程"是一项涉及面广、系统性强的工作，要加强部门、行业之间的联合与协作。"技术创新引导工程"虽然由三部门联合推出，但仅仅依靠这三个部门是不够的，需要得到各方面力量的支持，包括各有关部门、行业协会、科技界、产业界等共同推进，形成大联合的格局。长期以来，国家发改委、财政部、国资委、全国总工会、各行业协会以及科技部在推进技术创新方面开展了大量工作，取得了显著成效。我们希望与各有关方面进一步加强协作和联合，优势互补，形成不同部门"心往一处想、力向一处使、资源向一处集成"的协作机制，共同推进"技术创新引导工程"的实施。

3. 整合资源、增加投入

"技术创新引导工程"的重要特点是加强对已有工作的整合与提升，要在原有工作的基础上有大的突破。希望地方政府在整合本地相关资源的同时，在"技术创新引导工程"的引导下，加强各项工作的集成，结合工作实际加大经费投入，围绕"三个引导"，从各个环节、角度形成系统性力量，发挥资源整合的作用和效应，从而形成推动企业技术创新的更大推动力。

4. 创新机制，勇于探索

"技术创新引导工程"针对新形势、新要求，在继承和集成过去工作的基础上，提出了许多新任务、新举措、新方向。如何落实好这些新的任务，没有现成经验可以照搬，这就要求我们必须勇于探索，大胆创新。要通过试点，不断总结经验加以完善。试点工作由地方率先来做，要尽快制定试点方案，抓紧付诸实施。要解放思想，结合各地实际创造出好的经验。

5. 求真务实，取得实效

实施"技术创新引导工程"不是喊口号，也不是做表面文章，而是有很多实的内容。各地要扎实推进，制定切实可行的方案，通过务实有力的措施，坚持不懈地推动实施，务求取得实际的效果，真正为企业创新能力的增强、为产业竞争力的提升、为经济社会发展的大局服好务。

同志们，加强技术创新是各部门、各地方、各级科技管理部门和科技界共同的使命和任务，在技术创新工作中取得的成绩是我们共同的成绩。我们愿与各部门共同努力，加强合作，密切配合，齐心协力地推进"技术创新引导工程"的实施，贯彻落实十六届五中全会精神，有效支撑经济社会全面协调可持续发展，为全面建设小康社会作出贡献。

增强自主创新能力 呼唤创新型企业

——国家科技部副部长李学勇专访

编者按：提高企业的技术创新能力是增强国家自主创新能力的一项重要任务。近日，科技部、国资委、全国总工会三个部门决定联合实施"技术创新引导工程"，旨在促进企业成为技术创新的主体，提高产业竞争力，增强国家自主创新能力。为使读者更深入地了解这项工程，人民日报记者近日专访了国家科技部副部长李学勇。

提升企业的技术创新能力，是落实自主创新战略的一项重大任务

记者：请您介绍一下实施"技术创新引导工程"的有关背景情况。

李学勇：党的十六届五中全会提出"把增强自主创新能力作为科学技术发展的战略基点和调整产业结构、转变增长方式的中心环节"，"建立以企业为主体、市场为导向、产学研相结合的技术创新体系，形成自主创新的基本体制架构"。胡锦涛总书记强调指出"必须把建设创新型国家作为面向未来的重大战略"。技术创新能力是一个国家自主创新能力的重要体现，是增强产业竞争力的关键环节。随着经济全球化进程的加快，国际间产业分工和转移越来越依赖企业技术创新能力的高低。目前，全世界90%以上的发明专利都掌握在少数发达国家手里，跨国公司凭借技术优势，牢牢占据了产业链的高端，形成了对世界市场特别是高技术产品市场的高度垄断，从中获取大量超额利润。而我国由于自主创新能力较弱，许多企业的核心技术和装备基本上依赖进口，缺乏自主知识产权的核心技术，在一些产业领域表现出不同程度的对外技术依赖。改革开放以来，我国科技和经济体制都已发生了深刻变革，但"科技与经济结合"的问题尚未从根本上得以解决，深化改革和体制创新的任务依然繁重。

建设创新型国家，呼唤着大批创新型企业不断涌现，这是时代发展提出的新课题，也是增强国家自主创新能力的必然要求。因此，在新形势下，为贯彻落实中央关于自主创新的战略部署，必须采取有力措施，促进企业成为技术创新的主体，提升企业的技术创新能力；必须把以企业为主体、市场为导向、产学研结合的技术创新体系作为国家创新体系建设的突破口，使科技创新真正进入经济发展的大循环中。这是提出"技术创新引导工程"的基本出发点。

记者：能不能给读者列举一些有关我国企业技术创新的数据？

李学勇：从总体上看，我国技术创新能力仍然薄弱。企业技术创新的主体地位还没有真正确立。据有关资料统计，在发达国家，90%的跨国公司把技术创新作为企业战略的主体内容，80%建立了研发中心，大多数企业至少把销售额的5%投入到研究开发当中。而在我国，2.8万多家大中型企业拥有研发机构的只占25%，75%的企业没有一个专职人员从事研发活动。

---

① 《人民日报》2005年12月29日。

企业创新投入严重不足,据最新的调查显示,企业研究开发经费仅占销售收入的0.56%。在我国发明专利申请中,外国企业申请量占50%以上,在一些高技术领域,关键技术的专利申请基本上被国外企业垄断。在国外专利申请中,计算机类占70%,生物技术类占87%,信息类占92%,半导体类占90%。大到飞机、汽车、数控机床,小到服装、日用化学用品,国外品牌和技术主导的格局日益显现。因此,提升企业的技术创新能力已经成为一项重大而紧迫的任务。

记者:如何认识自主创新与技术引进的关系?

李学勇:坚持自主创新并不是排斥技术引进,但引进技术绝不等于引进技术创新能力。自主创新在内涵上既包括原始性创新和集成创新,也包括引进消化吸收再创新。当前,随着国民经济的不断发展,一些深层次的问题和矛盾日益凸显,单纯依靠技术引进已经不能满足国民经济建设和社会发展的需求。我们应当大力加强自主创新,在充分利用全球资源的基础上,依靠自身的创造性努力来逐步解决我们所面临的核心技术缺乏的问题。

实施"技术创新引导工程",让企业成为技术创新的主体

记者:请您介绍一下"技术创新引导工程"的宗旨、目标和部署。

李学勇:长期以来,党和政府大力实施科教兴国战略,对加强技术创新做出一系列重要决策和部署,出台了一批激励技术创新的财税政策。各有关部门、各地方也纷纷采取有效措施,加强技术创新,使企业技术创新能力不断增强。科技部、国资委、全国总工会三个部门决定联合实施"技术创新引导工程",主要目的是适应新形势下加强自主创新的要求,针对制约我国技术创新能力提升的薄弱环节,采取有力措施,促进企业成为技术创新的主体,提高产业竞争力,最终增强国家自主创新能力。

主要目标包括三个方面:一是引导形成一批拥有自主知识产权、自主品牌和持续创新能力的创新型企业;二是引导建立以企业为主体、市场为导向、产学研相结合的技术创新体系;三是引导增强战略产业的原始创新能力和重点领域的集成创新能力。通过引导工程的实施,切实加强技术创新,增强自主创新能力,为建设创新型国家提供有力支撑。

实施"技术创新引导工程"要针对各类企业的特点和发展要求,给予引导和重点支持。对于高新技术企业,要支持其开展以提升自主创新能力为核心的"二次创业",加快高新技术产业化;对大型骨干企业要支持其建立研发中心,促进其加大研发投入,增强研究开发能力;对于广大中小企业和民营企业着重建设公共技术服务平台,完善科技中介服务体系,使其在市场竞争中迅速成长壮大;对已实施企业化转制的科研院所要支持其增强创新能力建设,充分发挥在行业技术创新和高新技术产业化中的骨干作用。

充分发挥政府的引导作用,为企业技术创新创造良好环境

记者:为保障"技术创新引导工程"顺利实施,当前最主要的工作有哪些?

李学勇:一是营造有利的政策环境。进一步加强技术创新,增强自主创新能力,关键是要制定和实施一系列有利于技术创新的强有力的政策措施。目前,在我国现行政策体系中,加强自主创新尚未成为有关政策的重点,激励企业成为技术创新主体的政策还较薄弱,经济政策和科技政策存在不协调的现象,有利于增强自主创新能力的政策体系尚未形成。要以增强自主创

新能力为主线，以促进企业成为技术创新的主体为重点，制定有力的财税政策、金融政策、政府采购政策、技术引进以及知识产权等政策，激励企业加大研究开发投入，加速科技成果转化和产业化，激发和调动广大科技人员的积极性和创造性，促使企业真正成为技术创新的主体。

二是增加引导性经费投入。要努力优化存量经费，争取增量经费，为加强技术创新工作提供经费保障。特别是加大政策性经费的支持力度，加强政策研究、创新型企业试点、研发中心与工程中心建设、产学研结合引导以及工程整体推动等方面工作。

三是加强创新人才队伍建设。高水平的科技人才和富有创新精神的企业家是技术创新以及企业发展的生命力所在。高素质的人才队伍决定着企业技术创新能力。要大力提倡科技人才到企业就业或自行创业，鼓励企业探索股权、期权等激励方式吸引科学家和工程师到企业创新创业，不断壮大技术创新队伍。广泛开展职工技术交流和技术协作，组织能工巧匠进行技术攻关，促进职工科技成果及时转化，进一步加强职工素质建设。

四是完善技术创新的良好机制。加快建设现代企业制度，加强考核激励，增强企业技术创新的内在动力。要把技术创新能力作为国有企业考核的重要指标，把技术要素参与分配作为企业产权制度改革的重要内容。坚持应用开发类科研院所企业化转制的方向，深化产权制度等方面的改革。加强科技奖励对企业技术创新的激励和引导作用，研究制定相应的评价规则和标准。加大知识产权的保护力度，激励企业创造、应用和保护知识产权。

开展创新型企业试点工作
增强企业自主创新能力

——三部门领导就开展创新型企业试点工作答记者问

（2006年7月24日）

为贯彻落实党的十六届五中全会和全国科技大会精神，增强企业自主创新能力，加快以企业为主体的技术创新体系建设，科学技术部、国务院国资委和中华全国总工会联合启动了创新型企业试点工作，目前已经确定百家试点企业。为此，科学技术部副部长李学勇、国务院国资委副主任邵宁和中华全国总工会副主席周玉清就开展试点工作的有关情况回答了记者的提问。

记者：为什么要开展创新型企业试点工作，目的和意义何在？

李学勇：党的十六届五中全会和全国科技大会提出了增强自主创新能力，大力促进企业成为技术创新主体的战略要求。开展创新型企业试点工作是落实党中央、国务院这一战略要求的具体举措。

目前，我国企业尚未成为技术创新的主体，技术创新能力比较薄弱。据统计，99%的企业从未申请过专利，绝大多数企业缺乏自主技术，特别是自主核心技术。大中型企业的研发投入只占销售收入的0.71%，规模以上工业企业只有0.56%，大大低于发达国家5%的平均水平。在大中型企业中，3/4的企业没有研发机构，2/3的企业没有技术研发活动，60%以上的企业没有自主品牌。

开展创新型企业试点工作，目的在于推动企业增强自主创新能力，建立和完善有利于自主创新的内在机制，探索不同类型企业创新发展的有效模式，形成一批创新型企业，引导和带动广大企业走自主创新之路，促进企业真正成为技术创新的主体。

邵宁：在中央企业中开展创新型企业试点工作，就是要通过示范作用引导中央企业制定正确的企业科技发展战略，加大企业科技投入，加强企业技术研发机构建设，加强人才队伍和企业创新文化建设，强化知识产权意识，形成具有自主知识产权的核心技术。同时，通过创新型企业试点工作的开展，探索国资委从出资人角度推进中央企业自主创新的工作思路和方法，积累工作经验。

记者：请问您认为什么样的企业是创新型企业？

李学勇：创新型企业主要是指那些拥有自主知识产权和知名品牌，具有较强国际竞争力，依靠创新实现持续发展的企业。这些企业把创新作为根本战略，注重技术创新、机制创新、管理创新和文化创新。结合试点工作的开展，三部门还确定了选择试点企业的基本条件和标准。

记者：请介绍一下第一批试点企业的情况，这些企业是如何选择的？

李学勇：试点工作要总结提炼不同类型企业技术创新的经验和做法，选择一批具有典型意义和代表性的企业。第一批选择了103家试点企业，其中包括国有大型骨干企业15家，民营科技企业77家，实行了企业化转制的应用开发类科研机构11家。既涉及高新技术产业，也涉及传统产业。试点企业的选择是根据三部门确定的试点企业条件，在地方和部门的推荐和优选的基础上产生的。三部门商定，在3~5年内将试点企业扩大到500家。通过试点工作，带动一大批企业在竞争中增强技术创新能力，加快以企业为主体的技术创新体系建设。

记者：这次选择了一些中央企业开展试点，请问这些中央企业具有哪些基本特征，通过试点要达到怎样的效果？

邵宁：中央企业是我国综合国力的集中体现，是我国参与国际竞争的主导力量，对全面实现建设小康社会的奋斗目标负有重大的历史责任，要在建设创新型国家，建立以企业为主体、市场为导向、产学研相结合的技术创新体系中做自主创新的表率，发挥主力军作用。

2006年，166家中央企业实现销售收入6.8万亿元，实现利润6377亿元，上缴税金5780亿元，分别占全国国有企业的58.4%、65.9%和48.5%。中央企业在国防军工、石油石化、电力、电信、重要矿产资源开发等关系国家安全和国民经济命脉的重要行业和关键领域拥有一批重要骨干企业；在机械、电子、冶金、化工、建筑等基础性、支柱产业拥有一批对国民经济发展起重要支撑作用的大公司大企业集团；在商贸流通、交通运输、农业、医药、建材等领域拥有一批行业排头兵企业。经过多年发展，中央企业涌现出一批技术进步明显、规模效益显著、在国内外具有较高知名度和影响力的大型企业集团。企业研发投入稳定增长、科技实力明显增强、取得了一大批创新成果，大企业集团在自主创新中的关键作用日益明显。但我们还必须看到，作为技术创新的主体，中央企业在观念、认识、体制和机制上还存在一些问题。如科技投入明显不足、科技资源配置不尽合理、自主创新机制不健全，等等，这既有企业自身的原因，也有外部环境的影响和政策方面的因素。

在三部门确定的首批开展创新型企业试点工作的企业名单中，第一部分国有骨干企业为国资委推荐。这些企业大多"个头儿"较大，对行业的技术进步影响较大。同时，这些企业对推进自主创新工作具有较高认识，积极要求开展试点工作。它们在自主创新方面都取得了一定的成绩并各具特色，有的在原始创新方面具有突出表现（如国防军工企业），有的在集成创新方面作出了积极贡献（如电力企业），有的在消化吸收再创新方面取得了可喜的成就（如冶金企业），还有的在专利创造与管理、新技术成果扩散、新工艺的应用以及最新前沿技术的研究开发方面取得显著成绩，创造了很多世界之最。此外，还有的企业跻身于高新技术领域，更需要在取得自主知识产权、掌握核心技术方面加速推进。

试点的过程就是企业提高自主创新能力和确立自主创新机制的过程，希望通过试点工作在中央企业中形成创新的文化氛围，为创新型国家建设作出贡献。

记者：三部门将通过什么机制来推动试点工作深入开展？

李学勇：首先，三部门建立了联合推动机制，共同制定试点工作方案，共同提出试点企业条件，共同确定试点企业名单，共同支持试点企业的发展。其次是建立了地方参与机制，试点企业所在的地方科技管理部门负责联系和指导试点企业，同时各地方也根据各自特点开展了当地的创新型企业试点工作。最后是动态调整机制，试点企业不搞"终身制"，而是实行有进有出的动态调整办法。对试点工作开展好的企业，将通过相应阶段的评估命名为"创新型企业",对未按要求开展试点工作或发生重大变动不宜再做试点的企业将调整出试点名单。

记者：职工群众性创新活动是创新型企业试点工作的重要方面，请问如何做好这方面的工作？

周玉清：我国工人阶级始终是推动国家经济发展和社会全面进步的根本力量。团结动员全国广大职工积极投身经济技术创新活动，是工会紧紧围绕党和国家工作大局开展工作的重要方面。大力开展职工技术创新活动，营造创新氛围，发展创新文化，构建和谐劳动关系，进一步调动和激发广大职工旺盛的劳动热情、巨大的创造活力，是创新型企业试点工作的重要内容。

试点企业要深入开展"创建学习型组织、争做知识型职工"活动，积极实施职工素质建设工程和经济技术创新工程。一是要大力培养创新人才，努力推动工人阶级知识化进程。二是要引导职工积极开展合理化建议、技术革新、技术攻关、技术协作、发明创造等活动，鼓励职工在原始创新、集成创新和引进消化吸收再创新上多出成果。三是要进一步培育创新意识，提高创新能力，倡导创新精神，完善创新机制，发展创新文化，努力营造职工创新活动得到支持、创新才能得到发挥、创造成果得到奖励的环境。四是要开展多种形式的"安康杯"竞赛活动，认真执行劳动安全卫生法规，加强安全培训，增加安全投入，落实安全措施，消除安全隐患。五是要切实保障职工的合法权益，广泛开展创建"劳动关系和谐企业"活动，形成规范有序、公正合理、互利共赢、和谐稳定的社会主义新型劳动关系。

试点企业工会要积极参加试点工作，配合有关部门组织开展好职工技术创新活动。省、市总工会要加强对本地区试点企业工作的指导，帮助其按照试点方案要求认真做好试点工作。

记者：三部门将采取哪些措施来引导和支持试点企业开展试点工作？

李学勇：全国科技大会后，国务院发布了《关于实施〈国家中长期科学和技术发展规划纲要〉的若干配套政策》。目前，按照国务院的部署，科技部和有关部门一道，正在制定配套政策的实施细则。这些细则的出台将为企业自主创新营造公平竞争的良好环境。同时，科技部会同国资委和全国总工会将从各自职能出发，有针对性地对试点企业予以支持。就科技部来讲，将支持试点企业积极承担国家科技计划项目以及地方重大科技项目；在具备条件的试点企业建立重点实验室、工程中心等基地；积极疏通渠道，支持试点企业运用政策性贷款加大研发投入；组织开展试点企业的各类创新人才培训；帮助试点企业建立健全知识产权管理制度，为试点企业提供知识产权信息服务等。

邵宁：国务院国资委从依法履行出资人职责角度，为企业提高自主创新能力营造良好的环境。首先，为企业争取一个创新友好型的宏观环境，争取更多的支持、参与或牵头承担国家重大项目，参与国家相关政策的制定等。其次，通过出资人的工作和相关制度的设计，建立创新友好型的出资人政策，促进企业的自主创新进程，包括改革、考核、分配、信息平台建设等方面。最后，通过推进试点工作，进行探索和实践，形成一种创新友好型的企业内部机制。如加大对自主创新有贡献人才的激励力度、自主创新组织体系建设、技术决策制度和技术创新管理等。国资委将认真总结好的经验，在试点工作的基础上进行推广。

周玉清：从工会的角度主要体现在以下几点：一是号召广大职工积极投身创建创新型企业试点工作。中华全国总工会发出了关于在全国职工中广泛开展"当好主力军，建功'十一五'，和谐奔小康"竞赛活动的通知，其中将增强自主创新能力、推动建设创新型企业作为一项重要内容。王兆国同志在竞赛活动动员大会上代表党中央发表了重要讲话，对竞赛活动提出了明确要求。二是通过一系列宣传教育和思想发动工作，引导职工认清历史使命，焕发创造热情，立足本职、爱岗敬业，更好地发挥主动性、发展先进性，不断创造新业绩、铸就新辉煌。三是对试点工作取得成绩的企业，将及时总结推广先进经验，予以表彰和宣传。对成绩特别突出且符合全国五一劳动奖状评选条件的企业，将推荐授予"全国五一劳动奖状"。

大力优化体制和政策环境，积极推进创新型企业建设

——在创新型企业试点工作会议上的讲话

科技部部长 徐冠华

(2007年2月26日)

今天，科学技术部、国务院国资委、中华全国总工会在这里联合召开创新型企业试点工作会议。会议的主要任务是：交流创新型企业试点工作的经验和做法，研究部署下一阶段的工作，深入推进以企业为主体、市场为导向、产学研相结合的技术创新体系建设。下面，我就推进创新型企业建设工作讲几点意见。

一、充分认识建设以企业为主体、产学研结合的技术创新体系的重要意义

2006年初召开的全国科技大会和随后颁布的《国家中长期科学和技术发展规划纲要(2006-2020年)》明确提出，把建立以企业为主体、市场为导向、产学研结合的技术创新体系作为中国特色国家创新体系建设的突破口。这是党中央、国务院对世界科技进步与创新规律的深刻认识，是面对新形势、应对新挑战所作出的一项重大战略决策，对于贯彻实施自主创新战略，加快建设创新型国家具有重大的意义。

1. 建设以企业为主体、产学研结合的技术创新体系是应对世界科技发展和竞争态势的战略选择

当今时代，全球科技创新成果不断涌现，科技竞争日益激烈，科技进步与创新已成为影响和推动世界经济、政治格局的主导性力量。在此过程中，创新能力强的跨国公司成为全球经济和科技活动的主角之一。据统计，全球跨国公司的总数已超过6万个，产值约占全球总产值的1/4；贸易额占国际贸易额的60%，技术贸易占60%~70%，专利和技术许可费占98%。当今世界经济强国其竞争力主要就是体现在掌握核心竞争力的跨国公司身上，如美国的通用、微软、英特尔，德国的大众、西门子、博世，日本的丰田、索尼、松下，韩国的现代、三星、LG。特别是作为后发国家的日本、韩国，在"二战"后不到30年的时间里就步入世界经济强国和创新型国家的行列，正是得益于一批创新型企业群体的骨干和引领作用。

改革开放以来，伴随着我国经济的高速增长，一批充满创新活力的企业也在迅速成长，如华为、中兴通讯、海尔、联想、奇瑞、吉利、华中数控、神华、宝钢等。深圳华为技术有限公司持续以超过10%的销售收入投入研发，现在6万多名员工中有48%从事研发，2006年，研发投入超过70亿元，累计已申请专利1.9万余件，获得专利授权2700余件。这些企业凭借日

益增强的创新能力,不仅赢得了国内市场的较大份额,而且已跻身国际市场,对国外强大的竞争对手提出挑战。但是,我们也认识到,我国目前真正具有国际竞争力的创新型企业还很少,这与一个经济总量占世界第四位的大国地位是不相称的。在《财富》杂志评选的2006年世界500强企业中,中国内地企业只有19家,而且这些企业大都属于垄断行业或资源性行业。目前,我国在国际贸易和全球产业分工体系中的不利地位,与缺乏拥有核心竞争力的创新型企业直接相关。

实践表明,只有企业成为技术创新的主体,才能适应市场需求的快速变化,加快科技成果转化为生产力的步伐;只有企业成为技术创新的主体,才能摆脱对外资企业的技术依赖,提高我国产业在国际分工中的地位;只有企业成为技术创新的主体,才能打破国外设立的知识产权、技术专利和技术标准等新的贸易壁垒,提高产业创新能力和国家竞争力,确保国家产业安全。可以这样认为,中国经济的未来,在很大程度上将取决于能否造就出一批掌握核心竞争力、站在国际产业发展前沿的创新型企业。因此,推动企业成为技术创新的主体,形成以企业为主体、产学研结合的技术创新体系,对于迎接全球化和国际竞争的挑战具有重要意义。

2. 建设以企业为主体、产学研结合的技术创新体系,是实施自主创新战略的当务之急

多年来,我国科技和经济体制都已发生了深刻变革,但科技与经济结合的问题仍然没有得到根本解决。究其原因主要在于两个方面的科技进步是在各自相对封闭的系统内部完成的,形成了两条并行线,缺乏广泛的交汇点。一方面,产业技术进步主要依靠从国外引进技术,许多重要产业没有形成自己的创新能力,甚至形成对国外技术的依赖;另一方面,大学和科研机构对市场需求缺乏深入的了解和把握,应用研究开发活动的目标更多地表现为追求先进的技术指标,注重技术上的突破,却往往无法形成具有市场竞争力的产品和产业。从世界各国发展的经验来看,技术创新首先是一个经济活动过程,是技术、管理、金融、市场等各方面创新活动的有机结合,这个过程只能由作为投资主体、利益主体和风险承担主体的企业来承担。中央提出建设以企业为主体、产学研相结合的技术创新体系,就是要从制度上突破科技与经济脱节的问题,把自主创新战略真正落到实处。

近年来,随着科技和经济体制改革的不断深入,企业技术创新的积极性迅速增强。据统计,2000年,我国企业研发经费支出仅为537亿元,到2005年已增长到1674亿元,年均增长42%;2000年,国内企业获得职务发明专利授权仅占国内职务发明授权总数的28%,2005年已提高到52%。但从总体上看,我国企业的技术创新能力还比较薄弱,远未成为技术创新的主体。2005年,我国大中型工业企业R&D投入强度仅为0.76%,开展科技活动的仅为38.7%,有研发机构的仅占全部企业的23.7%。国内拥有自主知识产权核心技术的企业仅为0.3‰,98.6%的企业没有申请专利。

在当今全球化的竞争环境下,企业技术创新能力不仅直接关系到企业在国际产业分工体系中的地位,而且也关系到国家经济安全。近年来,我国对外贸易发展迅速,但许多产品和产业未能摆脱以廉取胜、以量取胜的传统模式。DVD、手机、电视机等行业相继出现的对外贸易困局,表面上看是外国政府和企业联手打压的结果,但本质上还在于我国企业缺乏技术创新能力,缺乏自主知识产权。有数据表明,我国DVD的生产占到世界的70%,但是出口一台价格29美元的DVD机,要向外国公司交纳12~15美元的专利费;贴牌生产手机的专利费约占到售价的20%。由于缺乏开发新产品、开拓新市场的技术能力,许多企业难以摆脱降低成本、降低价格的恶性竞争局面。能否尽快实现从低附加值的加工组装环节,向高附加值的研发设计、品牌经营、供应链管理等环节攀升,已经成为我国众多产业和企业生死存亡的关键。

世界各国的发展实践充分表明,经济长期增长的根本动力不是建立在廉价劳动力的基础上,而是技术进步或技术积累上。我们绝不能满足于现在的低端制造,更不能为世界产品的"生产车间"而自得,而是必须在技术进步和创新上下工夫,努力提升产业的整体实力和国际竞争力,赢得与他人进行公平利益博弈的机会和尊严。这是富民强国之路,也是企业的兴旺发达之路。

3. 建设以企业为主体、产学研结合的技术创新体系是转变经济增长方式、调整经济结构的必然要求

经济结构的调整和经济增长方式的转变,必须坚定不移地建立在科技进步与创新的基础上。从人类历史看,新兴产业的崛起,新的经济增长点的培育,生产要素使用效率的提高,无不来自于技术的创新与突破。目前,世界范围内新的技术革命浪潮方兴未艾,催生一系列新的产业群,并且推动产业结构从劳动密集型、资金密集型向技术或知识密集型方向发展。由新技术、新产业引发产业部门的分化与融合,进而引发整个产业及经济结构的巨大变化。现代科学技术的广泛应用和渗透,已成为各国经济结构演化的主流。

当前,我国传统的粗放型经济增长方式仍未得到根本性转变,资源消耗仍然过高,环境污染仍然过重。据有关资料分析,我国每创造1美元GDP,能耗相当于德国的5倍、日本的4倍、美国的2倍;我国的劳动生产率仅相当于美国的1/12、日本的1/11;我国以占世界4%的经济总量,消耗了全球石油的7%、原煤和钢材的30%、水泥的40%。从我国对外贸易格局来看,尽管我们已经是世界贸易的第三大国,但出口产品中拥有自主品牌和知识产权的只约占10%。尽管我们已经是制造大国,但是中国石化装备的80%,轿车生产设备、纺织机、数控机床的70%,芯片设备的85%需要依赖进口。众多行业和企业长期形成的对外技术依赖局面,使得我国经济结构调整步履艰难。

中国是一个大国,大国的基本国情和特定需求决定了我国工业化、现代化进程必须有可靠而不是受制于人的技术来源。胡锦涛总书记在全国科技大会上明确提出,要把增强自主创新能力作为调整经济结构、转变增长方式的中心环节。这既是适应当今世界发展趋势、符合科技和经济发展规律的科学决断,也是我国经济和社会发展的迫切要求。在这一过程中,企业具有无可替代的作用。在竞争压力和外部环境推动下,企业通过引入新的生产要素或改善生产工艺,提高生产效率,降低成本,使产业增长方式不断趋于集约化,从而提高整个经济的增长质量和水平。企业还通过不断地开发新产品、新工艺,提高产品附加值,开拓传统资源新用途,从而引领产业结构不断高级化。总之,自主创新对于增长方式和结构调整的作用,最终必然通过企业的技术创新实践得到落实,也必须通过企业的技术应用得到实现。

二、把创新型企业建设作为落实中央战略部署的重要举措

全国科技大会召开以来,各地方、各部门深刻领会党中央、国务院的重大决策,迅速行动起来,研究部署本地区、本部门的科技工作。国务院各有关部门采取实际措施,加强对企业技术创新的支持。发改委安排预算内投资,加大对引进技术和设备的消化吸收和再创新的支持力度。财政部建立和完善激励企业自主创新的财税制度。国资委将自主创新纳入大型国有企业领

导人业绩考核指标体系。商务部建设一批出口创新基地，打造一批高科技自主品牌。大多数地方提出建设创新型省、市的发展目标，结合本地实际，细化相关配套政策，在加大科技投入、营造创新环境、支持企业技术创新等方面出台了许多有突破性的政策措施。促进企业技术创新的良好工作局面正在形成。开展创新型企业试点工作就是落实中央关于实施自主创新战略、建设创新型国家的重要行动之一。

1. 开展创新型企业试点工作，引导和带动广大企业投身自主创新

我国不同地区、不同行业的发展背景和水平各不相同，企业类型千差万别，技术创新的路径和模式也不可能千篇一律。2005年底，科技部、国资委、全国总工会决定实施"技术创新引导工程"，就是要针对各类企业的特点和发展要求，引导形成拥有自主知识产权、自主品牌和持续创新能力的创新型企业；引导建立以企业为主体、产学研紧密结合的技术创新体系；增强战略产业的原始性创新能力和重点领域的集成创新能力。

作为"技术创新引导工程"的重点工作之一，科技部、国资委、全国总工会三部门又于2006年7月联合开展了创新型企业试点工作。开展这项工作，就是要推动企业增强自主创新能力，建立和完善有利于自主创新的内在机制；就是要通过示范作用，引导不同类型企业制定正确的技术创新战略，探索创新发展的有效模式；就是要形成一批创新型企业，引导和带动广大企业走自主创新之路，促进企业成为技术创新的主体。三部门首批选择的103家试点企业，在各类企业中具有典型意义和代表性，包括大中型骨干企业、民营科技企业、科技型中小企业和实施企业化转制的科研院所等各类企业。其中，民营科技企业占到首批试点企业的近70%。

为了做好试点工作，三部门建立了联合推动机制，共同制定试点工作方案，提出试点企业条件，确定试点企业名单，协调支持试点企业的发展。同时建立了地方参与机制，试点企业所在地方的科技、国资、工会等部门负责联系和指导试点企业。各地方也根据各自特点，开展当地的创新型企业试点工作。通过这项工作，我们期望打造出一批真正属于中国的创新企业巨人，成为千百万中国企业竞相效法的样板，成为支撑我国经济又好又快发展的脊梁。

2. 组织动员各方面力量，积极推进创新型企业试点工作

开展创新型企业试点工作，需要各方面的大力协同和相互配合。科技部、国资委和全国总工会从各自职能出发，有针对性地对试点企业予以支持，形成了推进企业技术创新的合力。

科技部结合"十一五"科技计划，特别是支撑计划的实施，积极支持试点企业承担国家科技计划项目以及地方重大科技项目；在具备条件的试点企业建立重点实验室、工程中心等基地；积极疏通渠道，支持试点企业运用政策性贷款加大研发投入；组织开展对试点企业的人才培训等。据统计，2006年度，有3家试点企业作为支撑计划项目的组织单位，获得经费支持1.76亿元；有27家试点企业作为支撑计划项目的承担单位，获得经费支持5亿元；试点企业还获得国家863计划批准立项61项。

国务院国资委从依法履行出资人职责角度，为企业提高自主创新能力营造良好的环境：一是争取更多地参与或牵头承担国家重大项目、参与国家相关政策的制定等；二是通过出资人的工作和相关制度的设计，建立包括考核、分配、信息平台建设等方面的具体政策，促进企业的自主创新进程；三是通过推进试点工作，在激励机制、创新组织体系建设等方面进行积极的探索和实践，形成有利于创新的企业内部机制。

中华全国总工会以推动建设创新型企业为目标，在全国职工中广泛开展"当好主力军，建功'十一五',和谐奔小康"竞赛活动。开展一系列宣传教育和思想发动工作,引导广大职工认清历史使命,焕发创造热情,不断创造新业绩、铸就新辉煌。对试点工作取得成绩的企业将及时总结推广先进经验,予以表彰和宣传。对成绩特别突出且符合"全国五一劳动奖状"评选条件的企业,将推荐授予"全国五一劳动奖状"。

特别值得提出的是,到目前为止,全国已经有22个地方相继开展试点工作,10个地方选择确定了近千家试点企业,形成了上下联动的良好工作局面。许多地方科技主管部门会同国资委、总工会等部门,积极开展区域创新型企业试点工作,取得了重要进展,得到了地方党委政府的高度重视和支持。如四川省委、省政府多次召开会议专门研究部署此项工作,由省科技厅、经委、国资委、总工会等七部门联合开展创新型企业建设工作,根据示范、试点培育企业的实际情况,有针对性地从重大科技专项、科技计划、企业技术中心建设、税收激励、人才培养、考核等方面制定和落实支持措施。安徽省提出要以"培育一大批创新型企业"为核心,强化自主创新,推进安徽跨越式发展。北京市以中关村科技园区为载体,推出百家企业开展创新型企业试点工作。内蒙古自治区、浙江省等深入研究制定创建创新型企业成长路线图,从政策上引导创新型企业建设。

3. 广大企业积极参与,通过试点推动自身创新能力建设

一年来,在各地方、各有关部门的积极支持下,试点企业在建立和完善有利于自主创新的内在机制上下工夫,在探索创新发展的模式上下工夫,发生了许多可喜的变化。103家企业都制定了试点工作方案,并结合各自的实际情况,重点从研发能力建设、加大研发投入、培养创新队伍、健全创新管理和机制,营造创新文化等方面积极开展相关工作。

从目前的情况看,创新型试点企业重点加强了五个方面的工作:一是确立以创新为核心的发展战略。试点企业都明确把创新作为根本战略,以提升创新能力为核心,制定了新一轮发展规划。二是着力加强自身研发能力建设。试点企业重视加大研发投入,46%的试点企业研发经费投入占销售收入的比例超过6%。所有的试点企业都设有研发机构,其中有23家试点企业已初步获准建立国家重点实验室,成为重点领域的国家级研发平台。三是努力掌握关键技术知识产权。很多企业认识到创造、保护和管理知识产权对企业自身发展的重要性,采取了行之有效的措施,注重在开发新技术产品过程中加强知识产权保护,及时申请专利或做好专有技术保密工作。四是积极开展产学研合作。通过产学研结合等形式,实现各类创新资源在企业中的集成,提升企业技术创新能力,是试点企业的共同选择。如钢铁研究总院发挥转制科研机构的优势,联合国内骨干钢铁企业和大学筹建"钢铁可循环流程技术创新战略联盟",共同开发行业共性关键技术。五是积极培育企业创新文化。创新型试点企业普遍重视企业文化建设,围绕市场和经营目标,通过人力资源开发和管理,将创新精神融入企业文化中,使之成为广大职工的基本思维和行动指导。

三、积极营造良好环境,大力推进创新型企业建设

"二战"以来,世界上许多国家都在寻求自身的现代化发展道路。但是,各国的发展水平并没有完全趋同,有些发展中国家与先进国家的差距明显缩小,有些反而越拉越大。理论和实践都已证明,对于一个国家来说,技术能力不是外源的,而是内生的,主要取决于体制、政策等发展环境。我国要在科技进步和创新中有更大的作为,要造就一批进入世界前列的创新型企

业,就必须把营造良好的创新创业环境作为最重要的着力点。

1. 深化体制改革,为企业技术创新提供良好的体制机制保障

邓小平同志早在1985年就曾指出:"经济体制、科技体制,这两方面的改革都是为了解放生产力。新的经济体制,应该是有利于技术进步的体制。新的科技体制,应该是有利于经济发展的体制。双管齐下,长期存在的科技与经济脱节的问题,有可能得到比较好的解决。"20年来,科技体制改革已经取得了重大进展,大部分研究开发活动已经从远离市场、排斥市场转变为亲近市场、融入市场,全国数千家开发类科研机构已转制为企业,企业研究开发投入占到全社会的70%以上。

但是,影响企业技术创新的体制性障碍仍然没有完全消除,抑制了企业技术创新的内在动力。从外部环境来看,当务之急是要通过进一步深化改革,建立公平的市场竞争秩序,规制行政管理与市场之间的关系,构建完善的技术创新链。从企业内部管理机制来看,只有让经营管理者真正着眼长远利益,让知识和知识创造者得到真正的尊重,企业才会产生内在的创新能力。为此,各试点企业要加快建立规范的现代企业制度,建立健全"责权统一、运转协调、有效制衡"的公司法人治理结构,从制度层面上抑制企业经营者的短期行为,引导更多的企业关注更加长远的技术投资和人力资本投资。要积极探索工资管理制度和经营者分配制度改革,使收入分配向关键岗位倾斜,向取得创造发明成果和技术革新成果的科技人员倾斜,推进知识、技术等要素参与收益分配。

2. 落实规划纲要配套政策及其实施细则,构建有利于企业技术创新的政策体系

政府支持企业技术创新可以采取制定政策、资金投入、项目支持、提供服务等多种措施,但起决定性作用的是政策。依靠项目支持企业固然重要,但项目能够支持的企业是有限的,发挥作用的时间也是有限的。对于千千万万的企业特别是广大中小企业来讲,包括税收、金融、政府采购等在内的各项激励政策才是长时间、普遍起作用的因素。

在创新型企业试点工作会议上的讲话

国资委副主任 邵 宁

（2007年2月26日）

深入贯彻落实全国科技大会精神，引导企业走创新发展的道路，是建设创新型国家的重要内容。科技部、国资委、全国总工会共同实施"技术创新引导工程"，开展创新型企业试点工作，是以科学发展观为指导，贯彻落实党中央、国务院关于推进自主创新、建设创新型国家有关精神的一项重要举措。今天，大家在这里召开103家创新型企业试点工作会议，总结和交流经验，探索企业创新的模式和措施，研究部署下一阶段工作任务，对促进企业自主创新工作的进程具有十分重要的意义。借此机会，我代表国务院国资委讲三点意见。

一、引导企业走创新发展的道路，是我们大家共同的使命和责任

当今社会，世界各国围绕知识要素的竞争日趋激烈，主要发达国家纷纷把科技创新作为国家战略来实施，把争夺科技制高点作为国家发展战略的重点，特别是跨国公司通过进一步巩固其在科技创新方面的主导和强势地位，给我们带来了严峻的挑战。为突破发达国家及跨国公司的技术垄断，实现全面建设小康社会的目标，我们必须切实转变经济增长方式，由过去的要素驱动转向创新驱动，确立企业在自主创新中的主体地位，提高技术创新能力和管理水平，增强企业的核心竞争力。目前，我国企业（包括中央企业）的自主创新能力还不强，科技投入还不足、创新体系建设比较薄弱、创新资源比较分散、创新管理水平还有待提高。贯彻落实全国科技大会精神，建设创新型国家，引导企业走创新发展道路，是历史赋予我们大家的共同使命和责任，也是国务院国资委的重要职责，国资委负责监管的中央企业更应发挥表率和带头作用。

如何推动企业自主创新，对国资委来说也是一项全新的工作。我们的业务积累不足，但这项工作对国家、对企业都具有十分重要的意义，必须做好。在国资委召开的中央企业科技工作会议上，我们提出了三个工作方向：一是为企业争取一个创新友好型的宏观政策环境，这包括对企业自主创新给予更多的政策支持、在国家技术创新体系中更多地体现企业的主体地位等；二是从国资委工作层面上，通过出资人的工作和相关的制度设计，建立创新友好型的出资人政策，促进企业自主创新进程；三是希望通过大家的探索和实践，形成一种创新友好型的企业内部机制，包括改革分配制度、组织体系建设、技术决策制度以及对技术创新的管理等。

去年，三部门共同实施的创新型企业试点工作，作为"技术创新引导工程"的重要内容，其核心是探索促进企业成为创新主体的有效模式和措施，促进产学研紧密结合，形成一批具有示范性的创新型企业，通过试点的示范作用，引导更多的企业走创新发展之路。这需要我们三

部门、各地方和创新型试点企业的共同努力,集成各方优势,优化资源配置,创新工作机制,营造有利于企业创新的社会环境与文化氛围。经过近一年的努力,在三部门的通力合作下,创新型企业试点工作取得了初步成效。第一批103家创新型试点企业均加强了对建设创新型企业的认识,普遍制定了切实可行的试点方案,并在努力通过试点方案的实施,健全机制、完善体系,推进企业自主创新能力的提升。

二、中央企业要勇于创新,稳步推进,努力践行创新型企业试点工作

中央企业是我国国民经济发展中的骨干,在建设创新型国家的战略中肩负着重大的责任,尽快确立中央企业的技术创新主体地位及科技开发投入的主体地位,加强自主创新能力,增强核心竞争力,不仅是我国建设创新型国家的需要,也是中央企业自身生存与发展的需要。自三部门联合下发《关于开展创新型企业试点工作的通知》以来,中央企业积极作出响应,纷纷争当试点、细化方案、勇于创新、稳步推进,努力践行创新型企业试点工作。

从试点方案来看,企业均从发展战略、制度体系建设、关键技术研发部署、产学研合作、知识产权管理、人才队伍和创新文化建设等方面对创新能力的提升进行总体规划,打造核心竞争力。一是加强研发体系建设,在对企业内部科技资源进行有效整合的同时,还积极利用社会资源,构建科学合理的研究开发体系。如宝钢、中石化、一汽等企业已开始按照"中央研究院、直属科研院所和分公司技术中心"三个层次构筑技术创新体系,分别负责企业前瞻性、战略性、基础性技术研究,重点领域的关键技术研究和对生产线上的技术、工艺改进研究。中国铝业公司向国内外有关高校和科研单位公布年度部分重大关键基础性研究课题,引导它们承担企业的科技项目。二是探索科技投入长效机制,为企业自主创新提供财力保障。试点企业对科技投入比率普遍提出了明确的目标,并纳入了业绩考核体系。中国铁路工程总公司等企业还建立了科技投入准备金制度。按照中央企业发展战略规划,预计大多数企业"十一五"期间研发投入年均增长率将达到20%~30%。三是实施人才强企战略,营造企业创新文化氛围。宝钢、神华集团等多家企业设立了首席专家和技术带头人制度,制订了不同层次、不同形式的科技人才培养计划,如科技人才贡献累积金、研发人员试行能级工资制、科技人员内部柔性流动机制等。四是加强知识产权管理制度,提高创造、应用和保护知识产权的能力。近两年,中央企业专利申请数量年均增速达到30%以上。

总体来看,企业试点方案主要呈现如下特征:

一是能够正确认识创新型企业的内涵,全面提升企业创新能力。企业普遍认识到建设创新型企业是自身发展的内在需求。创新不仅仅是科技创新,还包括理念创新、制度创新、管理创新、业务创新、文化创新等多方面内容,企业需要通过系统设计、统筹规划,将创新的理念贯穿企业发展的全过程。

二是能将科技规划与企业发展战略紧密结合,打造企业核心竞争力。试点企业在制定试点方案时,紧紧围绕企业战略定位和主业范围,聚焦核心业务,将提高创新能力作为实现企业发展战略的重要支撑。如宝钢围绕主业制订和实施了《宝钢技术创新体系发展纲要》,提出"以市场为导向,依靠自主创新,至2020年拥有一批高端钢铁精品,拥有具有自主知识产权的世界一流技术及重大专有技术,发展成为世界钢铁行业拥有核心竞争力的技术领先者"。

三是着力构建技术创新体系,整合企业科技资源。在试点方案中,企业普遍希望以建设创

新型企业为契机，构建完善的技术创新体系，实现科技资源的优化整合。如中石化提出"一个整体、三个平台、统一计划、集成开发"的概念。

四是加强产学研合作，建设技术创新战略联盟。试点企业积极探索建立企业之间开放式的技术创新战略联盟，并充分利用社会资源，有针对性地选择具备条件的优势研究机构、高等院校等开展多种形式的产学研技术合作，集中优势，联合攻关。神华集团与上海电气、航天科技集团签订了以技术研发为重要内容的战略合作协议。中国网通联合国内外高校、科研院所、运营商、增值合作伙伴和设备制造商构筑多形式、多层次、多元化的产学研合作新途径。

五是重视加强规章制度建设，确保试点方案顺利实施。大部分试点企业均计划制定和完善人才激励、业绩考核、创新评价、科技投入、知识产权管理等方面的管理制度和办法。

六是加强组织领导，推进创新型企业建设工作。试点企业均专门成立以集团负责人牵头的领导小组，航天科技、国家电网、中石化、神华集团、中国网通、中铁工、化学工程等企业将试点工作作为"一把手"工程。其中，国家电网、航天科技等企业还在集团所属二级企业中开展"创新型企业"评价活动，有力地推动了整个集团创新型企业的建设工作。

三、下一步工作的几点意见

我们这次会议的目的是要总结交流创新型企业试点工作的经验，研究部署下一阶段工作任务。在这里，我想对创新型企业建设工作的进一步展开提几点意见：

1. 注重总结经验，着力推进体制、机制创新

创新型试点企业的建设不是一两年的事，也不仅仅是一两个研究开发项目的事情，而是要通过试点，积累经验、发现问题，尤其是体制机制上的不足，并加以改进和创新，以形成企业自主创新的内生动力。下一步，我们应以试点工作为突破口，对试点企业进行跟踪研究，不断总结好的经验和做法，并加以推广和应用，形成一种创新友好型的企业内部机制，培育出一批拥有自主知识产权、知名品牌和持续创新能力的创新型企业。中央企业应该成为自主创新的表率，中央试点企业更应成为表率中的表率，不断完善体制、机制建设，培育核心竞争力，争取早日成为创新型企业。

2. 群策群力，研究制订支持企业创新的政策措施

为企业自主创新提供良好的政策环境，是三部门推进创新型企业试点建设工作的重要内容之一。在下一步工作中，我们希望各部门、各企业能够携起手来，群策群力，发现和回答一些企业在推进自主创新工作中带有的普遍性问题，研究和制订相关支持企业创新的政策措施。这个政策措施包括国家层面的，如国家科技投入、重大科技专项、相关经济政策、财税政策等；也包括国资委层面的出资人政策，如改革、考核、分配、激励等。试点企业对这些政策措施都可以进行研究和探讨，并提出相关意见和建议。我们真诚地期待试点企业能够对国资委的工作进行认真的审视和评价，只要你们将问题提出来，我们一定会认真研究，并努力修改完善。

3. 加强沟通，打造支持企业创新的信息交流平台

总结经验，加强信息的沟通与交流是很多试点企业的呼声。大家通过试点，探索出好的模式和途径，总结出好的经验和做法，需要及时加以推广，国家出台好的方针政策，需要及时加以应用。这些都离不开信息互通和交流的作用。下一步，科技部和国资委会开展一些专题研究，针对一些突出的共性问题开展专题研讨，并不断加强与国务院有关科技管理部门的沟通和联系，反映企业对创新政策的需求信息。同时，准备不定期召开不同形式的座谈会、论坛、讲座、培训等活动，向企业科技人员、财务人员传递国家相关政策信息、好的经验教训，打造支持企业自主创新的信息交流平台。

最后，希望通过这次会议，开创企业技术创新工作的新局面。让我们共同努力，携手共进，为建设创新型国家作出贡献。

在创新型企业试点工作会议上的讲话

全国总工会副主席 乔传秀

（2007年2月26日）

今天，科技部、国资委和全国总工会联合召开创新型企业试点工作会议，总结交流经验，研究部署工作，这对于进一步做好创新型企业的试点工作，推动创新型国家建设、促进国民经济又好又快发展具有重要意义。根据会议要求，这里我代表全国总工会就工会参与创新型企业试点工作的情况和贯彻落实这次会议精神的安排，做一简要汇报。

一、按照创新型企业试点工作的要求积极开展工作，认真落实实施方案

促进企业增强自主创新能力是工会组织的一项重要职责，也是工会工作围绕中心、服务大局的重要着力点。创新型企业试点工作确定后，全总和省市工会把推动建设创新型企业作为在全国职工中开展"当好主力军、建功'十一五'、和谐奔小康"竞赛活动的重要内容，坚持积极参与审定试点企业，制定试点方案和开展专题调研，切实注重指导试点企业工会，认真贯彻落实实施方案。

一是广泛开展职工技术创新活动，促进企业主体技术创新体系建设。围绕增强企业自主创新能力和促进企业主体技术创新体系建设，各试点企业工会积极组织职工深入实施以推动技术创新为主题，以开发具有自主知识产权的核心技术为重点，以争当"创新示范岗"、"创新能手"为载体的职工经济技术创新工程，引导和鼓励职工积极参加小革新、小发明、小改造、小设计、小建议活动，在技术创新的实践中发挥聪明才智，在原始创新、集成创新和引进消化吸收再创新上多出成果。充分发挥试点企业职工技协组织的作用，广泛开展合理化建议、技术革新、技术攻关和发明创造等活动，大力推广先进适用技术和先进操作技法，促进科技成果转化。

二是努力建设技能型、创新型职工队伍，为增强企业自主创新能力提供人才保证。建设创新型企业离不开高素质的职工队伍。为加快培养适应技术创新要求的职工队伍，各试点企业工会把提高职工技能水平和创新能力作为建设创新型企业的一项重要基础性工作来抓，积极配合企业开展职工技术培训，广泛开展职工技术比赛、技术交流、岗位练兵、师徒帮学等活动，大力推广和普及旨在培养职工创新意识、启迪职工创新思维和提高职工创新能力的创造学知识，组织和引导职工积极参加"创建学习型组织，争当知识型职工"活动。

三是努力营造良好创新氛围，为建设创新型企业创造有利条件。为了营造有利于创新型企业建设的氛围，试点企业工会积极开展宣传教育和思想发动工作，教育引导职工认识试点工作的重要意义，明确目标任务，以实际行动推进试点工作；围绕培育创新精神，积极开展多种形

式的群众创新活动和科普活动；评选"创新能手"、"创新示范岗"和职工优秀技术创新成果，举办职工技术成果展，大力培养、选拔、表彰和宣传创新型人才，激发职工的创新热情，促进"尊重知识、尊重人才、尊重劳动、尊重创造"良好风尚在企业的形成。

二、深刻认识创新型企业试点工作的重要意义，进一步增强工作责任感

建设创新型国家，是党中央作出的事关社会主义现代化建设全局的重大战略决策，是落实科学发展观、促进国民经济又好又快发展、构建社会主义和谐社会和实现全面建设小康社会宏伟目标的必然要求。建设创新型国家的核心是增强自主创新能力，提高自主创新能力的根本途径是确立企业在技术创新中的主体地位。只有使企业的自主创新能力得到切实提升，才能使国家整体创新能力得到增强。开展创新型企业试点工作，通过采取切实有力的措施，加大对试点企业自主创新的支持，促进产学研紧密结合，探索不同类型企业创新发展的有效模式，不仅可以形成一批拥有自主知识产权、知名品牌和持续创新能力的创新型企业，而且能够引导和带动更多的企业走自主创新之路，为建设创新型国家提供有力支撑。

职工是企业的主体，也是增强企业自主创新能力、建设创新型企业的主力军。技术创新不仅要靠科技工作者的研究探索，而且需要广大生产职工的创造性劳动。任何一项创新成果都离不开直接从事生产的职工群众。职工群众蕴藏着无穷的智慧和创造活力。职工创新实践活动，促进了企业自主创新能力的提高，推动了全社会创新意识的增强。只有尊重职工的首创精神，把职工群众的创造活力充分激发出来，建设创新型企业才能有坚实基础和可靠保证。

工会是党领导的工人阶级群众组织，是党联系职工群众的桥梁和纽带。团结动员职工积极投身建设创新型企业和创新型国家的伟大实践，是工会组织义不容辞的责任。长期以来，工会在进行职工教育培训、提高职工技术素质、开展群众技术创新活动等方面，积累的较为丰富经验和具有的不可替代优势，为做好创新型企业试点工作提供了有利条件，也奠定了一定基础。对此，我们要进一步增强工作的责任感、使命感和自觉性、主动性，紧紧围绕建设创新型企业的目标任务，积极开展各种富有特色的活动，进一步教育引导各级工会组织和广大工会干部把思想认识统一到建设创新型国家的战略决策和创新型企业试点工作的部署上来；引导试点企业职工把智慧和力量凝聚到全面落实试点方案，推进企业增强自主创新能力，促进以企业为主体、产学研紧密结合的技术创新体系建设上来。

三、充分发挥优势，深入扎实做好创新型企业试点工作

开展创新型企业试点工作，是增强自主创新能力，建设以企业为主体、产学研相结合的技术创新体系的重大举措。我们要把创新型企业试点工作作为工会工作的一项重要任务来抓，从工会组织的特点和优势出发，深入扎实做好试点工作。

一是进一步加强宣传教育，为试点工作的顺利进行提供有力的思想保证。要搞好试点工作，离不开广大职工的积极参与。因此，我们要采取有效措施，加大工作力度，通过多种途径把思想动员和宣传教育贯穿于试点工作的全过程，覆盖到试点企业的每个职工。要增强宣传教育的针对性，努力扫清思想障碍，最大限度地把职工群众参与试点工作的积极性调动起来。

二是深入开展多种形式的职工技术创新活动，推动试点企业自主创新能力的增强。坚持围绕增强自主创新能力，结合试点企业的实际，着力抓好"两个工程"的实施，即以提高职工

创新能力为目标的职工素质建设工程和以推动技术创新为主要内容的职工经济技术创新工程的实施，不断推进职工队伍的知识化进程和创新型企业的建设。"两个工程"要适应试点工作的要求，不断充实内容，创新载体，完善机制，把更多的职工吸引到活动中来。

三是大力推进企业创新文化建设，积极为试点工作创造良好环境。发展创新文化是建设创新型企业的重要内容，也是激发职工创造活力、搞好试点工作的重要条件。我们要围绕发展企业创新文化，积极参与试点企业的创新制度建设，推动全员创新、技术创新奖励、知识产权管理和创新评价体系等制度的建立和完善；在职工中进一步普及科学知识，培育创新意识，倡导创新精神，提高创新能力；把发展创新文化与建设和谐文化紧密结合起来，推动试点企业建立和谐稳定的劳动关系；大力宣传和表彰在技术创新实践中涌现出来的先进典型，激励广大职工在技术创新中建功立业。

四是主动配合、密切联系，切实承担起工会在试点工作中的职责。创新型企业试点工作是落实党中央、国务院建设创新型国家战略要求的具体举措。工会作为试点工作的组织单位一定要高度重视，做到精心规划，统筹安排，周密部署，抓好落实。注重加强调查研究，认真总结典型经验，及时研究解决试点工作中遇到的新情况新问题，搞好分类指导。坚持密切与政府有关部门和试点企业的联系与合作，加强政策协调、工作协商和信息沟通，与各相关部门一道共同推进试点工作。

同志们，开展创新型企业试点工作，推进以企业为主体的技术创新体系建设，是一项十分艰巨的任务。我们要以这次会议为新的起点，按照会议的部署和要求，认真负责地做好工作，充分发挥工会组织在创新型企业试点工作中的作用，为增强自主创新能力，建设创新型国家，促进国民经济又好又快发展作出积极的努力。

在创新型企业试点工作会议上的总结讲话

科技部副部长 李学勇

(2007年2月27日)

创新型企业试点工作会议历时两天,今天就要结束了。今天上午,全体会议代表参加了党中央、国务院举行的国家科学技术奖励大会。胡锦涛总书记为获得国家最高科学技术奖的李振声院士颁奖,温家宝总理发表了重要讲话。大家亲身感受到了党和国家领导人对科技人才的高度重视,对广大科技工作者的关怀和勉励,深受鼓舞,也深受激励。两天来,与会代表围绕徐冠华部长、邵宁副主任、乔传秀副主席的讲话进行了热烈讨论,有12位代表做了典型发言,从不同角度反映了创新型企业试点工作取得的重要进展。会议开得很成功,达到了预期的目的。

下面,根据会议的安排,我对会议做个小结,并对贯彻落实会议精神谈几点意见。

一、关于本次会议的特点和收获

与会同志一致认为,这次会议主题鲜明,准备充分。归纳起来有几个特点。一是会议开得很及时。这次会议是在全党全国上下深入学习贯彻党的十六届六中全会精神、中央经济工作会议精神和全国科技大会精神的形势下召开的。加快建设以企业为主体、市场为导向、产学研相结合的技术创新体系是党中央、国务院确定的重大战略任务。胡锦涛总书记指出,在社会主义市场经济条件下,企业是市场竞争的主体,也是技术创新的主体;要把确立企业在技术创新中的主体地位作为提高自主创新能力的根本途径。温家宝总理指出,企业在技术创新中具有无可替代的地位和作用;只有以企业为主体,才能坚持技术创新的市场导向,有效整合产学研的力量,加快技术创新成果的产业化。这次会议总结了一年来贯彻落实中央精神,实施技术创新引导工程,开展创新型企业试点的进展,研究部署了今后的工作。与会代表一致认为,这次会议很重要,开得也很及时。二是会议开得很务实。为了开好这次会议,科技部、国资委、全国总工会做了大量的调查研究工作,取得了丰富的第一手材料。徐冠华部长、邵宁副主任和乔传秀副主席的讲话求真务实,对试点工作具有很强的针对性和指导性。会前,代表们也都做了精心准备,许多同志都是带着在创新实践中的经验体会和具体问题来参加会议的。两天来,会议紧扣创新型企业建设这个主题,对取得的经验和成绩、面临的机遇和挑战、今后的工作任务和政策措施等进行了深入务实的讨论。三是会议开得很活跃。103家试点企业和各地方在试点工作中的做法和经验各具特色,十分宝贵。与会代表畅所欲言,争相建言献策,既实事求是地分析了当前的形势,又提出了许多很好的意见和建议。会议气氛十分活跃。

通过两天来的学习、讨论和交流,大家普遍感到收获很大。

第一，进一步提高了认识。会议通过学习领会中央的精神和有关文件，进一步统一了思想，提高了认识。一是对确立企业技术创新主体地位重要意义的认识有了新的提高。大家一致认为，建立以企业为主体、市场为导向、产学研相结合的技术创新体系，是全面推进国家创新体系建设的突破口，是应对国际经济科技竞争的战略抉择，是实施自主创新战略的当务之急，是落实科学发展观的必然要求。二是建设创新型国家需要大批创新型企业的有力支撑。很多代表谈到，创新型企业建设这件事情抓得好、抓得准。

20世纪80年代，在科技工作中抓了服务于"三农"和乡镇企业技术进步的星火计划，抓了促进高新技术企业成长、推进高新技术产业发展的火炬计划，树立了两面具有重要意义的旗帜。今天，在加强自主创新、建设创新型国家的进程中抓创新型企业建设，树立了一面对增强企业自主创新能力、确立企业在技术创新中的主体地位具有重要意义的旗帜。建设创新型企业是落实自主创新战略的重要载体和行动，也是产学研之间的有效结合点。

第二，明确了试点工作方向。通过进一步学习领会党中央、国务院关于加强自主创新、建设创新型国家的战略决策和部署，结合创新型企业建设的实践，大家一致认为，做好下一步的试点工作，要深化体制改革，落实好相关政策，营造有利的环境，集成创新资源，加强企业研发条件和人才队伍建设，促进产学研紧密结合。要从发展战略、制度建设、关键技术研发、知识产权管理、创新文化建设等方面进行总体规划，打造企业核心竞争力。要广泛开展职工技术创新活动，努力建设技能型、创新型的职工队伍，激发广大职工的创新热情。

第三，更加坚定了信心。大家普遍认为，试点工作开展时间虽然还不长，但试点企业能够在原有工作的基础上，抓住契机，进行了大胆探索和实践，创造出了许多新做法、新模式和新经验。各地方积极努力，也取得了可喜的进展。代表们表示，有党中央、国务院的正确领导，有各部门的重视和支持，有正在形成和不断完善的政策环境和氛围，有前一阶段工作奠定的良好基础，推进创新型企业建设的信心更足了。

第四，增强了使命感和紧迫感。创新型企业建设关系到企业在技术创新中主体地位的确立，关系到自主创新能力的提高，关系到创新型国家建设的进程。创新型企业试点工作既有攻坚的难度，又有必须突破的紧迫性。大家深感责任重大，使命光荣，表示要以高度的责任感和使命感，加倍努力，做好工作。

总之，这是一次统一思想和提高认识的会议，是一次振奋精神的会议，是一次求真务实的会议。会议开得很成功。

二、关于抓好今后试点工作

会上，徐冠华部长、邵宁副主任、乔传秀副主席的讲话对试点工作都提出了任务和要求。在此，我就抓好试点工作再强调几点。

第一，加大政策落实力度。促进企业成为技术创新的主体，提升企业技术创新能力，关键是制定和落实好政策。在《科技规划纲要》60条配套政策和99项实施细则中，有2/3与增强企业技术创新能力有关。其中，在税收优惠、金融支持、政府采购、创新基地建设、引进消化吸收再创新、创新人才培养等方面都有重要突破。为了使已经制定的政策切实落实到基层，使企业及时享受到政策优惠，一是要加强政策的宣传和培训，通过多种方式向全社会和广大企业宣传政策内容，解读政策的内涵和要点，使企业及时充分地掌握政策信息；二是要做好政策实施的评估督促工作，及时掌握政策执行情况，协调解决有关问题；三是要根据企业创新发展新的需求，研究制定新的政策措施。

第二，加大试点工作推进力度。103家试点企业都认真制定了试点工作方案。各试点企业要抓住契机，认真实施好试点方案，在体制机制、人才队伍、创新能力和创新文化建设等方面取得新的进展，努力建成创新型示范企业。一是要抓好体制机制建设。企业发展既要有外部的压力，又要有内在的动力，外因要通过内因才能起作用，形成企业持续创新的内在机制是至关重要的。建立创新要素参与分配的机制、产学研结合的机制、持续增加研发投入的机制、考核评价和分配的机制等，需要企业进一步深化改革，不断创新。二是要抓好人才队伍建设。创新型企业建设要坚持以人为本，不断加强企业经营管理人才、科技创新人才、技能人才等不同层面的人才队伍建设，大力提高职工队伍素质。三是要抓好创新能力建设。企业要不断增加研发投入的强度。要建设或与大学、科研机构共建研发和转化平台，有条件的企业要建立健全研究开发机构。四是要抓好创新文化建设。没有创新的理念，没有创新的意识，不抓创新文化建设，不尊重创新的规律，企业就很难走上创新发展的道路。要使尊重创新、勇于创新成为企业发展的灵魂。

在总结试点工作经验的基础上，科技部、国资委和全国总工会将适时扩大试点范围，在3～5年内将试点企业扩大到500家左右。各地方也要加快制定和进一步完善试点工作方案，建立工作机制，集成资源，形成合力，推动试点工作的深入开展。

第三，加大对试点企业的支持力度。在落实政策、优化环境的同时，加大对试点企业的支持力度也很必要。科技部、国资委和全国总工会商定，重点要为企业做好十件实事。一是要通过多种形式，征集企业的意见和建议，反映企业的重大技术需求。二是在具备条件的试点企业建设国家重点实验室、工程中心、产业化基地等创新基地。三是加强为中小企业服务的公共技术服务平台建设，引导各类中介机构为中小企业技术创新服务。四是在具有明确市场应用前景的领域，支持企业更多地承担国家和地方科技任务。五是在国家科技专家库中进一步补充来自企业的专家，使来自企业的专家有机会参加科研立项的咨询和论证过程。六是实施以提高职工创新能力为目标的职工素质建设工程和以推动技术创新为主要内容的职工经济技术创新工程。为试点企业举办创新管理、知识产权和配套政策等方面的专门培训。七是建立创新型企业信息库，及时掌握企业发展变化和需求，更好地促进交流，提供服务。八是开展创新型企业评价，加强对试点工作的引导、跟踪和评估。九是加强与有关方面的协调和沟通，为试点企业疏通和开辟投融资渠道。十是通过出资人的工作和相关制度设计，针对国有骨干企业制定创新友好型出资人政策。

第四，加大试点企业的示范带动力度。建设创新型国家需要一大批创新型企业的成长。要发挥创新型企业的示范和引导作用，带动更多的企业在以创新求发展的道路上走得更快，走得更好。要及时总结试点工作，宣传和推广试点企业的成功做法和经验。地方科技管理部门要进一步加强与有关部门的协调与配合，把推进创新型企业试点工作作为区域创新体系建设的着力点和突破口，结合实施"十一五"发展规划和当地实际情况，研究制订和完善试点办法，合理确定试点范围和规模，综合运用政策、项目、基地建设和信息服务等手段，加强对创新型企业的培育和引导。

同志们，创新型企业试点工作开局良好，取得了初步进展，但今后的任务是十分艰巨和繁重的。我们要认真贯彻落实党中央、国务院的战略部署和要求，解放思想，大胆创造，求真务实，密切协作，把创新型企业建设工作不断推向深入，为更好地落实自主创新战略，建设创新型国家作出切实的贡献。

确立企业在技术创新中的主体地位[①]

科学技术部党组副书记、副部长 李学勇

在 2006 年底召开的中央经济工作会议上,胡锦涛同志明确指出:确立企业在技术创新中的主体地位是提高自主创新能力的根本途径。只有不断增强企业创新能力,才能使建设创新型国家获得强大动力。认真学习和深刻领会这一重要论断,对于走新型工业化道路和实现建设创新型国家的宏观目标,具有重要而深远的意义。

一、从工业化进程看确立企业技术创新主体地位的必然性

近代世界工业化的历史,是一部依靠科技进步促进经济社会不断发展的历史,是一部经济增长方式不断演进和产业结构不断优化的历史。在这一历史进程中,科学技术发挥了重要的主导作用,企业始终处于技术创新的主体地位。

19 世纪后半叶第二次产业革命以来,企业特别是大型工业企业在主要国家的技术创新和经济结构转型方面一直扮演着重要的角色。这不仅是因为全球范围内经济的发展通常表现为工业化的过程,而且还因为资本密集和重工业的发展对生产规模有较高的要求;更重要的是,正是由于企业成功地运用了大批技术创新成果,改变了经济发展面貌。在钢铁、汽车、石油、化工制药等传统工业部门,企业巨头起到了举足轻重的作用。20 世纪 70 年代以来,以信息技术为代表的新技术不断取得突破,成为全球性科技革命浪潮的主要推动力,催生了一批高新技术企业,影响与改变着世界的面貌。进入 21 世纪,科学技术发展日新月异,信息、生物、新材料、新能源等技术突飞猛进、相互交织影响,成为新一轮科技和产业革命的重要标志,众多企业成为技术创新的领路先锋。

工业化历史进程表明,正是由于一大批企业在市场竞争的驱动下,通过不断的技术创新活动,使科技进步成为经济发展的内生要素,提高了所在国家的经济发展效率,改善了资源、环境利用方式,改变了这些国家的经济增长方式。正是由于一大批企业通过不断的技术创新,把发明或其他科技成果引入生产过程,增强技术和生产能力,制造出市场需要的商品,形成规模产业,把知识、技术转变为物质财富。同时,也正是由于企业的发展和自身财富的积累,才能够形成新的研发投入,促进知识的更新和技术的突破,又将知识和技术转变为更大的物质财富,从而实现经济与科技发展的良性循环。

企业作为技术创新的主体,就要在技术创新全过程中发挥主导作用。在市场经济条件下,企业直接联系市场,最了解市场和消费者需求,最能发现与把握技术创新方向。因此,企业自身具有技术创新的内在需求和属性。如果没有企业的运用,任何科技成果都难以成为现实生产

[①] 发表于《求是》2007 年 3 月 19 日。

力。企业在技术创新中的主导作用集中体现为：它是研究开发投入的主体、技术创新活动的主体和创新成果应用的主体。企业要承担技术创新活动的风险，同时也是利益的最大享用者。

二、从国际竞争态势看确立企业技术创新主体地位的迫切性

当今时代，全球化推动着世界经济结构调整，改变着研究与创新的方式。国际科技与经济竞争日益激烈，科技进步与创新已成为影响和推动世界经济发展的主导性力量。在经济全球化的过程中，创新能力强的跨国公司成为国际竞争的重要角色。据统计，目前全球跨国公司的总数已超过6万个，产值约占全球总产值的1/4；贸易额占国际贸易额的60%，技术贸易占60%~70%，专利和技术许可费占98%。大批跨国公司掌握着一个或多个产业的核心技术，处于国际贸易和全球产业分工体系中的上游，以专利和技术标准作为设置技术壁垒和垄断市场的重要手段。目前，世界经济强国的产业竞争力主要就体现在掌握核心技术的跨国公司和大企业身上。

再从国际上创新型国家发展的历程看，确立企业技术创新主体地位至关重要。纵观这些国家的发展，正是由于企业所蕴涵的巨大创新需求和所呈现出的创新活力，使得各种新发现、新发明不断涌现，各种新技术、新产品、新工艺不断涌现，各种新的社会生产、科研组织方式不断涌现。这些涌现出来的新要素，又最终通过企业被不断地、大规模地转化为现实生产力，实现了由"制造"向"创造"的转变，持续支撑着这些国家经济社会的发展。

长期以来，发展中国家往往以跟踪模仿发达国家的先进技术为主。但是，由发达国家主导的与贸易挂钩的知识产权规则，打破了发展中国家走常规技术发展路径的可能。发达国家的跨国公司凭借技术优势、品牌优势、规模优势成为所在产业链的集成者和操控者，分享了更多的利益。这意味着发展中国家的企业，所面临的挑战更为严峻。发达国家的大企业和跨国公司在知识产权的数量和质量方面都占有明显的优势。从我国的情况看，在汽车、飞机、仪器仪表、信息、生物、新材料等技术领域中，我国授予的专利多为跨国公司所拥有，其份额占80%~90%。如果不在技术创新上有所作为，不掌握自主知识产权，我国企业的发展将难以摆脱跨国公司专利壁垒的制约。

因此，应对全球化条件下国际竞争关键是要使企业成为技术创新的主体，造就一批具有核心竞争力和持续创新能力的创新型企业。只有企业成为技术创新的主体，才能提高我国在国际产业分工中的地位；只有企业成为技术创新的主体，才能打破知识产权、专利和技术标准等新的贸易壁垒；只有企业成为技术创新的主体，才能形成内生的经济增长动力，从根本上转变我国的经济增长方式，实现国民经济又好又快地发展，维护国家经济安全。

三、从提升国家自主创新能力看确立企业技术创新主体地位的重要性

《国家中长期科学和技术发展规划纲要（2006-2020年）》提出，把建立以企业为主体、产学研结合的技术创新体系作为国家创新体系建设的突破口。这既符合技术创新的一般规律，也符合我国国情和建设国家创新体系的现实需求。

从总体上看，我国企业尚未成为技术创新的主体，技术创新能力还比较薄弱，与发达国家企业的差距还比较大。据统计，我国大中型工业企业研究开发经费占销售额的比重只有0.76%，远低于发达国家2.5%~4%的水平；有科技研发活动的企业仅为38.7%，有研发机

构的仅为23.7%。我国拥有自主知识产权核心技术的企业仅为0.3‰，98.6%的企业没有申请专利。

企业在技术创新活动中不能发挥主体作用，直接制约了我国自主创新能力的提升。目前，我国自主创新能力不强，对外技术依存度比较高；大量的科研成果无法直接转化为现实的生产力。大多数企业发展仍处于依靠资源消耗进行外延式扩张为主的状态。企业技术创新的活力不足，使我国在国际产业分工体系中处于不利地位，无法在经济全球化进程中获得主动权。

我国企业创新能力不强，尚未成为技术创新主体的主要原因在于市场机制不健全、政策环境不完善，技术创新还没有真正成为企业生存和发展的内在需求，没有成为企业获得竞争优势的主要途径。提升企业技术创新能力关键在于进一步深化改革，消除影响企业技术创新的体制性障碍，增强企业技术创新的内在动力，建立公平的市场竞争秩序，规制行政管理与市场之间的关系，构建完善的技术创新链，加强研发、制造、应用等环节之间有机衔接，及时消化吸收引进的国外先进技术，并实现自主创新。要加快建立规范的现代企业制度，引导更多的企业关注更加长远的技术投资和人力资本投资，推进知识、技术等要素参与收益分配。要完善企业内部管理机制，让经营管理者真正着眼长远利益，让知识和知识创造者得到真正的尊重，激发企业内在的创新活力。

需要强调的是，企业自主创新能力的提升，除了依靠自身的技术学习与积累外，一条重要途径就是加强产学研合作。大学和科研机构是科技创新，特别是原始性创新的重要源泉。确立企业成为技术创新主体必须注重建立有利于产学研结合的有效机制，促进企业和大学、科研机构以及其他技术创新要素形成有效的合作关系。一方面，企业创新能力的提升，迫切需要科研机构、高等院校和广大科技界的积极参与、支持和服务；另一方面，科研机构和高等院校在基础研究和前沿技术方面的创新与突破，是企业技术创新的重要源泉和人才储备。在产学研之间构建战略层次的合作既是建设国家创新体系的内在要求，也是我国企业推进技术创新的必然选择。

四、从创新实践看确立企业技术创新主体地位的现实性

全国科技大会召开以后，各地方、各部门认真贯彻党中央、国务院的战略决策和部署，采取切实措施，加强对企业技术创新的支持。发改委安排预算内投资，加大对引进技术和设备的消化吸收和再创新的支持力度。财政部建立和完善激励企业自主创新的财税制度。国资委将自主创新纳入大型国有企业领导人业绩考核指标体系。商务部建设一批出口创新基地，打造一批高科技自主品牌。各地方结合本地实际，细化相关配套政策，在加大科技投入、营造创新环境、支持企业技术创新等方面出台了许多有突破性的政策措施。

为了引导建立以企业为主体、产学研结合的技术创新体系，2005年底，科技部、国资委、全国总工会决定共同实施"技术创新引导工程"，开展了创新型企业试点工作。首批选择103家试点企业，包括大型骨干企业、中小企业、民营科技型和实施企业化转制的科研机构等。开展这项工作的主要目的，是要推动企业增强自主创新能力，建立和完善有利于自主创新的内在机制；就是要通过示范作用，引导不同类型企业制定正确的技术创新战略，探索创新发展的有效模式；就是要形成一批创新型企业，引导和带动广大企业走自主创新之路，成为技术创新的主体。试点工作一年来，企业普遍提高了对自主创新的认识，把创新作为企业发展的根本战

略，更加重视研发能力建设，重视加大研发投入和创新队伍的培养，不断健全创新管理和创新机制，营造创新文化。一批具有示范意义的创新型企业正在加快成长。

促进企业成为技术创新的主体，要着眼于提升我国产业的国际竞争力，以提高企业自主创新能力为基点，使企业在提升产业层次、调整产业结构上发挥更大的能动作用；要着眼于推动科技与经济更加有效地结合，为使科技更好地服务于经济社会发展找到结合点和突破口；要着眼于依靠科技创造出更多的自主品牌，使一批知名企业和名牌产品在市场风浪中崛起。为此，需要加强四个方面的工作力度：一是优化环境，加大政策落实力度。要加强对《科技规划纲要》60条配套政策及实施细则的落实力度，及时掌握政策执行情况，切实协调解决执行中的有关问题；还要根据企业创新发展的新需求，研究制定新的政策措施。二是积极引导，加大工作推进力度。加强企业不同层次的人才队伍建设，大力提高职工队伍素质；加强企业创新能力建设，鼓励企业建立研发机构或与大学、科研机构共建研发和转化平台；鼓励产学研结合，在重点产业和关键领域，推动建立产业技术战略联盟；加强企业创新文化建设，使尊重创新、勇于创新成为企业发展的灵魂。三是集成资源，加大对企业技术创新支持力度。科技计划要反映企业的重大技术需求，在具有明确市场应用前景的领域，支持企业更多地承担科技任务；在具备条件的企业建设国家重点实验室、工程中心、产业化基地等创新基地；大力加强为中小企业服务的公共技术服务平台和中介服务体系建设；加强与有关方面的协调和沟通，为企业技术创新疏通和开辟投融资渠道。四是搞好试点，加大示范带动力度。要进一步搞好创新型企业试点工作，发挥试点企业的示范和引导作用，带动更多企业在以创新求发展的道路上走得更好、走得更快。要及时总结试点工作，宣传和推广试点企业的成功经验。

确立企业在技术创新中的主体地位是一项艰巨而繁重的任务。只有加快培育一大批拥有核心技术和自主知识产权，具有知名品牌和持续创新能力的创新型企业，才能为我国进入创新型国家行列奠定坚实基础。我们要深入贯彻落实党中央、国务院的战略部署和要求，解放思想，大胆创造，求真务实，密切协作，加快推进企业成为技术创新主体，为更好地落实自主创新战略、建设创新型国家作出切实的贡献。

在中关村科技园区百家创新型企业试点工作大会上的讲话

中共中央政治局委员、北京市委书记 刘 淇

(2007年4月4日)

今天中关村百家创新企业试点工作正式启动了，这是提升自主创新能力，进一步做强中关村科技园区的重大战略措施，刚才李学勇同志宣读了《在中关村科技园区开展百家创新型企业试点工作的通知》，施尔畏同志介绍了试点工作的主要内容。试点企业代表做了很好的发言，徐冠华同志做了非常重要的讲话，大家要认真地抓好贯彻落实，下面借这个机会我讲几点意见：

第一，充分认识中关村的创新优势，增强发展中关村的自觉性。一部中关村发展的历史就是一部创新、创业的历史，中关村有着创新的丰富资源，是一片创新的沃土。回顾中关村的发展历史，从1984年建立中关村电子一条街，1988年建立北京高新技术开发实验区，到1999年建立中关村科技园区以及近年来的快速发展，一再证明了中央关于中关村发展的决策是正确的。建设中关村科技园区的决策是正确的。在党中央、国务院的正确领导下，在中央各部委，特别是科技部、中国科学院的精心指导、大力支持下，中关村的广大科技人才勇于创业走出了一条由小变大，由弱到强，由不规范到规范的发展历程。实现了跨越式的发展，凝聚了巨大的发展优势，进入了一个新的发展阶段。这些成绩突出表现为：形成了包括北大方正、联想、华旗以及有一定规模的创新型企业；产生了包括龙芯、清光、人用禽流感疫苗等极重大的创新成果；建立了以标准联盟、技术联盟、产业联盟为主要特征的创新集群。这些都标志着中关村科技园区的自主创新能力建设进入到了一个新的更高的发展阶段，在这里我要代表市委、市政府向科技部、中国科学院表示衷心的感谢！我们相信在科技部、中国科学院的领导、关心、支持下，中关村科技园区的百家创新型企业试点工作一定能够成功。这些企业一定能够做大做强，一定能够在提高自主创新能力方面有新的更大的作为，一定能够为增强国家的自主创新能力作出应有的贡献。中关村的发展将揭开新的一页。

第二，做强中关村科技园区的关键是提高自主创新能力。胡锦涛总书记在全国科技大会上强调，要把自主创新摆在更加重要的位置，作为调整经济结构，转变增长方式的中心环节，作为国家战略要形成有利于自主创新的体制、机制。我们只有紧紧抓住自主创新这个关键，拥有强大的自主创新能力，才能够在发展中把握先机赢得主动。

2005年，温家宝总理在视察中关村科技园区时，提出了"四位一体"的要求，国务院制定了关于支持做强中关村科技园区的八条政策措施，目的都在于推动自主创新。增强中关村的自主创新能力，关键是培育一批拥有自主知识产权和较强国际竞争力的创新型企业，建立以企

业为主体，包括科研院所在内的技术创新体系。这次的试点工作就是紧紧地围绕着以提高自主创新能力这个中心环节，围绕着调动企业、科研院所、大专院校等各类科技创新主体的积极性、主动性、创造性，发挥政府的主导作用，发挥市场在科技资源配置中的基础性作用。通过整合资源、聚焦政策，培育一批能够支撑首都高新技术产业持续、快速发展，竞争力强的优势企业；通过构建以企业为主体，市场为导向，产、学、研相结合的创新支撑体系，形成自主创新与经济社会发展紧密结合的机制，在中关村地区探索推动企业和科研院所自主创新的模式，提高企业自主创新的能力。发挥中关村地区在自主创新上的载体作用、引擎作用、服务平台作用，使这个地区真正成为我国抢占世界高技术产业制高点的前沿阵地。

第三，各级党委政府要积极为推动自主创新服务。中关村是世界上少有的科技智力资源的聚集区，蕴藏着巨大的知识智力优势，有着推动科学技术发展的巨大潜力。当前中关村的发展具有天时、地利、人和的有利条件，正处在发展的最好时期。把中关村建设好、发展好是为实现国家的创新战略服务的重要任务，是北京建设创新型城市的重要任务，是北京实现十一五规划，首都经济的结构进一步优化，向着高端、高附加值、高辐射力发展的战略举措。全市各级党委政府都要从贯彻落实科学发展观，实施好科技强国战略和人才强国战略的高度出发，支持中关村搞好发展，积极推动自主创新。做大做强创新型企业，有以下几点：

1. 要优化自主创新的环境

我们要努力创造一个有利于提高自主创新能力的法制环境、市场环境和各方面的条件，要加大对知识产权的保护力度，依法严厉打击侵犯知识产权的各种行为，使中关村成为全国自主创新环境最好的地区之一。

2. 需要加强协调服务工作

按照社会服务的要求，要建立高效畅通的协调工作机制，为企业科研院所开展创新服务。为创新型人才创新、创业服务。要在提高效率、降低成本、方便企业上下工夫。在城市规划、土地、资金支持、资源、能源和信息服务等方面加大综合力度，把各个创新型企业的积极性调动起来、潜力挖掘出来。要结合推进行政管理体制改革，转变政府职能、创新体制、创新管理，切实提高管理和服务水平。使中关村科技园区具有良好的管理体制，为企业提供最好的服务。当前是国家重大科技专项启动的关键时刻，要充分利用中关村科技园区的优势，支持创新型企业的发展与国家自主创新战略的对接。争取国家和相关部委的支持帮助和指导，为国家中长期科技规划的重点项目和国家科技基础设施建设项目在北京落户做好服务工作。

3. 加强资源的整合、政策的整合，加大对自主创新的支持力度

近年来，中央和各部委支持自主创新的政策很多，要抓好中央关于鼓励自主创新各项政策的落实，同时要根据企业和科研院所的自主创新要求加强统筹协调，使有限的资源和各方面的扶植政策能够有机地联系起来，形成一个工作的合力，以提高支持企业自主创新的力度。

4. 积极的引入，集聚更多的高端创新人才

提高自主创新能力归根到底要靠创新人才，中关村要建设世界一流的科技园区，必须拥有一大批一流的创新人才，只有在高端人才上占优势才能占领自主创新的制高点。要积极地应对国际人才竞争的严峻挑战，充分发挥中关村科技园区的优势，营造更好的自主创新环境，更加浓郁的自主创新氛围，在全球范围内吸引人才，凝聚一批自主创新的领军人物和中青年高级专家，加快建设以高层次创新型人才和高技能创新人才为重点的各类创新人才队伍，要按照国际惯例结合首都的实际，建设和完善技术创新和创业服务两大体系，大力推进投融资、企业信用、知识产权创造，运用保护人才培育吸引，等等。使用这四项技术创新，以良好的法制环境、政策环境、服务环境激励创新，使得杰出人才脱颖而出，培育和造就大批的杰出人才。使中关村的人才优势更好地转换为知识优势、创新优势、产业优势。我们要积极地引进国外高层次人才和一流的科技创新人才，进一步做好吸引聘用境外高级专门人才的工作，为出国留学人员回国工作、回国服务创造更好的条件。总之，我们要靠强大的科技创新人才队伍来实现中关村发展的宏伟目标，让我们共同努力，取得自主创新的更大成绩，把中关村的企业做大做强。

在中关村科技园区百家创新型企业试点工作大会上的讲话

科技部部长 徐冠华

(2007年4月4日)

今天,北京市人民政府、科学技术部、中国科学院在这里联合召开"中关村科技园区百家创新企业试点工作会议",这对于北京市乃至全国的科技创新工作都具有积极和重要的意义。下面,我就开展试点工作讲几点认识,不当之处请同志们指正。

1. 建设以企业为主体,产学研相结合的技术体系,是加强自主创新、建设创新型国家的战略举措

2006年初召开的全国科技大会和随后颁布的《国家中长期科学和技术发展规划纲要》,明确提出把建设以企业为主体、市场为导向、产学研相结合的技术体系,作为中国特色国家建设创新体系的突破口,这是党中央和国务院基于对世界科技进步和创新规律的深刻认识,总结改革开放以来科技和经济结合的经验和教训,面对新形势、应对新挑战所作出的一项重大战略决策。建设以企业为主体,产学研相结合的技术创新体系,是应对世界科技发展和竞争态势的战略选择,是实施自主创新战略的当务之急、是转变经济增长方式、调整经济结构的必然要求。实践表明,只有企业成为技术创新的主体,才能坚持技术创新的市场导向,才能一方面不断满足市场的需求,另一方面创造新的市场需求,加快科技成果转化成生产力的步伐;只有企业成为技术创新的主体,才能有效调动高等院校、科研院所的科技力量,以提高市场竞争力为中心,实现产学研的结合;只有企业成为技术创新的主体,才能摆脱对外资企业的依赖,提高我国产业在国际分工中的地位;只有企业成为技术创新的主体,才能打破国外设立的知识产权、技术专利和技术标准等新的贸易壁垒,提高产业创新能力和国家竞争力,确保国家产业安全。

中国是一个大国,大国的基本国情和特定需求决定了我国工业化、现代化进程必须有可靠,而不是受制于人的技术来源。胡锦涛总书记在全国科技大会上明确指出,要把增强自主创新能力作为调整经济结构、转变增长方式的中心环节。这既是适应当今世界发展趋势,符合科技和经济发展规律的科学决断,也是我国经济和社会发展的迫切需求。在这一过程中,企业具有不可替代的作用。可以这样认为,中国经济的未来在很大程度上将取决于能否造就出一批掌握核心竞争力、站在国际产业发展前沿的创新型企业。我们不能满足仅仅从事低端制造,更不能成为世界产品的生产车间而自得。我们必须在技术进步和创新上下大工夫,努力提升产业的整体实力和竞争力,这是富民强国之路,也是企业的兴旺发达之路。

2. 积极推进创新型企业建设、引导和带动广大企业走创新发展的道路

为贯彻落实党中央、国务院关于建立以企业为主体、市场为导向、产学研相结合的技术创新体系的要求，增强企业自主创新能力，2005年底，科技部、国资委、全国总工会决定实施"技术创新引导工程"，就是要针对各类企业的特点和发展要求，引导形成拥有自主知识产权、自主品牌和持续创新能力的创新型企业，引导建立以企业为主体、产学研紧密结合的技术创新体系，增强战略产业的原始型创新能力和重点领域的基层创新能力。作为创新引导工程的重点工作之一，科技部、国资委、全国总工会三部门又于2006年7月联合开展了创新型企业试点。开展这项工作就是要推动企业增强自主创新能力，建立和完善有利于自主创新的内在机制；就是要通过示范作用引导不同类型企业制定正确的技术创新战略、探索创新发展的有效模式；就是要形成一批创新型企业，引导和带动广大企业走自主创新之路，促进企业成为技术创新的主体。三部门首批选择的103家试点企业，在各类企业中具有典型意义和代表性，包括大中型骨干企业、民营企业、中小型企业和实施企业化转制的科研院所等各类企业，其中民营科技企业占试点企业的近70%。

创新型企业代表的是一种崭新的企业运行和发展模式，要求企业在技术创新的同时，加强战略、制度和组织创新，其外在的显著特征是企业拥有自主知识产权、自主品牌，具有较强的持续创新能力。开展创新型企业试点工作不是简单地对企业进行资格认定、"挂牌子"，而是针对我国大多数企业创新机制不畅、创新能力薄弱、创新活动过多等突出问题，以提升企业自主创新能力为核心，推动企业建立和完善有利于创新的体制和机制，增强企业创新的内在动力和能力，引导企业走创新发展的道路。科技部结合"十一五"科技计划，特别是支撑计划的实施，积极支持试点企业承担国家科技计划项目及地方重大科技项目。在具备条件的试点企业建立重点实验室、工程中心等基地，积极疏通渠道支持试点企业运用政策性贷款加大研发投入，组织开展对试点企业的人才培训，等等。据统计，2006年，有3家试点企业作为支撑计划项目的组织单位，获得经费支持1.76亿元；有27家试点企业作为支撑计划项目的承担单位，获得经费支持5亿多元。试点企业还获得国家863计划批准意向61项。到目前为止，全国已经有22个地方相继开展试点工作，10个地方选择确定了近千家试点企业，形成了上下联动的良好工作局面。

为总结交流各地各企业开展创新型企业试点的经验和做法，研究部署下一阶段的工作任务，进一步开创试点工作的新局面，今年2月26日，科技部、国资委、全国总工会在北京联合召开了创新型企业试点工作会议，提出大力优化体制和政策环境，积极推进创新型企业建设。通过这次会议有关地方部门和企业进一步提高了对于确定企业自主创新主体地位重要意义的认识，明确了试点工作方向，也更加坚定了信心。下一步，科技部将进一步加强和国资委、全国总工会等有关部门协调和配合，加强各有关地方的合作配合。充分调动和发挥各方面的优势和积极性，加大政策落实力度，加大试点工作推进力度，加大对试点企业的支持力度，加大试点企业示范带动作用，推动创新型企业建设工作的深入开展。

3. 勇于探索和实践，切实抓好中关村科技园区创新型企业试点工作

经过20年的发展，中关村已经成为中国自主创新的高地，形成了我国规模最大的创新集群，对国家创新体系建设作出了重大贡献。2005年6月，温家宝总理视察了中关村科技园区，提出了"四位一体"的战略目标要求，国家科教领导小组随后听取了有关中关村科技园区发展情况的汇报，国务院出台了关于支持做强中关村科技园区的八条政策措施。在党中央、国务院的领导下，中关村科技园区按照全国科技大会和《国家中长期科技发展规划纲要》精神，努力探索以自主创新为核心的高科技产业发展道路，自主创新能力进一步提高，高新技术产业保持了较快的增长速度。为推进技术创新引导工程在中关村科技园区深入实施，进一步发挥中关村在首都创新体系中的龙头带动作用，整合各类创新资源，建设激励机制，推动企业成为研究开发的主体、技术创新活动主体和创新成果的应用主体。北京市人民政府、科技部和中科院，决定在中关村联合开展百家创新型企业试点工作。北京市党委和政府对科技工作和科技园区发展历来高度重视，许多工作都走在全国前列，有效地发挥了示范和带头作用。中科院有着丰厚的知识资源，在知识创造和技术转移和支持地方培育高新技术产业等方面都取得了丰硕成果。我们联合起来共同推动中关村科技园区创新型企业试点，就是要充分发挥中关村科技园区的优势，集成相关资源加大对企业自主创新的支持，培育和带动一批能够支撑中关村园区产业持续快速发展、竞争力强的优势企业，形成具有推广价值的企业自主创新发展模式和自主创新企业标准评估体系，构建以企业为主体、产学研相结合的技术创新体系。

多年来，中关村科技园区作为高新科技产业发展改革试验区，在体制机制创新、发展中介服务、培育产业集群等方面都进行了卓有成效的探索，比如积极探索产学研合作的新模式，启动实施了中关村开放式实验室工程，一批大学和科研院所和园区协会合作，将实验室资源向园区企业开放，围绕核心技术和标准，中关村企业牵动组成了第三代移动通信、宽带接入等18个产业技术联盟，开始从单个企业的独立创新走向了联合创新，并向创新集群升级。经国务院批准，实施了中关村科技园区非上市股份公司进入证券公司代办转让系统，进行股份报价转让试点，国务院、国资委、科技部启动了中关村高新技术企业股权激励试点工作，中关村还设立了中关村创业引导资金，实施了创投机构风险补贴和投资跟进政策，提高了创新机构投资中关村企业的积极性。这些工作的开展为中关村百家创新型企业试点工作打下了很好的基础。在全国实施自主创新战略新的历史进程中，中关村必将在营造良好创新环境、培育创新性企业方面发挥更加重要的示范和引导作用，重塑中关村新的历史篇章。

抓好中关村科技园区创新型企业试点工作，充分发挥其示范带头作用，要勇于探索和实践，不断创新发展思路和支持方式，在实践中总结和积累经验。当前，要切实做好以下几项工作：

一是坚持大力推进联合协同的原则。北京市人民政府、科技部、中科院要加强相互沟通协调，形成良好的工作机制，共同推进试点工作的深入发展。

二是坚持分步实施分类指导原则。从条件相对成熟的企业开始，逐步扩大试点范围，提高试点水平，根据试点企业的不同类型，进行分类指导，制定有针对性的指导方案，形成各类具有代表性的创新模式，加强对试点工作的跟踪指导，实行动态调整。

三是把制定和落实相关政策作为重点。《中长期科技发展规划纲要》里各项配套政策正在陆续颁布实施，我们要结合实际，在中关村开展先试先行取得经验，对全国的工作起到示范引导作用，百家试点企业要以此为契机，抓好试点方案落实，进一步完善企业技术创新战略，把技术创新作为企业发展的立足点，在市场竞争中不断发展壮大。

同志们，建设以企业为主体、市场为导向、产学研相结合的技术创新体系是一项十分艰巨的任务。推动创新型企业建设工作试点，同样是十分繁重且充满挑战，我们要认真贯彻落实党中央国务院的战略部署和要求，解放思想，大胆创造，求真务实，密切协作，把创新型企业建设工作不断推向深入，为更好地落实自主创新战略、建设创新型国家作出切实的贡献。

让创新驱动发展

——在全国第二批创新型试点企业名单发布会上的讲话

科技部党组书记、副部长 李学勇

(2007年12月14日)

当前企业自主创新能力不强,已成为影响国民经济又好又快发展的重要制约因素。开展创新型企业试点就是要通过塑造中国的创新企业500强,带动千千万万个企业成为技术创新主体,为实现创新型国家目标奠定基础。

建设创新型国家,事关社会主义现代化建设全局的重大战略决策;建设创新型国家,呼唤大批创新型企业的不断涌现。只有当一批创新能力强、拥有核心技术和自主品牌、具有较强国际竞争力的创新型企业,以强大的创新实力进入世界最具竞争力的企业行列,并带动更多的企业走创新发展的道路,才能实现经济社会好字优先,又好又快发展。

改革开放以来,我们实现了30年的经济高速发展,科技发展也进入重要的跃升期。目前,我国已经拥有了一批充满活力的创新型企业,有的已经跻身国际市场,与世界一流的企业展开竞争。同时也要清醒地看到,我国生产力水平总体上还不高,自主创新能力还不强,长期形成的结构性矛盾和粗放型增长方式尚未根本改变。特别是企业自主创新能力不强,已成为影响国民经济又好又快发展的重要制约因素。

科技部、国资委、全国总工会日前联合公布了全国第二批创新型试点企业名单。简言之,开展创新型企业试点,就是要通过塑造中国的创新企业500强,带动千千万万个企业成为技术创新主体,为实现创新型国家目标奠定基础。从总体上看,两批试点企业的销售收入总额约占全部国有及规模以上非国有工业企业主营业务收入的20%,上缴税总额约占全国税收总额的20%,资产总额约占全部国有及规模以上非国有工业企业资产总额的33%。这表明创新型试点企业在国民经济中占有重要地位,不仅是国家财税收入的重要来源,更是国家综合实力、经济竞争力的重要支柱。

建设创新型企业,需要政府、社会、企业共同努力,当前要引导和支持六个方面的要素向企业集聚:一是创新人才要素;二是技术要素;三是资金要素;四是信息与服务要素;五是管理要素;六是政策要素。世界工业化历史进程表明,正是由于一大批企业在市场竞争的驱动下,通过不断的技术创新活动使科技进步成为经济发展的内生要素,提高了所在国家经济发展的效率,改善了资源、环境利用方式,改变了这些国家的经济增长方式。只有千千万万个企业走创新发展的道路,才能真正实现经济发展方式由主要依靠增加资源消耗向主要依靠科技进步、劳动者素质、管理创新转变,形成创新驱动发展的新局面。

集聚创新要素　加快创新型企业建设

——在创新型企业专题研讨班上的讲话

科技部党组书记、副部长　李学勇

（2008年6月10日）

今天，第二批创新型试点企业创新专题研讨班开学了，各试点企业的有关负责同志参加了这次培训班。在此，我就创新型企业试点工作谈几点意见，供大家参考。

党的十七大明确提出，加快建立以企业为主体、市场为导向、产学研相结合的技术创新体系，引导和支持创新要素向企业集聚，促进科技成果向现实生产力转化。今年初，胡锦涛总书记在安徽视察时指出，只有不断提高自主创新能力，才能始终把握发展的主动权，增添发展的新优势，要强化企业在技术创新中的主体地位，鼓励企业加大研发投入和人才储备，引导和支持创新要素向企业集聚，加快形成一批竞争力强的创新型企业，促进科技成果向现实生产力转化。温家宝总理在今年的政府工作报告中强调，推进产学研结合，培育创新型企业。刘延东国务委员也要求，要突出企业在技术创新中的主体地位，培育一批在国际上有竞争力的创新型企业。我们要认真贯彻落实党中央、国务院的战略部署和要求，采取有效措施，引导和支持创新要素向企业集聚，大力推进创新型企业建设。

为贯彻落实党中央、国务院的战略部署，科技部、国资委、全国总工会联合开展了创新型企业试点工作，以推动企业增强自主创新能力，形成和完善有利于自主创新的内在机制，培育一批创新型企业，引导更多的企业走创新发展的道路。目前，三部门已经选择287家重点企业分两批开展试点工作。试点企业既有国家大型骨干企业，也有民营科技企业和实施企业化转制的科研院所；既有工业和高新技术企业，也有农业产业化龙头企业和环保企业。创新型试点企业在国民经济中占有重要地位：287家试点企业的销售收入总额约占全部国有及规模以上非国有工业企业主营业务收入的20%，上缴税额约占全国税收收入总额的20%，资产总额约占全部国有及规模以上非国有工业企业资产总额的33%。

通过前一段的试点工作，试点企业认真制定试点方案，明确创新发展战略，加大研究开发投入，加强研发机构建设，制定有力措施，引进和培养科技人才，建立产学研结合的机制，形成企业技术创新体系。试点企业都设立了研发机构，有50%的试点企业研发投入占销售收入的比重超过6%，有25家试点企业已获准建立国家重点实验室，一批试点企业承担了国家和地方的重大科技开发项目。在试点企业的带动下，有更多企业把走创新发展道路作为内在需要和长远发展的战略选择。

各地方也积极开展了创新型企业试点工作，相继选择了1000多家企业进行试点。各地方开展创新型企业试点工作的主要特点，一是试点工作得到了地方党委、政府的高度重视，建立了试点工作领导小组，并把建设创新型企业作为转变经济发展方式，提升产业竞争力的重要举措，纳入当地经济和科技发展的总体规划予以推进。二是形成了多部门联合开展试点的良好机制。各地方科技管理部门、国资委、总工会结合当地情况，会同有关部门积极推进本地区的试点工作。三是政策措施实，支持力度大。不少地方都有针对性地从税收激励、企业研发中心建设、重大和重点科技项目支持、人才培养等方面给予支持。四是试点工作成效显著。试点开展以来，试点企业研发投入力度加大，新产品、新技术、新标准不断涌现，自主创新能力进一步提升，在区域经济中的带动和示范作用不断增强。如北京中关村百家创新型试点企业2007年研发投入达35.97亿元，同比增长76%；新申请专利4249件，同比增长77%。

建设创新型企业是建设创新型国家的必然要求。建设创新型企业既要通过广大企业的积极努力，也要求我们采取有效措施，集成创新资源，加大工作力度，引导和支持创新要素向企业集聚。

一是引导和支持政策要素向企业集聚。政策要素是企业创新发展的重要保障，也是政府促进企业技术创新的基本手段。随着《国家中长期科学和技术发展规划纲要》若干配套政策和实施细则的出台，有利于企业自主创新的政策体系正在逐步完善，形成了包括科技投入、税收优惠、金融支持、政策采购等许多含金量高的创新政策。下一步要认真抓好激励企业自主创新的政策及实施细则的落实工作；重点促进企业研发费用的税前抵扣政策、自主创新技术和产品的政府采购政策、激励企业创新的金融政策等的落实，使各项政策切实落实到企业；建立政策跟踪研究和评价机制，使各项政策措施在实践中不断完善。

二是引导和支持人才要素向企业集聚。人才要素是企业实现创新发展的根本所在，是获取竞争优势最宝贵的战略资源。要坚持以人为本，着力营造科技人才向企业流动的机制和环境，积极推进企业、大学、科研机构间的人才交流和互动；建立有利于科技人才在企业成长和发展的激励机制和管理模式，大力推行以人才为本的创新管理，形成事业留人、待遇留人、感情留人的良好环境和氛围；建立企业与大学、科研机构合作培养企业创新人才队伍的共建机制，鼓励企业与大学科研机构联合培养研究生，共同培养企业所需要的各类创新人才。

三是引导和支持技术要素向企业集聚。技术要素特别是具有自主知识产权的关键技术是企业实现创新发展的核心要素，是企业竞争力的重要组成。要坚持国家战略规划引导，制定和调整国家产业技术政策，引导企业的技术创新方向和重点；支持企业加强创新能力建设，建立研发平台，在具备条件的企业建立重点实验室、工程中心等创新基地；坚持需求导向，支持企业承担国家科技计划项目及地方科技项目，开展技术攻关，破解发展难题，掌握核心关键技术，形成自主品牌；坚持以企业为主体，市场为导向，推进产学研结合，不断创新和完善大学、科研院所的科技成果向企业转移机制，引导更多的高新技术和先进适用技术流向企业。

四是引导和支持资金要素向企业集聚。资金要素是企业实现创新发展的基本条件。当前融资难问题已经成为成长型中小企业发展的最大瓶颈制约。要积极制定政策、加大引导性资金的投入，综合运用无偿资助、贷款贴息、后补助、偿还性资助等多种投入方式支持企业增强自主创新能力；进一步构建和完善多层次资本市场，发展风险投资，支持企业创新创业；建立完善的技术产权交易市场，为广大企业，特别是科技型中小企业提供有效的融资渠道；引导和鼓励各类金融机构和民间资金支持企业技术创新，发展面向企业技术创新的金融产品和服务。

五是引导和支持管理要素向企业集聚。创新管理是企业实现创新发展的关键要素，创新型企业必然是管理创新的实践者和先行者。引导企业引进和吸收先进的管理理念,创新管理模式,建立适应现代企业制度和创新要求的管理体制和机制;促进企业制定知识产权战略,注重建立健全企业知识产权管理机构,加强知识产权的创造、运用、保护和管理,积极开展和参与技术标准的制定;以提升企业自主创新能力为重点,开展对企业高层管理人员的培训,促进企业加强职工知识和技能培训,提高技术素养和能力;引导和支持企业形成尊重人才、崇尚创新、宽容失误、和谐奋进的创新文化。

六是引导和支持公共服务要素向企业集聚。公共服务是企业实现创新发展的重要支撑条件,也是在市场经济条件下现代企业发展所必需的支撑平台。要引导社会公共服务资源向企业集聚,通过产学研结合机制,构建面向企业技术创新的公共平台,促进国家实验室、大学、科研机构、工程中心、检测中心、大型仪器中心等向企业开放,服务于企业的创新需求;加强社会化的科技中介服务体系建设,加大对技术市场、生产力促进中心、科技企业孵化器、科技咨询机构和创业投资服务机构等科技中介服务机构的扶持力度,为企业尤其是中小企业技术创新提供更好的公共服务;通过整合资源,建立共建共享机制,推进适应企业创新需求的社会化、网络化和多样化的信息平台建设,为企业提供创新信息资源开发服务,促进企业信息化建设。

提高自主创新能力,建设创新型国家,呼唤大批创新型企业的加速成长。从世界工业化历史进程看,正是由于一大批企业在市场竞争的驱动下,通过不断的技术创新活动,使科技进步成为经济发展的内生要素,提高了所在国家经济发展的效率,改善了资源、环境利用方式,改变了这些国家的经济增长方式。我国要转变经济发展方式、走中国特色新型工业化道路,建设创新型国家,需要有一大批掌握核心技术、拥有自主知识产权和知名品牌,具有较强国际竞争力的创新型企业,以其示范作用带动更多企业走创新发展之路,塑造产业竞争新优势,进一步开创创新驱动发展的新局面。

在创新型企业建设工作会议上的讲话

全国政协副主席、科技部部长 万 钢

(2008年7月28日)

今天,科学技术部、国务院国资委、中华全国总工会在这里联合召开创新型企业建设工作会议。首先,我向这次会议的召开表示热烈的祝贺,向参加这次会议的各位代表和各有关部门的负责同志表示热烈的欢迎。

党的十七大报告明确提出,把"提高自主创新能力,建设创新型国家"作为国家发展战略的核心和提高综合国力的关键,摆在"促进国民经济又好又快发展"部分的首要位置。这是事关社会主义现代化建设全局的重大战略决策,是提升我国国际竞争力和企业核心竞争力、促进经济增长方式转变、支撑我国经济长期平稳较快发展的重要途径和保证。实现这一宏伟战略目标,意味着到2020年,中国对研究开发的经费投入将达到国内生产总值的2.5%以上,科技进步对经济发展的贡献率达到60%以上,对外技术依存度将降到30%以下,本国人发明专利年度授权量和国际科学论文被引用数均进入世界前5位。这将为中国依靠自主创新实现经济繁荣昌盛和社会和谐发展提供有力保障,为世界的经济繁荣、科技进步注入更加强劲的动力。

企业是国民经济的基础和支柱,是技术的重要创造者、使用者和推广者,是提高自主创新能力的关键环节。企业的技术创新能力既是企业自身发展壮大的根本动力,也是提升国家竞争力的重要因素。建设创新型国家不仅要有一批企业从经济指标上跻身世界500强,更要有一大批企业以强大的创新实力进入世界500强。要有成千上万个企业走依靠创新实现持续发展的道路,成为具有强劲创新实力的创新型企业。

纵观世界发展的历史,新产业的兴起、新兴国家的强盛都依赖一批企业在技术创新上的突破和商业上的成功运用。当今时代,全球化推动着世界经济结构的调整,改变着研究与创新的方式。国际科技与经济竞争日益激烈,在经济全球化的进程中,创新能力强的跨国公司成为国际竞争的重要角色。据统计,目前全球跨国公司的总数已超过6万个,产值约占全世界的1/4;贸易额占国际贸易额的60%,技术贸易占60%~70%,专利和技术许可费占98%。大批跨国公司掌握着一个或多个产业的核心技术,处于国际贸易和全球产业分工体系中的上游,以专利和技术标准作为市场竞争的重要手段。掌握核心技术的跨国公司和大企业已经成为世界经济强国产业竞争力的主要体现者。一个富强的中国也必须有一批跻身世界一流行列的创新型企业。

近年来,我国企业技术创新积极性迅速增强,创新能力不断提升。据初步核算,2007年,企业研发投入占全社会研发投入的比重达70.4%,企业研发人员占到全部研发人员的68.4%。2006年,国内发明专利职务申请量的增长主要来自企业,总量达到5.6万件,占发明专利职务申请总量的69.3%。2007年,中央企业研究开发经费投入总额为987亿元。在创新发展实践中,涌现出了一批创新能力强的企业,这些企业有的通过原始创新成果的产业化占领了国际市场；有的坚持在吸收外国先进技术的基础上自主开发，打造自主品牌，跻身世界，占领市场，成为我们国家发展的中坚力量。但我们也应当看到，我国企业在总体上自主创新能力还不强，许多企业还没有走上依靠创新发展的道路，还没有真正成为技术创新的主体。

当前，我国已经进入必须更多依靠科技进步和创新推进经济社会发展的历史阶段。在这一新的历史阶段下推进创新型国家建设，无论是应对全球竞争日趋激烈的严峻挑战，还是突破资源和环境的瓶颈约束，无论是加快推进经济增长方式的转变和经济结构的调整和优化升级，还是实现节能减排的目标，关键是要使企业成为技术创新的主体，造就一批具有核心竞争力和持续创新能力的创新型企业。只有提升企业的创新能力和竞争力，才能提高我国在国际产业分工中的地位；只有提升企业的创新能力和竞争力，才能打破知识产权、专利和技术标准等新的贸易壁垒；只有提升企业的创新能力，才能形成内生的经济增长动力，从根本上转变我国经济增长方式，实现国民经济又好又快地发展，维护国家经济安全。

今年初，胡锦涛总书记在安徽视察时指出，只有不断提高自主创新能力，才能始终把握发展的主动权，增添发展的新优势，要强化企业在技术创新中的主体地位，鼓励企业加大研发投入和人才储备，引导和支持创新要素向企业集聚，加快形成一批竞争力强的创新型企业，促进科技成果向现实生产力转化。温家宝总理在今年的政府工作报告中强调，推进产学研结合，培育创新型企业。最近，刘延东国务委员也指出，要突出企业在技术创新中的主体地位，培育一批在国际上有竞争力的创新型企业。党和国家领导同志的重要讲话为我们今后进一步做好创新型企业建设工作提出了要求，指明了方向。

科学技术部、国务院国资委、全国总工会组织开展的创新型企业试点工作，是落实党中央、国务院一系列战略决策和部署的具体举措。两年前三部门认真推荐了第一批103家参与创新型试点企业，根据企业经营情况、行业的市场需求和企业创新能力建设的要求，与试点企业共同努力，完善创新发展战略，加大技术创新投入，优化创新资源配置，加强团队和研发体系建设，增强创新能力，促进产学研紧密结合。经过两年多的努力，试点工作取得了显著成效，企业创新战略已经形成，创新产品不断涌现，创新队伍不断壮大，综合竞争力不断提升。一批创新型企业正在茁壮成长，在试点企业的带动下，第二批、第三批，以至于更多的企业加入建设创新型企业的行列。我们衷心希望这些创新型企业再接再厉，继续努力，在创新的道路上取得更大的成就，为建设创新型国家作出更大的贡献。

在创新型企业建设工作会议上的讲话

科技部党组书记、副部长 李学勇

(2008年7月28日)

今天,科学技术部、国务院国资委、中华全国总工会在这里召开创新型企业建设工作会议,总结交流创新型企业试点工作取得的成绩和经验,发布首批创新型企业名单,进一步部署和推进创新型企业建设。刚才,全国政协副主席、科技部部长万钢同志做了重要讲话,充分肯定了创新型企业建设的重要意义和取得的进展;四家创新型企业代表做了典型发言,交流了建设创新型企业,依靠创新实现发展的做法和经验,我们听后很受启发,备受鼓舞。在此,我代表科技部,并受国资委、全国总工会的委托,代表国资委、全国总工会对开展试点的各个企业取得的成效表示热烈的祝贺!向参与和支持这项工作的各部门、各地方和各方面的同志们表示衷心的感谢!

党的十七大明确提出,提高自主创新能力,建设创新型国家,这是国家发展战略的核心,是提高综合国力的关键。要加快以企业为主体、市场为导向、产学研相结合的技术创新体系建设。最近,胡锦涛总书记在青岛考察时指出,要加快转变经济发展方式,以推进自主创新来提高产品的市场竞争力和企业的国际竞争力。温家宝总理在广东调研时强调,一个企业要发展,关键在于创新,只有不断创新,企业才能成为同行业的领军企业。这为我们推进创新型企业建设提出了要求,明确了方向。

经过改革开放30年的快速发展,我国经济社会发展进入了一个新的阶段。加快转变经济发展方式,推动产业结构优化升级,加强能源资源节约和生态环境保护,保障国家安全,要求我们必须立足国情,坚持走中国特色自主创新道路。回顾20世纪80年代,在农村改革发展的大潮中实施了服务于"三农"和促进乡镇企业技术进步的星火计划;在世界新技术革命的迅猛发展和我国加快调整产业结构的进程中,实施了促进高新技术企业成长、发展高新技术产业的火炬计划,建设了一批国家级高新技术产业开发区。今天,在建设创新型国家的进程中,为提高自主创新能力,推进以企业为主体、市场为导向、产学研相结合的技术创新体系建设,实施"技术创新引导工程",加快建设创新型企业,大力推进产学研结合,这是落实党中央、国务院战略决策和部署的重要举措。

在此,我受三部门委托,就深入推进创新型企业建设谈两点意见。

一、创新型企业试点工作取得重要进展

2005年12月,科技部、国资委、全国总工会在有关部门的支持下联合启动了"技术创新引导工程",开展了创新型企业试点工作,其目的就是要促进企业增强自主创新能力,形成和

完善有利于自主创新的内在机制，培育一批创新型企业，引导更多的企业走创新发展道路。2006年7月，首批选择了103家企业开展试点。2007年12月，扩大试点范围，又选择184家企业开展试点。在目前开展试点的287家企业中，国家大型骨干企业占有重要地位，民营科技企业占有较大比重，实施企业化转制的科研机构也占有一定比例。试点企业中既包括工业和高新技术企业，也有农业产业化龙头企业和环保企业。287家试点企业的销售收入总额约占全部国有及规模以上非国有工业企业主营业务收入的20%，上缴税额约占全国税收总额的20%，资产总额约占全部国有及规模以上非国有工业企业资产总额的33%。2006年12月，科技部还与财政部、教育部、国资委、全国总工会、国家开发银行共同建立了"推进产学研结合协调指导小组"，加强统筹协调，发挥各自优势，共同推进产学研结合工作，开展了产业技术创新战略联盟的试点工作。

两年多来，各企业认真开展创新型企业试点工作，取得了显著进展。试点企业的领导班子高度重视，把这项工作摆在企业改革发展的突出位置，主要负责同志亲自抓，成立领导小组，制定试点方案，积极推动各项工作的开展。试点企业明确了以创新为核心的发展战略，加大研发投入，建设企业研发机构，努力攻克关键技术，以掌握核心技术和自主知识产权。试点企业积极吸引和培养创新人才，大力开展职工技术创新和技能培训、技术竞赛等活动，大胆探索和创新产学研合作的机制与模式，吸纳和采用先进的管理理念和管理方法，努力建设企业创新文化，积极发挥在行业和区域发展中的带动作用。

科技部、国资委、全国总工会建立了联合工作机制，积极推进创新型企业建设。三部门共同制定试点工作方案，开展调查研究，加强对试点企业分类指导，分别对中央企业、企业化转制科研院所和民营科技企业等的试点工作进行具体指导。整合各类资源，在政策落实、项目实施、人才培养、能力建设等方面给予支持。制定评价指标体系，开展对首批试点企业的评价。围绕创新政策和知识产权等关系企业发展的重点问题开展面向试点企业的专题培训。中组部、财政部、教育部、国家开发银行等有关部门也从多方面给予了积极支持。

通过两年多的试点工作，试点企业自主创新能力不断增强，企业发展对技术创新的依存度显著提高，在多个方面取得了重要进展。从被命名的91家创新型企业的统计数据看，一是关键领域核心技术取得了重要突破，发明专利和自主知识产权大幅增长，企业的发明专利申请量由2005年的9300件增加到2007年的17180件，增长了84.7%，软件企业的软件著作权授权量由638个增加到4371个，增加了近6倍；二是研发投入大幅度增加，企业平均研究开发经费投入占销售收入的比重达到6.74%，企业研究开发经费总额从2005年的545亿元增加到2007年的829亿元，增长了52.1%，约占全社会研究开发经费总额的24.6%；三是研发队伍不断扩大，企业的研发人员总量从2005年的17.46万人增加到2007年的22.01万人，增长了26.1%；四是研发机构建设迈上了新台阶，所有企业均建立了研发机构，一半以上的企业与高校、研究机构建立了联合实验室；五是新产品数量大幅增加，企业的新产品销售收入由2005年的7402亿元增加到2007年的11772亿元，增长了59%；六是经济总量有较大提升，企业的销售收入总额从2005年的27926亿元增加到2007年的40713亿元，增长了45.8%，工业增加值相应地从7212亿元增加到9203亿元，增长了27.6%；七是企业的带动作用明显增强，多数企业承担有国家重大项目或地方重点项目，企业处于行业或区域发展的前列，建有57家国家重点实验室、企业技术中心和工程中心。

特别值得指出的是,今年汶川特大地震发生后,各试点企业坚决贯彻落实党中央、国务院的部署和要求,迅速行动,组织员工捐款捐物,不少企业组织专门队伍赶往地震灾区,参与抗震救灾、恢复重建。同时,各试点企业在抗击南方雨雪灾害、落实节能减排和支持奥运等任务中作出了积极的贡献,从中表现出企业的高度政治责任感和社会责任感。

自2006年以来,各地方也相继开展了创新型企业试点工作,目前,已选择了近2000家企业进行试点。其主要特点:一是创新型企业建设工作得到了地方党委、政府的高度重视,建立了试点工作领导小组,纳入规划,重点推进。二是形成了多部门联合推进的良好机制。各地方科技管理部门和国资委、总工会会同有关部门积极推进本地区的试点工作。三是政策措施实,支持力度大。不少地方从税收优惠、企业研发能力建设、重大和重点科技项目支持、人才培养和奖励等方面给予支持。四是地方试点工作成效明显。试点开展以来,试点企业研发投入加大,新技术、新产品、新标准不断推出,自主创新能力进一步提升,在区域经济结构调整中的带动和示范作用不断增强。

回顾创新型企业试点工作的历程,总结试点企业和试点工作的经验,我们体会必须做到五个坚持。一是坚持解放思想,创新观念。推进以企业为主体、市场为导向、产学研相结合的技术创新体系建设,需要我们改变传统观念和认识,与时俱进。建设创新型企业,首先要实现观念创新,要用科学发展的理念、战略的思维、全球化的眼光、市场化的意识来实现以创新驱动又好又快发展。二是坚持深化改革,创新体制和机制。良好的体制机制是企业提高创新能力的重要保障。对企业而言,不仅要加强技术创新和产品创新,更要加强制度创新、管理创新和方法创新,切实把改革创新作为企业发展战略的核心。三是坚持企业为主体,创新产学研结合的模式。要遵循市场经济规律,坚持技术创新的市场导向,把产学研结合的基点放在产业发展和竞争力的提升上,放在企业技术创新的需求上,形成产学研在战略层面的长效合作机制。四是坚持大力协同,形成工作合力。增强企业自主创新能力,需要部门间的密切配合,相互协作,需要重视和发挥各地的积极性和创造性,促进形成资源整合、多方联动、有效支持、共同推进的局面。五是坚持政府引导,集聚创新要素。重在营造良好的政策法制环境,引导和支持各类创新要素向企业集聚,同时要开展试点示范,加强分类指导。

二、认清形势、明确要求,进一步推进创新型企业建设

两年多来,创新型企业试点工作取得了重要进展和初步成效,试点企业技术创新能力显著提升。今天,在第一批开展试点的企业中有91家企业进入了创新型企业行列。这是在推进创新型企业建设中迈出的重要一步。但是,我们必须清醒地看到,创新实践永无止境。被命名的创新型企业,只是站在一个新的起点上,责任更加重大,使命更加光荣,任务更加艰巨,我们必须认清形势,明确要求,进一步加大工作力度,把创新型企业建设提高到新的水平。

当前,我国正处于全面建设小康社会的关键时期,处于改革发展的关键阶段,既面临前所未有的机遇,也面临十分严峻的挑战。从国际上看,科学技术日新月异,重大创新成果不断涌现,科技进步与创新已经成为经济社会发展的主导性力量,国际科技经济竞争更加激烈。发达国家以及跨国公司依靠其科技优势,通过控制核心技术和知识产权、建立技术标准、构筑技术壁垒、垄断高端市场等方式,来维持和扩大其竞争优势,使我国众多企业面临越来越大的压力和挑战。从国内看,我国正处于并将长期处于社会主义初级阶段,生产力水平总体上还不高,

面临着日益严峻的能源、资源和环境的约束。自主创新能力总体上还不强,特别是企业自主创新能力还比较薄弱,成为影响经济社会又好又快发展的重要制约因素。

党的十七大提出,要加快转变经济发展方式,走中国特色新型工业化道路,要求我们积极应对工业化、信息化、城镇化、市场化、国际化带来的新机遇和新挑战,实现由工业大国向工业强国的转变,这就必须坚持自主创新,大幅度提升企业的自主创新能力。

今年初,胡锦涛总书记在安徽视察奇瑞等创新型企业时指出,只有不断提高自主创新能力,才能始终把握发展的主动权,增添发展的新优势,要强化企业在技术创新中的主体地位,鼓励企业加大研发投入和人才储备,引导和支持创新要素向企业集聚,加快形成一批竞争力强的创新型企业,促进科技成果向现实生产力转化。我们要进一步把思想和行动统一到党中央、国务院的战略决策和部署上来,采取有力措施,制定工作规划,明确工作目标,加大工作力度,扎实推进创新型企业建设。

在总体要求上,要深入贯彻落实党的十七大精神,以科学发展观为指导,以提高自主创新能力为核心,以深化改革为动力,着眼于建设创新型国家的战略要求,着眼于提升我国产业核心竞争力,着眼于促进科技与经济更加密切结合,着眼于促进区域经济结构调整和产业发展,大力实施"技术创新引导工程",积极推进创新型企业建设。

在工作目标上,力争在三到五年内,在建设以企业为主体、市场为导向、产学研相结合的技术创新体系上取得突破性进展。企业在技术创新中的主体地位初步确立,重点行业和关键领域的技术创新能力大幅度增强,产学研结合更加紧密,一大批企业进入创新型企业行列,努力培育中国创新型企业500强。

在工作任务上,要研究制定创新型企业建设工作规划,按照示范一批、培育一批、带动一批的思路,扩大试点范围,通过创新型企业的示范带动作用,引导更多的企业走创新发展的道路。研究制定关键产业领域的技术创新政策,引导企业的技术创新方向和重点。营造良好环境,完善鼓励技术创新和科技成果转化的法制保障、政策体系、激励机制。建立企业创新的评价监测体系,运用科学合理的评价指标,加强政策导向及动态调整。

在保障措施上,科技部、国资委、全国总工会将进一步加强与有关部门的协作与配合,积极引导和支持政策要素、人才要素、技术要素、资金要素、管理要素和公共服务要素向企业集聚,具体将采取以下十个方面的措施。

一是完善和落实激励企业自主创新的各项政策措施。认真落实《国家中长期科学和技术发展规划纲要(2006-2020年)》配套政策及实施细则,重点促进企业研发费用的税前抵扣、自主创新技术和产品的政府采购、激励企业创新的金融支持等政策的落实。制定和完善国有骨干企业创新友好型出资人政策。

二是加强企业创新人才和各类人才的培养。营造有利于科技人才向企业流动的机制和环境,促进企业、大学、科研机构的人才交流,建立企业与大学、科研机构合作培养企业创新人才队伍的共建机制。建立有利于科技人才在企业成长和发展的激励机制和管理模式,开展对企业高层管理人员的培训,促进企业加强职工知识和技能培训,提高广大职工的科技素质和能力。

三是进一步支持企业加强研发能力建设。支持企业建立和完善研发机构。完善有关规划和管理办法,在具备条件的企业建设国家重点实验室、国家工程技术研究中心和产业化基地。

四是引导企业更加重视知识产权和标准工作。促进企业制定知识产权战略，加强知识产权的创造、运用、保护和管理，注重建立健全企业知识产权管理机构，积极开展和参与技术标准的制定，努力形成更多的自主品牌。

五是加大科技计划对企业技术创新的支持力度。注重反映产业技术创新和企业的重大技术创新需求，在具有明确或潜在市场应用前景的领域，支持优势企业牵头或参与承担国家及地方重大与重点科技项目。

六是促进加强对企业的金融支持。加大引导性资金的投入，促进运用贷款贴息、偿还性资助等多种方式支持企业，促进建立创业投资引导基金，推进信贷担保、知识产权质押贷款等工作的开展，为解决企业特别是中小企业贷款难创造条件，进一步建立和完善技术产权交易市场。

七是为企业提供更多的公共服务。构建面向企业技术创新的公共服务平台，促进国家实验室、大学、科研机构、检测中心、大型仪器中心等向企业开放。加大对技术市场、生产力促进中心、企业孵化器、留学生创业园等科技中介服务机构的扶持力度，为企业技术创新提供更好的公共服务。

八是支持企业"走出去"。支持企业在全球化市场环境下更加主动地参与国际竞争、分工与合作，利用各种有效资源为企业开展国际经济技术合作与交流提供便利和服务。

九是建立企业创新的交流平台。整合资源，建立企业创新的信息交流平台，发挥各有关部门的组织、协调作用，组织开展企业的经验交流、学习研讨等活动，为企业创新提供交流平台，创造合作机会。

十是加强对企业创新的评价和奖励。进一步完善创新型企业评价指标体系，制定具体的评价考核办法，加强创新导向，对企业技术创新从整体上进行考核。完善奖励办法，在科技进步奖中对优秀企业的技术创新工程和平台给予奖励。

在工作要求上，已进入创新型企业行列的企业要从新的起点出发实现持续创新。要巩固试点成果，把已经形成的好做法制度化、规范化，形成长效机制；建立和完善持续增加研发投入的保障机制、创新要素参与分配的激励机制；进一步制定和落实企业创新发展的规划。要更加重视知识产权管理和标准制定，把知识产权的创造、保护和应用贯穿于企业技术创新的全过程；把培养和吸引优秀人才放在更加突出的位置，从企业长远发展的要求出发，加强创新人才队伍建设；要不断探索和创新产学研结合的组织模式和运行机制，强化产学研合作的组织和机制保障，有条件的要牵头组建或参加产业技术创新战略联盟，以形成符合市场经济规律和持续创新需求的产学研合作关系。

各试点企业要坚持高标准、严要求，加大试点工作力度。要按照建设创新型企业的标准和要求，完善和落实试点方案，要重视学习创新型企业的做法和经验，实施企业创新战略，提高自主创新能力；要注重营造尊重人才、崇尚创新、宽容失败、和谐奋进的创新文化氛围；要在加大研究开发投入、完善研发机构、创新产品和服务、提高创新效率，掌握核心技术和自主知识产权等方面取得明显进展，争取早日进入创新型企业行列。

各地科技管理等有关部门要进一步把创新型企业建设摆在突出位置切实加以推进。在已有多部门联合工作的基础上，加强组织领导与协同配合，结合各地实际，创造性地开展工作；要研究制定创新型企业建设的工作规划，把它作为推进区域创新体系建设的战略措施和有效载体，认真加以推进。要加强分类指导，对试点企业开展有针对性的指导和服务；要认真落实好各地方已经制定的支持企业创新发展的政策措施，集成资源，加大对创新型企业的支持力度。

　　同志们，提高自主创新能力，建设创新型企业，是一项光荣而艰巨的战略任务，也是我们共同的职责和使命。我们要深入贯彻落实党的十七大精神，以科学发展观为指导，进一步解放思想，大胆创新，密切协作，扎实工作，把创新型企业建设工作不断推向深入，带动更多的企业走创新发展之路，努力塑造国家产业竞争新优势，促进形成创新驱动发展的新局面，为落实党中央、国务院提出的自主创新战略，建设创新型国家作出切实的贡献。

在技术创新工程实施视频会议上的讲话

中共中央政治局委员、国务委员 刘延东

(2009年7月14日)

在喜迎新中国成立60周年之际，科技部、财政部、教育部、国资委、全国总工会和国家开发银行联合召开视频会议，启动国家技术创新工程实施工作。这是贯彻落实党中央、国务院应对国际金融危机战略部署和国务院9号文件的具体行动，具有重要而紧迫的意义。刚才，学勇同志代表六部门对方案做了介绍，下面我讲三点意见。

一、从战略和全局的高度，充分认识实施技术创新工程的重要意义

科学技术作为第一生产力，是经济社会发展和人类文明进步的根本动力。在技术革命的推动下，人类社会从蒸汽时代逐步进入到电气时代和电子时代，开创了历史上前所未有的辉煌篇章。可以说，近现代以来每一次全球性的重大经济社会变革，都与科技革命密切相关。

当今世界，科技与经济以前所未有的深度和广度加速融合，科技成果转化为生产力和财富的周期日益缩短。如电从发明到应用时隔282年，电磁波通信则时隔26年，而到了20世纪，集成电路用了7年，激光器仅仅用了1年。信息技术的发展更是呈几何级数增长，互联网进入50%的美国家庭只用了5年时间。惠普公司从成立到拥有10亿美元资产用了47年，微软用了15年，雅虎用了2年，谷歌只用了9个月。这些例子都生动地说明，科技进步与创新，已经日益成为各国综合国力和国民财富增长的主要途径，成为国际竞争力强弱的决定性因素。

我们党历来高度重视科技创新的重要作用。新中国成立以来，从向科学进军，到科学技术是第一生产力，到实施科教兴国战略，再到建设创新型国家和把科技置于优先发展的战略地位，我们党对科技的认识不断深化，党领导科技工作的一系列重大战略思想成为中国特色社会主义理论体系的重要组成部分。近年来，以胡锦涛同志为总书记的党中央准确把握世界科技经济发展的最新趋势，明确提出提高自主创新能力、建设创新型国家是国家发展战略的核心和提高综合国力的关键，强调要把增强自主创新能力贯彻到现代化建设各个方面。国务院制定了《国家中长期科学和技术发展规划纲要》，对到2020年我国科技发展作出部署。

当前，建设创新型国家是摆在全党全国面前的重要任务。我们讲的创新型国家，应是经济社会发展主要依靠创新驱动的国家，应是创新能力强、创新效益高、创新环境好、创新制度完善、创新人才辈出的国家。建设创新型国家，从某种意义上说，关键在于提高企业的自主创新能力，建立以企业为主体、市场为导向、产学研用相结合的技术创新体系。这是因为，企业是国民经济的基础和支柱，是科技转化为生产力的集成环节。大量的知识创新、技术创新只有通过企业，才能真正转化为规模生产力，增强国家经济实力。各经济强国在推进工业化进程中，

无一例外地培育出了一批世界级的创新型企业,为国家创新能力的提升起到了重要支撑作用。美国的波音、微软、英特尔,日本的丰田、索尼、松下,德国的大众、西门子,韩国的三星、现代、LG等,在一定程度上主导了本国乃至全球的科技创新。目前,我国企业自主创新能力总体上比较薄弱,技术创新缺乏全面有效的支撑服务,产学研用结合的体制机制不完善,这已成为建设创新型国家的瓶颈制约。实施国家技术创新工程,就是着眼企业这一创新主体而作出的一项重大部署。其目的在于通过体制机制创新,优化企业创新环境,组织和引导创新要素向企业集聚,支持企业提高自主创新能力,实现技术创新体系建设的重大突破,全面推进国家创新体系建设。实施这一工程意义重大,影响深远。

第一,实施技术创新工程是推动经济发展方式转变、实现科学发展的重大举措。当前,我国正处于现代化建设的关键阶段,面临着加快推进工业化、信息化、城镇化、市场化、国际化和转变发展方式的双重任务。顺利完成这双重任务,必须按照科学发展观的要求,大幅度提高科技对经济社会发展的贡献率,以解决好当前发展中的关键问题,并为未来发展打开新的空间。这就需要我们在提高发展水平和解决瓶颈制约两个方面有新的突破:一方面要依靠科技进步推动产业结构升级,加快发展信息、生物、新能源、新材料等新兴产业,建立与国家发展进程相适应、先进完备的现代产业体系,培育新的比较优势和竞争优势;另一方面要顺应世界潮流,解决好能源资源节约开发、治理环境污染、应对气候变化等问题,大力发展循环经济、低碳经济,走出一条科技进步和创新主导的新型工业化道路。企业是现代产业体系的载体和推进新型工业化的关键。科技创新成果要转化为现实生产力,最终都要通过企业来完成。实施技术创新工程将大大增强企业自主创新能力和产业核心竞争力,降低关键领域和重点行业的对外技术依存度,真正推动我国经济走上创新驱动、全面协调可持续的科学发展之路。

第二,实施技术创新工程是建设国家创新体系的重要任务。国家创新体系是创新型国家的核心内容。科技规划纲要明确指出,要把建立以企业为主体、产学研结合的技术创新体系作为国家创新体系建设的突破口。知识创新和技术创新是国家创新体系建设不可或缺的两个环节。一方面,只有为科技创新提供源源不断的知识储备和积累,创新体系才有动力源泉;另一方面,科研成果只有运用到实践中去,造福人类社会,才能体现其最终价值。我们实施的知识创新工程,是着眼于知识经济时代的要求,加强基础性、战略性、前瞻性科技创新,在建设国家创新体系中发挥了先导和示范作用。当前我们大力推动实施技术创新工程,将着眼于提高企业的自主创新能力,加快科技成果的广泛应用和产业化,与知识创新工程相辅相成,共同成为建设国家创新体系的重要支柱。我们要通过实施技术创新工程,以分布全国的创新型企业、贯穿产业链的产业技术创新战略联盟、服务行业和区域的技术创新服务平台为三大载体,形成技术创新体系的整体设计和基本框架,带动国家创新体系建设。

第三,实施技术创新工程是促进科技与经济结合的有效措施。科技只有与经济有机结合,才能充分发挥第一生产力的作用。新知识、新技术只有运用到生产实践中去,才能促进社会生产力整体水平的提高。在我国,长期以来科技经济"两张皮"的问题尚未根本解决,科技对经济社会发展还没有形成全面有效的支撑,经济发展对科技创新的需求拉动还不突出,迫切需要在经济和科技之间架起一条更加快捷有效的通道。实施技术创新工程,确立企业的技术创新主体地位,发挥市场配置科技资源的基础性作用,引导创新要素集聚到对经济的支撑上来,将为促进科技与经济结合创造一种新的系统和模式,这本身也是科技体制改革的重要探索。

第四,实施技术创新工程是应对当前国际金融危机的迫切要求。受国际金融危机的影响,我国经济正处于21世纪以来最困难的时期。纵观历史,近代以来的每一次经济危机之后的经济复苏都离不开科技创新。科技创新能够创造新的经济增长点,创新发展模式,催生新一轮的经济繁荣。最近温家宝总理在山西考察时指出,"谁在科技上占领制高点,谁掌握了关键技术,谁具有自主的知识产权,谁的高端产品多,谁就能在竞争中长期占有优势"。从这次危机中不同企业的生存状况可以看出,一些拥有核心技术和自主知识产权的企业不仅没有受到影响,有的还扩大了市场;而一些企业特别是中小企业遇到经营困难,深层次原因在于核心技术受制于人,相当多的企业处于国际产业分工体系的低端,产品附加值低,缺乏市场竞争力。应对金融危机必须加快科技创新,并尽快把技术转化为生产力,提高企业的技术水平。实施技术创新工程将进一步推动企业把创新作为重要发展战略,促进科技资源向企业开放,促进先进适用技术向企业转移,帮助企业特别是中小企业开发新技术、调整产品结构、改善经营管理和开拓新市场,为企业渡过难关、促进经济平稳较快增长提供重要支持。

二、抓住关键环节,全面推动技术创新工程的实施

国家技术创新工程是一项系统工程。实施这一工程核心是聚焦企业。要紧紧围绕支持企业提高自主创新能力,针对技术创新体系建设的重点环节和突出问题,在创新主体、创新要素、创新机制、创新服务四个方面下工夫、见成效。

第一,确立企业是技术创新主体的鲜明导向。把企业作为技术创新的主体,是党中央、国务院提出的战略要求,是科技规划纲要确定的重点任务。企业作为技术创新主体具有天然优势。企业直接面向市场需求,为了在市场竞争中生存和发展,有把技术成果转化为利润的天然动力,有直接洞悉市场变化的灵敏机制,有持续支持创新的资金优势。只有以企业为主体,才能坚持技术创新的市场导向,通过利益机制整合产学研用的力量,加快创新体系建设。我们在这方面还存在较大差距。目前,我国2万多家大中型企业研发费用占销售收入的比重仅为0.81%,只相当于发达国家的1/10。我国有928万户注册企业,但拥有自主知识产权核心技术的企业仅为0.3‰,98.6%的企业从未申请过专利。要牢固树立企业是技术创新主体的理念,把促进企业成为技术创新主体作为实施技术创新工程的首要目标。要推动企业成为技术创新需求的主体,由企业提出技术需求,决定科技攻关的方向和重点;要推动企业成为研发投入的主体,建立研发机构,加大研发投入力度,调动企业创新的动力和活力;要推动企业成为技术创新活动的主体,由企业按照市场需要,主导和组织技术创新活动;要推动企业成为创新成果应用的主体,由企业直接实施科技成果产业化,缩短转化周期。近年来,胡锦涛总书记、温家宝总理多次指出要加快形成一批竞争力强的创新型企业。创新型企业是依靠技术创新获得竞争力和持续发展的企业,代表一种全新的发展模式。我们要通过技术创新工程,培育一批有较强实力和国际竞争力的创新型企业,带动更多企业走依靠创新谋发展的道路。

第二,引导各类创新要素向企业集聚。目前,创新资源不足是制约企业提高自主创新能力的重要因素。必须创造更好的条件,建立机制,广开渠道,把更多的创新要素引向企业。要引导人才向企业集聚,调整人才培养模式,促进人才有序流动。支持高端人才进入企业,帮助企业引进海外人才,打造高水平创新团队。有产业化前景和以产品开发为目标的重大专项和科研项目,要吸收优势企业参与,积极鼓励企业牵头,带动科研人员到企业去。要普遍提高企业员

工的技术水平和素养，支持企业开展技术培训，培养大量创新班组、技术标兵和岗位能手，增强员工承接和运用新技术的能力。教育系统要办好中等职业教育和高等职业教育，为企业发展培养适用合格人才。要引导科研资金向企业集聚，调整财政科研投资结构，加大对企业的科研投入。现在科技型中小企业贷款难的问题依然比较突出，成为影响企业科技创新和发展壮大的瓶颈因素。要推动科技与金融的紧密结合，加强对企业技术创新的信贷支持，大力发展风险投资，鼓励企业进入多层次资本市场直接融资，促进成果转化和初创期企业快速成长。要引导技术向企业集聚，加大对科技成果转化应用的支持力度，建立高效的技术转移机制，加快先进技术向企业转移扩散，支持企业提高产品技术含量，推动产品升级转型。要加强科学管理，为创新要素的集聚提供保证。要创新企业管理制度，推动企业建立现代企业制度，采用先进的研发管理理念和模式，使各类创新要素充分发挥作用。

第三，建立科研院所、高校和企业之间长期稳定的产学研用合作关系。推动产学研用相结合是技术创新体系建设的重要内容，是提高企业自主创新能力的重要途径。从世界产业发展和科技创新的潮流看，由企业独立创新到产学研用互动创新已成为技术创新的普遍趋势和有效形式。当前，制约我国产学研用相结合的主要问题是，体制机制不健全，企业主体作用发挥不够，企业、高校和科研机构的目标导向不一致，功能趋同，责任不清，缺乏利益保障，合作动力不足。要以产业技术创新战略联盟为载体，推动产业技术创新链的构建，围绕产业重大技术创新加强产学研用长期战略合作，探索建立成果共享和风险分担机制，开展协同攻关，制定技术标准，共享知识产权，联合培养人才。要积极引导产学研用各方按照市场经济规则形成合作关系，建立健全信用机制、责任机制和利益保障机制，优化产学研用结合的环境，形成企业提出技术需求、高校和科研机构提供服务的良性互动局面。要鼓励用户参与合作，强化需求导向，建立完善重大技术创新成果向现实生产力快速转化的畅通渠道。

第四，完善企业技术创新的公共服务体系。为企业技术创新提供公共支撑和服务，是市场经济条件下政府的重要职责。多年来，我们投入大量资源，建立了为数众多的重点实验室、工程中心、企业技术中心、科研仪器设备网等科技基础条件设施，成为自主创新的重要平台。但是必须看到，科技创新资源分散重复，开放共享机制尚未形成，综合利用率不高等问题仍很突出，不适应企业特别是中小企业技术创新的需求。必须采取切实措施，创新管理体制和运行机制，推动大学、大院大所、大型企业等方面的重要公共科技资源开放共享，形成面向企业开放的技术创新服务平台。这项工作一定要突破，利益壁垒一定要打破。现在只有大企业才有条件建立研发机构，但较难惠及广大中小企业。中小企业普遍存在技术落后的问题，自身没有条件建立研发机构，缺乏购买技术的实力，对政府提供低成本技术支持的要求非常迫切。而目前科技资源向中小企业开放存在信息不对称、成本过高、通道不畅等问题，单一企业如果直接与科研单位对接就形不成技术需求的规模，会提高技术应用的成本。要强化这方面的公共服务，以更低的成本、更快的速度、更多的数量向中小企业转移辐射先进技术。要加强技术创新服务平台的能力建设，根据重点产业振兴和战略性产业发展的需要，合理布局，明确方向，不断提高技术供给、产品设计、分析检测、咨询培训等服务水平。要发挥转制科研院所在行业技术创新中的骨干引领作用，选择一批符合条件的转制院所作为产业振兴的技术创新支撑平台，加强产业共性关键技术攻关，推广应用先进适用技术。要完善科技中介服务体系，提高服务的专业化、社会化、网络化水平。

三、加强组织协调，为实施技术创新工程提供有力保障

实施技术创新工程是建设国家创新体系的战略安排，需要在国家层面加强顶层设计和统筹协调。要解放思想，打破框框，深化科技体制改革，突破部门和行业局限，加强协同和联动。六部门制定的技术创新工程总体实施方案，对国务院9号文件的部署进一步细化，提出了明确具体的任务。各部门、各地区、各有关方面要提供有力支持，确保这些任务落到实处。

第一，提高思想认识，切实加强领导。实施技术创新工程，企业受益，院所受益，群众受益，国家受益。各级党委、政府要高度重视，把这项工程作为贯彻科学发展观和保增长、保民生、保稳定的重要内容，在全局工作中摆上重要位置，切实履行职能，加强组织协调，加大财政投入，强化条件保障。特别是党委、政府主要负责同志要亲自过问工程的实施，亲自帮助解决实际困难。各地要结合实际制定具体方案，明确重点和步骤，抓好组织实施工作，使这一工程扎扎实实地向前推进。

第二，加快政策落实，营造激励企业技术创新的政策环境。要着眼于提高企业的自主创新能力，制定和完善相关政策措施，促进科技政策和经济政策的协调一致。特别需要指出的是，为落实好科技规划纲要，国务院出台了60条配套政策，有关部门制定了70多个实施细则，多数与企业技术创新相关。这些政策的出台经过了充分的调查研究，凝聚了各方面的心血，很有力度，也很不容易。各部门、各地方都要尽最大的努力共同做好政策的执行和落实工作。尤其对那些企业最关心、最能得到实惠的具体政策，比如企业研发费用加计扣除、政府采购自主创新产品、国产首台首套重大装备应用、支持科技型中小企业融资等，更要千方百计采取措施落实好。要加强对政策特别是财政、金融、税收等政策落实的监督检查，及时总结经验，发现问题，不断完善政策，为企业提高创新能力提供政策保障。

第三，加强部门协调，形成共同推动技术创新工程实施的良好局面。组织实施部门要建立和完善协调工作机制，研究重大问题，协调具体行动。要争取更多部门和行业协会的参与和支持，形成工作合力。企业要抓住机遇，主动参与到工程实施中来，切实发挥好主体作用。高校、科研院所、金融机构、中介机构和其他组织要发挥优势，实现资源集成。要加强舆论宣传，营造全社会关注技术创新、支持技术创新、参与技术创新的良好氛围。

同志们，实施技术创新工程，提高企业自主创新能力，既是当前应对国际金融危机的紧迫要求，也是一项长期而艰巨的重大任务。让我们更加紧密地团结在以胡锦涛同志为总书记的党中央周围，迎难而上，扎实工作，充分发挥科技支撑作用，为促进经济平稳较快发展作出新的贡献，以优异成绩迎接新中国成立60周年！

在技术创新工程实施视频会议上的总结讲话

科技部部长 万 钢

(2009年7月14日)

为贯彻中央关于应对金融危机、保持经济平稳较快发展的精神，落实国务院9号文件要求，充分发挥科技的重要支撑作用，大力提高企业自主创新能力，推动我国经济尽快走上创新驱动、全面协调可持续发展的轨道，今天，科技部、财政部、教育部、国资委、全国总工会和国家开发银行联合召开视频会议，对国家技术创新工程实施工作进行动员和部署。

中共中央政治局委员、国务委员刘延东同志亲临会议，并就实施技术创新工程发表了重要讲话。刘延东国务委员的讲话，站在我国现代化建设战略和全局的高度，深刻分析我们当前面临的机遇和挑战，从四个方面系统阐述了实施技术创新工程的重大意义，指出了全面推动技术创新工程实施必须牢牢抓住的核心和关键环节，同时对加强组织协调、为实施技术创新工程提供有力保障提出了明确的要求。延东同志的讲话高屋建瓴、内涵深刻，充分体现了党中央、国务院对科技工作和国家创新体系建设的战略要求，体现了对企业技术创新规律的深刻把握，体现了对充分发挥科技支撑作用的殷切期望。我们要认真学习，深入领会，坚决贯彻，努力推动技术创新工程深入实施，促进经济社会实现又好又快发展。

下面，我就学习贯彻刘延东国务委员的重要讲话，组织实施好技术创新工程提三点要求：

第一，认真学习贯彻延东同志的重要讲话，充分认识实施技术创新工程的重大意义。刘延东国务委员指出，实施技术创新工程是着眼于企业创新主体作出的一项重大部署，其目的在于通过体制机制创新，优化企业创新环境，组织和引导创新要素向企业集聚，支持企业提高自主创新能力，实现技术创新体系建设的重大突破，全面推进国家创新体系建设。实施这一工程关系到我国现代化建设的战略全局，是转变经济发展方式、实现科学发展的重大举措，是建设国家创新体系的重要任务，是促进科技与经济结合的有效措施，是应对国际金融危机的迫切要求。延东同志明确提出，要通过实施技术创新工程，形成技术创新体系的整体设计和基本框架，带动国家创新体系建设。延东同志强调，实施技术创新工程的核心是聚焦企业，要紧紧围绕支持企业提高自主创新能力，针对技术创新体系建设的重点环节和突出问题，在创新主体、创新要素、创新机制、创新服务四个方面下工夫、见成效。一是要求产学研用紧密结合，把建立健全信用机制、责任机制、利益保障机制和成果分享机制以及突出用户参与作为推进产学研结合的重点。二是加强对企业技术创新的公共服务，强调了技术创新服务平台能力建设、科技资源开放共享、服务于中小企业和科技中介服务的重要意义。三是重视在国家层面加强顶层设计和统筹协调，深化科技体制改革。四是要突破部门和行业局限，加强协同和联动，要通过工程实施，使企业受益，院所受益，群众受益，国家受益。我们要认真学习、全面领会，及时向本单位、本地区、本系统进行传达。要结合实际认真贯彻落实延东同志的讲话要求，切实从战略和全局的高度，充分认识实施技术创新工程的重大意义，把思想和行动统一到中央的重大战略部署上来。

第二，认真落实技术创新工程总体实施方案部署的各项重点任务。会前我们已经把这个方案发给了大家。刚才学勇同志又代表六部门对技术创新工程的六项主要任务做了详细说明和安排，简言之就是企业主体、产学研用、创新支撑、共享资源、人才建设和国际资源利用。大家要结合学勇同志的报告，认真研究、准确把握技术创新工程的指导思想、实施原则、总体目标、主要任务和政策措施，进一步明确工作要求。会后，我们六个部门要针对方案确定的任务分工，结合各自职能提出具体的行动计划和相关的政策细则，尽快把各项工作推向深入。各地方也要结合本地实际制定具体工作方案，抓紧组织实施，提升企业技术创新能力，加快区域创新体系建设，推动区域经济社会全面协调可持续发展。广大企业、高校、科研机构、产业技术创新联盟和科技中介机构，要抓住国家实施技术创新工程的机遇，充分发挥自身优势，主动参与到技术创新的主战场上来，为提高自主创新能力、建设创新型国家贡献力量。

第三，集成资源，大力协同，切实保障技术创新工程取得实效。实施技术创新工程的总体目标很明确，就是形成和完善以企业为主体、市场为导向、产学研相结合的技术创新体系，大幅度提升企业自主创新能力，推动企业成为技术创新主体，实现科技与经济更加紧密结合。要实现这些目标，必须坚持聚焦企业，要围绕产业技术创新战略联盟、技术创新服务平台和创新型企业建设这三大载体，集中配置资源，加大支持力度，组织和引导人才、政策、资金、技术、管理、公共服务等各类创新要素向企业集聚。要在国务院的统一领导下，解放思想，开拓创新，实现部门之间更加紧密的协同配合。中央和地方要上下联动，形成合力，结合实际因地制宜推进技术创新工程的实施。我相信，只要我们大家心往一处想，劲往一处使，以科学发展观为指导创造性地开展工作，就一定能够使技术创新工程取得实效，切实发挥国家战略工程的重大作用。

同志们，实施技术创新工程，积极应对危机挑战，推进国家创新体系建设，使命光荣，责任重大。我们要抓住机遇，迎难而上，以改革创新的精神，推动各项工作任务落到实处，充分发挥科技支撑作用，为建设创新型国家，实现全面建设小康社会宏伟目标而努力奋斗。

在技术创新工程实施视频会议上的讲话

科技部党组书记、副部长　李学勇

（2009年7月14日）

为贯彻落实党中央、国务院关于发挥科技支撑作用，促进经济平稳较快发展的战略部署和国务院9号文件精神，今天，科技部、财政部、教育部、国资委、全国总工会、国家开发银行在这里共同召开视频会议，启动实施国家技术创新工程。党中央、国务院领导高度重视技术创新工作，对大力提升企业自主创新能力，加快推进技术创新工程提出了明确要求。中共中央政治局委员、国务委员刘延东同志多次作出重要批示，今天又亲临会议，并将就实施技术创新工程做重要讲话。在此，我受六部门的委托，就实施技术创新工程的主要任务和工作安排做一说明。

一、实施技术创新工程的目的

党的十七大把提高自主创新能力、建设创新型国家作为国家发展战略的核心，提高综合国力的关键，并提出要加快建立以企业为主体、市场为导向、产学研相结合的技术创新体系，引导和支持创新要素向企业集聚。近年来，全社会支持企业技术创新的氛围日益浓厚，广大企业技术创新的内在动力不断增强，金融危机形成的倒逼机制更使企业把技术创新作为发展的生命线。2008年，企业研发投入已占到全社会研发投入的70%以上，国内企业申请专利同比增长23.9%。技术创新引导工程实施三年多来，在各地方、各部门的积极推动和支持下，一批充满活力的创新型试点企业正在迅速成长，一批产业技术创新战略联盟在产业结构调整和振兴中的作用正在显现，多部门共同支持企业技术创新的机制正在形成，为技术创新工程的实施提供了良好基础。

国务院9号文件对大力支持企业提高自主创新能力，加快推进技术创新工程提出了明确要求。为落实9号文件的任务，科技部、财政部、教育部、国资委、全国总工会、国家开发银行等部门共同研究制定了国家技术创新工程实施方案。

实施技术创新工程要坚持以科学发展观为指导，以提高企业技术创新能力为核心，创新体制机制，营造良好环境，引导创新要素向企业集聚，提升产业竞争力，加快推进技术创新体系建设。这是应对金融危机的当务之急，是实现调结构、上水平的治本之策，是加快国家创新体系建设的战略行动。抓好这项工程，对于促进科学技术更加主动地为经济发展服务，经济发展更加紧密地依靠科技进步，实现创新驱动发展，具有十分重要的意义。

二、实施技术创新工程的主要任务

围绕提升企业技术创新能力这个核心，针对技术创新体系建设的紧迫需求和关键环节，技术创新工程总体实施方案从确立企业在技术创新中的主体地位、推进产学研紧密结合、加强技术创新的支撑服务、开放共享科技资源、加强企业人才队伍建设、利用国际科技资源等方面，提出了六项主要任务。

第一，推动产业技术创新战略联盟的构建和发展，创新产学研结合的体制机制和模式。

产业技术创新战略联盟是以企业发展的内在需求和联盟参与方的共同利益为基础，以具有法律约束力的契约为保障，由企业、科研机构、高等院校等形成的联合开发、优势互补、利益共享、风险共担的新型技术创新组织。在相关部门和地方的积极推动下，在若干重点行业和区域已经建立起一批产业技术创新战略联盟。这一探索和实践，对于加快科技成果向现实生产力转化，形成产业技术创新链，提升产业核心竞争力具有重要的意义。按照实施方案的要求，一是在振兴重点产业和培育战略性产业中，建立一批以企业为主体、产学研紧密结合的技术创新战略联盟，引领产业结构调整和优化升级。二是创新科技管理，探索支持联盟发展的各种有效措施和方式，在重大专项、国家和地方重点科技计划的实施中，推进技术创新战略联盟建设。三是依托联盟探索产学研结合的新机制，在创新和研发活动的组织方式上取得突破，在技术成果推广应用和产业化的机制上取得突破。

第二，建设和完善技术创新服务平台，为企业特别是广大中小企业提供技术支撑和服务。

技术创新服务平台是促进产业结构优化升级的重要支撑，是技术创新体系建设的基础性工程。近年来，在中央和地方财政的大力支持下，形成了一批科技创新与成果转化和产业化基地，为建设和完善技术创新服务平台奠定了坚实基础。按照实施方案的要求，要加强统筹规划，完善总体布局，面向国家重点产业振兴、战略性产业培育中的重大需求，建立和完善技术创新服务平台。一是加强资源整合，重点依托高等院校、科研机构、转制院所、大型企业等，建立技术创新服务平台；二是创新体制机制，完善制度保障，实现开放共享，为企业提升技术创新能力提供有效服务；三是坚持政府引导，运用市场机制，形成多元化投入机制，综合运用多种方式支持技术创新服务平台健康发展。

第三，推进创新型企业建设，引导广大企业走创新发展之路。

增强自主创新能力，提升产业竞争力，呼唤一大批拥有自主知识产权和自主品牌，依靠技术创新获得竞争优势和持续发展的创新型企业。创新型企业试点工作开展以来，确定创新型试点企业469家，各地方开展创新试点的企业达到3000多家。按照实施方案的要求，一是继续引导企业树立创新发展战略，以市场为导向，把创新作为赢得市场竞争的根本途径，把创新战略作为企业发展的主体战略；二是支持企业加强创新能力建设，增加研发投入，加强研发机构建设，凝聚创新人才队伍；三是促进企业创新管理，在企业中推广应用创新方法，创造自主创新品牌，加强知识产权管理，开展职工技术创新活动，营造企业创新文化。

第四，加强政策引导，促进高等院校和科研院所向企业开放科技资源。

高等院校和科研院所集聚了丰富的科技资源。为提高资源利用效率，教育部积极推动高等院校资源共享服务体系建设，中科院组织所属研究所向企业开放大型科学仪器设备，各地方、各部门也都通过制定政策等多种措施，积极推动这项工作。当前，要加强政策的引导和支持，一是进一步鼓励高校、科研机构的科技资源向企业开放；二是完善监督考评体系，将高等院校、科研院所开放科技资源纳入绩效考核指标。

第五，坚持以人为本，加强企业技术创新人才队伍建设。

人才是企业实现创新发展的根本。近年来，我国企业特别是大型企业在培养和引进人才方面取得了重要进展，但总体来看仍然缺乏创新人才特别是高层次创新人才。加强企业技术创新人才队伍建设，一是注重培养，鼓励高等院校、科研院所创新人才培养模式，与企业联合培养创新人才；二是注重实践锻炼，鼓励高校学生参与企业创新实践，特别是在产学研合作中发挥积极作用；三是注重引进高层次人才，积极参与实施国家"千人计划"，建立高层次创新人才队伍；四是注重提高广大职工素质，通过开展职工群众性技术创新活动和加强职工培训等，提高企业职工科技素质和创新能力。

第六，深化国际合作，引导企业充分利用国际科技资源。

在当前应对国际金融危机的形势下，应统筹做好"引进来"和"走出去"工作，引导企业抓住机遇，充分利用好国际科技资源。一是加大"走出去"战略的实施力度，大力开展海外科技资源和人才智力合作；二是支持企业提高"引进来"的水平，在更高起点上提升技术创新能力，加强自主品牌建设；三是发挥科技、教育等国际合作计划的作用，支持企业与国外研发机构和企业开展联合研发。

产业技术创新战略联盟、技术创新服务平台、创新型企业是实施技术创新工程的三大载体，也是需要着力推进的重点。抓好这三项重点任务将有效保障工程的顺利实施，有力地推动以企业为主体、市场为导向、产学研相结合的技术创新体系建设。

三、推进技术创新工程的有关安排和要求

实施技术创新工程要求我们必须进一步把思想和行动统一到党中央、国务院的重大决策部署上来，密切合作，扎实推进，务求实效。

第一，精心组织，协同配合。实施技术创新工程是一项具有全局性和战略性的重要任务。六部门将在原有工作的基础上继续密切合作，同时与各相关部门加强协作，做好方案的落实工作。加强调查研究，根据实际工作中出现的新情况和新问题及时采取有效措施。

第二，上下联动，合力推进。各地方在支持企业技术创新和推进区域创新体系建设中，创造了许多好经验和好做法。要高度重视地方在推进技术创新工程中的重要作用，加强沟通协商和分类指导。在工程实施中，各地方要进一步发挥积极性和创造性，结合实际制定具体方案。要注意总结各地经验，选择有基础、有特色的省市作为试点，发挥示范带动作用。

第三，突出重点，务求实效。在今后2~3年内，工程实施要集中力量抓好三个"一批"，即建设一批产业技术创新战略联盟，在国家重点产业和区域支柱产业形成新的技术创新布局；建立一批技术创新服务平台，整合资源，加大支持，形成对企业技术创新的有效支撑和服务系统；建设一批创新型企业，加快形成产业发展新的竞争优势。与此同时，还要着眼长远，把技术创新工程实施纳入"十二五"科技规划和相关产业发展、区域发展规划中。

第四，集成资源，加大支持。发挥财政科技投入的引导作用，加大对企业技术创新的支持力度，引导企业大幅度增加科技投入。创新投入方式，优化科技计划的投入结构，支持产业技术创新联盟承担产业关键和共性技术的攻关任务；支持技术创新服务平台整合资源、优化存量，为企业技术创新提供有效服务；支持创新型企业通过产学研结合，承担国家和地方科技计划项目。发挥财政资金的放大作用，加强科技与金融结合，为科技成果转化和产业化，培育和形成新兴产业与战略性产业提供有效支持。

第五，落实政策，营造环境。深入落实国家中长期科技规划纲要配套政策，落实好国务院9号文件提出的各项政策措施，支持企业技术创新，促进产学研紧密结合。要加强对政策落实情况的跟踪评估和检查，及时了解政策落实中存在的问题，把握企业创新发展的迫切需求，及时完善政策措施。

国家技术创新工程的实施标志着国家创新体系建设已经迈上一个新的起点。我们要认真贯彻党中央、国务院的战略部署，学习好、贯彻好刘延东国务委员在这次会议上的重要讲话精神，大力协同，开拓创新，扎实推进技术创新工程的实施，为提高自主创新能力，建设创新型国家作出新的贡献。

重要文献

政策文件

（1）关于印发"技术创新引导工程"实施方案的通知（国科发政字〔2006〕31号）

（2）关于开展创新型企业试点工作的通知（国科发政字〔2006〕110号）

（3）关于企业实行自主创新激励分配制度的若干意见（财企〔2006〕383号）

（4）关于印发《支持国家重大科技项目政策性金融政策实施细则》的通知（银监发〔2006〕95号）

（5）关于进一步推动科研基地和科研基础设施向企业及社会开放的若干意见（国科发基字〔2006〕558号）

（6）关于依托转制院所和企业建设国家重点实验室的指导意见（国科发基字〔2006〕559号）

（7）关于印发《科技计划支持重要技术标准研究与应用的实施细则》的通知（国科发计字〔2007〕24号）

（8）国家认定企业技术中心管理办法（国家发展和改革委员会、科学技术部、财政部、海关总署、国家税务总局2007年第53号令）

（9）国家开发银行 科学技术部关于对创新型试点企业进行重点融资支持的通知（开行发〔2007〕225号）

（10）国家工程实验室管理办法（试行）（中华人民共和国国家发展和改革委员会2007年第54号令）

（11）关于深入实施技术创新引导工程加快推进技术创新体系建设的意见（国科发政〔2008〕179号）

（12）关于开展创新型企业评价工作的通知（国科办政〔2008〕40号）

（13）国家税务总局关于印发《企业研究开发费用税前扣除管理办法（试行）》的通知（国税发〔2008〕116号）

（14）关于推动产业技术创新战略联盟构建的指导意见（国科发政〔2008〕770号）

（15）关于印发《国家技术创新工程总体实施方案》的通知（国科发政〔2009〕269号）

关于印发"技术创新引导工程"实施方案的通知

国科发政字〔2006〕31号

各省、自治区、直辖市科技厅（科委）、国资委、总工会，各计划单列市科技局、国资委，新疆生产建设兵团科技局、国资委，各全国产业工会，各中央企业：

为贯彻党的十六届五中全会和全国科技大会精神，落实中共中央、国务院关于加强自主创新的要求，科学技术部、国务院国资委和中华全国总工会决定联合实施"技术创新引导工程"，促进企业成为技术创新的主体，提升企业核心竞争力，增强国家自主创新能力。

现将《"技术创新引导工程"实施方案》印发给你们，请结合实际制定具体工作方案，推动此项工作扎实深入地开展，工作中的有关情况和问题请及时报告。

附件："技术创新引导工程"实施方案

科学技术部　国务院国资委　中华全国总工会
二〇〇六年一月二十四日

附件：

"技术创新引导工程"实施方案

为贯彻党的十六届五中全会和全国科技大会精神，进一步增强企业自主创新能力，加快建立以企业为主体、市场为导向、产学研相结合的技术创新体系，科学技术部、国务院国资委、中华全国总工会决定实施"技术创新引导工程"。

一、基本宗旨和主要目标

基本宗旨：促进企业成为技术创新的主体，提升企业核心竞争力，增强国家自主创新能力，为建设创新型国家提供有力支撑。

主要目标：引导形成拥有自主知识产权、自主品牌和持续创新能力的创新型企业；引导建立以企业为主体、市场为导向、产学研相结合的技术创新体系；引导增强战略产业的原始创新能力和重点领域的集成创新能力。

二、指导原则和总体部署

指导原则：全面落实科学发展观，加强政府引导与运用市场机制相结合，优化资源配置，集成各方优势，创新工作机制，营造有利环境。

总体部署：针对各类企业的特点和发展要求，重点给予支持。对高新技术企业，重点支持其开展以增强自主创新能力为核心的"二次创业"，推进高新技术产业化和科技型中小企业的孵化发展；对大中型骨干企业，支持其建立研发中心，增强研究开发实力；对民营科技企业和科技型中小企业，着重建设公共技术服务平台，完善科技中介服务体系，使其在市场竞争中迅速成长壮大，实现新的发展；对已实施企业化转制的科研院所，加强其持续创新能力建设，在深化改革的基础上，加大支持力度，充分发挥其在行业发展和高新技术产业化中的骨干作用。

三、重点内容

（一）开展创新型企业试点工作。制定创新型企业试点办法，在全国各地方和行业选择一批符合条件的企业进行试点，给予优先支持，推动企业建立和完善有利于创新的体制和机制，激励企业加大研发投入、健全研发机构、培育创新人才，增强技术创新的内在动力和能力，支持企业加强管理创新和创新文化建设，引导企业走创新型发展的道路。建立相应的考核评估指标体系，开展"创新型企业"评估工作。在地方和行业试点的基础上，开展"国家级创新型企业"命名。

（二）引导和支持若干重点领域形成产学研战略联盟。引导若干重点领域，以共性技术和重要标准为纽带，以大中型骨干企业和行业龙头企业为核心，形成各种形式的产学研战略联盟，并给予优先支持。以国家高新区等产业集群中的技术联盟企业为主体，配合国家科技计划、重大专项和条件平台项目，采用竞争机制，组织产学研联合开展对引进先进技术的消化吸收和再创新。

（三）优化资源配置，加大对企业技术创新的引导。主体科技计划优先支持企业承担或企业牵头、产学研联合承担的竞争前技术与共性关键技术研发，引导战略产业的原始创新和重点领域的集成创新。调整政策引导类计划的引导方向，并在其中设立"技术创新引导工程"，将科研院所技术开发专项、重点新产品计划、生产力促进中心等纳入统筹考虑。完善科技计划项目评审和立项办法，提高评审专家中企业同行专家的比例。

（四）加强企业研究开发机构和产业化基地建设。积极扩大在转制科研院所和其他具备条件的企业中建设国家重点实验室的试点规模；采取多种方式，新建一批国家工程技术研究中心。与有关部门共同开展国家认定企业技术中心工作，重点支持企业自主研发活动。

新发展一批产业化基地，提高基地建设水平。进一步发挥国家高新区在科技成果产业化中的重要作用。依托产业化基地，加快探索技术扩散的机制和途径，鼓励和支持企业运用专利许可、技术转让、技术入股等方式加快技术成果的扩散应用。

（五）加强面向技术创新的公共服务平台建设。针对中小企业的创新需求，建立和完善科技中介服务体系，加大对技术市场、生产力促进中心、科技企业孵化器、科技咨询机构和创业风险投资服务机构等科技中介机构的政策扶持；建立健全共享机制，实现国家重点实验室、国家工程中心等各类共性技术平台向中小企业开放。鼓励社会力量参与技术创新服务人才的培训工作。

继续深化和推广科技特派员试点，推广农业专家大院等服务模式，完善农业技术推广服务体系。

（六）激励广大职工为企业技术创新建功立业。引导职工加强技术创新和技术改造，推动产业结构优化升级和经济结构调整。广泛开展职工技术交流和技术协作，组织能工巧匠进行技术攻关，发动职工参与技术市场建设，促进职工科技成果加速转化。引导职工增强节约意识，发动职工改进工艺、技术和设备，大力推广节能降耗、环境保护、安全生产等方面的先进适用技术，倡导节约型的生产方式和消费方式。

四、保障措施

（一）营造有利的政策环境。积极推动《国务院关于实施〈国家中长期科学和技术发展规划纲要〉的若干配套政策》中促进企业自主创新的财税政策、金融政策、政府采购政策、技术引进等政策的落实，加快制定相关细则和实施办法。研究制定有利于促进企业自主创新、形成知识产权和保护知识产权的有关政策，形成有利于技术创新的良好政策环境。

（二）加大引导性经费投入。优化存量，扩充增量。稳步提高计划经费的支持比重，加大政策性经费的支持力度，加强政策研究、创新型企业试点、研发中心与工程中心建设、产学研结合引导以及工程整体推动等方面工作。

（三）加强创新人才队伍建设。为企业家成长和各类科技人才创新创业创造良好条件。大力提倡科技人才到企业就业或自行创业，鼓励企业探索股权、期权等激励方式吸引科学家和工程师到企业创新创业，不断壮大技术创新队伍。深入开展职工素质建设工程，努力提高广大职工的思想道德素质、科学文化素质、技术技能素质。

（四）加强考核激励，增强企业技术创新的内在动力。把技术创新能力作为国有企业考核的重要指标，把技术要素参与分配作为高新技术企业产权制度改革的重要内容。深化企业化转制科研院所产权制度等方面的改革，使之在高新技术产业化和行业技术创新中发挥骨干作用。

（五）加强国际科技合作，促进技术创新。利用政府间科技合作渠道，引导和支持一批企业开展引进消化吸收和再创新。对符合条件的企业，认定为国际科技合作示范基地。在国际科技合作重点项目计划中，加大对大企业集团与国外企业开展联合研发的支持。

（六）加强对技术创新工作的统计评估和奖励。制定评价指标体系，加强对行业（或产业）技术创新工作的统计评估，定期公布评估结果，加强宏观指导，整体推进技术创新工作。完善各类企业技术创新的评价办法。制定并实施对企业技术创新的奖励办法，激励和引导企业加强技术创新。

五、组织实施

（一）建立部门间分工负责机制，保证本方案确定的各项任务落到实处。科技部、国务院国资委和全国总工会分解工作任务，加强指导和阶段性检查与考核，推动本工程扎实开展。各级科技、国资监管机构和工会组织要根据本方案制定相应的行动方案，纳入"十一五"规划，并作为2006年的工作重点，切实加强领导，精心组织实施。

（二）建立协调沟通机制，形成推进工程实施的合力。科技部、国务院国资委和全国总工会建立联席会议制度，定期进行会商，可联合更多部门参与，加强政策协调，协同行动，适时编印简报，加强信息沟通和经验交流。各级科技、国资监管机构和工会组织要加强协作和联合，统筹协调，优势互补，集成资源，落实工程任务。

（三）各级科技、国资监管机构和工会组织要进一步解放思想，大胆创新，务求实效，建立共同研究探索机制。根据工程实施的需要，共同组织调研，总结经验，发现问题，研究新政策，探索引导技术创新的新方式。同时，加强宣传，为工程深入实施营造良好的社会氛围。

（四）科技部、国务院国资委和全国总工会将会同相关部门抓紧制定本方案确定的创新型企业试点、引导产学研战略联盟试点、建设企业研究开发机构及产业化基地、加强技术创新的公共服务平台建设、激励职工为技术创新建功立业等重点工作的具体方案，并下发实施。

关于开展创新型企业试点工作的通知

国科发政字 [2006] 110 号

各省、自治区、直辖市、计划单列市科技厅（委、局）、国资委、总工会，新疆生产建设兵团科技局、国资委、总工会，各有关工业协会，各全国产业工会：

为贯彻落实党的十六届五中全会和全国科技大会精神，推动"技术创新引导工程"深入实施，科学技术部、国务院国资委、中华全国总工会决定联合开展创新型企业试点工作，加大对企业自主创新的支持，引导企业走创新发展的道路，形成一批拥有自主知识产权、知名品牌和持续创新能力的创新型企业，为建设创新型国家提供有力支撑。

现将《创新型企业试点工作实施方案》及《创新型企业试点方案主要内容要求》印发给你们，请结合实际认真组织实施，切实推进这项工作的开展。试点工作中遇到的重要情况和问题请及时报告。

联系电话：科学技术部政策体改司　010-58881762
　　　　　国务院国资委规划发展局　010-63193498
　　　　　中华全国总工会经济技术部　010-68591418

附件：1. 创新型企业试点工作实施方案
　　　2. 创新型企业试点方案主要内容要求

科学技术部　国务院国资委　中华全国总工会
二〇〇六年四月十三日

附件 1

创新型企业试点工作实施方案

为深入贯彻党的十六届五中全会和全国科技大会精神，促进企业成为技术创新的主体，增强企业自主创新能力，根据科学技术部、国务院国资委、中华全国总工会（以下简称三部门）《关于印发"技术创新引导工程"实施方案的通知》（国科发政字 [2006] 31 号）的要求，决定开展创新型企业试点工作。现制定如下实施方案：

一、试点目标

作为"技术创新引导工程"的重点任务之一,创新型企业试点工作以提升企业自主创新能力为核心,探索促进企业成为技术创新主体的有效模式和措施,加大对企业自主创新的引导和支持,促进产学研紧密结合,形成各种类型具有示范性的创新型企业,引导更多企业走创新发展之路,为增强自主创新能力、加快经济结构调整和增长方式转变、建设创新型国家提供支撑。

二、工作原则

(一)突出引导。突出政府的引导作用,充分发挥市场在配置资源中的基础性作用,激发企业的创新活力,促进企业成为研究开发投入的主体、技术创新活动的主体和创新成果应用的主体,提高企业的持续创新能力。

(二)注重集成。把扶持企业技术创新的科技计划、基地建设、人才培养以及试点推动等措施有效地集成起来,整合资源、形成合力,加大对企业自主创新的支持。

(三)分类指导。选择不同类型的企业开展试点工作,根据各自特点探索具有针对性的支持措施和相应的评价办法;区别不同地方情况,指导其根据各自特点开展试点工作。分期分批推进试点和评估命名工作。

(四)重点推进。选择具有代表性的企业开展试点工作,进行重点引导和支持,发挥其对各类企业的辐射和示范作用。试点工作重点支持企业加强技术创新,提升自主创新能力。

三、选择条件

选择一批在技术创新、品牌创新、体制机制创新、经营管理创新、理念和文化创新等方面成效突出的企业进行试点。试点企业要具备以下五个方面的基本条件:

(一)具有自主知识产权的核心技术。掌握企业发展的核心技术并具有自主知识产权,整体技术水平在同行业居于领先地位。积极主导或参与国际、国家或行业技术标准的制定工作。

(二)具有持续创新能力。在同类企业中,研发投入占年销售收入比例较高,有健全的研发机构或与国内外大学、科研机构建立了长期稳定的合作关系。在领先的技术领域具有较强的发展潜力。重视科技人员和高技能人才的培养、吸引和使用。

(三)具有行业带动性和自主品牌。在行业发展中具有较强的带动性或带动潜力。注重自主品牌的管理和创新,通过竞争发展,形成了企业独特的品牌,并在市场中享有相当知名度。

(四)具有较强的盈利能力和较高的管理水平。企业近三年连续盈利,整体财务状况良好,销售收入和利润总额呈稳定上升势头。建立了比较完善的知识产权管理体系和质量保证体系。

(五)具有创新发展战略和文化。重视企业经营发展战略创新,努力营造并形成企业的创新文化,把技术创新和自主品牌创新作为经营发展战略的重要内容。

试点企业主要在国有骨干企业、转制院所、高新技术企业和其他主要依靠技术创新发展的企业中选择。国有骨干企业是指中央和地方国资委分别监管的企业;转制院所是指中央和地方已实施企业化转制的应用开发类科研机构;高新技术企业是指经认定的高新技术企业;其他企业主要是指除上述三类企业之外主要依靠技术创新发展的企业,包括科技型中小企业、民营科技企业等。在满足上述五个方面要求的基础上，各类企业还应满足以下条件：

——国有骨干企业。有明确的技术创新战略并贯彻实施，主导产品具有明显的国际竞争优势，拥有国际或国内著名的自主品牌产品等。

——转制院所。在转制改革中发挥示范带动作用，承担国家和企业科研任务较多，自身科研投入较大，科研仪器设备条件比较先进，有较强的面向行业开展技术研发服务和推广应用的能力等。

——高新技术企业。研发投入占销售收入的5%以上，大专以上学历的科技人员、专职科研人员占企业职工总数的比例分别不低于30%和10%，创新产品及技术性收入占销售收入的50%以上，具有较强的技术储备能力和发展后劲等。

——其他企业。具有自主创新成果；不断创新企业发展的体制和机制；企业成长性强，具有较大的发展潜力；在行业技术发展中能够发挥引领和带动作用等。

三部门根据上述条件选择试点企业。各地方应参照上述条件并结合本地区实际制定本地区试点企业的选择条件。

四、支持措施

对三部门联合确定的试点企业，根据企业的实际需要在以下方面有选择地给予支持：

（一）国家科技计划给予重点支持。支持企业参与国家科技计划项目的实施。对试点企业申报的科技计划项目，优先予以立项支持；科技计划中有产业化前景的项目，优先支持试点企业承担。科技金融工作对试点企业给予重点支持。

（二）加大创新基地建设力度。支持有条件的试点企业独立或联合科研院所、高等学校等建立国家重点实验室（工程类）、国家工程技术研究中心、生产力促进中心以及国际科技合作示范基地等。

（三）支持创新人才队伍建设。组织对试点企业管理人员的技术创新管理、知识产权管理等培训，组织对试点企业的标准化培训，组织开展试点企业与科研院所、高等学校的人员交流与合作，支持试点企业培养国际化人才。

（四）支持企业加强标准和知识产权工作。支持试点企业成为技术标准制定的牵头单位，并优先支持试点企业参与企业标准试点工作。支持试点企业建立健全知识产权管理体系，建立和实施知识产权战略、自主品牌战略等。

（五）强化业绩考核对技术创新的导向。对国有试点企业，明确企业负责人对企业技术创新的领导职责，将企业技术创新投入和创新能力建设作为企业负责人业绩考核的重要内容。

（六）加大对企业技术创新的表彰和奖励。对成绩特别突出且符合条件的试点企业授予"全国五一劳动奖状"。设立国家科技进步奖企业技术创新工程项目，加强对企业科技进步与创新的奖励，对创新业绩突出的试点企业给予优先奖励。

各地方参照上述措施并结合本地区实际制定相应的支持措施，对本地区的试点企业给予支持。三部门对地方试点工作择优给予支持，推动试点工作扎实开展。

五、组织实施

（一）中央试点工作的组织实施。

1. 选择确定试点企业。科技部、国务院国资委和全国总工会首批共同选择100家企业进

行试点:

国务院国资委负责初选 10 家国有骨干企业;

科技部负责初选 10 家转制院所;

科技部负责在地方科技部门推荐的基础上初选 80 家高新技术企业和其他依靠技术创新发展的企业。各省、自治区科技厅、直辖市科委、计划单列市科技局按照本方案提出的要求,各推荐 2 家企业,于 2006 年 4 月 30 日前报科技部火炬中心。

首批试点企业经科技部、国务院国资委和全国总工会共同审议后于 5 月下旬确定。

2. 试点企业上报试点方案。进入试点的各类企业要制定本企业的具体试点方案,明确试点任务、具体措施、工作进度以及年度目标。地方推荐的企业试点方案在报送企业名单时一并报送。试点方案经三部门联席会议批准后实施。

(二) 地方试点工作的组织实施。

各地方科技管理部门商国资监管部门和工会组织等负责本地区试点工作的组织实施。

1. 制定试点工作方案。各地方根据本《通知》制定本地区的试点工作方案,确定试点企业条件、试点内容和支持措施等。

2. 选择确定试点企业。各地方科技管理部门商国资监管部门和工会组织按照本地区试点工作方案选择试点企业。各地方要根据本地区实际情况合理确定首批试点企业的数量,并兼顾不同行业和不同类型的企业。

3. 组织开展试点工作。各地方于 5 月下旬将本地区的试点工作方案和试点企业名单一式三份报科技部备案,开展试点工作。

4. 三部门加强对地方试点工作的指导。及时组织试点情况的调研和交流,各地方在试点工作中遇到的情况和问题要及时报告。

(三) 评估命名"创新型企业"。

在中央和地方开展试点工作的基础上,制定"创新型企业"的评估指标体系和评估办法。组织开展对中央和地方两级试点企业的评估工作,对其中符合条件的企业,命名为"创新型企业"。研究制定支持创新型企业的政策措施。

附件 2

创新型企业试点方案主要内容要求

试点企业应着重围绕以下主要内容制定试点方案:

1. 加强研发能力建设。加强研发机构建设,增强技术研发能力,提高成果产业化能力,推进产学研合作,发起或参与技术标准制定。

2. 加大研发投入力度。增加自身研发投入,积极承担国家及行业科研任务,改善科研仪器设备及中试装置,提高研发投入占销售收入的比重。

3. 培养创新人才队伍。加强管理人员科技培训、职工技能培训。加强科技人员继续教育。

与高等学校、科研院所联合培养研究生。重视发挥职工技术协会的作用，不断总结推广新技术、新工艺、新操作法，善于发现人才、培养人才，提高职工创新意识。

4. 推进创新基地开放共享。对于财政性资金支持建设的试点企业研发机构，建立和完善向行业和社会开放共享的机制，把面向行业和社会提供服务，作为运行绩效考核的重要指标。

5. 完善创新战略和管理制度。制定并实施企业科技创新战略、知识产权战略和自主品牌战略等。建立并完善企业技术标准和质量保证体系。

6. 完善创新机制政策。完善激励创新的机制，推动技术要素参与分配，建立内部员工股权激励机制，鼓励职工开展技术革新、技术攻关、技术发明等创新活动，营造创新氛围，建设创新文化等。

关于企业实行自主创新激励分配制度的若干意见

财企 [2006] 383 号

党中央各部门,国务院各部委、各直属机构,总后勤部,武警总部,全国人大常委会办公厅,全国政协办公厅,各省、自治区、直辖市、计划单列市财政厅(局)、发展改革委、科技厅(委、局)、劳动和社会保障厅(局),新疆生产建设兵团,各中央管理企业:

为了贯彻实施《国家中长期科学和技术发展规划纲要(2006 – 2020 年)》,支持企业自主创新,维护企业及其研发人员的知识产权权益,改革和完善企业分配和激励机制,根据国家有关法律、法规的规定,现就企业实行自主创新激励分配制度提出如下意见:

一、企业应当建立内部知识产权管理制度,依法划清企业职工职务技术成果与非职务技术成果的界限。属于以下情形之一取得的职工职务技术成果,应当属于企业所有,法律、法规另有规定的除外:

(一)职工在本职工作中取得的;

(二)职工在企业交付的研发任务中取得的;

(三)职工主要利用企业的资金、设备、零部件、原材料或未对外公开的技术资料等资源取得的;

(四)职工退职、退休、调动工作后一年内或者在与企业约定的期限内取得,且与其在原企业承担的本职工作或分配的任务有关的。

对职务技术成果完成人,企业应当依法支付报酬,并可以给予奖励。

企业研发人员作为非职务技术成果完成人享有的合法权益,企业不得侵犯。

二、企业内部分配应当向研发人员适当倾斜,可以通过双方协商确定研发人员的工资报酬水平,并可以在工资计划中安排一定数额,专门用于对企业在职研发人员的奖励。

实行工资总额同经济效益挂钩政策的企业,在国家调整工效挂钩政策之前,因实行新的自主创新激励分配制度增加的对研发人员的工资、奖金、津贴、补贴等各项支出,计入工资总额,但应当在工资总额基数之外单列。

三、企业在实施公司制改建、增资扩股或者创设新企业的过程中,对职工个人合法拥有的、企业发展需要的知识产权,可以依法吸收为股权(股份)投资,并办理权属变更手续。

企业应当在对个人用于折股的知识产权进行专家评审后,委托具备相应资质的资产评估机构进行价值评估,评估结果由企业董事会或者经理办公会等类似机构和个人双方共同确认。其中,国有及国有控股企业应当按国家有关规定办理备案手续。

企业也可以与个人约定,待个人拥有的知识产权投入企业实施转化成功后,按照其在近 3 年累计为企业创造净利润的 35% 比例内折价入股。折股所依据的累计净利润应当经过中介机构依法审计。

四、企业实现科技成果转化，且近3年税后利润形成的净资产增值额占实现转化前净资产总额30%以上的，对关键研发人员可以根据其贡献大小，按一定价格系数将一定比例的股权（股份）出售给有关人员。

价格系数应当综合考虑企业净资产评估价值、净资产收益率和未来收益折现等因素合理确定。企业不得为个人认购股权（股份）垫付款项，也不得为个人融资提供担保。个人持有股权（股份）尚未缴付认股资金的，不得参与分红。

五、高新技术企业在实施公司制改建或者增资扩股过程中，可以对关键研发人员奖励股权（股份）或者按一定价格系数出售股权（股份）。

奖励股权（股份）和以价格系数体现的奖励额之和，不得超过企业近3年税后利润形成的净资产增值额的35%，其中，奖励股权（股份）的数额不得超过奖励总额的一半；奖励总额一般在3~5年内统筹安排使用。

六、没有实施技术折股、股权出售和奖励股权办法的企业，可以实施以下技术奖励或分成政策：

（一）与关键研发人员约定，在其任职期间每年按研发成果销售净利润的一定比例给予奖励；

（二）根据盈利共享、风险共担的原则，采取合作经营方式，与拥有企业发展需要的成熟知识产权的研发人员约定，对合作项目的收益或者亏损按一定比例进行分成或者分担。

以上比例一般控制在项目利润或亏损的30%以内，相应支出不计入工资总额，不得作为企业计提职工教育经费、工会经费、社会保险费、住房公积金等的基数。企业支付的奖励或收益分成计入管理费用，收到研发人员的损失补偿款冲减管理费用。

七、国有及国有控股企业根据企业自身情况，采取技术折股、股权出售、奖励股权、技术奖励或分成等方式，对相关人员进行激励，并应当具备以下条件：

（一）企业发展战略明确，产权明晰，法人治理结构健全；

（二）建立了规范的员工绩效考核评价制度、内部财务管理制度；

（三）企业财务会计报告经过中介机构依法审计，近3年净资产增值额真实无误，且没有违反财经法律法规的行为；

（四）实行股权出售或者奖励股权的企业，近3年税后利润形成的净资产增加值占企业净资产总额的30%以上，且实施股权激励的当年年初未分配利润没有赤字；

（五）实行技术奖励或分成的企业，年度用于技术奖励或分成的金额同时不得超过当年可供分配利润的30%。

八、企业按照本意见第三条至第六条实行激励分配制度的，应当拟订具体的实施方案，经股东会或履行股东职能的相关机构审议通过后，与激励对象签订协议。

实施方案应当明确激励对象、激励方式、激励标准、激励计划、绩效考核、权利义务、违约责任等内容，并不得对同一研发人员或者同一知识产权重复实施不同形式的激励政策。

国有及国有控股企业实行激励分配制度的实施方案，应当按国家有关规定报经批准。

九、企业应当在年度财务会计报告中，对企业实行自主创新激励分配的相关财务信息予以充分披露。具体披露信息包括研发人员工资总额及人均工资总额，实施技术折股、股权出售、奖励股权、技术奖励或者分成涉及的研发人员人数及其条件、股权数量、比例或奖励金额等。

会计师事务所在对企业年报实施审计时,应当对企业相关激励分配情况予以重点关注。

十、本意见所称企业研发人员,是指从事研究开发活动的企业在职和外聘兼职的专业技术人员以及为其提供直接服务的管理人员。

本意见所称企业关键研发人员,是指关键技术成果的主要完成人、重大研发项目的负责人或者对企业主导产品、核心技术进行重大创新、改进的主要技术人员。

高新技术企业的资格,按照国家高新技术企业认定的相关规定确定。

十一、各部门、各地方可以按照本意见,结合实际情况制定本系统、本地区企业自主创新激励分配的具体实施办法。

十二、本意见自发布之日起施行。执行中有何问题,请随时反映。

财政部　国家发展改革委　科技部　劳动保障部

二〇〇六年十月二十五日

关于印发《支持国家重大科技项目政策性金融政策实施细则》的通知

银监发〔2006〕95号

各银监局，各政策性银行：

现将《支持国家重大科技项目政策性金融政策实施细则》印发给你们，请认真贯彻落实。

中国银行业监督管理委员会
二〇〇六年十二月二十八日

支持国家重大科技项目政策性金融政策实施细则

第一章 总 则

第一条 为实施《国家中长期科学和技术发展规划纲要（2006－2020年）》（以下简称《规划纲要》）若干配套政策，营造激励自主创新的金融环境，鼓励和引导政策性银行等金融机构为国家重大科技项目提供金融服务，加强政策性金融对自主创新和产业化的支持力度，中国银行业监督管理委员会（以下简称银监会）根据国家有关法律、法规，制定本实施细则。

第二条 本实施细则所称政策性金融是指国家为实现特定的政策目标，要求或通过金融机构对指定的项目、产业或地域提供的金融服务。

第三条 政策性银行应当强化社会责任意识，将支持国家重大科技项目和高新技术作为落实科学发展观、推动创新型社会建设、促进可持续发展的具体举措，以及培养和拓展银行客户群的有效手段。

第四条 政策性银行应当设立专门账户，反映支持国家重大科技项目的各类政策性专项业务和项目，实行项目专项管理、单独核算。

第五条 政策性银行应当遵循政策性、安全性、流动性和效益性原则，自主经营、独立审贷、自担风险，对国家重大科技项目给予重点支持。

第六条 政策性银行应当严格依照本实施细则开办相关业务。银监会及其派出机构依法对政策性银行支持国家重大科技项目的业务活动进行监管。

第二章 支持领域和条件

第七条 政策性银行支持的国家重大科技项目包括：《规划纲要》中的重大专项和国家主

要科技计划中的重大项目、经国家有关部门认定并推荐的国家重大科技专项、国家重大科技产业化项目的规模化融资和科技成果转化项目、高新技术产业化项目、引进技术消化吸收项目、高新技术产品出口项目等。

第八条 政策性银行支持的国家重大科技项目应当具备以下条件：

（一）符合《规划纲要》制定的相关政策，符合国家行业规划、产业政策、项目审核程序、用地政策、用地标准、环境保护、生产安全等方面的要求；

（二）在政策性银行支持的范围内，优先选择列入国家科技计划，且产品和技术具有创新性的项目；

（三）符合国家有关法律法规的规定，项目的建设需得到国家有权部门的批准，确保贷款资金用于国家重大科技项目；

（四）具备良好的国内外市场前景、较强的竞争力和盈利能力；

（五）项目申请人应当为在工商行政管理部门（或主管机关）依法核准登记注册的企（事）业法人，具备承担民事责任的资格，自主经营、独立核算；

（六）项目申请人建立了产权清晰、职责明确、分工合理、相互制衡的公司治理结构，制定了规范的内部管理制度和可操作的风险管理制度；

（七）项目申请人具有足够的偿债能力或风险覆盖能力，能提供符合法律规定的第三方保证或抵质押担保；

（八）政策性银行认为应当满足的其他条件。

第九条 国家通过招标投标方式确定国家重大科技项目政策性金融服务的承办人，政策性银行作为投标人依法进行投标活动。商业银行等机构对于通过国家组织的招投标获得的政策性金融业务，应当严格按照招投标约定的条件承办，分账管理。

第三章 风险防范与控制

第十条 政策性银行按照国家有关规定，享受支持的经认定的国家重大科技项目的风险补偿和贴息政策。未经认定的项目按照市场化原则运作。

第十一条 政策性银行应当高度关注国家重大科技项目和高新技术贷款的技术风险、信用风险、市场风险、操作风险、法律风险等各类风险，加强对这些风险的识别、计量、监测和控制，根据这些贷款授信的流程和特点制定专门的风险管理办法及业务操作规程，建立相应的风险管理及内控制度，建立健全激励约束和考核评价机制。

第十二条 政策性银行应当按照国家重大科技项目贷款申请的受理、审核、审批、贷后管理等环节分别制定各自的职业道德标准和行为规范，明确相应的权责和考核标准。

第十三条 政策性银行应当建立健全相应的统计信息系统，确保贷款信息的准确性、真实性、完整性，有效监控贷款整体情况。

第十四条 政策性银行应当根据重大科技项目和高新技术贷款借款人拟采用或已采用技术的原创性、领先性、适用性、知识产权的可保护性和这些技术及其相关产品的市场前景，正确评估贷款的现金流情况，并结合贷款的第三方保证、抵质押担保和其他风险缓释因素，正确评估此类贷款的债项等级。

第十五条 政策性银行应当根据重大科技项目和高新技术贷款借款人的资产负债情况、技术创新能力、经营能力、产业政策导向、政策支持力度等正确评估借款人信用等级。

第十六条 政策性银行应当根据重大科技项目和高新技术贷款借款人拟采用或已采用技术的成熟程度和所处的产业化、市场化阶段，审慎考虑银行适合承担的风险。应当注意通过与风险投资基金、产业投资基金、财政投融资或其他权益性投融资合作，或通过开展银团贷款、政府转贷款，或其他方式如保险、资产证券化、信用衍生品等分散和转移贷款风险。

第十七条 政策性银行应当基于风险可控和合规的原则，积极探索以知识产权和其他形式的无形资产为抵质押的贷款试点工作。

第十八条 政策性银行应当引入专家评审机制。根据需要委托技术、金融、财务、相关产业及法律等领域的专家对项目的技术、产品、市场、财务状况及政策法规等方面进行调查和评估。

第十九条 项目借款人必须在政策性银行或其指定的代理行设立专用账户，实行专项管理、专项核算、专款专用，严格按政策性银行的信贷管理规定及合同要求使用资金。

第二十条 政策性银行应当建立风险预警机制。在项目借款人出现信用结构缺损、挪用贷款、资本金不到位、企业经营出现重组改制、法律诉讼、重大违约及恶性事件等重大风险情况时，停止发放贷款，并提前收回已发放的贷款本息。

第二十一条 政策性银行应当积极支持科技型小企业，建立和完善贷款的风险定价机制、独立核算机制、高效的贷款审批机制、激励约束机制、专业化的人员培训机制和违约信息通报机制。

第二十二条 政策性银行应当根据贷款的风险情况，准确进行贷款的五级分类，并按照《金融企业呆账准备提取管理办法》（财金〔2005〕49号）足额计提准备，增强抵御风险能力，弥补贷款损失。

第四章 附 则

第二十三条 本实施细则由银监会解释和修改。

第二十四条 本实施细则自印发之日起施行。

关于进一步推动科研基地和科研基础设施向企业及社会开放的若干意见

国科发基字〔2006〕558号

各省、自治区、直辖市、计划单列市科技厅（委、局），新疆生产建设兵团科技局，国务院各有关部委、各直属机构科技主管部门：

根据《国家中长期科学和技术发展规划纲要（2006－2020年）》和《国务院关于实施〈国家中长期科学和技术发展规划纲要（2006－2020年）〉若干配套政策的通知》（国发〔2006〕6号），为进一步推动科研基地和科研基础设施向企业及社会开放，提出以下意见：

1. 政府投资建立的科研基地和科研基础设施属于国家公共科技资源，非涉密或国家无特殊规定的，均应向企业及社会开放。

2. 科研基地和科研基础设施要利用现代信息技术手段，建立信息网站和公共信息交流服务平台，通过多种方式向企业及社会发布开放工作信息。

3. 科研基地和科研基础设施要积极为企业及社会使用科学仪器设备提供服务。符合条件的科学仪器设备应纳入全国或区域性大型科学仪器协作共用网。

4. 科研基地和科研基础设施拥有的种质资源、标准物质、标本和样品、科学数据、科技文献和信息等要向企业及社会开放，实现共享，并应有相应的管理办法。

5. 有条件的科研基地和科研基础设施应面向企业及社会设立开放课题并予以经费资助。

6. 鼓励科研基地和科研基础设施根据企业及社会需求开展技术人员培训，有条件的机构要积极与企业联合培养研究生、共建博士后工作站。

7. 具备条件的科研基地和科研基础设施要加强与企业研发中心的联系与合作，为产学研战略联盟的形成发挥积极作用。

8. 科研基地和科研基础设施要积极创造条件，向社会公众特别是中小学生开放，传播科学知识，提高公众科学素养。

9. 科研基地和科研基础设施开放可以采取有偿服务的形式，但不能以盈利为目的。

10. 科研基地和科研基础设施的开放应纳入单位的年度工作计划。新建科研基地和科研基础设施的建设方案应明确开放措施。

11. 科研基地和科研基础设施的开放情况应作为其运行绩效考核的重要指标。成绩突出的，予以表彰和奖励。

12. 科研基地和科研基础设施在开放过程中要遵守国家有关保密规定。

科学技术部
二〇〇六年十二月三十一日

关于依托转制院所和企业建设国家重点实验室的指导意见

国科发基字 [2006] 559 号

各省、自治区、直辖市、计划单列市科技厅（委、局），新疆生产建设兵团科技局，国务院各有关部委、各直属机构科技主管部门：

为落实《国家中长期科学和技术发展规划纲要（2006－2020年）》，营造激励自主创新的环境，促进以企业为主体、市场为导向、产学研相结合的技术创新体系建设，按照《国务院关于实施〈国家中长期科学和技术发展规划纲要（2006－2020年）〉若干配套政策的通知》（国发 [2006] 6号）及"技术创新引导工程"总体部署，科技部将有重点、有步骤地在转制院所和企业建设一批国家重点实验室。根据《国家重点实验室建设与管理暂行办法》，提出以下意见：

一、定位和主要任务

企业国家重点实验室是国家技术创新体系的重要组成部分，是开展行业应用基础研究、聚集和培养优秀科技人才、开展科技交流的重要基地，是发展共性关键技术、增强技术辐射能力、推动产学研相结合的重要平台。

企业国家重点实验室的主要任务是：瞄准国际高技术前沿、针对产业和行业发展中的重大需求，开展应用基础研究、关键技术和共性技术研究，提高行业技术水平和企业自主创新能力；组织重要技术标准的研究制定；培养高层次科学研究和工程技术人才；加强行业科技合作与交流，推动技术扩散和技术储备等。

二、建设目标和原则

"十一五"期间，在能源、环境、农业、制造、材料、交通、信息、医药等国家经济社会发展的重要领域，依托转制院所和企业建设一批设备先进、人才聚集、机制创新的国家重点实验室，逐步形成结构优化的企业国家重点实验室体系，显著提升企业自主创新能力和产业国际竞争力，促进企业成为技术创新主体。

在企业建设国家重点实验室遵循以下原则：

统筹规划，合理布局。根据国家发展战略目标和行业科技发展需求，组织制定企业国家重点实验室发展规划，系统安排，分步实施。

重点推进，引导示范。优先在国家需求迫切、急需突破技术瓶颈制约的领域重点推进企业国家重点实验室建设，发挥示范和带动作用，引导企业进一步加强对科研活动的重视和投入。

严格要求，确保质量。坚持高标准、严要求，确保企业国家重点实验室的科研实力和水平，能够承担和完成国家重大科研任务。

整合资源，多方投入。充分发挥政府在政策、资金的引导作用，广泛吸引社会多元化投入，推动企业国家重点实验室的建设与发展。

三、组织实施

（一）管理职责

1. 科技部是企业国家重点实验室建设的宏观管理部门，研究制定实验室总体规划和有关政策、办法等指导性文件，批准实验室的建立、重组、合并和撤销，组织实验室的评估和考核，通过有关国家科技计划项目等方式对实验室予以支持。

2. 国务院有关部门（行业）或地方科技管理部门是企业国家重点实验室的行政主管部门，负责指导本部门实验室的运行和管理，组织实施实验室建设，并提供必要的支持。

3. 企业是实验室的依托单位，具体负责实验室的建设与日常运行，为实验室提供建设、运行经费及保障条件。

（二）建设方式和程序

1. 企业国家重点实验室的建设采取定向委托和主管部门推荐、择优立项相结合的方式推进。

2. 科技部根据总体部署，制定企业国家重点实验室建设指南。申报单位根据指南要求编写申请书，经主管部门审查后报科技部。科技部组织专家评审，择优立项。

3. 批准立项的企业国家重点实验室编制建设方案，通过可行性论证后进入建设期。实验室完成建设任务后，提出验收申请；科技部组织验收通过后予以批准。

4. 建立适合企业特点的评估办法和优胜劣汰的动态管理机制。

（三）申请条件

1. 依托单位应具有明确的技术创新发展战略，从事应用基础研究、关键技术和共性技术研究5年以上，内部研发体系和知识产权管理体系健全；具有较强的综合科技实力，掌握产业核心技术并具有自主知识产权，具有较强的行业辐射能力，处于本领域领先地位。

2. 依托单位的科技投入较大，近三年研发投入占年销售收入比例一般不低于5%，能够为企业实验室提供充足的建设、运行和实验费用。

3. 企业实验室应具有相对集中的研究方向，是集中依托单位精华力量、代表相关领域或本行业最高研究水平的科研基地；在重大关键技术创新或系统集成方面成果突出，能够承担和完成国家重大科研任务。

4. 企业实验室应具备先进的科研条件和设施，有相对集中的实验用房，面积在3000平方米以上，仪器设备总值1500万元以上。

5. 企业实验室应拥有一支年龄与知识结构合理、高水平的科技创新队伍，具有良好的培养优秀中青年科技人才的条件与业绩。

6. 企业实验室应建立创新、灵活的运行机制，具备较高的管理水平，管理规范，规章制度健全。

科学技术部
二〇〇六年十二月三十一日

关于印发《科技计划支持重要技术标准研究与应用的实施细则》的通知

国科发计字［2007］24 号

国务院各有关部委、各有关直属机构，各省、自治区、直辖市科技厅（委、局），质量技术监督局，发展改革委，财政厅（局），新疆生产建设兵团科技局：

为贯彻落实国务院《关于实施〈国家中长期科学和技术发展规划纲要（2006－2020 年）〉若干配套政策的通知》（国发［2006］6 号）和国务院办公厅《关于同意制订〈实施国家中长期科学和技术发展规划纲要的若干配套政策〉实施细则的复函》（国办函［2006］30 号）精神，充分发挥科技计划的支持和引导作用，促进重要技术标准的研究与应用，特制定《科技计划支持重要技术标准研究与应用的实施细则》。现印发给你们，请结合实际，认真贯彻执行。

附件：科技计划支持重要技术标准研究与应用的实施细则

科学技术部　国家质量监督检验检疫总局
国家发展和改革委员会　财政部
二〇〇七年一月十五日

附件：

科技计划支持重要技术标准研究与应用的实施细则

第一条 为实施《国家中长期科学和技术发展规划纲要（2006－2020 年）》（国发［2005］44 号），营造激励自主创新的环境，推动技术标准战略的实施，努力建设创新型国家，根据《国务院关于实施〈国家中长期科学和技术发展规划纲要（2006－2020 年）〉若干配套政策的通知》（国发［2006］6 号），制定本细则。

第二条 本细则所称科技计划，指由各级政府及相关部门设立并组织实施的科学研究与实验发展活动及相关的其他科学技术活动。

第三条 本细则所称重要技术标准，指对国民经济、社会发展及国家安全具有重要影响和保障作用的各类技术标准。

第四条 科技计划支持重要技术标准研究与应用，应当遵循国民经济、社会发展及国家安全的迫切需要与前瞻性发展相结合，国内与国际相结合，标准化人才培养与基地建设相结合，产学研相结合，引导与统筹政府、行业、地方、企业、高校、科研机构等全社会资源相结合的原则。

第五条 科技计划主管部门要将技术标准战略贯穿科技计划项目组织实施的全过程，通过科技计划项目的实施，带动相关重要技术标准的研究制定和试验验证，以及与重要技术标准研制相关的重要实验仪器设备、实验数据、计量、检验、检疫、检测设备与方法等的研究和改进。

第六条 各类科技计划应根据本计划的目标与功能定位，按照分类指导的原则，有重点地支持能带动形成重要技术标准的相关关键技术研究开发与推广应用。

第七条 科技计划主管部门在研究制定科技计划和项目申报指南时，应征求国务院标准化主管部门关于技术标准发展的意见，征求相关行业协会、产业联盟、技术联盟及标准联盟等行业组织和有关企业、科研机构、高等院校等相关技术标准意见。

第八条 对具有以下作用的科技计划项目，可根据相应科技计划管理办法，在立项时给予优先考虑：

1. 有助于形成我国经济与社会发展急需的重要公益性技术标准；
2. 有助于重要技术标准形成国际标准；
3. 有助于重点产业关键技术形成技术标准；
4. 有助于形成显著提高我国产业国际竞争力的技术标准；
5. 有助于形成促进军民一体化的技术标准；
6. 有助于形成我国重要技术性贸易措施的技术标准。

第九条 涉及重要技术标准关键技术研究的项目，在立项时要对相关技术标准状况进行综合分析和说明，并将形成的技术标准作为项目的重要考核指标之一。项目验收时，要对重要技术标准的相关指标进行考核，作为项目承担单位今后继续承担科技计划项目的依据之一。

第十条 鼓励企业结合项目实施，联合高等院校、科研院所等开展相关重要技术标准关键技术研究。

第十一条 项目研究成果有望形成重要技术标准的，项目承担者在项目验收报告中提出后续技术标准相关研制的建议，在科技计划滚动立项时应予以优先支持。

第十二条 鼓励企业等社会各方面投入重要技术标准相关的关键技术研究，实现多元化投入方式。

第十三条 科技计划通过涉及重要技术标准关键技术研究与应用相关项目的实施，带动技术标准人才队伍建设，重点培养国际标准、技术性贸易措施的研究人才及重要技术标准推广应用人才。鼓励承担重要技术标准关键技术的研究人员参加国际标准化组织的相关活动。

第十四条 结合科技计划项目实施，支持有能力的研究开发机构成为重要技术标准关键技术研发基地。

第十五条 将重要技术标准相关专家纳入科技计划专家库，为涉及重要技术标准相关项目的立项评审与组织实施提出咨询意见。

第十六条 建立科技计划形成的科研成果转化为技术标准的快速工作机制，对科研成果可形成国家、行业或地方重要技术标准的，国家、行业和地方标准化主管部门应及时纳入标准制定工作程序，并优先列入标准制定计划。

第十七条 建立科技计划形成重要技术标准成果的信息通报制度。通过科技计划项目实施形成的重要技术标准相关信息与成果，项目承担单位应及时向科技计划主管部门备案。建立科技计划主管部门与标准化主管部门定期的交流沟通机制，及时将形成的重要技术标准信息在相关的政务网站及媒体进行发布，促进重要技术标准的推广应用。

第十八条 本细则的解释权属科学技术部，自公布之日起实施。

国家认定企业技术中心管理办法

国家发展和改革委员会、科学技术部、财政部、
海关总署、国家税务总局 2007 年第 53 号令

为贯彻落实《中共中央关于制定国民经济和社会发展第十一个五年规划的建议》和《中共中央、国务院关于实施科技规划纲要增强自主创新能力的决定》，充分发挥国家认定企业技术中心在建立以企业为主体、市场为导向、产学研相结合的技术创新体系中的重要作用，规范和加强国家认定企业技术中心的认定和评价工作，特制定《国家认定企业技术中心管理办法》，现予以公布，自 2007 年 5 月 20 日起施行。

国家发展和改革委员会主任：马凯

科学技术部部长：徐冠华

财政部部长：金人庆

海关总署署长：牟新生

国家税务总局局长：谢旭人

二〇〇七年四月十九日

国家认定企业技术中心管理办法

第一章 总 则

第一条 为贯彻落实《中共中央关于制定国民经济和社会发展第十一个五年规划的建议》和《中共中央、国务院关于实施科技规划纲要增强自主创新能力的决定》，充分发挥国家认定企业技术中心在建立以企业为主体、市场为导向、产学研相结合的技术创新体系中的重要作用，规范和加强国家认定企业技术中心的认定和评价工作，依据《中华人民共和国科学技术进步法》，特制定本办法。

第二条 为推进企业技术中心建设，确立企业技术创新和科技投入的主体地位，对国民经济主要产业中技术创新能力较强、创新业绩显著、具有重要示范作用的企业技术中心，国家予以认定，并给予相应的优惠政策，以鼓励和引导企业不断提高自主创新能力。

第三条 国家发展改革委、科技部、财政部、海关总署、国家税务总局负责国家认定企业技术中心的认定工作。国家发展改革委牵头对企业技术中心建设进行宏观指导，并牵头负责国

家认定企业技术中心认定的具体组织工作和评价工作。

第二章 认 定

第四条 国家认定企业技术中心的认定每年组织一次，受理认定申请的截止日期为每年5月15日。

第五条 申请企业应具备以下基本条件：

（一）有较强的经济技术实力和较好的经济效益，在国民经济各主要行业中具有显著的规模优势和竞争优势。

（二）领导层重视技术创新工作，具有较强的市场和创新意识，能为技术中心建设创造良好的条件。

（三）具有较完善的研究、开发、试验条件，有较强的技术创新能力和较高的研究开发投入，拥有自主知识产权的核心技术、知名品牌，并具有国际竞争力，研究开发与创新水平在同行业中处于领先地位。

（四）拥有技术水平高、实践经验丰富的技术带头人，拥有一定规模的技术人才队伍，在同行业中具有较强的创新人才优势。

（五）技术中心组织体系健全，发展规划和目标明确，具有稳定的产学研合作机制，建立了知识产权管理体系，技术创新绩效显著。

（六）企业两年内（指申请国家认定企业技术中心当年的5月15日起向前推算两年）未发生下列情况：

1. 因偷税、骗取出口退税等税收违法行为受到行政刑事处理。
2. 涉嫌涉税违法已被税务部门立案审查。
3. 走私行为。

（七）已认定为省市（部门）认定企业技术中心两年以上。

（八）科技活动经费支出额、专职研究与试验发展人员数、技术开发仪器设备原值等三项指标不低于限定性指标的最低标准（详见附件三）。

第六条 认定程序：

（一）地方企业向省、自治区、直辖市、计划单列市相关主管部门（以下简称"相关主管部门"）提出申请并按要求上报申请材料，申请材料包括：《国家认定企业技术中心申请报告》（见附件一）和《企业技术中心评价材料》（见附件二）。

（二）相关主管部门会同同级科技、财政、海关、税务等部门对企业上报的申请材料进行审查，按照国家有关要求，确定推荐企业名单。相关主管部门会同同级科技部门将推荐企业的申请材料（一式三份）在规定时间内上报国家发展改革委，同时将推荐企业名单抄报科技部，抄送同级财政部门、主管海关、国家税务局。

（三）国务院有关部门、计划单列企业集团、中央管理企业可按要求将推荐企业的申请材料直接上报国家发展改革委，同时将推荐企业名单抄送科技部、财政部、海关总署、国家税务总局。

（四）国家发展改革委委托中介评估机构，按照《企业技术中心评价指标体系》（见附件三）对企业申请材料进行初评。

（五）依据初评结果，国家发展改革委牵头商科技部、财政部、海关总署、国家税务总局等有关部门，组织专家择优进行综合评审。

（六）国家发展改革委会同科技部、财政部、海关总署、国家税务总局依据国家产业政策、国家进口税收税式支出的总体原则及年度方案、初评结果、专家评审意见等进行综合审查后，择优确定国家认定企业技术中心名单。

第七条 已是国家认定企业技术中心的企业，其控股子公司企业技术中心如具备国家认定企业技术中心条件，且从事业务领域与母公司不同，可申请作为该企业国家认定企业技术中心的分中心，申请材料和认定程序与国家认定企业技术中心相同。

第八条 国家发展改革委会同科技部、财政部、海关总署、国家税务总局对认定结果（含国家认定企业技术中心分中心），以公告形式颁布。

第九条 国家认定企业技术中心认定结果从国家发展改革委受理申请之日起，90个工作日之内颁布。

第三章 评价

第十条 依据企业技术中心评价指标体系，对国家认定企业技术中心每两年进行一次评价。

第十一条 评价程序：

（一）数据采集。国家认定企业技术中心应于当年4月15日前将评价材料报相关主管部门。评价材料包括：《国家认定企业技术中心年度工作总结》和《企业技术中心评价材料》（见附件四）等。

（二）数据初审。相关主管部门对国家认定企业技术中心上报的评价材料进行审查，并出具审查意见，加盖公章后于当年5月15日前报国家发展改革委；国务院有关部门、计划单列企业集团、中央管理企业可直接上报国家发展改革委（评价材料一式三份）。

（三）数据核查。国家发展改革委委托中介评估机构对国家认定企业技术中心上报的评价材料及相关情况进行核查，核查方式包括召开核查会和实地核查等。

（四）数据计算与分析。国家发展改革委委托中介评估机构对核查后的数据按照企业技术中心评价指标体系进行计算、分析，得出评价结果，并形成评价报告。

第十二条 评价结果分为优秀、合格、不合格。

（一）评价得分90分及以上为优秀。

（二）评价得分60分（含60分）至90分之间为合格。

（三）有下列情况之一的评价为不合格。

1. 评价得分低于60分；

2. 连续两次评价得分在65分（含65分）至60分之间；

3. 逾期一个月不上报评价材料的企业技术中心；

4. 企业科技活动经费支出额、企业专职研究与试验发展人员数、企业技术开发仪器设备原值三项指标中任何一项低于评价指标体系规定的最低标准（详见附件三）。

第十三条 国家发展改革委会同科技部、财政部、海关总署、国家税务总局对评价结果和评价报告进行审核确认。由国家发展改革委以公告形式颁布评价结果。

第十四条 国家认定企业技术中心评价结果从上报评价材料截止之日起，70个工作日内颁布。

第四章 调整与撤销

第十五条 集团公司技术中心被认定为国家认定企业技术中心的，其下属公司的原有国家认定企业技术中心资格应予调整，其中具有独立法人资格，且从事业务领域与集团公司不同的，可调整为集团公司国家认定企业技术中心的分中心；从事业务领域与集团公司一致的取消其国家认定企业技术中心资格，不再单独享受优惠政策。

第十六条 有下列情况之一的撤销其国家认定企业技术中心资格：

（一）评价不合格；
（二）国家认定企业技术中心所在企业自行要求撤销其国家认定企业技术中心；
（三）国家认定企业技术中心所在企业被依法终止；
（四）由于技术原因发生重大质量、安全事故的企业；
（五）国家认定企业技术中心所在企业将享受科技开发用品免征进口税收优惠政策的进口货物擅自转让、移作他用或者进行其他处置被依法追究刑事责任的；
（六）国家认定企业技术中心所在企业涉税违法被依法追究刑事责任的。

第十七条 国家发展改革委会同科技部、财政部、海关总署、国家税务总局对调整与撤销的国家认定企业技术中心，以公告形式颁布。

第五章 管理与政策

第十八条 企业上报的申请材料和评价材料内容和数据应真实可靠。提供虚假材料的企业，经核实后，申请国家认定企业技术中心的企业三年内不得申请国家认定；已是国家认定企业技术中心的企业撤销其国家认定企业技术中心资格，三年内不得申请国家认定。

第十九条 因第十六条原因被撤销国家认定企业技术中心资格的，两年内不得重新申请国家认定。

第二十条 对于评价得分65分（含65分）至60分的国家认定企业技术中心，给予警告，并由相关主管部门、国务院有关部门、计划单列企业集团、中央管理企业负责督促整改。

第二十一条 各直属海关对国家认定企业技术中心所在企业和申请国家认定企业技术中心所在企业是否存在走私行为进行核查，核查具体要求由海关总署另行通知。

第二十二条 税务部门每年对国家认定企业技术中心所在企业和申请国家认定企业技术中心所在企业是否存在涉税违法行为进行核查，核查具体要求由国家税务总局另行通知。

第二十三条 国家认定企业技术中心所在企业将享受科技开发用品免征进口税收优惠政策的进口货物擅自转让、移作他用或者进行其他处置被依法追究刑事责任的，从违法行为发现之日起停止享受有关进口税收优惠政策；尚不够追究刑事责任的，从违法行为发现之日起停止享受优惠政策一年。

第二十四条 有偷税、骗取出口退税等涉税违法行为的国家认定企业技术中心所在企业，尚不够追究刑事责任的，停止享受科技开发用品免征进口税收优惠政策一年（从发布停止享受优惠政策公告之日算起）。

第二十五条 国家认定企业技术中心所在企业发生更名、重组等重大调整的，应在办理相关手续后30个工作日内由相关主管部门、国务院有关部门、计划单列企业集团、中央管理企业将有关情况报国家发展改革委，同时抄报科技部、财政部、海关总署、国家税务总局。

第二十六条 国家发展改革委会同科技部、财政部、海关总署、国家税务总局每年对企业更名情况进行审核确认，并公告一次国家认定企业技术中心名单。

第二十七条 国家认定企业技术中心（含分中心）根据《科技开发用品免征进口税收暂行规定》（财政部海关总署国家税务总局［2007］第44号令），享受相关优惠政策。国家认定企业技术中心的异地分支机构需满足第五条第八款，并经核准后方可享受相关优惠政策。

第二十八条 国家发展改革委通过企业技术中心创新能力建设专项、科技部通过企业技术中心科技专项计划对国家认定企业技术中心给予资金支持，以引导和鼓励企业加大技术创新投入，加强自主创新，促进国家认定企业技术中心的建设和发展。

第二十九条 国家认定企业技术中心所在企业每年要填报《享受国家认定企业技术中心政策进口科技开发用品免税情况表》（见附件五），并于每年2月15日前报各主管部门及省级财政部门，各主管部门及省级财政部门汇总后于2月底前分别报国家发展改革委和财政部。

第六章 附 则

第三十条 各省市及国务院有关部门可结合本地区（部门）实际，参考本办法，制定相应政策，开展省市（部门）认定企业技术中心的认定和评价工作，并对企业技术中心建设给予相应支持。

第三十一条 本办法自2007年5月20日起施行。2005年发布的《国家认定企业技术中心管理办法》（国家发展改革委、财政部、海关总署、国家税务总局第30号令）同时废止。

第三十二条 本办法由国家发展改革委会同科技部、财政部、海关总署、国家税务总局负责解释。

附件：1. 国家认定企业技术中心申请报告（略）
      2. 企业技术中心评价材料（略）
      3. 企业技术中心评价指标体系（略）
      4. 企业技术中心评价材料（略）
      5. 享受国家认定企业技术中心政策进口科技开发用品免税情况表（略）

国家开发银行 科学技术部
关于对创新型试点企业进行重点融资支持的通知

开行发 [2007] 225 号

开发银行总行营业部、各分行、代表处，总行企业局；各省、自治区、直辖市、计划单列市、新疆生产建设兵团科技厅（委、局）；各创新型试点企业：

为贯彻落实党的十六届五中、六中全会和全国科技大会精神，促进企业成为技术创新的主体，国家开发银行（以下简称"开发银行"）和科学技术部（以下简称"科技部"）决定共同推动创新型企业试点工作（以下简称"试点工作"），通过开发性金融合作支持企业增强自主创新能力。现将有关事项通知如下：

一、支持范围

支持范围：经科技部会同有关部门确定的创新型试点企业（以下简称"试点企业"）。根据试点工作的发展要求，科技部会同有关部门定期更新试点企业名单，并列入开发性金融支持范围（首批支持的企业名单见附件1）。

二、工作措施和支持方式

（一）科技部通过科技政策、国家科技计划等支持试点企业加强技术开发，促进成果转化和产业化，增强企业的融资能力，并适时向开发银行推荐试点企业的重大融资项目。科技部政策体改司负责此项工作的具体安排和统筹协调。

（二）开发银行运用开发性金融产品和金融服务对试点企业给予重点支持。对符合技术援助、软贷款和硬贷款发放条件的企业，按照开发银行有关规定和评审程序给予贷款支持；同时开发银行还将发挥其财务顾问、债券承销、基金业务等方面以及创新产品的综合优势，推进金融产品创新适应试点企业不断发展的融资需要。

（三）各省、自治区、直辖市、计划单列市、新疆生产建设兵团科技管理部门受科技部委托对所在地的试点企业进行联系和管理，可以依托多种形式的科技金融合作平台，或直接向所在地开发银行分支机构推荐试点企业的融资项目，并协助完成所推荐项目的初步审查。

（四）开发银行投资业务局负责开发银行支持试点企业工作的总体协调和调度管理，并在每季末对各分支机构上报的贷款情况表予以汇总分析，同时将汇总分析报告抄送科技部政策体改司。

（五）开发银行总行营业部、各分行、代表处，总行企业局负责与试点企业具体联系，及时了解其融资需求并提供财务顾问服务，积极受理企业的贷款申请，加快项目评审进度，及时予以信贷支持；对于不符合贷款条件的项目，应向企业说明理由并提出完善风险控制机制和信用体系建设的意见和建议；每个季度末向总行投资业务局上报贷款情况表（上报表式见附件2）。对所在地科技管理部门会同同级有关部门确定的本地区创新型试点企业，可以参照本通知内容，给予融资支持。

（六）各试点企业要加强与所在地开发银行分支机构的联系，根据企业发展规划自行向开发银行分支机构提出融资需求；要按照开发银行有关规定推进信用建设，完善法人治理结构，建立规范的内部管理制度和风险管理制度，提高偿债能力或风险覆盖能力，严格按照合同约定用途使用贷款，保证贷款安全。

附件：1. 首批列入开发性金融支持的创新型试点企业名单（共103家）（略）
   2. 国家开发银行分支机构支持创新型试点企业贷款汇总表（略）

国家开发银行　科学技术部
二〇〇年六月十六日

国家工程实验室管理办法（试行）

中华人民共和国国家发展和改革委员会 2007 年第 54 号令

为贯彻落实《国家中长期科学和技术发展规划纲要（2006－2020年）》、《国民经济和社会发展第十一个五年规划纲要》和《国家自主创新基础能力建设"十一五"规划》，加强和规范国家工程实验室建设与运行管理，特制定《国家工程实验室管理办法（试行）》，经国家发展和改革委员会主任办公会讨论通过，现予公布，自 2007 年 9 月 1 日起施行。

主任 马 凯
二〇〇七年七月二十三日

国家工程实验室管理办法（试行）

第一章 总 则

第一条 为贯彻《中共中央国务院关于实施科技规划纲要增强自主创新能力的决定》，落实《国家中长期科学和技术发展规划纲要（2006－2020年）》和《国民经济和社会发展第十一个五年规划纲要》，促进产业技术进步，根据《中华人民共和国科学技术进步法》等法律法规，制定本办法。

第二条 本办法所称国家工程实验室是为提高产业自主创新能力和核心竞争力，突破产业结构调整和重点产业发展中的关键技术装备制约，强化对国家重大战略任务、重点工程的技术支撑和保障，依托企业、转制科研机构、科研院所或高校等设立的研究开发实体。

第三条 国家工程实验室的主要任务：开展重点产业核心技术的攻关和关键工艺的试验研究、重大装备样机及其关键部件的研制、高技术产业的产业化技术开发、产业结构优化升级的战略性前瞻性技术研发，以及研究产业技术标准、培养工程技术创新人才、促进重大科技成果应用、为行业提供技术服务等。

第四条 国家工程实验室的建设目标：建立先进的产业技术研发试验设施，形成具有行业领先水平、结构合理的创新团队，构建长效的产学研合作机制，成为应用研究成果向工程技术转化的有效渠道、产业技术自主创新的重要源头和提升企业创新能力的支撑平台。

第五条 国家工程实验室的建设原则：
国家工程实验室的建设要围绕重大工程建设和产业发展的迫切需求，加强关键技术供给，提升产业持续发展能力。

国家工程实验室要具有显著的专业技术特色、突出的产业技术优势和高水平的创新团队，体现高水平、专业化。

国家工程实验室要充分利用现有研发基础和条件，发挥政府的引导作用，以增量投入带动原有创新资源的优化配置。

国家工程实验室的建设要充分发挥产学研等各方优势和积极性，可针对不同行业特点和实际情况，采取灵活有效的组织形式和运行机制。

第六条 国家发展和改革委员会（以下简称国家发展改革委）采用专家评审、竞争择优的方式推进国家工程实验室建设，并对国家工程实验室建设项目予以适当投资补助。

第二章 组织管理

第七条 国家发展改革委是国家工程实验室建设项目的组织部门，主要负责：

（一）会同国务院有关部门制定国家工程实验室有关政策，发布建设领域，指导国家工程实验室的建设和发展。

（二）组织评审、审批国家工程实验室建设项目资金申请报告，对符合条件的国家工程实验室予以命名。

（三）编制和下达国家工程实验室建设项目投资计划。

（四）组织国家工程实验室的运行评价。

第八条 国务院有关部门，各省、自治区、直辖市、计划单列市及新疆生产建设兵团发展改革部门，计划单列企业集团和中央管理企业是国家工程实验室建设项目的主管部门，主要负责：

（一）组织本地区或所属单位国家工程实验室建设项目的申报和管理。

（二）组织国家工程实验室建设项目的验收工作以及进行验收后国家工程实验室的运行管理。

（三）根据国家有关规定建立相应的管理制度，配合有关部门做好稽查、审计、监察和检查等各项工作。

（四）对国家工程实验室建设项目安排适当的配套资金，并通过相关计划支持其发展。

第九条 国家工程实验室项目建设单位主要负责：

（一）按照有关批复文件的要求，实施国家工程实验室建设项目。落实国家工程实验室建设与运行的支撑条件，筹措国家工程实验室的建设和运行经费，保障国家工程实验室正常运行。

（二）承担国家有关部门委托的研发任务，保证国家工程实验室的开放和共享，为国家相关重大战略任务、重点工程提供研发和试验条件。

（三）按照有关要求向主管部门报送建设项目实施情况和国家工程实验室的运行情况。

第三章 申报与审理

第十条 拟申请国家工程实验室建设项目的单位，应根据国家发展改革委发布的建设领域等要求，委托本领域具有甲级资质的工程设计或咨询单位编写建设项目资金申请报告（编制大纲见附件），报相应主管部门审查。

第十一条 申请国家工程实验室建设项目应符合以下基本条件：

（一）申请单位应长期从事相关领域的研发，具有主持国家重点科研项目的经历，具备良好的产学研合作基础。

（二）申请单位应在本领域具有先进的研发试验设施和相应的技术创新团队，拥有一批能够带动产业发展的高水平研发成果和技术储备。

（三）提出的国家工程实验室定位明确，发展思路清晰，任务、目标合理，管理体制和运行机制规范。

（四）符合国家其他相关规定。

第十二条 主管部门对有关条件进行审查后，将符合要求的国家工程实验室项目资金申请报告报送国家发展改革委。

第十三条 国家发展改革委组织审核批复项目资金申请报告，并对国家工程实验室予以命名。

第十四条 项目建设单位应根据相关批复实施国家工程实验室建设项目。待建设项目完成后，主管部门应及时组织项目竣工验收，并将验收结论报送国家发展改革委。

第十五条 对于拟申请建设国家工程实验室但不需要国家投资的，申请单位应参照项目资金申请报告的有关要求提出国家工程实验室申请报告。国家发展改革委将按照项目资金申请报告的审理程序与同领域的其他项目一并进行审理，择优对符合条件的予以批复并命名。

第十六条 对于采取直接投资和资本金注入方式安排中央预算内投资的国家工程实验室建设项目，按照有关规定进行管理。

第四章 监督管理

第十七条 国家工程实验室实行运行情况年报制度。项目建设单位应按时将年度运行总结报告上报主管部门；年度报告主要包括科研基础设施与条件运行状况、人才队伍建设情况、技术研发重大进展以及其他相关情况和建议等。主管部门将上年度运行总结报告审核、汇总后于每年四月底之前报送国家发展改革委。

第十八条 国家工程实验室实行优胜劣汰、动态调整的运行评价管理机制。国家发展改革委将委托相关中介评价机构定期对国家工程实验室进行运行评价。

第十九条 评价程序：

（一）国家工程实验室根据有关要求将评价材料报主管部门。

（二）主管部门对国家工程实验室上报的材料进行审查，并出具审查意见报国家发展改革委。

（三）国家发展改革委委托相关中介评价机构对上报材料及相关情况进行核查与评价。

（四）国家发展改革委审核和发布评价结果。

第二十条 国家工程实验室评价的内容主要包括：完成国家重大战略任务和重点工程相关研发工作的情况；获得自主知识产权技术成果以及对产业发展的支撑带动作用；研发试验设施建设和利用情况；产学研合作以及人才队伍建设情况；项目建设单位对国家工程实验室的保障作用等。评价的指标体系和具体要求另行制订。

第二十一条 国家工程实验室评价结果分为优秀、良好、基本合格、不合格。被评为优秀和良好的国家工程实验室,国家发展改革委将根据发展需要择优对其后续的创新能力建设给予进一步支持。被评为基本合格的国家工程实验室,国家发展改革委将给予警告,并由主管部门负责督促整改。被评为不合格的国家工程实验室,将予以撤销。

第二十二条 国家工程实验室名称、项目建设单位或主管部门如需变更,须经国家发展改革委审核批准。国家发展改革委可根据国家产业政策、国家重大战略任务等需要以及国家工程实验室实际运行状况,对国家工程实验室进行重组、整合或撤销。

第二十三条 国家工程实验室建设和运行中出现有下列行为之一的,国家发展改革委可以责令其限期整改、核减、停止拨付或收回国家补贴资金,撤销国家工程实验室,并可视情节轻重提请或移交有关机关依法追究有关责任人的法律责任:

(一)擅自改变项目建设目标、规模、内容。

(二)财务管理制度不健全、会计核算不规范;国家资金未按规定要求实行专项管理、专款专用;违反项目资金使用规定,截留、挤占和挪用国家资金。

(三)有重大工程质量、安全、环境等问题,造成较大经济损失和较坏社会影响。

(四)有重大弄虚作假、伪造或瞒报行为。

(五)有其他有关情况,造成严重后果。

第五章 附 则

第二十四条 有关国家工程实验室管理的其他要求按照《国家高技术产业发展项目管理暂行办法》的规定执行。

第二十五条 国家工程实验室统一命名为:"××国家工程实验室",英文名称为:"National Engineering Laboratory for ××。"

第二十六条 本办法自二〇〇七年九月一日起施行。

第二十七条 本办法由国家发展改革委负责解释。

附件:国家工程实验室建设项目资金申请报告编制大纲(略)

关于深入实施技术创新引导工程加快推进技术创新体系建设的意见

国科发政〔2008〕179号

各省、自治区、直辖市、计划单列市科技厅(委、局)、国资委、总工会,新疆生产建设兵团科技局、国资委,各全国产业工会:

为深入贯彻党的十七大和全国科技大会精神,落实国务院提出的重点任务,提高自主创新能力,建设创新型国家,现就深入实施"技术创新引导工程",加快建立以企业为主体、市场为导向、产学研相结合的技术创新体系有关问题,提出如下意见。

一、充分认识技术创新引导工程对提高自主创新能力,建设创新型国家的重要意义

1. 实施"技术创新引导工程"是贯彻落实党中央国务院战略部署的具体措施。党的十七大明确要求,提高自主创新能力,建设创新型国家。这是国家发展战略的核心,是提高综合国力的关键。要加快建立以企业为主体、市场为导向、产学研相结合的技术创新体系,引导和支持创新要素向企业集聚,加快科技成果向现实生产力的转化。《国家中长期科学和技术发展规划纲要(2006-2020年)》要求,以建立技术创新体系为突破口,全面推进中国特色国家创新体系建设。深入学习贯彻党中央国务院的一系列战略部署和决策,要求我们必须采取切实有效的措施,推进产学研结合,培育创新型企业,加快技术创新体系建设。科技部、国务院国资委、全国总工会2005年12月联合启动的"技术创新引导工程",就是贯彻落实党中央国务院战略部署的具体措施,必须加速推进,进一步深入实施。

2. 实施"技术创新引导工程"是加快建立以企业为主体、市场为导向、产学研相结合的技术创新体系的重要行动。当前,企业技术创新能力不足,市场竞争力不强,已经成为提高自主创新能力、建设创新型国家的瓶颈制约。实施"技术创新引导工程",就是把政府引导和市场机制相结合,创新体制机制,运用资源配置和政策等一系列措施,引导和支持创新要素向企业集聚;引导形成一批拥有自主知识产权、自主品牌和持续创新能力的创新型企业;引导建立以企业为主体、市场为导向、产学研相结合的技术创新体系。"技术创新引导工程"反映了技术创新的规律性要求,集成了促进技术创新的相关措施和手段,体现了政府在新时期引导和支持技术创新的职责和定位。

3. 实施"技术创新引导工程"是实现创新驱动发展的有效途径。"技术创新引导工程"实施两年多来,有关部门高度重视,建立协调工作机制,集成创新资源,积极开展创新型企业试点、构建产业技术创新战略联盟等各项重点工作,加大对技术创新的支持力度。各地方按照三部门《"技术创新引导工程"实施方案》的要求,联合相关部门,建立工作组织,形成协同机制，制定工作方案，积极推动"技术创新引导工程"的实施。目前，全国已有20多个省市开展了这项工作，创造并积累了很多成功的经验和好的做法。"技术创新引导工程"已经成为各地方推动技术创新的工作抓手，成为区域创新体系建设的重要载体。"技术创新引导工程"增强了企业依靠技术创新实现发展的动力，推进了产学研结合，提高了企业自主创新能力和行业竞争力，推动了产业结构的调整和经济发展方式的转变。

二、培育创新型企业，确立企业技术创新主体地位

1. 扎实做好创新型企业试点工作，培育创新型企业。要以引导和支持创新要素向企业集聚，加快形成一批竞争力强的创新型企业为目标，进一步完善工作规划和部署，认真总结试点工作的经验，加大试点工作的推进力度，结合区域产业发展的特点，根据不同类型、不同所有制企业的需要，有针对性地通过试点工作进行引导和激励。要引导企业把创新作为根本战略，制定和落实试点方案，创新体制机制，加大研发投入，加强创新能力建设，吸引和培养创新人才，推进管理创新和创新文化建设，打造自主国际知名品牌。进一步扩大试点规模，开展创新型企业评价工作，培育创新型企业500强。

2. 创新计划管理方式，集成资源加大对创新型企业（试点）的支持。委托创新型企业（试点）承担重大科研任务，综合运用无偿资助、贷款贴息、风险投资、后补助、偿还性资助等多种投入方式对企业的研发活动给予支持，帮助企业开辟融资渠道，为企业提供知识产权管理、竞争情报体系构建等综合服务，支持创新型企业（试点）不断依靠技术创新获得发展，形成示范效应。对企业技术创新工作予以奖励，形成鲜明的政策导向。

三、构建产业技术创新战略联盟，促进产学研结合

1. 创新产学研结合的组织模式，构建产业技术创新战略联盟。鼓励和支持多种形式的产学研结合，重点围绕产业技术创新链的形成和区域支柱产业的发展，发挥政府的组织协调作用，以企业为主体，促进产学研在战略层面的紧密结合，构建持续、稳定并有法律约束的产业技术创新战略联盟。做好已经开展的产业技术创新战略联盟试点工作，在加大支持、提升水平的基础上，扩大试点范围。及时总结和推广产学研结合中的好经验，发挥示范和带动作用。

2. 加强对产业技术创新战略联盟等产学研结合组织模式的支持。要推进政府管理创新，适应产学研结合的需要，加大对产业技术创新战略联盟等产学研有效组织模式的引导和支持力度，积极研究制定和落实支持联盟的有关政策措施，试行委托试点联盟组织实施所在领域的重大技术创新项目。发挥金融机构在促进产学研结合中的重要作用。研究促进产学研结合的利益保障机制和法制环境建设等重大问题，研究制定联盟构建工作指南，促进联盟持续健康地发展。

四、创新体制机制，完善政策措施，营造有利于技术创新的良好环境

1. 加强对企业技术创新活动的导向。根据技术创新活动的发展趋势和新特点，及时调整政府资源配置方式，发挥导向作用。推进科技金融创新，发挥银行、证券、保险等金融机构的作用，拓展企业技术创新的融资渠道。深化企业和企业化转制科研院所产权制度改革，推动技

术要素参与企业分配。强化国有企业技术创新能力考核,增强国有企业技术创新的内在动力。在国际科技合作重点项目计划中,加大对企业开展联合研发的支持,鼓励和支持企业"走出去"。

2. 完善和落实有利于技术创新的政策措施。积极推动《国务院关于实施〈国家中长期科学和技术发展规划纲要〉(2006-2020年)的若干配套政策》(国发〔2006〕6号)及其实施细则的完善和落实。全面推动实施研发费用税前加计抵扣政策,推动实施有利于自主创新的政府采购政策,落实首台首套政策,引进消化吸收再创新和中小企业信用担保等政策,形成有利于技术创新的良好政策环境。把宣传、培训和贯彻实施规划纲要配套政策作为一项重点任务,选择一些地方和重点行业,加强企业技术创新政策落实情况的跟踪调研和评估工作,确保各项政策措施落到实处。切实加强《科学技术进步法》的宣传落实,积极依法履行推进科技进步的职责,为加强技术创新提供有力的法制保障。

3. 加强企业创新人才队伍建设。要努力营造良好的环境和条件,支持企业培养和吸引人才。会同有关部门制定政策,引导和激励高等院校、科研院所的科技人员到企业工作,或兼职进行技术开发。建立健全知识产权激励机制,切实保障科技人员的知识产权权益,借鉴农村"科技特派员"的经验,鼓励和引导科技人员以多种形式为企业技术创新服务。要积极倡导创新方法,鼓励创新思维,调整和充实人才培养方式,鼓励企业与高等院校和科研院所共同培养技术人才。引导高等院校毕业生到企业就业。广泛开展职工技术交流和技术协作,组织能工巧匠参与技术攻关,引导职工开展技术创新和技术改造活动。

五、加强能力建设,搭建服务平台,有效支撑和服务企业技术创新

1. 引导企业加强研发能力建设。加强统筹布局和整体规划,以创新型企业(试点)为重点,在企业中建设国家重点实验室、国家工程技术研究中心、国际科技合作示范基地等;探索和创新企业国家重点实验室等的运行机制和管理办法,建立和健全共享机制,为行业技术创新提供支撑。与有关部门共同开展国家和地方认定企业技术中心的工作,大力支持企业自主研发活动。

2. 加强高新技术产业化基地建设。进一步发挥国家高新区在科技成果产业化中的重要作用。依托产业化基地,加快探索技术扩散的机制和途径,鼓励和支持企业运用专利许可、技术转让、技术入股等方式,加快技术成果的扩散与应用。

3. 建立和完善面向中小企业技术创新的公共服务平台。针对中小企业的创新需求,加强科技中介服务体系建设。加大对技术交易机构、生产力促进中心、科技企业孵化器、科技咨询机构和创业风险投资服务机构等的政策扶持。整合转制科研院所、公益类院所和地方科研院所的优质资源,建设面向行业的研发设计、分析测试、鉴定评估、信息等公共服务平台。

六、加强组织领导,加大推动力度,动员更广泛的力量投入技术创新引导工程

1. 切实加强对"技术创新引导工程"的组织和领导。地方科技主管部门要在党委、政府的领导下,充分发挥牵头作用,积极会同地方国资委、总工会和相关部门,发挥好各地已经建立的多部门领导机构和协调机制的作用,加强与有关部门的合作,共同推进"技术创新引导工程",将其作为加快建设区域创新体系的抓手。已经启动工作的地方,要进一步完善工作方案,

抓紧落实；尚未形成工作方案的，要抓紧制定发布方案。各地方要建立健全领导和实施组织，加强优势互补，促进资源整合，形成工作合力，有效推动各项任务的开展。

2. 加大推动实施工作的力度。地方科技主管部门、国资委和总工会与有关部门要进一步解放思想，紧紧围绕区域支柱产业发展和核心竞争力提高的迫切要求，加快培育创新型企业，努力构建产业技术创新战略联盟。根据企业技术创新实践的需要，创新工作思路，转变管理方式，采取有力措施，务求取得实效。要及时总结经验，加强宣传，营造良好的社会氛围。同时要注重研究和解决实施过程中的重大问题，不断开拓工作的新局面。

3. 动员更广泛的力量投入到"技术创新引导工程"中。科技主管部门、国资委和总工会要动员本系统的相关力量积极实施"技术创新引导工程"。要联合相关部门和单位，完善协调沟通机制。要充分调动社会各方面力量，发挥各自的优势和积极性，把"技术创新引导工程"的实施推向深入。

科学技术部　国务院国资委　全国总工会
二〇〇八年四月十四日

关于开展创新型企业评价工作的通知

国科办政〔2008〕40号

各省、自治区、直辖市及计划单列市科技厅（委、局）、国资委、总工会，新疆生产建设兵团科技局、国资委，各创新型试点企业：

2006年7月，科技部、国务院国资委、中华全国总工会（以下简称"三部门"）联合发布首批创新型试点企业名单，启动了创新型企业试点工作。两年来，试点工作扎实推进，取得了显著的成效。为进一步推进创新型企业建设，根据《创新型企业试点工作实施方案》，三部门决定在试点基础上开展创新型企业评价工作。现将有关事项通知如下：

一、创新型企业评价的目的

评估创新型企业试点工作进展，总结试点企业创新发展的经验，明确国家支持企业自主创新的政策导向，引导广大企业走依靠自主创新发展的道路，逐步培育形成中国的创新型企业500强。

二、创新型企业评价的范围

本次创新型企业评价的范围是《关于确定一批企业开展创新型企业试点的通知》（国科发政字〔2006〕313号）确定的首批103家创新型试点企业。在此范围内的企业根据自身实际自愿参加评价。

根据《关于确定第二批创新型试点企业的通知》（国科发政〔2008〕16号）确定的第二批184家创新型试点企业，请对照创新型企业评价指标进一步做好试点工作。

三、创新型企业评价的指标体系

为做好本次评价工作，引导企业走依靠自主创新发展的道路，三部门研究制定了创新型企业评价指标体系（见附件1），作为评价的依据。主要包括研发投入强度、千名研发人员拥有授权发明专利量、新产品（工艺、服务）销售收入占全部销售收入比重、全员劳动生产率以及创新组织与管理等内容。

四、创新型企业评价的组织实施

（一）三部门成立联合工作组，负责组织实施本次评价工作。联合工作组委托中国科学技术发展战略研究院体制与管理研究所接受企业的申请材料和地方及部门的初审意见。

（二）本次评价进行以下分工，各地方科技厅（委、局）会同同级有关单位负责受理和初审本地区企业的申请；科技部政策体改司负责受理和初审转制院所的申请；国务院国资委规划发展局负责受理和初审中央企业的申请。

（三）本次评价工作按以下程序进行：

1. 企业自评估。参加本次评价的企业填写《创新型企业自评估报告》（见附件2），准备证明附件，按要求报送申请材料。

2. 地方和部门初审。各地方科技厅（委、局）会同同级有关单位、科技部政策体改司、国务院国资委规划发展局分别复核企业的申请材料，根据创新型企业评价指标进行初审，填报《创新型企业自评估报告初审表》（见附件3）。

3. 联合工作组组织综合评审。联合工作组组织咨询专家和评审专家，采取定量与定性相结合和分类处理的方法，根据创新型企业评价指标对企业的申请材料进行综合评审。

4. 三部门会商"创新型企业"名单。三部门共同审议确定首批"创新型企业"名单。

5. 三部门发布"创新型企业"名单。三部门联合发布"创新型企业"名单。

五、企业申请材料报送要求

1. 请各有关企业、各地方和有关部门登录科技部网站（www.most.gov.cn）在"通知公告"栏下载本通知正文及附件电子版。

2. 请各有关企业在2008年7月11日16：00前将纸质版《创新型企业自评估报告》及证明附件（合并装订成册）和电子版（刻录成光盘，证明附件也需转为电子文件）按评价受理和初审分工送达地方科技厅（委、局）、科技部政策体改司、国务院国资委规划发展局。上述材料需同时送达中国科学技术发展战略研究院体制与管理研究所一式5份。

3. 请各地方科技厅（委、局）、科技部政策体改司、国务院国资委规划发展局在2008年7月15日16：00前将填好的《创新型企业自评估报告初审表》送达中国科学技术发展战略研究院体制与管理研究所。

六、召开创新型企业工作会议

本次评价工作完成后，三部门将适时联合召开创新型企业工作会议，对通过评价的企业授予"创新型企业"称号并授牌，未通过和未参加评价的企业继续开展试点工作。请有关地方和企业抓紧总结自2007年创新型企业试点工作会议召开以来新的工作进展以及推进试点工作的经验和做法，做好参加创新型企业工作会议的有关材料准备（具体会议通知另行下发）。

附件：1. 创新型企业评价指标说明
　　　2. 创新型企业自评估报告（略）
　　　3. 创新型企业自评估报告初审表（略）

科学技术部办公厅
二〇〇八年六月二十五日

附件1

创新型企业评价指标说明

一、评价指标体系

基于政策导向的需要，本次评价创新型企业主要通过四个定量指标和一个定性考察指标。
四个定量指标：
研发经费投入强度
千名研究开发人员拥有的授权发明专利量
新产品（工艺、服务）销售收入占全部销售收入的比重
全员劳动生产率
一个定性考察指标：创新组织与管理
评价时，按企业规模和技术密集度分类评价

二、门槛条件的设置

根据上述指标体系，申请评价创新型企业必须符合三个基本条件，即：①研发投入强度达到一定标准（按企业类别设置）；②过去三年内须有发明专利申请；③过去三年内须推出过新产品（工艺、服务）。

三、指标解释

关于定量指标

1. 研发经费投入强度

研发经费投入强度主要是指研发经费占企业销售收入的比例。

本次评价采用国家统计局与科技部对研发经费的统计口径；如果新的国家研发投入税收抵扣归集办法出台，以后评价将采用与其相一致的研发投入认定标准和口径。

研发经费包括研发经费的内部支出和外部支出。

研发经费的内部支出是指调查单位在报告期内用于内部开展研发活动（基础研究、应用研究、试验发展）的实际支出。包括用于研发项目（课题）活动的直接支出，以及间接用于研发活动的管理费、服务费、与研发有关的基本建设支出以及外协加工费等。不包括生产性活动支出、归还贷款支出以及与外单位合作或委托外单位进行研发活动而转拨给对方的经费支出。

研发经费外部支出是指报告本单位委托外单位或与外单位合作进行R&D活动而支付给对方的经费。不包括外协加工费。

2. 千名研究开发人员拥有的授权发明专利量

千名研究开发人员拥有的授权发明专利量主要是指企业拥有的授权发明专利数与企业千名

研发人员数量的比。

研究与试验发展人员是指参与研究与试验发展项目研究、管理和辅助工作的人员，包括项目（课题）组人员，企业科技行政管理人员和直接为项目（课题）活动提供服务的辅助人员。

拥有发明授权专利数是指企业作为专利权人截止到2007年拥有的、经国内外专利行政部门授权且在有效期内的发明专利件数。

3. 新产品（工艺、服务）销售收入占全部销售收入的比重

新产品（工艺、服务）销售收入占全部销售收入的比重主要是指企业新产品销售收入与企业全部产品销售收入的比。

新产品销售收入的计算主要采用国家统计局与科技部对新产品的统计口径。新产品一般是指采用新技术原理、新设计构思研制、生产的全新产品，或在结构、材质、工艺等某一方面比原有产品有明显改进，从而显著提高了产品性能或扩大了使用功能的产品。

对于提供相对单纯产品、工程或服务的企业，可计算由于采用新工艺、新技术带来的新增产品或提供的工程、服务收入占整个销售收入的比例。对于个别无法统计的，请企业个案说明，将单独处理。

4. 全员劳动生产率

全员劳动生产率主要是指企业年增加值与企业全体员工数量的比。

关于定性考察指标：创新组织与管理

主要考察企业研发支撑体系建设、创新战略制定与实施、创新管理与制度建设、品牌塑造、创新文化建设以及获得重大科技奖励等情况。

国家税务总局关于印发
《企业研究开发费用税前扣除管理办法（试行）》的通知

国税发 [2008] 116号

各省、自治区、直辖市和计划单列市国家税务局、地方税务局：

现将《企业研究开发费用税前扣除管理办法（试行）》印发给你们，请遵照执行。执行中有何问题，请及时向税务总局（所得税司）反映。

附件：研发项目可加计扣除研究开发费用情况归集表（略）

国家税务总局
二〇〇八年十二月十日

企业研究开发费用税前扣除管理办法（试行）

第一条 为鼓励企业开展研究开发活动，规范企业研究开发费用的税前扣除及有关税收优惠政策的执行，根据《中华人民共和国企业所得税法》及其实施条例、《中华人民共和国税收征收管理法》及其实施细则和《国务院关于印发实施〈国家中长期科学和技术发展规划纲要（2006-2020）〉若干配套政策的通知》（国发 [2006] 6号）的有关规定，制定本办法。

第二条 本办法适用于财务核算健全并能准确归集研究开发费用的居民企业（以下简称企业）。

第三条 本办法所称研究开发活动是指企业为获得科学与技术（不包括人文、社会科学）新知识，创造性运用科学技术新知识，或实质性改进技术、工艺、产品（服务）而持续进行的具有明确目标的研究开发活动。

创造性运用科学技术新知识，或实质性改进技术、工艺、产品（服务），是指企业通过研究开发活动在技术、工艺、产品（服务）方面的创新取得了有价值的成果，对本地区（省、自治区、直辖市或计划单列市）相关行业的技术、工艺领先具有推动作用，不包括企业产品（服务）的常规性升级或对公开的科研成果直接应用等活动（如直接采用公开的新工艺、材料、装置、产品、服务或知识等）。

第四条 企业从事《国家重点支持的高新技术领域》和国家发展改革委员会等部门公布

的《当前优先发展的高技术产业化重点领域指南（2007年度）》规定项目的研究开发活动，其在一个纳税年度中实际发生的下列费用支出，允许在计算应纳税所得额时按照规定实行加计扣除。

（一）新产品设计费、新工艺规程制定费以及与研发活动直接相关的技术图书资料费、资料翻译费。

（二）从事研发活动直接消耗的材料、燃料和动力费用。

（三）在职直接从事研发活动人员的工资、薪金、奖金、津贴、补贴。

（四）专门用于研发活动的仪器、设备的折旧费或租赁费。

（五）专门用于研发活动的软件、专利权、非专利技术等无形资产的摊销费用。

（六）专门用于中间试验和产品试制的模具、工艺装备开发及制造费。

（七）勘探开发技术的现场试验费。

（八）研发成果的论证、评审、验收费用。

第五条 对企业共同合作开发的项目，凡符合上述条件的，由合作各方就自身承担的研发费用分别按照规定计算加计扣除。

第六条 对企业委托给外单位进行开发的研发费用，凡符合上述条件的，由委托方按照规定计算加计扣除，受托方不得再进行加计扣除。

对委托开发的项目，受托方应向委托方提供该研发项目的费用支出明细情况，否则，该委托开发项目的费用支出不得实行加计扣除。

第七条 企业根据财务会计核算和研发项目的实际情况，对发生的研发费用进行收益化或资本化处理的，可按下述规定计算加计扣除：

（一）研发费用计入当期损益未形成无形资产的，允许再按其当年研发费用实际发生额的50%，直接抵扣当年的应纳税所得额。

（二）研发费用形成无形资产的，按照该无形资产成本的150%在税前摊销。除法律另有规定外，摊销年限不得低于10年。

第八条 法律、行政法规和国家税务总局规定不允许企业所得税前扣除的费用和支出项目，均不允许计入研究开发费用。

第九条 企业未设立专门的研发机构或企业研发机构同时承担生产经营任务的，应对研发费用和生产经营费用分开进行核算，准确、合理地计算各项研究开发费用支出，对划分不清的，不得实行加计扣除。

第十条 企业必须对研究开发费用实行专账管理，同时必须按照本办法附表的规定项目，准确归集填写年度可加计扣除的各项研究开发费用实际发生金额。企业应于年度汇算清缴所得税申报时向主管税务机关报送本办法规定的相应资料。申报的研究开发费用不真实或者资料不齐全的，不得享受研究开发费用加计扣除，主管税务机关有权对企业申报的结果进行合理调整。

企业在一个纳税年度内进行多个研究开发活动的，应按照不同开发项目分别归集可加计扣除的研究开发费用额。

第十一条 企业申请研究开发费加计扣除时，应向主管税务机关报送如下资料：

（一）自主、委托、合作研究开发项目计划书和研究开发费预算。

(二) 自主、委托、合作研究开发专门机构或项目组的编制情况和专业人员名单。

(三) 自主、委托、合作研究开发项目当年研究开发费用发生情况归集表。

(四) 企业总经理办公会或董事会关于自主、委托、合作研究开发项目立项的决议文件。

(五) 委托、合作研究开发项目的合同或协议。

(六) 研究开发项目的效用情况说明、研究成果报告等资料。

第十二条 企业实际发生的研究开发费，在年度中间预缴所得税时，允许据实计算扣除，在年度终了进行所得税年度申报和汇算清缴时，再依照本办法的规定计算加计扣除。

第十三条 主管税务机关对企业申报的研究开发项目有异议的，可要求企业提供政府科技部门的鉴定意见书。

第十四条 企业研究开发费各项目的实际发生额归集不准确、汇总额计算不准确的，主管税务机关有权调整其税前扣除额或加计扣除额。

第十五条 企业集团根据生产经营和科技开发的实际情况，对技术要求高、投资数额大，需要由集团公司进行集中开发的研究开发项目，其实际发生的研究开发费，可以按照合理的分摊方法在受益集团成员公司间进行分摊。

第十六条 企业集团采取合理分摊研究开发费的，企业集团应提供集中研究开发项目的协议或合同，该协议或合同应明确规定参与各方在该研究开发项目中的权利和义务、费用分摊方法等内容。如不提供协议或合同，研究开发费不得加计扣除。

第十七条 企业集团采取合理分摊研究开发费的，企业集团集中研究开发项目实际发生的研究开发费，应当按照权利和义务、费用支出和收益分享一致的原则，合理确定研究开发费用的分摊方法。

第十八条 企业集团采取合理分摊研究开发费的，企业集团母公司负责编制集中研究开发项目的立项书、研究开发费用预算表、决算表和决算分摊表。

第十九条 税企双方对企业集团集中研究开发费的分摊方法和金额有争议的，如企业集团成员公司设在不同省、自治区、直辖市和计划单列市的，企业按照国家税务总局的裁决意见扣除实际分摊的研究开发费；企业集团成员公司在同一省、自治区、直辖市和计划单列市的，企业按照省税务机关的裁决意见扣除实际分摊的研究开发费。

第二十条 本办法从2008年1月1日起执行。

关于推动产业技术创新战略联盟构建的指导意见

国科发政 [2008] 770 号

各省、自治区、直辖市、计划单列市及新疆生产建设兵团科技厅（委、局）、财政厅（局）、教育厅（委、局）、国资委、总工会，国家开发银行各分行、代表处，各有关行业协会，各有关单位：

为深入贯彻落实党的十七大和全国科技大会精神，实施《国家中长期科学和技术发展规划纲要（2006－2020 年）》（以下简称《规划纲要》），建立以企业为主体、市场为导向、产学研相结合的技术创新体系，加快提升产业技术创新能力，现就推动产业技术创新战略联盟的构建提出如下意见：

一、充分认识推动产业技术创新战略联盟构建的重要意义。推动产业技术创新战略联盟的构建是加强产学研结合，促进技术创新体系建设的重要举措。党的十七大提出，要加快建立以企业为主体、市场为导向、产学研相结合的技术创新体系，引导和支持创新要素向企业集聚，促进科技成果向现实生产力转化。产业技术创新战略联盟是市场经济条件下产学研结合的新型技术创新组织，有利于提高产学研结合的组织化程度，在战略层面建立持续稳定、有法律保障的合作关系；有利于整合产业技术创新资源，引导创新要素向优势企业集聚；有利于保障科研与生产紧密衔接，实现创新成果的快速产业化；有利于促进技术集成创新，推动产业结构优化升级，提升产业核心竞争力。推进产学研结合工作协调指导小组积极推动和鼓励产业技术创新战略联盟的构建和发展。

二、本《意见》所称的产业技术创新战略联盟（以下简称联盟）是指由企业、大学、科研机构或其他组织机构，以企业的发展需求和各方的共同利益为基础，以提升产业技术创新能力为目标，以具有法律约束力的契约为保障，形成的联合开发、优势互补、利益共享、风险共担的技术创新合作组织。

三、推动联盟构建的指导思想是：以国家战略产业和区域支柱产业的技术创新需求为导向，以形成产业核心竞争力为目标，以企业为主体，围绕产业技术创新链，运用市场机制集聚创新资源，实现企业、大学和科研机构等在战略层面有效结合，共同突破产业发展的技术瓶颈。

四、推动联盟构建要坚持以下基本原则：

（一）遵循市场经济规则。要立足于企业创新发展的内在要求和合作各方的共同利益，通过平等协商，建立有法律效力的联盟契约，对联盟成员形成有效的行为约束和利益保护。

（二）体现国家战略目标。要符合《规划纲要》确定的重点领域，符合国家产业政策和节能减排等政策导向，符合提升国家核心竞争力的迫切要求。

（三）满足产业发展需求。要有利于掌握核心技术和自主知识产权，有利于引导创新要素向企业集聚，有利于形成产业技术创新链，有利于促进区域支柱产业的发展。

（四）发挥政府引导作用。要创新政府管理方式，发挥协调引导作用，营造有利的政策和法制环境，围绕经济社会发展的迫切要求推动重点领域联盟的构建。

五、联盟的主要任务是组织企业、大学和科研机构等围绕产业技术创新的关键问题，开展技术合作，突破产业发展的核心技术，形成重要的产业技术标准；建立公共技术平台，实现创新资源的有效分工与合理衔接，实行知识产权共享；实施技术转移，加速科技成果的商业化运用，提升产业整体竞争力；联合培养人才，加强人员的交流互动，为产业持续创新提供人才支撑。

六、鼓励企业、大学和科研机构及其他组织机构按照本《意见》精神，从产业发展的实际需求出发，遵循市场经济规则，积极构建联盟，探索多种、长效、稳定的产学研结合机制。

七、开展产业技术创新战略联盟试点工作。开展试点工作，支持和鼓励一批重点领域联盟的发展和壮大，对于探索有效的机制和模式、引导联盟的发展具有重要的示范意义。符合本《意见》第八条所列基本条件的联盟可自愿申请参加试点。由推进产学研结合工作协调指导小组办公室负责选择并共同组织推动联盟试点工作。

八、构建联盟应具备以下基本条件：

（一）要由企业、大学和科研机构等多个独立法人组成。企业处于行业骨干地位；大学或科研机构在合作的技术领域具有前沿水平；其他组织机构也可成为联盟成员。

（二）要有具有法律约束力的联盟协议，协议中有明确的技术创新目标，落实成员单位之间的任务分工。联盟协议必须由成员单位法定代表人共同签署生效。

（三）要设立决策、咨询和执行等组织机构，建立有效的决策与执行机制，明确联盟对外承担责任的主体。联盟执行机构应配备专职人员，负责有关日常事务。

（四）要健全经费管理制度。对联盟经费要制定相应的内部管理办法，并建立经费使用的内部监督机制。联盟可委托常设机构的依托单位管理联盟经费，政府资助经费的使用要按照相关规定接受有关部门的监督。

（五）要建立利益保障机制。联盟研发项目产生的成果和知识产权应事先通过协议明确权利归属、许可使用和转化收益分配的办法，要强化违约责任追究，保护联盟成员的合法权益。

（六）要建立开放发展机制。要根据发展需要及时吸收新成员，并积极开展与外部组织的交流与合作。联盟要建立成果扩散机制，对承担政府资助项目形成的成果有向联盟外扩散的义务。

九、鼓励和支持试点联盟在组织模式、运行机制、发挥行业作用、承担重大产业技术创新任务、落实国家自主创新政策等方面先试先行。充分调动和发挥联盟各方的优势和积极性，形成攻克产业技术难题的合力，使试点联盟为更多联盟的建立和发展创造经验。

十、积极探索支持联盟构建和发展的有效措施。创新国家科技计划管理方式，把体制机制和资源配置结合起来，引导形成产学研紧密结合的长效机制。国家科技计划按照有关规定支持符合条件的联盟开展重大产业技术创新活动。深化科技金融合作，创新金融产品，探索运用科技贷款、科技担保等金融工具，支持联盟开展技术攻关和成果产业化。

十一、鼓励各有关行业协会围绕本行业的重大技术创新问题，充分发挥组织协调、沟通联络、咨询服务等作用，推动本行业重点领域联盟的构建。

十二、各地方要把推动区域性联盟建设作为加强产学研结合，加快技术创新体系建设的紧迫任务。紧紧围绕本地经济发展规划确定的支柱产业，推动构建区域性联盟，促进区域创新体系建设和经济社会又好又快发展。

科学技术部　财政部　教育部

国务院国资委　中华全国总工会　国家开发银行

二〇〇八年十二月三十日

关于印发《国家技术创新工程总体实施方案》的通知

国科发政〔2009〕269号

各省、自治区、直辖市及计划单列市、新疆生产建设兵团科技厅（科委、局）、财政厅（局）、教育厅（教委、局）、国资委、总工会，国家开发银行各分行、代表处，各有关行业协会，各有关单位：

为全面贯彻党的十七大和全国科技大会精神，根据国务院《关于发挥科技支撑作用促进经济平稳较快发展的意见》（国发〔2009〕9号）的要求，科技部、财政部、教育部、国务院国资委、全国总工会、国家开发银行决定共同组织实施技术创新工程，加快以企业为主体、市场为导向、产学研相结合的技术创新体系建设，大力支持企业提高自主创新能力，增强产业核心竞争力。

现将《国家技术创新工程总体实施方案》印发给你们，请结合实际制定具体方案认真组织实施，扎实推动这项工作深入开展，工作中遇到的重要情况和问题请及时报告。

附件：国家技术创新工程总体实施方案

科学技术部　财政部　教育部
国务院国资委　中华全国总工会　国家开发银行
二〇〇九年六月二日

附件：

国家技术创新工程总体实施方案

为全面贯彻党的十七大和全国科技大会精神，落实国务院《关于发挥科技支撑作用促进经济平稳较快发展的意见》（国发〔2009〕9号），大力支持企业提高自主创新能力，组织实施技术创新工程，特制定本方案。

一、指导思想、原则和目标

国家技术创新工程是在现有工作基础上，进一步创新管理，集成相关科技计划（专项）

资源，引导和支持创新要素向企业集聚，加快以企业为主体、市场为导向、产学研相结合的技术创新体系建设的系统工程。实施技术创新工程是促进经济平稳较快发展的迫切要求，是加快建设国家创新体系的重大举措，是建设创新型国家的重要任务。

长期以来，党中央、国务院高度重视企业技术创新工作。特别是全国科技大会以来，支持企业技术创新的氛围日益浓厚，确立企业技术创新主体地位的战略思想深入人心，企业的创新动力和活力显著增强。各地方、各部门认真落实《国家中长期科学和技术发展规划纲要（2006－2020年）》（以下简称《规划纲要》），采取有力措施积极支持企业技术创新，取得了重要进展，积累了宝贵经验。但是在技术创新体系建设中还存在许多亟待解决的突出问题，企业尚未成为技术创新的主体，产学研结合松散、围绕产业技术创新链持续稳定的合作不够，创新资源分散重复、布局失衡，企业特别是中小企业技术创新缺乏全面有效的支撑服务等，导致科技与经济结合不够紧密，迫切需要采取系统措施集中加以解决。

实施技术创新工程的指导思想是：深入贯彻落实党的十七大精神，以科学发展观为指导，围绕提高自主创新能力、建设创新型国家的战略目标，促进科学技术更加主动地为经济社会发展服务，经济社会发展紧紧依靠科学技术和自主创新，以确立企业技术创新主体地位为主线，充分运用市场机制，引导和支持创新要素向企业集聚，增强企业自主创新能力和产业核心竞争力，为推进经济结构战略性调整，加快发展方式转变，建设创新型国家提供有力支撑。

实施技术创新工程要坚持"企业主体、政府引导；深化改革、创新机制；立足当前、着眼长远；部门联合、上下联动"的原则。

实施技术创新工程的总体目标是：形成和完善以企业为主体、市场为导向、产学研相结合的技术创新体系，大幅度提升企业自主创新能力，大幅度降低关键领域和重点行业的技术对外依存度，推动企业成为技术创新主体，实现科技与经济更加紧密结合。

二、主要任务

针对技术创新体系建设中存在的薄弱环节和突出问题，从以下方面入手，着力推进产学研紧密结合，为企业技术创新提供有效的支撑服务，促进企业成为技术创新主体。

（一）推动产业技术创新战略联盟构建和发展。统筹推进产业技术创新战略联盟的构建和发展。以增强产业核心竞争力为目标，重点围绕十大产业振兴和战略性产业发展，形成工作布局。

引导产业技术创新战略联盟的构建。促进产学研各方围绕产业技术创新链在战略层面建立持续稳定的合作关系，立足产业技术创新需求，开展联合攻关，制定技术标准，共享知识产权，整合资源建立技术平台，联合培养人才，实现创新成果产业化；指导和鼓励地方结合当地实际，构建支撑本地经济发展的技术创新战略联盟；鼓励行业协会发挥组织协调、沟通联络、咨询服务等作用，推动本行业联盟的构建。

引导产业技术创新战略联盟健康发展。通过科技计划委托联盟组织实施国家和地方的重大技术创新项目；积极探索支持联盟发展的各种有效措施和方式；推动联盟建立和完善技术成果扩散机制，向中小企业辐射和转移先进技术，带动中小企业产品和技术创新；依托联盟探索国家支持企业技术创新的相关政策。

（二）建设和完善技术创新服务平台。明确技术创新服务平台的建设要求，突出资源整合和服务功能；按照"面向产业、需求导向；创新机制、盘活存量；政府引导、多方参与；明确权益、协同发展"的原则，构建面向重点产业振兴和战略性产业发展的技术创新服务平台。

依托高等学校、科研院所、产业技术创新战略联盟、大型骨干企业以及科技中介机构等，采取部门和地方联动的方式，通过整合资源提升能力，形成一批技术创新服务平台。

充分发挥转制院所在技术创新服务平台建设中的作用。加快先进适用技术和产品的推广应用，加速技术成果的工程化，加强产业共性关键技术研发攻关，加强研发能力建设和行业基础性工作。

提高平台服务队伍的专业化水平。建立健全人员保障与激励政策措施，明确岗位职责，完善绩效评价，加强专业技能培训，不断提高服务能力和水平。

（三）推进创新型企业建设。根据国民经济发展和《规划纲要》实施的要求，推进创新型企业建设工作；加强分工协作，针对不同类型的企业进行分类指导，突出对中小企业创新发展的引导。

引导企业加强创新能力建设。引导企业加强创新发展的系统谋划；引导和鼓励创新型企业承担国家和地方科技计划项目；引导和鼓励有条件的创新型企业建设国家和地方的重点实验室、企业技术中心、工程中心等；支持创新型企业引进海内外高层次技术创新人才；支持企业开发拥有自主知识产权和市场竞争力的新产品、新技术和新工艺。

引导企业建立健全技术创新内在机制。完善创新型企业评价指标体系，开展创新型企业评价命名，发挥评价对全社会企业创新的导向作用；加强创新型企业动态管理，形成激励企业持续创新的长效机制；通过科技奖励引导企业技术创新；发挥创新型企业的示范作用。

引导企业加强技术创新管理。通过培训、示范等多种方式在企业中推广应用创新方法；推动企业实施自主品牌战略、知识产权战略，塑造国际知名品牌；通过建立创新型企业信息网，促进企业之间的交流与合作。

发挥广大职工在技术创新中的重要作用。强化企业技术创新群众基础，组织职工开展合理化建议、技术革新、技术攻关、发明创造等群众性技术创新活动，加强职工技术交流与协作，促进职工技术成果转化。

（四）面向企业开放高等学校和科研院所科技资源。引导高等学校和科研院所的科研基础设施和大型科学仪器设备、自然科技资源、科学数据、科技文献等公共科技资源进一步面向企业开放。

推动高等学校、应用开发类科研院所向企业转移技术成果，促进人才向企业流动。鼓励社会公益类科研院所为企业提供检测、测试、标准等服务。

加大国家重点实验室、国家工程技术研究中心、大型科学仪器中心、分析检测中心等向企业开放的力度。将开放工作纳入单位年度工作计划，开放情况作为其运行绩效考核的重要指标。

（五）促进企业技术创新人才队伍建设。加强企业技术创新人才培养。推动高等学校和有条件的科研院所根据企业对技术创新人才的需求调整教学计划和人才培养模式。加强职业技术教育，培养适应企业发展的各类高级技能人才。鼓励企业与高等学校、科研院所联合培养人才。鼓励企业选派技术人才到高等学校、科研院所接受继续教育、参加研究工作或兼职教学。

引导高等学校学生参与企业创新实践。发挥企业博士后工作站的作用，吸引博士毕业生到企业从事技术创新工作。鼓励高等学校和企业联合建立研究生工作站，吸引研究生到企业进行技术创新实践。引导博士后和研究生工作站在产学研合作中发挥积极作用。鼓励企业和高等学校联合建立大学生实训基地。

协助企业引进海外高层次人才。以实施"千人计划"为重点，采取特殊措施，引导和支持企业吸引海外高层次技术创新人才回国（来华）创新创业。

提高职工科技素质和创新能力。广泛开展岗位练兵、技能比赛、师徒帮教、技术培训等活动。把增强职工创新意识和创新能力与提高职工技能水平结合起来，建设一支知识型、技术型、创新型高素质职工队伍。

（六）引导企业充分利用国际科技资源。发挥国际科技合作计划的作用，引导和支持大企业与国外企业开展联合研发，引进关键技术、知识产权和关键零部件，开展消化吸收再创新和集成创新。鼓励企业与国外科研机构、企业联合建立研发机构，形成一批国际科技合作示范基地。

发挥驻外科技、教育等机构的作用，引导企业"走出去"，开展合作研发，建立海外研发基地和产业化基地，及时掌握前沿技术发展的态势，把握国际市场动向，通过科技援外等方式向发展中国家输出技术，扩大高新技术及产品的出口。

鼓励和引导企业通过多种方式，充分利用国外企业和研发机构的技术、人才、品牌等资源，加强自主品牌建设。

三、保障措施

（一）创新科技计划组织方式。国家科技计划调整和优化立项机制。建立和完善以企业技术创新需求为导向的立项机制；建立和完善企业技术创新需求的征集渠道，应用开发类项目的指南编制、课题遴选、立项论证充分发挥企业作用。加强各类计划之间的联动和有效衔接。

改进科技计划项目的组织实施方式。应用开发类项目应有企业参加、产学研联合实施，围绕产业技术创新链加强项目的系统集成；对符合条件的创新基地、人才团队、产业技术创新战略联盟等持续安排项目支持。

建立支持科技计划成果转化应用的资金渠道和机制，发挥已有科技计划成果支撑企业技术创新的作用。

支持产业技术创新战略联盟组织实施科技计划项目，开展重大产业技术创新活动。支持技术创新服务平台强化面向企业特别是中小企业的服务功能。发挥科技计划对创新型企业加强创新能力建设和掌握自主知识产权核心技术的引导作用。

（二）发挥财政科技投入的引导作用。调整科技支撑计划、"863"计划、科技基础条件平台等相关计划（专项）的投入结构，形成持续稳定的经费支持渠道，保障技术创新工程重点任务的实施。

创新财政科技投入支持方式。综合运用无偿资助（含后补助）、贷款贴息、风险投资、偿还性资助、政府购买服务等方式，引导全社会资源支持企业技术创新。

（三）建立健全有利于技术创新的评价、考核与激励机制。完善高等学校和科研院所内部分类考核。对从事教学、基础研究、应用技术研究和成果转化的不同工作进行分类评价，使上述各类人员具有同等地位。科技人员承担企业委托的研究项目与承担政府科技计划项目，在业绩考核中同等对待。

支持高等学校和科研院所建立技术转移的激励机制。应用开发类研究以成果的转化应用作为评价标准。有条件的高等学校、科研院所建立专门技术转移机构；对技术转移获得的收益，明确对科技成果完成人和为成果转化做出贡献人员的奖励措施。

完善国有企业考核体系和分配激励机制。发挥业绩考核引导作用，在对企业负责人经营业绩考核中，进一步完善对技术创新能力的考核指标体系，引导企业加大科技投入。推动企业集团将技术创新能力指标纳入内部各层级企业的考核评价体系。进一步研究企业骨干技术人员中长期分配激励机制与政策，调动发挥骨干技术人员积极性。

（四）落实激励企业技术创新政策。抓好政策落实。加快开展国家自主创新产品认定工作，加强有关部门的协调配合，加大宣传培训力度，落实企业研究开发费用所得税前加计扣除、高新技术企业认定、政府采购自主创新产品、创业投资企业和科技企业孵化器税收优惠等重点政策。

不断完善政策。开展政策落实情况评估，及时掌握新的政策需求，促进政策研究制定，完善促进产学研结合、技术转移等政策措施。

（五）加大对企业技术创新的金融支持。建立科技金融合作机制。加强技术创新与金融创新的结合，发挥财政科技投入的杠杆和增信作用，引导和鼓励金融产品创新，支持企业技术创新。

加大对企业技术创新的信贷支持。通过贷款贴息等手段鼓励和引导政策性银行、商业银行支持企业特别是中小企业技术创新。

支持企业进入多层次资本市场融资。鼓励和支持企业改制上市，扩大未上市高新技术企业进入代办股份转让系统试点范围，鼓励科技型中小企业在创业板上市。

开展知识产权质押贷款和科技保险试点，推动担保机构开展科技担保业务，拓宽企业技术创新融资渠道。

大力发展科技创业投资。加大科技型中小企业创业投资引导力度，引导和鼓励金融机构、地方政府以及其他民间资金参与科技创业投资。

四、组织实施

（一）加强组织领导，统筹推进工程实施。科技部、财政部、教育部、国务院国资委、全国总工会、国家开发银行等部门组成的推进产学研结合工作协调指导小组，负责组织实施技术创新工程，定期召开会议，研究决定技术创新工程实施的重大事项，统筹协调相关部门和地方创新资源，督促检查技术创新工程的实施情况。

协调指导小组办公室负责落实协调指导小组的议定事项，做好推动技术创新工程实施的具体工作，加强联络协调，组织调查研究，促进信息沟通，指导地方工作。

（二）加强部门协同，完善分工负责机制。各相关部门根据总体方案，结合部门职能，分解工作任务，发挥各自优势，制定具体方案，落实相应责任；部门间加强协调配合，针对实施中出现的新情况、新问题，及时研究采取有效措施。充分发挥行业协会在推进企业技术创新中的重要作用。

（三）发挥地方作用，结合实际开拓创新。各地方要结合当地实际，突出地域特色，在总体方案的指导下，加强组织领导，制定方案，集成相关资源，加大投入，完善保障措施；各级科技、财政、教育、国资监管、工会、开发银行等部门要加强分工协作，与有关部门协调合作，积极探索，大胆创新，落实各项重点任务，扎实推进技术创新工程的实施。

重要文献

地方文件

(1) 四川省:《四川省建设创新型企业工作管理办法（试行）》（川科政〔2007〕4号）

(2) 山西省:《关于促进企业技术创新 增强企业创新主体地位的实施意见》（晋政办发〔2007〕107号）

(3) 湖南省:《中共湖南省委办公厅、湖南省人民政府办公厅关于强化企业技术创新主体地位的意见》（湘办发〔2008〕10号）

(4) 福建省：印发《关于推进福建省技术创新引导工程深入开展的若干实施意见》（闽科政〔2008〕21号）

(5) 北京市：关于印发《进一步推进中关村科技园区百家创新型企业试点工作的若干意见》（中科园发〔2008〕17号）

(6) 安徽省:《中共安徽省委、安徽省人民政府关于推进合芜蚌自主创新综合配套改革试验区工作的若干政策措施（试行）》（皖发〔2008〕18号）

(7) 黑龙江省:《黑龙江省人民政府关于加快科技创新体系建设促进科技成果产业化的若干意见》（黑政发〔2008〕86号）

(8) 安徽省:《关于加快培育创新型企业的意见》（科策〔2009〕12号）

关于印发《四川省建设创新型企业工作管理办法（试行）》的通知

川科政〔2007〕4号

各市州科技局、经委、发改委、国资委、国税局、地税局、质监局、党委宣传部、总工会、知识产权局，各有关企业：

为加快我省以企业为主体、市场为导向、产学研结合的技术创新体系建设，进一步规范和加强建设创新型企业工作，省科技厅、省经委、省发改委、省国资委、省国税局、省地税局、省质监局、省委宣传部、省总工会、省知识产权局10部门认真研究，共同制定下发《四川省建设创新型企业工作管理办法（试行）》（下称《办法》）。

现将该《办法》印发给你们，请市州各有关部门、有关企业按照《办法》要求，积极开展建设创新型企业工作。

附件：四川省建设创新型企业工作管理办法（试行）

四川省科技厅　四川省经委　四川省发改委
四川省国资委　四川省国税局　四川省地税局
四川省质监局　中共四川省委宣传部
四川省总工会　四川省知识产权局
二〇〇七年七月二日

附件：

四川省建设创新型企业工作管理办法（试行）

第一章　总　则

第一条 为加快我省以企业为主体、市场为导向、产学研结合的技术创新体系建设，引导广大企业走创新发展道路，进一步规范和加强建设创新型企业工作，根据《四川省人民政府关于印发加强自主创新促进高新技术产业发展若干政策的通知》（川府发〔2007〕23号）等省级有关政策，制定本办法。

第二条 建设创新型企业应遵循国家产业发展方向，符合产业发展政策。

第三条 建设创新型企业工作主要目的是通过在全省范围内开展创新型企业的示范、试点和培育，形成我省创新型企业梯队，打造企业创新团队。

示范企业主要是列入国家创新型企业建设试点或自主创新成效显著的全省支柱型企业，具有健全的技术创新制度体系，有很强的核心竞争力，在建设创新型企业活动中起到良好的示范作用；

试点企业主要是在研发能力建设、创新人才队伍培养、创新机制体制等方面成效突出的重点企业，具有比较完善的技术创新体系，自主创新能力较强，在建设创新型企业活动中发挥骨干作用；

培育企业能积极开展技术创新活动，在研发能力建设、创新人才队伍培养、创新机制体制等方面表现突出，技术创新体系不断完善，自主创新能力不断提高，努力走创新发展道路。

第四条 四川省科学技术厅、四川省经济委员会、四川省发展和改革委员会、四川省政府国有资产监督管理委员会、四川省国家税务局、四川省地方税务局、四川省质量技术监督局、中共四川省委宣传部、四川省总工会、四川省知识产权局等省级相关部门共同负责建设创新型企业工作的组织和宏观指导，并根据各部门职能，加大对创新型企业建设的支持力度。

第二章 遴 选

第五条 创新型企业梯队的遴选工作每年组织一次，企业自愿申请，由市州相关部门和省级有关部门推荐。

第六条 申请企业应具备以下基本条件：

1. 四川省境内注册登记的独立法人企业。

2. 企业生产经营符合国家法律法规及相关产业政策的规定，企业产品质量稳定合格。

3. 企业具有较强的经济实力、较好的经济效益和较高的管理水平，整体财务状况良好，年销售收入在1000万元（含1000万元）以上或企业年销售利税率达20%以上，在省内同行业中具有较好的规模优势和竞争优势或有较大发展潜力，或以软件开发、技术开发、技术服务、技术转移、创意经营等为主业的科技型企业。

4. 具备较好的研发条件，较强的技术创新能力和一定的产学研合作基础，研究开发水平在省内同行业企业中处于领先地位。

5. 具有较高的研究开发投入比例，年销售收入1亿元以下的企业，研究开发投入占当年销售收入的比例应在2%以上；年销售收入1亿元以上（含1亿元）的企业，研究开发投入占当年销售收入的比例应在1%以上。

6. 拥有或掌握主导产品关键、核心技术的自主知识产权，拥有3件以上的有效专利或1件以上的发明专利（申请）；有1件以上的软件登记、注册商标、植物新品种登记或原产地保护产品等知识产权；通过企业质量管理体系认证，企业标准化水平在全省同行业领先。

7. 有技术水平高、实践经验丰富的技术带头人，科技人员队伍规模适当、结构合理，在省内同行业企业中具有较强的创新人才优势。

8. 未来3~5年有包括科技投入、获取知识产权、项目规划和经济效益等指标的创新发展规划。

第七条 申请创新型企业之前两年内（申请之日起向前推算两年）有下列情形之一的，不得申请创新型企业：

1. 违反国家和省政策法规，发生重大安全事故；
2. 偷税漏税、骗取出口退税；
3. 恶意侵犯他人知识产权；
4. 未依法组建工会；
5. 拖欠职工工资，欠缴职工社会保险费等。

第八条 遴选程序：

1. 企业向市州科技主管部门或省级相关部门提出申请并按要求上报申请材料。
2. 市州科技主管部门会同当地有关部门对企业上报的申请材料进行审查，确定推荐企业名单，并将企业推荐材料在规定的时间内上报省级科技管理部门。省级相关部门审查确定的企业推荐名单直接报省级科技管理部门。
3. 省级科技管理部门组织专家或委托符合条件的中介评估机构对企业推荐材料进行评审、评估。
4. 省级相关部门依据国家及省有关政策，进行综合审查，择优确定四川省建设创新型企业示范、试点、培育的企业名单。

第九条 省级相关部门对遴选结果联合发文予以公布。

第三章 管理与评价

第十条 省级相关部门共同研究制订四川省建设创新型企业评价体系，按照评价标准对建设创新型企业工作进行管理与评价。

第十一条 示范、试点、培育企业要健全创新组织领导机构，加强研发能力建设，加大研发投入力度，积极开展技术创新活动，并及时做好建设创新型企业工作年度总结。

第十二条 省级相关部门重点就企业创新能力、创新投入、创新产出、创新影响、创新管理等方面对创新型企业梯队进行定期考核，实施动态管理。对成效显著且符合条件的培育企业，将列为建设创新型企业试点企业；对成效显著且符合条件的试点企业，优先推荐成为国家创新型试点企业，并列为创新型企业示范企业。

第十三条 企业发生更名、重组等重大调整的，应在办理相关手续后 30 个工作日内经市州科技主管部门将有关情况报省科技厅备案。

第十四条 有下列情况之一的，撤销其创新型企业资格，且三年内不得重新申请认定：

1. 企业被依法终止；
2. 有重大违法违规行为，并受到查处；
3. 弄虚作假，提供虚假材料；
4. 连续三年未按要求开展建设创新型企业工作的。

第四章 支持措施

第十五条 省重大科技专项、科技工程以及各类科技计划对创新型企业梯队给予优先支持。

创新型示范、试点企业直接列为四川省产业化科技推进行动重点支持对象。

对培育企业申报国家和省级中小企业创新基金给予优先支持。

第十六条 创新型企业梯队的原创性发明创造、关键、核心技术申请国内外专利，优先给予省专利申请资助资金支持。

第十七条 创新型企业梯队纳入企业技术中心建设总体规划，对未建立省级企业技术中心的企业，积极创造条件建立企业技术中心。对创新型企业梯队中独立或联合高等院校、科研院所建立国家和省级重点（工程）实验室、工程（技术）研究中心等创新平台的企业，给予优先支持。

第十八条 对创新型企业梯队中属于"百亿工程"、"百亿园区"、"百亿产业集群"的企业，凡是符合条件的，在技术创新行业关键性技术开发上给予优先支持。

第十九条 把加强创新型企业梯队优秀科技人才队伍建设作为天府科技英才行动的重要内容，加大省青年科技基金对企业科技人才和创新团队的支持力度。

第二十条 优先对创新型企业梯队的技术创新活动进行认定审核，强化税收激励。企业年度实际发生的技术开发费，在按规定实行100%扣除基础上，允许再按当年实际发生额的50%在企业所得税税前加计扣除。企业年度实际发生的技术开发费当年不足抵扣的部分，可在以后年度企业所得税应纳税所得额中结转抵扣，抵扣的期限最长不得超过五年。

第二十一条 加大对创新型企业梯队中的自主创新人员的奖励力度。在政策范围内，其奖励额度可以在核定企业工资总额中予以考虑。

第二十二条 对创新型企业梯队在技能比赛、评先创优方面给予优先支持。

第二十三条 充分利用报纸、广播、电视、网络等媒体加大对创新型企业梯队的宣传力度。

第二十四条 省级相关部门定期对在建设创新型企业活动中做出显著成绩的个人和企业，予以通报并给予奖励。

第五章 附 则

第二十五条 本办法自发布之日起施行，由省级相关部门负责解释和修改。

关于促进企业技术创新　增强企业创新主体地位的实施意见

晋政办发 [2007] 107 号

技术创新是推进我省经济结构调整，转变经济增长方式，从资源依赖型向创新驱动型转变的着力点和突破口。为了促进企业技术创新，增强企业创新主体地位，根据《中共山西省委山西省人民政府关于加快推进科技进步和创新的决定》，特提出本实施意见。

一、指导思想

以科学发展观为指导，紧紧围绕企业技术创新体系建设，营造企业技术创新环境，推进企业原始创新、集成创新和引进消化吸收再创新，全面提升企业自主创新能力。大力发展高新技术产业，运用高新技术和先进适用技术改造传统产业，转变经济增长方式，走新型工业化道路。

二、发展目标

建立以企业为主体、市场为导向、产学研结合的技术创新体系。大力发展具有地方特色的专有技术和自主知识产权，把全省行业共性技术、关键技术的创新能力和系统集成能力提高到一个新水平。

到2010年，全省高新技术产业增加值占全省国内生产总值比重达到8%以上，规模以上工业企业技术开发费投入占销售收入比重达到1.5%以上，拥有省级以上技术中心的企业技术开发费投入占销售收入比重达到3.5%以上。全省规模以上工业企业10%以上建立企业技术中心，国家级企业技术中心达到15家，省级企业技术中心达到100家，省级工程技术（研究）中心达到50家，高新技术企业达到1000家。全省规模以上工业企业专职技术开发人员比重达到3.2%以上，工业企业年专利申请量增幅超过30%，全省单位国内生产总值综合能耗下降25%。实施100项信息化带动工业化创新示范项目。

到2020年，全省企业创新体系进一步完善，创新环境进一步优化，企业拥有的知识产权质量和数量全面提升。全省高新技术产业增加值占全省国内生产总值比重达到15%以上，规模以上工业企业技术开发费投入占销售收入比重达到3%以上。

三、政策措施

（一）加强对技术创新的指导和协调。地方各级人民政府和部门要进一步创造条件和优化环境，综合运用财税、金融、资助、奖励和政府采购等手段，加强对技术创新工作的指导、协调和支持。以观念创新和管理创新推动企业技术创新，促进企业技术创新工作的开展。

（二）强化技术创新的引导和示范。着力抓好一批产业关联度大、带动作用强、技术水平高、市场前景好的重大产业化项目，做好国家级重大科技计划项目的组织申报工作，集成全省乃至全国的优势力量协力攻关，在重点领域和重点行业开发一批具有自主知识产权和国际竞争力的技术和产品。通过若干个重大项目的实施与示范，带动相关企业技术创新。

对获得国家立项的重大科技计划项目，省有关部门应给予一定的配套支持。

（三）加快技术创新体系建设。集成企业、高等学校、科研院所等相关力量，在重点领域建设一批国家和省级研究开发机构，开展面向行业的具有竞争性的前沿技术研究。完善技术创新运行机制，在重点领域，形成一批以企业为主体，高等学校和科研院所广泛参与，利益共享和风险共担的产学研战略联盟。

（四）促进创业风险投资体系建设。鼓励境内外机构、大企业和个人在我省设立创业风险投资机构。通过与国内外具有优良管理能力和投资能力的创业风险投资机构共同出资设立专业或区域性子基金，扶持科技创业项目，促进科技型中小企业发展。拓宽融资渠道，逐步建立企业技术创新融资担保制度。

（五）鼓励企业加大技术创新投入。允许企业按当年实际发生的技术开发费用的150%抵扣当年应纳税所得额。实际发生的技术开发费用当年抵扣不足部分，可按税法规定在5年内结转抵扣。

企业用于研究开发的仪器设备，单位价值在30万元以下的，可一次或分次摊入管理费，其中达到固定资产标准的应单独管理，但不提取折旧；单位价值在30万元以上的，可适当缩短固定资产折旧年限或加速折旧。

企业提取的职工教育经费在计税工资总额2.5%以内的，可在企业所得税前扣除。

（六）鼓励对引进技术的消化吸收再创新。凡由省有关部门和地方政府核准或使用政府投资的重点工程项目中引进的重大装备和关键技术，项目业主应制定引进消化吸收再创新方案，报省科技行政主管部门审批（核准）后实施。引进技术消化吸收后再创新所发生的技术费用可在成本中列支。

消化吸收再创新形成的先进装备和产品，可纳入《山西省政府采购自主创新产品目录》。支持省重点工程订购和使用我省生产的首台（套）重大装备，鼓励项目业主和装备制造企业对首台（套）重大装备投保。

（七）支持高新技术企业发展。高新技术产业开发区要加快"二次创业"的步伐，重点培育一批自主创新能力强、竞争优势明显的高新技术企业。

经认定的高新技术企业，自获利年度起两年内免征所得税，两年后减按15%的税率征收企业所得税。

（八）鼓励社会资金支持创新活动。企事业单位、社会团体和个人，通过公益性的社会团体和国家机关向科技型中小企业技术创新基金和经国务院批准设立的其他激励企业自主创新的基金的捐赠，属于公益性捐赠，可按国家有关规定，在缴纳企业所得税和个人所得税时予以扣除。

（九）优化技术创新资源配置。创新管理模式，运用市场机制，整合现有的企业技术中心资源，建立技术战略联盟，在煤化工、新材料、装备制造、生物医药等新型产业，探索构建行业共性技术平台，推进产业协同创新。积极探索加强区域性技术创新合作的机制和形式，在重点领域加强和国际著名创新机构的合作。

（十）加强企业信息化建设。鼓励企业应用信息技术和网络技术带动传统产业优化升级，大力开发信息资源，普及和深化信息技术研究应用，有效整合与发展信息基础设施，大幅度提升企业信息化水平，以信息化促进工业化发展。

山西省科技厅　山西省发展改革委　山西省经委　山西省国资委
二〇〇七年八月二十五日

中共湖南省委办公厅、湖南省人民政府办公厅关于强化企业技术创新主体地位的意见

湘办发 [2008] 10号

为全面贯彻落实《中共湖南省委 湖南省人民政府关于加速推进新型工业化进程的若干意见》（湘发 [2007] 3号）精神，加强企业创新能力建设，经省委、省人民政府同意，现就强化企业创新主体地位提出如下意见：

一、加快建设以企业为主体、市场为导向、产学研相结合的技术创新体系

1. 强化企业技术创新投入的主体地位

鼓励企业大幅度增加技术开发经费的投入，按税法对企业自主创新投入的技术开发费用实行加计扣除，即允许企业按当年实际发生的技术开发费用的150%抵扣当年应纳税所得额，当年抵扣不足部分，可在5年内结转抵扣，形成无形资产的，按照无形资产成本的150%摊销。高新技术企业技术开发经费占当年销售额的比例不得少于5%，大中型企业占当年销售额的比例要逐步达到3%以上。到2010年，全省企业研究与发展的总投入要占全社会研究与发展投入的75%以上。

2. 鼓励企业建立技术研究开发机构

支持有条件的大中型企业申报和创建国家（部门）级、省级企业技术中心、工程（技术研究）中心、重点实验室、博士后科研流动（工作）站等各种形式的研发机构。经国务院有关部门核定的国家级工程（技术研究）中心和企业技术中心，在合理数量范围内进口国内不能生产或者性能不能满足需要的科技开发用品，免征进口关税和进口环节增值税、消费税。企业符合条件的技术转让所得不超过500万元的部分，免征企业所得税；超过500万元的部分，减半征收企业所得税。省相关部门从各自掌握的科技资金中安排经费，对新认定的国家级、省级工程（技术研究）中心、企业技术中心分别予以100万元、50万元的奖励。鼓励企业在高等院校、科研院所设立研发机构，或通过联营、投资、参股、控股等方式与高等院校、科研机构组建紧密型技术研究开发联合体，使之成为产业核心技术和共性技术研发的重要平台。建立完善研发机构认定、评价、激励机制。

3. 支持建立产学研战略联盟

鼓励企业与国内外高等院校、科研机构通过成果转让、委托开发、合作开发、共建技术开发机构和科技型企业实体等多种形式组建产学研战略联盟；支持和鼓励我省行业龙头企业与国内外同行业企业进行专利技术、核心技术、技术标准的交叉授权许可；省科技计划中设立产学研专项，每年组织若干重点产业共性关键技术攻关项目，通过社会招标的形式，委托行业龙头

企业、高校、科研机构联合攻关；鼓励企业与省科技攻关计划、省自然科学基金设立联合技术攻关专项资金，由企业提出技术难题，省科技厅组织高等院校、科研机构和企业进行攻关；鼓励各级管理部门组织开展多种形式的产学研合作交流活动，引导企业加强"泛珠三角"区域和国际间的科技合作与交流，采取联合研究、合作攻关和对口交流等多种形式，扩大合作范围，全方位地主动利用全球科技资源，推动企业技术进步。

4. 继续深化转制科研机构产权制度改革

以产权制度改革为重点，继续深化技术开发类转制科研机构产权制度改革，落实转制院所的社会保障制度，建立适合转制科研机构的现代企业制度。鼓励具有较强研发和技术辐射能力的转制科研机构，集聚高等院校、科研院所等相关力量，开展面向产业的关键技术、瓶颈技术研究，促进军民两用技术双向转移。

5. 建立和完善公共科技服务平台

建立和完善科研开发平台。重点在装备制造、钢铁有色、电子信息、新材料、生物医药、食品加工、石油化工等优势产业领域，积极争取国家及有关部门在省内新建一批国家（部门）级重点实验室、工程（技术研究）中心、博士后科研流动（工作）站、企业技术中心，筹建有色金属国家实验室，新建一批省级重点实验室和工程（技术研究）中心、企业技术中心。

建立和完善科技基础条件平台。加强大型科学仪器设备共享协作网络平台建设，形成专业的技术服务体系和共建共享的管理机制。搭建多部门协作的竞争情报网络平台、企业服务平台和培育竞争情报人才的教育培训平台，面向宏观决策服务的政府市场和面向情报服务的企业市场。

建立和完善工业设计平台。重点在汽车、工程机械、轻工与机电、集成电路、包装和中小企业产品设计等行业和领域建立10个省级行业工业设计中心。组建湖南工业设计公共服务中心，形成信息服务、技术咨询、培训、展示和交易等服务体系。

建立和完善成果转化平台。加快湖南省技术产权交易所建设步伐，鼓励发展技术产权交易服务机构。鼓励创办为成果转化和产业化服务的火炬创业服务中心、生产力中心、大学科技园、留学人员创业园、软件园等科技中介服务机构。重点扶持专业化程度高、特色鲜明、规模大的专业科技企业孵化器。支持海内外企业、高校、科研院所、行业协会及其他投资主体在湘创办科技中介服务机构。科技中介服务机构经省科技厅认定，取得高新技术企业资格的，享受国家、省规定的优惠政策。

建立和完善支持省内企业"走出去"的生产服务性平台，鼓励企业在境外设立技术或产品研发机构、售后服务机构、生产经营机构和开展服务外包。通过人员培训、生产及项目管理系统建立、产品开发、销售及售后服务等方面的支持和服务，扶持出口导向型企业的发展，积极推动企业参与国际国内竞争。

6. 充分发挥高新技术产业开发区（以下简称"高新区"）、工业园区的技术创新载体作用

完善高新区和工业园区的管理体制，探索体制创新与技术创新的结合，引导科技创新资源向高新区和工业园区聚集。认真贯彻实施《湖南省高新技术发展条例》和发展高新技术产业的相关政策，重点抓好长沙、株洲、湘潭等高新区和高新技术产业集聚的工业园区的"二次创业"工作，在资源整合、土地开发、园区建设等方面给予支持。支持高新区和重点工业园区投融资平台建设。各高新区和工业园区管理机构和省直有关部门要积极研究制定创新成果转化和产业化扶持政策，吸引国内外高新技术成果进入园区进行产业化示范，使园区成为高新技术聚集、扩散、辐射中心。要引导高新区和工业园区内企业与我省优势产业配套，完善产业链条，加速形成以新材料、先进装备制造、电子信息、生物医药等领域为主的产业集群。

二、增强企业自主创新能力，提高企业核心竞争力

7. 开展创新型企业试点工作

由省科技厅牵头，进一步健全多部门联合推进创新型企业试点的工作机制。设立省创新型企业试点专项计划，每年选择一批符合条件的企业进行试点，对试点企业创新能力建设项目给予重点支持，使之成为具有自主知识产权和自主品牌、创新能力和核心竞争力强的技术创新示范企业。省科技计划优先安排创新型试点企业与高等院校、科研院所、其他企业联合承担的重大科技项目。建立科学有效的创新型企业评价体系，引导企业把创造社会财富、获得经济效益、促进社会进步作为技术创新标准。积极开展企业创新管理和创新政策等方面的教育培训，提升企业创新管理水平，引导企业用好用足国家和省激励自主创新的各项优惠政策。

8. 鼓励企业参与重大科技项目的实施

引导企业牵头或参与重大科技专项的实施。省级重大科技专项必须由企业牵头或参与承担。对企业牵头组织申报的重大科技专项优先立项。

9. 突破重点产业领域关键技术

围绕重点产业领域，组织产学研联合攻关，进行原始创新、集成创新，集中突破一批重点产业领域关键技术和共性技术，推动产业技术跨越式发展，显著提高企业核心竞争力。"十一五"期间，在新材料、先进装备制造、能源交通、电子信息、生物医药、农产品精深加工、资源与环保、公共安全等领域重点突破具有较强技术关联性和产业带动性的重大关键技术与共性技术。

10. 提升传统产业技术水平

利用高新技术改造传统产业，以现代信息、生物技术、节能减排等产业共性技术为重点，加快新技术、新工艺、新设备、新材料在传统产业的推广应用，推动产业结构的优化和升级。鼓励企业大力推广应用现代信息技术，提高企业信息化水平。推进节能降耗新技术和新工艺在重点行业的应用。加强引进技术消化吸收与创新，在重大技术装备、关键性技术的引进计划中，必须安排相应比例的技术消化吸收与创新资金，提高重大装备国产化水平与关键性技术自主创新能力。

11. 鼓励企业实施专利和参与技术标准的制定

鼓励企业对创新成果申请知识产权，支持企业专利技术的产业化，每年择优扶持一批技术含量高、市场前景好的知识产权优势企业；对在原有专利基础上再创新的产业化项目，各有关部门在立项和资金安排上给予重点扶持，对经济效益好、社会贡献大的专利项目及发明人给予奖励；支持企业参与行业标准、国家标准、国际标准的研制，开展技术标准企业试点，鼓励企业采用国际标准和国外先进标准组织生产。

三、营造有利于企业技术创新的环境

12. 认真落实有关激励企业技术创新的政策

各级各有关部门要认真贯彻《国务院关于实施〈国家中长期科学和技术发展规划纲要

(2006-2020年)〉若干配套政策的通知》(国发〔2006〕6号)、国家有关部门实施细则和省委、省人民政府有关文件精神,切实落实激励企业技术创新的财税、政府采购、金融支持等优惠政策。

各级政府要加大财政资金对企业自主创新的支持力度。税务部门要采取切实可行的措施,确保企业自主创新投入的所得税前抵扣政策、促进高新技术企业发展的税收政策和促进转制科研机构发展的税收政策落实到位。建立自主创新产品认定制度和政府采购自主创新产品制度,按照公开、公正的程序对自主创新产品进行认定。建立企业技术创新项目确认制度,规范企业技术创新税收优惠的审批与管理。完善以政府奖励为导向、企业奖励为主体的激励自主创新的科技奖励制度。

要把企业技术创新作为长株潭城市群资源节约型和环境友好型社会建设综合配套改革试验区的一项重要工作。要根据"两型产业"和创新型城市群的要求,制定长株潭城市群企业技术创新发展规划,推动长株潭城市群走低投入、高产出、低消耗、少排放、能循环、可持续的新型工业化发展道路。

13. 完善促进企业技术创新的多元化投融资体系

金融机构要结合企业技术创新的特点和需求,加快金融创新步伐,积极推动银企合作,提供良好金融服务,不断加大对企业技术创新信贷支持。扶持创业投资企业发展并引导其增加对中小企业特别是中小高新技术企业的投资,鼓励国内外金融机构、非金融机构和企业在湘创办风险投资机构,通过参股和提供融资担保等方式开展风险投资业务。凡在省内注册,从事高新技术创业风险投资或投资担保额占全部对外投资总额的比例不少于70%的企业,可申请认定为高新技术企业,享受国家、省规定的优惠政策,并允许按当年总收益的3%~5%提取风险补偿金,风险补偿金余额可按年度结转,但其金额不得超过该企业当年年末净资产的10%。吸引社会资金和外资参与担保市场,逐步建立多种资金来源、多种组织形式、多层次结构的担保体系。建立政策性信用担保机构风险准备金制度,完善担保代偿评估体系,进一步完善中小企业贷款担保制度,建立健全担保金融资、撤出、转股等机制,增加中小企业信用担保公司的资本金,推动社会资金投入高新技术产业。对于市场发展前景好、技术含量高的高新技术成果转化和技术改造项目的科技贷款或技改贷款要优先提供担保。支持高新技术企业上市融资,进入资本市场。

14. 加强企业创新人才建设

鼓励企业尤其是大中型企业与高等院校、科研机构合作,建立企业经营管理人才、专业技术人才和高技能人才合作培养机制。鼓励高校在企业设立研究生创新基地和博士后科研流动(工作)站,根据合作项目的实际需要,选派博士、硕士、在读硕士生和博士生到企业进行技术攻关。鼓励企业选送人才到高等院校进行定向培养,充分发挥高等院校、技工院校学科综合优势,为企业开办各种专业班,培养企业专业人才。鼓励企业选派科技人才和高技能人才出国学习培训,参与国际科技合作。鼓励企业引进国内外高层次科技人才,提升企业整体技术水平。企业科技培训的费用按规定可计入成本,在税前列支。支持企业依法探索更加灵活的薪酬管理模式,实行股权和期权等激励措施,使为企业技术创新做出突出贡献的科技人员、管理人员和高技能人才获得相应的报酬。切实维护企业家的各项合法权益,造就具有创新精神和创新意识的企业家队伍。

15. 加强组织领导

健全领导工作机制。各级党委、政府要把强化企业技术创新主体地位作为推进新型工业化的突破口抓紧抓好，确保取得实效。各有关部门要进一步转变职能，清理涉及企业技术创新活动的行政审批事项，为企业技术创新营造良好的环境。要建立健全部门间协调沟通机制，加强发展与改革、经济、科技、财政、税务、商务、金融等各部门的联系沟通，形成加强企业技术创新，推进新型工业化进程的合力。要加强考核激励，把技术创新能力作为国有企业考核的重要指标。要营造全社会参与创新、支持创新、鼓励创新的氛围。

关于印发《推进福建省技术创新引导工程深入开展若干实施意见》的通知

闽科政〔2008〕21号

各设区市科技局、经贸委（经委、经发局）、国资委、总工会，各省属企业、科研院所，各创新型试点企业：

为贯彻《中共福建省委、福建省人民政府关于增强自主创新能力推进海峡西岸经济区建设的决定》（闽委发〔2006〕21号）和《福建省科学技术厅、福建省人民政府国有资产监督管理委员会、福建省总工会关于印发福建省技术创新引导工程实施方案的通知》（闽科政〔2006〕51号）精神，努力推进福建省技术创新引导工程深入实施，省科技厅等四部门联合制定了《推进福建省技术创新引导工程深入开展的若干实施意见》。现印发给你们，请认真贯彻执行。

省科技厅　省经贸委　省国资委　省总工会
二〇〇八年五月七日

推进福建省技术创新引导工程深入开展的若干实施意见

为贯彻全国及全省科学技术大会精神，落实福建省科技发展中长期和"十一五"规划，进一步提高我省企业自主创新能力，加快建立以企业为主体、市场为导向、高校和科研院所为依托、产学研结合的区域技术创新体系，为建设海峡西岸经济区提供有力的技术支撑，根据《中共福建省委、福建省人民政府关于增强自主创新能力推进海峡西岸经济区建设的决定》（闽委发〔2006〕21号）和省委、省政府的有关工作部署，结合我省"技术创新引导工程"进展情况，提出以下实施意见。

一、充分认识实施技术创新引导工程的重要性

1. 实施技术创新引导工程是增强自主创新能力的重大举措。当前，我省正在全面实施海峡西岸经济区建设发展的总体部署，科技事业发展和创新型省份建设也将迎来一个新的发展时期。实施"技术创新引导工程"，是加快建设海峡西岸经济区的实际需要，是建设创新型省份的重要举措，是优化和提升我省产业结构的有效手段。省委、省政府对此高度重视，不仅将其

纳入福建省科技发展中长期和"十一五"规划纲要，而且写进了《中共福建省委、福建省人民政府关于增强自主创新能力推进海峡西岸经济区建设的决定》和2007年、2008年省"两会"黄小晶省长的政府工作报告。各级各有关部门要充分提高思想认识，把实施"技术创新引导工程"，加快建立企业为主体、产学研结合的技术创新体系作为科技和经济发展的战略基点，作为增强自主创新能力、建设创新型省份的重大举措，作为落实省委"四个重在"实践要领的实际行动，主动融入和服务经济发展主战场，找准企业技术创新的切入点，抓住有影响、有亮点的工作领域和重大项目给予扶持和推进，努力提升我省自主创新水平。各级科技、经贸、国资、工会等职能部门要把开展"技术创新引导工程"纳入本部门工作计划，通过创新工作机制，加快建立政府职能部门之间，政府与企业、高校、科研院所之间，以及各类技术创新主体之间的良好沟通协调关系，共同推动技术创新引导工程的组织实施。通过制定和实施一系列有利于技术创新的强有力的政策措施，激发各类主体参与工程实施的积极性、主动性和创造性。

二、加大引导性经费投入力度

2. 统筹创新资源支持实施技术创新引导工程。统筹科技、经贸、国资、工会等部门优势资源，共同设立"福建省技术创新引导工程"专项计划，培育一批自主创新能力强的创新型企业，建立一批共性技术、关键技术研发能力强的产业技术创新战略联盟和若干个"技术创新引导工程"示范城市，支持创新型企业实施知识产权战略，加强企业标准化研制和建设，提高创新型企业职工科技素质，积极引导企业开展自主创新活动。省科技创新平台建设计划优先支持技术创新引导工程，每年安排一定比例的项目支持创新型试点企业和产业技术创新战略联盟建设；省重大科技专项要把探索创建产业技术创新战略联盟纳入重要评审指标，并加大对联盟的支持力度。各级科技、经贸、国资和工会等部门要加大引导性财政经费投入，吸引各种社会资金，特别是创业风险投资参与自主创新。建立政府奖励、社会力量奖励和用人单位奖励有机结合的激励自主创新的科技创新奖励制度。鼓励并支持海峡西岸工业技术研究院加强与创新型试点企业、产业技术创新战略联盟、技术创新引导工程试点城市的协作与交流，共建更高层次的研发协作和成果转化平台。

3. 大力支持企业加强技术创新。各级科技、经贸、国资、工会等部门的资金、项目和优惠政策优先向创新型试点企业、产业技术创新战略联盟倾斜。对试点企业、产业技术创新战略联盟及其成员单位申报的省级工业科技、农业科技、社会发展科技、科技合作、科技成果转化、星火计划、科技型中小企业技术创新资金等各类科技计划项目，对于符合申报条件的，在立项评审时给予总分值一定幅度的加分（属于国家级的加五分，属于省级的加三分）；对试点企业、联盟申报的省产学研项目、技术创新项目和企业信息化项目，同等条件下优先予以支持；符合要求的试点企业优先认定为省级企业技术中心；对有产业化前景的项目，优先支持试点企业承担。鼓励和支持国有大中型创新型试点企业牵头组织重大共性关键性技术的研发，承担重大科技项目。

4. 积极落实各类促进技术创新税收优惠政策。认真贯彻落实财政部、国家税务总局《关于企业技术创新有关企业所得税优惠政策的通知》（财税〔2006〕88号），经核定的企业技术开发费在按规定实行100%扣除基础上，允许再按当年实际发生额的50%在企业所得税税前加计扣除。企业用于研究开发的仪器和设备，单位价值在 30 万元以下的，可一次性或分次计入成本费用，在企业所得税税前扣除，其中达到固定资产标准的应单独管理，不再提取折旧；单位价值在 30 万元以上，允许其采取双倍余额递减法或年数总和法实行加速折旧。

三、引导企业增加自主创新投入

5. 鼓励和引导创新型试点企业加强研发投入。凡被认定为省级以上创新型企业试点的高新技术企业和科技型中小企业的，企业年销售收入应在 5000 万元以上，其中高新技术产品销售收入在 1500 万元以上，利税率达 20% 以上，创新产品及技术性收入占销售收入比例在 50% 以上。在成本中列支的研究开发经费占当年销售收入的比例应在 5% 以上。国有大、中型企业要按照有关规定，切实增加科技投入，积极开展技术创新。

6. 鼓励和引导产业技术创新战略联盟加强共同研发投入。按照优势互补、利益共享、风险共担、共同发展的原则，鼓励和支持企业与高等院校、科研机构通过联营、参股、合作等形式，组建各种形式的产业技术创新战略联盟。各类科技主体计划、重大专项、技术改造和创新平台建设项目优先支持重点产业关键领域的技术创新战略联盟的建设与发展。技术创新战略联盟通过建立完善的资金、项目、知识产权、信息资源共享机制，加大技术研发投入力度。

7. 鼓励和引导技术创新引导工程试点城市加快建立多元化的科技投入体系。积极探索区域技术创新引导工程试点城市建设，引导、鼓励和支持具备条件的试点城市大幅度提高科技投入的比例，实现当年 R&D 投入占 GDP 总量的比例超过 1.5%，切实提高区域自主创新能力。一般工业企业研发投入占销售收入的比例达 1.5% 以上；凡被认定为省级以上高新技术企业的，不同规模的企业，近三年的研究与开发费用支出总额占销售收入总额的比例不低于如下要求：最近一年销售收入大于 2 亿元以上的企业，比例不低于 2.5%；最近一年销售收入在 5000 万~2 亿元的企业，比例不低于 3%；最近一年销售收入在 5000 万元以下的企业，比例不低于 6%。按照产业扶持方向，加大财政、金融等政策的支持力度，创新金融服务方式，支持试点城市技术创新，形成以政府投入为引导，企业投入为主体，银行贷款为支撑，民间资本、海外资本共同投入的多元化科技投入体系。

四、积极疏通技术创新融资渠道

8. 积极疏通技术创新融资渠道。认真落实中国人民银行福州中心支行、福建省经济贸易委员会、福建省科学技术厅《金融支持福建省企业自主创新的实施意见》有关规定，积极引导全省金融机构支持实施技术创新引导工程，对国家级、省级创新型企业和省产业技术创新战略联盟给予重点关注和支持。加强与国家开发银行福建省分行、中国进出口银行福州代表处、中国农业发展银行省内各级分支行的沟通与协调，搭建各种形式的科技金融合作平台，带动更多的商业性金融机构增加对自主创新的投入。适时开展政府部门与金融部门间创新型企业科技投融资试点工作，促进政、金、产、学更紧密协作机制的形成。

五、支持实施知识产权和品牌战略

9. 实施知识产权战略。支持企业建立健全归属清晰、权责明确、管理规范、流转顺畅的现代知识产权制度，激发发明创造活力，加强知识产权保护，推进专利成果产业化。保护职工发明权益，推进职工发明成果市场化。把获取发明专利作为科技、经贸计划项目立项、职称评聘和绩效考评的重要内容。推进专利示范企业建设工程，建立创新型企业知识产权管理辅导专项，培育和发展一批知识产权优势企业。省专利申请资助资金优先支持创新型企业、产业技术创新战略联盟的原始性发明创造和关键、核心技术申请国内外专利。企事业单位知识产权保护试点工作优先支持创新型试点企业开展。

10. 实施品牌带动战略。鼓励和支持企业通过技术创新，创建一批拥有核心技术和自主知识产权、带动性强、知名度高的企业品牌、产品品牌，充分发挥品牌的示范、引领和辐射效应。加快培育和发展驰名商标、著名商标和品牌产品，做大企业品牌。推动中小企业联合创牌，打造区域品牌。鼓励和支持出口企业开展境外商标注册，推进国内品牌向国际品牌延伸，着力培育一批具有国际影响力和竞争力的世界知名品牌。建立健全品牌保护机制，切实维护权利人和消费者的合法权益。鼓励企业成立商标、商号和品牌的自律组织，推进品牌的创新、保护和宣传工作。

11. 支持企业参与行业和企业标准制定。支持创新型试点企业参与技术标准制订工作，并优先支持试点企业参与企业标准试点工作。企业牵头制定并获得立项或批准的国际标准、国家标准、行业标准和强制性地方标准的，可按一定比例给予资助。促进行业技术和信息交流，推动行业企业之间的合作。

六、鼓励、支持国有企业技术创新

12. 营造创新友好型的宏观政策环境。省国资委从依法履行出资人职责角度，通过出资人的工作和相关制度的设计，建立健全包括改革、考核、分配、信息平台建设等方面的创新友好型的出资人政策体系。加大对企业科技投入和创新能力建设的考核力度，建立引导企业技术创新的综合绩效评价体系，将企业在技术改造、工艺革新、核心技术研发等方面采取的措施及成效作为企业管理绩效评价的重要内容，同时将科技发展规划作为企业发展战略和规划的重要组成部分组织实施，推动国有企业自主创新进程。

13. 引导和支持国有企业加强自主创新能力建设。支持和鼓励企业增加研发投入，保障研发机构、研发人员和研发经费落实。创新国有企业研发机制，支持国有企业创建或与高等院校、科研机构联合组建企业技术中心、产业技术联盟、工程（技术）研究中心等技术创新组织。支持国有企业申报建立博士后科技工作站，吸引获得博士学位的优秀年轻人员进站从事科学研究工作，提高产学研合作水平。促进国有企业加大研发投入，到2010年，国有大型工业企业每年研究发展经费占主营业务收入的比重应超过3%。

七、加强技术创新人才队伍建设

14. 建立健全创新人才激励机制。探索建立人才、项目、基地"三位一体"的人才培养与使用机制，鼓励企业探索采用股权、期权等激励方式，吸引科学家和工程师到企业创新创业，不断壮大技术创新队伍。鼓励科技人员以项目合作、联合攻关、兼任职务、短期讲学、顾问咨询等多种方式，参与企业的技术创新活动。改革高等院校、科研院所科研工作量考核办法，激发和保护高校和科研院所科技人员面向企业开展合作研究的积极性。推进企业博士后工作站的建设，吸引优秀博士后到企业从事科技创新，支持企业为高等院校、科研机构建立学生实习培训基地。加快建立培养技能型创新人才平台，把技能型创新人才培养作为创新人才培育的重要组成部分，深入开展职工素质建设工程，努力提高广大职工的思想道德素质、科学文化素质和技术技能素质。

15. 支持企业加强员工技术创新和知识产权管理培训。把创新型企业、产业技术创新战略联盟优秀科技人才队伍建设纳入全省科技创新人才培养规划，加大省青年科技人才创新项目对企业、联盟科技人才和创新团队的支持力度。设立技术创新引导工程政策辅导与人才培养专项经费，优先组织、支持试点企业、产业技术创新战略联盟组织开展员工技术创新和知识产权管理等方面的培训，优先支持创新型试点企业、创新联盟与国内外科研机构、大学开展重点人才培养、人员交流、项目合作、联合共建创新载体等。对企业当年提取并实际使用的职工教育培训经费，在不超过计税工资总额 2.5% 以内的部分，可依法申请在企业所得税前扣除。

16. 积极推荐从事技术创新引导工程的主要负责人和技术骨干进入各类科技、经贸计划专家库。改进和完善各类科技、经贸计划项目专家遴选条件和标准，吸纳更多的从事技术创新引导工程的主要管理人员、技术骨干进入专家库，并推荐参与各类科技、经贸计划项目的评审与全省技术创新政策的研究、制定工作，激励并引导全省企业走上技术创新之路。

八、加强对技术创新工作的评估和奖励

17. 加强对创新型试点企业、产业技术创新战略联盟、技术创新引导工程试点城市的跟踪考核与评价。制定技术创新工作评价指标体系，加强对行业（或产业）技术创新工作的统计评估，定期公布评估结果，加强宏观指导，整体推进技术创新工作。每两年对创新型企业试点、每三年对产业技术创新战略联盟和技术创新引导工程试点城市进行一次考核和评价，考核合格的，进行授牌和奖励；考核未达到既定标准的，取消其资格。

18. 加强对技术创新工作的表彰、奖励。制定并实施对企业技术创新的奖励办法，激励和引导企业加强技术创新。

九、加强对技术创新工作的宣传和推广

19. 加大对技术创新引导工程宣传力度。加强与新闻媒介合作，重点宣传试点企业、联盟、试点城市的典型做法和成功经验。继续与福建电视台《科技风》栏目联合开展"科技创新、作为海西"大型专题片拍摄活动，重点宣传和推广创新型试点企业的技术创新工作经验，为推进创新型企业试点工作营造良好的工作氛围和舆论导向。试点企业、国有企业要自觉当好技术创新的先锋和表率，发挥其影响力、带动力，配合相关部门做好技术创新工作的宣传和推广并积极开展形式多样的群众性活动，充分发挥广大职工参与企业技术创新的积极性，激励广大职工为企业技术创新建功立业。

20. 加强激励自主创新政策培训、辅导。以企业作为政策辅导和服务的主要对象，建立重点试点企业联系制度，成立面向企业服务的政策辅导团队，积极开展国家和省有关激励自主创新政策宣传、培训和指导工作，通过举办专题培训、简报专栏和政策摘编、政策需求双向交流

等多种形式,使企业能及时、充分地享受优惠政策,并从中真正受益。

21. 开展激励自主创新政策试点适用。国家激励自主创新配套政策实施细则尚未出台或者已经出台、但在我省全面推行条件尚未成熟的,可结合地方特色,先行具体政策措施,并在试点城市、战略联盟或试点企业开展试点适用,待条件成熟或国务院实施细则全部出台后,再行作出总结或调整,充分发挥技术创新引导工程的引导、示范和表率作用。

关于印发《进一步推进中关村科技园区百家创新型企业试点工作的若干意见》的通知

中科园发 [2008] 17 号

各有关单位：

现将《进一步推进中关村科技园区百家创新型企业试点工作的若干意见》印发给你们，自 2008 年 8 月 1 日起施行。

特此通知。

中关村科技园区管理委员会　中国科学院北京分院
北京市发展和改革委员会　　北京市科学技术委员会
北京市财政局　　　　　　　北京市人事局
北京市商务局　　　　　　　北京市质量技术监督局
北京市工业促进局　　　　　北京市知识产权局
二〇〇八年六月十七日

进一步推进中关村科技园区百家创新型企业试点工作的若干意见

为贯彻党的十七大精神和科学发展观，充分发挥中关村科技园区在创新型国家建设和首都创新型城市建设中的引领作用，深入落实《北京市人民政府科学技术部中国科学院〈关于在中关村科技园区开展百家创新型企业试点工作的通知〉》（京政函 [2007] 22 号）的要求，以中关村科技园区成立 20 周年为契机，进一步深化中关村科技园区百家创新型企业试点工作，做强中关村科技园区，特制定本意见。

一、统一思想认识，集成资源支持试点企业发展

（一）中关村科技园区是国家创新体系和首都创新型城市建设的重要组成部分，中关村科技园区百家创新型企业试点工作是落实党中央、国务院进一步做强中关村科技园区战略决策的重要举措，是推动首都经济高端高效高辐射发展的重要手段。市政府各相关部门和相关区县政府要齐心协力，通力配合，创新体制机制，集成各方资源支持试点企业发展，进一步提升中关

村科技园区自主创新能力,为中关村科技园区成为全球创新中心提供有力支撑。

(二)密切结合中关村科技园区20周年经验总结和未来发展规划,落实北京市政府、科技部、中科院联合发布的《中关村科技园区百家创新型企业试点工作方案》,按照技术创新、管理创新、商业模式创新和文化创新,以及加强试点企业国际化竞争能力和高端人才引进培养能力的"四创两加强"试点思路,不断深化百家创新型企业试点工作,力争到2010年,在试点企业中取得10项具有国际竞争力的行业共性关键技术突破,在重点领域形成一批核心技术专利,形成5~10家相关行业的世界一流企业,涌现出20个行业领军创业团队,力争有更多企业获得中国名牌,在产学研合作、整合并购、国际化发展、高端人才集聚等方面形成一系列有效模式和促进措施。

(三)围绕"创新驱动、市场导向,高端引领、示范带动"的试点方针,加大政府支持及统筹协调力度,市有关部门集成相关政策措施,对试点企业实行重点支持。

二、聚焦技术创新,掌握技术主导权

(四)试点企业应制定创新战略,编制创新发展规划,营造创新文化。大力实施知识产权战略和标准战略,加强关键技术研发,创制自主知识产权技术、标准和产品,提升知识产权创造、管理、保护和运用能力。

市知识产权局、中关村科技园区管委会对试点企业专利创造、管理、制度建设和竞争性研究等工作给予重点支持;市质量技术监督局、中关村科技园区管委会对试点企业参与创制国际、国家和行业标准给予重点支持;中关村科技园区管委会对试点企业承担国际、国家和行业标准化专业技术委员会工作给予重点支持。

(五)试点企业应加强自主创新平台建设,积极承担国家、北京市重大科技基础设施建设,与高校、科研机构、中关村开放实验室之间开展联合研发,形成创新资源共享网络。

试点企业承担国家工程研究中心、国家工程技术研究中心、国家级企业技术中心等国家级重大科技基础设施建设,市发展改革委、市科委、市工业促进局同等条件下优先推荐;试点企业建设北京市企业技术中心,市工业促进局在同等条件下给予优先认定;对经认定的试点企业国家级企业技术中心、北京市企业技术中心,市工业促进局给予资金补助。

(六)试点企业应加大研发投入力度,积极承担科技支撑计划、高技术产业化专项、电子信息产业发展基金等国家、北京市重大项目。

市科委、市工业促进局、中关村科技园区管委会等相关部门联合设立软件及信息服务、集成电路及核心元器件、生物工程及新医药、能源环保、新材料等领域专项支持资金,对试点企业技术平台建设、技术改造、研发和产业化、应用示范工程给予支持。由领域主管部门牵头组织专家对本领域试点企业申报项目进行评议,试点联合工作组统筹确定项目支持计划。市相关部门按照各自资金使用方向和相应管理办法对项目进行支持,试点企业所在区县政府对纳入计划的项目给予一定资金配套。

试点企业承担国家重大项目,市科委、中关村科技园区管委会优先给予配套资金支持;试点企业申请中小企业创新资金,市科委、中关村科技园区管委会、海淀区政府优先给予支持,并优先推荐申报科技部科技型中小企业创新基金;试点企业进行引进消化吸收再创新,市工业促进局、市科委、市商务局根据有关规定给予优先支持;北京市高成长企业自主创新科技专项和北京市科技奖企业创新专项在同等条件下优先支持试点企业；获得北京市发明专利奖的试点企业发明专利产业化，市知识产权局、中关村科技园区管委会给予资金支持。

（七）加大政府采购对试点企业自主创新产品的扶持力度，支持试点企业的自主创新技术、产品、解决方案在城市建设、社会发展等领域和新农村建设等重大工程示范应用，加速科技成果产业化。

试点企业自主创新产品优先纳入《北京市自主创新产品目录》；通过在招投标中考虑自主创新因素或示范工程的方式，推进政府投资项目优先采购或首购试点企业自主创新产品；市发展改革委、市财政局、中关村科技园区管委会通过加快审批、优先安排预算、给予研发资金补贴等方式给予支持。

三、强化管理创新，提升综合竞争力

（八）支持试点企业牵头组建或加入以自主知识产权技术和标准为纽带的产业技术联盟，从内部创新向开放式的外部联合创新转变，带动产业链上下游企业联动发展。

试点企业牵头开展关键共性技术的合作研发、推广、应用和保护知识产权，设计并实施行业整体解决方案，建立产业技术、标准信息交流平台等，市科委、中关村科技园区管委会优先给予资助。

（九）支持试点企业创新产业组织模式，大力开展产学研合作，通过并购重组做强做大。鼓励行业领军的试点企业依托产业技术联盟，整合产业链上下游资源，加强产学研合作，引入战略投资等方式开展行业并购，进一步实现产业要素资源的优化配置。市科委、市发展改革委、市工业促进局对试点企业并购后技术消化吸收、产品线整合给予优先支持。中关村开放实验室为试点企业提供分析检测服务、研发类服务，中关村科技园区管委会给予全额补贴。

（十）支持试点企业充分利用国家投融资体制改革、建设多层次资本市场的机遇，促进企业借助资本市场力量，创新投融资渠道，进一步做强做大。

大力支持试点企业改制上市，优先推荐试点企业在非上市股份有限公司股份报价转让系统挂牌及创业板上市；试点企业如获得中关村科技园区管委会认定机构的创业投资，中关村创业投资资金优先跟进投资，并参照跟投上限执行；北京市中小企业创业投资引导基金和再担保公司设立后，可按照有关管理办法优先对试点企业进行支持；对获得担保贷款和信用贷款的试点企业，按有关政策的最高贴息比例予以贷款贴息支持；优先支持试点企业集合发行企业债券、短期融资券及中期票据。

（十一）试点企业应加强人力资源优化和管理，加大对战略性人才的培育、吸引和激励力度，通过完善有吸引力的激励措施激发有突出贡献的科技人员和经营管理人员的工作动力和热情。

试点企业引进国内外高级管理人才、高级技术人才，市相关部门在创业资助资金、办公用房、公寓住房、贷款担保贴息等方面给予优先支持。

（十二）支持试点企业提升国际竞争力。试点企业在境外设立研发中心等分支机构、开展国际科技合作研发、申请国际认证、参加国际会展，市商务局、市科委、中关村科技园区管委会优先给予补贴。

（十三）试点企业应加大自主品牌和信用体系建设，不断提升企业形象、知名度和美誉

度，增加企业技术和产品的附加价值。

试点企业申报北京名牌，市质量技术监督局优先认定，并优先推荐申报中国名牌；市工业促进局对获得中国名牌、中国驰名商标的试点企业给予补助支持；试点企业开展信用评级所产生的费用，中关村科技园区管委会给予全额补贴。

四、转变政府职能，完善公共服务环境

（十四）简化工作程序，提高服务质量。市政府各有关部门要继续推进中关村科技园区的体制、机制创新工作，进一步完善"一站式"办公、"一网式"审批服务、"全程办事代理制"以及电子政务建设，为试点企业快速发展创造良好环境。

（十五）对初创期的试点企业的房租费用给予一定补贴。中关村科技园区管委会、各相关区政府对试点企业研发办公空间给予一定比例补贴。

（十六）加大宣传推广力度，强化示范带动效应。市有关部门深入总结试点工作中涌现的新模式、新探索、新经验，通过报刊、广播、电视、网络等媒体予以表彰和宣传，不断扩大试点工作的示范效应和带动作用。

五、完善统筹机制，加强组织协调

（十七）加强统筹协调、进一步加大相关委办局协同支持试点工作的力度。扩大试点联合工作组（科技部政策法规与体制改革司、中科院北京分院、市科委、中关村科技园区管委会）组成范围，适时增加市相关部门进入试点联合工作组，共同负责试点工作重大事项的协调、联合开展试点企业调研、建立信息沟通统计机制、统筹确定试点企业重大项目支持计划。

（十八）分类指导、深入推进试点工作。试点联合工作组根据不同类型试点企业需求以及技术创新、管理创新等不同试点内容进行分类指导，不断深化试点内涵，提升试点效果。

（十九）加强考核评估，完善试点企业动态管理机制。建立试点企业统计制度，加大对试点企业的考核力度，对不能按要求完成试点任务的企业予以淘汰。完善试点企业筛选标准，引导大企业、高成长中小企业等不同类型的企业开展创新试点，重点吸纳在核心技术创新方面突出的企业。

（二十）市政府相关部门、区县政府应依据本意见要求，在重点细分产业领域内，围绕试点企业需求，进一步制定相应的支持措施。

中共安徽省委、安徽省人民政府关于推进合芜蚌自主创新综合配套改革试验区工作的若干政策措施（试行）

皖发〔2008〕18号

（2008年10月14日）

为推进合芜蚌自主创新综合配套改革试验区（以下简称试验区）工作，提出以下政策措施。

一、进一步提高产业核心竞争力

1. 对试验区创新型产业相关核心技术、重大装备研发项目或重大引进技术、装备的消化吸收再创新项目，给予最高1000万元资助；获得国家拨款的，给予国家拨款额50%、最高1000万元资助。

2. 对试验区创新型产业中具有自主知识产权、有望形成爆发性增长的新兴产业和规模巨大的支柱产业的重大项目，在资金支持上一事一议、特事特办。

3. 对省外高新技术企业、创新型企业来试验区落户，投资创新型产业链缺失环节或薄弱环节的，给予其实际到位投资额10%、最高500万元奖励。

具备上市条件的省外高新技术企业、创新型企业总部迁至试验区注册上市，并将其上市募集资金的70%（1亿元以上）在试验区投资的，奖励500万元。

4. 对新认定的国家级工程（技术）研究中心、企业技术中心、工程实验室、重点实验室、检测中心、创新咨询中心、军转民研发机构等，给予一次性50万～500万元奖励，已认定并考核优秀的，给予一次性30万～300万元奖励。新认定的省级上述机构，给予一次性20万～200万元奖励，已认定并考核优秀的，给予一次性20万～100万元奖励。

5. 对试验区内高新技术企业、创新型企业各项行政性收费的省、市留成部分，实行免征。对新创办的科技型企业，实行零收费。

创新型企业所缴纳企业所得税新增部分的省、市留成部分，三年内全额奖励企业。

6. 经认定的高新技术产品和重点新产品，从认定之日起所缴纳增值税新增部分的省、市留成部分，三年内全额奖励企业。

7. 中央在皖科研院所实行转企改制的，按规定免征企业所得税和科研开发自用土地、房产的城镇土地使用税及房产税有关政策到期后，相应税收的省、市留成部分，两年内全额奖励企业。

8. 主持制定国际标准、国家标准和行业标准的企业，给予最高50万元奖励。被认定为国家知识产权示范企业的,给予20万元奖励。

二、加快推进科技成果产业化

9. 在试验区建设的高新技术产业化项目,国家批准的,给予国家拨款额50%、最高1000万元资助;省级批准的,给予项目总投资10%、最高1000万元资助。

获国家批准或认定的高技术产业基地、高新技术产业基地等以自主创新为主题的各类产业基地,省政府给予产业基地所在市政府100万~1000万元奖励,用于产业基地建设。

对创新型项目,优先保障土地供应。

10. 在试验区新建公共技术研发平台、检测实验平台、信息情报平台、技术转移平台和咨询服务平台,给予最高500万元资助;按市场化运营的,根据服务绩效考核结果,自开业起3年内,每年择优给予运营费用20%的资助。

11. 高校、科研院所科技成果,由企业购买或成果单位自行在试验区内首次实施转化并实现产业化的,给予20万~200万元的资助。

12. 国内外知名创新咨询机构在试验区设立分支机构或者海外留学人员新创办创新咨询机构,在试验区购、建自用办公用房的,酌情给予一次性资助;租用办公用房的,自开业起3年内,每年按房租额的50%给予资助。在试验区设立的创新咨询等现代服务业专业孵化器,经省级认定的,比照享受科技企业孵化器的相关优惠政策。

13. 对试验区按市场化运营,独立从事信息业、咨询业和技术服务业的创新服务机构及产业集群服务机构,根据服务绩效考核结果,自开业起3年内每年择优给予运营费用20%的资助。

14. 经认定的省级以上科技企业孵化器和国家大学科技园内的在孵企业缴纳的各项税收省、市留成部分,5年内全额奖励企业。

三、切实加强科技创新投入和金融支持

15. 省政府设立合芜蚌自主创新综合配套改革试验区专项资金,用于落实本政策措施各类项目资金、资助、奖励等支出。从2008年起,省级财政每年安排专项资金5亿元。

设立省创业风险投资引导资金。省政府从2008年起连续5年每年安排1亿元资金,积极吸纳银行资金、创业风险投资机构资金及其他各类资金参与,争取资金总额达到10亿~20亿元。通过阶段参股、跟进投资、风险补偿等方式,引导各类创业风险资金投向初创期的科技型企业。

16. 省每年公布一次自主创新产品目录。对自主创新产品参与政府采购的给予优惠,以价格为主的招标项目,自主创新产品价格高于一般产品的,给予5%~10%的价格扣除;以综合评标为主的招标项目,给予自主创新产品总分值4%~10%的加分。对符合先进技术发展要求的试制品和首次投向市场的自主创新产品,实行政府首购制度。对重大自主创新产品和服务,实行政府订购制度。

17. 落户试验区的各类创业风险投资机构,因投资未上市科技型中小企业、在执行国家相关税收优惠政策后仍有风险亏损的,给予风险亏损额30%、最高1000万元资助。

18. 建立健全适应科技型、创新型中小企业特点的信贷管理体系。支持金融机构和担保机

构联合开展知识产权质押、股权质押、动产质押等新型质押贷款。鼓励试验区各市设立担保公司、小额贷款公司。担保公司、小额贷款公司为科技型中小企业担保或贷款发生风险亏损的，给予风险亏损额30%、最高1000万元资助。

19. 高新技术企业、创新型企业因上市补交的企业所得税、土地出让相关税费的省、市留成部分，全额奖励企业。支持高新技术企业发行企业（公司）债券，鼓励优质科技型中小企业发行集合债券。

四、激励创新创业人才发挥更大作用

20. 高校、科研院所等单位的科技人员携带科技成果在试验区创办企业的，给予公司注册资金50%、最高200万元资助；6年内保留其编制，保留期间要求返回的，由原单位按原职级待遇安排。留学回国和民间科技人员来试验区创办企业的，给同等额度的资助。在试验区设立高校师生创业资金，鼓励高校教师、学生创业。

21. 试验区内高新技术企业、创新型企业和创业风险投资机构的高层技术、管理人员，年薪10万元以上的，实际缴纳的个人所得税省、市留成部分，全额奖励个人创新创业。

22. 改革职称评价办法，强化实际贡献和创新能力的考核。高校、科研院所从事技术开发、科技成果转化或中介服务的科技人员，取得显著经济社会效益的，可作为评定专业技术资格的重要依据。评聘农业专业技术职务时，拥有品种权视同专利权。

23. 对企业聘请国外知名科学家、高端技术专家、创新咨询专家来试验区工作的，一次性给予聘用费50%、最高50万元资助。

24. 国有及国有控股的创新型企业，可比照执行国有高新技术企业股权激励试点政策，对企业科技和管理人员进行股权激励。

五、其他

25. 本政策措施适用于在试验区各市开展创新活动的企事业单位和个人，其他市与试验区确定的创新型产业相关的重大科技专项、高新技术产业化项目等，纳入本政策支持范围。

26. 本政策措施有关实施细则、合芜蚌自主创新综合配套改革试验区专项资金使用管理办法，另行制定。

黑龙江省人民政府关于加快科技创新体系建设促进科技成果产业化的若干意见

黑政发〔2008〕86号

各市（地）、县（市）人民政府（行署），省政府各直属单位：

为深入贯彻落实科学发展观，加快建立以企业为主体、市场为导向，产学研结合的技术创新体系，加速科技进步和创新型省份建设步伐，促进科技成果产业化，推动高新技术产业快速发展，实现《黑龙江省老工业基地振兴总体规划》和《黑龙江省中长期科学和技术发展规划纲要（2006－2020年）》提出的目标，为我省经济和社会更好更快发展提供强有力的科技支撑，特提出如下意见：

一、强化企业技术创新主体地位，提高企业核心竞争力

（一）激励企业成为技术开发投入的主体。到2010年，科技企业用于技术开发的费用占企业当年销售收入的比例原则上不得少于2%。企业开发新技术、新产品、新工艺发生的研究开发费用，未形成无形资产计入当期损益的，在按照规定据实扣除的基础上，按照研究开发费用的50%加计扣除；形成无形资产的，按照无形资产的150%摊销。对企业研发机构进口研究开发仪器设备和研究开发仪器设备折旧，享受国家有关优惠政策。实行国有企业技术创新绩效考核制，国有资产管理等部门要将国有企业技术创新能力指标作为评价企业经营者业绩和政府支持的重要依据。

（二）支持企业建立研发机构。在充分发挥已有研发机构作用的基础上，支持大中型企业独立组建或与高校、科研机构联合组建研发机构；支持中小企业联合组建研发机构或与高校和科研机构合作开展研发活动；鼓励企业"走出去"，在省外、国外设立研发机构，提升企业研发水平。对新认定为国家级的企业研发机构，在现有相关专项资金中给予50万～100万元的补助，用于企业研发机构改善研发条件，提高研发水平。

（三）支持企业引进先进技术进行消化、吸收和再创新。企业在引进先进技术时按照不低于1:1比例的配套资金进行消化、吸收和再创新。对企业引进国内外先进科技成果并实现产业化的项目，经有关部门认定，省发展高新技术产业专项资金给予无偿资助、贷款贴息等支持。进一步加强对俄罗斯等国家的科技合作，推动企业所需技术的引进、消化、吸收和再创新。

（四）大力推进创新型企业试点工作。开展创新型企业的评价和认定工作，引导企业争创省级和国家级创新型企业。促进社会资源要素向创新型企业转移，省各类科技计划对创新型企业予以优先立项和支持。到2010年"创新型企业"达到50家、"创新型试点企业"达到100家、"创新型培育企业"达到300家。

二、深化科技体制改革，促进产学研结合

（五）优化整合科研机构资源。科技管理部门要研究提出科研机构资源优化整合方案。根据我省支柱产业和新兴产业的需要，打破部门条块分割，加快科研机构合并重组，支持科研机构挂靠企业集团，允许科研机构并入高校。对于不适应我省经济社会发展需要，任务严重不足，长期不出成果，经济社会效益较低的科研机构，经评估后予以兼并。

（六）稳定支持科研机构发展和改革。要按照"职责明确、评价科学、开放有序、管理规范"的原则，建立现代科研院所制度。不断加大对科研机构的支持力度，逐步增加科研机构的运行经费、科研业务费和科研条件建设经费，每年重点改善一部分科研机构的条件，配备关键试制设备，提升中间试制水平。对于科研机构进行科技成果产业化和为社会提供科技服务的收益，同级财政全额返还科研院所用于发展。应用开发类科研机构一并参加全省事业单位改革，执行事业单位改革相关政策。

（七）强化农业科研成果应用推广作用。围绕千亿斤粮食产能战略工程，大力提高农业综合生产和加工能力，依托科研机构、高校构建农业科技创新体系和现代农业产业技术体系。推进农业科技示范园区的建设，加快高新技术在农业上的应用和推广。继续推进农科教结合，组织农业科研单位、高校和农技推广部门与各县（市、区）广泛开展农业科技合作共建活动，建立农业科技合作的长效机制。实施科技富民强县专项行动计划，以奔小康科普书屋和乡村大院为载体，实施科技惠农"五个一"工程。

（八）加快建立产学研合作机制。积极推动政产学研金介的有机结合，围绕我省优势产业和新兴产业建立产学研战略联盟，负责谋划和推荐对产业发展具有牵动作用的科技项目。充分发挥省行业工程技术联合研究院、各类重点实验室和各级研发、工程和技术中心作用，打造科技创新研发平台，注重军工和民用技术的有效对接，实现在重大关键共性技术上的突破。对产学研战略联盟推荐并依托科技创新研发平台开展的科技项目，省科技管理部门通过优先立项给予资金支持。对自主研发的首台（套）重大装备，在实施产业化中给予贷款贴息、无偿资助等支持。

三、加快科技园区建设，打造高新技术产业发展基地

（九）加强科技园区的规划和指导。省科技管理部门要统筹规划科技园区发展、科学定位科技园区职责，尽快形成若干产业配套、链条完整、特色明显的产业群，发挥其高新技术产业发展基地的作用。各级政府要加大对所在地各类科技园区投入，在制定科技园区发展规划时，要围绕区域优势，突出产业特色，积极开展科技合作招商引企工作，对入驻的高新技术企业在土地、资金等方面给予政策扶持。

（十）重点推进哈大齐国家级高新技术产业开发带建设。以哈尔滨、大庆两个国家级高新技术产业开发区为依托，将所在区域内的大学科技园、特色产业基地、科技企业孵化器、科技企业等统一纳入园区的服务范畴。重点完善园区投融资服务体系，重点建设园区具有产业特色的研发平台，重点营造园区创新、创业、创富的人文环境，打造具有国际竞争力的高新技术企业，不断提高哈大齐国家级高新技术产业开发带的科技含量。到2010年，哈大齐国家级高新技术产业开发带的高新技术产值要达到3500亿元以上。

（十一）加快建设特色产业基地。各级政府和有关部门要将航空汽车特色产业基地、核电装备研发制造基地、新药研发生产基地、铝镁合金科技产业基地、钛合金科技产业基地、硅基新材料科技产业基地、农产品精深加工基地，作为招商引企、招商引智的重点。对符合我省产业发展方向，进入特色产业基地的高新技术企业，各级政府和部门要优先予以资金支持和政策倾斜。各有关部门要为特色产业基地的发展做好跟踪服务，适时组织专家开展技术咨询，引导相关的高校、科研机构和企业人才向产业基地集聚。

（十二）加快科技企业孵化器建设。支持各市地建立科技企业孵化器，到2010年实现科技企业孵化器市地覆盖率100%。各级政府对国家级科技企业孵化器要给予重点支持，使其不断改善科技创新服务环境，尤其要建立和完善面向中小企业的金融服务、科技咨询和公共技术平台。省发展高新技术产业专项资金将以省市共商方式给予支持。

四、建设科技创新服务体系，促进科技成果产业化

（十三）构筑省科技成果交易市场。在充分利用现有科技成果转化中心、生产力促进中心等科技中介服务机构的基础上，通过政府引导、市场化运作、信息资源整合，构建以省级市场为核心、全方位、多层次的科技成果交易体系。大力发展民营科技中介机构，鼓励省外有信誉的科技中介机构来我省开展科技成果交易服务，吸引和培养专业人才进入科技中介服务机构工作。科技中介机构从事技术咨询和技术服务，按照规定享受国家有关的税收优惠政策。

（十四）打造科技资源共享平台。本着"资源共享、优势互补、互惠多赢"的原则，重点建设大型科学仪器设备、自然科技资源、科学数据、科技文献共享平台、成果转化公共服务平台、网络科技环境平台和标准化战略平台，为全社会科技创新活动提供有效服务。鼓励和支持企业按照市场化运作参与服务平台建设，对企业搭建的服务平台，当地政府可从相关科技专项资金中给予补助。

（十五）实行产业化科技成果认定和奖励制度。科技管理部门负责建立和完善产业化科技成果的评价、认定和公示制度。到2010年，优选100项科技成果进行重点推广，并对其产业化过程给予贷款贴息。对实现产业化的科技成果，同级财政可按当年新增企业所得税地方留成部分的5%，奖励给科技成果持有者。

五、培育和引进领军人才，打造科技创新团队

（十六）加快高层次创新团队培育和建设。以省科技创新研发平台为依托，实施"科技创新团队计划"；以高新技术企业为依托，实施"科技创业团队计划"；以高新技术园区为依托，实施"科技经纪人团队计划"。省政府将逐步提高高层次专家津（补）贴标准，从2009年开始，两院院士津贴提高到1万元/月。省政府每年安排资金用于组织院士、高层次专家学术休假、学术活动以及从事技术咨询等服务活动。

（十七）完善激励人才创新创业机制。鼓励技术、管理等生产要素参与收益分配，探索高级经营管理人员、骨干技术人员年薪制，支持实行期权、期股奖励和企业年金制度。允许科技人员提取所完成的省级科技开发类项目经费的10%作为劳务费。鼓励高校、企业、科研机构的人员在合作研发项目和科技成果产业化期间交流兼职，允许兼职人员兼职兼薪。省人事部门要将科技成果产业化和获得发明专利等条件，作为科技人员评职晋级的重要量化指标，予以优

先考虑。经认定的高新技术企业（国有独资）在实施股份制改造时，经国有资产监督管理机构批准，可在前三年国有净资产经营性增值中拿出一定比例作为股份，奖励给有突出贡献的科技人员和经营管理者。

（十八）加大高层次人才的引进力度。对带高技术成果来我省实施产业化或从事高新技术项目研发的高层次人才，各级人事部门要开辟绿色通道，不受编制、工资总额、户口等限制，实行特事特办。对带高技术成果来我省实施产业化的高层次人才，所在地政府可以贴息贷款的方式给予创业资助；对引进的从事高新技术项目研发的高层次人才，由所在地政府择优给予一定科研启动金支持。各级政府要加大对企业博士后科研工作站、博士后产业基地、研究生创新培养基地的支持力度。要创造良好的条件吸引博士生进入企业博士后科研工作站，适当提高在站人员资助标准。

六、建立和完善保障机制，营造良好创新创业环境

（十九）加强科技创新工作的组织领导。省科教领导小组要将科技创新工作列入重要议事日程，每年至少召开两次会议专题研究解决科技创新体系建设和科技成果产业化的重大问题。各级政府要将高新技术产业发展作为重要内容列入发展规划并作为年度目标责任制考核的重要内容。

（二十）确保财政科技投入明显增长。各级政府要把科技投入作为财政预算的保障重点，优先安排科技事业发展资金。省级应用技术与研究开发资金、科学事业费和发展高新技术产业专项资金增幅要明显高于财政经常性收入增幅，从2009年开始，省政府增加资金重点支持科技创新体系建设、实施省科技产业"211工程"和重大科技专项，推进科技成果转化。

（二十一）创新财政科技投入管理机制。坚持投入和效益并重的原则，改革和强化财政科研经费管理，积极探索建立政府资金引导风险投资的新机制，确保财政科技投入效益最大化。省各类科技经费要按照六大科技专项集中投入、重点支持。明确科技计划项目的绩效目标，建立面向结果的跟踪问效机制。完善财政部门与科技、综合经济部门科技资源配置的协调机制，加强信息交流，防止各部门低水平重复立项和浪费资源。

（二十二）对高新技术企业实行税收优惠政策。对符合国家《高新技术企业认定管理办法》规定标准的企业，经认定后，享受国家规定的税收优惠政策。对2008年以前认定的高新技术企业，尚未达到国家规定标准的，自本意见发布之日起三年内，对企业应缴纳所得税率上调10%的地方分成部分，由同级财政部门返还企业，支持其成长为国家级高新技术企业。

（二十三）拓宽融资渠道支持科技创新活动。省内银行类金融机构对本省科技企业贷款年递增率20%以上，作为省政府每年实施奖励的重要考评因素。通过政府资金引导、市场化运作，鼓励境内外投资者创办各类创业风险投资机构。对本地科技企业投资额年递增超过10%的省内创业风险投资机构，各级财政部门根据财力状况，按其缴纳所得税地方留成部分的一定比例作为风险补贴资金奖励给创业风险投资机构。拓宽融资渠道，支持和引导科技企业在境内外上市融资。

（二十四）完善科技创新贷款担保制度。以科技园区为依托完善科技投资贷款担保机制，加快发展面向科技型中小企业的贷款担保。在简化担保程序的同时，积极尝试以专利权等无形资产质押作为反担保手段。各级财政部门应建立针对科技型中小企业融资担保的风险补偿机

制,对担保机构在支持科技类企业融资担保中产生的代偿损失给予一定比例的补偿。

(二十五)实施促进自主创新的政府采购。积极争取将我省高新技术产品和优秀新产品纳入《政府采购自主创新产品目录》。对纳入目录的,在政府采购评审中,采用最低评标价法评标的,对其投标价格给予5%~10%幅度不等的价格扣除;采用综合评分法评标的,分别给予价格评标总分值和技术评标总分值4%~8%幅度不等的加分。对经认定的高新技术产品和优秀新产品,属于订购和使用首台(套)重大装备的工程项目,优先予以采购;属于试制品或首次投向市场的,经认定,政府进行首购,由采购人直接购买或政府出资购买。不按要求采购自主创新产品的,财政部门不予支付采购资金。

(二十六)健全知识产权保护激励机制。省级各类专项资金对具有自主知识产权的项目要给予优先立项。知识产权、质监等部门要积极为企业提供专利和标准信息,为企业培养国际标准应用与制定人才。省科技信息网站和省科技成果交易市场要将知识产权信息优先纳入和优先交易,并逐步建设和完善服务支柱产业、重点行业和企业集团的终端。专利技术在我省实施产业化的产品(样机),企业可在投放市场三年内制定符合相关要求的企业试行标准并备案。

各级政府和有关部门要结合本地、本部门实际制定本意见的实施细则。

二〇〇八年十月三十一日

关于印发《关于加快培育创新型企业的意见》的通知

科策〔2009〕12号

各市科技局、发改委、经委、财政局、国资委（办）、总工会：

为贯彻落实省委、省政府《关于合芜蚌自主创新综合配套改革试验区的实施意见（试行）》（皖发〔2008〕17号）、《关于推进合芜蚌自主创新综合配套改革试验区工作的若干政策措施（试行）》（皖发〔2008〕18号）和科技部、国务院国资委、全国总工会《关于深入实施技术创新引导工程加快推进技术创新体系建设的意见》（国科发政〔2008〕179号）精神，引导和支持创新要素向企业集聚，加快形成一批竞争力强的创新型企业，我们制定了《关于加快培育创新型企业的意见》。现印发给你们，请结合创新型企业的实际，协助省有关部门做好指导和服务工作。

特此通知。

安徽省科学技术厅　　安徽省发展和改革委员会
安徽省经济委员会　　安徽省财政厅
安徽省国有资产监督管理委员会　安徽省总工会
二〇〇九年二月二日

关于加快培育创新型企业的意见

为贯彻落实省委、省政府《关于合芜蚌自主创新综合配套改革试验区的实施意见（试行）》（皖发〔2008〕17号）、《关于推进合芜蚌自主创新综合配套改革试验区工作的若干政策措施（试行）》（皖发〔2008〕18号）和科技部、国务院国资委、全国总工会《关于深入实施技术创新引导工程加快推进技术创新体系建设的意见》（国科发政〔2008〕179号）精神，引导和支持创新要素向企业集聚，加快形成一批竞争力强的创新型企业，创造一批具有自主知识产权的名牌产品，培养一批高素质的科技创新团队，建立若干个以资源共享、优势互补、风险共担、共同受益为基础的产学研战略联盟及产业技术创新战略联盟。现就支持国家和省确定的创新型试点企业及认定的创新型企业（以下简称"创新型企业"）提出以下意见：

一、指导企业制定创新发展规划

省科技厅、发改委、经委根据国家和我省推进创新型产业规划，指导帮助创新型企业制定自主创新发展规划,并优先纳入省相关发展规划和计划,引导人才、技术、资金、信息与服务、管理等创新要素向企业集聚。结合区域产业发展的特点,根据不同类型、不同所有制企业的需要,有针对性地通过试点工作进行引导和激励。通过制定和落实创新试点方案,确立自主创新在企业发展战略中的核心地位,明确创新发展方向和目标,创新体制机制,加大研究开发投入,加强创新能力建设,吸引和培养创新人才,推进管理创新和创新文化建设,打造自主国际知名品牌。

注重建立以企业为主体、市场为导向、产学研相结合的技术创新体系,强化企业在技术创新中的主体地位。发挥自主创新政策的导向作用,支持鼓励企业真正成为研究开发投入的主体、技术创新活动的主体和创新成果应用的主体。

二、支持企业自主创新能力建设

省经委、发改委、科技厅等有关部门对创新型企业独立或联合高等院校、科研院所申报建立国家企业技术中心、工程(技术)研究中心和工程(重点)实验室等,给予优先推荐和支持;对申报建立上述省级机构,按照"平等竞争、择优立项"的原则,给予优先支持,凡符合条件者则予批准组建。在合芜蚌试验区重点产业领域,依托创新型企业新建一批省级实验室、工程(技术)研究中心和企业技术中心,并争取提升为国家级。支持创新型企业以科技类民办非企业形式设立研究开发机构。

鼓励科研基础设施和科技基础条件平台向创新型企业开放,鼓励科技中介服务机构为创新型企业提供创新服务,鼓励创业投资机构投资于创新型企业。支持以创新型企业为骨干建立特色高新技术产业基地和创业服务基地,并给予重点支持,加速形成特色产业集群。完善创业服务中心、软件产业园、大学科技园、创新咨询中心等孵化器的功能,建设以龙头企业为主导的行业共性创业平台。

创新产学研结合的组织模式,构建产业技术创新战略联盟。支持多种形式的产学研结合,重点围绕产业技术创新链的形成和合芜蚌试验区支柱产业、新兴产业的发展,以创新型企业为主体,构建持续、稳定并有法律约束的产业技术创新战略联盟。研究制定和落实支持联盟的有关政策措施,试行委托联盟组织实施所在领域的重大技术创新项目。

三、支持企业实施国家和省科技计划项目

选择若干具有一定基础和优势,又是经济社会发展迫切需要的领域,集中力量进行攻关,力争在一些核心技术和关键技术上实现突破,促进科技成果向现实生产力转化。大力推进信息化与工业化融合,振兴装备制造业,发展现代服务业,加快发展高新技术产业、现代能源产业和现代农业。省科技厅、发改委、经委对创新型企业申报各类国家计划项目,简化程序,给予优先推荐,重点支持。国家科技支撑计划中由地方组织实施的项目重点用于引导和支持创新型企业的发展,优先列入省"861计划"给予支持。

对创新型企业申报省级重大科技专项项目、攻关计划项目、火炬计划项目、星火计划项目、国际科技合作项目、创业投资项目、高技术产业发展项目、技术创新项目、节能及资源综合利用项目、技术改造项目等,省有关部门优先予以立项,并以贴息、补助等形式加大资金支持力度。

四、支持企业技术创新人才队伍建设

健全鼓励创新人才的分配制度和激励机制,注重培养和汇聚创新人才。鼓励创新型企业加强人才储备,培养科技创新团队。省国资委、科技厅、财政厅支持国有和民营创新型企业比照国有高新技术企业股权激励试点政策,对为企业作出突出贡献的科技人员、管理人员实行股权激励以及采取期权期股的方式吸引创新型人才。省科技厅、经委、国资委组织对创新型企业管理人员的技术创新管理、知识产权管理、技术标准管理和配套政策等方面的专门培训,组织创新型企业与高等院校、科研院所的人员交流与合作,支持创新型企业设立博士后科研工作站,在科技专家库和产学研专家库中进一步补充来自创新型企业的专家。

省总工会组织实施职工素质建设工程和职工经济技术创新工程,提高广大职工科学文化素质、技术技能素质和创新能力。组织开展创建"工人先锋号"活动,争当"创新示范岗"、"创新能手"。组织和引导职工积极参加"创建学习型组织,争做知识型职工"活动。充分发挥企业职工技协的作用,广泛开展合理化建议、技术攻关、技术发明等创新活动,大力推广先进实用技术和先进操作方法,促进科技成果转化,逐年降低能源资源消耗。

五、支持企业加强知识产权和标准工作

省科技厅、经委支持创新型企业实施知识产权战略、标准战略和自主品牌战略,指导帮助企业完善内部知识产权和自主品牌管理制度,建立知识产权预警机制,做好核心技术知识产权管理、保护和应用,逐年提高发明专利申请量和授权量,打造能与国际品牌竞争的自主品牌。省科技厅、知识产权局鼓励企业将科技计划项目经费用于重大成果专利的申请和保护,建立专利技术信息库,对其申报国内外发明专利的,给予资金支持。支持符合条件的创新型企业建设知识产权优势企业,被认定为国家知识产权试点企业的,给予奖励。加强创新型企业知识产权人才培养力度,推动优秀专利技术产业化,促进知识产权创造、保护、应用、人才培养循环机制的形成和发展。

支持创新型企业自主制定和参与制定国际国内技术标准,鼓励和推动我国技术标准成为国际标准。对合芜蚌自主创新综合配套改革试验区内企业主持制定国际标准、国家标准、行业标准的,由试验区专项资金给予奖励。支持加快国外先进标准向国内标准的转化,重点支持企业通过再创新形成以我为主的技术标准。支持企业完善技术标准和质量保证体系,促进技术标准和产品质量不断优化升级,逐年提高经济效益。

六、落实支持企业自主创新财税金融政策

国家和省激励自主创新的有关政策在创新型企业先试先行,引导企业积极参与试点工作。省财政厅会同科技厅、发改委、经委等有关部门研究制定支持自主创新财税政策实施办法,贯彻落实国家和省关于企业研究开发费用所得税前加计扣除政策,企业加速研究开发仪器设备折旧政策,促进高新技术企业和创新型企业发展税收政策,支持企业加大自主创新能力建设政策等,明确政策落实中的程序性问题,把鼓励自主创新的政策落到实处。

省科技厅、发改委、经委进一步加强与金融机构和担保机构的合作,支持自主创新,会同

有关银行采取固定资产抵押和知识产权质押、股权质押组合的方式,重点支持创新型企业创新发展过程中的融资需求。优先推荐创新型企业开展银企合作,发行企业债券。省经委、国资委、发改委、科技厅、财政厅等部门按照"统筹规划、分工协作、政策支持、机构联动"的原则,对创新型企业优先列入上市后备资源培育计划,优先支持创新型企业在中小企业板、创业板上市和进入非上市企业股权交易系统进行股权交易,多渠道提高直接融资比重。

七、加强对企业技术创新的表彰奖励

省科技厅对由创新型企业实施完成的科技计划项目,在同等条件下,优先申报国家和省科技奖励。合芜蚌试验区内创新型企业所缴纳企业所得税新增部分的省、市留成部分,三年内全额奖励企业。

省国资委对省属企业在自主创新活动中有突出贡献的科技人员和管理人员进行表彰奖励,引导和激励企业自主创新。省国资委、科技厅、财政厅指导帮助企业建立规范的员工绩效考核评价制度,不断完善创新要素参与分配的激励机制,监督检查企业贯彻落实国家和省关于自主创新的激励政策。

省总工会对创新业绩突出且符合评审条件的创新型企业,在同等条件下,优先申报"省五一劳动奖状"。

八、加强业绩考核对技术创新的导向作用

省国资委对国有创新型企业,明确其负责人对企业技术创新的领导职责,将企业技术创新投入和创新能力建设作为企业负责人业绩考核的重要内容。

省科技厅会同有关部门研究制定创新型企业评价指标体系及认定办法,把研究开发费用占销售收入比例、发明专利授权量、全员劳动生产率、万元产值能耗等纳入评价体系,对试点企业进行评价认定。对符合条件的企业,由省科技厅、发改委、经委、财政厅、国资委、总工会六部门认定为创新型企业。在创新型企业试行科技专员制度和有关部门重点联系制度,加强业务指导和信息交流。建立创新型企业季报年报制度和绩效考核制度,实行优胜劣汰的动态管理机制,促进创新型企业健康发展。

加强与新闻媒体合作,重点宣传创新型企业技术创新活动和成功经验,引导更多的企业走创新发展之路,为推进合芜蚌试验区健康发展和建设创新型安徽作出贡献。

附录

附录一

创新型企业及试点企业应对金融危机情况调查报告摘要

科学技术部政策法规司调研组

自2006年以来,科技部、国资委、全国总工会三部门联合开展了创新型企业试点工作,以提升企业自主创新能力为核心,引导企业建立和完善有利于自主创新的内在机制,探索不同类型企业创新发展的有效模式,形成一批示范企业,带动广大企业走自主创新之路,真正成为技术创新的主体,为实现创新型国家目标奠定基础。目前,经评价命名的创新型企业及试点企业已达287家。这些企业涵盖了国民经济的主要领域,既有中国航天科技、神华集团、宝钢等大型国有企业,也有华为、奇瑞、威创等民营科技企业,还有钢铁研究总院、农机科学研究院等一批在行业科技进步中发挥骨干作用的转制科研院所;销售收入总额约占全部国有及规模以上非国有工业企业主营业务收入的20%,上缴税额约占全国税收总额的20%,资产总额约占全部国有及规模以上非国有工业企业资产总额的30%。这些企业不仅是国家财税收入的重要来源,更是国家综合实力、经济竞争力的重要支柱,它们的发展状况如何将对中国经济能否保持平稳较快发展产生较大影响。

为掌握金融危机对这类企业的影响,为进一步采取有效措施支持企业自主创新提供依据,科技部政策法规司组织开展了"创新型企业及试点企业应对金融危机情况问卷调查"。问卷反馈情况摘要如下:

一、金融危机对创新型企业发展的影响情况

从总体上看,2008年,在金融危机背景下,我国创新型企业及试点企业保持了平稳增长。主要表现在:①在销售收入实现方面。2008年,62.82%的被调查企业仍然完成或超额完成销售收入增长目标;37.18%的企业完成了销售收入增长目标的大部分。②在订单实现方面。54.25%的被调查企业完成了2008年的订单;43.79%的企业完成了大部分订单。③在利润目标完成方面。52.29%的被调查企业完成或超额完成了2008年的利润增长目标;39.87%的企

业完成了利润增长目标的大部分。受金融危机影响,有2.56%的被调查企业未实现2008年销售收入预期增长目标;有1.96%的被调查企业2008年订单未完全兑现;有7.84%的被调查企业未实现2008年预期利润增长目标。

调查发现,当前经济形势下,对创新型企业及试点企业发展冲击较大的因素主要包括:①原材料和能源价格波动;②市场需求萎缩;③劳动力成本上升;④人民币升值。其中,前两项为最主要因素。选择上述各项的企业比例如下图所示。

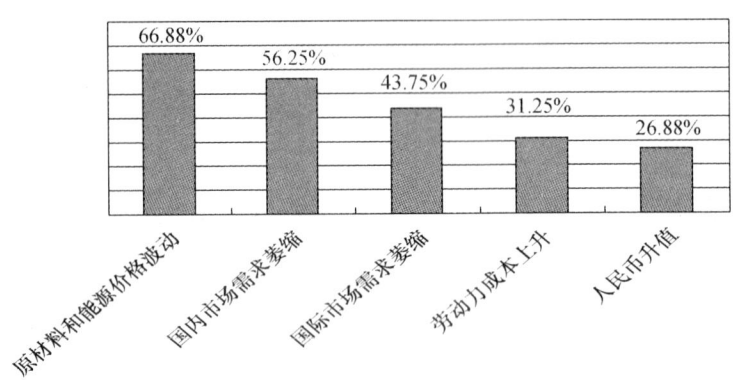

调查表明,在金融危机背景下,创新型企业及试点企业能够保持良好发展态势的主要原因在于:①掌握核心技术;②拥有自主品牌;③有新产品储备;④产品销售以国内市场为主;⑤现金流控制较好;⑥具有性价比优势。其中,前两个原因最为重要,选择这两项的企业数占被调查企业总数的比例均超过70%,具体如下图所示。其他原因还有"开拓高端市场"以及"在行业中保持了主导地位"等。

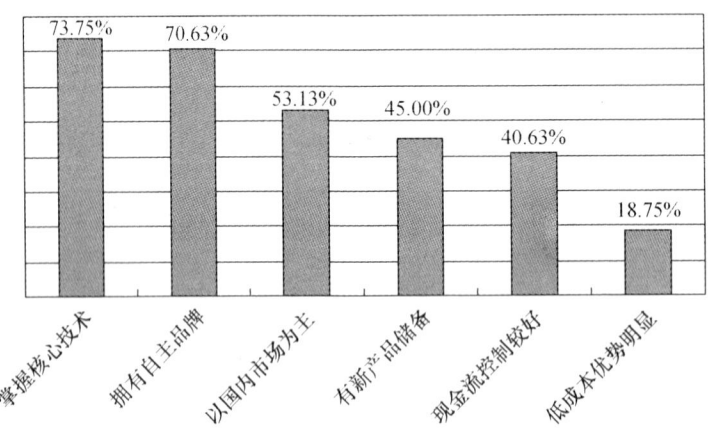

调查还表明,在当前经济形势下,多数创新型企业及试点企业对其2009年的发展充满信心。预计2009年销售收入增长20%以上的占16.88%,增长10%~20%的占37.5%,保持上年水平的占23.13%;预计2009年订单比上年增长的占46.25%,仍可保持上年水平的占

26.25%；预计2009年利润比上年增长的占37.5%，仍可保持上年水平的占30%；准备提高研发投入的占60%，保持上年水平的占30.63%。

二、当前经济形势下企业面临的主要困难及应对措施

1. 面临的主要困难

调查表明，当前经济形势下企业面临的困难主要包括：①需求减弱，市场萎缩，萎缩的市场既包括国内市场，也包括国外市场；②现金流紧张，开发新产品、新技术、新工艺的融资渠道不畅；③缺乏科技创新人才，尤其是高级技术人才。选择上述各项的企业比例如下图所示。此外，调查中企业还提出，在国内项目建设中，本国自主创新产品难以进入政府采购范畴，甚至出现民族品牌遭受歧视的情况，该问题已成为企业应对金融危机，克服市场萎缩的一个重要障碍。

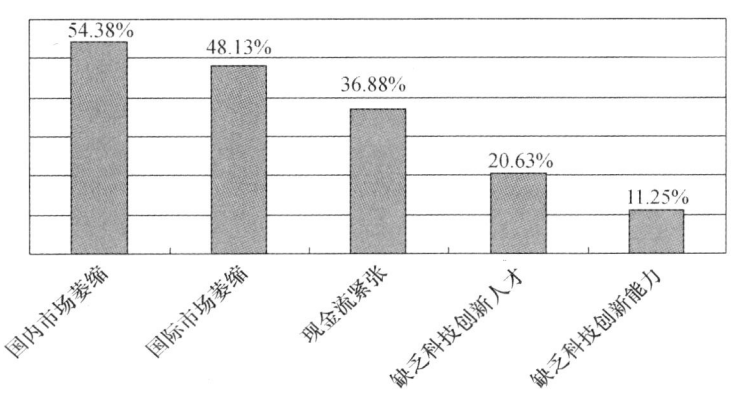

2. 企业应对措施

目前，提高创新能力、掌握核心技术已成为企业在应对金融危机方面准备采取的重要措施。其中，85%的被调查企业把加强创新能力建设摆在首位。

企业应对金融危机的具体措施主要有：①增加研发支出，努力掌握关键核心技术。多数企业在应对金融危机的过程中加大了研发投入，希望通过增强技术创新能力，来提高核心竞争力。②调整产品结构，加强新产品开发、开拓新市场。绝大多数被调查企业把开发新产品、开拓新市场作为应对金融危机的主要措施，这些企业通过不断开发新产品，提升市场竞争优势，实现创新发展。③加强现金流管控。通过加强现金流管控，节省开支，避免金融风险。④加快技术设备改造。⑤积极培养和引进科技人才。此外，还有一些企业根据市场情况调整产能结构、引进战略投资者。

三、企业在提升自主创新能力，应对金融危机方面希望政府提供的支持和帮助

1. 在对创新型企业加大支持力度方面

被调查企业希望政府部门从政策、资金等方面重点支持创新型企业，扶持创新型企业做大做强，通过其示范作用带动更多企业走创新发展之路，有效促进当地的经济发展。提出的具体

建议主要有：一是开辟创新型企业申报国家计划项目的渠道，通过立项、经费补贴、贷款贴息等方式支持创新型企业进行新产品、新技术和新工艺研发；组织实施一批面向经济恢复机遇的研发项目。二是支持创新型企业进行创新能力建设，组织实施一批重点支持企业研发条件和中试基础设施建设的项目。三是建立企业技术创新服务平台，向企业开放公共科研机构实验室、大型仪器设备等研究实验基地及各类科研基础设施。

2. 在拓宽企业融资渠道方面

资金是企业在经济不景气面前能够保持生存和发展的关键。在中国当前直接融资渠道不畅的情况下，更多的企业把融资转向了比较现实的渠道。63.75%的被调查企业希望有关部门加大贷款贴息和担保力度；30%的被调查企业希望有关部门支持股票融资，尽早开通创业板市场；25%的企业希望政府支持企业发行债券；18.75%的企业希望有关部门能够创造新的融资产品；还有部分企业希望政府能够对企业发展中期票据予以支持。

3. 在促进产学研结合方面

61.88%的被调查企业希望在产学研结合方面获得政府支持，并提出了一些具体建议。一是制定出台以企业技术创新需求为主的产学研结合项目支持措施；二是采取有效措施解决产学研合作各方信息不对称问题，促进各方信息沟通与交流；三是加大对产业技术创新联盟的支持力度，并发挥政府的组织协调和引导作用。

4. 在鼓励科技人才进入企业方面

多数被调查企业建议政府部门及时制定出台鼓励企业引进科技人才的具体优惠政策措施。81.88%的企业希望政府能够支持企业加强自主创新人才队伍建设，稳定人才队伍，减少人才流失；38.75%的企业希望有关部门能够大力推动高校、科研院所科技人才深入企业，开展技术服务；61.88%的企业希望政府能够引导企业、高校、科研院所建立良性互动机制，形成稳定联系渠道。此外，还有不少企业希望政府能够鼓励和支持企业引进留学归国人员。

5. 在推进科技计划成果产业化方面

被调查企业建议有关部门通过"出台措施鼓励科技计划成果向企业转化"、"向企业公布国家科技计划成果"、"鼓励社会资本参与对科技计划成果的转化"等方式，加大对科技成果（尤其是自主创新成果）转化及产业化方面的支持。其中，83.75%的被调查企业希望政府部门能够出台鼓励支持科技计划成果向企业转化的具体政策措施，提供融资等多方面支持。

6. 在自主创新产品政府采购方面

被调查企业建议政府部门，一是加快推进自主创新产品政府采购在实践中的落实，制定出台有效措施确保政府采购和援外项目优先使用本国自主创新产品和自主品牌。二是鼓励和支持首台（套）装备（产品）的应用，考虑对用户进行补贴或使用风险担保。三是政府资助的企业自主创新项目，可规定一定比例采购国内自主创新产品，形成企业间自主创新的良性互动。

附录

附录二

创新型企业建设工作大事记

(2005~2008)

2005 年

2005 年 6 月 24~25 日

科技部党组副书记、副部长李学勇带队赴浙江就推进自主创新、加强企业技术创新主体作用等问题进行专题调研。李学勇一行考察了杭州国家高新技术产业开发区、杭州西湖区华星工业园、南望信息技术有限公司、华为3COM技术有限公司等单位，与高新区有关负责同志、企业科技人员进行座谈。

李学勇副部长在调研和座谈中指出，要贯彻落实好党中央、国务院领导同志有关充分发挥企业在技术创新中的主体作用，把建立以企业为主体、市场为导向、产学研相结合的技术创新体系作为突破口推进国家创新体系建设等重要指示精神。并强调要着重抓好以下几个方面工作：一是着力培育创新型企业，激发企业的创新活力；二是大力促进产学研结合，大胆探索产学研有机结合的新体制和新机制；三是努力加强企业人才队伍建设；四是积极倡导企业创新文化。

2005 年 10 月 6~8 日

科技部党组副书记、副部长李学勇，科技部党组成员、科技日报社社长张景安带队赴青岛调研。调研组先后考察了海尔集团、海信集团，并在青岛召开了企业自主创新暨企业研发中心试点座谈会，听取了山东省、青岛市和海尔、海信、山东东岳、烟台万华、威海光威、青岛啤酒、海洋化工研究院等企业的情况介绍和政策建议。

李学勇副部长在调研中指出，要切实贯彻落实好党中央、国务院领导的指示精神，把企业技术创新主体的建设摆在科技工作的重要位置。把建立以企业为主体的技术创新体系为突破口，产学研结合，大力提升企业自主创新能力。

2005 年 12 月 23 日

科技部、国资委、全国总工会三部门在北京召开会议，联合启动"技术创新引导工程"。科技部党组副书记、副部长李学勇发表重要讲话，全国总工会副主席周玉清和国资委有关领导出席并讲话。会议由科技部副部长马颂德主持。会议确定了"技术创新引导工程"的宗旨、目标和重点内容。江苏、辽宁、浙江、山东、四川、重庆、深圳七省市科技管理部门的负责人就企业技术创新做了大会交流发言。

2006 年

2006 年 1 月 24 日

科技部、国资委、全国总工会联合印发《技术创新引导工程实施方案》（国科发政字〔2006〕31号），明确了技术创新引导工程的基本宗旨、主要目标、指导原则和总体部署，确定了开展创新型企业试点工作等七项重点内容，并提出相关保障措施和组织实施方式。

2006 年 2 月 13 日

科技部、国资委和全国总工会进行工作会商，研究推动"技术创新引导工程"有关事宜。经会商对以下事项达成一致意见：一是建立部门联席会议制度，加强联系与沟通，共同推进"技术创新引导工程"深入实施；二是联合启动创新型企业试点工作，由科技部牵头提出"创新型企业试点工作方案"；三是联合组织调研，了解企业创新的现状、问题和需求，总结试点经验，指导和推动试点工作开展。

2006 年 2 月 14 日

经商国家发改委等部委，科技部下发《关于征集企业核心技术需求的通知》（国科发高字〔2006〕51号），对进入"国家认定企业技术中心"范围的企业，针对提高企业技术能力或提高企业生产能力和水平的相关内容，征集其核心技术需求。需求征集的目的是在国家引导下，以产学研结合和建立产业技术联盟等形式，使企业加速开发关键核心技术，拥有更多自主知识产权的产品和加快形成知名品牌，全面提高企业国际竞争力。

2006 年 3 月 8～9 日

3月8日，科技部组织中关村科技园区的华旗、信威等10家企业以及园区管委会有关负责同志召开座谈会。3月9日，组织内蒙古蒙牛、江苏法尔胜、天津天士力、丹东恒星、青岛海信、重庆交通研究院六家企业以及所在省市科技部门有关负责同志进行座谈。就开展创新型企业试点工作的有关事宜进行讨论研究并听取各方面意见。

2006 年 4 月 3 日

科技部党组副书记、副部长李学勇同志受党组委托，带领科技部办公厅、政体司、计划司、条财司、高新司及火炬中心等单位负责同志赴国资委，与国资委党委委员、副主任邵宁同志以及国资委办公厅、规划局、考核局、评价局、改革局、宣传局、研究室、信息中心等单位负责同志就推动国有骨干企业自主创新的有关问题进行工作会商。

双方议定共同做好以下工作：一是扎实推进"技术创新引导工程"；二是加大对企业技术创新的政策扶持；三是加大对企业技术创新投入的支持和引导；四是积极支持企业加强研发机构建设和创新人才培养；五是共同开展有关企业技术创新的联合调研；六是建立工作会商机制。

2006 年 4 月 13 日

科技部、国资委和全国总工会下发《关于开展创新型企业试点工作的通知》(国科发政字 [2006] 110 号),提出《创新型企业试点工作实施方案》和《创新型企业试点方案主要内容要求》,明确创新型企业试点工作的目标和原则,试点企业选择条件、组织实施程序和要求等,正式启动首批创新型试点企业的申报工作。

开展创新型企业试点的目的在于推动企业增强自主创新能力,建立和完善有利于自主创新的内在机制,探索不同类型企业创新发展的有效模式,形成一批创新型企业,引导和带动广大企业走自主创新之路,促进企业真正成为技术创新的主体。

2006 年 4 月 17 日

科技部纪检组长吴忠泽代表徐冠华部长与中共湖南省委副书记、省长周伯华在湘正式签订了部省工作会商议定书。会商内容包括共同推动以企业为主体的技术创新体系建设,将具有湖南特色的区域创新体系作为国家创新体系的组成部分。通过实施"技术创新引导工程",支持湖南的一批企业开展创新型企业试点工作。

2006 年 4 月 26 ~ 29 日

科技部组成调研组赴重庆调研技术创新引导工程在地方的实施情况。调研主要包括四个部分的活动:一是召开西南片区科技部门座谈会;二是召开中小高新技术企业座谈会;三是召开转制院所座谈会,与重庆化工研究院等十多家转制院所进行座谈;四是深入企业实地考察。通过调研,进一步了解西南地区企业技术创新的现状、问题和政策需求,加强了与地方科技管理部门的信息沟通。

2006 年 6 月 1 ~ 4 日

科技部党组副书记、副部长李学勇带队就促进企业技术创新在山东济南、聊城等地进行调研,先后考察了齐鲁软件园、浪潮集团、福瑞达公司、时风集团、信发集团、凤祥集团、中通客车和金地科技等企业,并参加了第三届济南高校科研院所科技成果和专利技术展示交易会。山东省副省长王军民和济南、聊城等地领导也参加了调研。

2006 年 6 月 5 ~ 8 日

科技部、国资委、全国总工会联合调研组赴福建省调研企业技术创新工作。联合调研组实地考察了福建星网锐捷公司、福州新大陆公司和福建建筑科学研究院,并召开了科技企业座谈会,交流加强科技工作、提高自主创新能力的相关经验,并总结企业科技工作中遇到的问题。还与福建省科技厅、国资委、总工会进行座谈,研究如何加强沟通协调,合力推动"技术创新引导工程"及创新型企业试点工作开展。调研组还与福建、安徽、浙江、江西、宁波、厦门等省市科技管理部门进行了工作研讨,听取对深入推进工作的意见和建议。

2006 年 7 月 21 日

科技部、国资委和全国总工会联合下发《关于确定一批企业开展创新型企业试点的通知》(国科发政字 [2006] 313 号),正式确定第一批 103 家企业开展创新型企业试点工作,其中国有大型骨干企业 15 家,高新技术企业和民营科技企业 77 家,实施企业化转制的应用开发类科研机构 11 家。三部门计划在 3 ~ 5 年内将试点企业扩大到 500 家,以带动一大批企业在竞争中增强技术创新能力,加快建设以企业为主体、市场为导向、产学研相结合的技术创新体系。

2006 年 8 月 8 日

科技部调研组赴创新型试点企业大唐电信进行调研，了解产业联盟发展情况，并就开展创新型企业试点工作听取企业意见和建议。

大唐电信有关负责同志介绍了近年来企业技术创新取得的成绩，开展创新型企业试点的实施方案以及建立产业联盟发展TD-SCDMA的经验和做法，并就如何支持TD-SCDMA应用提出了意见和建议。调研组和企业负责同志就如何通过发展产业联盟促进行业技术创新，以及进一步完善企业试点方案、明确试点工作重点进行了交流。

2006 年 8 月 8 日

科技部政策体改司、条财司赴国家开发银行，与开发行投资业务局就加强政策性金融对创新型企业试点工作支持进行协商。

科技部有关负责同志介绍了创新型企业试点工作开展情况，并根据试点企业普遍提出的加强金融支持的需求，提出将试点企业纳入政策性贷款的支持范围的建议。开发行表示将认真研究科技部的建议，并提出了要建立开发行和科技部的合作机制，把目前开发行和科技部已经开展的联合支持科技型企业的工作整合起来，加大对企业技术创新的支持。

2006 年 8 月 13 日

科技部组织召开汽车产业战略技术发展务虚会，研讨我国汽车产业如何加强协同创新，共同提高自主创新能力和产业国际竞争力。吉利控股集团有限公司、奇瑞汽车有限公司、比亚迪汽车有限公司、长安汽车（集团）公司的有关负责人，同济大学汽车学院、清华大学汽车系、中国汽车工程学会、中国汽车技术研究中心的有关专家出席会议。科技部副秘书长王志学出席会议并讲话。

王志学副秘书长强调指出，汽车产业是关联度很高的战略产业，对其他产业的发展具有很强的带动作用和示范效应，希望汽车产业加强战略合作，集成优势力量，打造核心竞争力，为我国战略产业的创新发展走出一条可供借鉴的新路。与会代表围绕我国汽车产业如何形成战略联盟、选择哪些领域进行突破以及政府如何发挥引导和扶持作用等进行了深入讨论，提出了许多意见和建议。

2006 年 8 月 16 日

科技部副部长李学勇、国资委副主任邵宁、全国总工会副主席周玉清共同带队赴首批创新型试点企业中的中国航天科技集团公司、国家电网公司和北京信威通信技术股份有限公司进行调研。

三部门负责同志在调研中强调，国家经济增长方式的转变关键在于大多数企业能否走上依靠技术创新发展的道路。开展创新型企业试点工作是落实党中央、国务院战略要求的具体举措。试点企业要制定企业创新发展战略，建立和完善有利于自主创新的内在机制，加大科技投入，加强自主创新能力建设，加强人才队伍和创新文化建设，强化知识产权意识和管理，争取在企业发展的核心技术方面拥有更多的自主知识产权。并表示政府将发挥服务与引导功能，从两个方面服务于企业自主创新：一是创造有利于企业自主创新的政策环境；二是运用资源配置功能，集成社会各种技术创新要素，帮助企业提高自主创新能力。

2006 年 8 月 31 日

科技部副部长李学勇带队到钢铁研究总院，调研该院开展创新型企业试点工作的有关情况。钢研总院领导重点汇报了以牵头创建产业技术创新战略联盟为重点，深入推进创新型企业试点工作的有关设想。

在听取汇报并与该院负责同志讨论后,李学勇副部长指出,开展创新型企业试点和引导形成产学研战略联盟是"技术创新引导工程"确定的两项重点任务。作为进入首批创新型企业试点的转制院所,钢研总院关于创建产业技术创新战略联盟的设想,为转制院所发挥技术和人才优势,支撑和引领行业技术进步,提供了重要的思路。

2006 年 9 月 12 日

四川省举办创新型示范、试点和培育企业授牌仪式,全面启动建设创新型企业工作。四川省省长张中伟,科技部副部长李学勇等出席授牌仪式并做重要讲话。

张中伟在讲话中强调,由四川省科技厅等七部门联合开展的建设创新型企业工作,是建设创新型四川的一项重大行动。建设创新型企业必须抓好坚持以企业为主体、增加投入、创新机制、培养队伍等工作。要为建设创新型企业营造良好的政策环境、政务环境和社会环境。

李学勇在讲话中指出,四川省建设创新型企业工作是增强自主创新能力,建设创新型四川、带动四川经济社会发展的重要行动。这项工作参与部门多、覆盖面宽、政策措施实、创新性强,充分显示了四川省委、省政府和各有关部门对加强自主创新工作的决心和信心,对全国推进创新型企业试点工作也具有重要的借鉴意义。

2006 年 9 月 30 日

按照《国家认定企业技术中心管理办法》的有关规定,国家发改委会同科技部、财政部、海关总署、税务总局共同发布公告（2006 年第 67 号）,认定了第十三批"国家认定企业技术中心"。国家认定企业技术中心（含分中心）达 438 家。科技部将根据与国家发改委、财政部、海关总署、税务总局会商的结果,在国家科技计划中对国家认定企业技术中心（含分中心）的科研活动进行支持。

2006 年 10 月 27 日

国资委和科技部在长春召开部分国有大型企业创新型企业试点工作座谈会。一汽集团、中国石化、中国网通、鞍钢集团、中国化学工程集团和长春轨道客车公司的有关负责同志参加了座谈会。国资委副主任邵宁和科技部副部长李学勇出席会议并讲话。与会企业的负责同志汇报了各自企业开展创新型企业试点工作的情况和计划,并对政府如何引导企业加强自主创新,提出了意见和建议。

邵宁副主任和李学勇副部长充分肯定了国有大型企业自主创新的成绩,强调国有大型企业是国民经济的基础和支柱,在国有大型企业开展创新型企业试点,符合党中央的战略要求,也符合企业自身发展的需要,对于推动企业增强自主创新能力具有重大战略意义。要通过试点工作努力形成有利于自主创新的体制和机制,发挥试点企业的示范和带动作用。邵宁副主任和李学勇副部长一行会前实地考察了一汽集团。

2006 年 10 月 29 日

科技部在北京组织召开转制科研院所创新型企业试点方案评议及工作座谈会,首批进入创新型企业试点的 11 家转制科研院所负责人汇报了试点工作方案。李学勇副部长出席会议并讲话。科技部、国资委、全国总工会的有关部门负责同志参加了评议,并提出进一步完善的意见和建议。

李学勇副部长在讲话中强调,参加创新型企业试点的转制院所不仅要注重自身发展,更要在行业技术创新中发挥引领和骨干作用。首批进入试点的转制院所要把开展试点作为提升整体战略定位的契机,把院所的发展定位在建设创新型国家的战略目标上,定位在建设具有中国特色的国家创新体系上。转制院所要按照市场经济和全球化竞争的要求,建立促进自主创新的体制和机制,完善科研组织体系和方式,推动科研与市场、科研与产业的紧密结合。科技部将进一步创新支持方式,从政策、项目、基地和人才等方面加强支持和引导,促进转制院所加快发展。

2006 年 12 月 28 日

科技部、财政部、教育部、国资委、全国总工会、国家开发银行在科技部召开会议,成立"推进产学研结合工作协调指导小组",决定按照《国家中长期科学和技术发展规划纲要》配套政策的要求,加强统筹协调,共同开创产学研结合工作的新局面。科技部副部长李学勇、财政部副部长张少春、教育部副部长赵沁平、全国总工会副主席乔传秀、国家开发银行副行长刘克崮、国资委有关负责同志及各部门有关司局负责同志出席会议。

会议研究提出推进产学研结合的近期工作重点:一是进一步完善促进产学研结合的机制和政策;二是组织开展部门联合专项调研;三是探索促进产学研结合的有效模式和机制,在若干领域构建产业技术创新战略联盟等;四是开展区域产学研结合有效模式的试点工作;五是六部门共同起草推进产学研结合工作的指导性文件。会议还对钢铁研究总院院长干勇院士汇报的《钢铁可循环流程技术创新战略联盟方案》给予充分肯定,认为这种组织模式应成为今后国家重点支持和引导的方向之一。

2007 年

2007 年 1 月 6 日

科技部在宁波市组织召开了"华东地区创新型企业试点工作座谈会",上海、江苏、浙江、安徽、福建、江西、宁波等省市科技部门负责试点工作的分管领导,各有关试点企业的负责同志出席了会议。会议着重交流各地各企业推进试点工作的情况、主要经验和做法,研究讨论下一步的工作计划。

2007 年 1 月 11~12 日

科技部在兰州组织召开"西北地区创新型企业试点工作座谈会",陕西、甘肃、宁夏、青海、新疆、新疆生产建设兵团科技部门负责试点工作的分管厅局长和处长,甘肃省经委、国资委、总工会有关负责同志以及西北地区经三部门确定的试点企业负责同志出席了会议。

2007 年 2 月 26~27 日

科技部、国资委、全国总工会在北京联合召开创新型企业试点工作会议。会议深入学习贯彻党中央国务院关于确立企业技术创新主体地位的战略要求,交流各地、各企业开展试点工作的经验和做法,研究部署下一阶段的工作任务。国家发改委、教育部、信息产业部等部门有关负责人,各省区市科技主管部门负责人,中国企业联合会、各有关工业协会负责人,全国首批103家试点企业的负责人参加了会议。

科技部徐冠华部长作了题为"大力优化体制和政策环境,积极推进创新型企业建设工作"的工作报告,国资委副主任邵宁、全国总工会副主席乔传秀出席会议并讲话,科技部副部长李学勇做会议总结。上海宝钢、中兴通讯、四川省科技厅等12家试点企业和地方代表做了大会交流发言。

2007年3月1~3日

科技部党组成员、驻部纪检组组长吴忠泽带队考察了云南省创新型试点企业。吴忠泽组长在考察中指出，开展创新型企业试点工作是推动以企业为主体、产学研相结合的技术创新体系建设的重要举措，要把创新作为企业的核心发展战略，大力加强企业研发能力建设。

2007年4月4日

北京市政府、科技部和中科院联合召开中关村科技园区百家创新型企业试点工作大会，公布了百家创新型企业试点工作方案及试点企业名单，中关村科技园区百家创新型企业试点工作正式启动。会议由北京市市长王岐山主持，中央政治局委员、北京市委书记刘淇、科技部部长徐冠华、副部长李学勇、中科院副院长施尔畏等领导出席大会并讲话。科技部、中科院相关单位，中关村科技园区百家创新型试点企业以及北京市有关部门的代表等参加会议。

李学勇副部长在会上宣读了北京市政府、科技部、中科院《关于在中关村科技园区开展百家创新型企业试点工作的通知》，施尔畏副院长介绍了试点工作的主要内容。部分企业代表做了典型发言。

2007年4月13日

科技部启动在创新型试点企业中补充遴选专家进入国家科技计划专家库的工作。入库专家将参加国家科技计划项目（课题）申请的评议评审、对项目（课题）执行情况的检查评估和验收以及其他咨询论证工作。

2007年5月10日

由科技部举办的创新型试点企业"创新政策与知识产权战略管理高层研修班"在国家行政学院开班。科技部党组书记、副部长李学勇出席开班式并讲话。国家行政学院副院长陈伟兰同志参加了研修班的有关活动。创新型试点企业的主要负责人及负责科研和知识产权事务的管理人员参加了研修班。

此次研修班是针对首批创新型试点企业开展的第二次重要培训和研讨活动，旨在提高企业在推进自主创新中的科技管理水平和知识产权管理能力。研修课程包括国家宏观科技发展战略报告、企业自主创新政策解读、知识产权基本制度介绍以及企业知识产权管理、知识产权的司法保护与诉讼策略等实务讲解。

2007年5月22日

"2007产学研结合高层论坛"在北京开幕。论坛由科技部、财政部、教育部、国资委、全国总工会和国家开发银行共同举办。论坛以"携手创新，合作共赢"为主题，围绕产学研结合的理论及模式、产学研结合的探索与实践以及产业技术创新战略联盟建设等议题展开研讨。来自企业、大学、科研院所、中介机构和社会各界的200多名代表参加了本次论坛。科技部党组书记、副部长李学勇出席论坛开幕式并讲话。

李学勇在讲话中指出，建设以企业为主体、市场为导向、产学研相结合的技术创新体系：一是要确立企业在技术创新中的主体地位；二是要促进产学研的紧密结合，两者有机联系、不可分割。要学习借鉴世界主要国家的成功经验，改进工作思路和方式，大力推进体制和机制创新，积极探索促进产学研结合的有效模式和政策。

2007 年 6 月 10 日

来自数十家企业、高校和科研院所的主要负责人在北京签约成立了钢铁可循环流程技术创新战略联盟、新一代煤（能源）化工产业技术创新战略联盟、煤炭开发利用技术创新战略联盟和农业装备产业技术创新战略联盟。这标志着在国家六部委推进产学研结合工作协调指导小组的推动下，产业技术创新战略联盟构建工作取得重要进展。

全国政协副主席、中国工程院院长徐匡迪，科技部党组书记、副部长李学勇，教育部副部长赵沁平，国资委副主任邵宁出席会议并讲话，国家开发银行副行长王益以及财政部、全国总工会有关负责同志出席了会议。中国钢研科技集团公司、中国化学工程集团公司、神华集团有限责任公司、中国农业机械化科学研究院分别代表联盟发起单位发言。

2007 年 6 月 16 日

国家开发银行、科技部联合下发《关于对创新型试点企业进行重点融资支持的通知》（开行发〔2007〕225号），决定通过开展开发性金融合作支持创新型试点企业增强自主创新能力。

2007 年 7 月 12 日

根据2007年2月"创新型企业试点工作会议"的部署和企业的要求，科技部、国资委和全国总工会联合发出《关于组织开展第二批创新型企业试点工作的通知》（国科发政字〔2007〕444号），组织开展第二批创新型企业试点工作。

2007 年 8 月 22 日

科技部产学研联盟创新机制研讨会在河北石家庄召开。科技部、国资委的有关部门负责同志，河北省科技厅主要负责同志，石家庄市政府有关领导以及相关企业负责人等参加了会议。

石家庄制药集团、华北制药集团分别汇报了企业发展情况和组建抗生素、维生素产学研技术创新联盟的做法、体会。与会人员围绕当前产学研合作中存在的问题、解决途径，产学研联盟的运行模式、工作方案以及应注意的问题等进行了深入的分析和讨论。与会人员还到石药集团中润制药厂、华北制药厂进行了现场考察调研。

2007 年 8 月 30 日

科技部、财政部、教育部、国资委、全国总工会和国家开发银行六部门"推进产学研结合协调指导小组"办公室联合调研组在北京组织召开座谈会，选择863计划重大项目"半导体照明工程"为对象，调研了解国家科技计划项目执行中促进产学研结合的经验和做法、存在的问题和障碍以及有关的政策需求和建议。"半导体照明工程"项目管理办公室负责人、总体组有关专家以及部分课题承担单位负责人参加了座谈。

"十一五"863计划将"半导体照明工程"列入重大项目，组织了52家企业、大学和科研机构参与联合攻关。在项目执行过程中，承担单位自发成立了"半导体照明工程研发及产业联盟"，以推动技术进步和产业发展，促进行业内的资源整合，共同应对国际竞争的压力。与会代表在座谈中也反映了产学研结合中存在的一些突出问题，并就进一步促进产学研结合工作提出了意见和建议。

2007 年 9 月 2 日

科技部、财政部、教育部、国资委、全国总工会、国家开发银行六部门"推进产学研结合协调指导小组"办公室联合调研组在北京召开了"绿色制造关键技术与装备"项目产学研结合工作座谈会，了解计划项目中产学研结合工作情况，听取有关的政策建议。

"绿色制造关键技术与装备"项目由机械工业联合会负责组织实施，是一个跨部门、跨行业的综合项目，参加单位共有91家，其中企业41家、大学25所、研究院所20所、其他单位5家。与会代表就产学研结合中存在的突出问题以及进一步促进产学研结合工作进行讨论交流。

2007年9月14~15日

科技部在云南省昆明市召开了创新型企业试点工作重点联系省区座谈会，云南、内蒙古、安徽、四川、甘肃五个重点联系省区科技厅的负责同志参加了会议。会议认为，建立重点联系省区制度就是要形成一个上下联动的机制，科技部、各重点联系省区之间可以互相借鉴各自好的经验和做法，相互学习，形成合力，共同推进创新型企业试点工作的深入开展。

2007年9月20日

科技部、财政部、教育部、国资委、全国总工会、国家开发银行六部门推进产学研结合协调指导小组办公室联合调研组在北京召开座谈会，研究在新形势下如何发挥行业协会在产业技术创新中促进产学研结合的作用。机械工业联合会副会长张小虞、纺织工业协会副会长陈树津出席会议并发言，各有关行业协会、中国企业联合会有关负责同志参加了座谈。

与会代表认为，行业协会作为联系政府和企业的桥梁，地位和优势独特，应该在促进产学研结合中发挥更大的作用。与会代表总结了行业协会促进产学研结合的主要做法，反映了行业协会促进产学研结合中存在的一些突出问题，并就进一步发挥行业协会在促进产学研结合方面的作用提出了意见和建议。

2007年11月3日

中国产学研合作促进会成立大会暨高峰论坛在北京举行。国务院副总理曾培炎、全国人大常委会副委员长路甬祥致信祝贺。全国人大常委会副委员长许嘉璐，国务委员陈至立，全国政协副主席李贵鲜、张怀西，教育部部长周济，科技部部长万钢等出席大会并致辞。

论坛主题是"引领自主创新时代潮流——学习贯彻落实十七大精神，开创产学研结合新局面"，与会代表通过了《北京宣言》。全国人大常委会副委员长、中科院院长路甬祥院士，全国政协副主席、中国工程院院长徐匡迪院士等担任中国产学研合作促进会的名誉会长，大会推举徐志坚担任中国产学研合作促进会会长，促进会的成立旨在为各方搭建有效沟通和交流的平台。

来自国家相关部委、科研院所、高校和企业的代表就当前产学研合作的形势和任务、产学研结合的有效机制和模式、完善促进产学研结合的政策措施等问题进行了深入探讨。

2007年11月15日

科技部、国资委联合批复同意钢铁可循环流程技术创新战略联盟、新一代煤（能源）化工产业技术创新战略联盟、煤炭开发利用技术创新战略联盟和农业装备产业技术创新战略联盟开展产业技术创新战略联盟试点，要求试点联盟落实联盟协议确定的各项任务，努力探索，大胆实践，不断完善组织模式和运行机制，推进试点工作，支撑和引领行业技术创新。

2007年11月18日

重庆、四川、贵州、云南、西藏、成都六省市区科技管理部门本着"优势互补、资源共享、集成推进、协调发展"的原则签署协议，联合成立"西南片区产学研联盟"。产学研联盟组长单位由各省市科技管理部门轮流担任。

西南片区产学研联盟的主要目标是：通过推动西南片区产学研合作，使区域自主创新能力和产业竞争力明显增强，攻克一批制约西南片区支柱产业和高新技术产业发展的关键技术、核心技术和共性技术，获取一批自主知识产权，形成自主品牌，大幅提高本地区的技术自给率和科技进步贡献率，建设一批技术创新公共平台和科技基础条件平台，建成一批国内一流水平的科技创新中心或研究开发基地，建成一批科技成果转化和产业化基地，协助和支持西南片区高校建立一批国家重点学科、博士和硕士点、国家重点实验室和国家工程（技术研究）中心，联合培养一批高素质的工程技术人才和科技创新人才。搭建区域产学研结合的经验交流平台，跨区域共同科研项目的协同攻关平台和区域科技创新资源的互通共享平台。

西南片区产学研联盟的主要任务：一是开展重大创新项目和重大科技专项合作；二是建立科技创新资源公共服务平台；三是联合设立"西南片区产学研联盟基金"，主要用于联盟成员跨区域合作的自主创新项目和活动等。同时，以一定方式引入风险投资对联盟支持的科技创新项目和科技企业提供增值服务。

2008 年

2008 年 1 月 4 日

科技部、国资委、全国总工会联合下发《关于确定第二批创新型试点企业的通知》（国科发政〔2008〕16 号），公布第二批 184 家创新型试点企业名单。至此，开展创新型企业试点工作的企业已达 287 家。

2008 年 3 月 19 日

科技部、财政部、教育部、国资委、全国总工会、国家开发银行在北京联合召开推进产学研结合工作协调指导小组第二次会议，研究推进产学研结合工作。会议由科技部党组书记、副部长李学勇主持，财政部副部长张少春，国资委副主任邵宁，科技部副部长曹健林，教育部、全国总工会、国家开发银行的代表出席会议并讲话，四个试点的产业技术创新战略联盟代表、广东省省部产学研结合工作协调领导小组办公室代表以及六部门相关司局的负责同志参加了会议。

会议依次听取了六部门推进产学研结合工作协调指导小组办公室的汇报，四个产业技术创新战略联盟试点工作进展情况汇报，广东省省部产学研结合工作的汇报和经验介绍。六部门还讨论并确定了 2008 年推进产学研结合协调领导小组工作要点。

2008 年 4 月 14 日

科技部、国资委、全国总工会联合下发《关于深入实施技术创新引导工程加快推进技术创新体系建设的意见》（国科发政〔2008〕179 号），就深入实施"技术创新引导工程"，加快建立以企业为主体、市场为导向、产学研相结合的技术创新体系等问题提出相关意见。

2008 年 6 月 10 日

科技部举办的第二批创新型试点企业创新政策与知识产权管理培训研讨班在国家行政学院正式开班。来自 104 家创新型试点企业的 122 位学员参加了研讨班。科技部党组书记、副部长李学勇出席开班式并做重要讲话。

李学勇希望各试点企业要坚持一手抓抗震救灾、一手抓创新发展，以自己的实际行动，继续全力以赴支援灾区。并强调各试点企业要把知识产权工作贯穿于科技创新和市场开拓的全过程，把创造知识产权作为研究开发的重要目标，把取得、运用知识产权作为开拓和占领市场、赢得竞争优势的重要手段，为引导广大企业加强知识产权工作作出榜样。

2008年6月11日

科技部党组书记、副部长李学勇带队赴神华集团有限责任公司调研技术创新工作，并与神华集团、神华能源股份有限公司的负责同志就神华牵头建立煤炭开发利用产业技术创新战略联盟的工作进行座谈。

神华集团有关负责同志就技术创新有关情况进行了介绍。李学勇在调研中表示，科技部将会同有关部门运用综合措施，对试点联盟进行引导和支持。

2008年6月20日

"2008年中关村科技园区百家创新型企业试点工作大会"召开。科技部党组书记、副部长李学勇，北京市委常委、常务副市长吉林，中科院党组成员、副秘书长何岩等出席会议并讲话。会议由北京市副市长赵凤桐主持。

中关村管委会负责人汇报了第一批百家创新型企业试点工作进展情况，中科院何岩副秘书长介绍了联合支持试点企业实施重大项目的情况。会上公布了第二批百家创新型企业名单，第二批试点企业代表也在会上发言。

李学勇在讲话中表示，科技部、中科院、北京市政府将采取动态调整机制，在未来2~3年内将试点企业扩大到500家。将坚持协同配合，加大对试点工作的支持力度；落实各项政策，加大对试点企业的支持；及时总结经验，做好示范引导作用。

吉林在讲话中强调，以中关村成立20周年为契机，深入试点工作，集成政策资源，支持试点企业做强做大。试点企业应在领军人物引进、加强关键技术研发、知识产权创造、创新成果示范应用和产业化、建立新型产学研合作模式、加强产业链上下游联系、拓展投融资渠道、营造创新文化等方面积极探索。市政府各部门及各区县政府要积极落实北京市促进试点企业发展的有关措施，加强统筹支持力度、加强联动工作支持，形成对试点企业支持的合力。

2008年7月28日

科技部、国资委和全国总工会在北京召开创新型企业建设工作会议，联合发布首批"创新型企业"名单。中国航天科技集团公司等91家企业开展两年的试点工作后，经评价被命名为首批"创新型企业"。

通过试点，首批创新型企业在多个方面取得重要进展：一是创新动力显著增强；二是研发投入大幅增加；三是创新能力建设明显加强；四是掌握了越来越多的自主知识产权；五是新产品收入和劳动生产率稳步提高；六是经济总量不断扩大。同时，形成了中央和地方上下联动推动工作的机制。

三部门表示，下一步将会同有关部门，针对创新型企业和试点企业的不同需求，加强分类指导，持续给予支持，引导各种创新要素向企业集聚，打造具有国际竞争力的中国创新型企业500强。

2008年9月18日

科技部在黑龙江省召开东北地区创新型企业试点工作座谈会。黑龙江、吉林、辽宁、大连三省一市科技厅（局）负责同志及黑龙江省创新型试点企业代表参加了会议。科技部副秘书长王志学出席会议并讲话。

三省一市科技厅（局）负责同志介绍了本地推动技术创新引导工程和开展创新型企业试点工作情况，对进一步推进技术创新引导工程和创新型企业试点工作进行了讨论，对科技部下一步推进创新型企业试点工作提出了建议。与会人员会后赴部分创新型试点企业进行调研。

2008 年 11 月 11~14 日

受科技部党组书记李学勇委托,科技部副秘书长王志学率专题调研组赴广东省召开华南片区"集聚创新要素,推进技术创新体系建设"现场交流会。会议听取了广东、湖北、湖南、海南、深圳、广州等省市有关部门负责同志关于推进创新型企业和技术创新体系建设的情况介绍,了解当地好的经验和做法,并与风华高科、中国电科院、广州机械科学研究院、格力电器、迈瑞公司、大族激光、广州无线电集团等广东省的国家级、省级创新型(试点)企业负责同志就如何系统谋划和推进创新型企业建设进行了现场交流。

2008 年 12 月 4 日

湖南省委、省政府在长沙举行全省产学研结合创新大会。湖南省委书记、省人大常委会主任张春贤出席并讲话,科技部党组书记、副部长李学勇到会致辞,湖南省委副书记、省长周强作报告,湖南省委副书记梅克保主持大会,副省长郭开朗宣读了有关奖励、表彰决定。科技部党组成员、科技日报社社长张景安出席大会。

李学勇在致辞中充分肯定了湖南省近年来在科技创新能力和综合科技实力提升上取得的成就。希望湖南以此次会议为新的起点,走出一条符合湖南客观实际、具有湖南特色的产学研结合创新之路。

2008 年 12 月 23 日

科技部部长万钢签署第 13 号部长令,公布《关于修改〈国家科学技术奖励条例实施细则〉的决定》,明确将"企业技术创新工程"纳入国家科技进步奖的重大工程项目类。"企业技术创新工程"奖项不是为单项技术或产品而设,而是专门褒奖通过卓有成效地系统谋划、依靠技术创新获得持续发展的企业。"企业技术创新工程"奖项的设立,表明国家科技奖励突破只奖"硬项目"的局限,更加关注"软"的创新组织管理行为,进一步鼓励企业从战略层面系统地加强技术创新谋划,推进创新型企业建设。

2008 年 12 月 29 日

国务院发布《关于 2008 年度国家科学技术奖励的决定》(国发〔2008〕38 号),奇瑞汽车股份有限公司、中国航天科技集团公司、华为技术有限公司、上海振华港口机械(集团)股份有限公司及中国重型机械研究院五家创新型企业获得首批国家科技进步奖企业技术创新工程奖项。

2008 年 12 月 30 日

科技部、财政部、教育部、国资委、全国总工会、国家开发银行六部门联合发布《关于推动产业技术创新战略联盟构建的指导意见》(国科发政〔2008〕770 号),就产业技术创新战略联盟的概念,推动产业技术创新战略联盟构建的重要意义、指导思想、基本原则及联盟的主要任务、应具备的基本条件和开展产业技术创新战略联盟试点工作提出明确的意见和要求。

附录

附录三

创新型试点企业名录

附表1 第一批创新型试点企业(103家)

序号	企业名称	地域
1	中国航天科技集团公司	北京
2	中国石油化工集团公司	北京
3	国家电网公司	北京
4	中国长江三峡工程开发总公司	湖北
5	神华集团有限责任公司	北京
6	中国网络通信集团公司	北京
7	中国电子信息产业集团公司	北京
8	中国第一汽车集团公司	吉林
9	中国东方电气集团公司	四川
10	鞍山钢铁集团公司	辽宁
11	上海宝钢集团公司	上海
12	中国铝业公司	北京
13	中国化学工程集团公司	北京
14	中国铁路工程总公司	北京
15	中国生物技术集团公司	北京
16	电信科学技术研究院(大唐电信集团)	北京
17	钢铁研究总院	北京
18	北京有色金属研究总院	北京
19	煤炭科学研究总院	北京
20	机械科学研究总院	北京
21	中国纺织科学研究院	北京
22	中国农业机械化科学研究院	北京
23	中材科技股份有限公司	北京
24	西安重型机械研究所	陕西

续表

序号	企业名称	地域
25	北京矿冶研究总院	北京
26	武汉邮电科学研究院	湖北
27	联想（北京）有限公司	北京
28	北京汉王科技股份有限公司	北京
29	北京信威通信技术股份有限公司	北京
30	北京仁创科技集团有限公司	北京
31	天津钢管集团有限公司	天津
32	天津天士力集团有限公司	天津
33	中国北车集团唐山机车车辆厂	河北
34	太原重型机械集团有限公司	山西
35	太原风华信息装备股份有限公司	山西
36	内蒙古蒙西高新技术集团有限公司	内蒙古
37	沈阳新松机器人自动化股份有限公司	辽宁
38	辽宁奥克化学集团有限公司	辽宁
39	吉林华微电子股份有限公司	吉林
40	长春轨道客车股份有限公司	吉林
41	亿阳信通股份有限公司	黑龙江
42	哈药集团三精制药股份有限公司	黑龙江
43	上海振华港口机械股份有限公司	上海
44	上海宝信软件股份有限公司	上海
45	上海电器科学研究所（集团）有限公司	上海
46	上海药明康德新药开发有限公司	上海
47	南京联创科技股份有限公司	江苏
48	扬子江药业集团有限公司	江苏
49	法尔胜集团公司	江苏
50	中控科技集团有限公司	浙江
51	浙江吉利控股集团有限公司	浙江
52	浙江海正药业股份有限公司	浙江
53	奇瑞汽车有限公司	安徽
54	安徽丰原集团有限公司	安徽
55	福建星网锐捷通讯股份有限公司	福建
56	福建南靖万利达科技有限公司	福建
57	江西昌九农科化工有限公司	江西
58	江西省德兴市百勤异VC钠有限公司	江西
59	浪潮集团有限公司	山东
60	烟台万华聚氨酯股份有限公司	山东
61	山东登海种业股份有限公司	山东

续表

序号	企业名称	地域
62	许继集团有限公司	河南
63	郑州宇通客车股份有限公司	河南
64	武汉华中数控股份有限公司	湖北
65	襄樊星火汽车零部件制造有限公司	湖北
66	长沙中联重工科技发展股份有限公司	湖南
67	湘潭平安电气集团有限公司	湖南
68	广州金发科技股份有限公司	广东
69	广东风华高新科技股份有限公司	广东
70	广东威创日新电子有限公司	广东
71	广州机械科学研究院	广东
72	桂林利凯特环保实业股份有限公司	广西
73	海南赛诺实业有限公司	海南
74	海南全星药业有限公司	海南
75	重庆川仪总厂有限公司	重庆
76	重庆交通科研设计院	重庆
77	重庆华立药业股份有限公司	重庆
78	四川长虹电器股份有限公司	四川
79	攀枝花钢铁（集团）公司	四川
80	成都地奥制药集团有限公司	四川
81	贵阳航天林泉科技有限公司	贵州
82	贵州汇通华城楼宇科技有限公司	贵州
83	云南白药集团股份有限公司	云南
84	昆明船舶设备集团有限公司	云南
85	西藏林芝奇正藏药厂	西藏
86	西安海天天线科技股份有限公司	陕西
87	金川集团有限公司	甘肃
88	天水星火机床有限责任公司	甘肃
89	宁夏东方钽业股份有限公司	宁夏
90	西部矿业股份有限公司	青海
91	青海新能源研究所有限公司	青海
92	新疆屯河工贸（集团）有限公司	新疆
93	新疆众和股份有限公司	新疆
94	新疆石河子中发化工有限责任公司	新疆兵团
95	大连三科科技发展有限公司	大连
96	宁波海天集团股份有限公司	宁波
97	宁波博威集团有限公司	宁波
98	厦门钨业股份有限公司	厦门

序号	企业名称	地域
99	厦门华侨电子股份有限公司	厦门
100	海尔集团公司	青岛
101	海信集团有限公司	青岛
102	华为技术有限公司	深圳
103	中兴通讯股份有限公司	深圳

附表2 第二批创新型试点企业（184家）

序号	企业名称	地域
1	中国航空工业第一集团公司	北京
2	中国船舶重工集团公司	北京
3	中国兵器工业集团公司	北京
4	中国兵器装备集团公司	北京
5	中国石油天然气集团公司	北京
6	中国华能集团公司	北京
7	中国移动通信集团公司	北京
8	中国第一重型机械集团公司	黑龙江
9	武汉钢铁（集团）公司	湖北
10	中国建筑工程总公司	北京
11	中国冶金科工集团公司	北京
12	中国化工集团公司	北京
13	中国中材集团公司（含中材高新材料股份有限公司）	北京
14	中国建筑材料集团公司	北京
15	中国北方机车车辆工业集团公司	北京
16	中国南方机车车辆工业集团公司	北京
17	中国铁道建筑总公司	北京
18	中国普天信息产业集团公司	北京
19	中国医药集团总公司	北京
20	上海贝尔阿尔卡特股份有限公司	上海
21	中国电信集团公司	北京
22	中国航天科工集团公司	北京
23	中国有色矿业集团有限公司	北京
24	彩虹集团公司	北京
25	中国葛洲坝集团公司	湖北
26	哈尔滨电站设备集团公司	黑龙江
27	中国国电集团公司	北京
28	中国南方电网有限责任公司	广东

续表

序号	企 业 名 称	地域
29	中国远洋运输（集团）总公司	北京
30	中国高新投资集团公司	北京
31	沈阳化工研究院	辽宁
32	长沙矿冶研究院	湖南
33	中国电器科学研究院	广东
34	上海医药工业研究院	上海
35	天津化工研究设计院	天津
36	天津药物研究院	天津
37	中国日用化学工业研究院	山西
38	中钢集团洛阳耐火材料研究院	河南
39	北大方正集团有限公司	北京
40	用友软件股份有限公司	北京
41	北京神州数码有限公司	北京
42	北京大北农科技集团有限责任公司	北京
43	北京和利时系统工程股份有限公司	北京
44	天津赛象科技股份有限公司	天津
45	天津力神电池股份有限公司	天津
46	天津药业集团有限公司	天津
47	天津电气传动设计研究所	天津
48	中国乐凯胶片集团公司	河北
49	邯郸钢铁集团有限责任公司	河北
50	石药集团有限公司	河北
51	华北制药集团新药研究开发有限责任公司	河北
52	太原钢铁（集团）有限公司	山西
53	山西信联集团实业有限公司	山西
54	内蒙古鄂尔多斯羊绒集团有限责任公司	内蒙古
55	内蒙古伊利实业集团股份有限公司	内蒙古
56	内蒙古伊泰集团有限公司	内蒙古
57	内蒙古蒙牛乳业（集团）股份有限公司	内蒙古
58	包头钢铁（集团）有限责任公司	内蒙古
59	沈阳机床（集团）有限责任公司	辽宁
60	沈阳北方交通重工集团有限公司	辽宁
61	丹东恒星精细化工有限公司	辽宁
62	锦州奥鸿药业有限责任公司	辽宁
63	吉林敖东延边药业股份有限公司	吉林
64	修正药业集团股份有限公司	吉林
65	四平市精细化学品有限公司	吉林

续表

序号	企 业 名 称	地域
66	黑龙江沃尔德电缆有限公司	黑龙江
67	东北轻合金有限公司	黑龙江
68	哈药集团有限公司	黑龙江
69	哈尔滨仁皇药业股份有限公司	黑龙江
70	上海新傲科技有限公司	上海
71	上海复星医药（集团）股份有限公司	上海
72	上海太阳能科技有限公司	上海
73	上海电缆研究所	上海
74	南京南瑞集团公司	江苏
75	江苏阳光股份有限公司	江苏
76	大全集团有限公司	江苏
77	马佐里（东台）纺机有限公司	江苏
78	江苏兴荣高新科技股份有限公司	江苏
79	江苏沙钢集团有限公司	江苏
80	万向集团公司	浙江
81	浙江医药股份有限公司新昌制药厂	浙江
82	杭州制氧机集团有限公司	浙江
83	浙江华海药业股份有限公司	浙江
84	富通集团有限公司	浙江
85	安徽科大讯飞信息科技股份有限公司	安徽
86	安徽江淮汽车股份有限公司	安徽
87	安徽叉车集团公司	安徽
88	安徽中鼎密封件股份有限公司	安徽
89	铜陵有色金属集团控股有限公司	安徽
90	黄山永新股份有限公司	安徽
91	龙净环保股份有限公司	福建
92	福建福晶科技股份有限公司	福建
93	福建新大陆科技集团有限公司	福建
94	福建省永安林业（集团）股份有限公司	福建
95	江西铜业集团公司	江西
96	江中药业股份有限公司	江西
97	泰豪科技股份有限公司	江西
98	江西汇仁药业有限公司	江西
99	鲁南制药集团股份有限公司	山东
100	山东丛林集团有限公司	山东
101	威海广泰空港设备股份有限公司	山东
102	万达集团股份有限公司	山东

续表

序号	企 业 名 称	地域
103	山东冠丰种业科技有限公司	山东
104	平高集团有限公司	河南
105	中信重型机械公司	河南
106	华兰生物工程股份有限公司	河南
107	南阳防爆集团有限公司	河南
108	河南瑞贝卡发制品股份有限公司	河南
109	湖北宜化集团有限责任公司	湖北
110	湖北鼎龙化工有限公司	湖北
111	中钢集团天澄环保科技股份有限公司	湖北
112	三一重工股份有限公司	湖南
113	长沙远大空调有限公司	湖南
114	湘潭电机股份有限公司	湖南
115	江南机器（集团）有限公司	湖南
116	广州无线电集团有限公司	广东
117	珠海格力电器股份有限公司	广东
118	美的集团有限公司	广东
119	广州迪森热能技术股份有限公司	广东
120	广东西陇化工有限公司	广东
121	广西柳工机械股份有限公司	广西
122	柳州欧维姆股份有限公司	广西
123	先声药业有限公司	海南
124	海南长安国际制药有限公司	海南
125	重庆长安汽车股份有限公司	重庆
126	重庆金山科技（集团）有限公司	重庆
127	重庆海扶技术有限公司	重庆
128	中电投远达环保工程有限公司	重庆
129	中国第二重型机械集团公司	四川
130	宜宾丝丽雅集团有限公司	四川
131	四川畜科饲料有限公司	四川
132	四川科伦药业股份有限公司	四川
133	四川启明星铝业有限责任公司	四川
134	四川龙蟒集团有限责任公司	四川
135	贵州航天电器股份有限公司	贵州
136	贵州益佰制药股份有限公司	贵州
137	贵州信邦制药股份有限公司	贵州
138	云南锡业集团有限责任公司	云南
139	昆明云内动力股份有限公司	云南

续表

序号	企业名称	地域
140	云南南天电子信息产业股份有限公司	云南
141	云南生物谷灯盏花药业有限公司	云南
142	昆明滇虹药业有限公司	云南
143	西藏诺迪康药业股份有限公司	西藏
144	西藏自治区藏药厂	西藏
145	西北有色金属研究院	陕西
146	陕西鼓风机（集团）有限公司	陕西
147	西安西电捷通无线网络通信有限公司	陕西
148	天水长城开关厂	甘肃
149	天水电气传动研究所	甘肃
150	天水华天微电子股份有限公司	甘肃
151	兰州兰石集团有限公司	甘肃
152	青海华鼎实业股份有限公司	青海
153	青海金诃藏药药业股份有限公司	青海
154	青铜峡铝业集团有限公司	宁夏
155	宁夏建筑材料研究院（有限公司）	宁夏
156	宁夏中卫大河机床有限责任公司	宁夏
157	特变电工股份有限公司	新疆
158	新疆金风科技股份有限公司	新疆
159	新疆独山子天利高新技术股份有限公司	新疆
160	大连光洋科技工程有限公司	大连
161	大连重工·起重集团有限公司	大连
162	大连华信计算机技术有限公司	大连
163	大连獐子岛渔业集团股份有限公司	大连
164	瓦房店轴承集团有限责任公司	大连
165	宁波天安（集团）股份有限公司	宁波
166	宁波韵升股份有限公司	宁波
167	宁波天邦股份有限公司	宁波
168	贝发集团有限公司	宁波
169	宁波大成新材料股份有限公司	宁波
170	厦门通士达照明有限公司	厦门
171	厦门华联电子有限公司	厦门
172	厦门宏发电声有限公司	厦门
173	厦门雅迅网络股份有限公司	厦门
174	厦门弘信电子科技有限公司	厦门
175	青岛高校软控股份有限公司	青岛
176	青岛即发集团股份有限公司	青岛

续表

序号	企 业 名 称	地域
177	青岛喜盈门集团有限公司	青岛
178	青岛明月海藻集团有限公司	青岛
179	青岛海洋化工研究院	青岛
180	深圳迈瑞生物医疗电子股份有限公司	深圳
181	深圳市大族激光科技股份有限公司	深圳
182	研祥智能科技股份有限公司	深圳
183	新疆天业节水灌溉股份有限公司	新疆兵团
184	石河子市华农种子机械制造有限公司	新疆兵团

附表3 第三批创新型试点企业（182家）

序号	企 业 名 称	地域
1	中国商用飞机有限责任公司	上海
2	中国核工业集团公司	北京
3	中国船舶工业集团公司	北京
4	中国海洋石油总公司	北京
5	东风汽车公司	湖北
6	中国中化集团公司	北京
7	中国五矿集团公司	北京
8	中国中煤能源集团公司	北京
9	中国交通建设集团有限公司	北京
10	新兴铸管集团有限公司	北京
11	西安电力机械制造公司	陕西
12	中国食品发酵工业研究院	北京
13	中国汽车工程研究院	重庆
14	北京中科科仪技术发展有限责任公司	北京
15	合肥通用机械研究院	安徽
16	天津工程机械研究院	天津
17	同方股份有限公司	北京
18	首钢总公司	北京
19	北汽福田汽车股份有限公司	北京
20	北新集团建材股份有限公司	北京
21	太极计算机股份有限公司	北京
22	北京碧水源科技股份有限公司	北京
23	北京国药恒瑞美联信息技术有限公司	北京
24	北京北分瑞利分析仪器（集团）有限责任公司	北京
25	天津市天锻压力机有限公司	天津

续表

序号	企 业 名 称	地域
26	天津曙光计算机产业有限公司	天津
27	天津立林机械集团有限公司	天津
28	天津赛瑞机器设备有限公司	天津
29	天津市环欧半导体材料技术有限公司	天津
30	长城汽车股份有限公司	河北
31	石家庄以岭药业股份有限公司	河北
32	河北先河科技发展有限公司	河北
33	河北硅谷化工有限公司	河北
34	永济新时速电机电器有限责任公司	山西
35	山西潞安矿业（集团）有限责任公司	山西
36	山西晋城无烟煤矿业集团有限责任公司	山西
37	南风化工集团股份有限公司	山西
38	太原中绿环保技术有限公司	山西
39	山西鸿基科技股份有限公司	山西
40	内蒙古灵奕高科技（集团）有限责任公司	内蒙古
41	内蒙古晟纳吉光伏材料有限公司	内蒙古
42	沈阳透平机械股份有限公司	辽宁
43	辽宁聚龙金融设备股份有限公司	辽宁
44	鞍山森远路桥股份有限公司	辽宁
45	沈阳远大铝业集团有限公司	辽宁
46	吉林吉恩镍业股份有限公司	吉林
47	吉林化纤集团有限责任公司	吉林
48	吉林省博大制药有限责任公司	吉林
49	通化钢铁股份有限公司	吉林
50	长春新产业光电技术有限公司	吉林
51	哈尔滨博实自动化设备有限责任公司	黑龙江
52	牡丹江友搏药业有限责任公司	黑龙江
53	齐齐哈尔二机床（集团）有限责任公司	黑龙江
54	大庆华科股份有限公司	黑龙江
55	哈尔滨誉衡药业股份有限公司	黑龙江
56	上海汽车工业（集团）总公司	上海
57	上海重型机器厂有限公司	上海
58	上海发电设备成套设计研究院	上海
59	上海迪赛诺化学制药有限公司	上海
60	上海连成（集团）有限公司	上海
61	上海新时达电气股份有限公司	上海
62	无锡尚德太阳能电力有限公司	江苏

续表

序号	企业名称	地域
63	亨通集团有限公司	江苏
64	江苏恒瑞医药股份有限公司	江苏
65	江苏扬农化工集团有限公司	江苏
66	中电电气集团有限公司	江苏
67	江苏天奇物流系统工程股份有限公司	江苏
68	江苏省交通科学研究院股份有限公司	江苏
69	浙江正泰电器股份有限公司	浙江
70	浙江盾安人工环境设备股份有限公司	浙江
71	巨石集团有限公司	浙江
72	浙江康恩贝制药股份有限公司	浙江
73	浙江新安化工集团股份有限公司	浙江
74	浙江新和成股份有限公司	浙江
75	杭州中美华东制药有限公司	浙江
76	聚光科技（杭州）有限公司	浙江
77	马钢（集团）控股有限公司	安徽
78	安徽海螺集团有限责任公司	安徽
79	合肥工大高科信息技术有限责任公司	安徽
80	合肥美亚光电技术有限责任公司	安徽
81	安徽华东光电技术研究所	安徽
82	安徽昊方机电股份有限公司	安徽
83	安徽蓝盾光电子股份有限公司	安徽
84	安徽鲲鹏装备模具制造有限公司	安徽
85	安徽安凯福田曙光车桥有限公司	安徽
86	福建龙溪轴承（集团）股份有限公司	福建
87	福建省南平铝业有限公司	福建
88	福建凤竹纺织科技股份有限公司	福建
89	福耀玻璃工业集团股份有限公司	福建
90	福建正源饲料有限公司	福建
91	崇义章源钨业股份有限公司	江西
92	思创数码科技股份有限公司	江西
93	南昌弘益科技有限公司	江西
94	江西诚志生物工程有限公司	江西
95	中国重型汽车集团有限公司	山东
96	兖矿集团有限公司	山东
97	潍柴动力股份有限公司	山东
98	山东绿叶制药股份有限公司	山东
99	山东时风（集团）有限责任公司	山东

续表

序号	企业名称	地域
100	山东泉林纸业有限公司	山东
101	山东金正大生态工程股份有限公司	山东
102	山东龙力生物科技有限公司	山东
103	郑州煤矿机械集团股份有限公司	河南
104	濮阳濮耐高温材料（集团）股份有限公司	河南
105	南阳二机石油装备（集团）有限公司	河南
106	永城煤电控股集团有限公司	河南
107	郑州威科姆科技股份有限公司	河南
108	河南黄河旋风股份有限公司	河南
109	华工科技产业股份有限公司	湖北
110	武汉凡谷电子技术股份有限公司	湖北
111	长飞光纤光缆有限公司	湖北
112	武汉天喻信息产业股份有限公司	湖北
113	襄樊五二五泵业有限公司	湖北
114	湖南山河智能机械股份有限公司	湖南
115	株洲钻石切削刀具股份有限公司	湖南
116	湖南海利高新技术产业集团有限公司	湖南
117	长城信息产业股份有限公司	湖南
118	TCL集团股份有限公司	广东
119	广东志成冠军集团有限公司	广东
120	广州市白云电气集团有限公司	广东
121	广东温氏食品集团有限公司	广东
122	广州白云山和记黄埔中药有限公司	广东
123	广东汕头超声电子股份有限公司	广东
124	广东光华化学厂有限公司	广东
125	中国化工橡胶桂林有限公司	广西
126	桂林橡胶机械厂	广西
127	柳州两面针股份有限公司	广西
128	海南立昇净水科技实业有限公司	海南
129	海南金盘电气有限公司	海南
130	海南椰国食品有限公司	海南
131	海南新世通制药有限公司	海南
132	重庆齿轮箱有限责任公司	重庆
133	重庆紫光化工股份有限公司	重庆
134	力帆实业（集团）股份有限公司	重庆
135	重庆华邦制药股份有限公司	重庆
136	重庆渝安创新科技（集团）有限公司	重庆

续表

序号	企业名称	地域
137	西南合成制药股份有限公司	重庆
138	中昊晨光化工研究院	四川
139	四川川环科技股份有限公司	四川
140	成都迈普产业集团有限公司	四川
141	新希望集团有限公司	四川
142	四川久大制盐有限责任公司	四川
143	四川丹甫制冷压缩机股份有限公司	四川
144	瓮福（集团）有限责任公司	贵州
145	贵州百灵企业集团制药股份有限公司	贵州
146	贵州凯星液力传动机械有限公司	贵州
147	贵研铂业股份有限公司	云南
148	云南特安呐制药股份有限公司	云南
149	西藏特色产业股份有限公司	西藏
150	西藏金稞科技有限公司	西藏
151	陕西秦川机床工具集团有限公司	陕西
152	西安西开高压电气股份有限公司	陕西
153	陕西汽车集团有限责任公司	陕西
154	宝鸡石油钢管有限责任公司	陕西
155	酒泉钢铁（集团）有限责任公司	甘肃
156	甘肃蓝科石化高新装备股份有限公司	甘肃
157	青海盐湖工业集团股份有限公司	青海
158	青海洁神装备制造集团有限公司	青海
159	西宁特殊钢股份有限公司	青海
160	西北轴承股份有限公司	宁夏
161	宁夏多维泰瑞制药有限公司	宁夏
162	新疆新能源股份有限公司	新疆
163	新疆华世丹药业股份有限公司	新疆
164	新疆有色金属工业（集团）有限责任公司	新疆
165	大连冷冻机股份有限公司	大连
166	路明科技集团有限公司	大连
167	宁波方太橱具有限公司	宁波
168	宁波雅戈尔日中纺织印染有限公司	宁波
169	宁波沁园集团有限公司	宁波
170	宁波东方电缆股份有限公司	宁波
171	宁波欣达（集团）有限公司	宁波
172	厦门金龙联合汽车工业有限公司	厦门
173	厦门精图信息技术有限公司	厦门

续表

序号	企 业 名 称	地域
174	厦门特宝生物工程股份有限公司	厦门
175	厦门涌泉集团有限公司	厦门
176	青岛港（集团）有限公司	青岛
177	青特集团有限公司	青岛
178	青岛变压器集团有限公司	青岛
179	比亚迪股份有限公司	深圳
180	深圳市同洲电子股份有限公司	深圳
181	深圳市三诺电子有限公司	深圳
182	深圳市格林美高新技术股份有限公司	深圳

附 录

附录四

创新型企业名录[①]

附表1 首批创新型企业（91家）

序号	企 业 名 称	地域
1	中国航天科技集团公司	北京
2	中国石油化工集团公司	北京
3	国家电网公司	北京
4	中国长江三峡工程开发总公司	湖北
5	神华集团有限责任公司	北京
6	中国网络通信集团公司	北京
7	中国电子信息产业集团公司	北京
8	中国第一汽车集团公司	吉林
9	中国东方电气集团公司	四川
10	鞍山钢铁集团公司	辽宁
11	宝钢集团有限公司	上海
12	中国铝业公司	北京
13	中国化学工程集团公司	北京
14	中国铁路工程总公司	北京
15	中国生物技术集团公司	北京
16	电信科学技术研究院	北京
17	中国钢研科技集团公司（原钢铁研究总院）	北京
18	北京有色金属研究总院	北京
19	煤炭科学研究总院	北京
20	中国纺织科学研究院	北京
21	中国农业机械化科学研究院	北京

[①] 创新型企业是在创新型试点企业基础上经评价命名的。

续表

序号	企业名称	地域
22	中材科技股份有限公司	北京
23	中国重型机械研究院（原西安重型机械研究所）	陕西
24	北京矿冶研究总院	北京
25	武汉邮电科学研究院	湖北
26	联想（北京）有限公司	北京
27	汉王科技股份有限公司	北京
28	北京仁创科技集团有限公司	北京
29	天津钢管集团股份有限公司	天津
30	天津天士力集团有限公司	天津
31	唐山轨道客车有限责任公司（原中国北车集团唐山机车车辆厂）	河北
32	太原重型机械集团有限公司	山西
33	太原风华信息装备股份有限公司	山西
34	内蒙古蒙西高新技术集团有限公司	内蒙古
35	沈阳新松机器人自动化股份有限公司	辽宁
36	辽宁奥克化学股份有限公司（原辽宁奥克化学集团有限公司）	辽宁
37	吉林华微电子股份有限公司	吉林
38	长春轨道客车股份有限公司	吉林
39	亿阳信通股份有限公司	黑龙江
40	哈药集团三精制药股份有限公司	黑龙江
41	上海振华港口机械（集团）股份有限公司	上海
42	上海宝信软件股份有限公司	上海
43	上海电器科学研究所（集团）有限公司	上海
44	南京联创科技股份有限公司	江苏
45	扬子江药业集团有限公司	江苏
46	法尔胜集团公司	江苏
47	中控科技集团有限公司	浙江
48	浙江吉利控股集团有限公司	浙江
49	浙江海正药业股份有限公司	浙江
50	奇瑞汽车股份有限公司	安徽
51	福建星网锐捷通讯股份有限公司	福建
52	南靖万利达科技有限公司	福建
53	江西昌九农科化工有限公司	江西
54	浪潮集团有限公司	山东
55	烟台万华聚氨酯股份有限公司	山东
56	山东登海种业股份有限公司	山东
57	许继集团有限公司	河南
58	郑州宇通客车股份有限公司	河南
59	武汉华中数控股份有限公司	湖北
60	湖北新火炬科技股份有限公司（原襄樊星火汽车零部件制造有限公司）	湖北
61	长沙中联重工科技发展股份有限公司	湖南

续表

序号	企 业 名 称	地域
62	湘潭平安电气集团有限公司	湖南
63	金发科技股份有限公司	广东
64	广东风华高新科技股份有限公司	广东
65	广东威创视讯科技股份有限公司（原广东威创日新电子有限公司）	广东
66	广州机械科学研究院	广东
67	海南全星药业有限公司	海南
68	重庆川仪总厂有限公司	重庆
69	重庆交通科研设计院	重庆
70	重庆华立药业股份有限公司	重庆
71	四川长虹电器股份有限公司	四川
72	攀枝花钢铁（集团）公司	四川
73	成都地奥制药集团有限公司	四川
74	贵阳航天林泉科技有限公司	贵州
75	云南白药集团股份有限公司	云南
76	昆明船舶设备集团有限公司	云南
77	西藏奇正藏药股份有限公司（原西藏林芝奇正藏药厂）	西藏
78	西安海天天线科技股份有限公司	陕西
79	金川集团有限公司	甘肃
80	天水星火机床有限责任公司	甘肃
81	宁夏东方钽业股份有限公司	宁夏
82	西部矿业股份有限公司	青海
83	新疆众和股份有限公司	新疆
84	新疆石河子中发化工有限责任公司	新疆
85	宁波海天塑机集团有限公司（原宁波海天集团股份有限公司）	宁波
86	宁波博威集团有限公司	宁波
87	厦门钨业股份有限公司	厦门
88	海尔集团公司	青岛
89	海信集团有限公司	青岛
90	华为技术有限公司	深圳
91	中兴通讯股份有限公司	深圳

附表2 第二批创新型企业（111家）

序号	企 业 名 称	地域
1	中国航天科工集团公司	北京
2	中国船舶重工集团公司	北京
3	中国兵器工业集团公司	北京

续表

序号	企业名称	地域
4	中国兵器装备集团公司	北京
5	中国石油天然气集团公司	北京
6	中国南方电网有限责任公司	广东
7	中国华能集团公司	北京
8	中国移动通信集团公司	北京
9	中国电信集团公司	北京
10	中国第一重型机械集团公司	黑龙江
11	武汉钢铁（集团）公司	湖北
12	中国远洋运输（集团）总公司	北京
13	中国化工集团公司	北京
14	中国北方机车车辆工业集团公司	北京
15	中国南方机车车辆工业集团公司	北京
16	中国冶金科工集团公司	北京
17	上海贝尔股份有限公司	上海
18	彩虹集团公司	北京
19	机械科学研究总院	北京
20	沈阳化工研究院	辽宁
21	长沙矿冶研究院	湖南
22	中国电器科学研究院	广东
23	上海医药工业研究院	上海
24	天津药物研究院	天津
25	中国日用化学工业研究院	山西
26	北大方正集团有限公司	北京
27	用友软件股份有限公司	北京
28	北京大北农科技集团有限责任公司	北京
29	北京和利时系统工程股份有限公司	北京
30	天津赛象科技股份有限公司	天津
31	天津力神电池股份有限公司	天津
32	天津药业集团有限公司	天津
33	中国乐凯胶片集团公司	河北
34	石药集团有限公司	河北
35	华北制药集团新药研究开发有限责任公司	河北
36	内蒙古鄂尔多斯羊绒集团有限责任公司	内蒙古
37	包头钢铁（集团）有限责任公司	内蒙古
38	沈阳机床（集团）有限责任公司	辽宁
39	丹东恒星精细化工有限公司	辽宁
40	四平市精细化学品有限公司	吉林

续表

序号	企 业 名 称	地域
41	东北轻合金有限公司	黑龙江
42	上海新傲科技有限公司	上海
43	南京南瑞集团公司	江苏
44	江苏阳光股份有限公司	江苏
45	大全集团有限公司	江苏
46	马佐里（东台）纺机有限公司	江苏
47	江苏兴荣高新科技股份有限公司	江苏
48	江苏沙钢集团有限公司	江苏
49	万向集团公司	浙江
50	浙江医药股份有限公司新昌制药厂	浙江
51	杭州制氧机集团有限公司	浙江
52	浙江华海药业股份有限公司	浙江
53	安徽丰原集团有限公司	安徽
54	安徽科大讯飞信息科技股份有限公司	安徽
55	安徽叉车集团有限责任公司	安徽
56	安徽中鼎密封件股份有限公司	安徽
57	铜陵有色金属集团控股有限公司	安徽
58	黄山永新股份有限公司	安徽
59	福建龙净环保股份有限公司	福建
60	福建新大陆科技集团有限公司	福建
61	江西铜业集团公司	江西
62	江中药业股份有限公司	江西
63	泰豪科技股份有限公司	江西
64	江西汇仁药业有限公司	江西
65	鲁南制药集团股份有限公司	山东
66	山东丛林集团有限公司	山东
67	平高集团有限公司	河南
68	湖北宜化集团有限责任公司	湖北
69	湖北鼎龙化工有限公司	湖北
70	三一重工股份有限公司	湖南
71	湘潭电机股份有限公司	湖南
72	江南机器（集团）有限公司	湖南
73	广州无线电集团有限公司	广东
74	珠海格力电器股份有限公司	广东
75	广州迪森热能技术股份有限公司	广东
76	广西柳工机械股份有限公司	广西
77	柳州欧维姆股份有限公司	广西

续表

序号	企 业 名 称	地域
78	重庆长安汽车股份公司	重庆
79	重庆金山科技（集团）有限公司	重庆
80	重庆海扶技术有限公司	重庆
81	中电投远达环保工程有限公司	重庆
82	宜宾丝丽雅集团有限公司	四川
83	四川畜科饲料有限公司	四川
84	四川启明星铝业有限责任公司	四川
85	贵州航天电器股份有限公司	贵州
86	贵州益佰制药股份有限公司	贵州
87	云南锡业集团有限责任公司	云南
88	西藏诺迪康药业股份有限公司	西藏
89	西北有色金属研究院	陕西
90	陕西鼓风机（集团）有限公司	陕西
91	青海金诃藏药药业股份有限公司	青海
92	特变电工股份有限公司	新疆
93	新疆金风科技股份有限公司	新疆
94	新疆独山子天利高新技术股份有限公司	新疆
95	大连三科科技发展有限公司	大连
96	大连光洋科技工程有限公司	大连
97	大连重工·起重集团有限公司	大连
98	大连华信计算机技术有限公司	大连
99	大连獐子岛渔业集团股份有限公司	大连
100	瓦房店轴承集团有限责任公司	大连
101	贝发集团有限公司	宁波
102	宁波大成新材料股份有限公司	宁波
103	厦门宏发电声有限公司	厦门
104	厦门雅迅网络股份有限公司	厦门
105	青岛即发集团股份有限公司	青岛
106	青岛喜盈门集团有限公司	青岛
107	青岛明月海藻集团有限公司	青岛
108	青岛海洋化工研究院	青岛
109	深圳迈瑞生物医疗电子股份有限公司	深圳
110	深圳市大族激光科技股份有限公司	深圳
111	研祥智能科技股份有限公司	深圳

后 记

经过近一年的策划、设计和编写工作,《中国创新型企业发展报告2009》即将付梓。本年度报告的策划是从2009年初开始的,报告编写得到各部门、各地方的积极支持。科技部、国资委、全国总工会的领导亲自担任指导委员会主任,对报告的编写方向提出指导,科技部党组书记、副部长李学勇为本年度报告撰写了序言;来自学术界的知名专家和部分创新型企业领导组成的专家委员会,对报告的编写思路和框架提出了建议;各地方科技管理部门、创新型企业及试点企业也为报告编写提供了帮助和资料支持。

编写委员会和编写研究组的各位成员为报告的策划和编写付出了辛勤的努力。科技部政策法规司李新男负责报告的整体策划并审阅修改全部稿件。苏靖、赵慧君、汤富强等参加了报告设计和编写的全过程并审阅稿件,汤富强还承担了大量协调和联络工作。

本年度报告各章的作者如下:第一章,刘东;第二章,刘东、郑钟扬;第三章,王保林、李振良、刘东;第四章,柯银斌、康荣平、刘东、张杰军、郑钟扬、李振良、刘颖悟、程东升、章小莹、沈泱;第五章,张杰军、冷民、刘东、张赤东、张洁;重要文献和附录部分,刘东、郑钟扬、李振良。刘东负责全书统稿。

郭铁成、胡志强、岳清唐、孙福全、彭春燕、王海燕、段小华等参加了报告框架和内容的多次讨论,彭春燕负责设计了创新型企业信息和数据采集系统框架。科技部政策法规司支持建设的创新型企业信息与管理系统和创新型企业建设服务网,对报告提供了有力支持。陈原、赵家栋等为报告编写提供了数据和信息帮助。清华科技园启迪研究院陈鸿波、张红敏、林韵然，清华大学经管学院雷家骕、陈闯，经济日报社陈建辉、人民日报社蒋建科等撰写了部分企业案例报告。北京决策咨询中心的有关研究人员承担了报告的数据录入、制图及会议组织等具体工作。报告还参考了许多研究成果，在此一并表示感谢。

由于本报告刚刚起步，加之时间紧迫、经验有限，有许多不妥之处，敬请各界提出宝贵意见，以便在今后的报告编写中吸纳和完善。

《中国创新型企业发展报告》
编写委员会
2009 年 10 月 30 日